福建省汀江流域考古调查报告

福建博物院文物考古研究所
龙　岩　市　文　物　局　编著
龙　岩　市　博　物　馆

科　学　出　版　社
北　京

内 容 简 介

本书为福建省汀江流域史前遗址考古调查报告，记述了从2012～2015年对汀江流域所在的长汀县、武平县、上杭县、永定区境内新调查发现或复查的史前遗址的相关情况，着重对调查获取的遗物进行介绍。书中结语部分也回顾了汀江流域史前考古的发现与研究史，初步构建了该地区史前考古学文化发展序列的轮廓，并据此对调查所得部分遗址进行分期及探讨。本书对了解汀江流域史前遗址的分布规律以及完善闽西地区史前考古学文化序列具有重要意义。

本书可供从事考古、历史及相关领域研究者参考。

图书在版编目（CIP）数据

福建省汀江流域考古调查报告 / 福建博物院文物考古研究所，龙岩市文物局，龙岩市博物馆编著. —北京：科学出版社，2019.8

ISBN 978-7-03-061966-2

Ⅰ. ①福…　Ⅱ. ①福…　②龙…　③龙…　Ⅲ. ①文物-考古-调查报告-福建　Ⅳ. ①K872.57

中国版本图书馆CIP数据核字（2019）第165151号

责任编辑：赵　越 / 责任校对：邹慧卿

责任印制：肖　兴 / 封面设计：美光设计

科 学 出 版 社 出版

北京东黄城根北街16号

邮政编码：100717

http://www.sciencep.com

中国科学院印刷厂 印刷

科学出版社发行　各地新华书店经销

*

2019年8月第 一 版　开本：889×1194　1/16

2019年8月第一次印刷　印张：23 1/2　插页：36

字数：748 000

定价：298.00元

（如有印装质量问题，我社负责调换）

顾　　问

郑国珍　傅柒生

主　　编

范雪春　李史明

执行主编

黄运明　吴锡超

编　　纂

范雪春　李史明　黄运明　吴锡超　王晓阳　张六英

序

90多年前，厦门大学林惠祥先生在闽西武平开展了为期7天的调查和发掘，采集了常型石锛、有段石锛和印纹陶等遗物，从此拉开了福建史前考古的序幕。很快，林先生在新加坡召开的“远东史前考古学家第三次大会”上将“武平式”史前文化的发现公布于世。林先生没有将视野仅仅停留在福建地区，而是以在闽西发现的小小石锛、印纹陶为突破口，奠定了我国史前文化多元格局中的“东南区”概念的基础。

1989年，我毕业于厦门大学人类学系考古专业。虽然长年任职于古田会议纪念馆，鲜有机会深入考古工作第一线，但作为地地道道的“考古人”，我深知考古调查工作的艰辛与不易。同时也作为土生土长的龙岩上杭人，随时随地能感受到闽西地区史前考古的巨大潜力和广阔前景。

2008年，为了创新第三次全国文物普查工作思路，当时龙岩市组成了南海国城址、古人类与古脊椎动物化石、旧石器古人类洞穴遗址等3个专题调查队，启动了龙岩全域的文物普查工作。我有幸作为旧石器古人类洞穴遗址专题调查队的队长，并与福建博物院范雪春研究员等考古专家一道，翻山越岭，跋山涉水，对武平、漳平、长汀、新罗、连城等市、区、县23处洞穴遗址进行调查，并在漳平象湖镇发现了奇和洞遗址。后来，在相关部门的不懈努力下，奇和洞遗址历经多年多次发掘，揭示出为一处重要的旧石器时代晚期向新石器时代早期过渡的洞穴遗址。该遗址被评为2011年度全国十大考古新发现。奇和洞遗址的重要发现，不仅填补了闽西史前考古的空白，还将闽西史前考古往前推进了一大步。

以奇和洞遗址的重大发现为契机，在福建省文物局的支持下，由福建博物院文物考古研究所、龙岩市文化广电新闻出版局、龙岩市博物馆等单位联合相关市县区有关文博机构，组成了汀江流域考古调查队，以全面摸清汀江流域先秦考古学文化的文化面貌、分布情况、埋藏规律等为目标，对汀江流域先秦古文化遗址进行一次详细地、系统地、全面地考古调查。野外调查工作从2012年开始，直至2015年，考古队历经数个寒暑，几乎踏遍汀江流域的千山万水，发现和复查了百余处史前遗址，考古队员都是以非常敬业和专业的工作态度完成此次调查，并以非常严谨的学术态度撰写此书。此书即是对这次考古调查成果的总结，也是未来对闽西地区史前文化进行深入研究不可或缺的资料集。

应该说，闽西地区的史前考古，是“起了个大早，赶了个晚集”。以闽西发端的福建史前考古，在一代一代考古人的不断努力下，新发现也层出不穷。这些发现对于整个东南地区、乃至太平洋岛屿史前文化的研究都具有重要的意义。

2018年，中共中央办公厅、国务院办公厅印发《关于加强文物保护利用改革的若干意见》，为新时代文物工作指明了方向。我一直认为，对于史前遗址而言，有调查发现才有考古，有考古发掘才能更有效地保护，有保护才能更好地利用。《福建省汀江流域考古调查报告》正是立足调查、发现、记录史前遗址等一系列基础工作，以了解汀江流域文化内涵、分布特征为目标，最终为闽西地区史前遗址的保护和利用打下坚实的基础。

也正如书中所言，根据汀江流域史前遗址调查工作开展之前的课题设计，要在调查成果的基础上拟选择一些文化堆积较厚、埋藏条件较好、遗存较丰富的部分遗址进行试掘或发掘，以更全面、科学、准确地了解遗址各方面的数据和信息。但由于时间、人员等客观原因未能如愿，对汀江流域史前遗址分布规律、年代等问题的判断缺乏强有力的证据，对一些遗址的认识和整个区域遗址分布的了解难免也不够全面，这些的确使此次调查留下了一些遗憾。希望后继者根据本次调查所获资料作为线索，把相关的工作继续深入下去，继续推进闽西地区史前考古工作。

此《福建省汀江流域考古调查报告》是继《福建晋江流域考古调查与研究》和《闽江下游流域史前遗址考古调查与研究》之后我省第三本以流域地理单元进行考古调查工作而形成的调查报告。实践证明，这种调查模式是一个非常适合福建多山多水客观实际、又能全面了解各个流域史前遗址概貌的模式。通过单个遗址的“点”了解整条河流的“线”，再从河流到整个流域乃至全省各流域的“面”，最终全面揭示福建全省区域先秦时期考古学文化面貌和基本特点，勾勒出福建地区早期文化的发展序列。我相信，不久的将来，在全省文物工作者共同努力下，一定能不断填补其他流域的考古调查工作空白，构建和完善各个流域史前文化发展序列，从而为研究闽台关系、南岛语族的起源、扩散等重大学术课题提供基础支撑。

是为序。

福建省文物局局长　傅柒生

2019年6月15日

目　录

插图目录

图版目录

第一章 绪　论

汀江发源于福建西部宁化县木马山北坡，为韩江流域上游的两大支流之一，流经长汀县、武平县、上杭县、永定县[①]，并于永定区峰市镇出境，流入广东大埔县三合坝，与梅江汇合。汀江是福建省仅次于闽江和九龙江的第三大江，为闽西境内第一大江。汀江流域属于龙岩市所辖，龙岩市又称闽西，位于闽粤赣三省交界，地处武夷山脉南段，西以武夷山脉与江西交界，东与闽中山地、盆谷区南部毗连，境内博平岭与玳瑁山呈东北西南走向，水系众多，分属汀江、九龙江（北溪）、闽江、梅江水系。据史载，汀江流域古时属闽越，大约到了东晋时期，聚居在中原地带的客家先民，历经五次大规模的南迁，就形成了客家聚居的地带。于是，汀江以其特殊的地理位置成为"客家人的摇篮"，汀江也被称为"客家母亲河"。经过第一次、第二次、第三次全国文物普查，在闽西地区发现了大量的史前时期文化遗址，说明汀江流域史前时期就有古文化发育于此，并构成了丰富的文化内涵。为加强闽西地区史前考古研究，亟待对汀江流域开展基础的考古工作，以便进一步摸清获得该区域考古学文化分布情况、文化面貌与内涵，为深入探索和研究闽西地区考古学文化序列等诸多课题提供依据。

第一节　项目概况

一　工作缘起

闽西地区考古工作始于20世纪30年代厦门大学林惠祥先生在武平县的调查。半个多世纪以来，闽西地区考古工作由于种种原因未能较多开展，但通过几代文物工作者对闽西地区的考古工作，包括多次文物普查工作以及为配合高速公路、铁路等工程的基本建设进行的一些考古调查、勘探以及抢救性发掘，都为研究闽西地区史前文化提供了重要材料。

为了巩固第三次全国文物普查成果，进一步厘清闽西地区汀江流域的不同文化遗存概况，也为了解闽西客家母亲河汀江流域的史前文化面貌，早日建立起闽西地区史前文化考古区系类型的考古学体系，为更进一步探索和研究福建地区、闽台及周边地区史前考古学文化的关系，在福建省文物局的大力支持下，以福建博物院研究员范雪春为领队，龙岩市文化广电新闻出版

① 2014年，撤销永定县，设立龙岩市永定区。

局副局长、文物局局长李史明为项目总负责人，福建省、龙岩市和长汀县、武平县、上杭县、永定区的文化文物部门联合组建汀江流域史前遗址考古调查队，对汀江流域流经四县进行深入细致的考古调查工作。旨在通过对汀江流域所涉及的古文化遗址进行调查、勘探、发掘等工作，对采集所得文物资料的考古学分析与研究，为建立该流域考古学文化编年序列提供丰富的第一手田野调查资料，使龙岩乃至福建地区的考古工作登上一个新台阶。

二　工作意义

近年来，考古调查发现，闽西地区先秦时期考古学文化遗存十分丰富，汀江流域调查项目的开展不仅巩固了三普时期考古工作成果，其价值和影响也是巨大的，主要表现在：

第一，弥补闽西地区史前时期考古学文化的空白。通过调查，初步摸清该地区先秦遗址的分布规律；随着考古调查材料的日渐丰富，各遗址的年代也逐步清晰；通过对调查材料的研究，使得该地区不同时期文化面貌初显；通过对考古调查材料与以往经科学发掘的材料进行对比研究，初步建立起闽西地区史前考古学文化的序列；最后对研究与周边地区同时期考古学文化的诸多课题提供了基础的实物依据。

第二，对闽西地区先秦古遗址的保护、规划与利用具有重要参考价值。古遗址埋藏于地下，相较于坐落于地表上的古建筑、古民居等建筑遗迹更不容易被人所感知。而通过该项考古调查工作的开展，对古遗址进行调查、勘探工作，使得我们对古遗址的埋藏规律、保存现状都有一定的掌握。通过调查我们也发现，古遗址除了遭受自然因素的破坏以外，随着经济建设步伐的加快，古遗址也正遭受这样那样不可逆的人为破坏。因此，迫切需要对古文化遗址开展调查工作，并在对古遗址完全熟知的情况下，对今后各项基本建设及城镇化的发展提供科学的选址意见，使得祖先遗留的历史文化遗存得以延续。

第二节　工作概况

一　工作人员组成

汀江流域考古调查项目地面踏查主要由福建博物院文物考古研究所、龙岩市文物局、龙岩市博物馆及龙岩市所辖长汀县、武平县、上杭县、永定区四个文化文物部门组织实施；后期资料整理包括陶片统计、器物绘图、拓片等技术工作由福建博物院文物考古研究所、龙岩市文物局及龙岩市博物馆负责。中国社会科学院考古研究所、漳平市博物馆、福建闽越王城博物馆等也派员参加了前期踏查或后期资料整理的部分工作。

1. 前期踏查工作

项目领队：范雪春（福建博物院文物考古研究所）
项目总负责：李史明（龙岩市文化和旅游局、龙岩市文物局）
业务人员：周振宇（中国社会科学院考古研究所）
黄运明、危长福、王晓阳（福建博物院文物考古研究所）
吴锡超、黄祖洪、陈炎德、李水常、张六英、陈燕萍（龙岩市博物馆）
卢品文、范春森、李鸿、吴泳红、陈伟田、刘小文（长汀县博物馆）
王晓瑞、谢福英（武平县博物馆）
胡志贤、王茂芳（上杭县博物馆）
黄丰林（永定区文物局）
黄大义（漳平市博物馆）

2. 后期资料整理

业务人员：范雪春、黄运明、王晓阳（福建博物院文物考古研究所）
张六英（龙岩市博物馆）
赵福凤（福建闽越王城博物馆）

二　工作区域路线

此次考古调查项目选择汀江流域作为主要对象。汀江干流流经长汀、武平、上杭、永定四县，干流长度约285千米，流域面积为9022平方千米。汀江干流根据其河谷形态及水流特点可分为三段，上段为长汀以上，主要特点为河流短，比降大；中段长汀至上杭，河谷宽广，河漫滩广布，下段上杭至广东石下坝，主要特点落差大，比降大，较多险滩[①]。我们主要以这四县为主要的调查区域，对分布于这区域的遗址进行深入细致的考古调查、勘探工作，获得该区域文化发展的基本信息。

此项目工作分为三个阶段：

第一阶段：2012年12月～2013年1月，主要对长汀县进行调查。

第二阶段：2014年11～12月，主要对上杭县、武平县进行调查。

2015年1月，主要对永定区进行调查。

第三阶段：2015年5～6月，2016年12月～2017年6月。2018年6月为后期资料整理阶段。

① 福建省地方志编纂委员会编：《福建省志·地理志》，方志出版社，2001年。

三　工作方法

田野考古调查主严格按照《田野考古工作规程》，以步行地毯式勘探为主，应用GPS卫星定位系统确定遗址位置，运用考古学调查方法，结合地质罗盘仪查找文化遗址线索，除了对三普时期有登记的遗址点进行复查外，还重点调查汀江流域各支流水系的山坡、台地及二级台地等。并利用各种自然的或人工形成的断面充分的了解文化层堆积情况，采集文物标本，勘查剖面文化层及通过摄影摄像采集现场信息（图版1～4）。

在调查过程中除详细在调查日记记录遗址信息外，还详细填写了考古调查登记表。包括对遗址位置的定位、山形的形状及走向、山顶地形的描述、山坡的观察，以及踏查的部位、遗物的分布状况、有无遗迹与文化层堆积、周围的自然、人文环境以及遗址的保存状况都进行详尽的记录。

通过对采集标本的简单对比、遗迹、文化层堆积的描述，大致确定各遗址的分布规律，以及各遗址的相对年代进行初步判断。

四　主要收获与存在问题

1. 主要收获

（1）不仅巩固了第三次全国文物普查成果，还新发现了多处先秦时期古文化遗址。

考古调查队基本完成了对长汀县、武平县、上杭县、永定区境内第三次全国文物普查期间登记古文化遗址的复查，并纠正了其中的一些错误信息。

通过调查，共发现遗址124处（包括复查遗址点83处，新发现遗址41处）（图1-1），其中有文化层堆积遗址12处，发现有墓葬遗迹的遗址8处（其中墓葬遗迹在长汀县发现6处，武平县发现1处，上杭县发现1处）。

（2）通过踏查和清理，采集到大量石器、陶片，以及清理了墓葬、文化层堆积等遗迹。

石器有打制和磨制石器。以磨制石器为多。打制石器可见制作各种石器的石坯件、石核以及剥落的石片等。磨制石器有石璧、石锛、石镞、砺石、石刀、石戈、石铲、石核、穿孔石器、石锤、石球、凹石等。

据不完全统计，共采集陶片8000余片，陶质以泥质和夹砂陶为主，陶胎厚薄不一，根据烧制火候的不同，包括软陶和硬陶等。制作手法以轮旋为主，部分陶片内侧可见捏塑形成的垫窝。陶片纹饰装饰手法以拍印为主、少量戳印、刻划、穿孔。纹饰繁复多样，有粗细绳纹、网格纹、复合曲折纹、单双线菱形纹、方格纹、云雷纹、曲折纹、条纹、刻划纹、叶脉纹、篦点纹以及各种纹饰组合而成的组合纹样等。器形有罐、尊、釜、钵、盆、碗、杯、豆等。

（3）“南海国”文化初露端倪，以及发现有宋代瓷窑址。

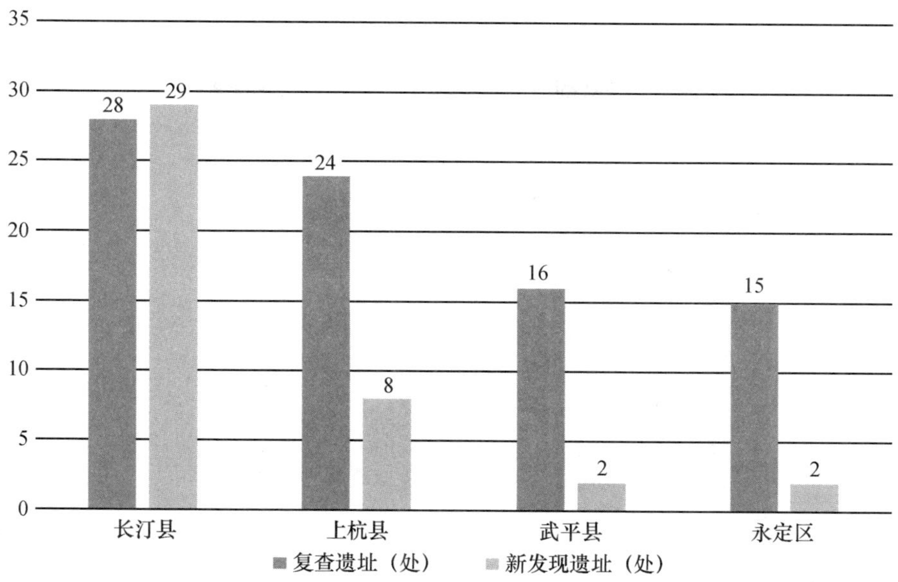

图1-1　各县遗址数量柱状图

2. 存在问题

调查过程中仍存在一些问题，主要表现在：

（1）山区考古调查工作难度大。

在调查过程中，除了对以往登记的遗址进行复查外，还对沿河的其他台地、山包进行了调查，而有些山地，植被茂密，“拉网式”踏查并不适用，未能采集到遗物，也未能确定遗址的有无。因此在调查区域内应有一定数量遗址未被发现。

（2）遗址破坏严重，部分复查遗址点未采集有遗物。

包括自然与人为两种因素。闽西地区多为丘陵地带，土壤为酸性，雨水多，地下保持状况不佳，许多遗址地表经雨水冲刷后，文化层堆积较薄的地区就遭受破坏；古文化遗址大多分布于河流两边低矮山包、台地或二级台地，现代人的开垦、农田改造、种植果树、围山养殖、造厂等活动都对遗址带来毁灭性的破坏。

（3）部分遗址采集遗物较少。

据统计，各遗址采集遗物数量良莠不齐，部分遗址采集遗物较少。就陶片来说，其中数量少于10块的遗址点就有39处，介于10与50块之间的有46处，数量大于或等于50，小于或等于100的遗址点有16处，数量大于或等于100，小于或等于200的遗址点有15处，大于或等于200，小于或等于300的遗址点有3处，数量大于300，小于或等于500块的遗址有3处。大路背遗址和陈兰坑里遗址采集500块以上（图1-2）。虽然有些遗址遗物的采集数量少，遗址年代判断就十分困难，但这些遗址也是研究汀江流域史前文化的重要材料，因此本报告也对这类遗址进行报道，在遗址年代辨析方面则结合以往调查的材料进行确认。

（4）时间、经费有限制。

由于未能对调查已知的有地层堆积或地表遗物较丰富的古遗址进行试掘，以获取其地层叠

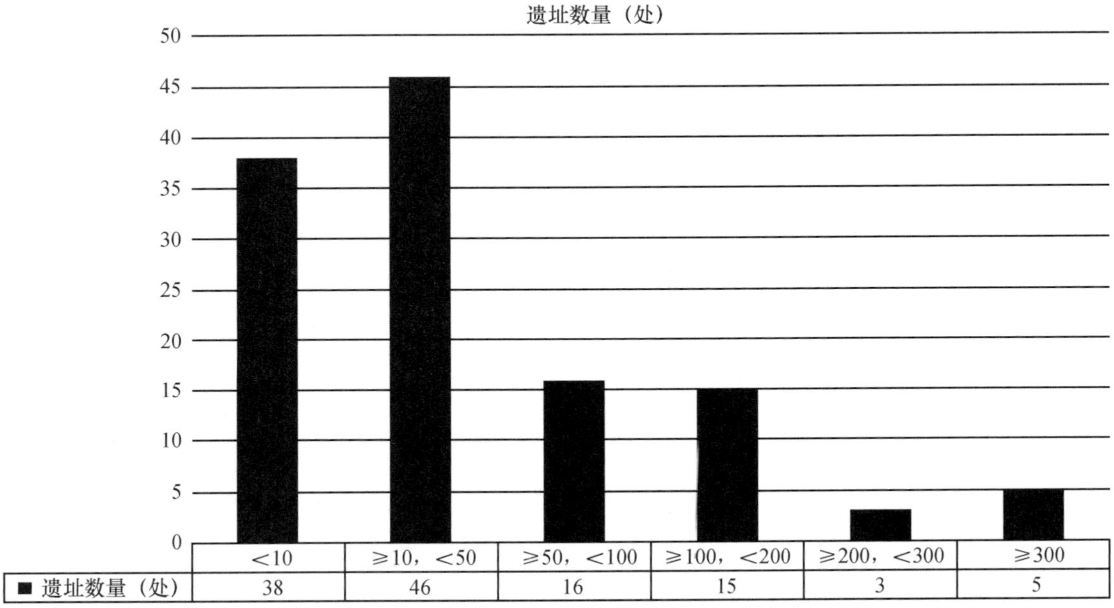

图1-2　各遗址陶片数量统计

压关系或进一步的遗物信息，这就给全面了解这些遗址年代、文化内涵等信息以及构建汀江流域考古学文化发展序列造成了一定的困难。

另外，在调查过程中也没有科技考古学的介入，缺乏一些多学科合作研究，使本调查报告科技含量深度和广度略显单薄。

第三节　报告编写体例及相关说明

一　报告编写体例

本报告编写体例参考了《江西抚河流域先秦时期遗址考古调查报告（乐安县·宜黄县）》[①]一书。第一章为前言，主要对调查项目的工作缘起、意义，工作人员组成、工作区域路线、工作方法，以及主要收获与存在问题进行简要的总结；第二章至第五章，按各县所在汀江流域的上、中、下游为依据，对各县、区各乡镇所发现的先秦遗址进行逐一报道，重点对采集遗物进行整理，对每个遗址的遗址概况、文化层堆积、遗迹、遗物等进行详细描述。第六章为结语部分，主要对该调查项目工作进行总结，结合该流域已经科学发掘的遗址文化面貌、器物特征进行比对，对调查所得的部分遗址进行分类和分期，并结合周边地区包括江西、广东、漳州等地同时期相关遗存进行对比和初步的研究。报告最后附录各遗址统计表，以及部分遗址陶片统计表。

① 江西省文物考古研究所等：《江西抚河流域先秦时期遗址考古调查报告（乐安县·宜黄县）》，文物出版社，2015年。

二　报告相关说明

1. 关于遗址编号的说明

本报告对遗址进行介绍描述时，对遗址的名称进行了编号，编号原则是调查年份、遗址所在县名的第一个字加所在乡镇名的第一个字的字母拼音、与遗址名称前两个字的字母缩写组合而成，如2012～2013年调查的长汀县大同镇木鱼山遗址编号为“2012-2013CDMY”，“2012-2013”代表调查年份，“C”代表长汀县名，“D”代表大同镇，“MY”代表木鱼山遗址。由于区域内部分遗址前两个字字母缩写相同，因此加上所在乡镇，会较好区分。另外还有一些遗址所处地点接近，使用相同遗址名称且在遗址名称后边加上编号“Ⅰ、Ⅱ”以示区分，如策武自背岭Ⅰ、Ⅱ号遗址，曾田背后山遗址编号分别为“2012-2013CCZBⅠ”“2012-2013CCZBⅡ”；有些遗址名称为“××背后山遗址”，则在遗址名称后面加上背后山的第一个字字母，如“2014SHZTB”。

2. 关于附录的说明

本报告还附有该考古调查各县区采集有遗物的遗址统计表，包括了各遗址所在县区、遗址编号、名称、地理位置、坐标及海拔、文化层堆积及遗迹现象、采集遗物、发现时间等各项信息。另外，还选择采集陶片比较丰富的遗址，对其陶片进行统计，制作成统计表，也作为附录以供查阅。

第二章　长汀县先秦时期遗址

第一节　长汀县自然环境与历史沿革

一　自然环境

长汀县位于福建省西部，地处龙岩市西北部，东临连城，南接上杭县、武平县；西连江西界江西省瑞金市，北接三明宁化。长汀县地势大致东西高、中部低，西北有东北—西南走向的武夷山余脉。境内地貌包括中山、低山、丘陵、盆地、阶地等，以低山丘陵为主，地势北高南低，周围高，中间低。境内汀江水系为主，部分地区支流流入赣江、闽江与九龙江。汀江水系发源于宁化县，流入长汀，途径新桥、大同、策武、河田，三洲流入武平、上杭两县。红山、四都、濯田、涂坊、南山、宣城各城镇等地支流也流入汀江，形成树枝状水系。古城镇水系流入江西省，属赣江流域，馆前乡部分水系流入三明清流属闽江流域，还有部分与童坊镇水系流入连城属九龙江水域。长汀县设13镇5乡，总人口52万。

二　历史沿革

长汀县所辖区域春秋、战国时为闽越地，西汉时隶属会稽郡，三国为吴国建安郡，西晋时析建安郡地置晋安郡辖新罗等八县（范围包括汀州及龙岩），长汀属新罗县地。唐开元二十四年，开福、抚二州山峒治汀州，领长汀、龙岩、黄莲三县，宋改汀州为临汀郡，属福建路，元汀州升路属福建道，明汀州路改府属福建布政司，清沿用明代制度，民国二年，废府建制[①]。1929年，毛泽东率领红四军入闽，建立闽西赣南第一个红色政权——长汀县革命委员会，后改为长汀县苏维埃政府，民国二十三年（1934年）设第八行政督察区，翌年改为第七区，1949年后属龙岩市区管辖。

---

① 刘国光、谢昌霖等：《长汀县志》，成文出版社，1967年，第33～37页。

第二节　长汀县先秦时期遗址

汀江流域考古调查拟分为三个阶段，第一阶段考古调查工作于2012年12月20日至2013年1月25日在长汀展开，此次调查历时36天，参加此次调查的人员有范雪春、危长福、吴锡超、李水常、黄大义，以及长汀文管办卢品文、长汀博物馆范春森等10多人。

此阶段调查除属赣江、闽江、九龙江水域的古城、馆前、童坊共7处古文化遗址未纳入复查范围外，对长汀县境内第三次全国文物普查登记的古文化遗址进行复查，并新发现古文化遗址29处。其中保留文化层堆积的有6处，发现墓葬遗迹的6处，抢救性发掘清理墓葬4处（图2-1）。

采集遗物主要有石器与陶器。石器类型包括石璧、石锛、石镞、石刀、石戈、石铲、石核、穿孔石器、石锤、石球等。陶片陶胎厚薄不一，陶质以泥质陶和夹砂陶为主，质地因火候的高低，有软陶硬陶以及陶胎坚硬且叩之清脆作响等不同硬度的陶片。装饰纹样可见粗细绳纹、条纹、复合曲折纹、单双线菱形纹、云雷纹、刻划纹、叶脉纹、篦点纹等。器形有尊、罐、釜、钵、盆、碗、杯、豆等。另外有西汉末期的五铢钱1件，宋代匣钵、垫柱多件。

一　鱼竿崇遗址

1. 遗址概况

遗址位于长汀县大同镇大埔村桐子坑自然村北侧方向20米（图2-2），为此次调查发现。遗址地理坐标为北纬25°53′6.9″，东经116°23′29.4″。遗址为一处大山延伸出来呈南北走向的山包，遗址长约200米，宽约40米，海拔388米，相对高度40米。东面为大山，西面坡下为长汀通往铁长的县道，县道西侧为铁长溪自北向南流经，约1500米处为大埔村，南面坡下有一养猪场，北面与大山相连。遗址水土流失严重，植被覆盖率低，种植有零散的松树，土壤类型为红壤（图版5）。未发现遗迹及文化层堆积。

2. 遗物

通过调查，采集有石锛1件及少量陶片。

（1）石器

石锛　2012-2013CDYG采：1，灰色砂岩，岩质较疏松。近梯形，左侧上半部分有残缺。平顶，弧背，正面较平直，刃部明显。长8.8、宽1.2～3.8、厚0.8～1.6厘米。重95.12克（图2-3；图版6）。

（2）陶器

通过调查，采集7片陶片，1片泥质青灰软陶，其余均为黑衣陶。纹饰可见曲折纹、条纹、方格纹、篮纹（图2-4）。

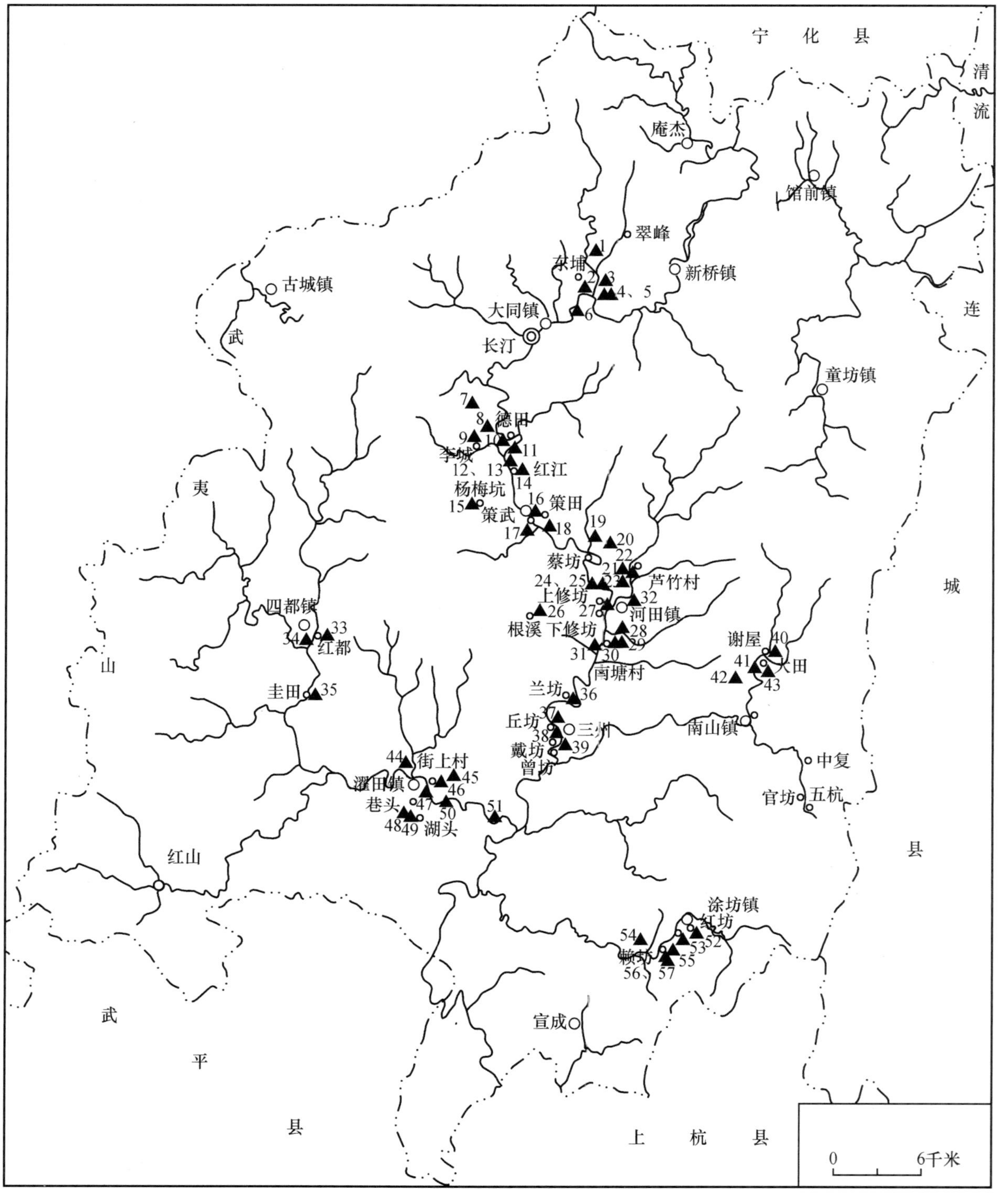

图2-1　长汀县调查遗址分布示意图

1. 鱼竿岽遗址　2. 木鱼山遗址　3. 庵背岽遗址　4. 草鞋岭遗址　5. 草鞋岭Ⅱ号遗址　6. 山下窝遗址　7. 牛脑山遗址　8. 牛斗头遗址　9. 李城对门山遗址　10. 德田遗址　11. 西山哩遗址　12. 自背岭Ⅰ号遗址　13. 自背岭Ⅱ号遗址　14. 水圳坑遗址　15. 风雨亭后山遗址　16. 水口山遗址　17. 大井头遗址　18. 塘坑口遗址　19. 蜈蚣芋头山遗址　20. 曾鸡坑遗址　21. 江浪岽遗址　22. 大路背遗址　23. 牙背山遗址　24. 磨石岽遗址　25. 磨石岽Ⅱ号遗址　26. 单顶山遗址　27. 锡角形山遗址　28. 李屋山遗址　29. 沙甲坑遗址　30. 塔顶山遗址　31. 刘坊遗址　32. 乌石岽遗址　33. 蔡云岽遗址　34. 芦花岽遗址　35. 凹风岭遗址　36. 罗坊岗遗址　37. 井下山遗址　38. 庙岽山遗址　39. 蓑衣岽遗址　40. 谢屋后门山遗址　41. 茶头坑子遗址　42. 寨坛岽遗址　43. 大田后龙山遗址　44. 松山遗址　45. 河水岭遗址　46. 后龙山遗址　47. 北周山遗址　48. 丝巾子禾山遗址　49. 猪头山下遗址　50. 虎形山遗址　51. 垄头排遗址　52. 河甫岗遗址　53. 刘坑排遗址　54. 上腾头遗址　55. 黄高岭遗址　56. 松山岗遗址　57. 龙虎山岗遗址

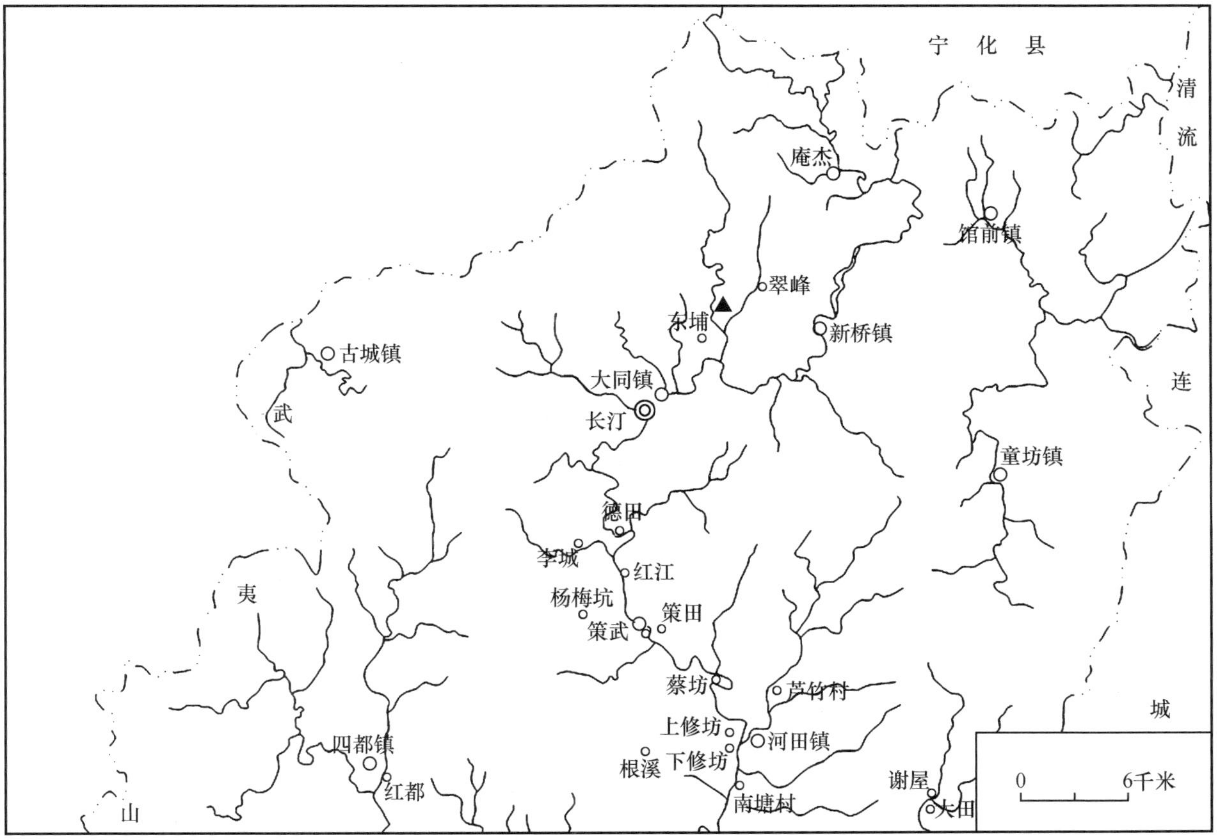

图2-2　鱼竿岽遗址位置示意图

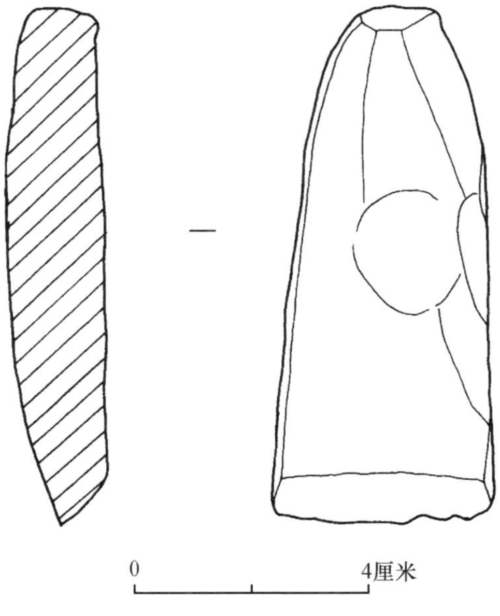

图2-3　鱼竿岽遗址采集石器

石锛（2012-2013CDYG采：1）

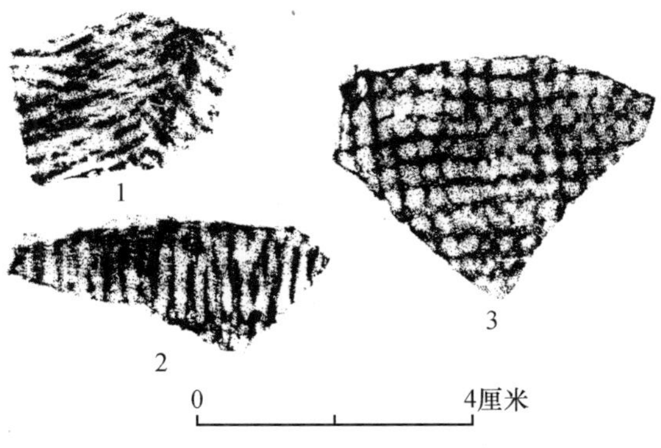

图2-4　鱼竿岽遗址采集陶片纹饰拓片

1. 篮纹（2012-2013CDYG采：5）　2. 条纹（2012-2013CDYG采：4）

3. 方格纹（2012-2013CDYG采：2）

二　木鱼山遗址

1. 遗址概况

遗址位于长汀县大同镇师福村（图2-5），为1987年调查发现。遗址地理坐标为北纬25°51′55.2″，东经116°23′50.5″。遗址坐东北朝西南，调查面积1000平方米，海拔323米，东面约500米有205省道。遗址植被覆盖率高，土壤以沙质红壤为主（图版7）。未发现遗迹及文化层堆积。

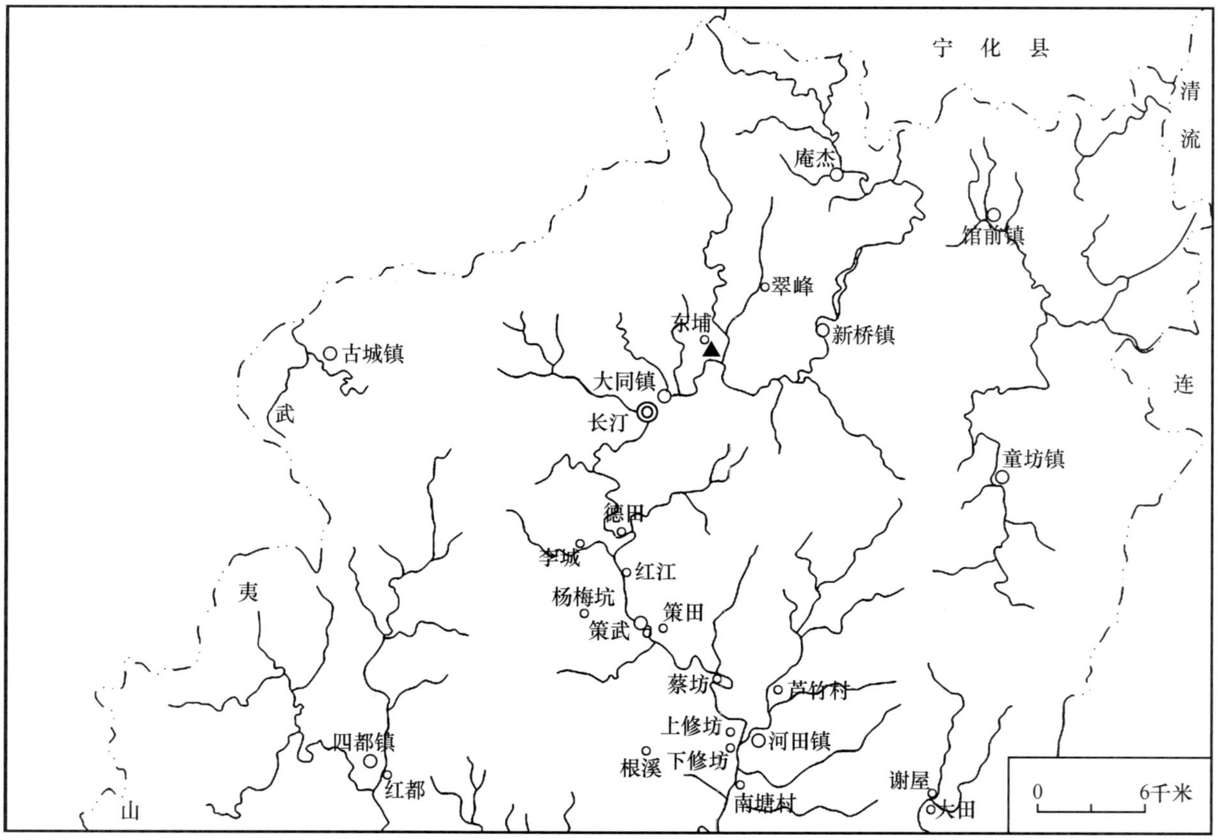

图2-5　木鱼山遗址位置示意图

2. 遗物

通过调查，采集砺石1件及少量陶片。

（1）石器

砺石　2012-2013CDMY采：1，深灰色砂岩。不规则形，上段残缺。正反及左右侧面均有磨砺，且磨砺呈凹形。残长12.1、宽6.4、厚2.7～4厘米。重394.13克（图2-6）。

（2）陶器

采集少量陶片，为饰方格纹的夹砂灰陶片（图2-7）。

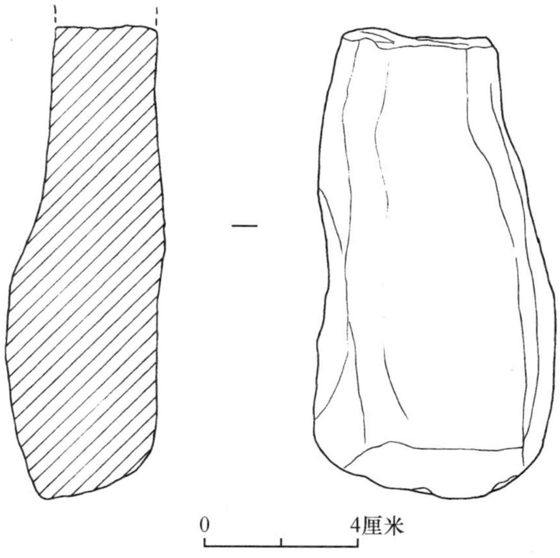

图2-6　木鱼山遗址采集砺石
砺石（2012-2013CDMY采：1）

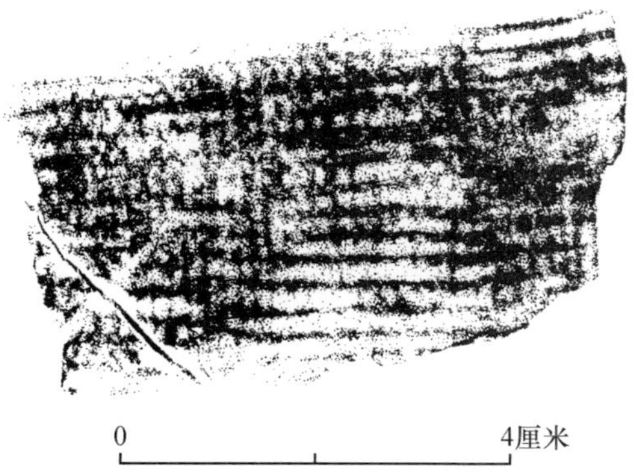

图2-7　木鱼山遗址采集陶片纹饰拓片
方格纹（2012-2013CDMY采：2）

三　庵背岽遗址

1. 遗址概况

遗址位于长汀县大同镇翠峰村永丰庵自然村东侧方向20米（图2-8），为此次调查发现。遗址地理坐标为北纬25°52′32.2″，东经116°24′15.5″。遗址为一处大山延伸出来呈南北走向的山梁，长约200米，宽约40米，调查面积约8000平方米，海拔361米，相对高度40米。遗址东面半坡处有一处养猪场，西面坡下为永丰庵、村道及东翠峰村村庄，南面坡下为谷地，北面与大山相连。遗址水土流失严重，植被覆盖率低，遗址所在山体被村民开垦栽种梨树、桃树等各种果树（图版8）。未发现遗迹和文化层堆积。

2. 遗物

通过调查采集陶片共32片。多为泥质、夹砂陶，胎质较硬，1片施红衣。陶色以灰色系为主，有青灰、灰黄。陶片纹饰可见条纹、双线菱形纹、网格纹、几何刻划纹、篮纹、方格纹、网格纹与云雷纹组合纹饰、凸棱纹与篮纹组合纹饰（图2-9）。可辨器形有罐、钵。

罐口沿　3件。

2012-2013CDAB采：1，夹砂橙黄硬陶。方唇，敞口，施衣，衣剥落。口径10、残高5.5、厚0.8厘米（图2-10：1）。

2012-2013CDAB采：2，泥质灰黄硬陶，圆唇，侈口，束颈。残高3.1、宽4.3、厚0.5～0.8厘米（图2-10：2）。

2012-2013CDAB采：3，夹砂橙黄硬陶，圆唇，窄折沿，沿面有轮旋形成的凸棱，残高

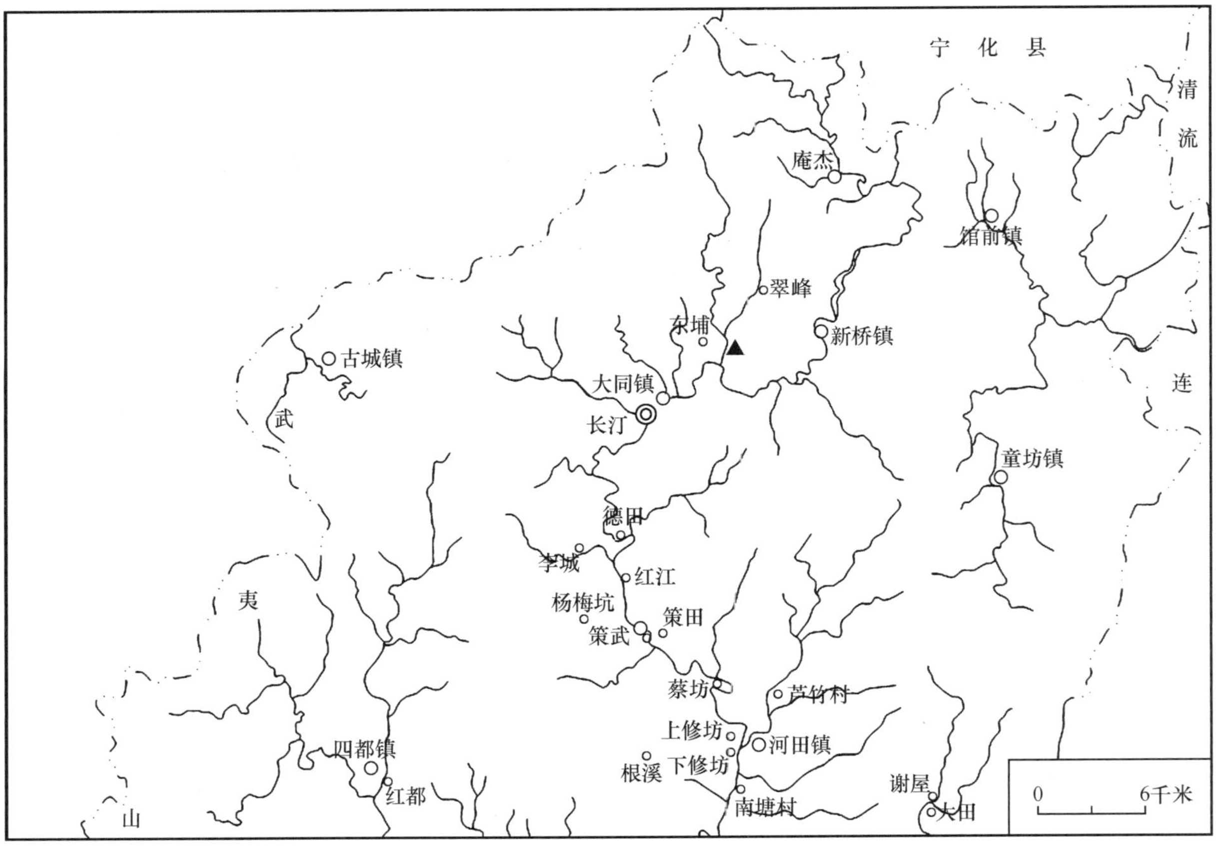

图2-8　庵背岽遗址位置示意图

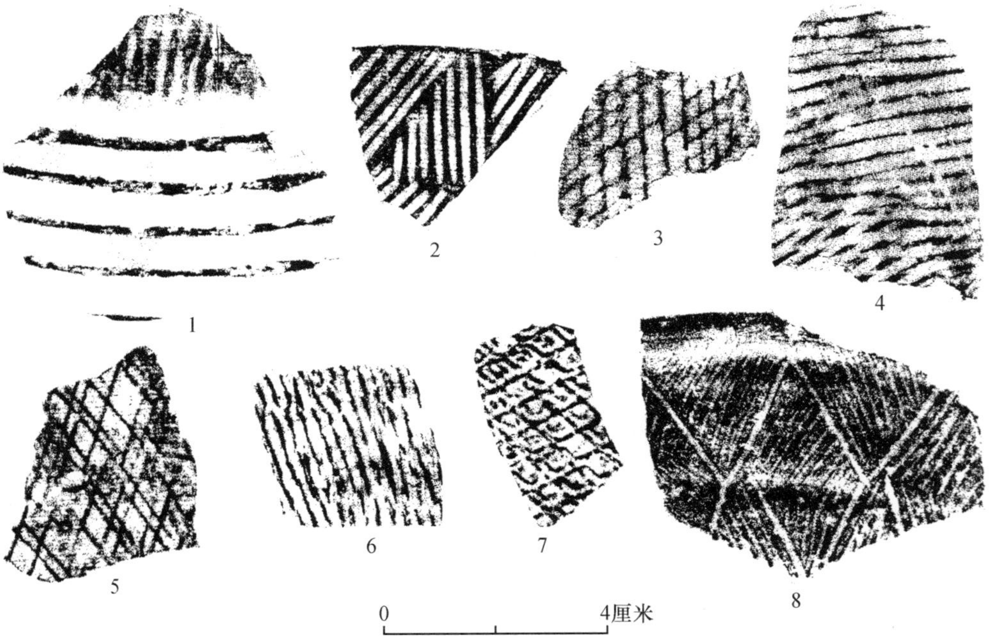

图2-9　庵背岽遗址采集陶片纹饰拓片

1. 条纹与凸棱纹组合纹饰（2012-2013CDAB采：12）　2、8. 刻划菱形纹（2012-2013CDAB采：11、2012-2013CDAB采：5）　3. 网格纹（2012-2013CDAB采：14）　4. 篮纹（2012-2013CDAB采：13）　5. 双线菱形纹（2012-2013CDAB采：10）　6. 条纹（2012-2013CDAB采：8）　7. 云雷纹（2012-2013CDAB采：9）

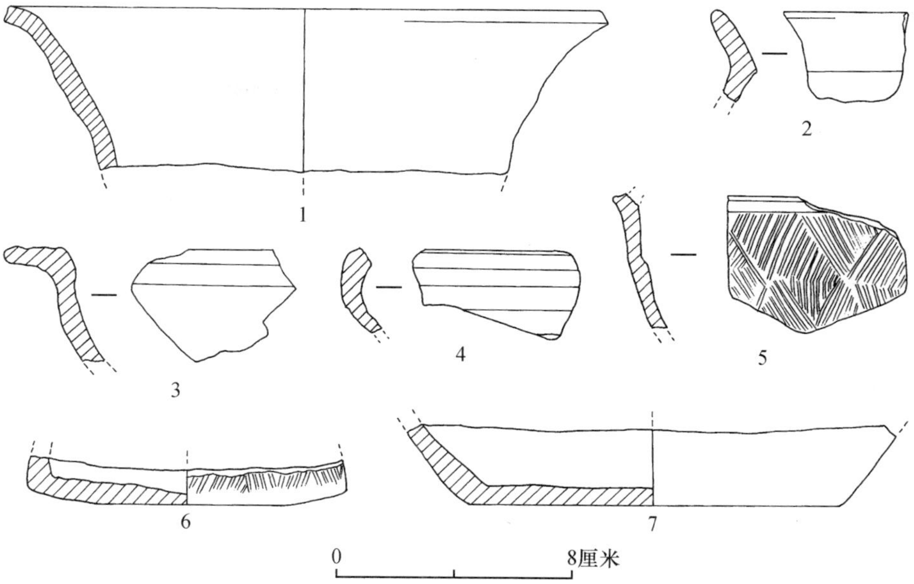

图2-10　庵背崇遗址采集陶器

1～3. 罐口沿（2012-2013CDAB采：1、2012-2013CDAB采：2、2012-2013CDAB采：3）　4、5. 钵口沿（2012-2013CDAB采：4、2012-2013CDAB采：5）　6. 钵底（2012-2013CDAB采：6）　7. 器底（2012-2013CDAB采：7）

3.8、宽5.5、厚0.6～0.8厘米（图2-10：3）。

钵口沿　2件。

2012-2013CDAB采：4，夹砂橙黄陶，胎质坚硬。圆唇，敛口。器表可见轮旋形成的凸棱。残高3、宽5.7、厚0.3～0.7厘米（图2-10：4）。

2012-2013CDAB采：5，泥质深灰硬陶，尖圆唇，敞口，弧腹，口沿破损。腹饰交错刻划纹。残高4.6、宽6.1、厚0.5～0.6厘米（图2-10：5）。

钵底　1件。

2012-2013CDAB采：6，泥质深灰硬陶，外施黑衣，衣剥落严重，余钵底部。圜底。腹饰刻划纹。底径6.8、残高1.6、厚0.4～0.7厘米（图2-10：6）。

器底　1件。

2012-2013CDAB采：7，泥质灰黄硬陶。斜腹，平底。底径12.6、残高2.7、厚0.6～0.9厘米（图2-10：7）。

四　草鞋岭遗址

1. 遗址概况

遗址位于长汀县大同镇师福村师福自然村东北侧方向300米（图2-11），为1987年调查发现。遗址地理坐标为北25°51′7.6″，东经116°24′16.8″。遗址为一处呈东西走向、相对独立的台地，长约400米，宽约80米，海拔334米，相对高度30米。遗址南面坡下为319国道，约1000米

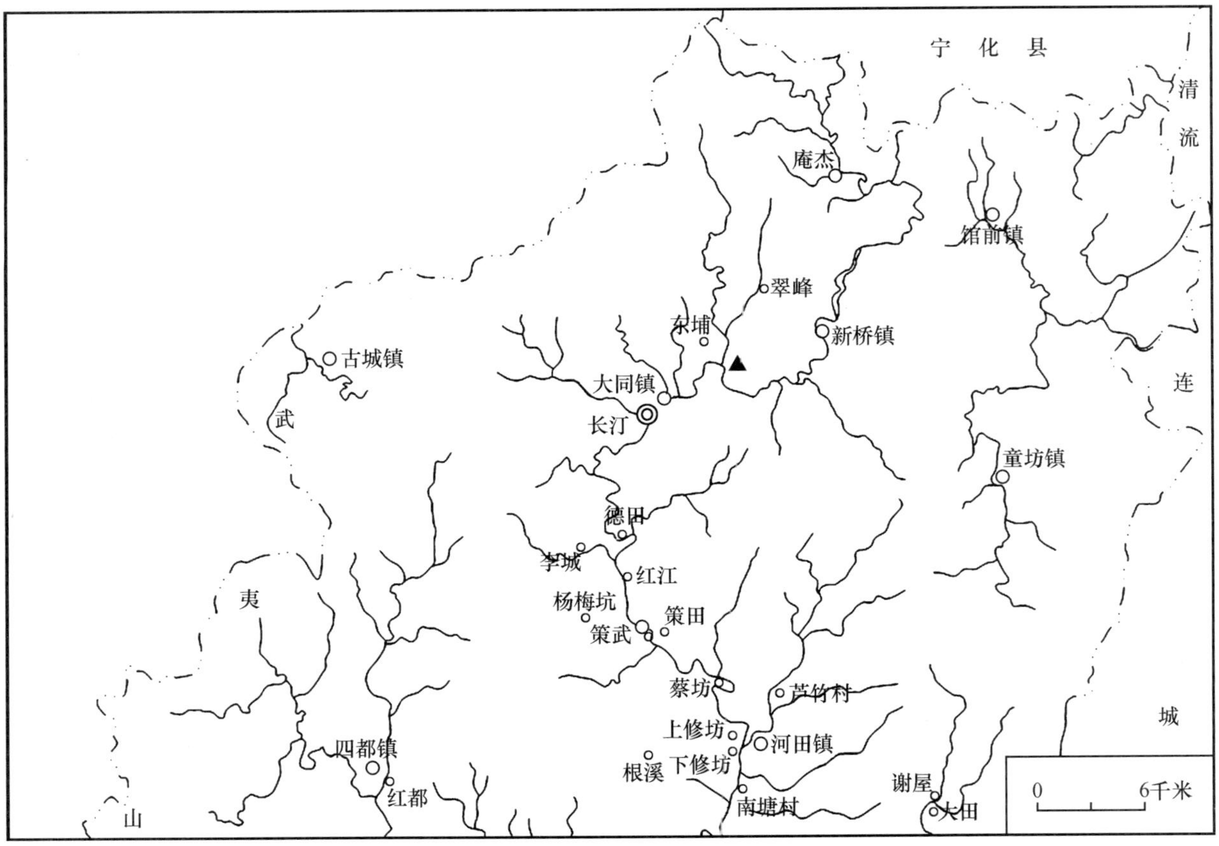

图2-11　草鞋岭遗址位置示意图

处为汀江自东南向西北流经。遗址植被覆盖率低，种植松树、果树，土壤类型为红壤。未发现遗迹。

2. 文化层堆积

在遗址西面发现该遗址包含三层文化层堆积（图2-12；图版9）：

第1层为表土层；

第2层为文化层，土质疏松，土色为灰色，内夹杂陶片、石镞等遗物，厚50～57厘米；

第3层为砾石层。

3. 遗物

通过调查，采集有石器和陶片。

（1）石器

器形有石戈、石刀、砺石、三棱石镞和石锤。

石戈　1件。2012-2013CDCX采：1，水泥灰石英砂岩。为制作石戈坯件。余部分援及锋部。背面及上侧面可见磨制痕迹。截面呈长形。正面可见较多石片疤。长12.3、宽7.2、厚0.9厘米。重123.71克（图2-13：1；图版10）。

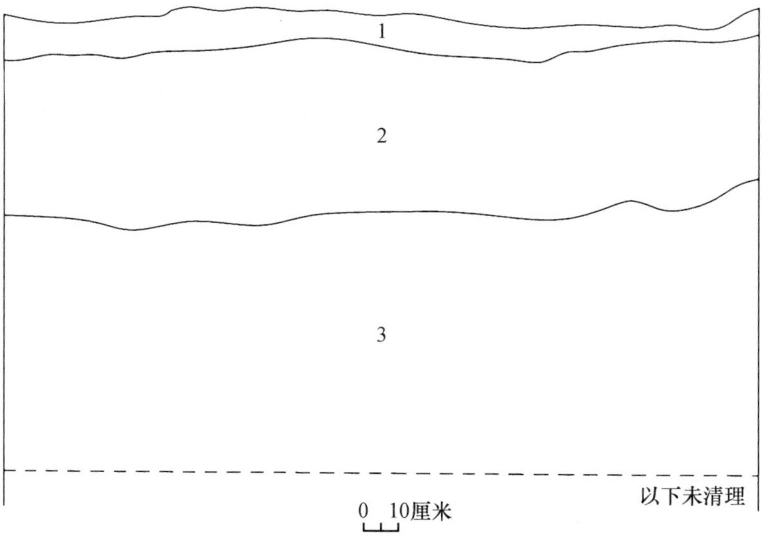

图2-12　草鞋岭遗址地层剖面图

石刀　1件。2012-2013CDCX采：2，青灰色砂岩。正面可见磨制痕迹。刃部较多石片疤，长4.7、宽1.1、厚0.4厘米。重2.86克（图2-13：2）。

砺石　1件。2012-2013CDCX采：8，青灰色石英砂岩。不规则形。正反两面均有磨砺，残高7.8、宽8.9、厚1.3～2.4厘米。重187.52克（图2-13：3）。

三棱石镞　1件。2012-2013CDCX采：3，深灰色细砂岩，磨制精细。器身细长，中间厚，两边薄，镞锋较钝，其中一棱有破损。长3.9、宽0.4～0.7、厚0.1～0.6厘米。重1.63克（图2-13：4；图版11）。

石锤　1件。2012-2013CDCX采：7，灰褐色砂岩。器身上厚下薄，呈锥体状。残高16.8、宽5.2、厚5.2厘米。重477.17克（图2-13：5）。

（2）陶器

采集34片陶片，包括泥质、夹砂陶，陶胎较薄，质地坚硬，部分施黑衣。陶色以灰、灰褐、黄为主。陶片纹饰可见网格纹、双线菱形纹、条纹、凸棱纹、席纹（图2-14）。可辨器形有罐。采集有陶环1件。

陶环　1件。2012-2013CDCX采：4，灰色泥质陶，余残段。外直径4.15、内直径3.35、肉厚0.7厘米（图2-15：1）。

罐口沿　1件。2012-2013CDCX采：9，青灰色夹砂陶，陶胎坚硬。圆唇，侈口，束颈。残高4.6、宽5、厚0.6～1厘米（图2-15：2）。

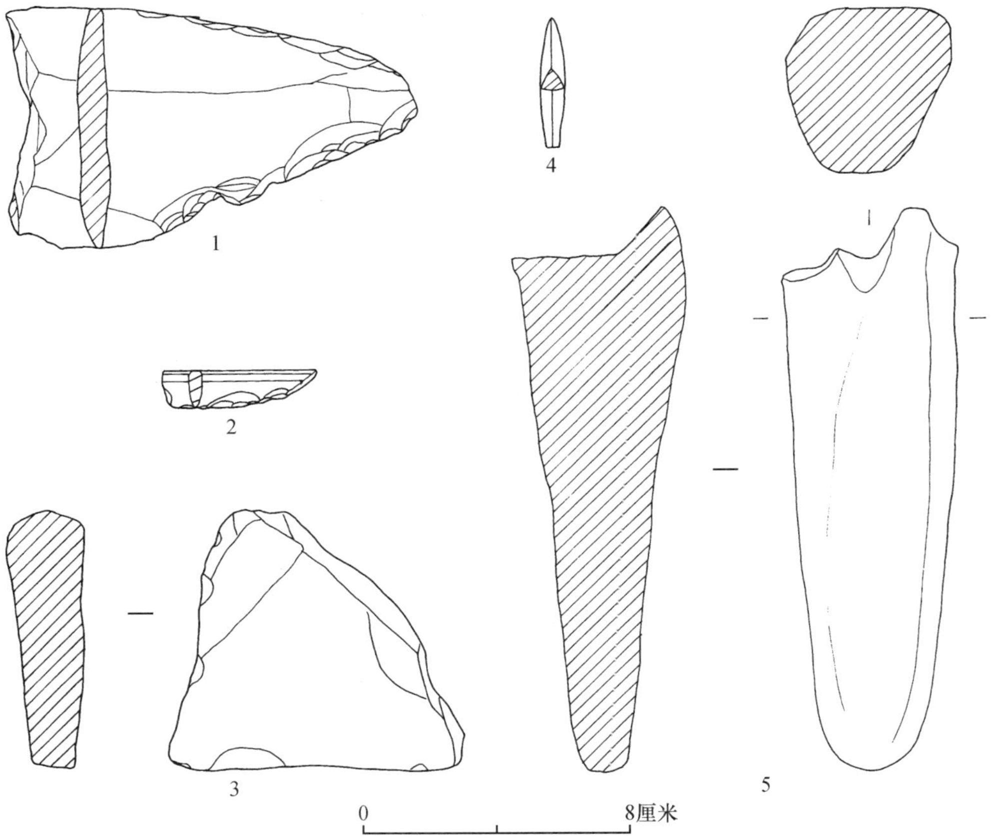

图2-13　草鞋岭遗址采集石器

1. 石戈（2012-2013CDCX采：1）　2. 石刀（2012-2013CDCX采：2）　3. 砺石（2012-2013CDCX采：8）　4. 三棱石镞（2012-2013CDCX采：3）　5. 石锤（2012-2013CDCX采：7）

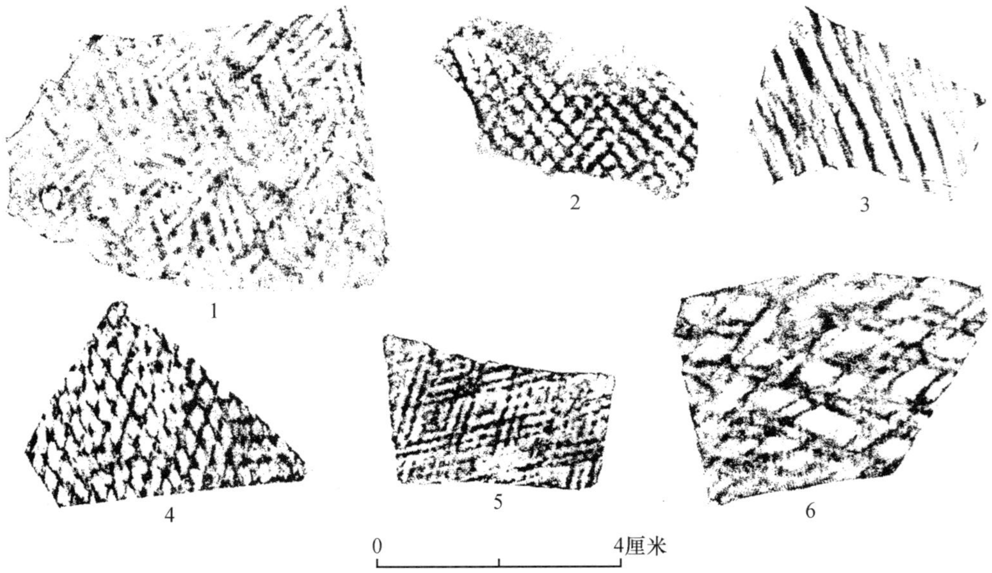

图2-14　草鞋岭遗址采集陶片纹饰拓片

1. 席纹（2012-2013CDCX采：11）　2. 方格纹（2012-2013CDCX采：10）　3. 篮纹（2012-2013CDCX采：13）　4. 网格纹（2012-2013CDCX采：14）　5. 复线菱形纹（2012-2013CDCX采：15）　6. 双线菱形纹（2012-2013CDCX采：12）

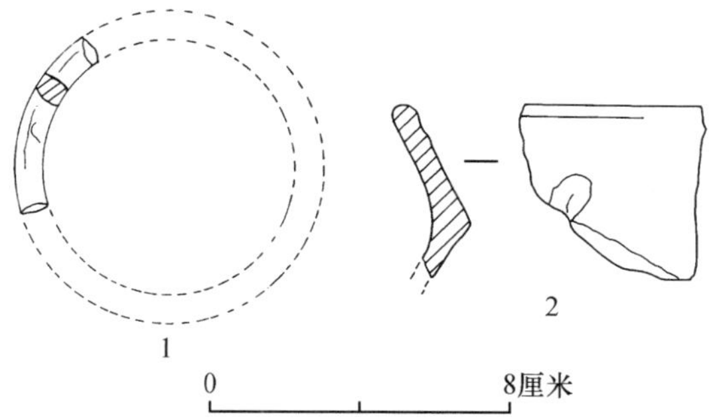

图2-15　草鞋岭遗址采集陶器

1. 陶环（2012-2013CDCX采：4）　2. 罐口沿（2012-2013CDCX采：9）

五　草鞋岭Ⅱ号遗址

1. 遗址概况

遗址位于长汀县大同镇师福村（图2-16），为此次调查发现。遗址地理坐标为北纬25°51′8.4″，东经116°24′20.9″。遗址为一处相对独立的台地，南北长，东西窄，海拔337米，相对高度20米。其西面为草鞋岭遗址，坡下有养鸡场，南面因修建319国道而形成断坎，坡下为205省道。遗址植被覆盖率低，且村民开垦频繁，种植梨树，土壤类型为红壤（图版12）。未发现遗迹和文化层堆积。

2. 遗物

通过调查采集有石器和少量陶片。

（1）石器

器形有砺石、石器坯件。

砺石　1件。2012-2013CDCXⅡ采：6，灰黄色砂岩，器身厚薄不一。正面及左侧面有磨砺，且正面磨砺呈凹形。残长9.1、宽8.1、厚1.5～2.7厘米。重235.91克（图2-17：1）。

石器坯件　2件。

2012-2013CDCXⅡ采：1，紫褐色石英砂岩。不规则形。正面可见较多石片疤。残长4.9、宽3.7、厚1.4厘米。重30.54克（图2-17：2）。

2012-2013CDCXⅡ采：2，深灰色砂岩。近方形。正面可见石片疤，残长3.4、宽2.3、厚0.5厘米。重7.6克（图2-17：3）。

（2）陶片

通过调查，采集53片陶片，均为泥质陶，较多施衣陶。陶色可见灰、灰黄、灰黑、灰褐、红等。陶片纹饰可见复线菱形纹、细绳纹、条纹、凸棱纹、网格纹、栅篱纹、席纹、方格纹、大网格纹、凸棱纹与条纹组合纹饰等（图2-18）。可辨器形有罐。采集陶拍1件。

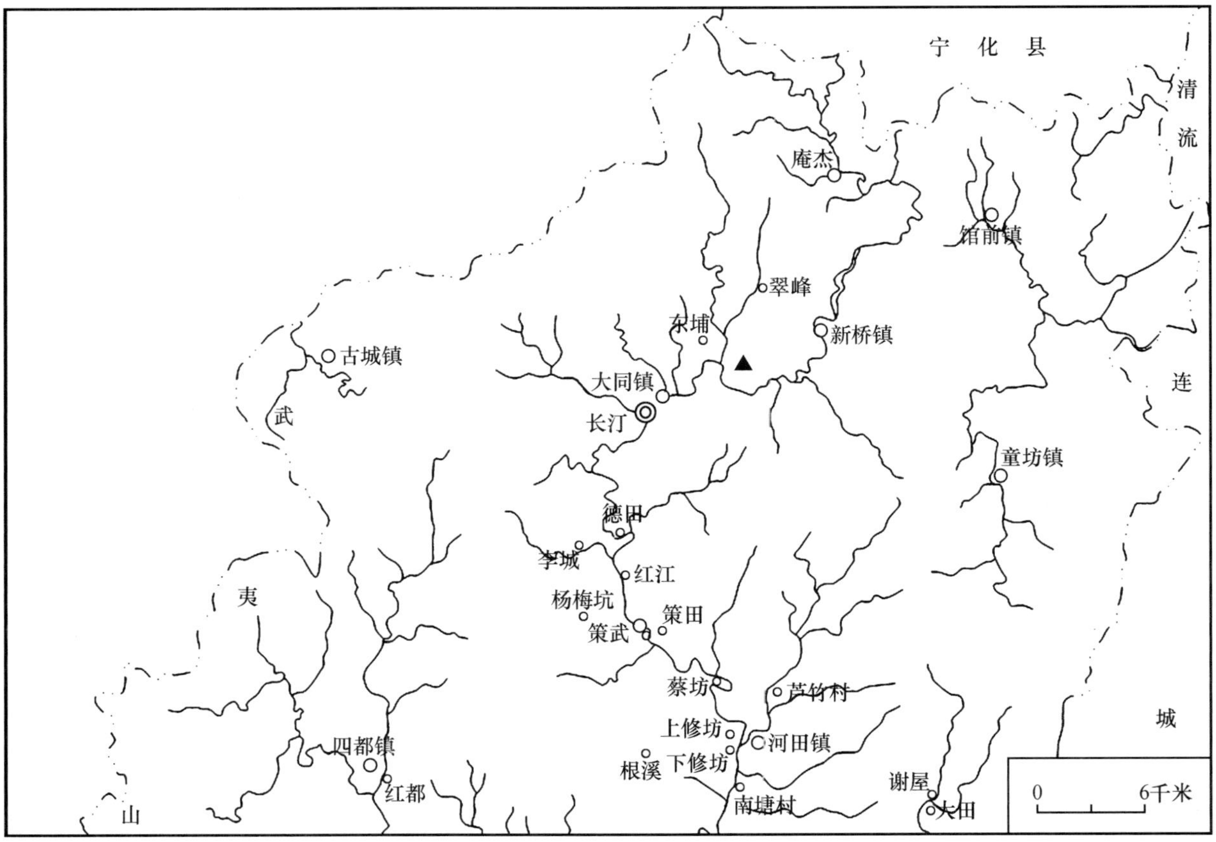

图2-16　草鞋岭Ⅱ号遗址位置示意图

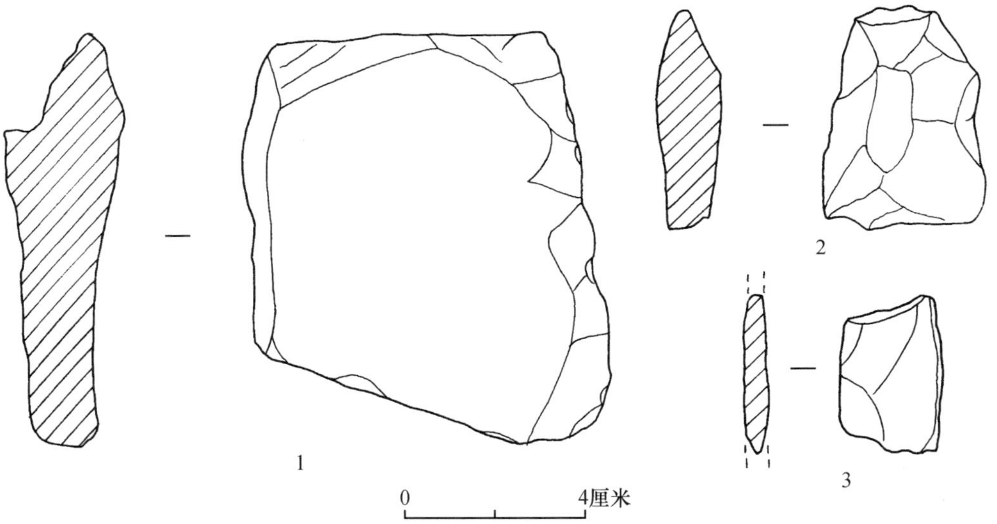

图2-17　草鞋岭Ⅱ号遗址采集石器

1. 砺石（2012-2013CDCXⅡ采：6）　2、3. 石器坯件（2012-2013CDCXⅡ采：1、2012-2013CDCXⅡ采：2）

罐口沿　2件。

2012-2013CDCXⅡ采：3，深灰色泥质陶，陶胎坚硬。圆唇，沿面微凹，沿面与颈相接处微凸，短颈微束。口径13.6、残高3.5、厚0.5～0.7厘米（图2-19：2）。

2012-2013CDCXⅡ采：4，灰褐色泥质陶，陶胎坚硬。圆唇，侈口，短颈，折肩，斜直

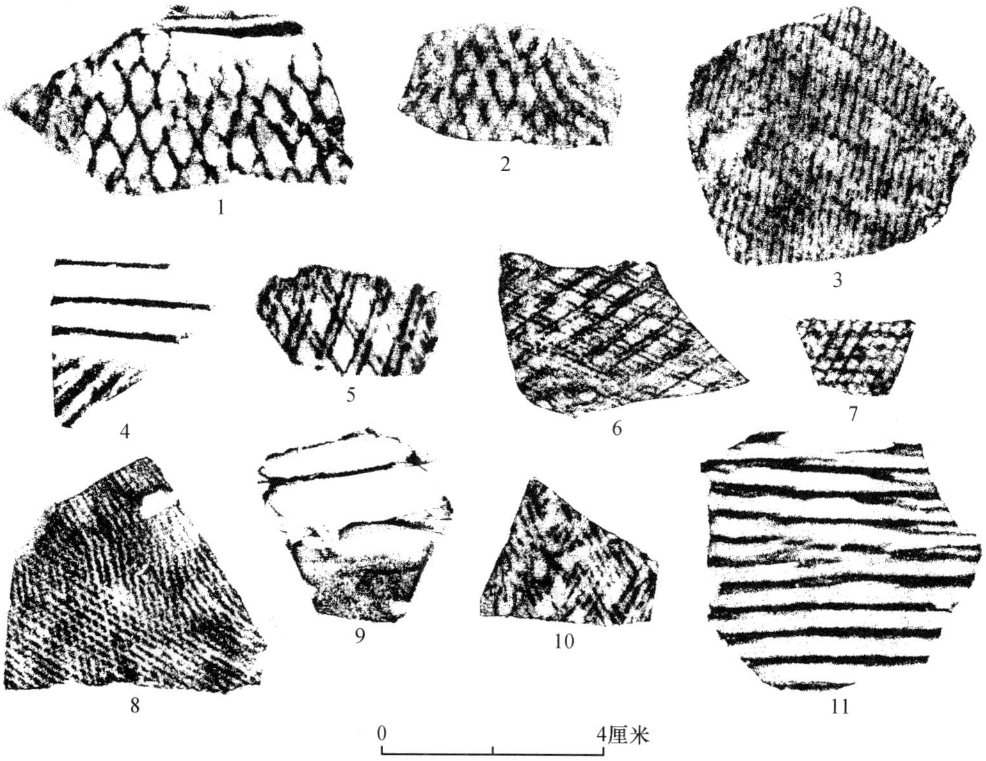

图2-18　草鞋岭Ⅱ号遗址采集陶片纹饰拓片

1. 凸棱纹与网格纹组合纹饰（2012-2013CDCXⅡ采：7）　2、7. 网格纹（2012-2013CDCXⅡ采：10、2012-2013CDCXⅡ采：13）　3. 栅篱纹（2012-2013CDCXⅡ采：6）　4. 凸棱纹与条纹组合纹饰（2012-2013CDCXⅡ采：5）　5、6. 双线菱形纹（2012-2013CDCXⅡ采：12、2012-2013CDCXⅡ采：11）　8. 交错绳纹（2012-2013CDCXⅡ采：9）　9. 凸棱纹（2012-2013CDCXⅡ采：15）　10. 席纹（2012-2013CDCXⅡ采：14）　11. 篮纹（2012-2013CDCXⅡ采：8）

腹，腹饰栅篱纹。口径16.8、残高4.9、厚0.4～0.8厘米（图2-19：1）。

陶拍　1件。2012-2013CDCXⅡ采：5，泥质灰硬陶，陶质细腻，陶胎坚硬。形似馒头，侧面为弧形。上下部分残缺。正反两面均有纹饰，一面为叶脉纹，一面为网格纹，清晰而规则。残长7、宽4.7、厚2.5厘米（图2-19：3；图版13、图版14）。

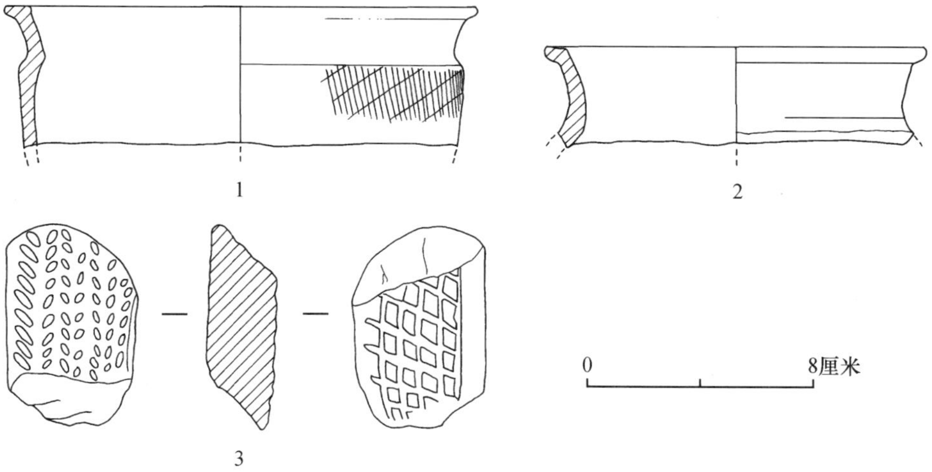

图2-19　草鞋岭Ⅱ号遗址采集陶器

1、2. 罐口沿（2012-2013CDCXⅡ采：4、2012-2013CDCXⅡ采：3）　3. 陶拍（2012-2013CDCXⅡ采：5）

六　山下窝遗址

1. 遗址概况

遗址位于长汀县大同镇师福村山下窝（图2-20），为1987年调查发现。遗址地理坐标为北纬25°51′30.1″，东经116°23′25.6″，海拔319米。遗址东西两面均为民居，北面前方10米为陈氏宗祠，西北300米是205省道老路。遗址植被覆盖率低，种植毛竹（图版15）。未发现遗迹和文化层堆积。

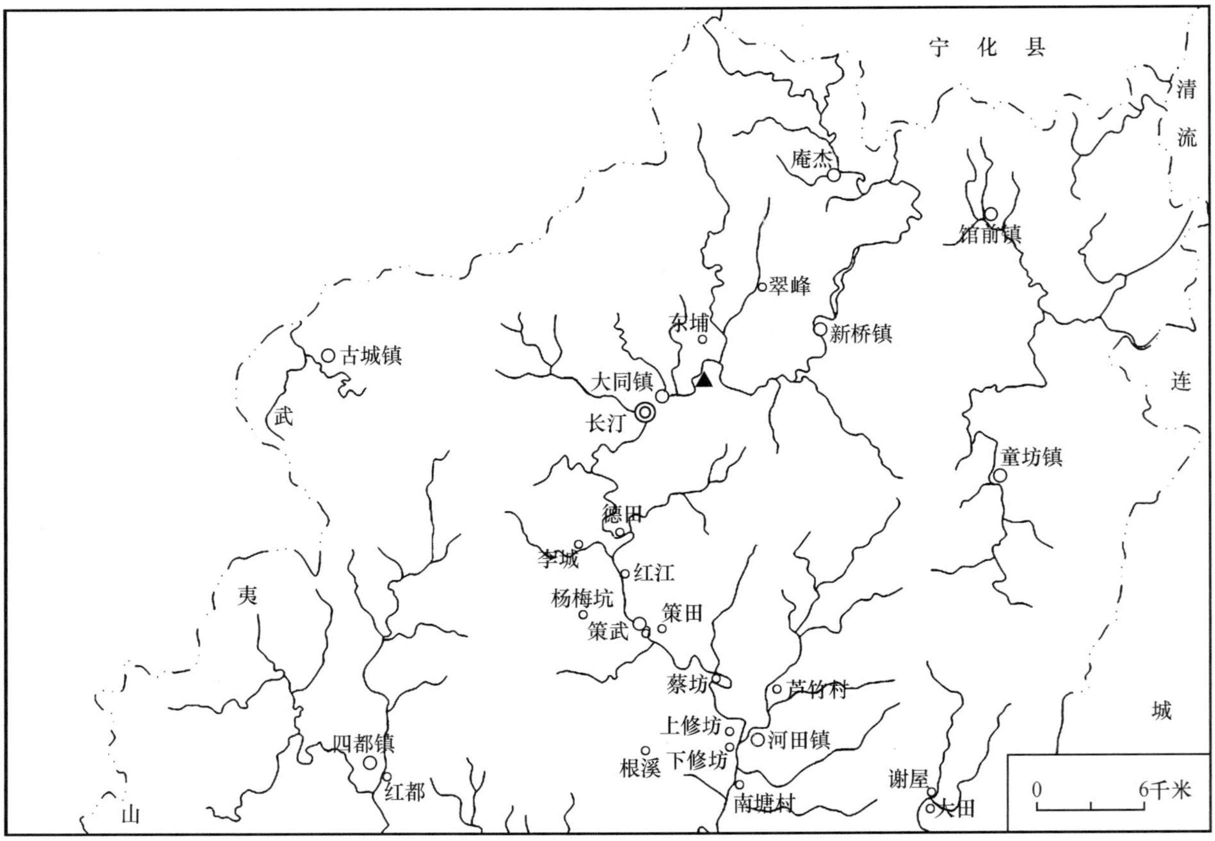

图2-20　山下窝遗址位置示意图

2. 遗物

通过调查，在山下窝遗址采集有石器和少量陶片。

（1）石器

器形有石锤和石球。

石锤　1件。2012-2013CDSX采：1，灰褐色砂岩，背面残缺，底部可见使用痕迹。残长9.2、宽4.9、厚1～3.2厘米。重197克（图2-21：1）。

石球　1件。2012-2013CDSX采：2，灰褐色砂岩。表面粗糙。扁圆形。长4.1、宽3.5、厚

0.21厘米。重44.43克（图2-21：2）。

（2）陶器

采集13片陶片，陶质有泥质和夹砂，部分施黑衣、赭衣，陶色有青灰、灰黄、灰褐。陶片纹饰可见双线菱形纹、条纹、方格纹、网格纹等（图2-22）。

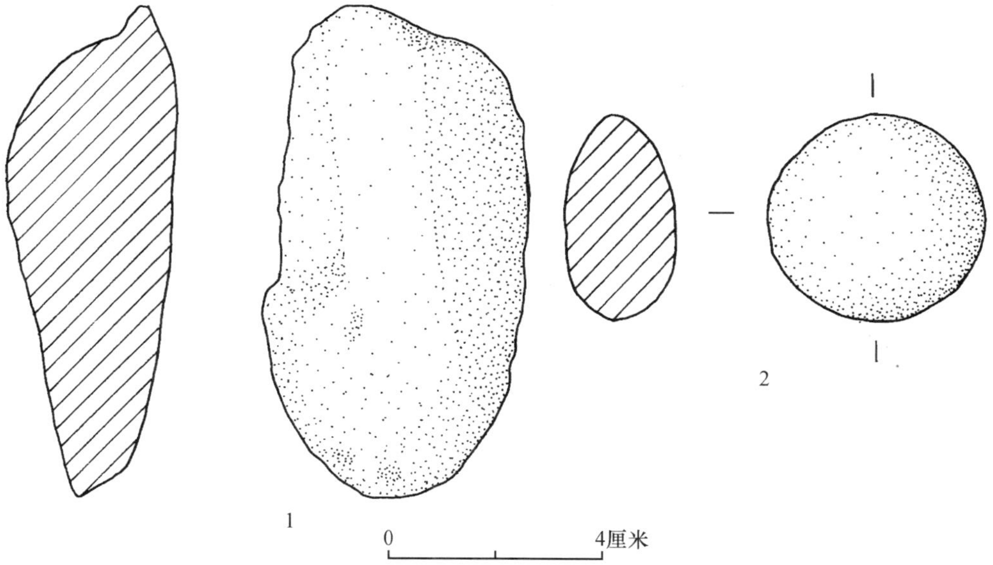

图2-21　山下窝遗址采集石器

1. 石锤（2012-2013CDSX采：1）　2. 石球（2012-2013CDSX采：2）

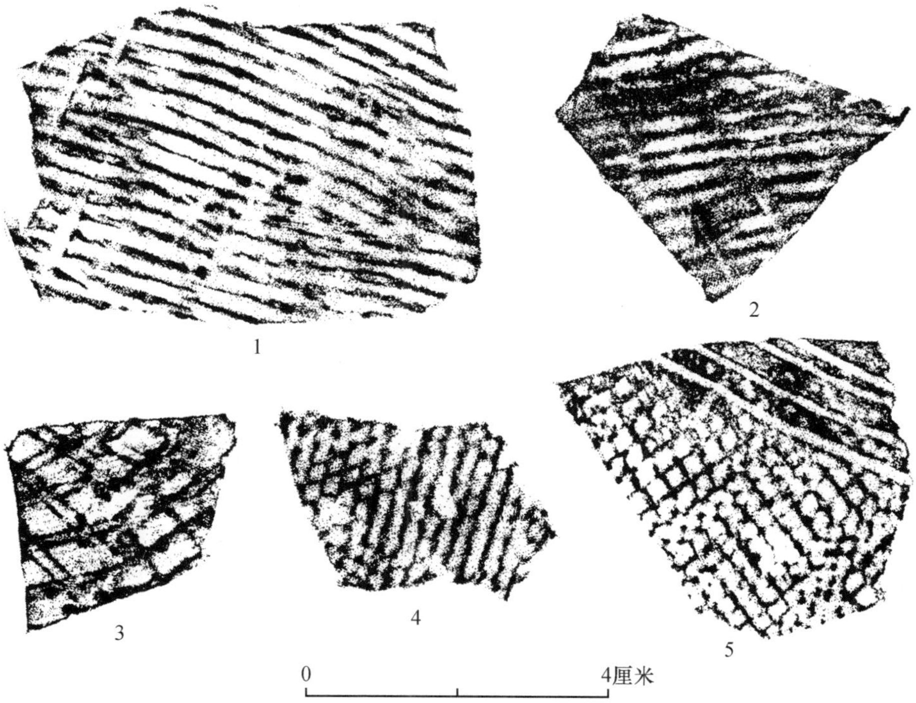

图2-22　山下窝遗址采集陶片纹饰拓片

1、2. 条纹（2012-2013CDSX采：4、2012-2013CDSX采：8）　3. 双线菱形纹（2012-2013CDSX采：7）　4. 网格纹（2012-2013CDSX采：6）　5. 弦纹与方格纹组合纹饰（2012-2013CDSX采：5）

七　牛脑山遗址

1. 遗址概况

遗址位于长汀县策武镇策田村牛脑山（图2-23），为1987年调查发现。遗址地理坐标为北纬25°44′20.6″，东经116°20′39.2″。遗址与水库岽遗址相邻，相对高度5米，面积约9000平方米。山脚下西约50米是汀江河，东约200米是水库岽，山脚下东是水库，西是205省道，路边是大片农田，西南800米是龙长高速，东约700米是黄姓民居。山上植被茂密，以松、桃树为主，以水稻土为主要土壤（图版16）。遗址北部发现有少量陶片，未发现遗迹和文化层。

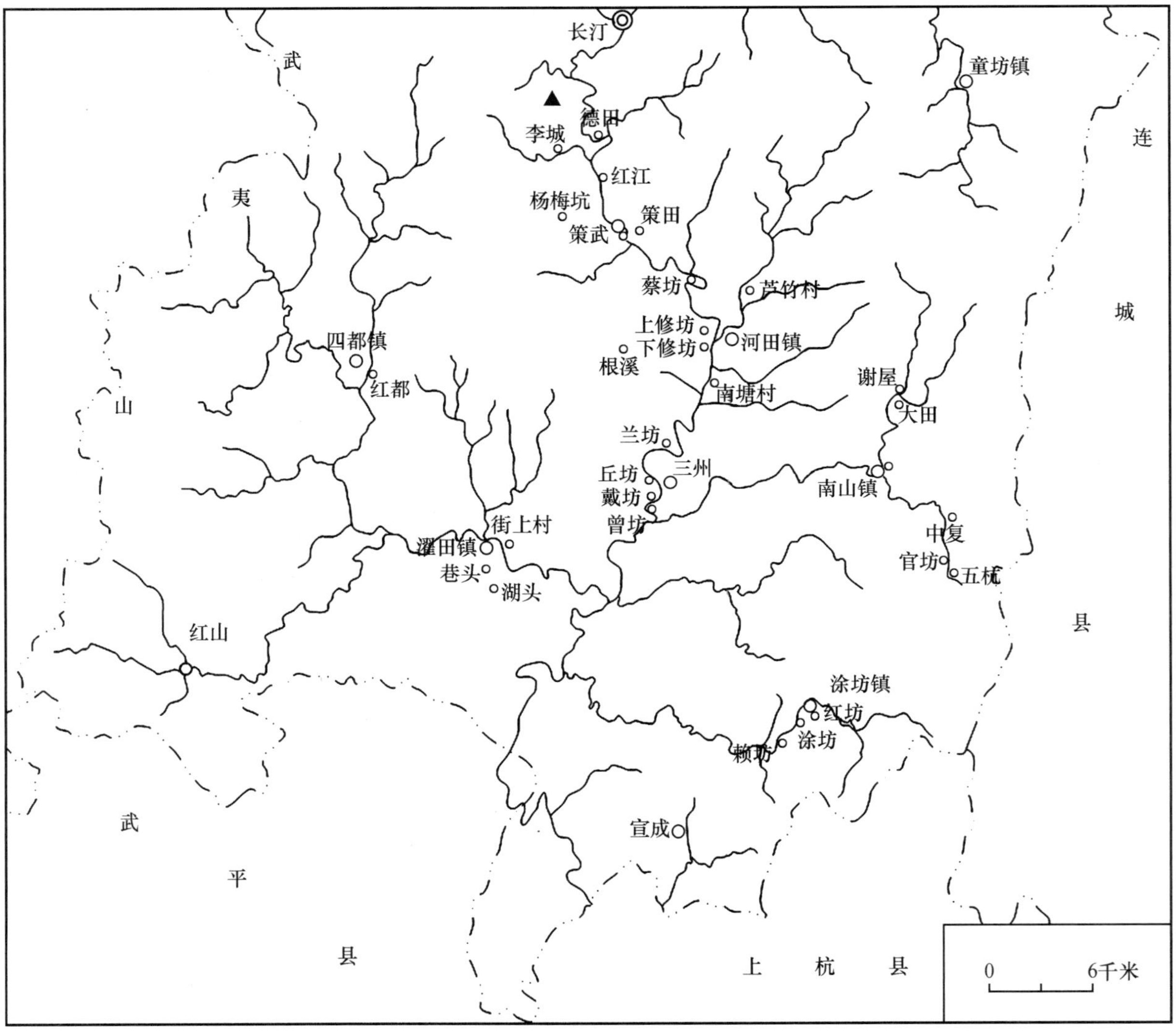

图2-23　牛脑山遗址位置示意图

2. 遗物

通过调查，采集1件石锛坯件和少量陶片。

（1）石器

石锛坯件　2012-2013CCNN采：1，青灰色石英砂岩。近长方形，正反左右均磨砺且光滑平整。尾部、刃部及正面可见石片疤。残长9.1、宽2.8、厚0.2～0.7厘米（图2-24）。

（2）陶器

陶片，均为泥质青灰色硬陶，纹饰可见曲折纹（图2-25）。

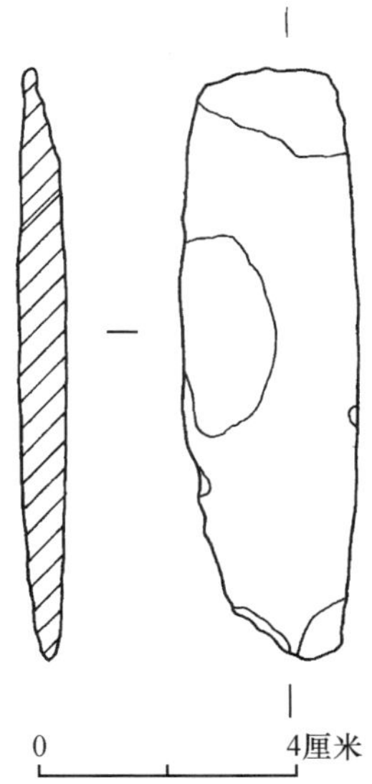

图2-24　牛脑山遗址采集石器

石锛坯件（2012-2013CCNN采：1）

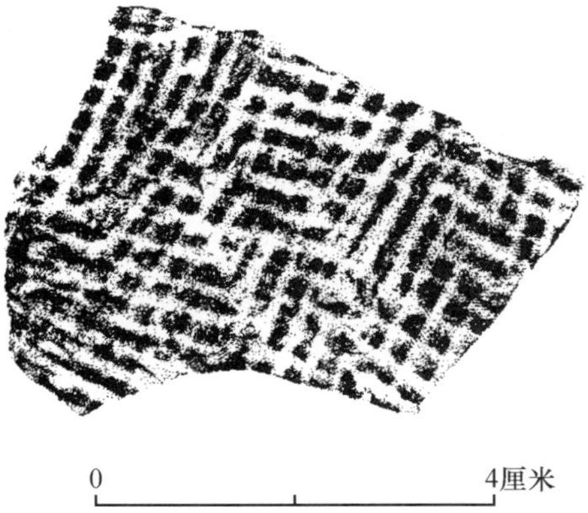

图2-25　牛脑山遗址采集陶片纹饰拓片

曲折纹（2012-2013CCNN采：2）

八　牛斗头遗址

1. 遗址概况

遗址位于长汀县策武镇牛斗头自然村东北方向50米（图2-26），为1987年调查发现。遗址地理坐标为北纬25°46′54.9″，东经116°19′35.8″。遗址为大山延伸出来呈东西走向的坡地，长约100、宽约50米，调查面积约1500平方米，海拔338米，相对高度20米。遗址东临汀江，西面为牛斗头新村及策武变电站，南面坡下为村民开垦的农田，北面坡下为厂区及通往厂区的水泥路。遗址顶面凸起，平面较为宽阔，东西南北四面植被稀少，南面被村民开垦，并种植蔬菜。仅在西面发现少量陶片。长期的水土流失，地表部分裸露基岩风化土。未发现其他遗迹和文化层（图版17）。

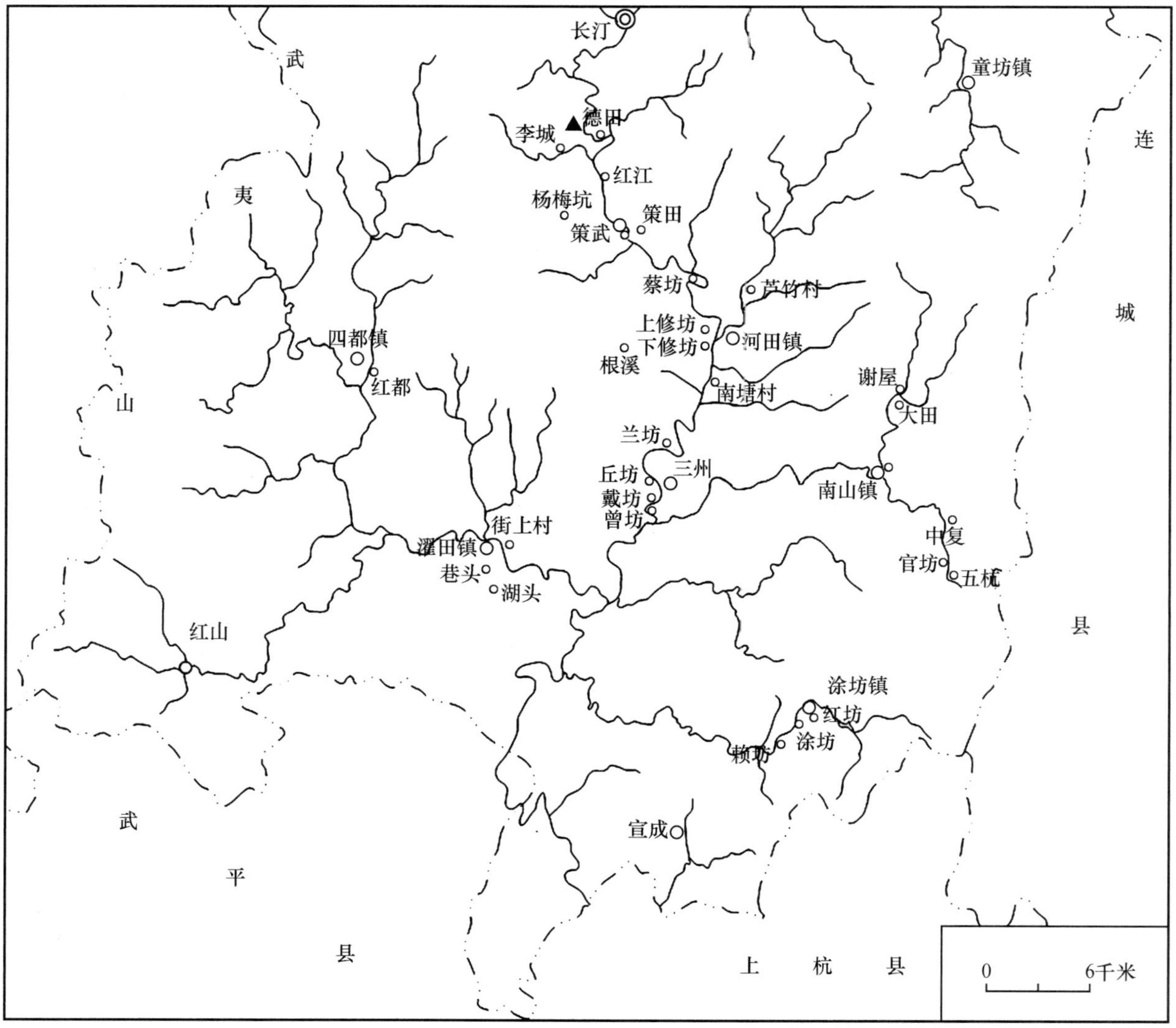

图2-26　牛斗头遗址位置示意图

2. 遗物

遗址西面采集11片陶片，其中1片为原始瓷。均为泥质灰褐陶，陶胎较薄，烧制火候较高，质地坚硬。纹饰主要有菱形填线纹、刻划纹、方格纹、弦纹与方格纹组合纹饰（图2-27），可辨器形有钵、罐。

钵口沿　1件。2012-2013CCND采：1，原始瓷，胎色青灰。方圆唇，敛口，斜腹，里外施衣。内侧可见八道刻划纹。口径12、残高2.3、厚0.4～0.9厘米（图2-28：1）。

器底　1件。2012-2013CCND采：2，泥质灰硬陶，外施黑衣，黑衣剥落严重。斜腹，平底，腹部依稀可见席纹。底径11、残高2.1、厚0.35～1.2厘米（图2-28：2）。

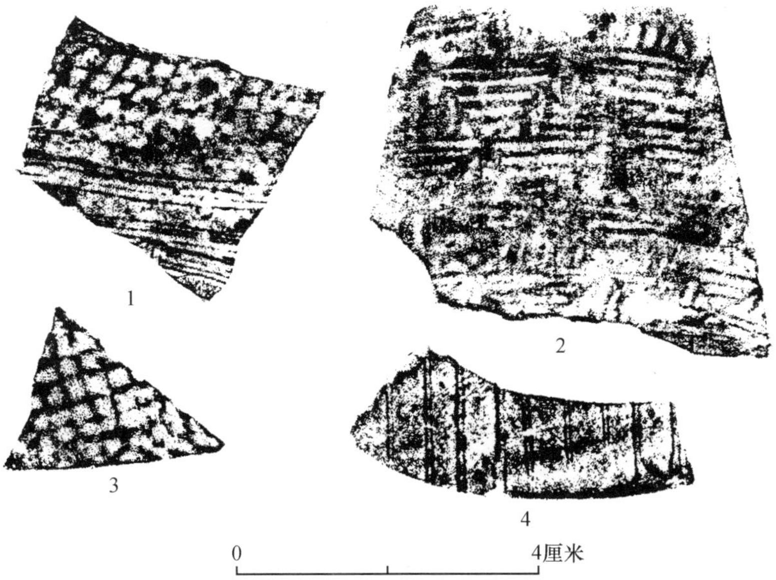

图2-27　牛斗头遗址采集陶片纹饰拓片

1. 弦纹与戳印方格纹组合纹饰（2012-2013CCND采：5）　2. 方格填线纹（2012-2013CCND采：3）　3. 方格纹（2012-2013CCND采：6）　4. 刻划直线纹（2012-2013CCND采：4）

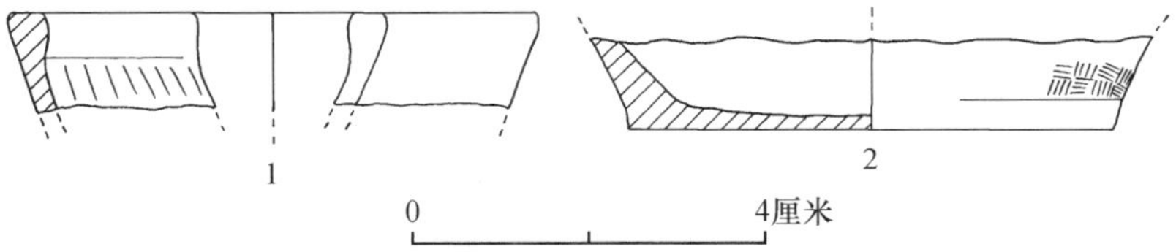

图2-28　牛斗头遗址采集陶器

1. 钵口沿（2012-2013CCND采：1）　2. 器底（2012-2013CCND采：2）

3. 墓葬

通过调查，在墓葬区的西北部施工现场形成的断坎处发现一座墓葬（图2-29；图版18），编号牛斗头M1，墓葬部分已被破坏。

（1）清理

2013牛斗头M1，为长方形，长2.38、宽0.93、深约0.09米，墓葬方向北偏西10°　。墓底全部用小的砾石铺制而成。随葬品有1件陶罐，纹饰为网格纹。

（2）遗物

陶罐　1件。2012-2013CCNDM1：1，泥质灰褐陶，陶胎坚硬。尖圆唇，颈微束，溜肩，弧腹，下腹弧内收，平底。肩及腹饰方格纹。口径7.4、高11.6、底径7.8、厚0.2～0.7厘米（图2-30；图版19）。

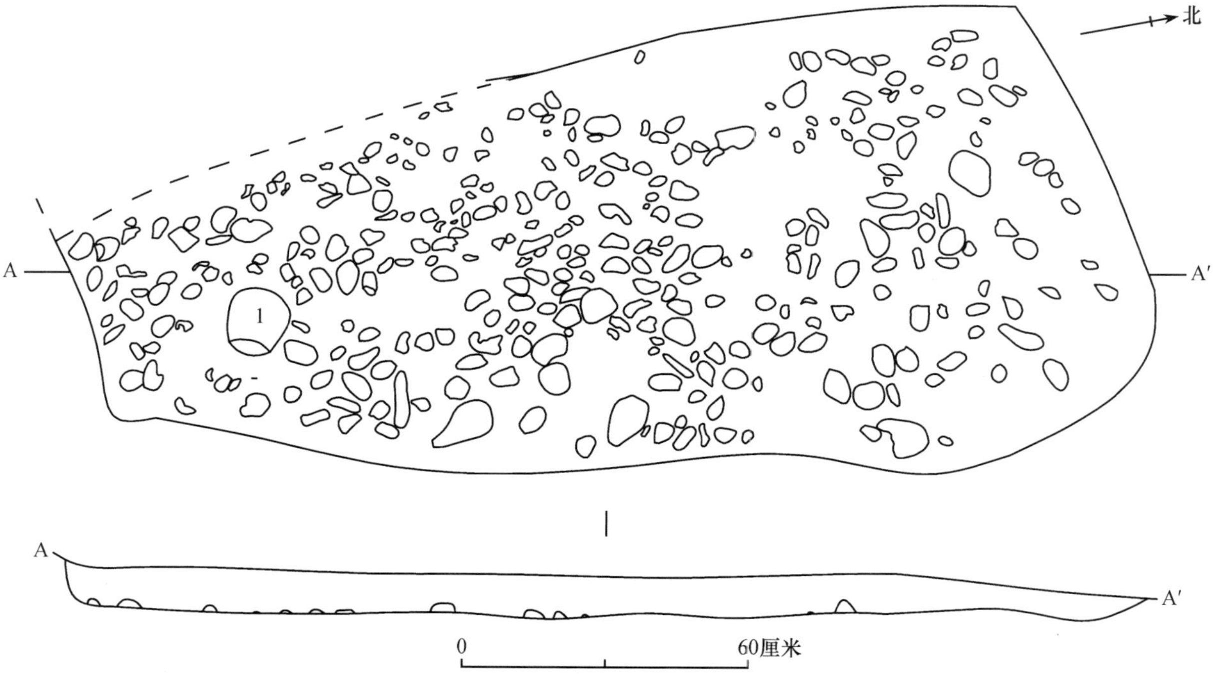

图2-29　牛斗头M1平、剖面图

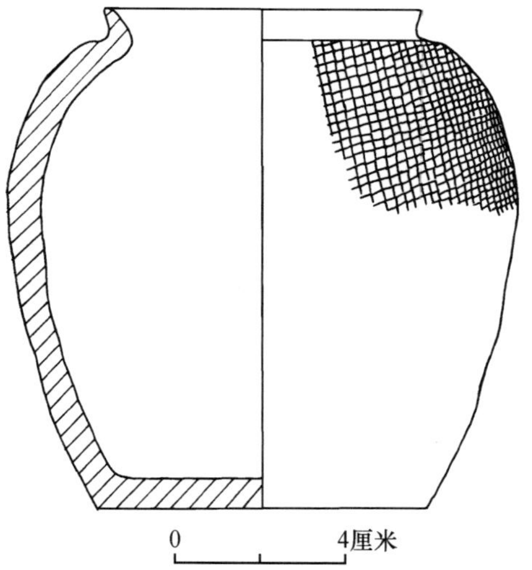

图2-30　牛斗头M1出土陶器
陶罐（2012-2013CCNDM1：1）

九　李城对门山遗址

1. 遗址概况

遗址位于长汀县策武镇李城自然村（图2-31），为此次调查发现。遗址地理坐标北纬25°46′26.1″，东经116°19′7.8″。遗址为一处相对独立的小山包，呈南北走向。东西长约80米，南北长约300米，调查面积约2400平方米，海拔326米，相对高度30米。遗址东面约100米处为

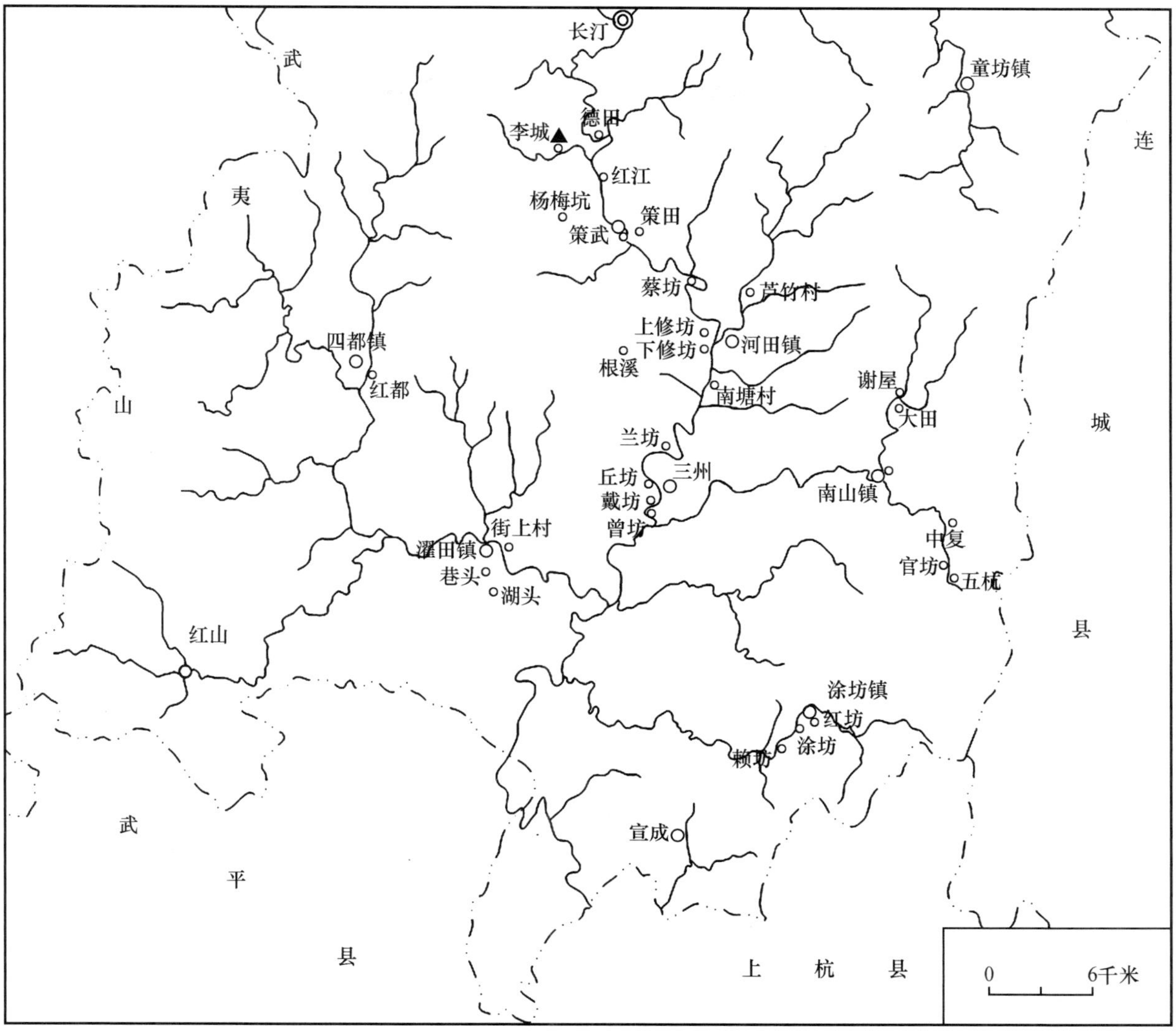

图2-31　李城对门山遗址位置示意图

厦蓉高速长汀收费站及高速交警大队，西面坡下为砖瓦厂，北面为开发区。遗址布满杂草，零散栽种松树。由于长年水土流失，大量基岩裸露。遗址地表遗物较为丰富。

2. 遗迹

通过调查，在遗址东面由于施工造成的宽3米，深1.5米的便道两侧上遗留有较多陶片，局部保留有小砾石加工铺制的墓底。

3. 遗物

通过调查，采集67片陶片，陶质以泥质、夹砂陶为主。陶色以灰色系为主，有深灰、灰白、灰黄等。陶片以素面为主，纹饰可见条纹、双线菱形纹、凸棱与条纹组合纹饰、网格纹、方格纹、栅篱纹等（图2-32）。可辨器形有罐、钵、豆等。其制作手法以轮制为主。

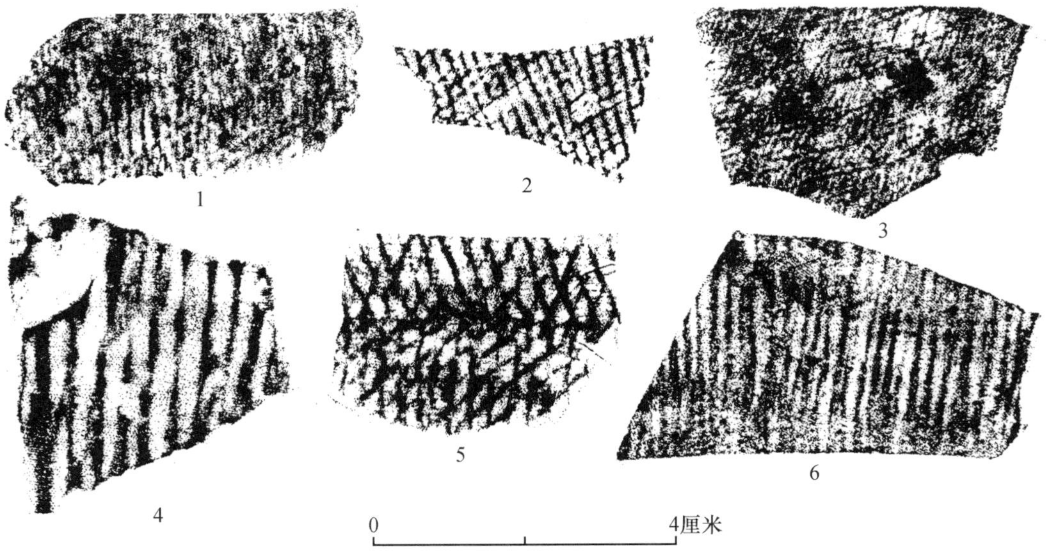

图2-32　李城对门山遗址采集陶片纹饰拓片

1. 栅篱纹（2012-2013CCLC采：11）　2. 方格纹（2012-2013CCLC采：17）　3. 双线菱形纹（2012-2013CCLC采：14）　4、6. 条纹（2012-2013CCLC采：16、2012-2013CCLC采：13）　5. 网格纹（2012-2013CCLC采：15）

罐口沿　3件。

2012-2013CCLC采：1，泥质灰硬陶，外施黑衣，衣剥落严重。尖圆唇，沿面微曲，沿与颈相接处上凸，侈口，束颈，折肩，斜腹。口沿部分可见轮旋痕迹，肩下饰网格纹。口径14.2、残高7.3、厚0.4～1.2厘米（图2-33：1）。

2012-2013CCLC采：2，泥质深青灰硬陶。圆唇，唇面微曲，侈口，束颈，高领，斜肩。肩下饰栅篱纹。口径11、残高4.5、厚0.3～0.9厘米（图2-33：3）。

2012-2013CCLC采：3，泥质深青灰硬陶，圆唇，敛口，折肩，斜腹。腹饰网格纹。口径15.2、残高2.1、厚0.3～0.6厘米（图2-33：2）。

钵口沿　1件。2012-2013CCLC采：4，泥质硬陶，陶色里外青灰，陶胎中间为紫灰色。圆唇，敞口，斜腹。腹饰网格纹。口径8.6、残高2.7、厚0.4～0.9厘米（图2-33：4）。

豆口沿　1件。2012-2013CCLC采：7，泥质灰陶，胎质较硬，里外施黑衣，外侧黑衣剥落。圆唇，侈口，斜腹内收。口径10，残高2、厚0.2～0.4厘米（图2-33：5）。

陶器口沿　2件。

2012-2013CCLC采：5，泥质深青灰色硬陶，圆唇，唇面微曲，残高2.5、宽3.3、厚0.4～0.7厘米（图2-33：7）。

2012-2013CCLC采：6，夹细砂灰黄硬陶。圆唇，宽沿，沿面微曲，口径15、残高1.6、厚0.4～0.6厘米（图2-33：6）。

器底　2件。

2012-2013CCLC采：8，泥质灰硬陶。斜腹，平底。腹饰条纹与弦纹组合纹饰。残高6.1、残宽4.7、厚0.5～1.1厘米（图2-33：8）。

2012-2013CCLC采：9，泥质灰硬陶。斜腹，平底。腹与底部饰条纹，腹部还可见弦纹。

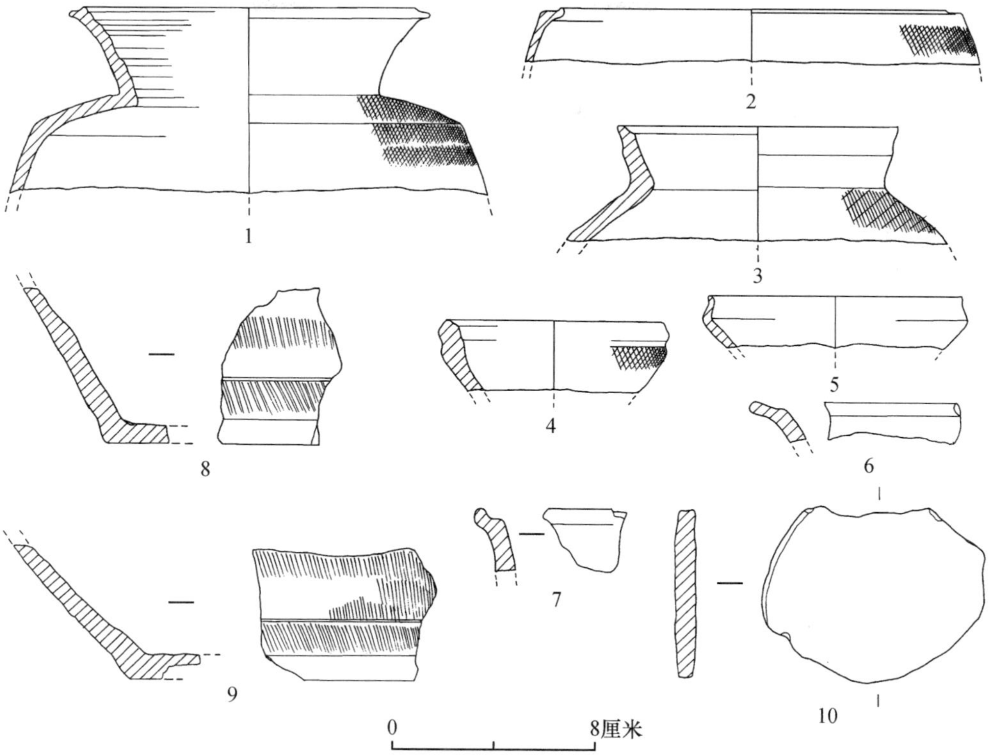

图2-33　李城对门山遗址采集陶器

1～3. 罐口沿（2012-2013CCLC采：1、2012-2013CCLC采：3、2012-2013CCLC采：2）　4. 钵口沿（2012-2013CCLC采：4）　5. 豆口沿（2012-2013CCLC采：7）　6、7. 陶器口沿（2012-2013CCLC采：6、2012-2013CCLC采：5）　8、9. 器底（2012-2013CCLC采：8、2012-2013CCLC采：9）　10. 陶垫饼（2012-2013CCLC采：10）

残高5.2、残宽6.9、厚0.5～1.3厘米（图2-33：9）。

陶垫饼　1件。2012-2013CCLC采：10，形状不规则，泥质灰陶，胎质较硬，两面可见黑衣。残长6.8、残宽7.7、厚0.5～0.8厘米（图2-33：10）。

十　德田遗址

1. 遗址概况

遗址位于长汀县策武镇德联村对门山（图2-34），为1987年调查发现。遗址地理坐标为北纬25°46′32.2″，东经116°20′18.8″。遗址调查面积约1000平方米，海拔约325米。东北山脚下是大片农田，东北约1000米是赣（州）龙（岩）铁路。东约300米是村道和民居，约400米是汀江河。以水稻土为主要土壤，山上植被茂密，多为松树。

2. 遗物

采集3片陶片，其中2片泥质陶，1片夹砂陶。胎质较硬。纹饰可见曲折纹、凸棱纹（图2-35）。

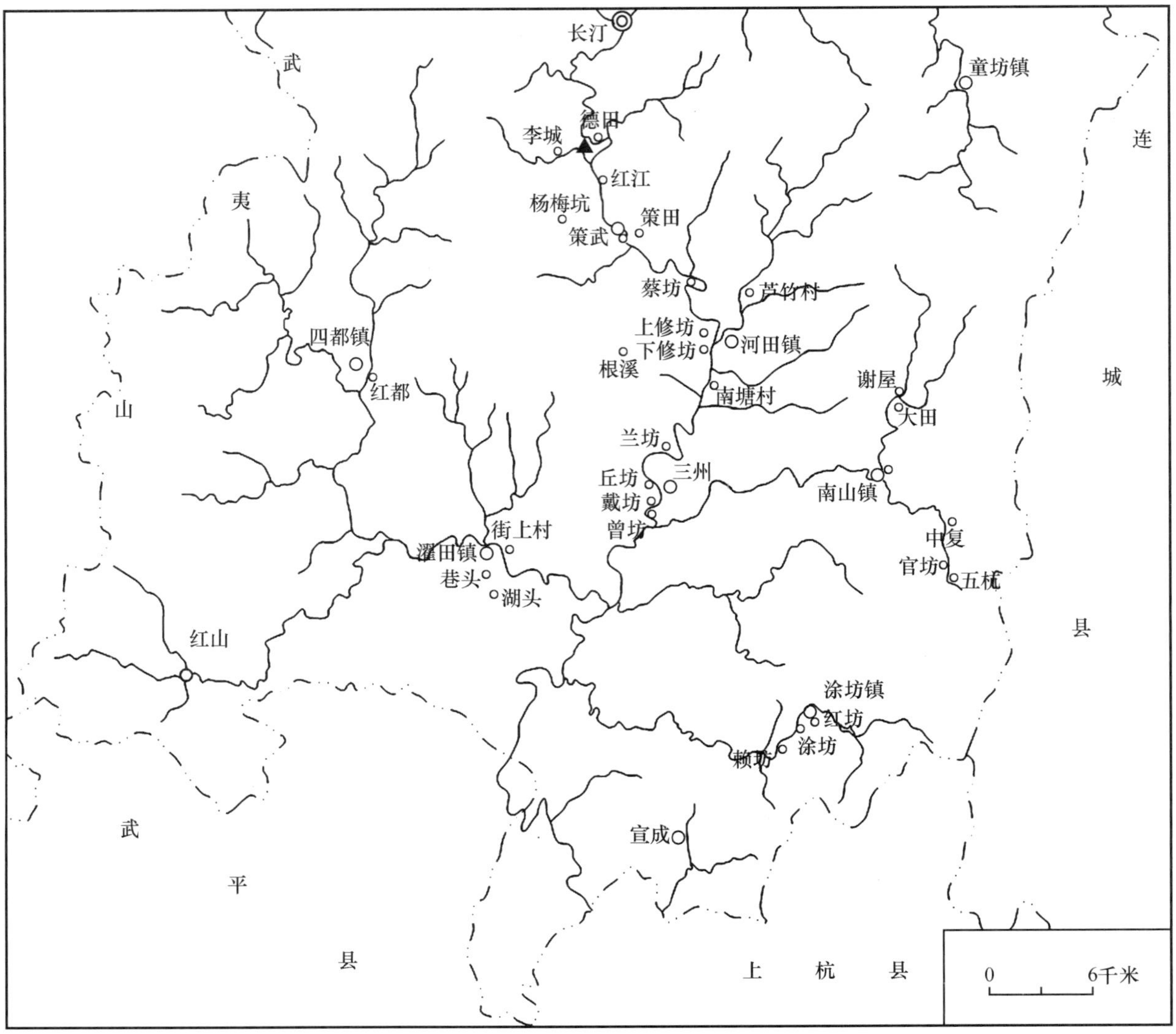

图2-34　德田遗址位置示意图

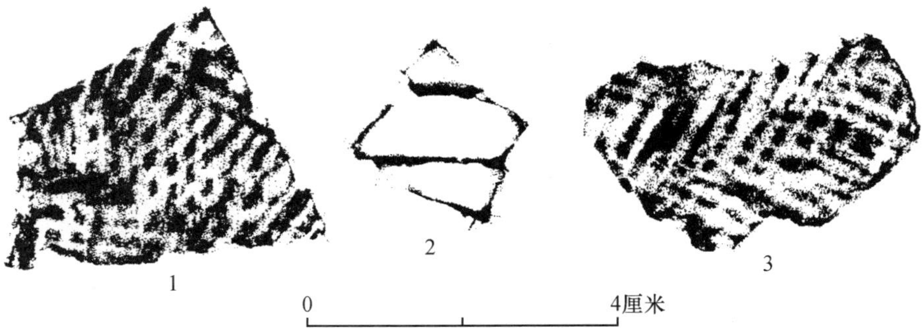

图2-35　德田遗址采集陶片纹饰拓片

1、3. 曲折纹（2012-2013CCDT采：2、2012-2013CCDT采1）　2. 凸棱纹（2012-2013CCDT采：3）

十一　西山哩遗址

1. 遗址概况

遗址位于长汀县策武镇德联村西山哩（图2-36），为1987年调查发现。遗址地理坐标为北纬25°46′35.2″，东经116°20′26.2″。遗址调查面积约500平方米，海拔约302米，遗址南约300米是汀江河，西南约100米是大片农田，南约300米是德联大桥，西地约150米是德联村民居。遗址山上植被茂密，以松树为主。以水稻土为主要土壤。未发现遗迹与文化层堆积。

2. 遗物

采集有石器。

石璧　1件。2012-2013CCXS采：1，深灰色细砂岩。仅余一段，磨制精细。外直径较规

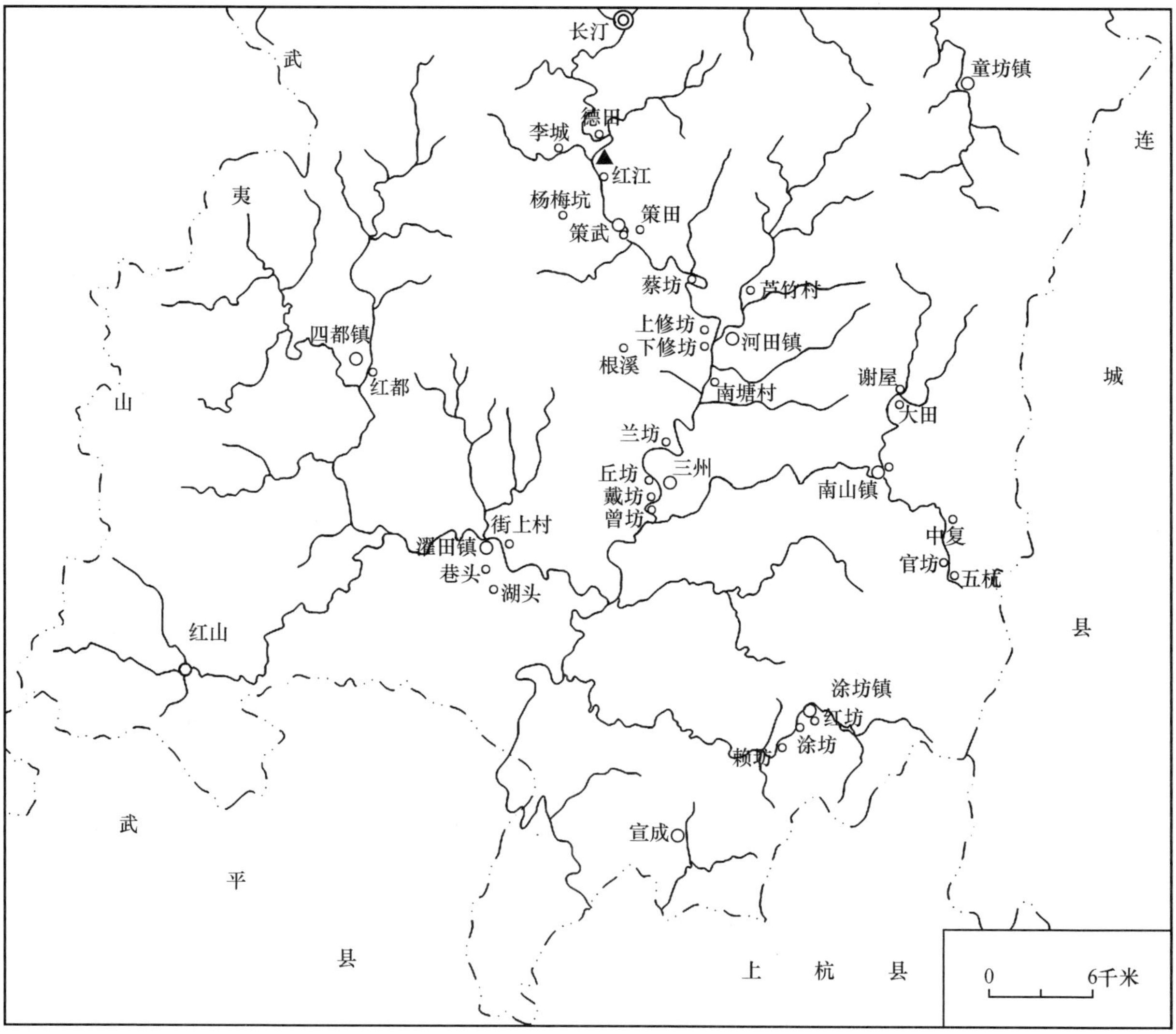

图2-36　西山哩遗址位置示意图

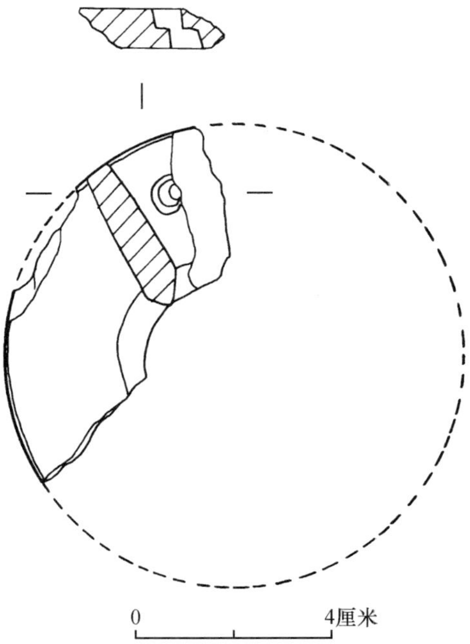

图2-37　西山哩遗址采集石器
石璧（2012-2013CCXS采：1）

整，内直径变形。横截面扁平。有一穿，两面穿孔，且穿孔位置交错。外直径5.7、残长7.8、宽3、厚0.6～0.95厘米。重27.27克（图2-37）。

十二　自背岭Ⅰ号遗址

1. 遗址概况

遗址位于长汀县策武镇德联村车头自然村西北方向1000米（图2-38），为此次调查发现。遗址地理坐标为北纬25°46′10.2″，东经116°19′50″。遗址南北走向，为一处大山延伸出来的山梁。遗址长约150米，宽约35米，调查面积约5250平方米，海拔328米，相对高度30米。南坡为断坎，坡下为策武到开发区的公路，北面与延伸的大山相连。东面半坡处有8座现代墓，坡下为农田，远处近300米为德联村车头自然村，近1000米处为汀江自东北向西南流经。遗址顶部平坦，山顶植被稀少，四周植被茂密。东西两面地势较缓，栽种松树和杉树，近坡底部有一经修整过的大的平台。土壤类型为红土，山顶局部裸露基岩（图版20）。

2. 遗物

通过调查，采集有石器及大量陶片。

（1）石器

器形有石器坯件、砺石等。

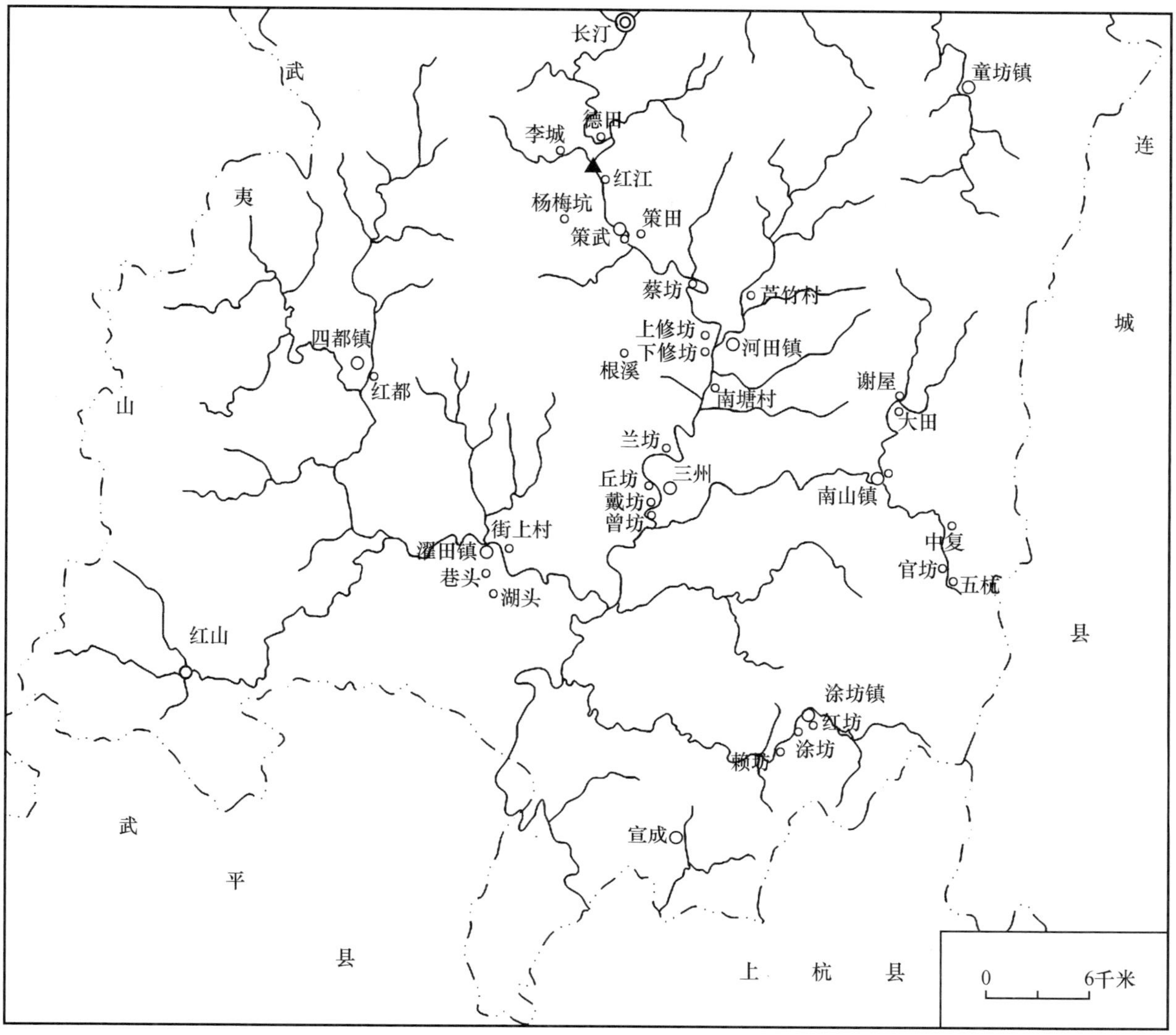

图2-38　自背岭Ⅰ号遗址位置示意图

石器坯件　4件。

2012-2013CCZBⅠ采：1，青灰色砂岩。近长方形，正反、左右四面均可见打制痕迹，多处大小不一石片疤，背面平直。长19.5、宽4.5、厚0.9～2.1厘米（图2-39：1）。

2012-2013CCZBⅠ采：2，青灰色砂岩。近长方形，顶部残缺，左右两侧可见打击痕迹，正面平直，有磨砺。残长10.4、宽6、厚0.4～1.9厘米（图2-39：3）。

2012-2013CCZBⅠ采：3，青灰色砂岩。近长方形，扁平。正面磨砺，平直，左侧可见石片疤。长5.2、宽2.6、厚0.1～0.4厘米（图2-39：4）。

2012-2013CCZBⅠ采：4，灰色砂岩。近锥形，体宽扁，顶部残缺，正反两面均有磨砺。残长8.9、宽4.8、厚0.9～1.8厘米（图2-39：5）。

砺石　1件。2012-2013CCZBⅠ采：5，灰褐色砂岩。不规则形，正反两面磨砺呈凹形。长10.7、宽4.6、厚2～2.7厘米（图2-39：2）。

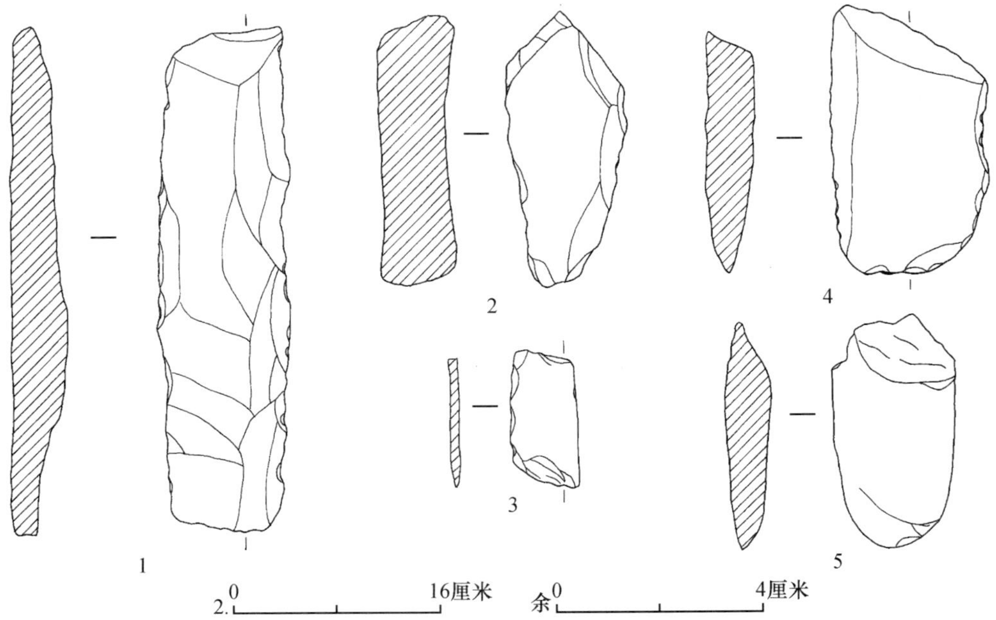

图2-39　自背岭Ⅰ号遗址采集石器

1、3～5. 石器坯件（2012-2013CCZBⅠ采：1、2012-2013CCZBⅠ采：2、2012-2013CCZBⅠ采：3、2012-2013CCZBⅠ采：4）
2. 砺石（2012-2013CCZBⅠ采：5）

（2）陶器

采集陶片125片，泥质灰硬陶为主，少量夹砂硬陶。陶色以灰色系为主，有灰、深灰、灰黄、灰褐等。陶片胎质较薄。纹饰以双线菱形纹为多，部分为条纹、方格纹、网格纹、压印纹、栅篱纹等（图2-40）。初步可辨器形有鼎、罐。

鼎足　1件。2012-2013CCZBⅠ采：6，夹粗砂灰软陶，胎色不均，部分灰白，部分灰黑色。近梯形。高13、宽4.3～6、厚1～2.5厘米（图2-41：1）。

罐口沿　3件。

2012-2013CCZBⅠ采：8，泥质灰褐色硬陶。尖圆唇，直口微侈，短颈，折肩，斜腹，腹饰条纹。口径13、残高2.9、厚0.4～0.9厘米（图2-41：2）。

2012-2013CCZBⅠ采：9，泥质灰硬陶，里外施衣。圆唇，唇面微曲，敞口。口沿处可见一穿。口径17、残高2.1、厚0.5～0.7厘米（图2-41：3）。

2012-2013CCZBⅠ采：11，泥质灰硬陶，圆唇，敞口。残长4、残高2、厚0.3～0.4厘米（图2-41：5）。

罐肩部残片　1件。2012-2013CCZBⅠ采：10，泥质灰褐色硬陶，短颈，溜肩，折腹。肩腹饰栅篱纹。残高5.6、厚0.4～0.7厘米（图2-41：4）。

圈足　1件。2012-2013CCZBⅠ采：12，泥质灰硬陶，圈足外撇。底径12、残高2.9、厚0.6～1.6厘米（图2-41：6）。

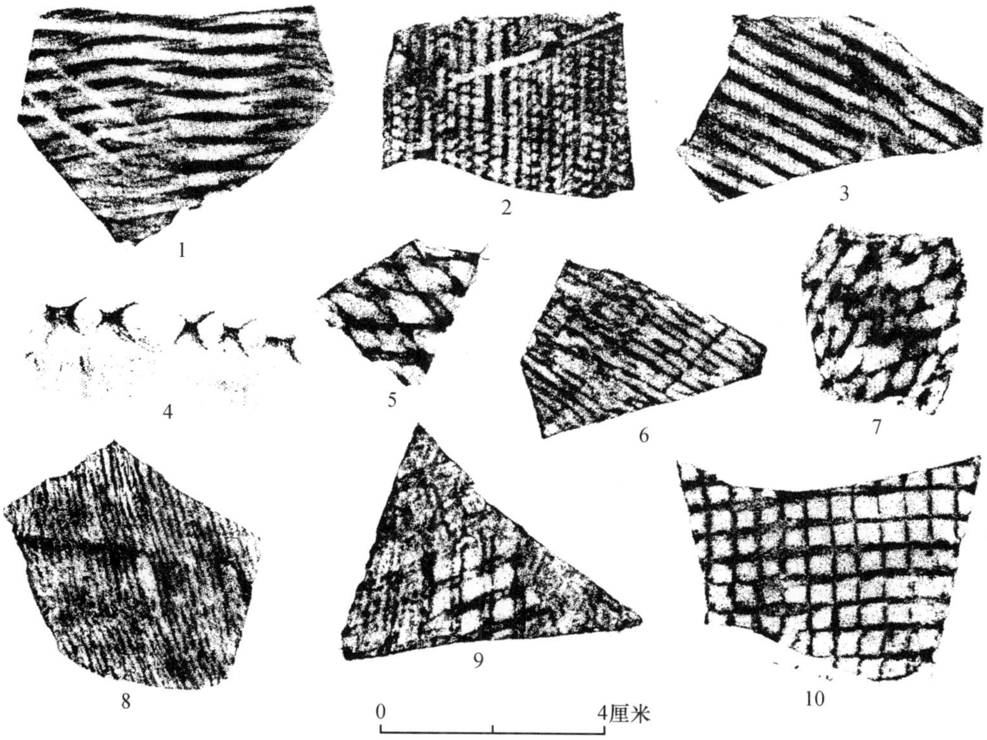

图2-40　自背岭Ⅰ号遗址采集陶片纹饰拓片

1、3. 篮纹（2012-2013CCZBⅠ采：13、2012-2013CCZBⅠ采：18）　2、10. 方格纹（2012-2013CCZBⅠ采：14、2012-2013CCZBⅠ采：15）　4. 压印锯齿纹（2012-2013CCZBⅠ采：16）　5. 双线大网格纹（2012-2013CCZBⅠ采：21）　6. 栅篱纹（2012-2013CCZBⅠ采：17）　7. 网格纹（2012-2013CCZBⅠ采：20）　8. 绳纹（2012-2013CCZBⅠ采：19）　9. 双线菱形纹（2012-2013CCZBⅠ采：22）

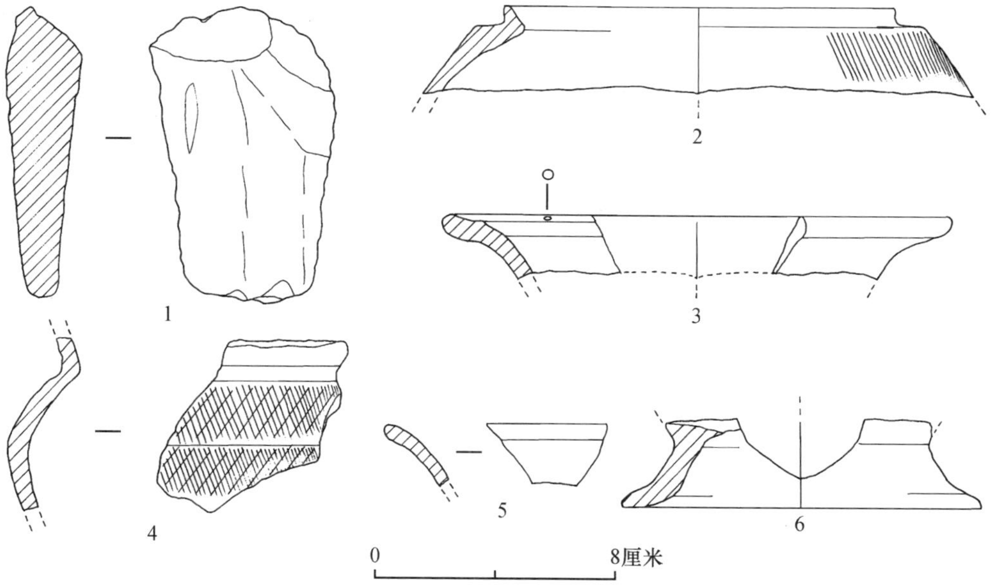

图2-41　自背岭Ⅰ号遗址采集陶器

1. 鼎足（2012-2013CCZBⅠ采：6）　2、3、5. 罐口沿（2012-2013CCZBⅠ采：8、2012-2013CCZBⅠ采：9、2012-2013CCZBⅠ采：11）　4. 罐肩部残片（2012-2013CCZBⅠ采：10）　6. 圈足（2012-2013CCZBⅠ采：12）

十三　自背岭Ⅱ号遗址

1. 遗址概况

遗址位于长汀县策武镇德联村车头自然村西北方向300米（图2-42），为此次调查发现。遗址地理坐标为北纬25°46′13.5″，东经116°20′2.2″。遗址为一处大山延伸出来呈南北走向的山梁，遗址长约200米，宽约50米，调查面积约1000平方米，海拔328米，相对高度30米。遗址东面坡下800米处为汀江由东北向西南流经，西面与大山相连，南面坡下为德联村车头自然村，北面坡下为小河谷，遗址植被稀少，部分栽种茶树和松树，地表土壤类型为红壤（图版21）。

2. 文化层堆积

在遗址东面村民发掘坟墓留下的断坎上发现有文化层堆积（图2-43；图版22）：

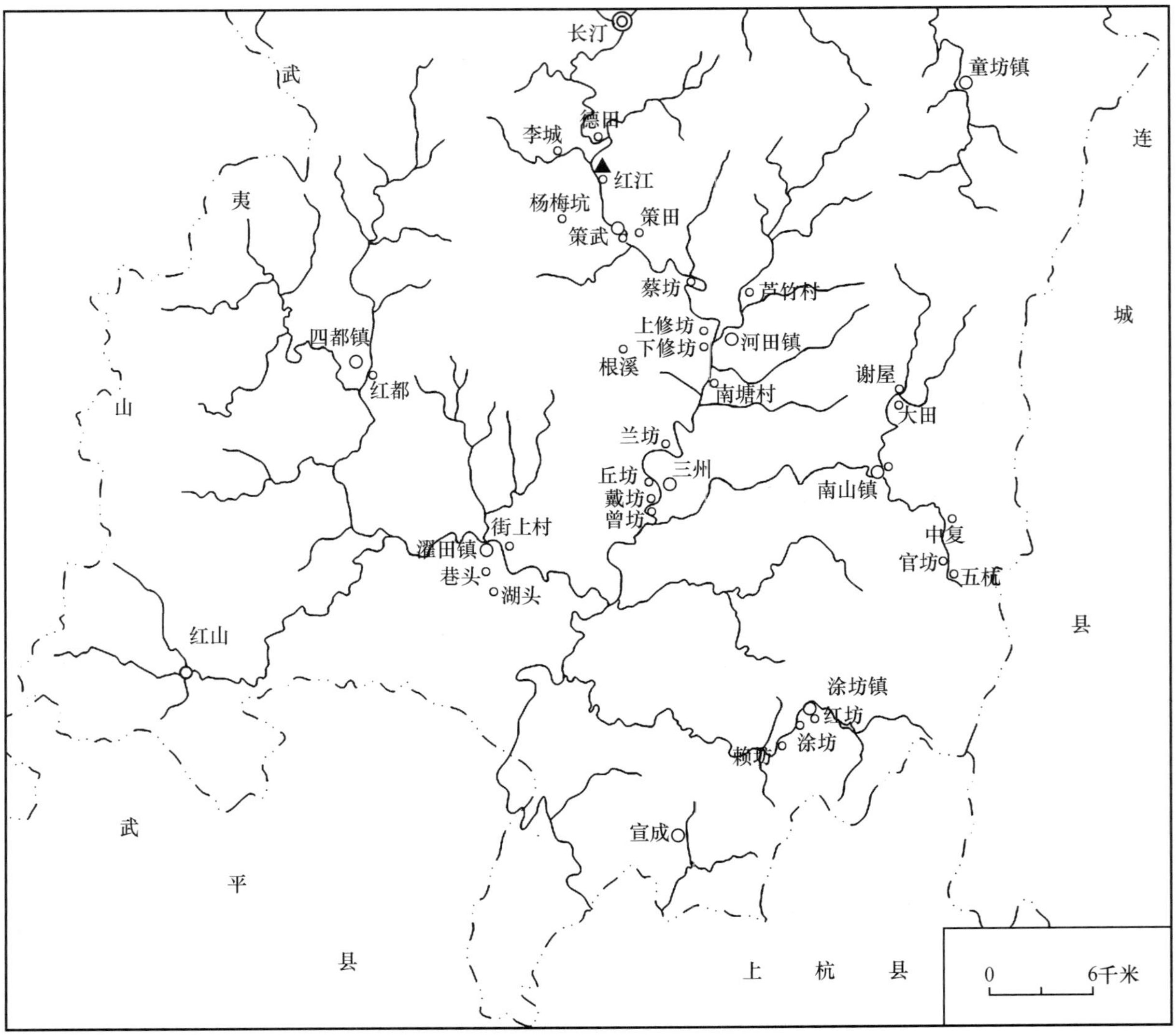

图2-42　自背岭Ⅱ号遗址位置示意图

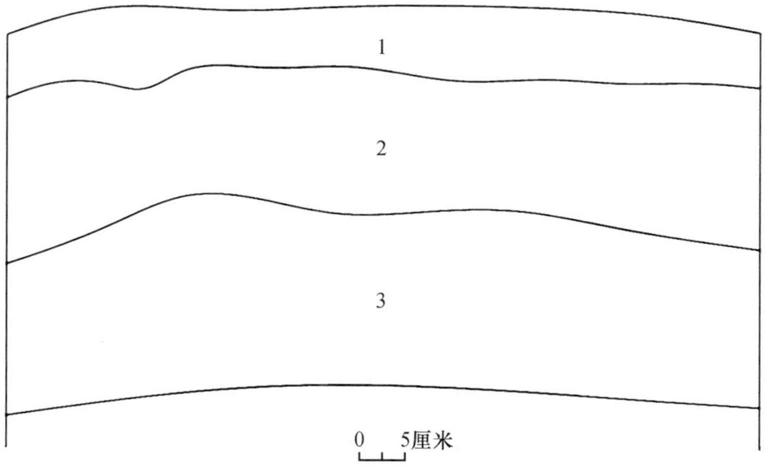

图2-43　自背岭Ⅱ号遗址地层剖面图

第1层为表土层；

第2层为黄色砂质黏土层，厚约15厘米，含少量炭粒；

第3层为文化层，其土色呈灰色，内夹杂有少量的夹砂灰色陶片，厚约40厘米。

3. 遗物

通过调查，采集有石器及少量陶片。

（1）石器

器形有石锛、石器坯件、石凿。

石锛　1件。2012-2013CCZBⅡ采：3，青灰色砂岩。近长方形。尾部弧形，有磕损，刃部明显，剖面似为有段。长3.9、宽1.8～2.5、厚0.6～1.1厘米（图2-44：1）。

石器坯件　2件。

2012-2013CCZBⅡ采：1，青灰色砂岩，正反、左右四面均可见打击石片疤，放射线明显。残长7.5、宽3.7、厚0.3～1.4厘米（图2-44：2）。

2012-2013CCZBⅡ采：2，青灰色砂岩，正面及左右侧面可见打击石片疤，放射线明显，背面平滑。残长7.2、宽1～4.7、厚0.2～1.2厘米（图2-44：3）。

石凿　1件。2012-2013CCZBⅡ采：4，灰白色砂岩。近长方形，较完整。两端薄，中间厚，正面呈弓形，背面平直，右侧起棱明显。长6、宽1.2～1.6、厚0.1～0.9厘米（图2-44：4）。

（2）陶器

采集43片陶片，以深灰硬陶为主，部分软陶，2片施衣陶，陶片纹饰可见曲折纹，叶脉纹、栅篱纹、弦纹、方格纹、曲折与凸棱组合、方格与圆圈纹组合等纹饰（图2-45）。可辨器形有罐、豆。

罐口沿　3件。

2012-2013CCZBⅡ采：6，泥质青灰陶，胎质坚硬。尖圆唇，侈口。口径16、残高3.4、厚0.5～0.6厘米（图2-46：3）。

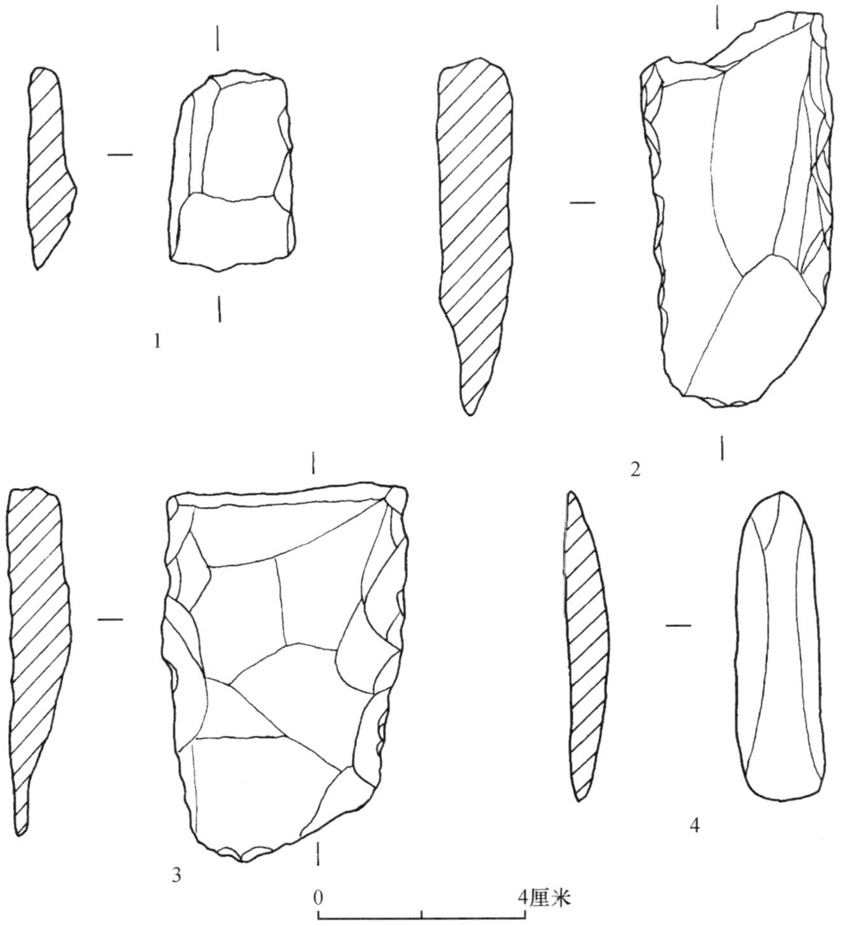

图2-44　自背岭Ⅱ号遗址采集石器

1. 石锛（2012-2013CCZBⅡ采：3）　2、3. 石器坯件（2012-2013CCZBⅡ采：1、2012-2013CCZBⅡ采：2）
4. 石凿（2012-2013CCZBⅡ采：4）

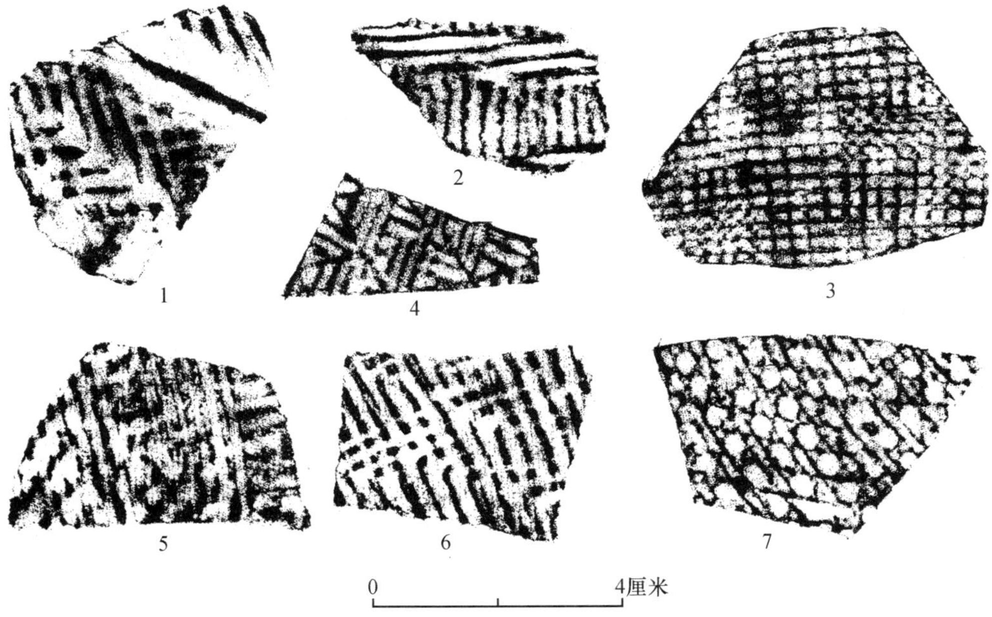

图2-45　自背岭Ⅱ号遗址采集陶片纹饰拓片

1. 叶脉与凸棱组合纹饰（2012-2013CCZBⅡ采：14）　2. 栅篱纹（2012-2013CCZBⅡ采：5）　3. 方格纹（2012-2013CCZBⅡ采：9）　4. 叶脉纹（2012-2013CCZBⅡ采：12）　5. 弦纹与戳印纹组合纹饰（2012-2013CCZBⅡ采：11）　6. 复合曲折纹（2012-2013CCZBⅡ采：13）　7. 双线方格圆圈纹（2012-2013CCZBⅡ采：10）

2012-2013CCZBⅡ采：7，夹细砂灰陶，胎质较硬。圆唇，侈口，束颈，斜肩，素面。口径12、残高3.4、厚0.3～0.9厘米（图2-46：2）。

2012-2013CCZBⅡ采：8，夹砂深灰色软陶。圆唇，侈口，束颈，斜肩，素面。口径15、残高4、厚0.5～1厘米（图2-46：4）。

豆　1件。2012-2013CCZBⅡ采：5，可复原。泥质灰陶，胎质坚硬，里外施衣，衣部分剥落。圆唇，浅盘，斜弧腹内收，喇叭形圈足，在盘与圈足相接处，可见捏塑形成的凹窝。口径13.4、底径12.2、高6.6、厚0.3～2.1厘米（图2-46：1；图版23）。

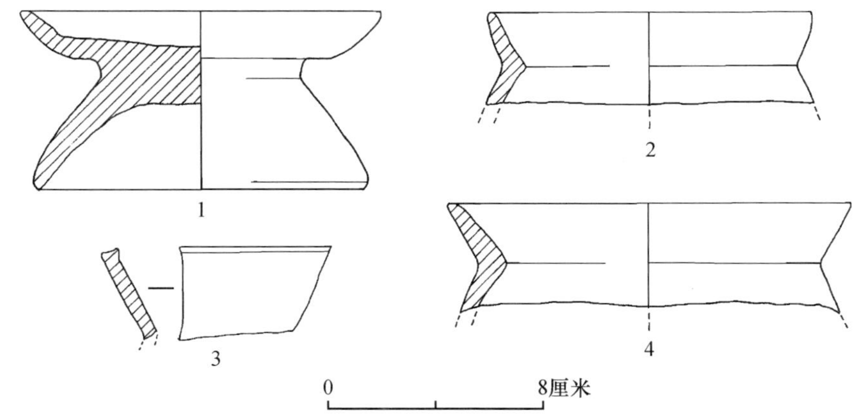

图2-46　自背岭Ⅱ号遗址采集陶器

1. 豆（2012-2013CCZBⅡ采：5）　2～4. 罐口沿（2012-2013CCZBⅡ采：7、2012-2013CCZBⅡ采：6、2012-2013CCZBⅡ采：8）

十四　水圳坑遗址

1. 遗址概况

遗址位于长汀县策武镇红江村上江片九组（图2-47），为1987年调查发现。遗址地理坐标为北纬25°45′55.7″，东经116°20′56.2″。遗址面积约2000平方米，海拔298米，相对高度0.5米。遗址地处两边小山丘中间的凹形平地。在遗址中间开辟了一条策武往麻陂的公路，东面约2000米为红江村村部。遗址植被覆盖率较高，种植松树，土壤类型为红壤（图版24）。未发现遗迹和文化层堆积。

2. 遗物

通过调查采集有石器坯件及少量陶片。

（1）石器

石器坯件　1件。2012-2013CCSZ采：1，青灰色砂岩。近长形，顶部残缺。一侧厚，一侧薄，似做石戈坯件。残长14.4、宽5.5、厚0.3～1.5厘米（图2-48）。

（2）陶器

采集9片陶片，陶质为泥质或夹砂硬陶，胎色呈灰、灰黑。陶片纹饰有方格纹、网格凸点纹（图2-49）。

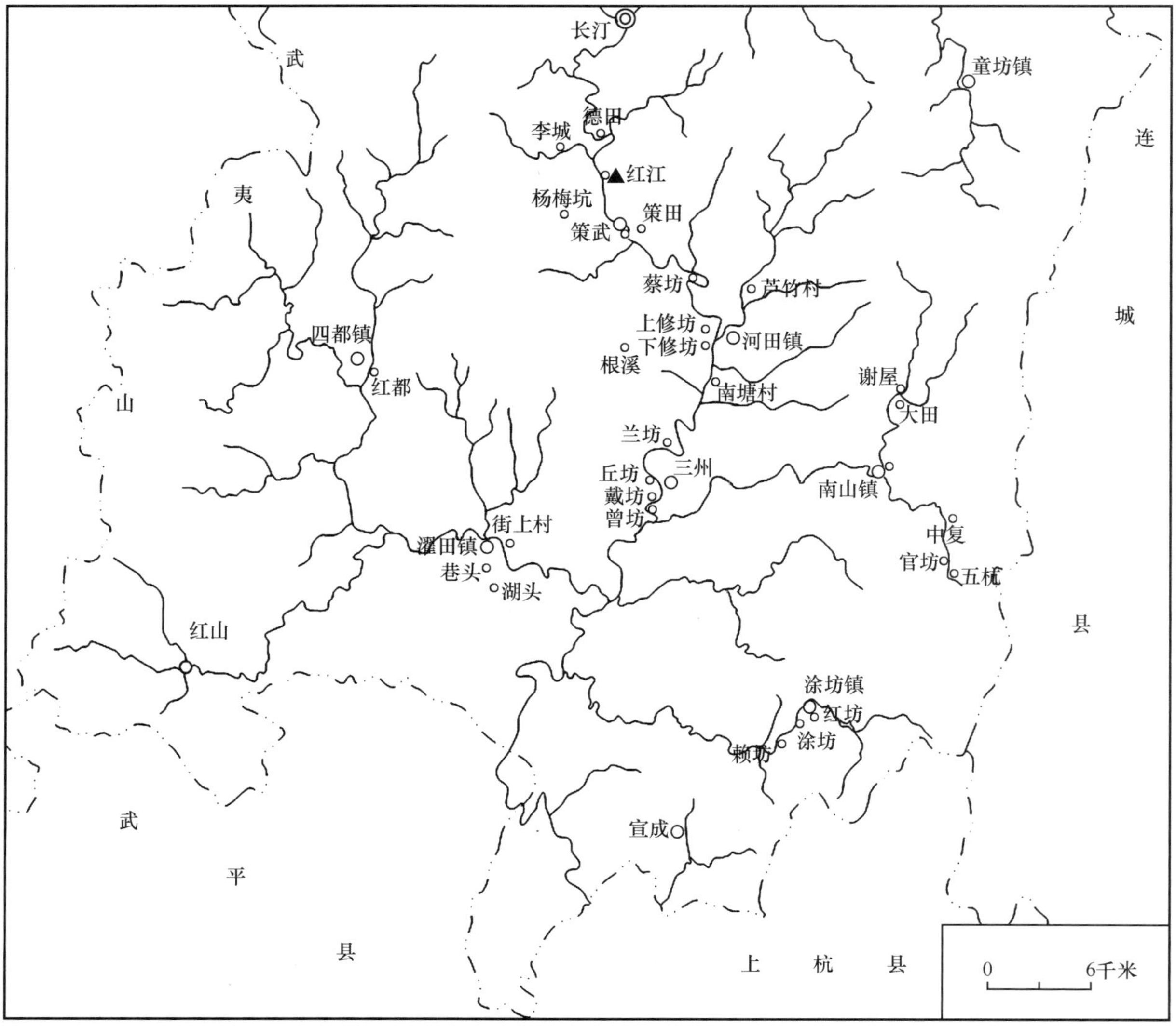

图2-47　水圳坑遗址位置示意图

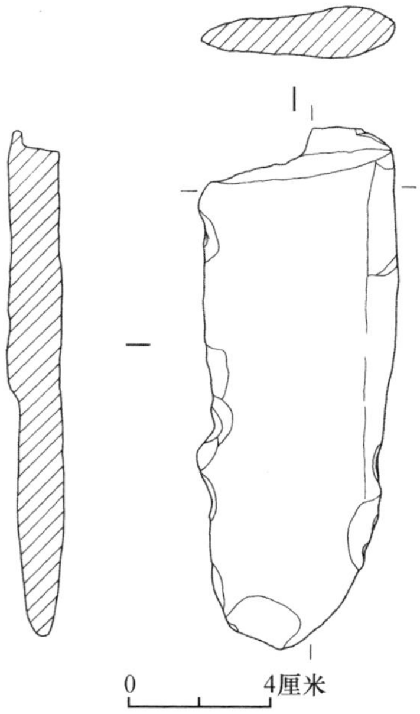

图2-48　水圳坑遗址采集石器

石器坯件（2012-2013CCSZ采：1）

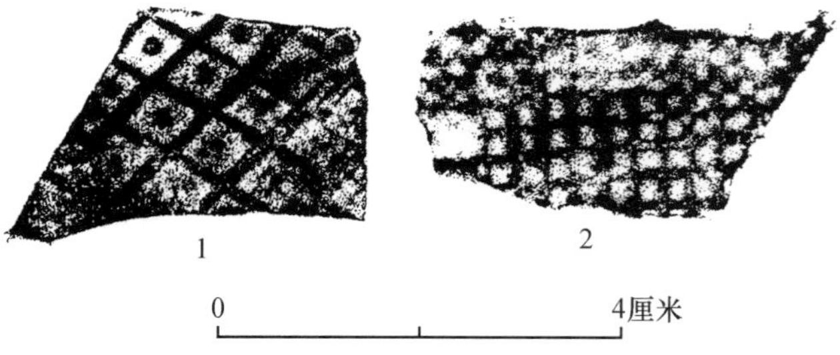

图2-49　水圳坑遗址采集陶片纹饰拓片

1. 网格凸点纹（2012-2013CCSZ采：2）

2.方格纹（2012-2013CCSZ采：4）

十五　风雨亭后山遗址

1. 遗址概况

遗址位于长汀县策武镇策田村杨梅坑左侧方向100米（图2-50），为此次调查发现。遗址地理坐标为北纬25°43′55″，东经116°20′21.9″。遗址为大山延伸出来呈南北走向的山梁，后因高速公路的修建，被分割成独立的山梁。遗址长约100米，宽约40米，调查面积约1400平方米，海拔338米，相对高度50米。遗址山顶凸起，平面较窄。东面较缓，坡下为村道。西面较陡，种植松树与杉树，南面半坡处为断坎，坎下为205国道，北面较陡，坡底有通往山上的小道（图版25）。

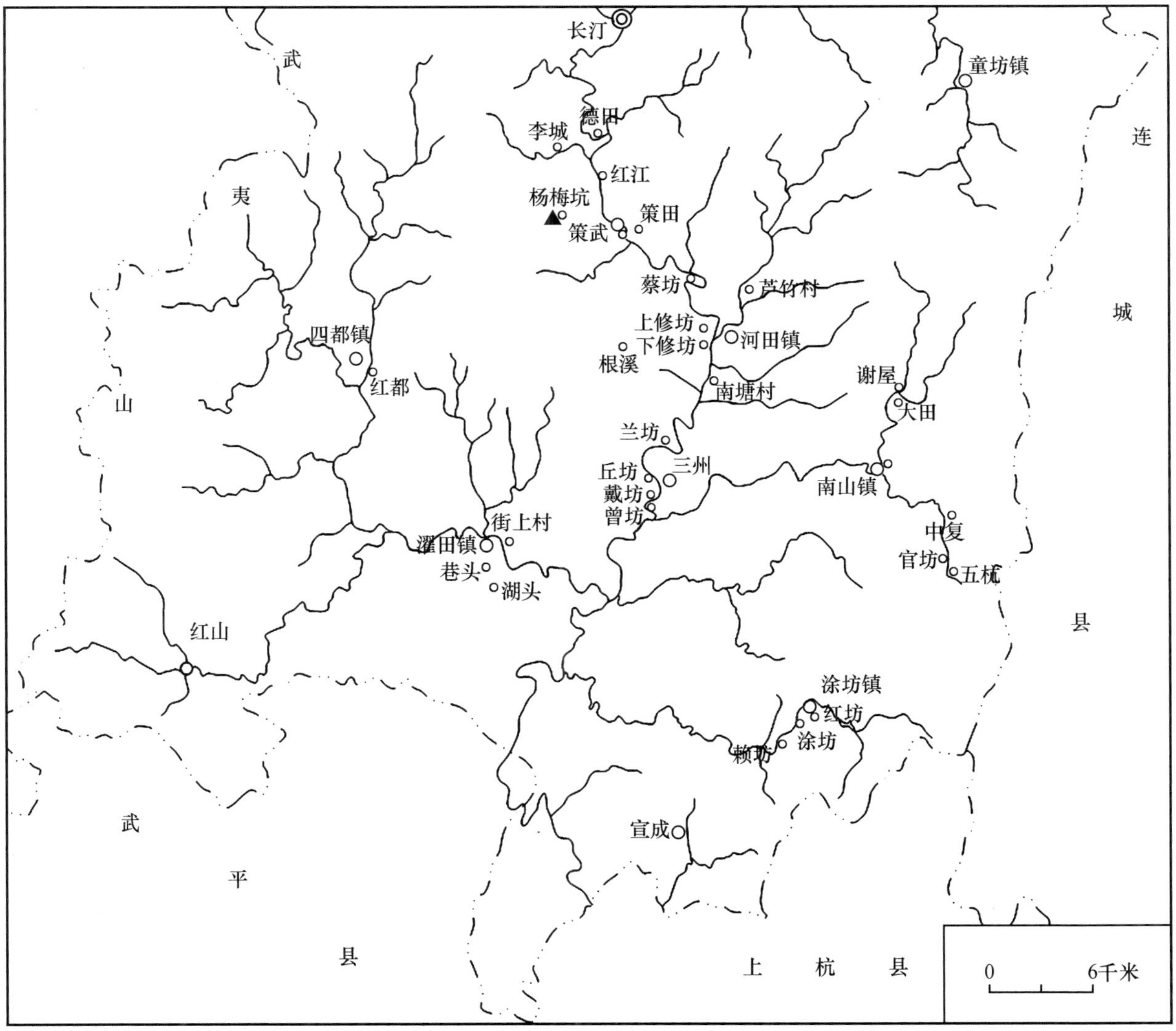

图2-50　风雨亭后山遗址位置示意图

2. 遗物

通过调查，遗址顶部有2004年发掘而回填的探方坑，东面和南面坡上发现有石器及较多陶片，未发现遗迹和文化层。

（1）石器

石质均采用砂岩，制作手法以打制为主。

石锛坯件　2件。

2012-2013CCFY采：1，深灰色砂岩。近长方形，器表可见较多石片疤。残长6.55、宽2、厚0.3～0.7厘米（图2-51：1）。

2012-2013CCFY采：2，青灰色砂岩。近长梯形，器表可见较多石片疤。残长6.6、宽1.1～2.4、厚0.2～0.6厘米（图2-51：2）。

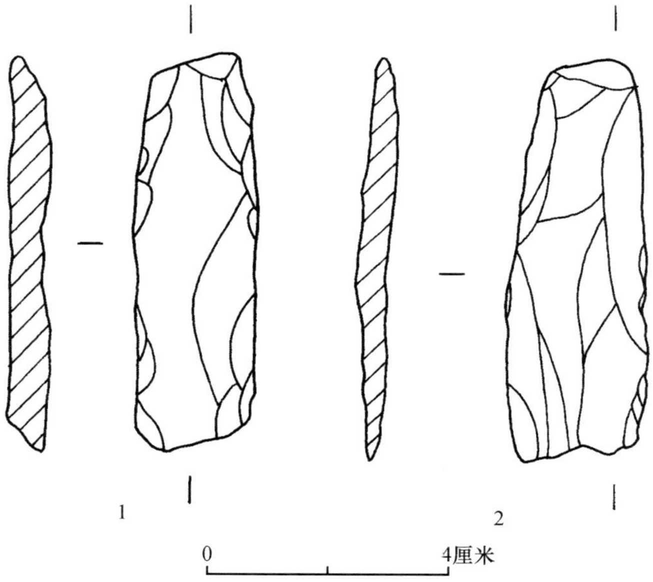

图2-51　风雨亭后山遗址采集石器

1、2. 石锛坯件（2012-2013CCFY采：1、2012-2013CCFY采：2）

（2）陶器

采集陶片134片，陶质均为夹砂硬陶，不见软陶，部分施黑衣。陶色以灰色系为主，主要有深灰、青灰、灰黄、灰褐。采集陶片以素面为多，纹饰可见双线菱形纹、曲折纹、栅篱纹、条纹、网格纹、篮纹、凸棱与条纹组合等纹饰（图2-52）。可辨器形有盆。

盆口沿　1件。2012-2013CCFY采：3，泥质青灰陶，胎质较硬。圆唇，侈口，颈部微束，斜腹，腹下饰双线菱形纹，纹饰抹光现象严重。口径10、残高4.5、厚0.2～0.6厘米（图2-53：1）。

器口沿　2件。

2012-2013CCFY采：4，夹砂灰陶，胎质较硬。圆唇，敞口。残高2.3、宽6.8、厚0.3～0.6

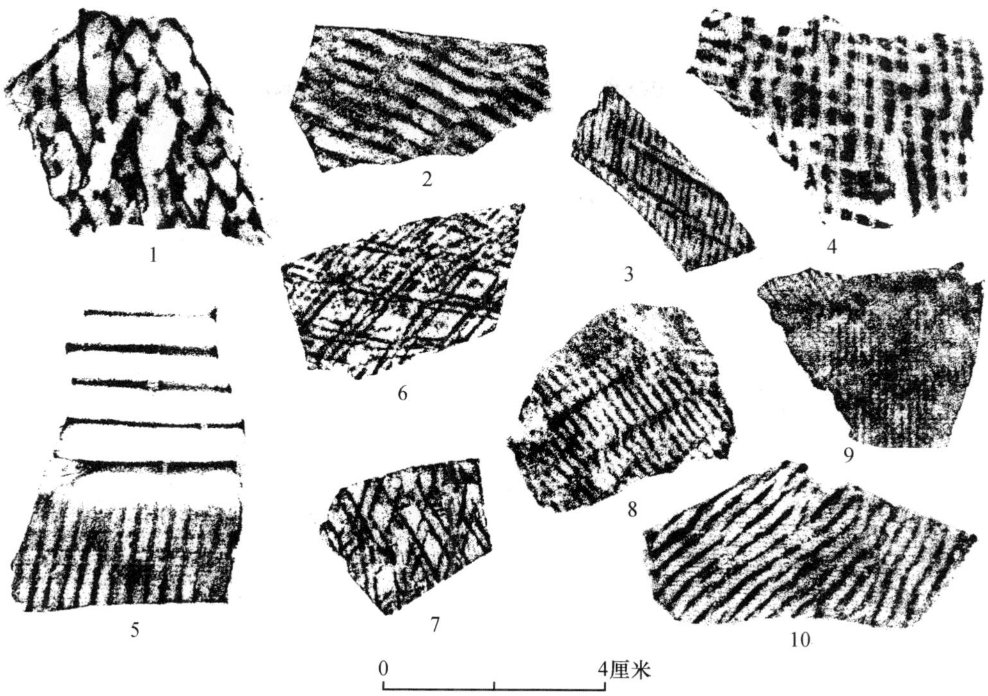

图2-52　风雨亭后山遗址采集陶片纹饰拓片

1. 网格纹（2012-2013CCFY采：15）　2、10. 条纹（2012-2013CCFY采：9、2012-2013CCFY采：11）　3、8. 栅篱纹（2012-2013CCFY采：10、2012-2013CCFY采：7）　4. 曲折纹（2012-2013CCFY采：6）　5. 凸棱与条纹组合纹饰（2012-2013CCFY采：12）　6、7. 双线菱形纹（2012-2013CCFY采：13、2012-2013CCFY采：14）　9. 绳纹（2012-2013CCFY采：8）

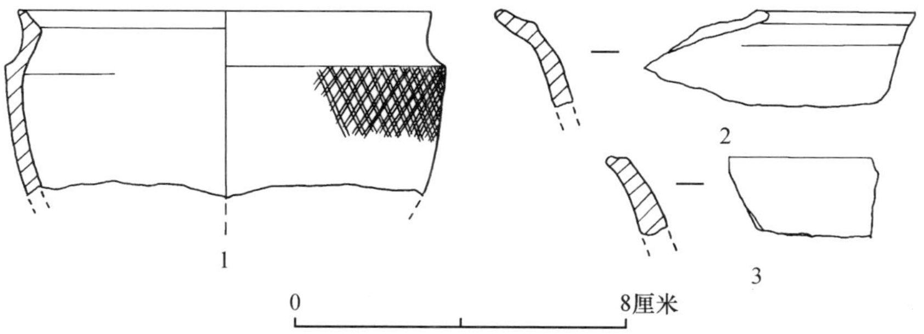

图2-53　风雨亭后山遗址采集陶器

1. 盆口沿（2012-2013CCFY采：3）　2、3. 器口沿（2012-2013CCFY采：4、2012-2013CCFY采：5）

厘米（图2-53：2）。

2012-2013CCFY采：5，泥质灰红陶，胎质较硬，里外施黑衣。圆唇，侈口，残高1.9、宽3.7、厚0.5～0.6厘米（图2-53：3）。

十六　水口山遗址

1. 遗址概况

遗址位于长汀县策武镇策星自然村东面方向200米（图2-54），为此次调查发现。遗址地理坐标为北纬25°43′29.6″，东经116°21′17.5″。遗址为一处大山延伸出来呈南北走向的山梁，遗址长约100米，宽约40米，调查面积4000平方米，海拔301米，相对高度30米。遗址东面与绵延山体相连，西面坡下为村道及汀江由北向南流经，南面坡下1000米处为策星东埔哩自然村，建有台湾府大桥，北面与村道相连。遗址水土流失严重，植被覆盖率低，普遍种植有板栗树（图版26）。采集有少量陶片，未发现遗迹和文化层。

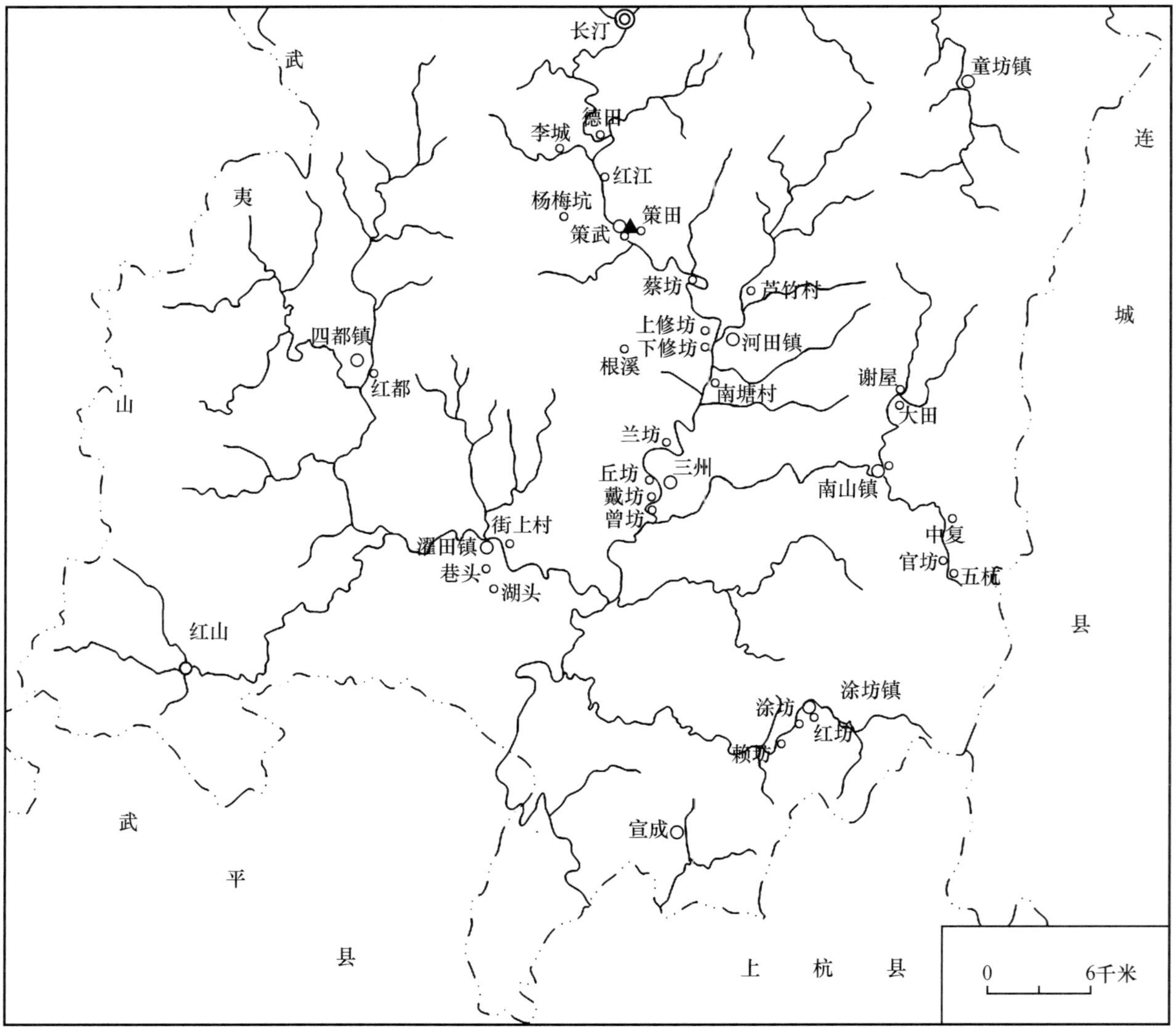

图2-54　水口山遗址位置示意图

2. 遗物

通过调查，采集26片陶片，陶质为泥质或夹砂硬陶，陶色以灰色系为主，有青灰、灰黑、灰褐等，2片施衣陶。陶胎较薄。陶片纹饰可见条纹、双线菱形纹、网格纹、叶脉纹等（图2-55）。

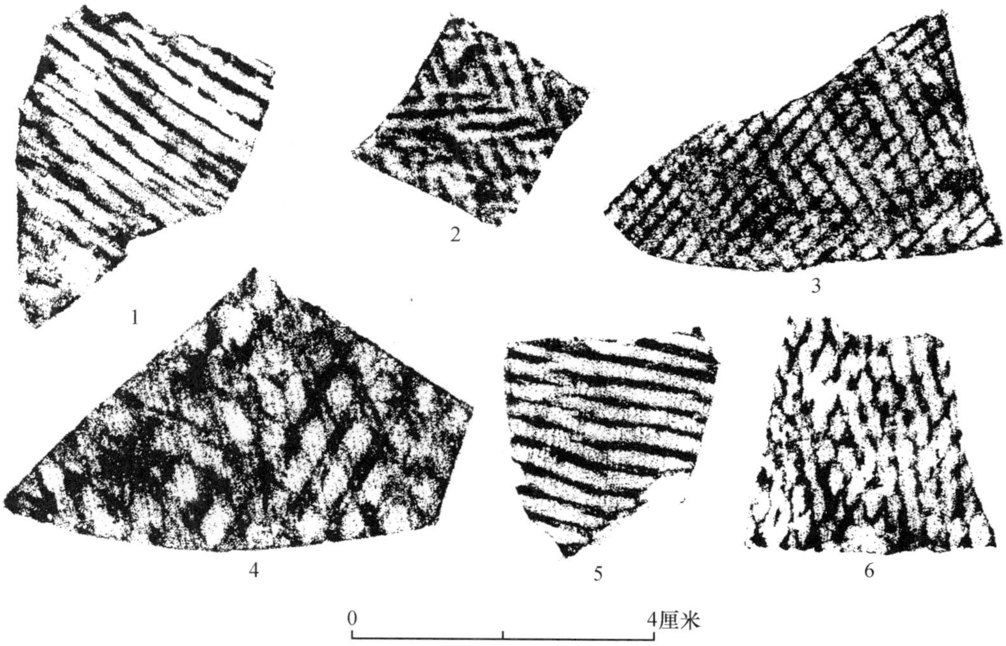

图2-55　水口山遗址采集陶片纹饰拓片

1、5. 条纹（2012-2013CCSK采：4、2012-2013CCSK采：3）　2. 曲折纹（2012-2013CCSK采：6）　3. 方格纹（2012-2013CCSK采：2）　4. 双线菱形纹（2012-2013CCSK采：1）　6. 网格纹（2012-2013CCSK采：5）

十七　大井头遗址

1. 遗址概况

遗址位于长汀县策武镇策田自然村西南方向1500米（图2-56），为此次调查发现。距遗址50米处为风雨亭后山遗址，据遗址东南20米处为汀江自北向南流经。遗址地理坐标为北纬25°43′43.9″，东经116°20′36″。遗址为一处东西走向的独立小山包，遗址长约200米，宽约40米，调查面积约8000平方米，海拔301米，相对高度25米。遗址东面坡下有稻田及村道，西面、南面坡下为河谷，北面为龙长高速。遗址植被覆盖率低，种植有杉树（图版27）。未发现文化层堆积。

2. 遗物

通过调查，采集有51片陶片，以灰硬陶为主，部分施黑衣，陶胎厚薄不均。纹饰有双线菱

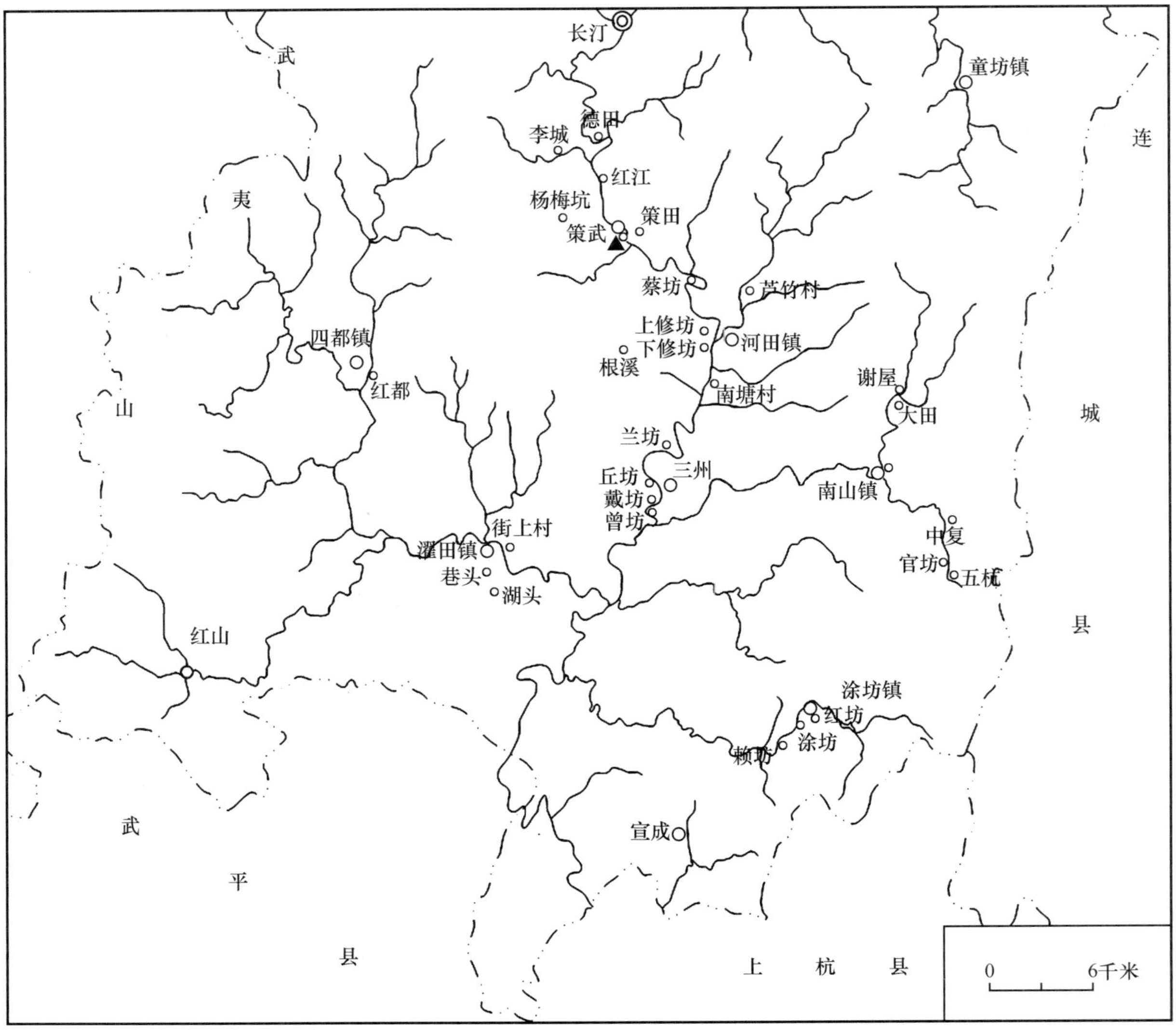

图2-56　大井头遗址位置示意图

形纹、绳纹、条纹、栅篱纹、方格纹、大网格纹、叶脉纹、米字纹、网格纹等（图2-57）。可辨器形有罐。

罐口沿　3件。

2012-2013CCDJ采：1，泥质灰黄陶，里外施黑衣。圆唇，直口微侈，唇面微曲，窄沿，高领。残高4、残宽4.8、厚0.4～0.8厘米（图2-58：1）。

2012-2013CCDJ采：2，泥质灰黄陶，胎质较硬。圆唇，沿面微曲，侈口。口沿外侧可见明显轮旋痕迹。口径13、残高2、厚0.3～0.6厘米（图2-58：2）。

2012-2013CCDJ采：3，泥质深灰色硬陶。圆唇，敞口，宽外折沿。残高1.7、残宽3.2、厚0.5厘米（图2-58：3）。

3. 墓葬

在遗址南坡上发现有被雨水冲刷暴露而出的墓葬，编号大井头M1。

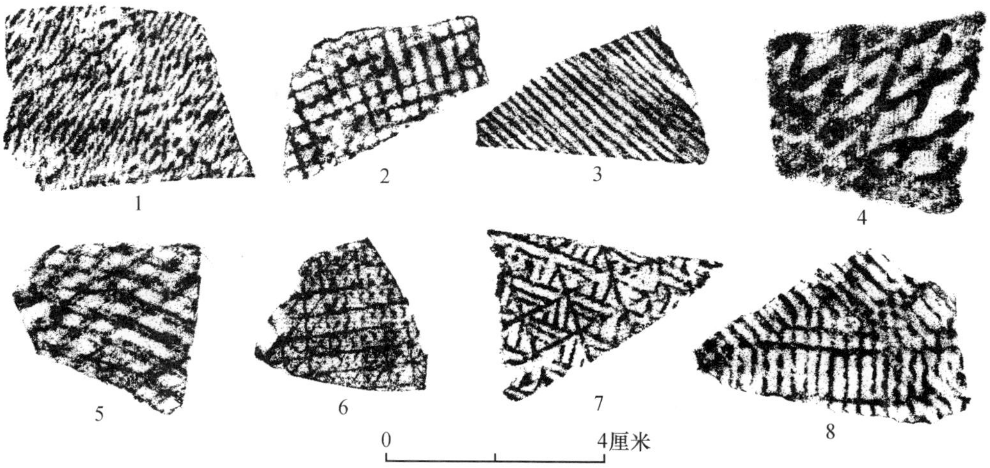

图2-57　大井头遗址采集陶片纹饰拓片

1. 绳纹（2012-2013CCDJ采：5）　2. 方格纹（2012-2013CCDJ采：11）　3. 条纹（2012-2013CCDJ采：4）　4. 网格纹（2012-2013CCDJ采：10）　5. 双线菱形纹（2012-2013CCDJ采：8）　6. 米字纹（2012-2013CCDJ采：9）　7. 方格填线纹（2012-2013CCDJ采：6）　8. 栅篱纹（2012-2013CCDJ采：7）

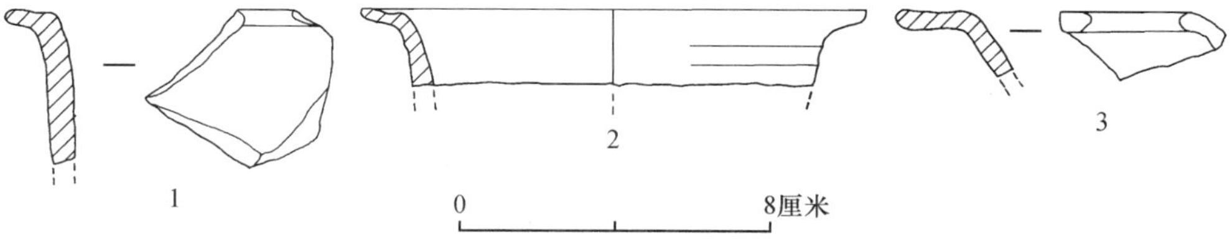

图2-58　大井头遗址采集陶器

1～3. 罐口沿（2012-2013CCDJ采：1、2012-2013CCDJ采：2、2012-2013CCDJ采：3）

遗物

出土陶罐，根据整体造型、腹部、底部特征可分二型。

A型　1件。折腹，圜凹底，带双系。2012-2013CCDJM1：1，泥质深灰硬陶，外施黑衣。圆唇，侈口，窄折沿，沿面微凹，斜肩，肩附两环形耳，折腹，下腹内收，圜凹底。器身饰双线菱形纹。口径15.4、腹径21.2、底径8，高9.8厘米（图2-59：1；图版28）。

B型　1件。弧腹，平底。2012-2013CCDJM1：2，泥质深灰陶，胎质坚硬。圆唇，侈口，

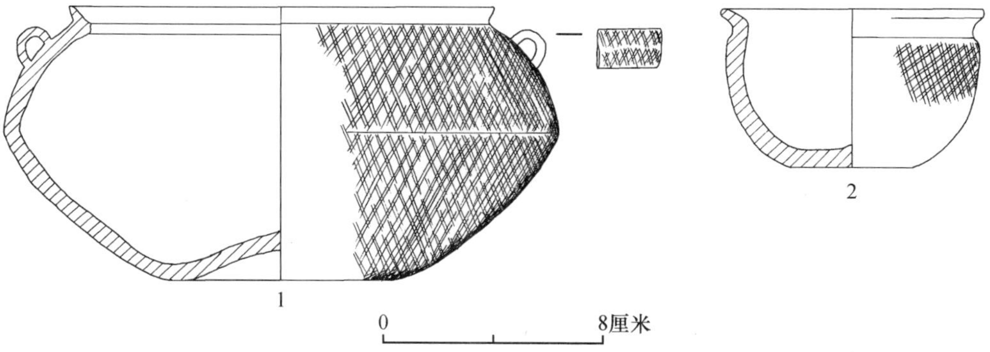

图2-59　大井头M1出土陶器

1. A型罐（2012-2013CCDJM1：1）　2. B型罐（2012-2013CCDJM1：2）

短颈，折肩，弧腹，弧内收，平底。肩下饰双线菱形纹。口径7.6、高5.7、厚0.3～0.8厘米（图2-59：2；图版29）。

十八　塘坑口遗址

1. 遗址概况

遗址位于长汀县策武镇策星村（图2-60），为1987年调查发现。遗址地理坐标为北纬25°43′50.9″，东经116°21′20.9″。面积约1200平方米，海拔298米。遗址山脚下有一条通往东华山的村道，东南方离东华山5500米，属汀江水系。西面1000米有一条通往策武的沿河路，西北方200米有一条通往河田南塅的村道，交通便利，周围农民以种植水稻等农作物为主。遗址植被稀少，以竹林为主，土壤以沙质土为主。在遗址西南侧采集有少量陶片，未发现文化层堆积。

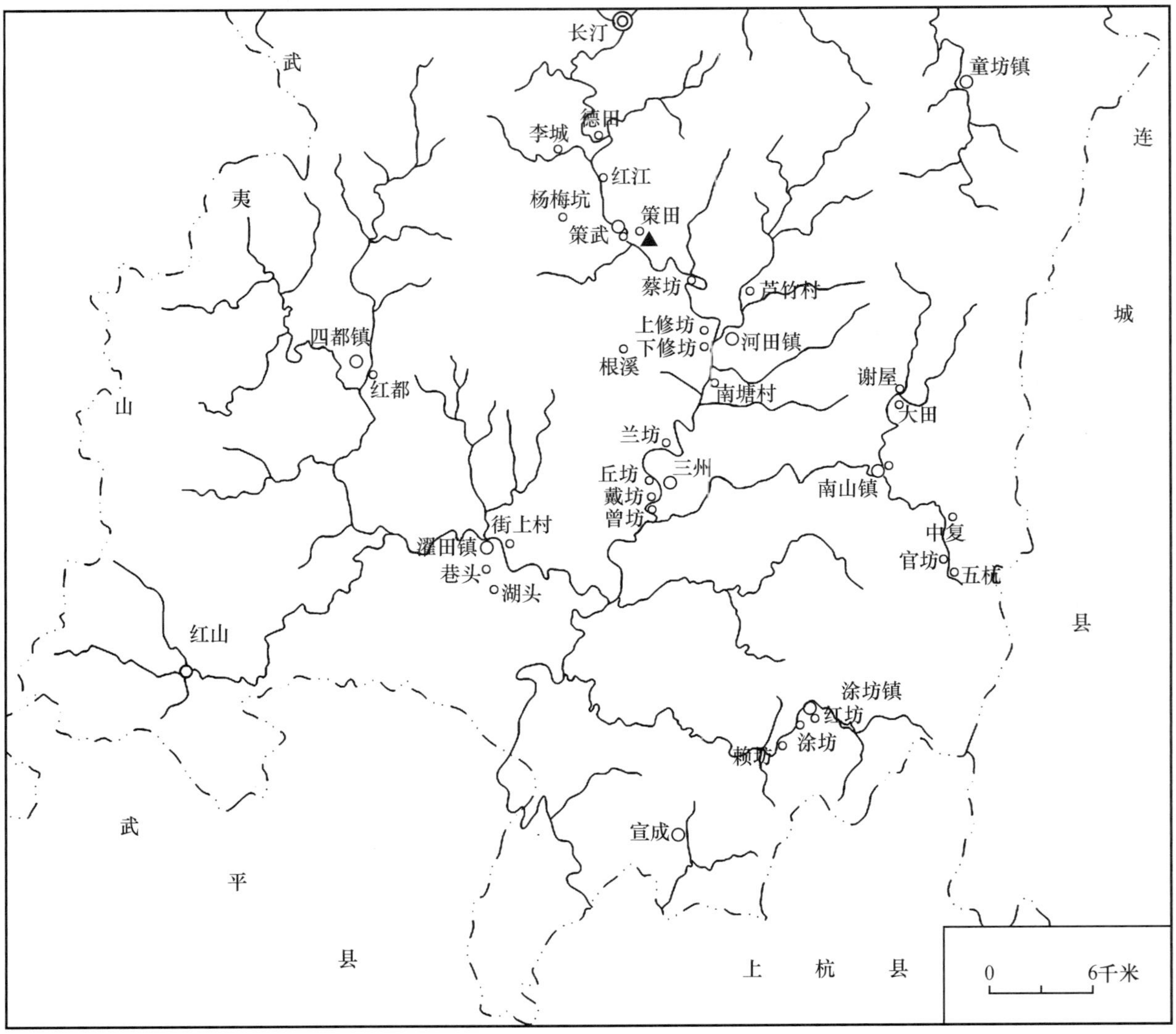

图2-60　塘坑口遗址位置示意图

2. 遗物

通过调查，采集21片陶片，陶质有泥质陶、夹砂硬陶，以及少量施衣陶。陶色以灰色为主。纹饰可见网格纹。可辨器形有罐（图2-61）。

罐口沿　1件。2012-2013CCTK采：1，泥质灰硬陶，圆唇，直口微侈，溜肩，肩部下饰网格纹。口径14.2、残高6.5、厚0.7～0.9厘米（图2-62）。

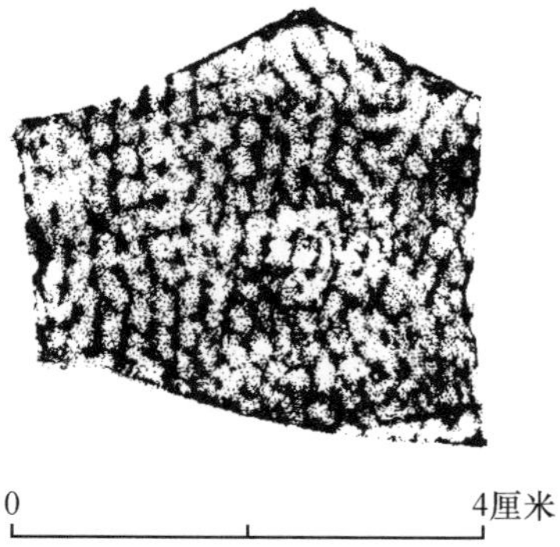

图2-61　塘坑口遗址采集陶片纹饰拓片
网格纹（2012-2013CCTK采：2）

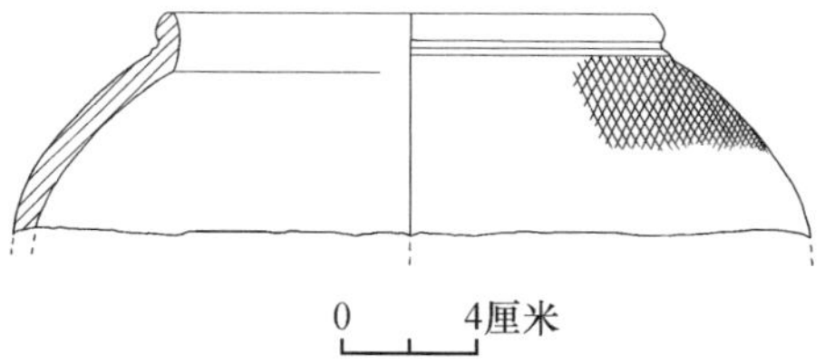

图2-62　塘坑口遗址采集陶器
罐口沿（2012-2013CCTK采：1）

十九　蜈蚣芋头山遗址

1. 遗址概况

遗址位于长汀县河田镇蔡坊村八坑口自然村东面方向20米（图2-63），为1987年调查发现。遗址地理坐标为北纬25°42′58.1″，东经116°23′45.1″。遗址为一处呈南北走向、相对独立的山包，遗址长约100米，宽约40米，调查面积4000平方米，海拔296米，相对高度35米。遗址东面、南面、北面坡下为河谷，谷地上开垦有稻田，半坡处有通往山上的便道，西面坡下为村道，约150米处为319国道。遗址植被覆盖率低，种植少量松树，土壤类型为红壤（图版30）。未发现遗迹及文化层。

2. 遗物

通过调查，在遗址北面坡上采集有石器及少量陶片。

（1）石器

制作手法可见打制及磨制，器形有砺石、石刀。

砺石　2件。

2012-2013CHWG采：2，深灰色砂岩。器身扁平，近长形，上段残缺。正反两面均有磨砺。残长7.7、宽4.3、厚1.2厘米。重80.98克（图2-64：1）。

2012-2013CHWG采：3，不规则形。灰褐色砂岩。正反两面均有磨砺，较平直。长5.6、宽

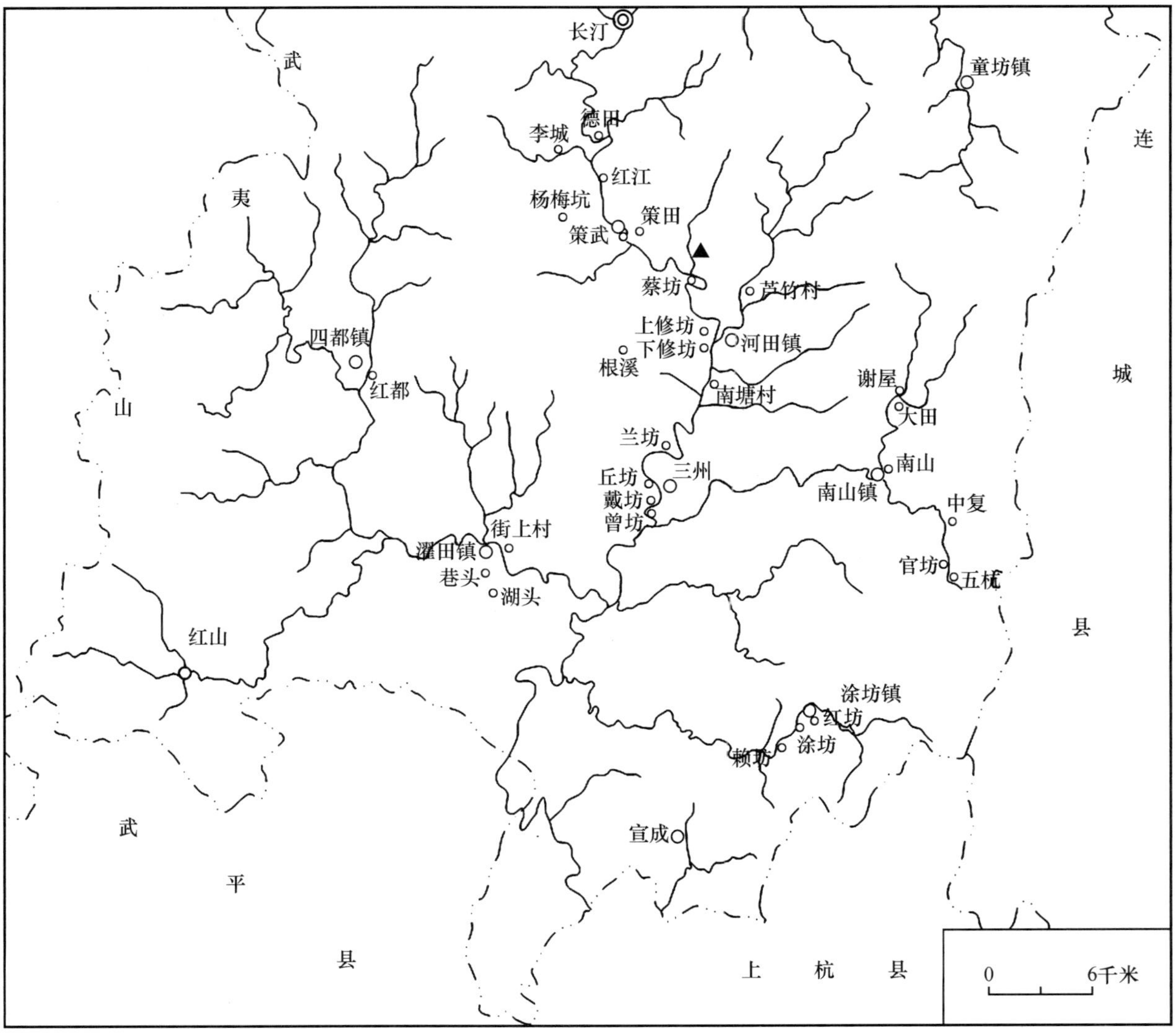

图2-63　蜈蚣芋头山遗址位置示意图

2.7、厚3.2厘米。重23.89克（图2-64：2）。

石刀　1件。2012-2013CHWG采：1，深灰褐色砂岩。不规则形。背面平直。刃部明显。正面可见石片疤。残长5.9、宽7.9、厚1.4厘米。重101.21克（图2-64，3）。

（2）陶器

采集68片陶片，陶质以泥质和夹砂为主，部分施黑衣。陶色以灰色系为主，有灰、灰褐、灰黄、灰黑。陶片纹饰可见双线菱形纹、凸棱纹、条纹、栅篱纹、网格纹、凸棱与条纹组合，以及镂孔、刻划等装饰（图2-65）。可辨器形有盆、罐。

盆口沿　1件。2012-2013CHWG采：4，泥质灰褐硬陶。圆唇，敛口，斜弧腹。腹饰栅篱纹。口径16.4、残高4.3、厚0.3～0.5厘米（图2-66：1）。

罐口沿　2件。

2012-2013CHWG采：5，泥质灰褐硬陶。圆唇，窄外折沿，沿面微曲，沿与颈相接处上凸，沿面可见两穿。残宽6、残高2.1、厚0.5～0.8厘米（图2-66：2）。

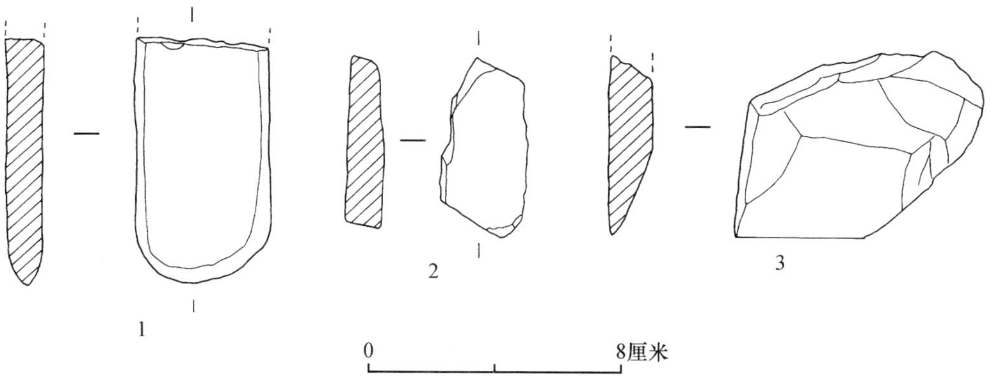

图2-64　蜈蚣芋头山遗址采集石器

1、2. 砺石（2012-2013CHWG采：2、2012-2013CHWG采：3）　3. 石刀（2012-2013CHWG采：1）

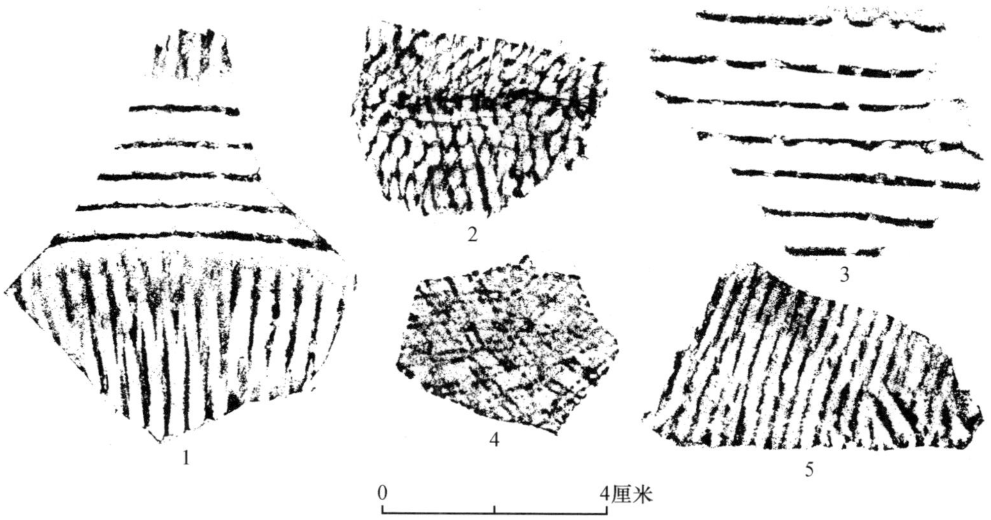

图2-65　蜈蚣芋头山遗址采集陶片纹饰拓片

1. 条纹与凸棱纹组合纹饰（2012-2013CHWG采：8）　2. 网格纹（2012-2013CHWG采：11）　3. 凸棱纹（2012-2013CHWG采：10）　4. 双线菱形纹（2012-2013CHWG采：9）　5. 条纹（2012-2013CHWG采：7）

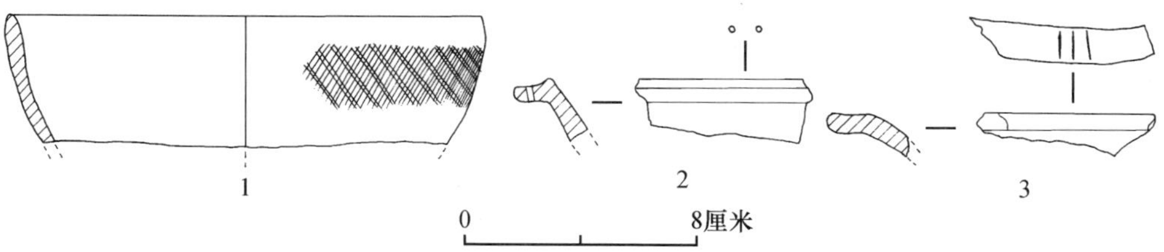

图2-66　蜈蚣芋头山遗址采集陶器

1. 盆口沿（2012-2013CHWG采：4）　2、3. 罐口沿（2012-2013CHWG采：5、2012-2013CHWG采：6）

2012-2013CHWG采：6，泥质灰褐硬陶。圆唇，敞口，窄外折沿。沿面可见三道刻划纹。残宽6.2、残高1.4、厚0.6厘米（图2-66：3）。

二十　曾鸡坑遗址

1. 遗址概况

遗址位于河田镇蔡坊村赖坑口自然村赣龙铁路东侧方向20米（图2-67），为此次调查发现。遗址地理坐标为北纬25°42′14.6″，东经116°23′58″。遗址为一处大山延伸出来呈南北走向的山梁，遗址长约200米，宽约50米，调查面积约10000平方米，海拔238米，相对高度15米。遗址东面、北面与大山相连，西面坡下为民宅，南面坡下为赣龙铁路，对面山包为赢坪I号遗址。遗址水土流失严重，植被覆盖率低，种植有小松树，土壤类型为红壤（图版31）。未发现文化层堆积。

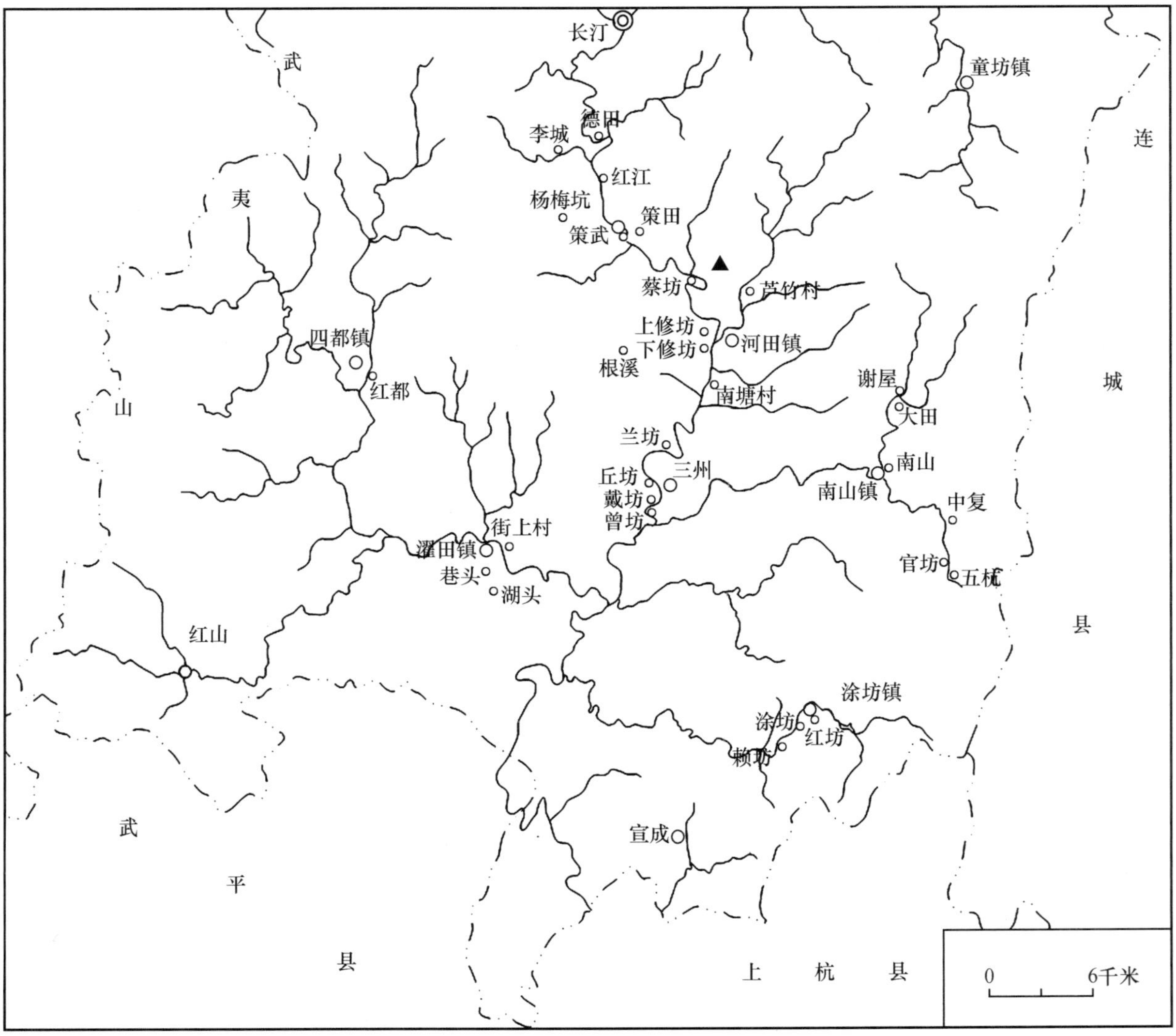

图2-67　曾鸡坑遗址位置示意图

2. 遗物

通过调查，采集175片陶片，其中包括一个个体碎片，该个体是在遗址北面山坡半山腰处发现的，为雨水冲刷后，暴露出来的墓葬随葬品陶器碎片。由碎片可知，该件器物施衣但衣已剥落，均为青灰色陶，硬度很高，叩之清脆作响，应属印纹硬陶类。未见口部及器底，未能修复，仅做数量统计。纹饰可见双线菱形纹、条纹、凸棱纹、凸棱与条纹组合纹饰（图2-68）。

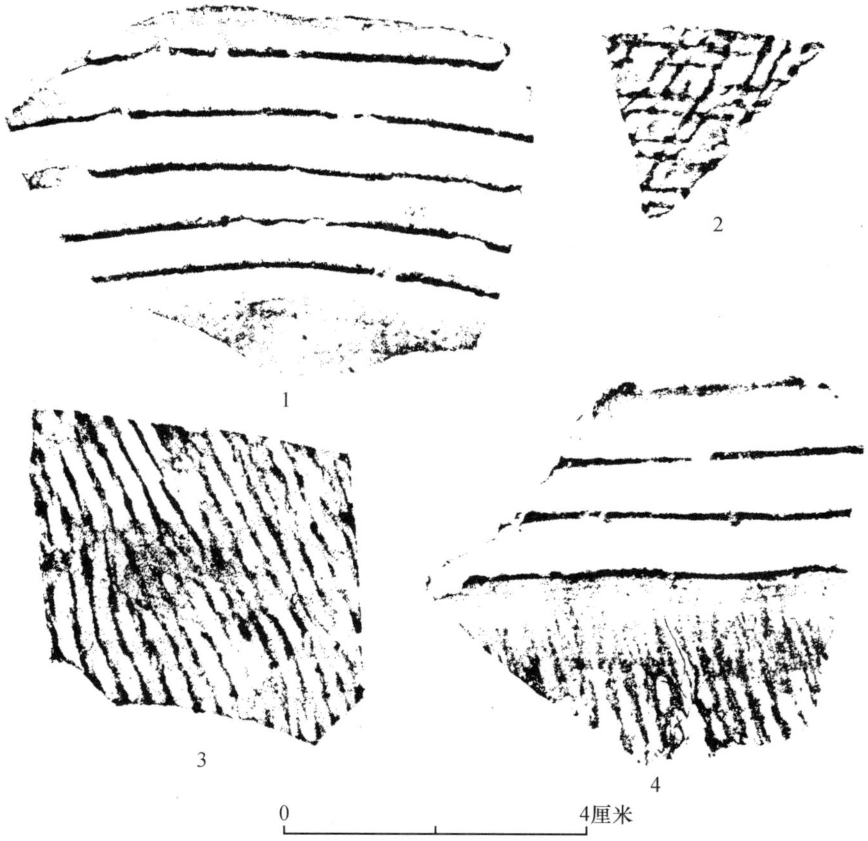

图2-68　曾鸡坑遗址采集陶片纹饰拓片

1. 凸棱纹（2012-2013CHZJ采：2）　2. 双线菱形纹（2012-2013CHZJ采：4）　3. 条纹（2012-2013CHZJ采：3）　4. 凸棱与条纹组合纹饰（2012-2013CHZJ采：1）

二十一　江浪崇遗址

1. 遗址概况

遗址位于长汀县河田镇芦竹村西南1.5千米（图2-69），为1987年调查发现。遗址地理坐标为北纬25°40′36″，东经116°25′49.3″。遗址为一处东南向西北倾斜的小山丘，调查面积500平方米，海拔304米。遗址东西面为村道，南北面为自然村，约50米为厦（门）龙（岩）铁路。遗址水土流失严重，植被覆盖率低，土壤类型是以红壤为主的沙质土（图版32）。未发现文化层堆积。

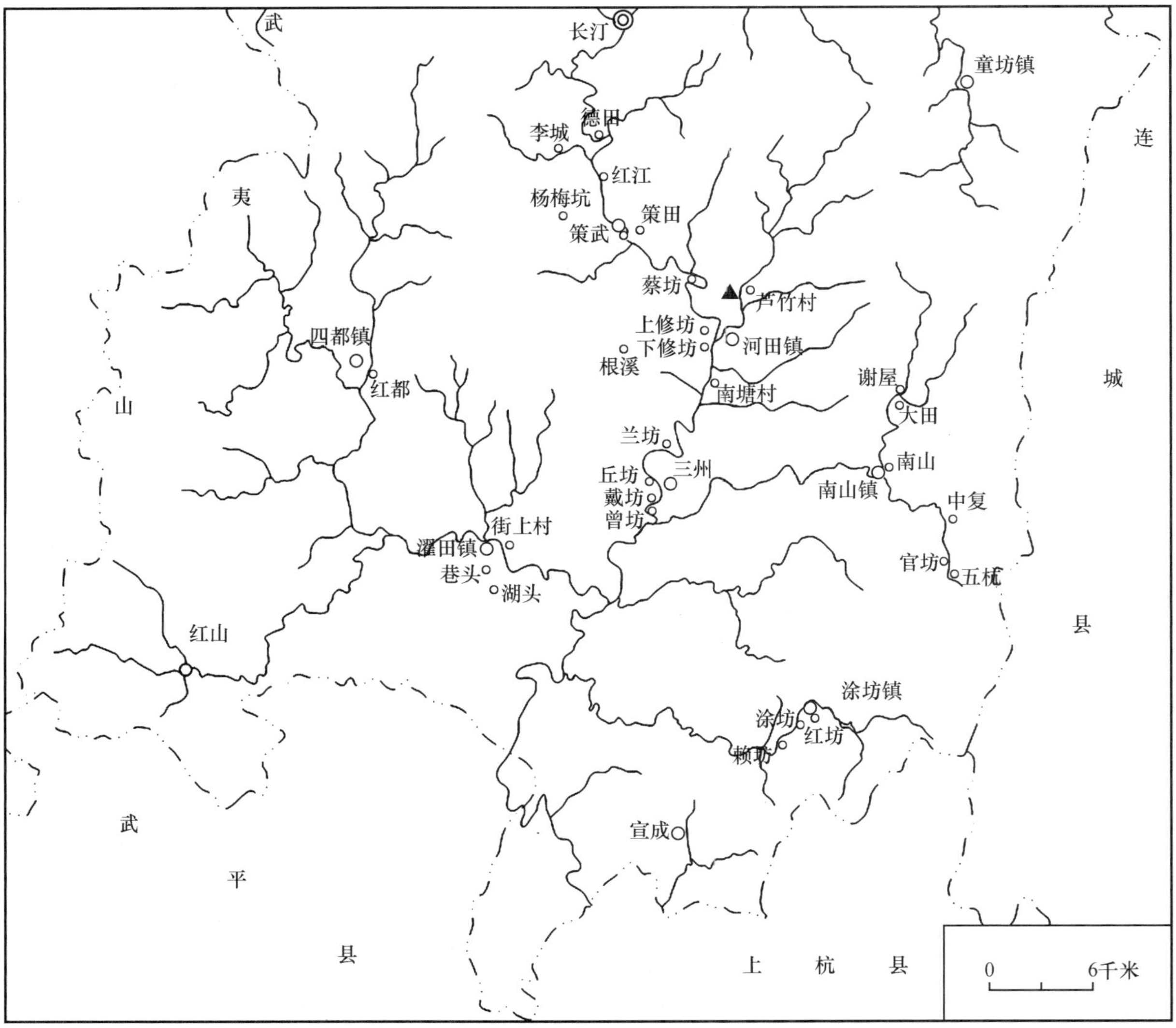

图2-69　江浪岽遗址位置示意图

2. 遗物

通过调查，采集10片陶片，夹砂灰黑陶2片，夹砂灰硬陶6片，施衣陶2片。纹饰可见双线菱形纹（图2-70）。可辨器形有罐。

罐口沿　1件。2012-2013CHJL采：1，泥质深灰陶，胎质较硬。圆唇，敞口，窄折沿。沿与颈相接处上凸。残高2.7、宽5.3、厚0.5～0.7厘米（图2-71）。

图2-70　江浪岽遗址采集陶片纹饰拓片
双线菱形纹（2012-2013CHJL采：2）

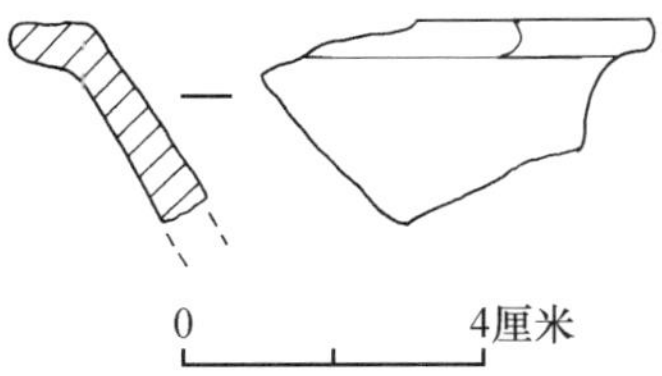

图2-71　江浪岽遗址采集陶器
罐口沿（2012-2013CHJL采：1）

二十二　大路背遗址

1. 遗址概况

遗址位于长汀县河田镇芦竹村大路背自然村2号民宅北侧方向10米（图2-72），为此次调查发现。遗址地理坐标为北纬25°41′43.1″，东经116°25′32.7″。遗址为一处呈东北—西南走向、相对独立的小山包，遗址长约250米，宽约80米，海拔335米，相对高度10米。遗址东面坡下有村民养猪场，养猪场前为芦竹通往河田的村道，西面坡下为大路背村民宅，宅前100米为流源河由北向南流经，南面坡下为大路背村民宅，北面坡下有陶瓷作坊。遗址植被覆盖率低，种植松树，板栗树，土壤类型为红壤（图版33）。

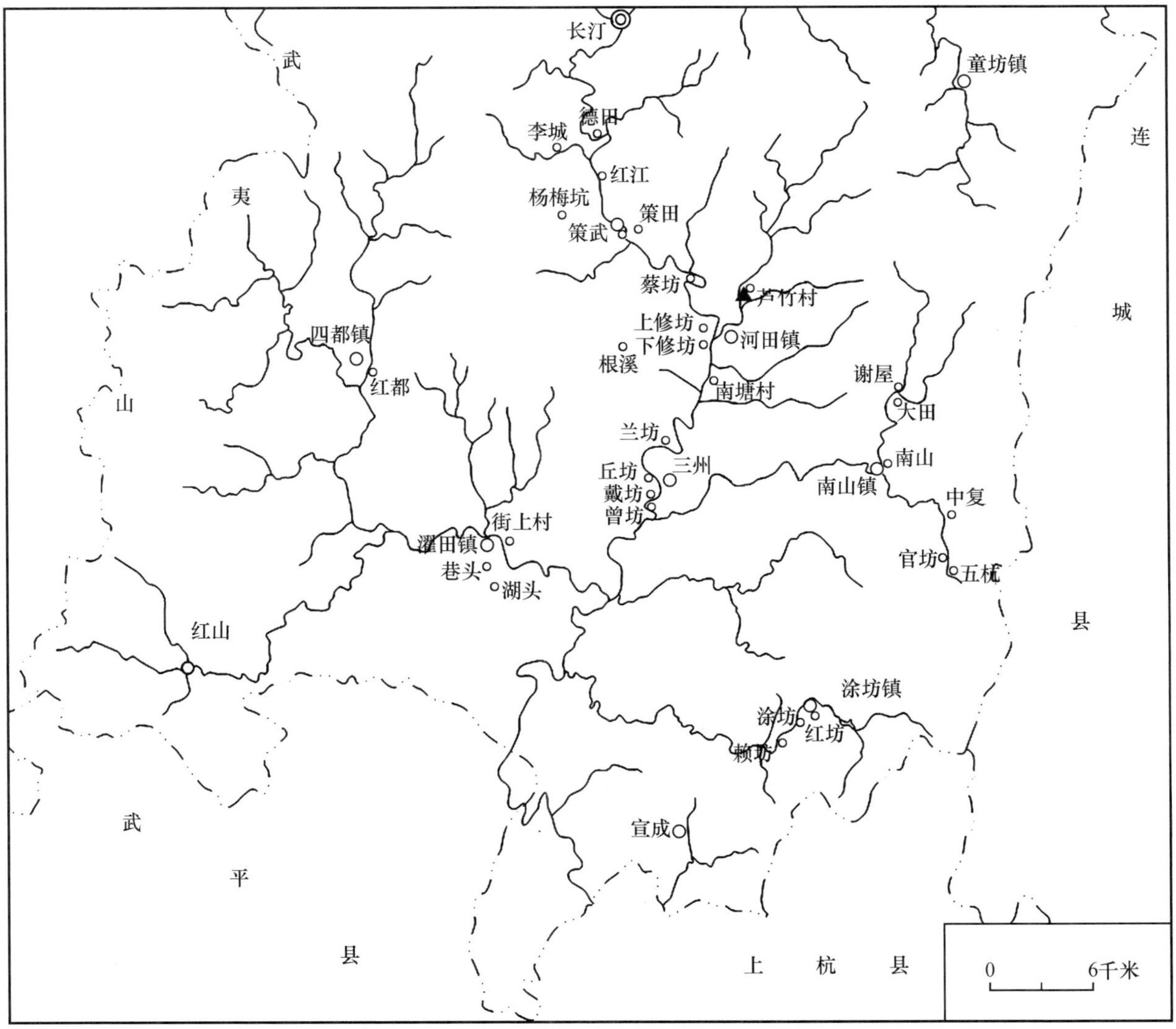

图2-72　大路背遗址位置示意图

2. 遗物

采集陶片53片。陶质为泥质与夹砂，少量软陶，硬陶为多，部分施黑衣、红衣陶。陶色有深灰、灰红等。陶片纹饰可见双线菱形纹、凸棱纹、席纹、云雷纹、交错曲折纹、刻划纹、栅篱纹、凸棱与条纹组合、双线与云雷纹组合纹饰（图2-73）。可辨器形有罐。另外还采集有陶环1件。

罐口沿　5件。

2012-2013CHDL采：2，泥质灰陶，胎质坚硬，外施黑衣。口沿变形严重。圆唇，侈口，颈微束，斜肩，肩下饰条纹。残宽6.2、残高6.5、厚0.6厘米（图2-74：1）。

2012-2013CHDL采：3，泥质灰褐硬陶。圆唇，直口微侈，短颈，溜肩，肩饰双线菱形纹，抹光严重。残宽5.6、高4、厚0.2～0.6厘米（图2-74：2）。

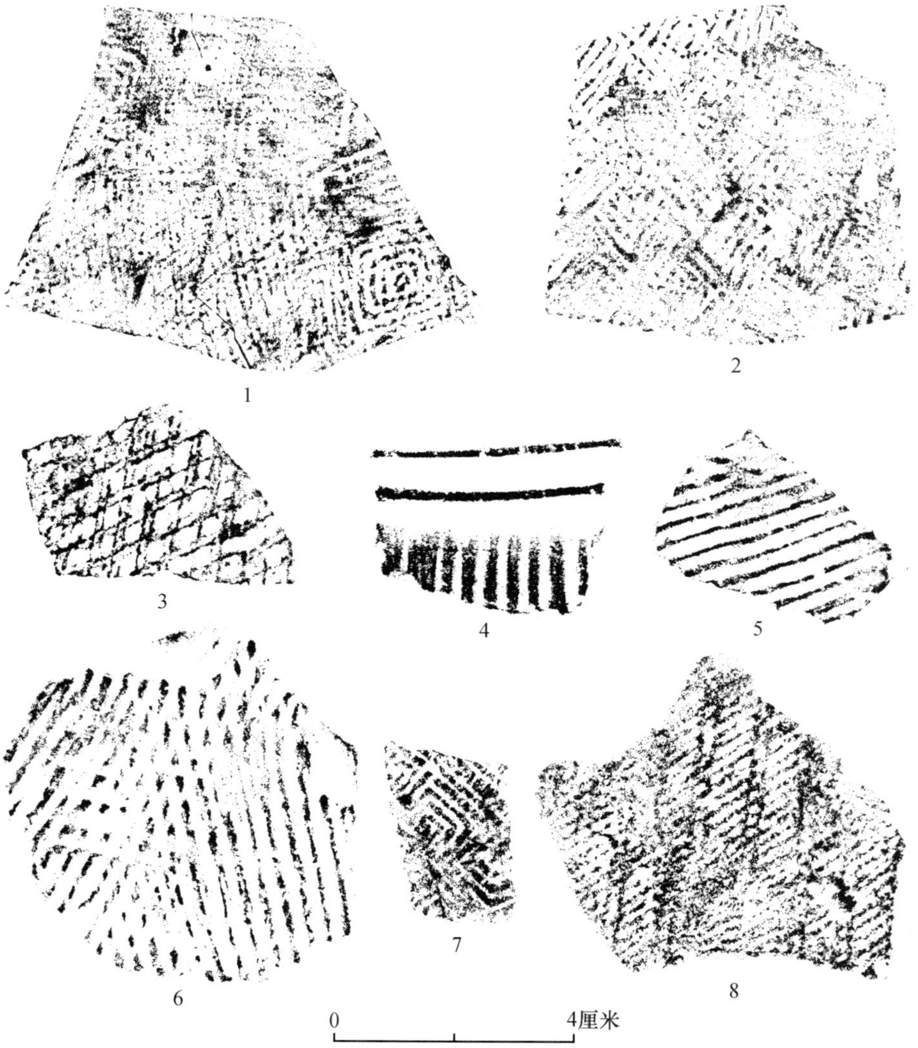

图2-73　大路背遗址采集陶片纹饰拓片

1. 双线与云雷纹组合纹饰（2012-2013CHDL采：7）　2. 席纹（2012-2013CHDL采：11）　3. 双线菱形纹（2012-2013CHDL采：10）　4. 凸棱与条纹（2012-2013CHDL采：12）　5. 条纹（2012-2013CHDL采：13）　6. 复合曲折纹（2012-2013CHDL采：9）　7. 云雷纹（2012-2013CHDL采：14）　8. 栅篱纹（2012-2013CHDL采：8）

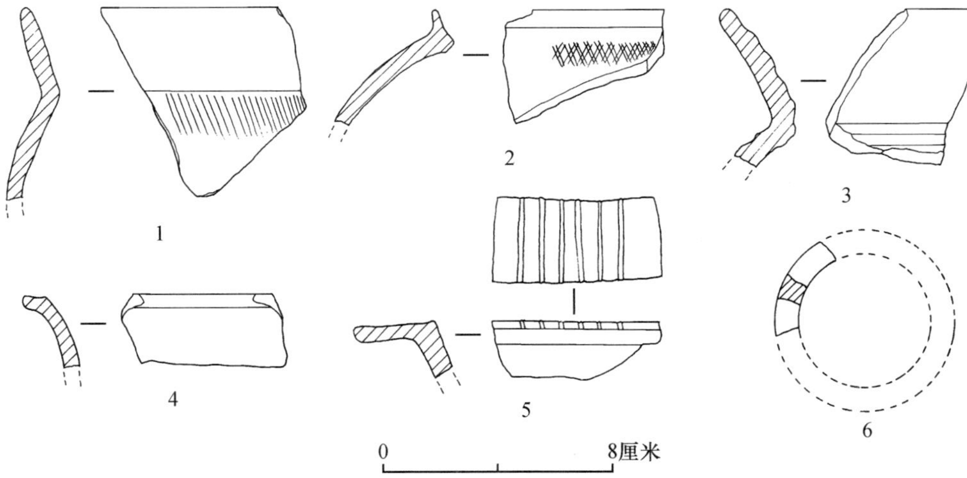

图2-74　大路背遗址采集陶器

1～5. 罐口沿（2012-2013CHDL采：2、2012-2013CHDL采：3、2012-2013CHDL采：4、2012-2013CHDL采：5、2012-2013CHDL采：6）　6. 陶环（2012-2013CHDL采：1）

2012-2013CHDL采：4，泥质灰黄陶，由茬口可见三层陶胎，中间呈青灰色，胎质较硬。圆唇，侈口，束颈。口沿内外侧可见轮旋形成的凸棱。残高5.5、宽5.5、厚0.6～0.9厘米（图2-74：3）。

2012-2013CHDL采：5，泥质灰陶，胎质较硬。圆唇，侈口，沿微外折。沿面微凹，沿与颈相接处微凸。残宽5.7、高2.5、厚0.5厘米（图2-74：4）。

2012-2013CHDL采：6，泥质灰硬陶。圆唇，宽外折沿，沿面可见六道刻划纹。残宽5.9、残高2、厚0.5～0.9厘米（图2-74：5）。

陶环　1件。2012-2013CHDL采：1，泥质陶，施黑衣。近扁方形，外径6.2、内径4.4、肉厚0.8厘米（图2-74：6）。

3. 墓葬

在遗址北面半山腰处发现有被雨水冲刷后暴露出来的墓葬，暂编号为大路背M1、M2。

M1

出土遗物

石器　有凹石、石璧、石锛。

凹石　1件。2012-2013CHDLM1：3，褐色砂岩，近扁圆形。正面有磨砺痕迹。右侧面磨砺呈凹形，边缘有磨损。长9.3、宽8.8、厚3厘米。重438.7克（图2-75：1）。

石璧　1件。2012-2013CHDLM1：4，青色页岩，余半段。加工较粗糙，璧正反两面均有磨制痕迹。残长8、宽3.9、厚1.2厘米。重66克（图2-75：2；图版34）。

石锛　2件。

2012-2013CHDLM1：5，青灰色砂岩。左侧与尾部残缺。不规则形。背面平直，器身厚薄不一。刃部微弧。残长5.9、宽4、厚0.6～1.7厘米。重54.8克（图2-75：3）。

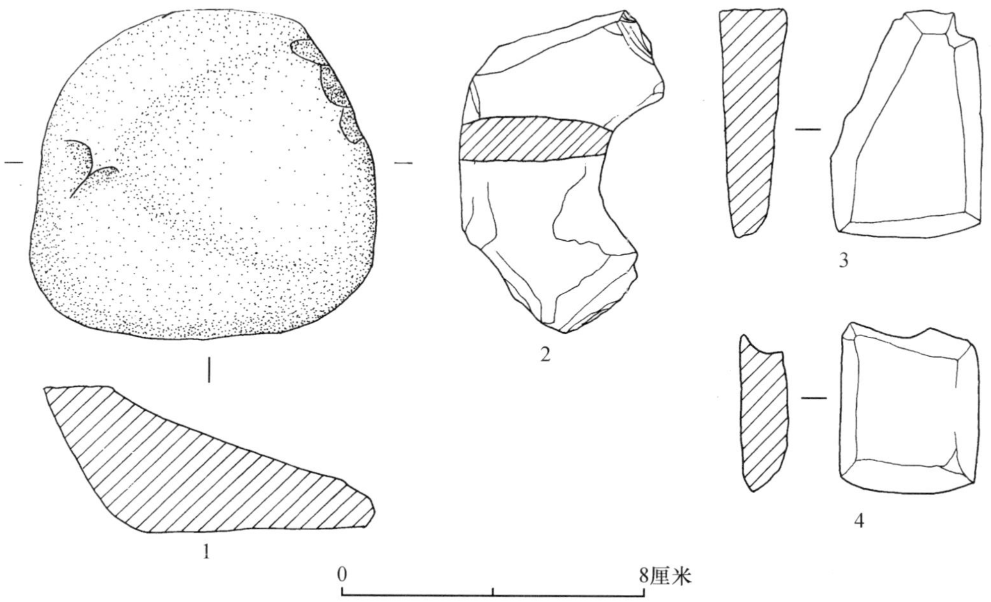

图2-75 大路背M1采集石器

1. 凹石（2012-2013CHDLM1：3） 2. 石璧（2012-2013CHDLM1：4） 3、4. 石锛（2012-2013CHDLM1：5、2012-2013CHDLM1：7）

2012-2013CHDLM1：7，青色砂岩，尾部残缺。加工较粗糙。近长方形，正反两面较平直，弧形刃。残长4.8、宽3.6、厚1.2厘米。重29.3克（图2-75：4）。

陶器 M1采集陶片，陶胎厚薄不一，以泥质灰、灰黑硬陶为主，少量由于烧制温度低，可见三层陶胎。大部分施黑衣。部分黑衣陶片器表呈现光泽；且其中一部分陶片陶胎坚硬，叩之清脆作响。可见较多大口尊口沿片、弧腹圜凹底罐器底，以及陶胎厚重，饰凸棱与条纹组合纹饰的大块陶器腹片。大口尊口沿片，部分可见施黑衣，部分黑衣陶片器表呈现光泽，为宽外折沿，沿面可见刻划纹，一穿或两穿，沿与颈相接处可见锯齿纹，且颈部均有轮旋形成的凸弦纹。弧腹圜凹底罐施黑衣，陶胎坚硬，饰双线菱形纹。其余陶片较多为器物颈、腹等残片，施条纹。制作手法可见轮旋，纹饰装饰手法以拍印为主，少量刻划、戳印、镂孔。纹饰可见条纹与凸棱纹组合纹饰、网格纹、大网格与圆圈纹组合纹饰、栅篱纹、篮纹、双线菱形纹、细绳纹、细绳纹与凸棱组合纹饰、刻划直线与穿孔组合纹饰等（图2-76）。可辨器形有罐、环。

罐 4件。

2012-2013CHDLM1：8，可复原。泥质灰陶，火候高，胎质坚硬，里外施紫衣。圆唇，侈口，沿面微曲，束颈，溜肩，弧腹，平底微凹。器身饰双线菱形纹。口径14、底径14.2、高15.2、厚0.5～0.6厘米（图2-77：5；图版35）。

2012-2013CHDLM1：9，泥质深灰陶，火候高，胎质坚硬，外施黑衣，衣剥落严重，部分可见光亮面。圆唇，侈口，窄外折沿，短颈微束，溜肩微折，弧腹内收，圜凹底。口沿上侧沿面可见刻划直线纹，颈部可见由轮旋形成的凹凸弦纹，颈部下通体饰双线菱形纹。口径12.6、上段残高11.6、下段残高18.6、厚0.4～0.65、底径16厘米（图2-77：7）。

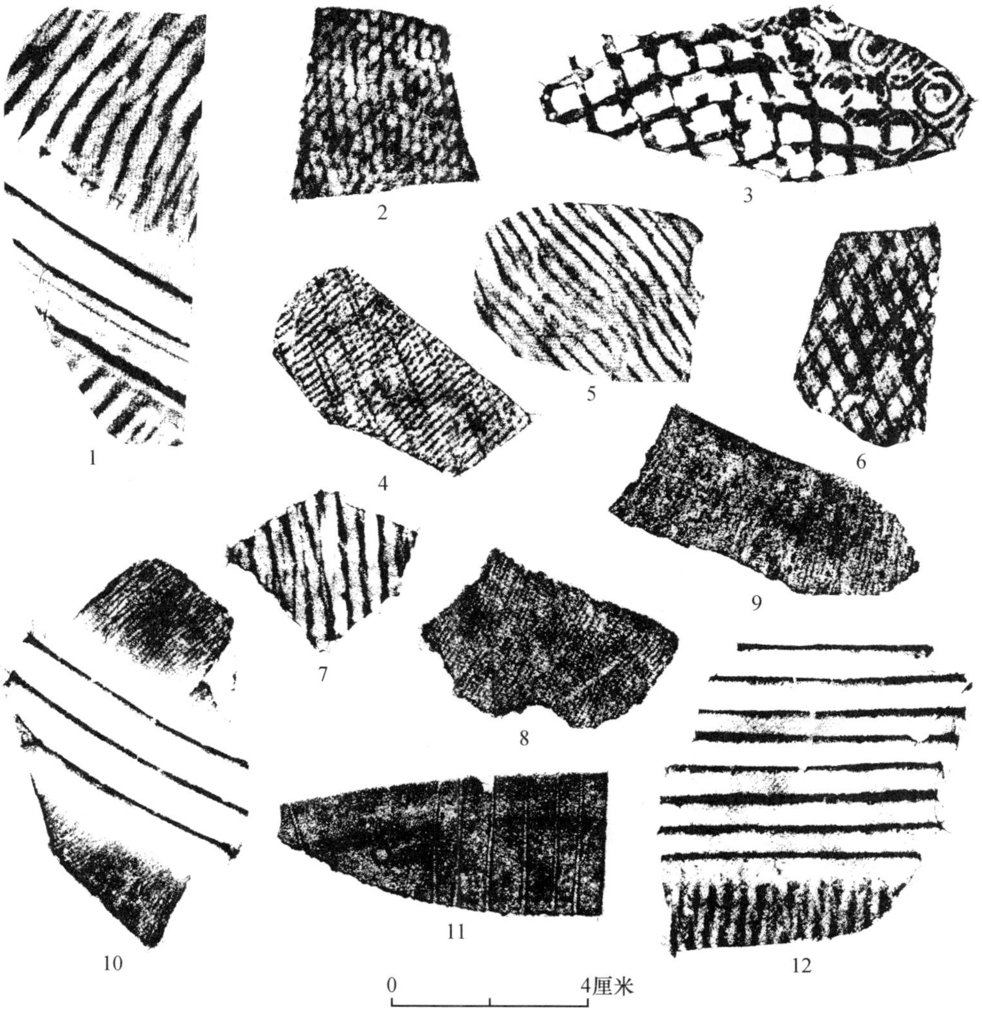

图2-76　大路背M1采集陶片纹饰拓片

1、12. 凸棱与条纹（2012-2013CHDLM1：16、2012-2013CHDLM1：18）　2. 网格纹（2012-2013CHDLM1：24）　3. 大网格与圆圈纹（2012-2013CHDLM1：23）　4. 栅篱纹（2012-2013CHDLM1：19）　5、7. 篮纹（2012-2013CHDLM1：13、2012-2013CHDLM1：27）　6. 双线菱形纹（2012-2013CHDLM1：25）　8、9. 细绳纹（2012-2013CHDLM1：26、2012-2013CHDLM1：22）　10. 凸棱与绳纹（2012-2013CHDLM1：18）　11. 刻划直线纹与穿孔组合纹饰（2012-2013CHDLM1：20）

2012-2013CHDLM1：10，泥质灰陶，胎质坚硬，陶胎厚薄不一，里外施黑衣，器表光亮。圆唇，窄外折沿，沿面微凹，沿与颈相接处上凸，敞口，高领，束颈，斜肩。颈部可见轮旋形成的凹凸弦纹，肩部饰双线菱形纹。口径22.4、残高7.6、厚0.5～1.6厘米（图2-77：1）。

2012-2013CHDLM1：11，泥质灰黄陶，胎质较疏松，由断面可知，有三层陶胎，里外为灰黄色，中间为青灰色。里外施黑衣。圆唇，窄外折沿，沿面微凹，沿与颈相接处上凸。侈口，高领，颈微束，溜肩。颈部可见轮旋形成的痕迹，肩饰双线菱形纹。口径19、残高15.6、厚0.5～1.1厘米（图2-77：3）。

环　3件。

2012-2013CHDLM1：1，泥质灰黑硬陶。近扁椭圆形。外径5.6、内径4、肉厚0.9厘米（图

2-77：2；图版36）。

2012-2013CHDLM1：2，泥质灰黑硬陶，外施黑衣。器身方扁。外径6、内径4.2、肉厚0.8厘米（图2-77：4）。

2012-2013CHDLM1：6，泥质灰黑硬陶。椭圆形。外径5.8、内径4.4、肉厚0.7厘米（图2-77：6；图版37）。

尊　均为口沿，2件。

2012-2013CHDLM1：12，泥质灰陶，胎质坚硬。外施黑衣。圆唇，宽外折沿，敞口，沿与颈相接处上凸。口沿上侧沿面可见一穿，沿与颈相接上凸处饰锯齿压印纹。外径64.8、内径57.6、残高5、厚0.4～1.8厘米（图2-77：8）。

2012-2013CHDLM1：14，泥质深灰陶，胎质较硬。里外施黑衣。圆唇，宽外折沿，大敞口，沿与颈相接处上凸。口沿上侧沿面可见刻划直线纹及两穿，沿与颈相接上凸处可见锯齿压印纹。外径76.6、内径68.4、残高7.6、厚0.6～1厘米（图2-77：9）。

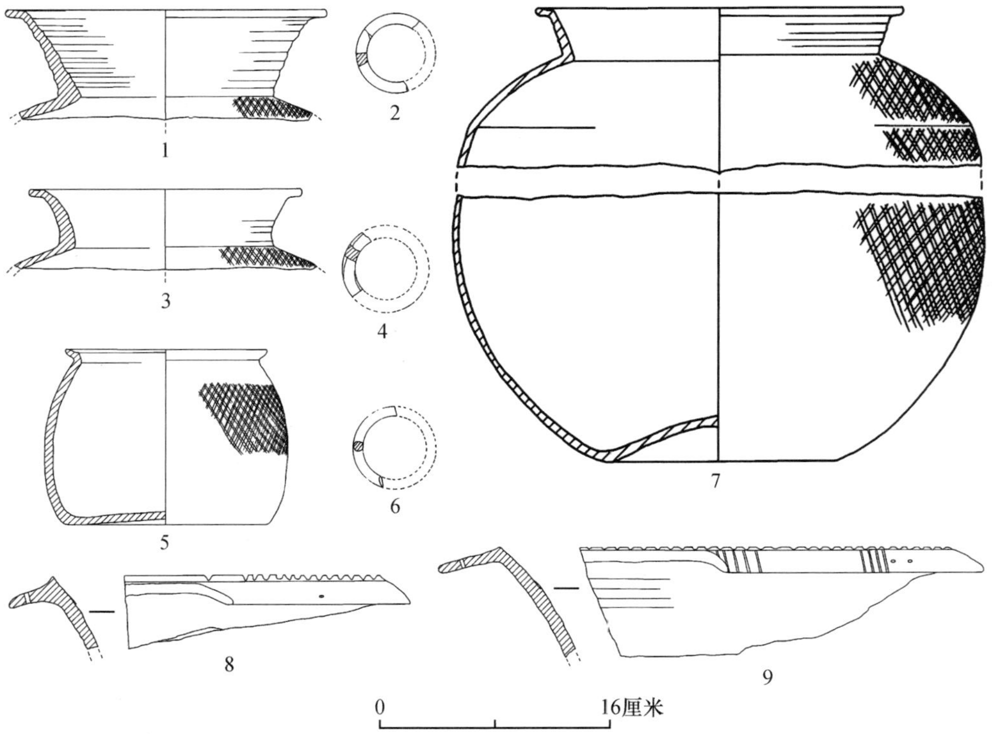

图2-77　大路背M1采集陶器

1、3. 罐口沿（2012-2013CHDLM1：10、2012-2013CHDLM1：11）　2、4、6. 陶环（2012-2013CHDLM1：1、2012-2013CHDLM1：2、2012-2013CHDLM1：6）　5、7. 罐（2012-2013CHDLM1：8、2012-2013CHDLM1：9）　8、9. 尊口沿（2012-2013CHDLM1：12、2012-2013CHDLM1：14）

M2

出土遗物

M2采集陶片，陶胎厚薄不一，泥质与夹砂陶参半。见少量陶胎坚硬的陶片，部分陶片由于烧制温度低形成灰、青、灰三层陶胎的陶片；陶色以灰白、青灰、红、黄陶为主，且红、黄陶占多数，胎质疏松。大部分施黑衣，少量施褐衣、赭衣。制作手法有轮旋，纹饰装饰手法有拍印、压印、镂孔等。陶片以素面为多，纹饰可见刻划条纹与口部压印锯齿纹组合纹饰、凸棱与条纹组合纹饰、双线菱形纹、刻划直线纹、篮纹、凸棱纹等（图2-78）。可辨器形有罐、尊、盆。

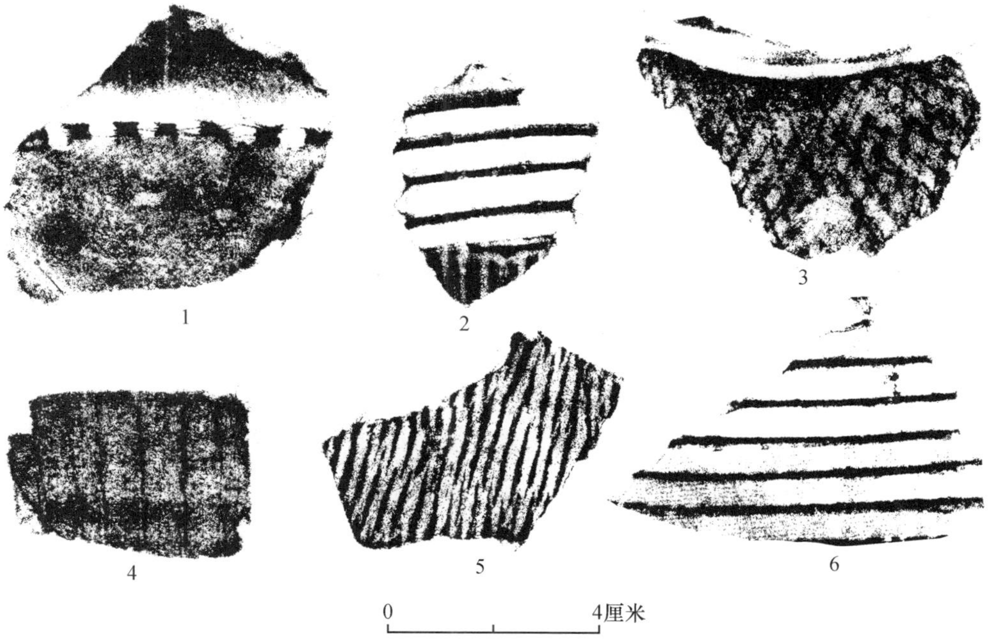

图2-78　大路背M2采集陶片纹饰拓片

1. 刻划直线与锯齿纹组合纹饰（2012-2013CHDLM2：10）　2. 凸棱与条纹组合纹饰（2012-2013CHDLM2：15）　3. 双线菱形纹（2012-2013CHDLM2：16）　4. 刻划直线纹（2012-2013CHDLM2：14）　5. 篮纹（2012-2013CHDLM2：13）　6. 凸棱纹（2012-2013CHDLM2：12）

罐　有折肩、折腹的，其中可复原1件，其余为器腹残片或口沿残片。

2012-2013CHDLM2：1，泥质灰黄陶，胎质疏松，里外施黑衣，衣有剥落。圆唇，侈口，沿面微曲，短束颈，斜肩，折腹，下腹弧内收，圜凹底。颈以下通体饰栅篱纹。口径11.4、底径5.8、高8.4、厚0.3～1厘米（图2-79：1；图版38）。

2012-2013CHDLM2：2，泥质灰陶，胎质较疏松。里外施黑衣，衣有剥落。圆唇，窄外折沿，沿面微曲，侈口，高领微束，折肩，斜腹内收。颈部可见轮旋形成的凹凸弦纹。肩、腹饰复线菱形纹。口径21、残高16.6、厚0.5～1.3厘米（图2-79：4）。

2012-2013CHDLM2：3，陶器肩部、腹部残片，泥质陶，烧制火候较低，呈三层陶胎，里外为灰红色，中间为青灰色，器表施黑衣。溜肩微鼓，弧腹斜内收。肩与腹饰双线菱形纹。最大腹径37.2、残高14.8、厚0.4～1厘米（图2-79：5）。

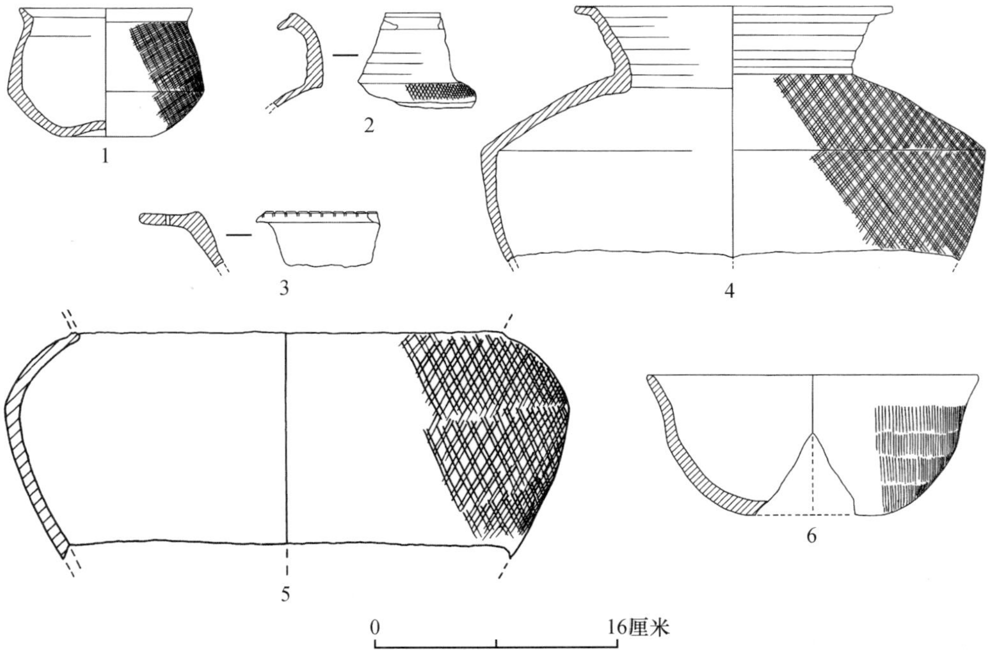

图2-79　大路背M2采集陶器

1、2、4、5. 罐（2012-2013CHDLM2：1、2012-2013CHDLM2：7、2012-2013CHDLM2：2、2012-2013CHDLM2：3）　3. 尊口沿（2012-2013CHDLM2：9）　6. 盆口沿（2012-2013CHDLM2：4）

2012-2013CHDLM2：7，口沿，泥质黄陶，胎质疏松。圆唇，窄外折沿，沿与颈相接处上凸，直口微侈，高领，斜肩。肩部饰网格纹。残高6.2、残宽3.6～7.8、厚0.3～1.1厘米（图2-79：2）。

尊　只见口沿片，为宽外折沿，1件。2012-2013CHDLM2：9，泥质陶，由于烧制火候低，呈三层陶胎，里外为灰红色，中间为青灰色，陶器内外施赭衣，衣剥落严重。圆唇，宽外折沿，沿与颈相接处上凸，敞口。沿面上侧可见刻划直线纹及一穿，沿与颈相接上凸处饰锯齿压印纹。残高3.6、宽5.6～9.1、厚0.7～1.4厘米（图2-79：3）。

盆　1件。2012-2013CHDLM2：4，泥质灰陶，夹少量细砂，胎质疏松。里外施黑衣，黑衣剥落严重。圆唇，敞口，弧腹，口沿及以下饰条纹。口径22、残高9.1、厚0.5～1.1厘米（图2-79：6）。

二十三　牙背山遗址

1. 遗址概况

遗址位于长汀县河田镇上街村北1.4千米（图2-80），为1987年调查发现。遗址地理坐标为北纬25°40′33.2″，东经116°25′9.7″。调查面积约800平方米，海拔307米。西面60米为319国道，

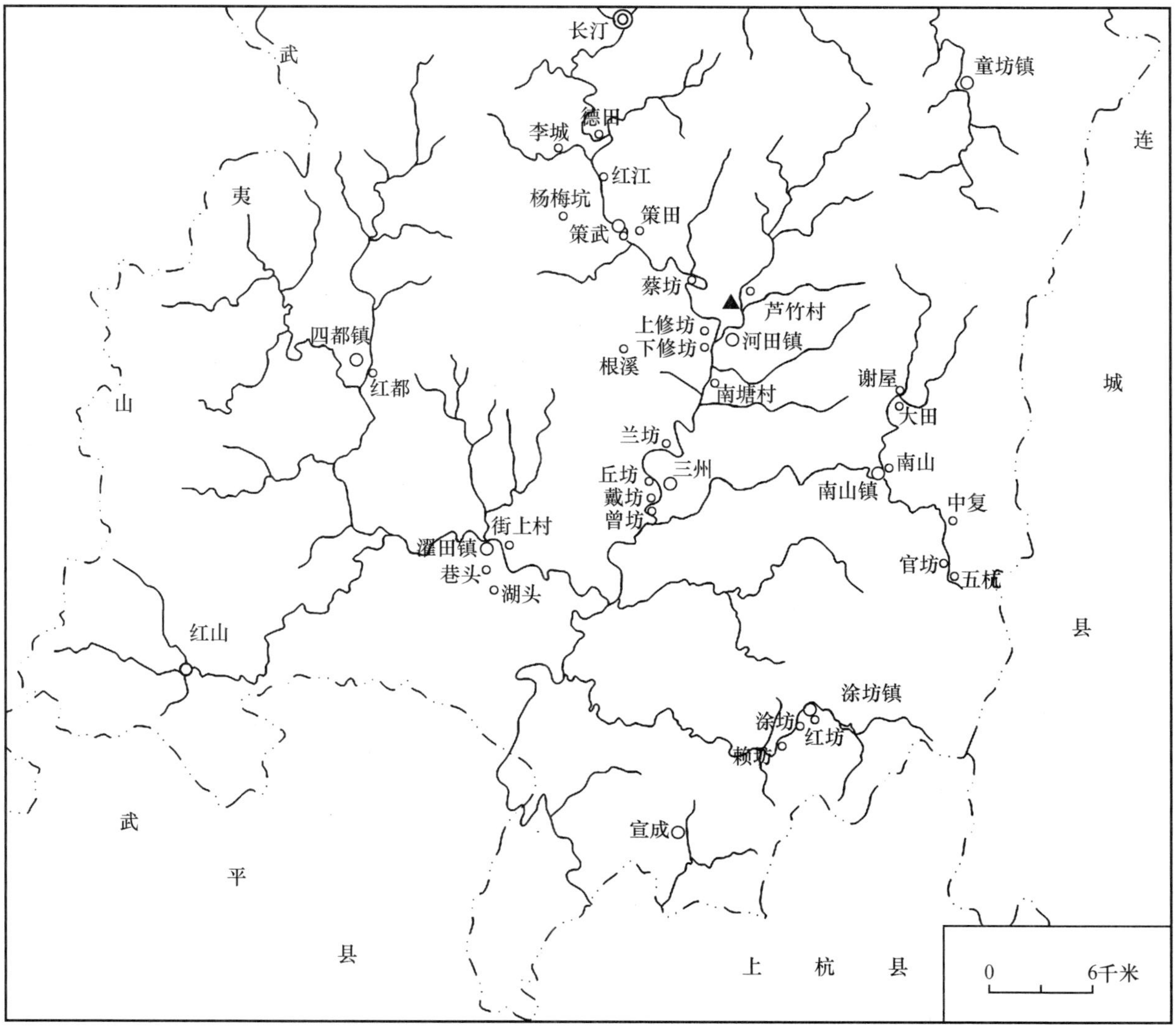

图2-80　牙背山遗址位置示意图

南面约1000米为芦竹村，北面200米为上修坊新村。遗址植被覆盖率较高，种植有马尾松，土壤类型为沙质红壤（图版39）。未发现遗迹及文化层堆积。

2. 遗物

（1）石器

器形有石锤和石凿。

石锤　1件。2012-2013CHYB采：1，灰褐色石英砂岩。顶端残缺。反面较平直。有使用痕迹。剖面为椭圆形。残长8.8、宽4.9、厚1.3～2.6厘米。重148.88克（图2-81：1）。

石凿　2件。

2012-2013CHYB采：2，青灰色砂岩。不规则形。顶部、刃部均残缺，背面残缺一块。中部起棱。正面磨制较精细。横截面近五边形。残长5.8、宽1～2.4、厚0.2～1.2厘米。重16.69克

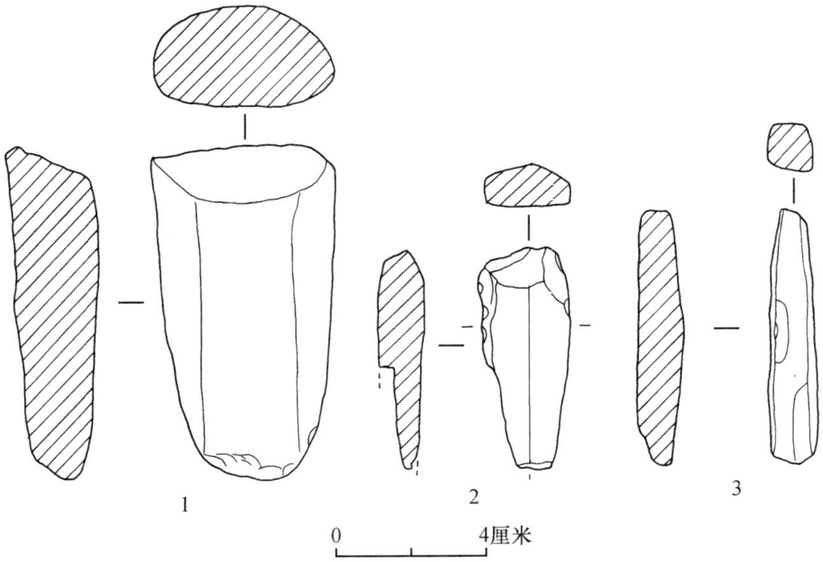

图2-81　牙背山遗址采集石器

1. 石锤（2012-2013CHYB采：1）　2、3. 石凿（2012-2013CHYB采：2、2012-2013CHYB采：3）

（图2-81：2）。

2012-2013CHYB采：3，青灰色砂岩。近长形。刃部残缺。横截面近长方形。残长6.7、宽1.4、厚1.2厘米。重16.51克（图2-81：3）。

（2）陶器

通过调查，采集15片陶片，为泥质硬陶，部分施黑衣。陶色有青灰、灰褐、黄色。陶片纹饰可见双线菱形纹、交错曲折纹、条纹（图2-82）。

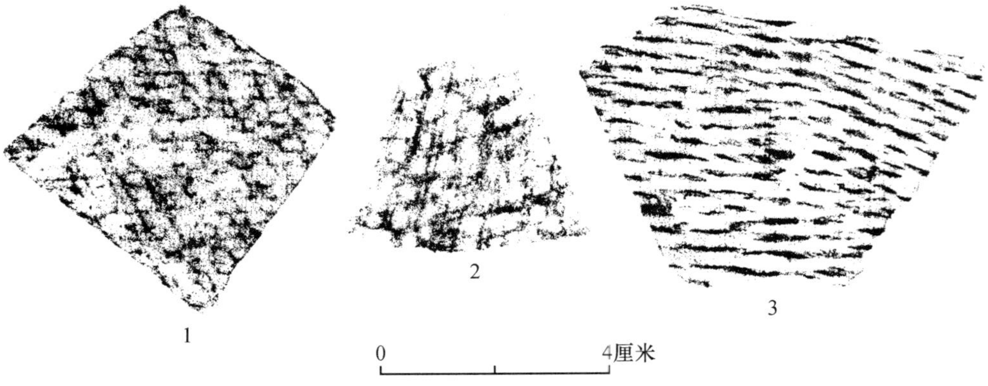

图2-82　牙背山遗址采集陶片纹饰拓片

1、2. 双线菱形纹（2012-2013CHYB采：5、2012-2013CHYB采：4）　3. 篮纹（2012-2013CHYB采：6）

二十四　磨石岽遗址

1. 遗址概况

遗址位于长汀县河田镇上修坊村江坑哩自然村西侧方向20米（图2-83），1987年调查发现。遗址地理坐标为北纬25°40′50.8″，东经116°23′36.7″。遗址为一处大山延伸出来呈东北西南走向的山梁，海拔314米，相对高度40米。遗址东面坡下有通往山上的小道，西坡与大山相连，南坡较缓，坡下为小峡谷，峡谷对面与之相连的是磨石岽Ⅱ号遗址，北面半坡处有5座现代墓葬。遗址水土流失严重，植被覆盖率低，种植有松树（图版41）。未发现文化层。

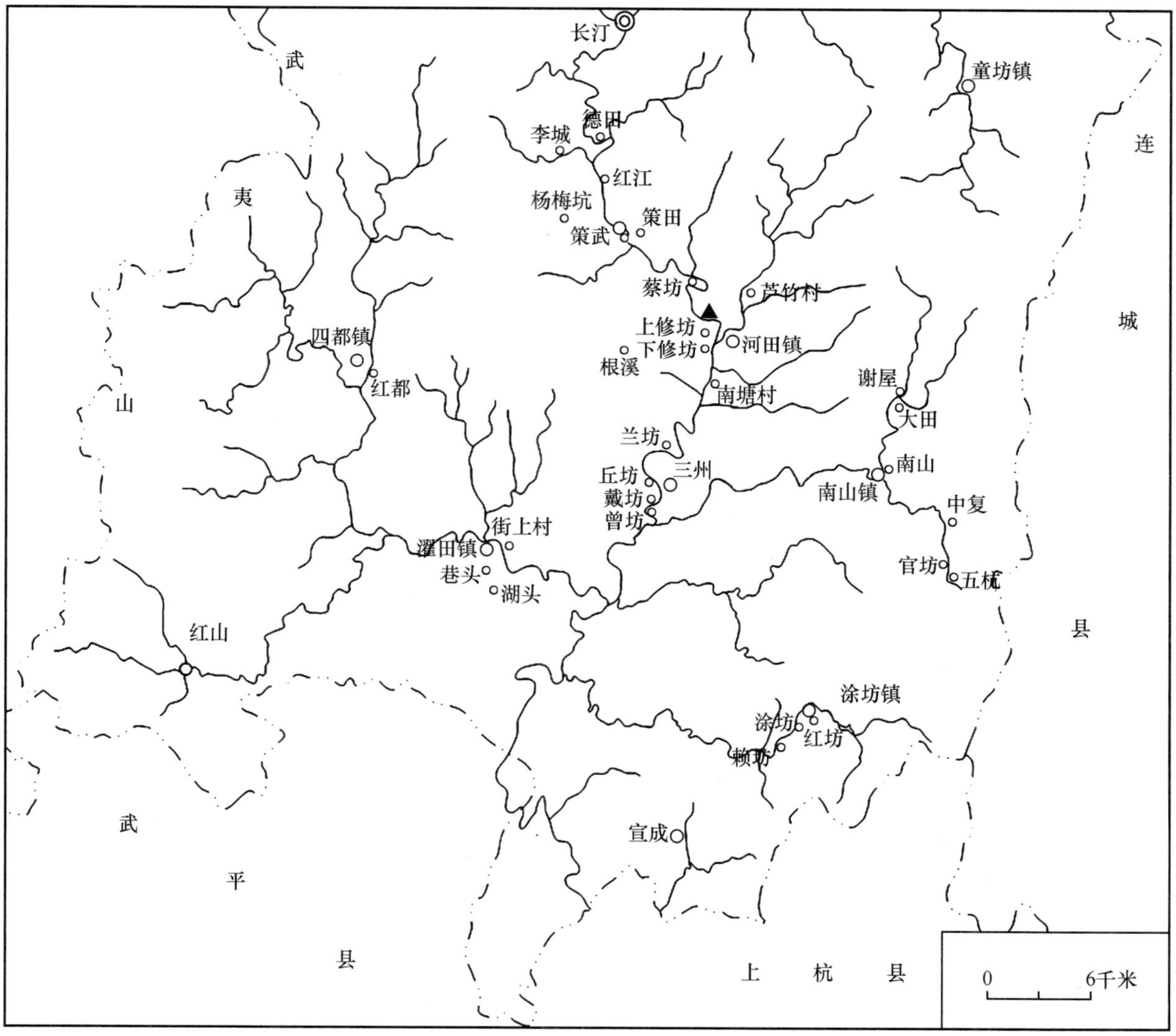

图2-83　磨石岽遗址位置示意图

2. 遗物

通过调查，采集有石器和少量陶片。

（1）石器

器形有石锛、石镞。

石锛　2件。

2012-2013CHMS采：1，灰褐色砂岩，近梯形，局部残缺。刃部明显，器表可见多处石片疤，背面平直，正面较凸，弧刃。残长6.4、宽4.3、厚0.4～1.4厘米。重49.06克（图2-84：1）。

2012-2013CHMS采：2，浅灰色砂岩，磨制精细，近长方形。平尾，弧刃，刃部有使用痕迹，横截面近椭圆形，器身边缘较多石片疤，正反两面及尾部磨制光滑。残长10.9、宽5.2、厚0.4～2厘米。重201.63克（图2-84：2；图版42）。

石镞　1件。2012-2013CHMS采：3，深灰色砂岩。磨制精细。锋、铤残缺，两翼锋利，中脊突出，横截面为菱形。残长3.5、宽0.4～1.8、厚0.6厘米。重3.25克（图2-84：3）。

（2）陶器

采集21片陶片，陶质以泥质为主，少量夹砂，大多胎质较硬，可见施黑衣。陶色可见灰褐、灰黄。陶片纹饰可见条纹、篮纹、双线菱形纹（图2-85）。

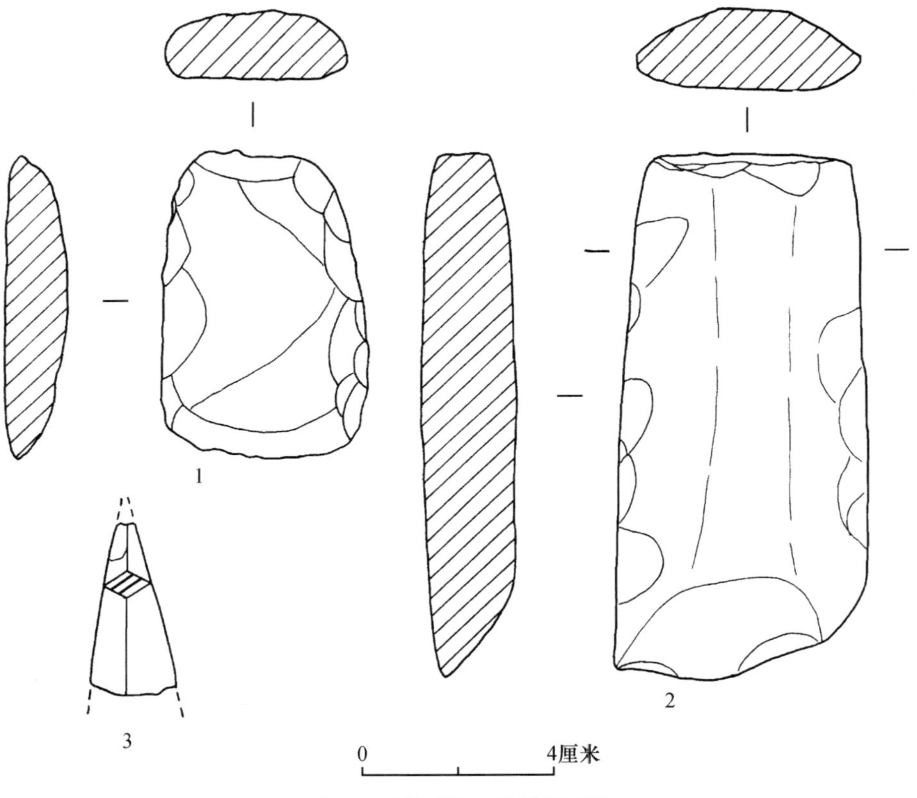

图2-84　磨石岽遗址采集石器

1、2. 石锛（2012-2013CHMS采：1、2012-2013CHMS采：2）　3. 石镞（2012-2013CHMS采：3）

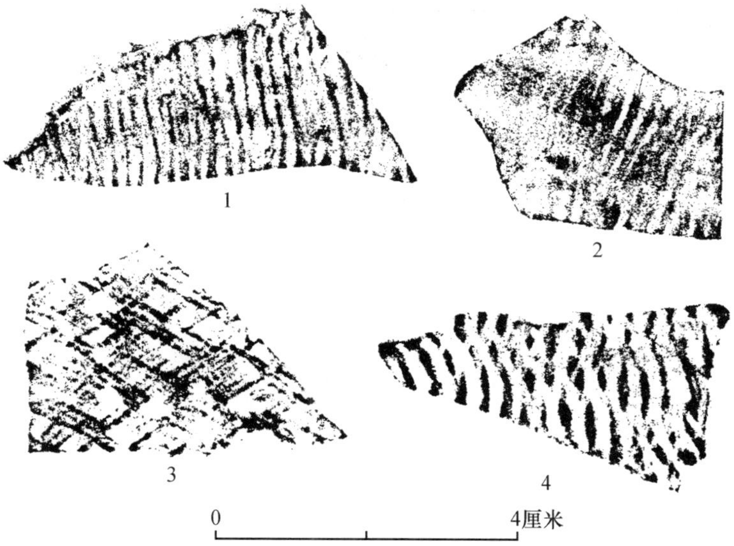

图2-85　磨石岽遗址采集陶片纹饰拓片

1、2. 条纹（2012-2013CHMS采：4、2012-2013CHMS采：6）　3. 双线菱形纹（2012-2013CHMS采：5）　4. 曲折纹（2012-2013CHMS采：7）

二十五　磨石岽Ⅱ号遗址

1. 遗址概况

遗址位于长汀县河田镇上修坊村江坑哩自然村西方向50米（图2-86），为此次调查发现。遗址地理坐标北纬25°40′44.3″，东经116°23′35.9″。遗址为一处呈南北走向、独立的小山包，海拔301米，相对高度30米。东面坡下为谷地，对面为磨石岽遗址，西面坡下为村民修的养猪场，南面坡下为民宅及稻田，北面有稻田。遗址植被覆盖率低，种植有松树，土壤类型为红壤（图版40）。未发现文化遗迹和文化层。

2. 遗物

通过调查，采集有石器坯件和少量陶片。

（1）石器

石器坯件　2件。

2012-2013CHMSⅡ采：1，青灰色砂岩。不规则形。正反两面可见大小不一石片疤。长7.7、宽1～3.3、厚0.6～0.8厘米。重24.56克（图2-87：1）。

2012-2013CHMSⅡ采：2，灰褐色砂岩，不规则形。正反两面可见大小不一石片疤。长6.9、宽2.3、厚0.5厘米。重12.47克（图2-87：2）。

（2）陶器

采集7片陶片，均为泥质灰陶，胎质较硬。纹饰有条纹（图2-88）。

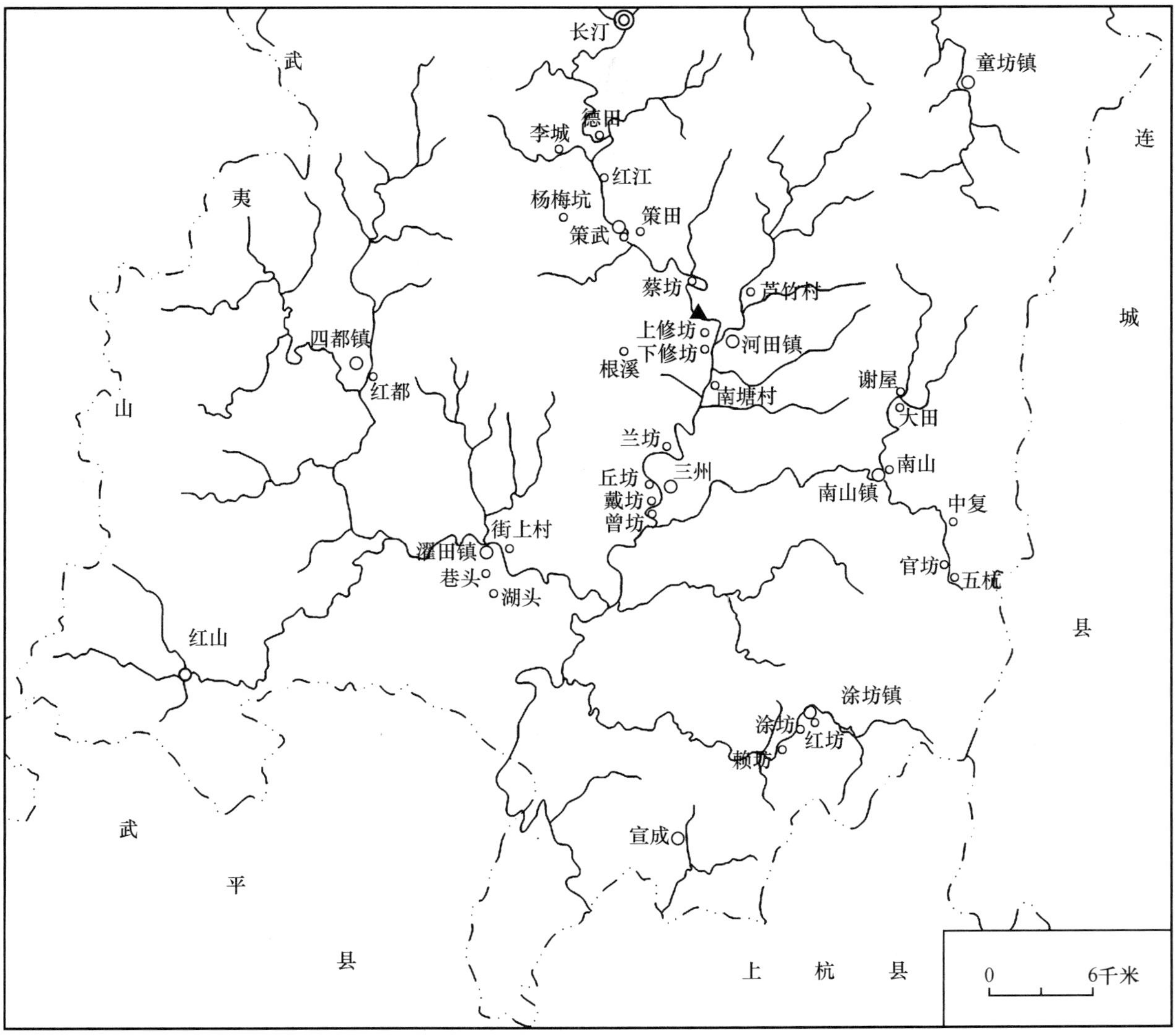

图2-86　磨石岽Ⅱ号遗址位置示意图

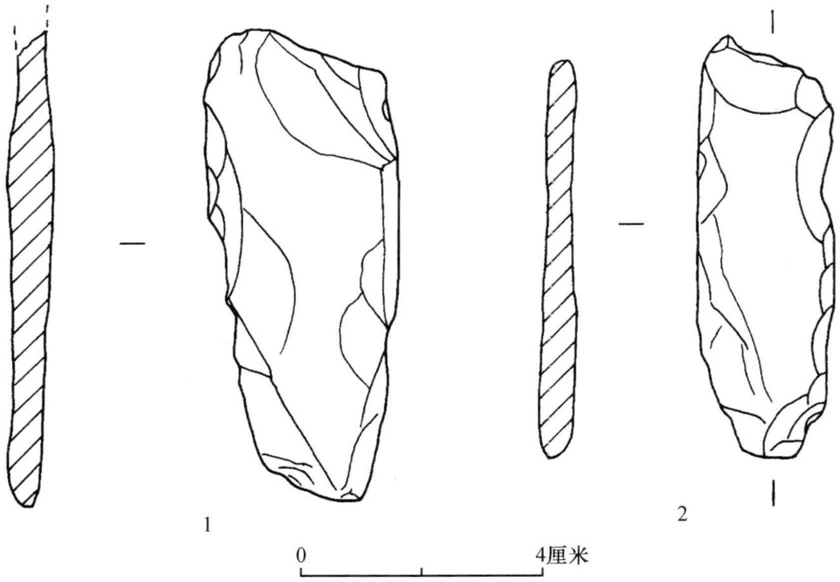

图2-87　磨石岽Ⅱ号遗址采集石器

1、2. 石器坯件（2012-2013CHMSⅡ采：1、2012-2013CHMSⅡ采：2）

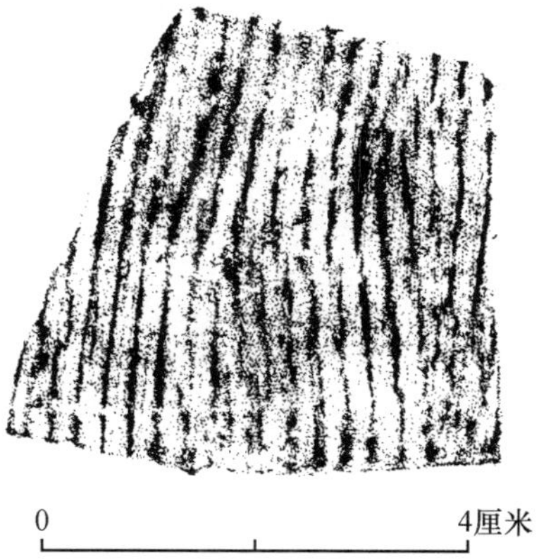

图2-88　磨石崇Ⅱ号遗址采集陶片拓片
条纹（2012-2013CHMSⅡ采：3）

二十六　单顶山遗址

1. 遗址概况

遗址位于长汀县河田镇根溪村岐岭自然村东北方向30米（图2-89），为此次调查发现。遗址地理坐标为北纬25°40′12.9″，东经116°21′47.1″。遗址为一处大山延伸出来呈南北走向的山梁，长约200米，宽约35米，海拔338米，相对高度25米。遗址东面坡下为谷地、民宅及村道，西面坡下为稻田，南面坡下为根溪通往河田的村道，路的南侧为根溪自西向东流经，北面与山体相连。遗址水土流失严重，植被覆盖率低，土壤类型为红壤（图版43）。未发现遗迹。

2. 文化层堆积

通过调查，在遗址西南面村民挖掘建造坟墓的断坎上发现地层堆积，可分为二层：

第1层为表土层；

第2层为文化层，包含有较多陶片及少量木炭粒，厚10～20厘米。

3. 遗物

采集有石器和陶器。

（1）石器

器形有石器坯件、砺石、石锛、石镞坯件等。

石器坯件　3件。

2012-2013CHDD采：5，粗砂岩，左侧为灰黑色，右侧面为褐色。中部起棱，底部较厚。左侧多石片疤。长11.1、宽3.9、厚1.2厘米。重57.5克（图2-90：1）。

2012-2013CHDD采：6，灰黑色砂岩，器身较厚。正面可见磨砺痕迹，左侧与右下方有石

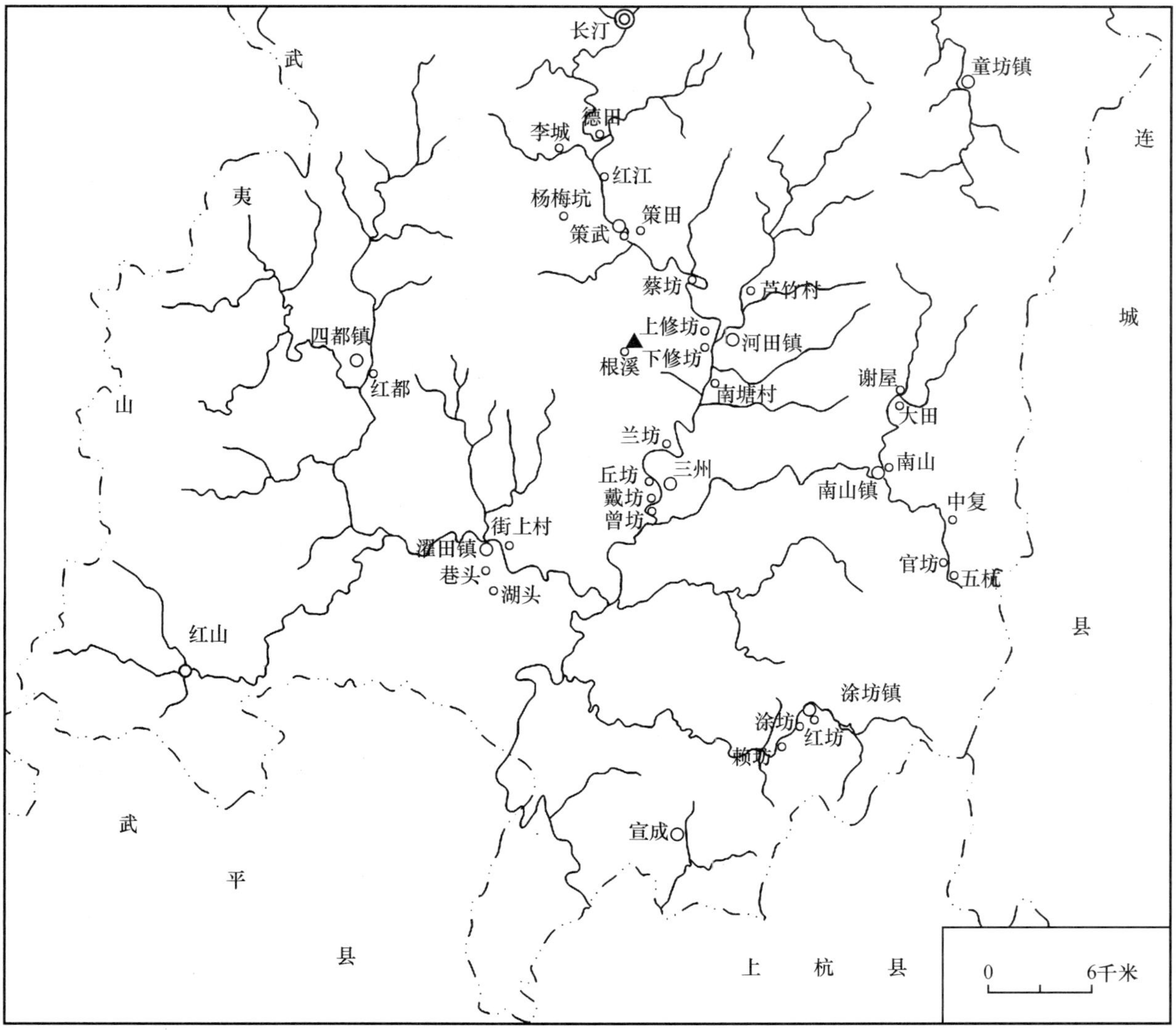

图2-89　单顶山遗址位置示意图

片疤。长4.9、宽3.1、厚0.8厘米。重17.74克（图2-90：2）。

2012-2013CHDD采：7，灰色砂岩，不规则形，器身扁平。正面边缘可见多处石片疤。长5.2、宽1.8、厚0.7厘米。重7.8克（图2-90：3）。

砺石　2件。

2012-2013CHDD采：10，灰褐色砂岩，不规则形，正面磨砺。长7.5、宽6.5、厚2.6厘米。重144.62克（图2-90：4）。

2012-2013CHDD采：11，灰褐色砂岩，不规则形。仅见正面及右侧面有磨砺，且磨砺平直。长6.25、宽4.7、厚2.1厘米。重90克（图2-90：10）。

石锛　1件。2012-2013CHDD采：8，灰色砂岩。刃部缺失，无明显磨制痕迹。长3.2、宽3.1、厚0.6厘米。重9.4克（图2-90：5）。

石镞坯件　1件。2012-2013CHDD采：9，灰色页岩。有磨制痕迹。长6、宽1.6、厚0.25厘米。重2.8克（图2-90：6）。

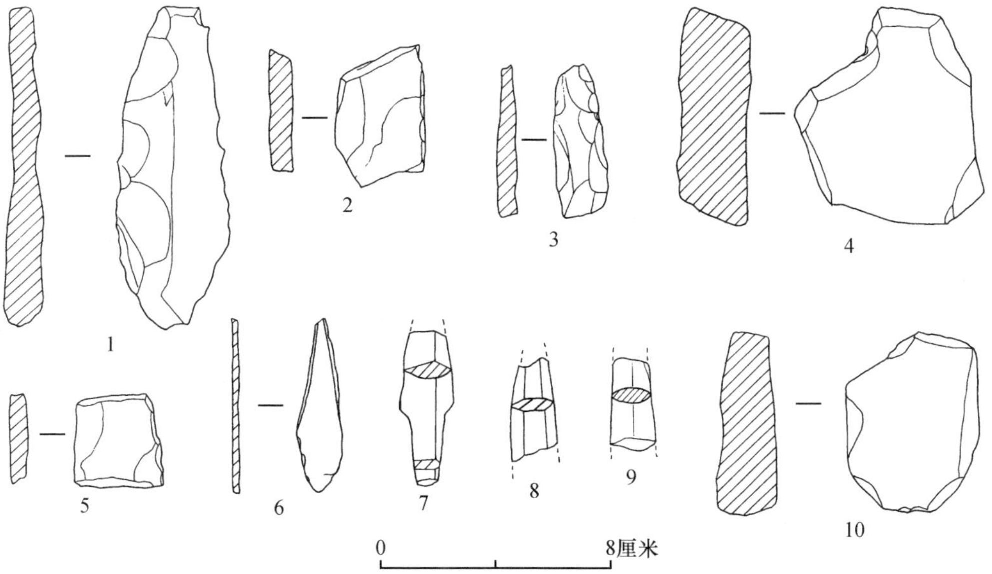

图2-90　单顶山遗址采集石器

1～3. 石器坯件（2012-2013CHDD采：5、2012-2013CHDD采：6、2012-2013CHDD采：7）　4、10. 砺石（2012-2013CHDD采：10、2012-2013CHDD采：11）　5. 石锛（2012-2013CHDD采：8）　6. 石镞坯件（2012-2013CHDD采：9）　7～9. 石镞（2012-2013CHDD采：1、2012-2013CHDD采：2、2012-2013CHDD采：3）

石镞　3件。

2012-2013CHDD采：1，黑色细砂岩。锋部残缺。中脊偏向右侧，上半部截面呈菱形，铤部截面近方形，锋部、铤部界限明显。残长5.4、宽1.8、厚0.6厘米。重6.3克（图2-90：7）。

2012-2013CHDD采：2，黑色细砂岩，锋与铤残缺。两侧起棱，无中脊，两翼较薄，截面近六边形。残长3.7、宽1.7、厚0.4厘米。重3.8克（图2-90：8）。

2012-2013CHDD采：3，深灰色砂岩。余器身中部。两翼较钝，中脊不明显，横截面为扁椭圆形。残长3.2、宽1.6、厚0.5厘米。重3.7克（图2-90：9）。

（2）陶器

通过调查，采集有107片陶片，陶质以泥质和夹砂为主，部分施衣陶。以灰色系硬陶为主。陶色有灰、灰褐。陶片纹饰可见网格纹、条纹、绳纹、凸棱纹、双线菱形纹、篮纹、席纹、曲折纹、凸棱与网格纹组合、凸棱与条纹组合纹饰（图2-91）。可辨器形有尊、钵、罐等。采集陶纺轮1件。

尊口沿　1件。2012-2013CHDD采：12，泥质青灰硬陶。胎厚。圆唇，外折沿，沿与颈相接处上凸。残高3.2、宽8.2、厚0.2～1.7厘米（图2-92：1）。

钵口沿　1件。2012-2013CHDD采：14，泥质深灰硬陶。圆唇，短颈，折肩。肩下饰双线菱形纹。残高2.7、宽4.8、厚0.5～0.8厘米（图2-92：3）。

罐口沿　1件。2012-2013CHDD采：13，泥质青灰硬陶。薄胎。圆唇，敞口，沿面有轮旋形成的凸棱纹。残高1.2、宽3.3、厚0.4厘米（图2-92：4）。

圈足　1件。2012-2013CHDD采：15，泥质灰硬陶。斜弧腹内收，矮喇叭形圈足。施黑衣，衣剥落严重。底径6.4、残高2.2、厚0.4～1.7厘米（图2-92：2）。

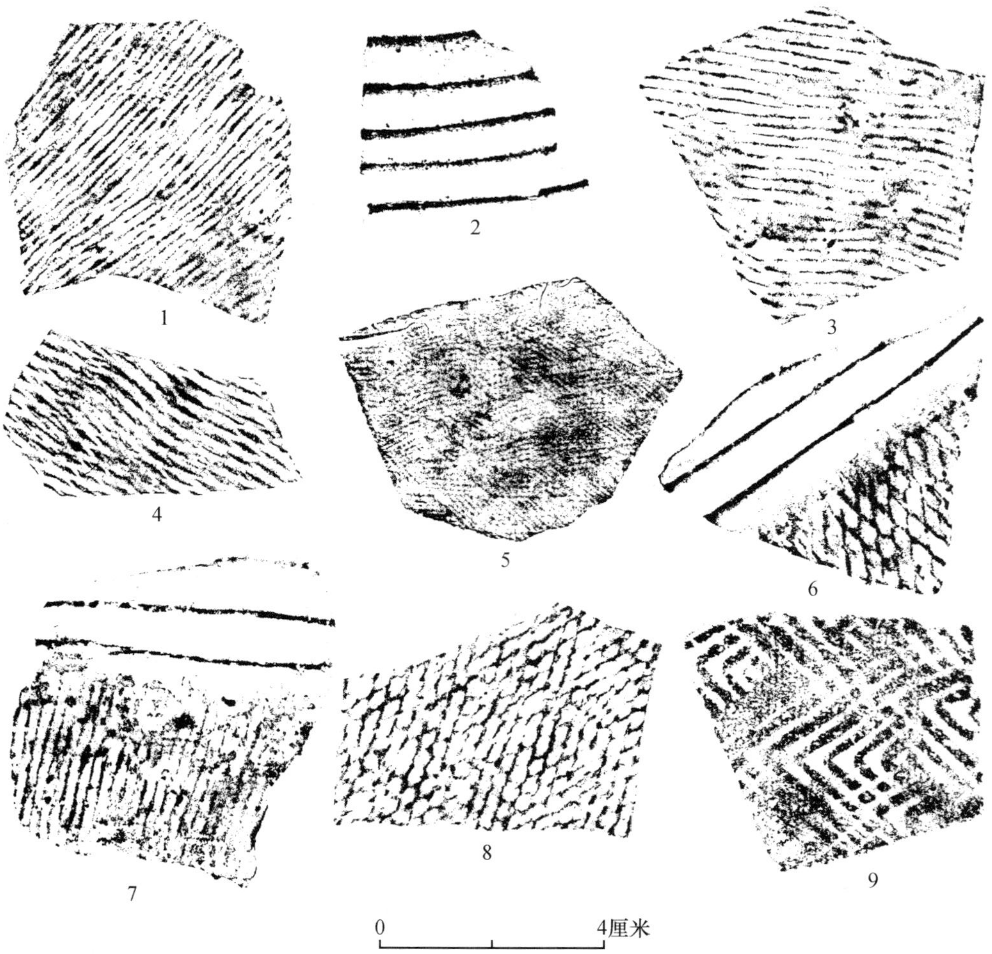

图2-91　单顶山遗址采集陶片纹饰拓片

1、3. 绳纹（2012-2013CHDD采：16、2012-2013CHDD采：19）　2. 凸棱纹（2012-2013CHDD采：24）　4. 篮纹（2012-2013CHDD采：21）　5. 席纹（2012-2013CHDD采：22）　6. 条纹与网格纹组合纹饰（2012-2013CHDD采：17）　7. 凸棱与条纹组合纹饰（2012-2013CHDD采：18）　8. 网格纹（2012-2013CHDD采：23）　9. 曲折纹（2012-2013CHDD采：20）

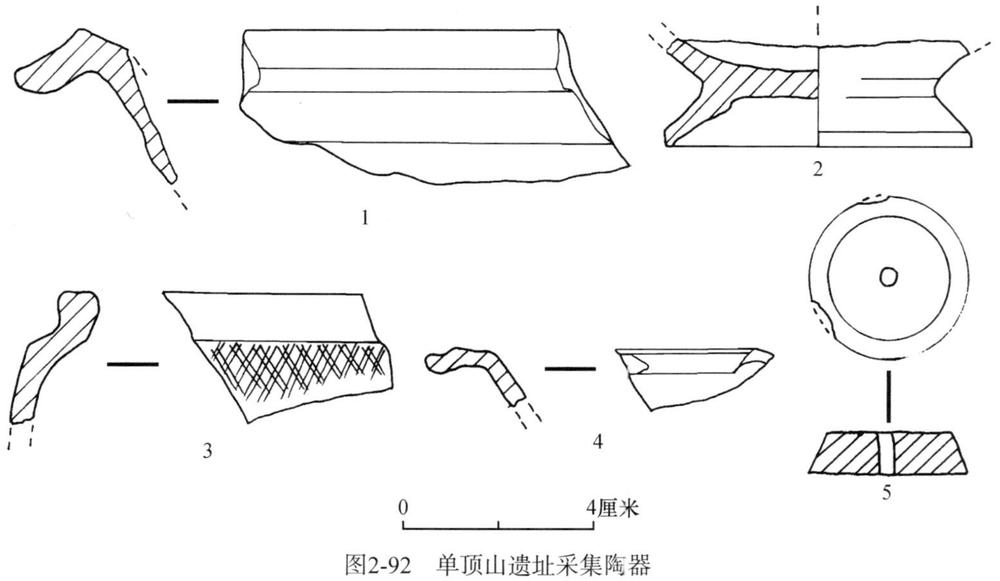

图2-92　单顶山遗址采集陶器

1. 尊口沿（2012-2013CHDD采：12）　2. 圈足（2012-2013CHDD采：15）　3. 钵口沿（2012-2013CHDD采：14）　4. 罐口沿（2012-2013CHDD采：13）　5. 陶纺轮（2012-2013CHDD采：4）

纺轮　1件。2012-2013CHDD采：4，红色夹砂陶。截面近梯形，底部略有缺损。上部直径2.6、底部直径3.4、厚0.95厘米（图2-92：5）。

二十七　锡角形山遗址

1. 遗址概况

遗址位于长汀县河田镇下修坊村14组东南方向100米（图2-93），为此次调查发现。遗址地理坐标为北纬25°40′7.9″，东经116°22′41.8″，遗址为一处呈东西走向、由北向南倾斜、相对独立的小山包，海拔290米，相对高度15米。遗址西面坡下为稻田，南面坡下有一山道，远处为根溪自西南向东北流经，北面形成断坎，约100米处为根溪通往修坊的村道。遗址水土流失严重，植被覆盖率低，以种植松树和杉树为主，土壤类型为沙质红壤（图版45）。在遗址北部断坎处发现有文化层堆积。

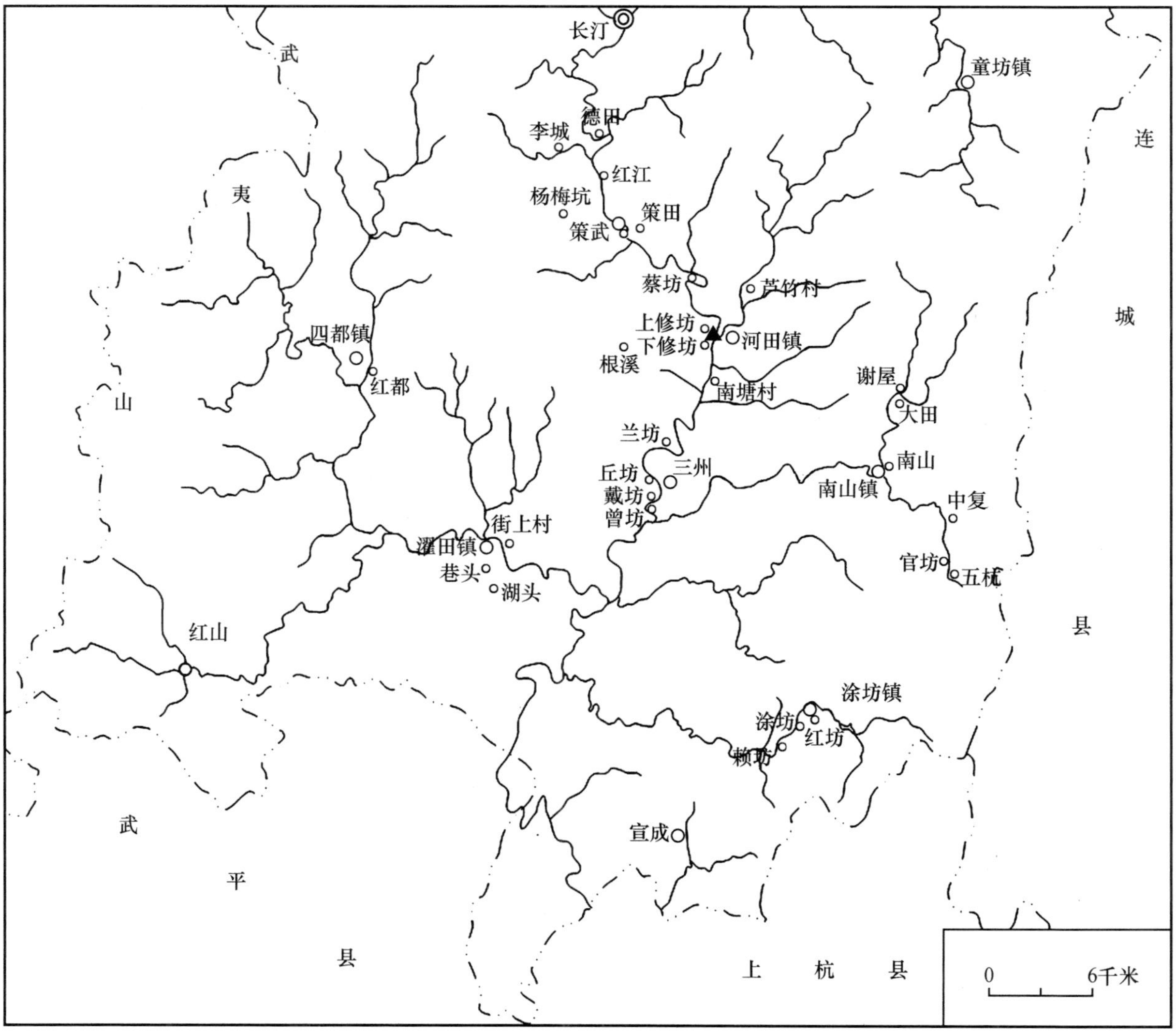

图2-93　锡角形山遗址位置示意图

2. 地层堆积

通过调查，锡角形山遗址包含两层地层堆积：

第1层为表土层；

第2层为文化层，包含较多陶片，厚10～20厘米。

3. 遗物

通过调查，在遗址顶部及东面坡上发现有石器及大量陶片。

（1）石器

器形可见石器坯件和石锛。

石器坯件　2件。

2012-2013CHXJ采：6，深灰色页岩。正面可见较多大小不一石片疤，不见放射线。长8.5、宽3.8、厚1厘米。重43.89克（图2-94：1）。

2012-2013CHXJ采：7，青灰色砂岩，近长形。正面可见大小不一石片疤。长5.3、宽2.1、厚0.7厘米。重10.26克（图2-94：2）。

石锛　2件。

2012-2013CHXJ采：3，青灰色安山岩。尾部残缺。器身尾端厚，刃部薄。背面平直，微弧刃。截面近梯形。残长7.4、宽2.3、厚0.8～2厘米。重70.88克（图2-94：3）。

2012-2013CHXJ采：4，灰色砂岩，尾部残缺。背面平直，两侧起棱不明显，刃部较平直。残长4.1、宽5.3、厚1.2厘米。重49.29克（图2-94：4）。

（2）陶器

采集373片陶片，陶质包括泥质和夹砂，少量软陶，部分施黑衣。陶质陶色以灰色系硬陶为主，陶色包括灰、深灰、黄、灰褐、灰黄。陶片纹饰可见栅篱纹、双线菱形纹、凸棱纹、方格纹、条纹、网格纹、大网格纹、席纹、曲折纹、方格纹、云雷纹、凸棱与条纹组合纹饰（图2-95）。可辨器形有罐、盆。另还采集有陶拍1件，陶支座2件。

罐口沿　7件。

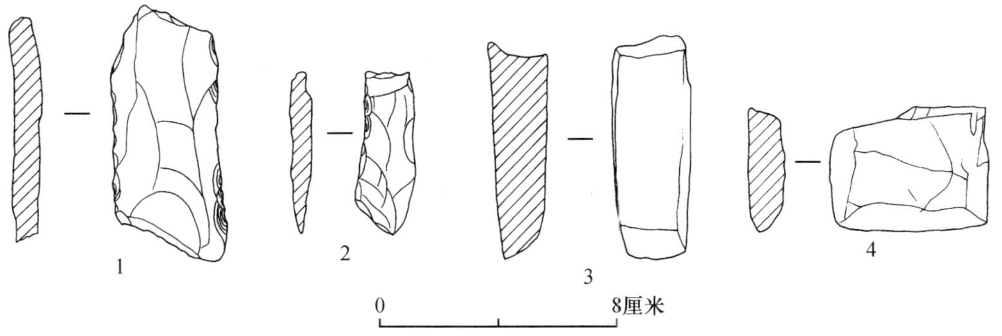

图2-94　锡角形山遗址采集石器

1、2. 石器坯件（2012-2013CHXJ采：6、2012-2013CHXJ采：7）　3、4. 石锛（2012-2013CHXJ采：3、2012-2013CHXJ采：4）

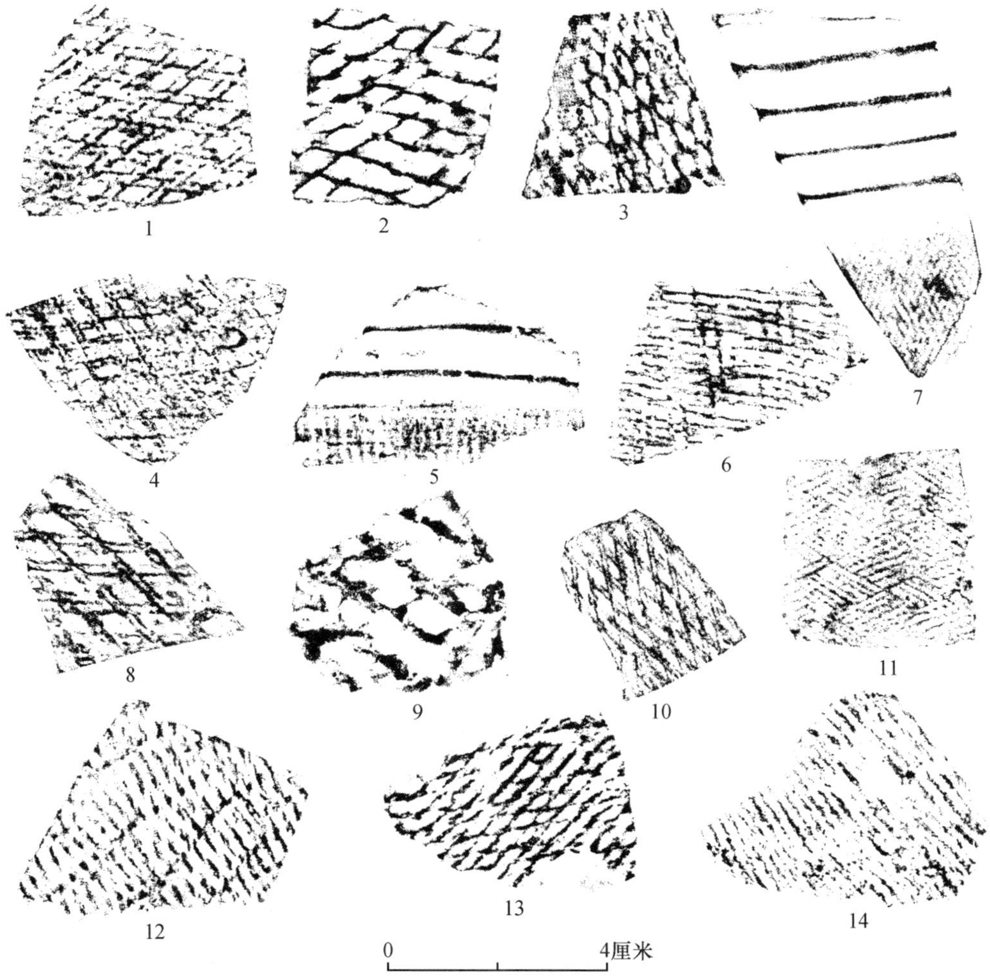

图2-95　锡角形山遗址采集陶片纹饰拓片

1、4、8、10. 双线菱形纹（2012-2013CHXJ采：17、2012-2013CHXJ采：24、2012-2013CHXJ采：27、2012-2013CHXJ采：21）　2、3、9、13. 网格纹（2012-2013CHXJ采：18、2012-2013CHXJ采：11、2012-2013CHXJ采：30、2012-2013CHXJ采：26）　5. 条纹与凸棱组合纹饰（2012-2013CHXJ采：29）　6、12. 栅篱纹（2012-2013CHXJ采：25、2012-2013CHXJ采：28）　7. 凸棱与席纹组合纹饰（2012-2013CHXJ采：22）　11. 席纹（2012-2013CHXJ采：15）　14. 条纹（2012-2013CHXJ采：23）

2012-2013CHXJ采：8，泥质深灰硬陶，陶胎较厚。尖圆唇，敛口，束颈，斜肩，沿与颈相接处上凸。肩下饰栅篱纹。口径14.4、残高9.1、厚0.4～1.4厘米（图2-96：1）。

2012-2013CHXJ采：12，泥质灰硬陶。尖圆唇，侈口，沿外折，沿与颈相接处上凸，高领，束颈，斜肩。颈部内外可见轮旋形成的凸棱，颈下饰双线菱形纹。外口径23.6、内口径22.4、残高5、厚0.2～1.2厘米（图2-96：2）。

2012-2013CHXJ采：13，泥质深灰陶，胎质坚硬。圆唇，侈口，沿面微曲。口径18、残高5.3、厚0.4～1厘米（图2-96：3）。

2012-2013CHXJ采：14，泥质灰陶，胎质坚硬。圆唇，侈口，束颈。口径18.4、残高3.2、厚0.4～0.8厘米（图2-96：5）。

2012-2013CHXJ采：16，泥质青灰陶，陶质坚硬，里外施黑衣。圆唇，侈口，沿面微曲，

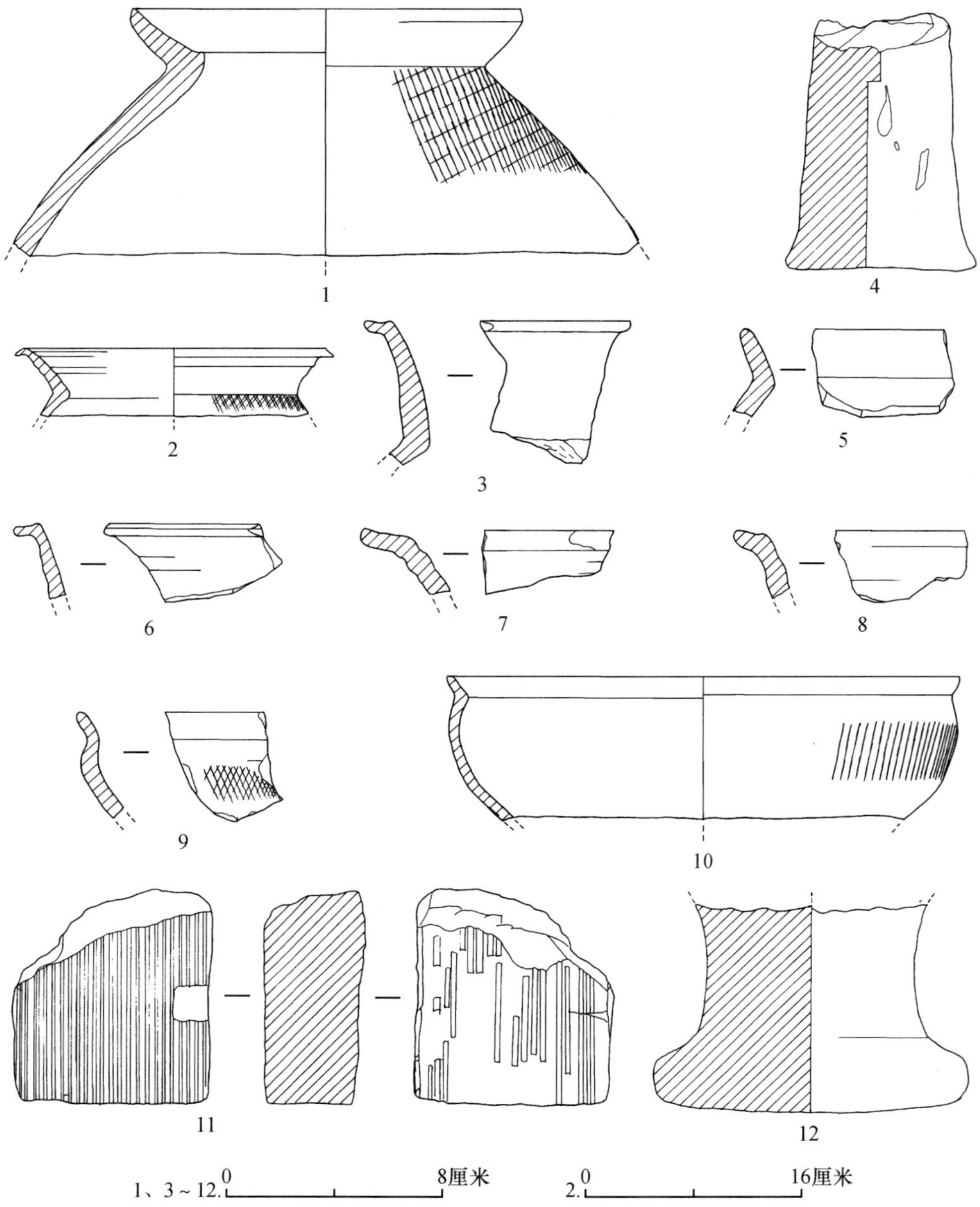

图2-96　锡角形山遗址采集陶器

1～3、5～8. 罐口沿（2012-2013CHXJ采：8、2012-2013CHXJ采：12、2012-2013CHXJ采：13、2012-2013CHXJ采：14、2012-2013CHXJ采：16、2012-2013CHXJ采：19、2012-2013CHXJ采：20）　4、12. 陶支座（2012-2013CHXJ采：5、2012-2013CHXJ采：1）　9、10. 盆口沿（2012-2013CHXJ采：10、2012-2013CHXJ采：9）　11. 陶拍（2012-2013CHXJ采：2）

口沿内外可见轮旋痕迹。残高2.9、宽6.6、厚0.3～0.5厘米（图2-96：6）。

2012-2013CHXJ采：19，夹细砂灰硬陶。圆唇，敞口，口沿内外可见轮旋痕迹。残宽4.8、残高2.4、厚0.5～0.8厘米（图2-96：7）。

2012-2013CHXJ采：20，圆唇，侈口，沿面微曲，胎质坚硬。残高2.6、宽4.9、厚0.4～0.8厘米（图2-96：8）。

盆口沿　3件。

2012-2013CHXJ采：9，泥质灰陶，胎质坚硬，里外施黑衣。圆唇，侈口，束颈，弧腹。

腹饰条纹。口径19、残高5.3、厚0.3～0.5厘米（图2-96：10）。

2012-2013CHXJ采：10，泥质灰白硬陶。圆唇，侈口，束颈，溜肩，斜腹。腹饰网格纹。残高3、宽3.6、厚0.3～0.5厘米（图2-96：9）。

陶拍　1件。2012-2013CHXJ采：2，夹粗砂橙黄陶。陶质较硬。正反两面均有条纹，破损较严重，部分条纹剥落。长8、宽8.4、厚3.8厘米（图2-96：11；图版46）。

陶支座　2件。

2012-2013CHXJ采：1，夹粗砂橙黄陶，上半部分残缺。上半部分直径为7.8～8.6、底径11.6、残高7.8厘米（图2-96：12）。

2012-2013CHXJ采：5，夹粗砂橙黄陶，胎质较硬，上半部分残缺。呈实心近圆柱状。上半部分直径为5、底径为7、残高9.5厘米（图2-96：4）。

二十八　李屋山遗址

1. 遗址概况

遗址位于长汀县河田镇东寮村李屋自然村北方向30米（图2-97），为此次调查发现。遗址地理坐标为北纬25°42′18.6″，东经116°25′37.8″。遗址为一处呈南北走向大山延伸出来的山梁，遗址长约200米，宽约40米，海拔313米，相对高度30米。遗址东面坡下为李屋村民宅，西面、北面与大山相连，南面坡下有民宅及刘源河自东向西流经。遗址植被覆盖率低，种植有小松树，土壤类型为红壤（图版44）。未发现遗迹及文化层。

2. 遗物

通过调查，采集有石器和少量陶片。

（1）石器

包括石器坯件、石锛。

石器坯件　1件。2012-2013CHLW采：1，青灰色石英砂岩。不规则形。器身扁平。正反两面均可见石片疤。残长5、宽1.85、厚0.6厘米。重5.84克（图2-98：1）。

石锛　1件。2012-2013CHLW采：2，灰黄色砂岩。近长方形。弧尾，弧刃，左侧起棱明显，正反两面较平直。长6.1、宽3.2、厚1.4厘米。重48.38克（图2-98：2）。

（2）陶器

采集18片陶片，为泥质灰硬陶，部分施衣陶。纹饰可见刻划纹、条纹、双线菱形纹、网格纹（图2-99）。可辨器形有尊。

尊口沿　1件。2012-2013CHLW采：3，泥质灰褐陶，陶胎坚硬，里外施黑衣，剥落严重。宽外折沿，敞口。沿与颈部相接处上凸。沿面可见刻划纹。口径58.2、残高5.2、宽8.5、厚0.6～1.1厘米（图2-100）。

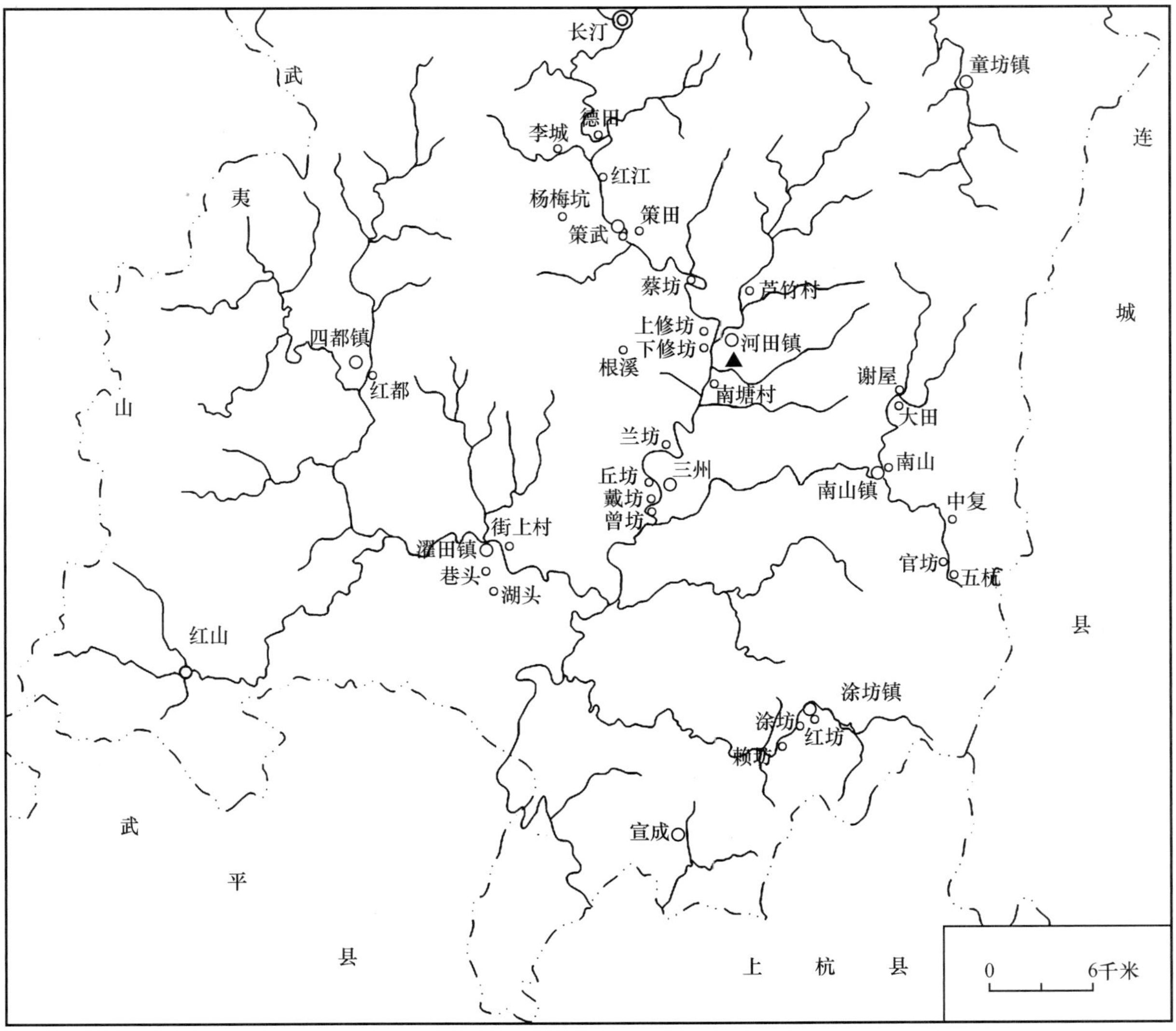

图2-97　李屋山遗址位置示意图

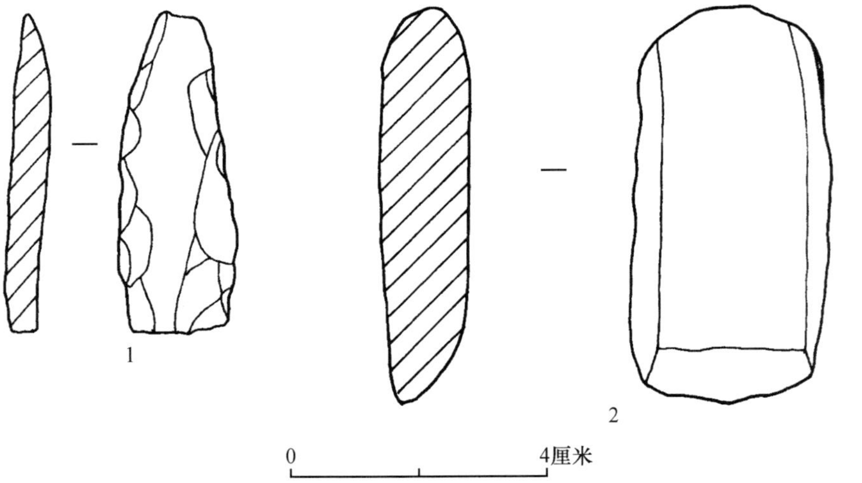

图2-98　李屋山遗址采集石器

1. 石器坯件（2012-2013CHLW采：1）　2. 石锛（2012-2013CHLW采：2）

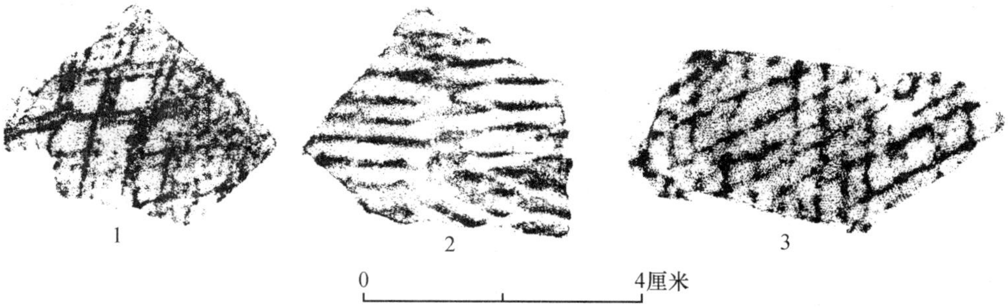

图2-99　李屋山遗址采集陶片纹饰拓片

1. 双线菱形纹（2012-2013CHLW采：4）　2. 篮纹（2012-2013CHLW采：5）　3. 网格纹（2012-2013CHLW采：6）

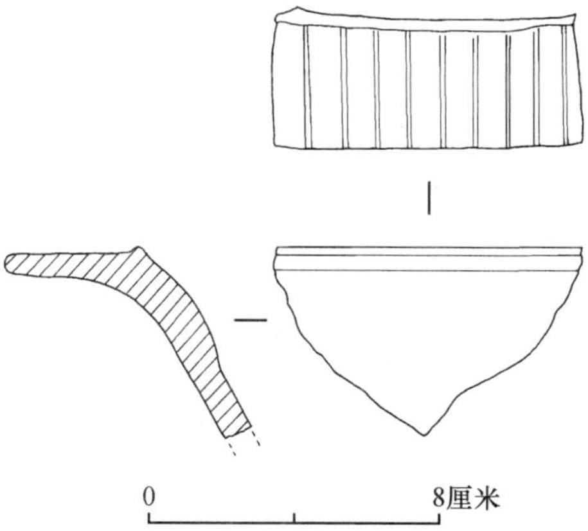

图2-100　李屋山遗址采集陶器

尊口沿（2012-2013CHLW采：3）

二十九　沙甲坑遗址

1. 遗址概况

遗址位于长汀县河田镇南塘村莲塘口自然村南侧方向20米（图2-101），河田高速收费站旁，为此次调查发现。遗址为大山延伸出来呈东西走向的台地，遗址长约300米，宽约150米，调查面积约45000平方米，海拔313米，相对高度15米。遗址东面坡下有小溪，小溪东侧为高速公路，西面坡下为莲坑口村庄及民宅，南面与山丘相连，北面坡下为莲坑口村庄，民宅前为河田通往三洲的县道。遗址植被覆盖率低，栽种有松树和板栗树，土壤类型为沙质土壤（图版47）。未发现遗迹和文化层堆积。

2. 遗物

通过调查采集有石器、大量陶片。另发现五铢钱1枚，此处略。

（1）石器

器形有石核、砺石、石刀、穿孔石器、石锛、穿孔石斧等。

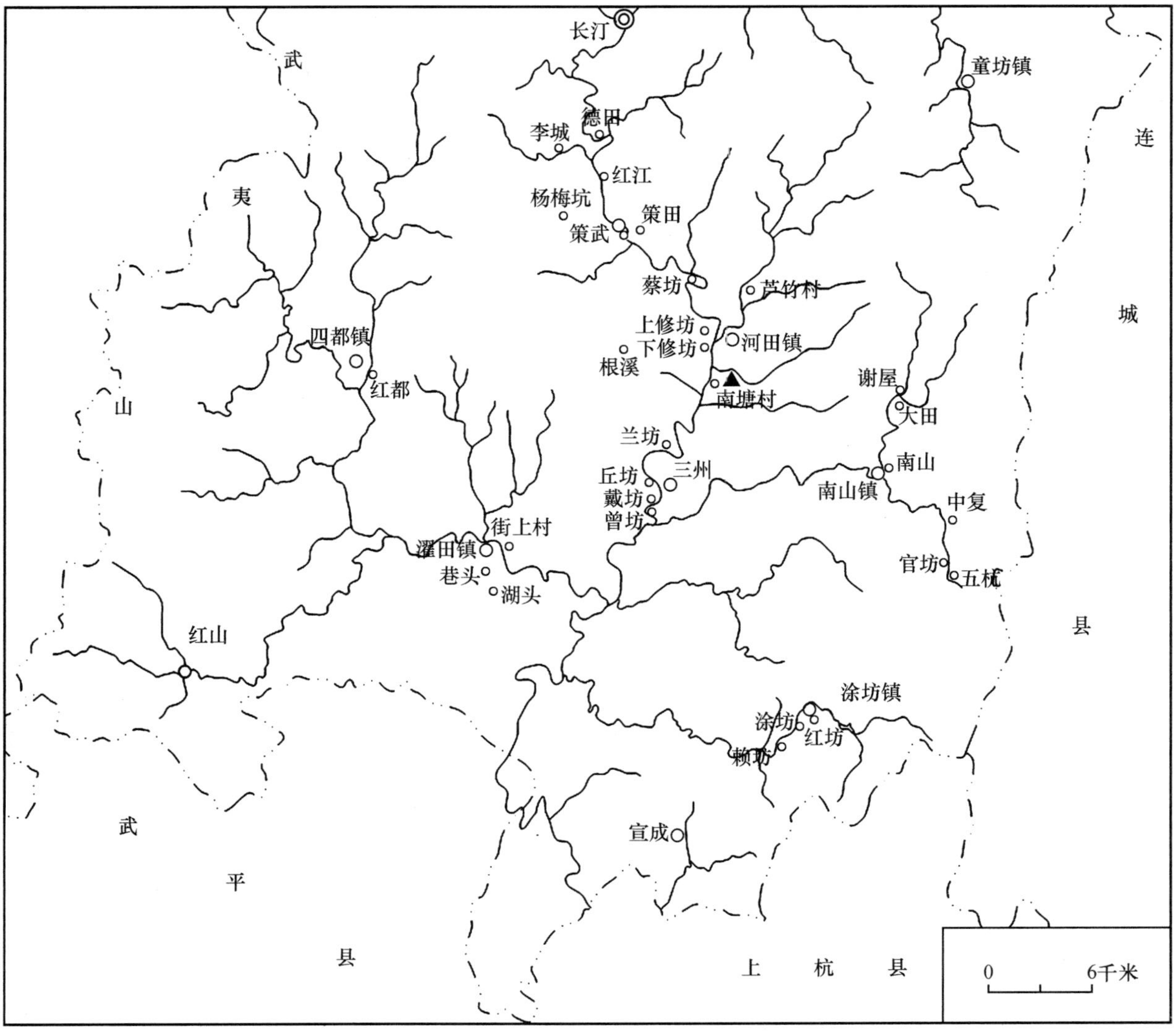

图2-101　沙甲坑遗址位置示意图

石核　2012-2013CHSJ采：1，深灰色细砂岩。由上至下，由左向右，由右向左多处打击，片疤较多，放射线明显，高5.4、宽8.8、厚3.5厘米。重202.71克（图2-102：2）。

砺石　4件。

2012-2013CHSJ采：3，灰褐色砂岩。不规则形。正反两面均磨砺呈微凹形。残长6.6、宽5.1、厚1.3～3.2厘米。重121.78克（图2-102：8）。

2012-2013CHSJ采：4，灰褐色砂岩。不规则形。正面，左右两面均有磨砺。残长6.9、宽8.1、厚4.5厘米。重337.86克（图2-102：9）。

2012-2013CHSJ采：5，浅黄色砂岩。不规则形。正反两面均磨砺。长5.65、宽4.1、厚2.2。重59.31克（图2-102：5）。

2012-2013CHSJ采：10，黄褐色砂岩。不规则形。一面可见磨砺痕迹。残长22.3、宽13.3、厚8.1厘米。重2945克（图2-102：1）。

石刀　1件。2012-2013CHSJ采：9，蓝灰色细砂岩。刃部残缺。正反两面均磨制精细，上

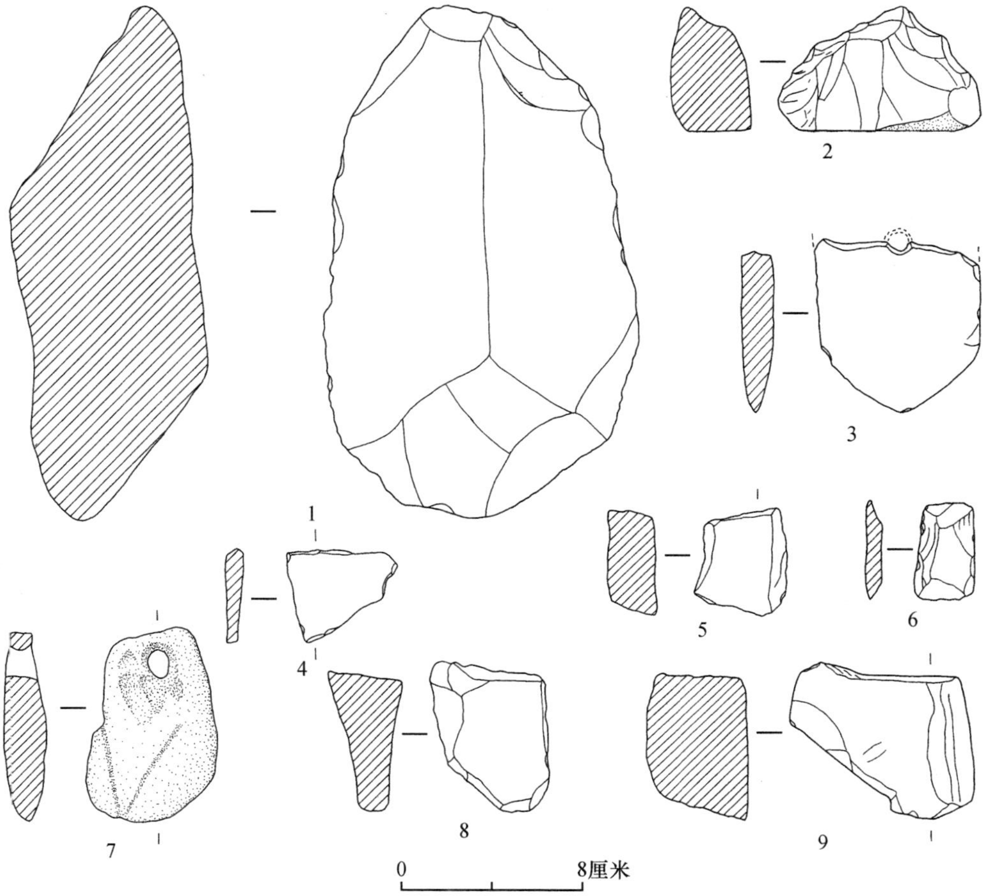

图2-102　沙甲坑遗址采集石器

1、5、8、9. 砺石（2012-2013CHSJ采：10、2012-2013CHSJ采：5、2012-2013CHSJ采：3、2012-2013CHSJ采：4）　2. 石核（2012-2013CHSJ采：1）　3. 穿孔石斧（2012-2013CHSJ采：7）　4. 石刀（2012-2013CHSJ采：9）　6. 石锛（2012-2013CHSJ采：8）　7. 穿孔石器（2012-2013CHSJ采：2）

厚下薄。残长4、宽4.9、厚0.4～0.8厘米。重12.94克（图2-102：4）。

穿孔石器　1件。2012-2013CHSJ采：2，灰黄色砂岩。不规则形。有一穿，器身正面可见两道凹槽，背面较平直。长8.5、宽5.8、厚1.9厘米。重115.07克（图2-102：7）。

石锛　1件。2012-2013CHSJ采：8，蓝灰色砂岩。近梯形。正面可见较多打制痕迹，背面较平直，正面近左侧凸出，横截面略呈三角形。残长4.2、宽2.1～2.6厘米、厚0.7厘米。重13.17克（图2-102：6）。

穿孔石斧　1件。2012-2013CHSJ采：7，灰色细砂岩。不规则形。磨制精细，双面刃，有一穿，双面钻孔，刃部可见使用痕迹。残长7.7、宽7.3、厚1.4厘米。重99.91克（图2-102：3；图版48）。

（2）陶器

采集101片陶片，陶质以泥质和夹砂陶为主，胎质较硬，部分施黑衣。陶色为灰、深灰。陶片纹饰可见条纹、网格纹、双线菱形纹、篮纹、交错曲折纹、栅篱纹、方格纹、凸棱与条纹组合、刻划与镂孔组合纹饰等（图2-103）。另外采集陶支座残片1件。

陶支座　1件。2012-2013CHSJ采：6，支座残片。夹粗砂灰黄陶，表面粗糙。残高8.2、宽6.8、厚3厘米（图2-104）。

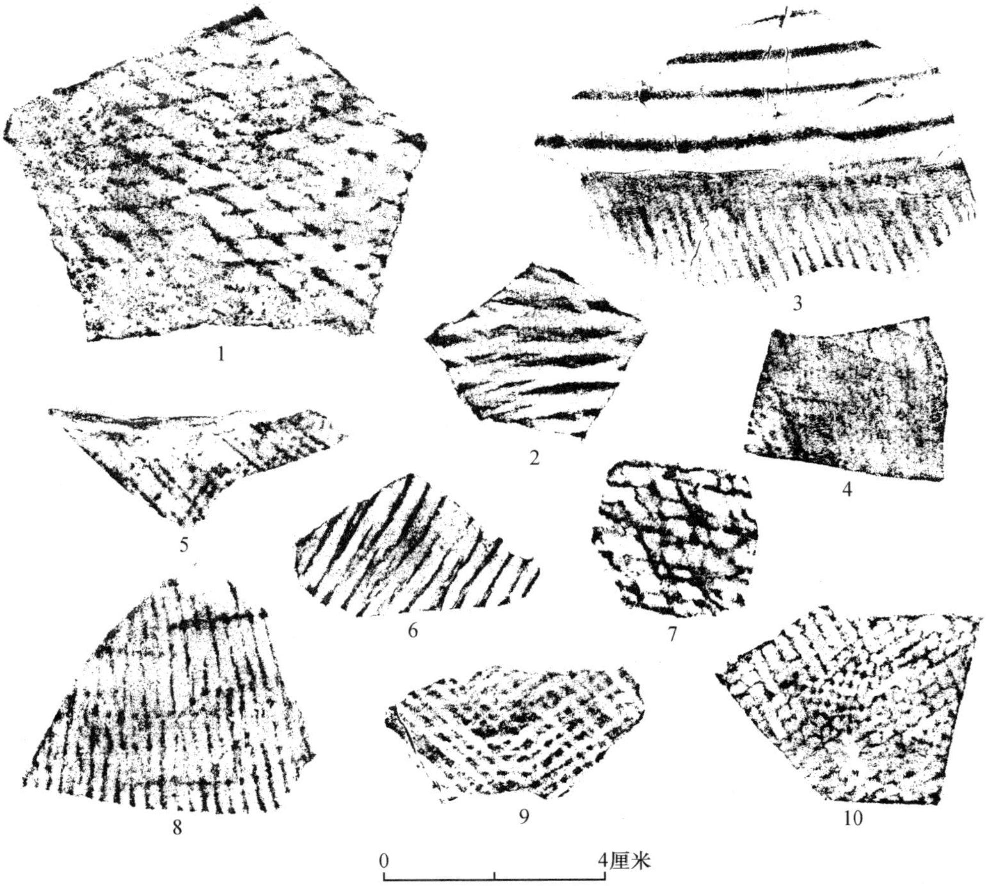

图2-103　沙甲坑遗址采集陶片纹饰拓片

1. 网格纹（2012-2013CHSJ采：17）　2. 篮纹（2012-2013CHSJ采：20）　3. 凸棱与条纹组合纹饰（2012-2013CHSJ采：18）　4、5、7. 双线菱形纹（2012-2013CHSJ采：26、2012-2013CHSJ采：24、2012-2013CHSJ采：22）　6. 条纹（2012-2013CHSJ采：23）　8. 栅篱纹（2012-2013CHSJ采：25）　9. 复合曲折纹（2012-2013CHSJ采：21）　10. 方格纹（2012-2013CHSJ采：19）

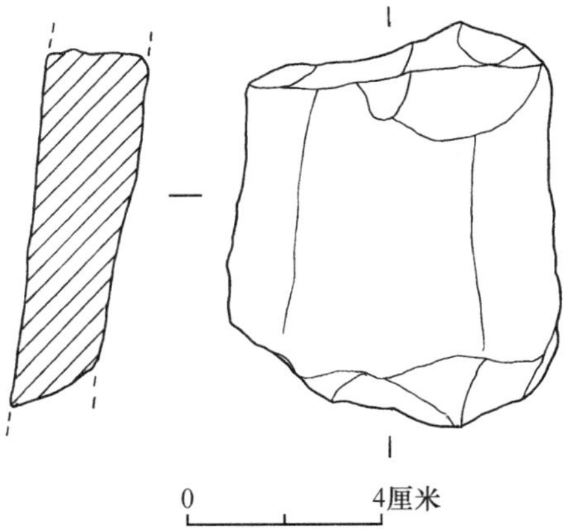

图2-104　沙甲坑遗址采集陶器

陶支座（2012-2013CHSJ采：6）

三十　塔顶山遗址

1. 遗址概况

遗址位于长汀县河田镇南塘村（图2-105），为1987年调查发现，该遗址现仅存留一半，另一半已是龙（岩）长（汀）高速。遗址地理坐标为北纬25°39′3.5″，东经116°24′31.1″。遗址调查面积约100平方米，海拔320米。遗址西北面约1500米是汀江，南面约250米是河田到濯田的公路，西南面坡下为南塘村。遗址植被覆盖率低，种植有松树。土壤类型为红壤。未发现文化层堆积。

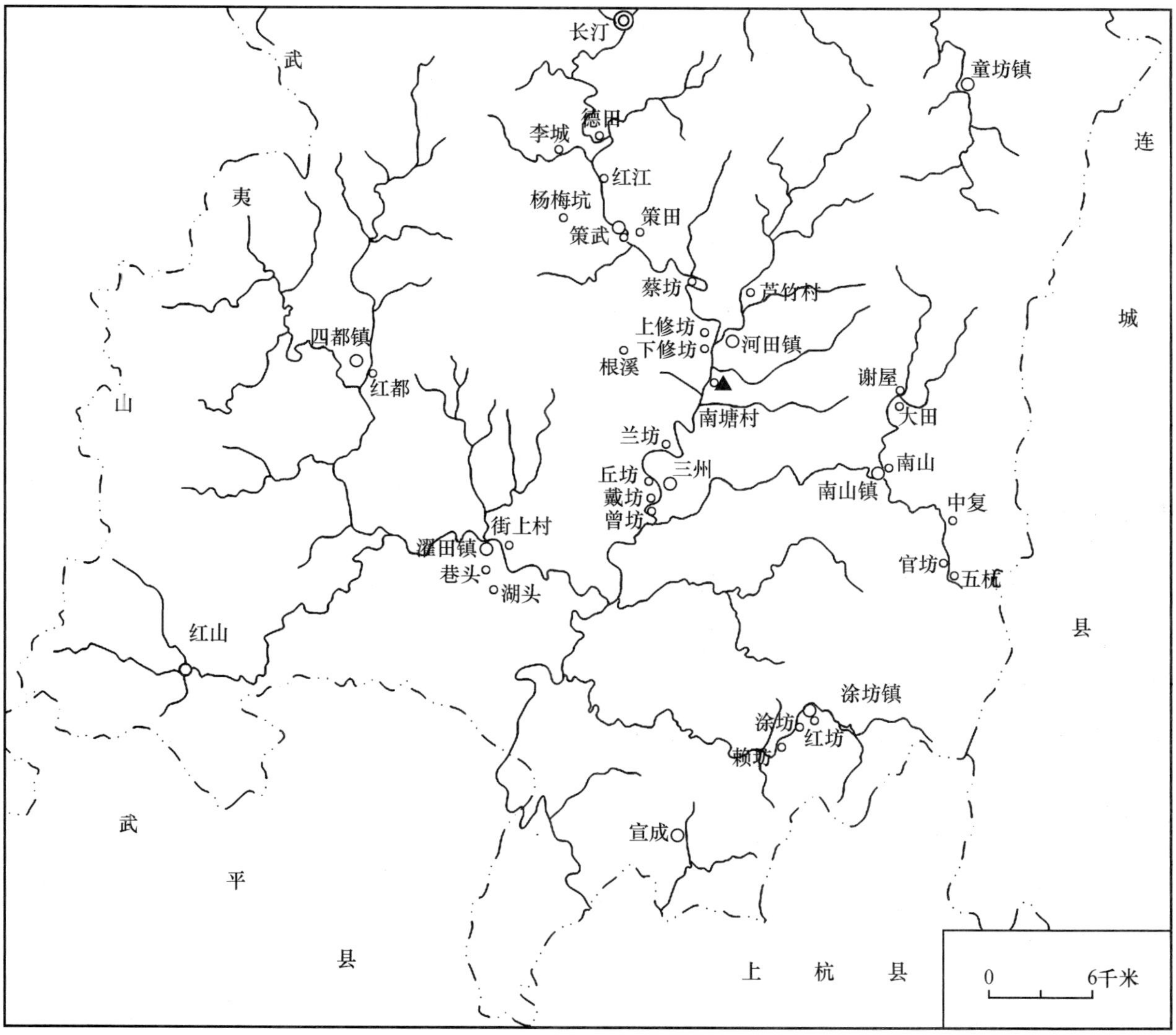

图2-105　塔顶山遗址位置示意图

2. 遗物

通过调查，采集9片陶片，泥质灰褐陶为主，胎质较硬。部分施衣陶。陶片纹饰可见网格纹、方格纹、曲折纹（图2-106）。

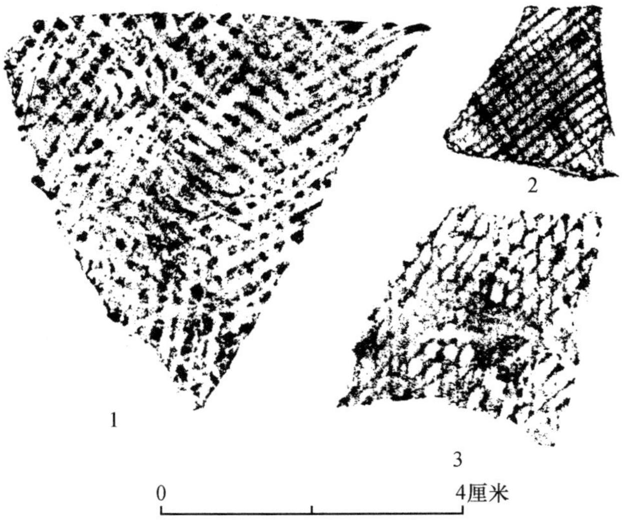

图2-106　塔顶山遗址采集陶片纹饰拓片

1. 复合曲折纹（2012-2013CHTD采：2）　2. 方格纹（2012-2013CHTD采：1）　3. 网格纹（2012-2013CHTD采：3）

三十一　刘坊遗址

1. 遗址概况

遗址位于长汀县河田镇窑下村刘坊自然村（图2-107），为1987年调查发现。遗址地理坐标为北纬25°38′14.3″，东经116°23′33.9″。遗址为一处独立山包，调查面积约250平方米，海拔309米。遗址东面约500米左右为汀江自北向南流经，西面坡下1000米为刘坑村村庄。遗址植被覆盖率一般，以松树、杂草为多，土壤类型为沙质红壤（图版49）。未发现遗迹和文化层。

2. 遗物

通过调查，采集3片陶片，其中1片为泥质灰陶，2片为泥质灰褐陶。纹饰可见条纹、曲折纹（图2-108）。

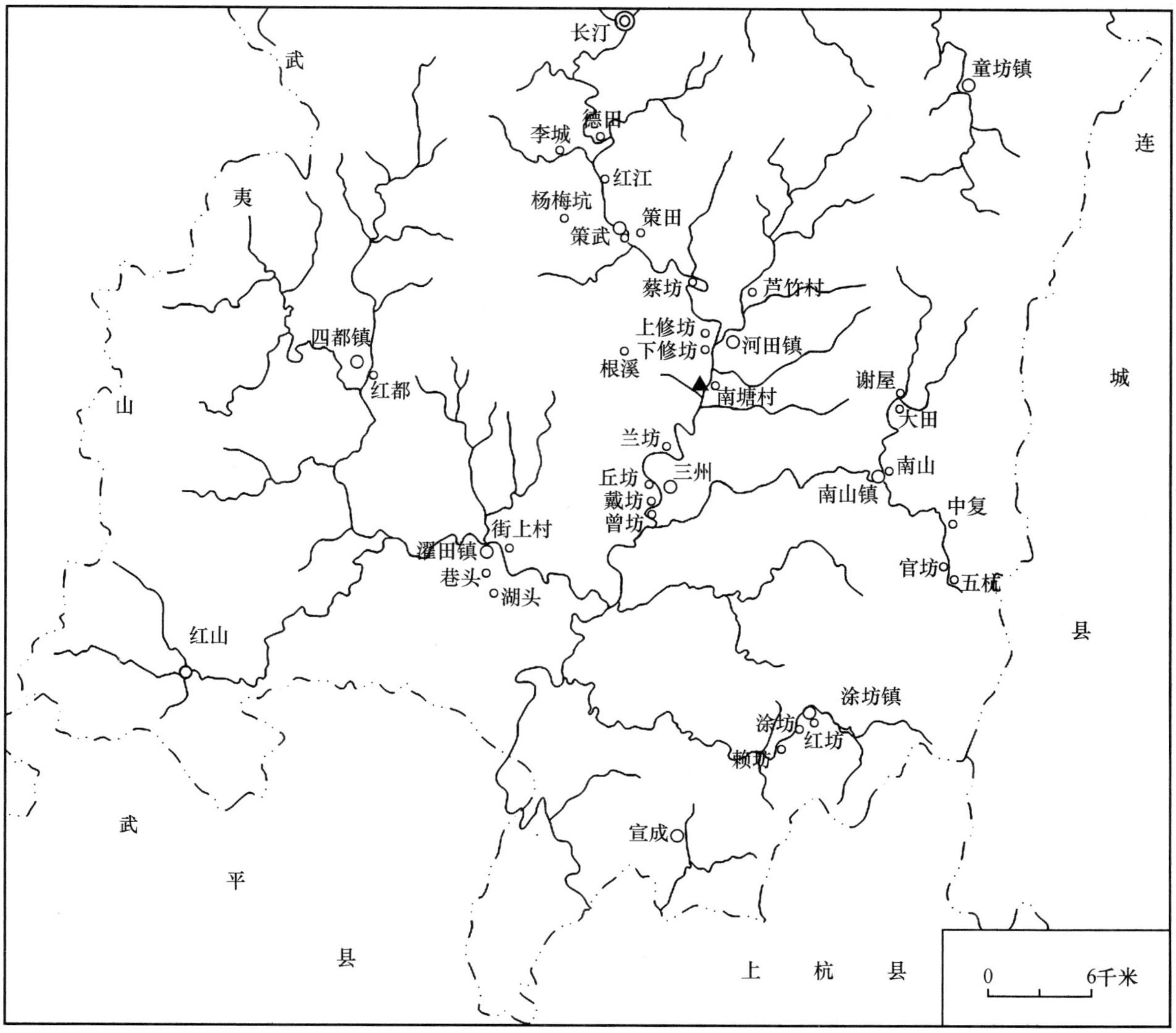

图2-107　刘坊遗址位置示意图

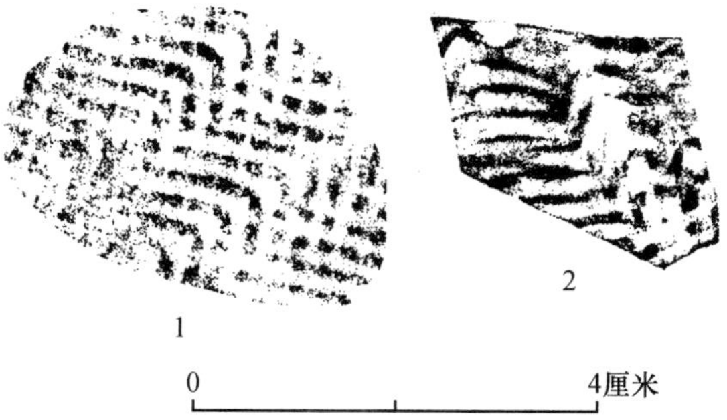

图2-108　刘坊遗址采集陶片纹饰拓片

1、2. 曲折纹（2012-2013CHLF采：2、2012-2013CHLF采：1）

三十二　乌石岽遗址

1. 遗址概况

遗址位于长汀县河田镇下街村北2.5千米（图2-109），为1955年调查发现。遗址地理坐标为北纬25°40′18.1″，东经116°26′13.9″。遗址调查面积约20000平方米，海拔314米。遗址西南约4千米为319国道，约5千米为汀江河。遗址植被覆盖率低，以马尾松为主，土壤类型以沙质土为主（图版50）。未发现文化层堆积。

2. 遗物

通过调查，在乌石岽遗址采集2片泥质灰硬陶，纹饰可见网格纹（图2-110）。

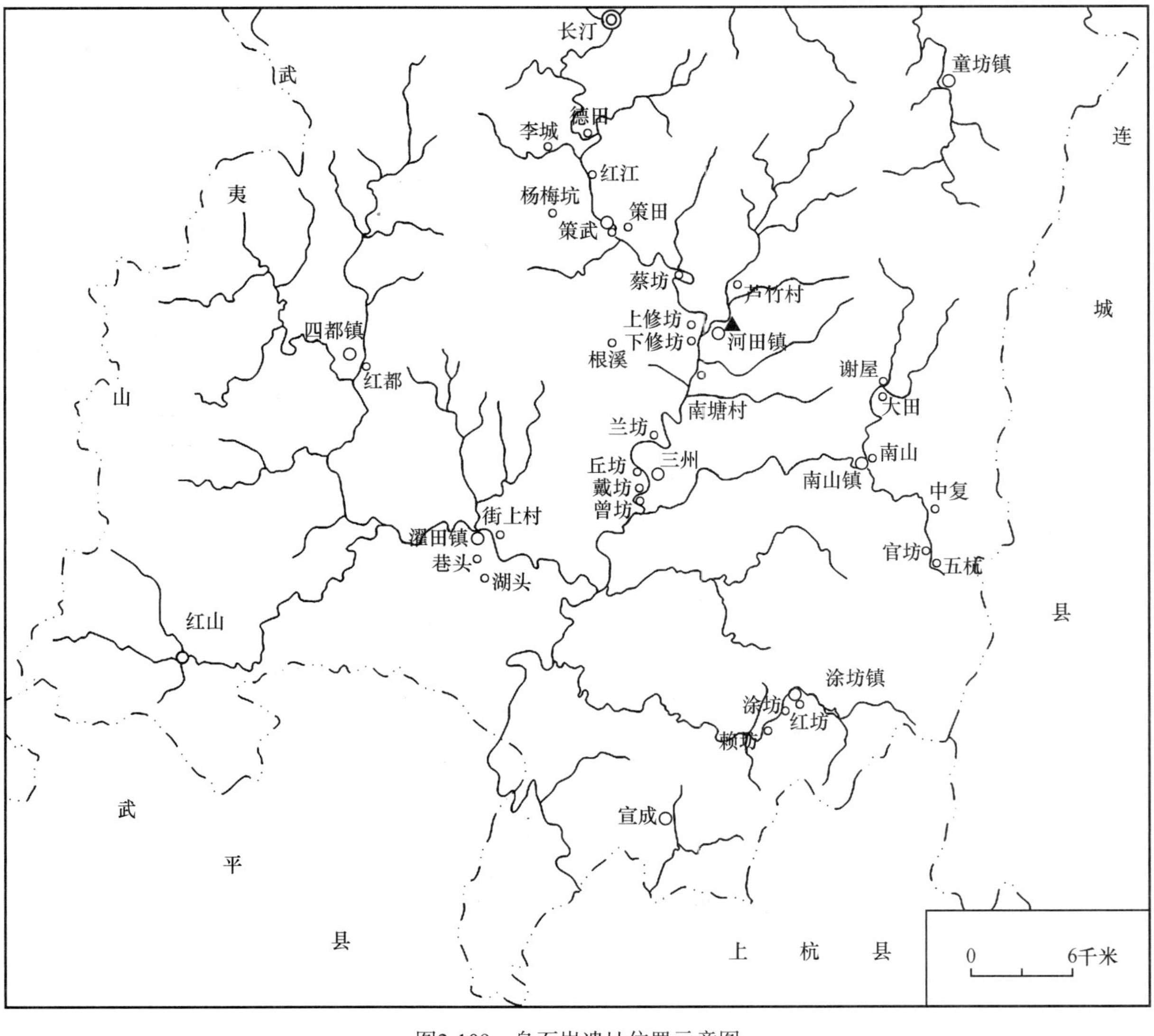

图2-109　乌石岽遗址位置示意图

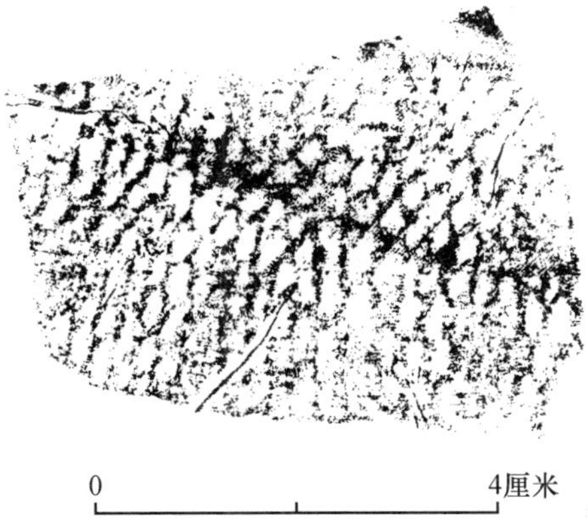

图2-110　乌石岽遗址采集陶片纹饰拓片
网格纹（2012-2013CHWS采：1）

三十三　蔡云岽遗址

1. 遗址概况

遗址位于长汀县四都镇红都村大背岭自然村北侧方向10米（图2-111），为此次调查发现。遗址地理坐标为北纬25°36′49.1″，东经116°12′32.1″。遗址为一处独立的呈东南—西北走向的山包，遗址长约100米，宽约40米，海拔379米，相对高度30米。遗址西面坡下为村道、民宅及红都村村庄，约500米为濯田河，南面坡下为大背岭村民宅。遗址植被覆盖率低，土壤类型为红壤（图版51）。未发现遗迹和文化层堆积。

2. 遗物

通过调查，采集有石器及少量陶片。

（1）石器

器形有砺石、石锛坯件。

砺石　1件。2012-2013CSCY采：1，钱灰红色砂岩。不规则形。顶端厚底部薄。正反两面及左侧面均有磨砺。长14.3、宽6.4、厚0.6～4.5厘米。重443.35克（图2-112：1）。

石锛坯件　1件。2012-2013CSCY采：2，灰褐色石英花岗岩。背面残缺。近长方形，左右两侧起棱，刃部明显。残长16.5、宽5、厚0.6～3.4厘米。重507.21克（图2-112：2）。

（2）陶器

采集9片陶片。泥质灰硬陶为主。陶胎较薄，陶色可见青灰、灰黄色。纹饰有方格纹、方格纹与弦纹组合纹饰（图2-113）。

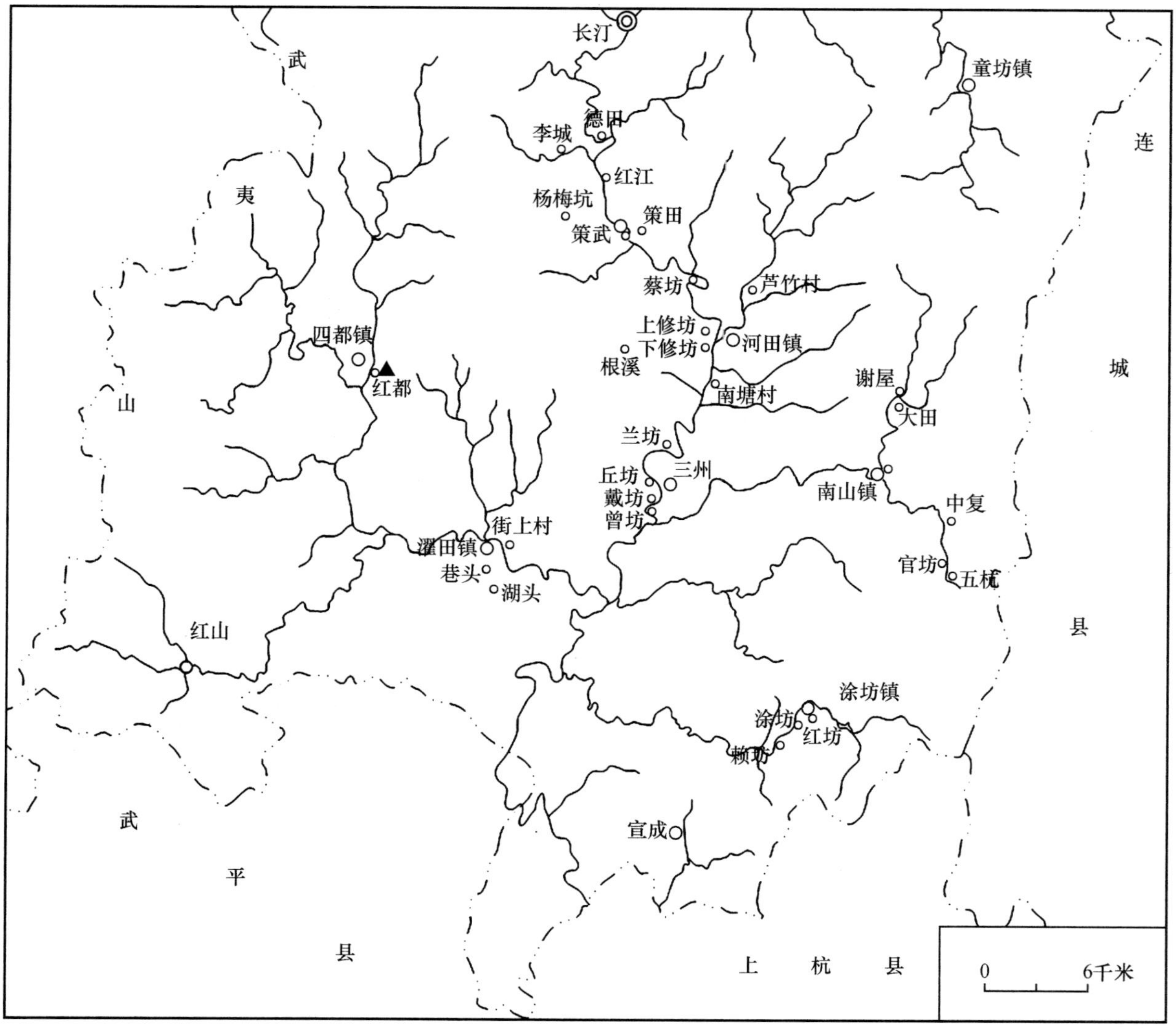

图2-111　蔡云岽遗址位置示意图

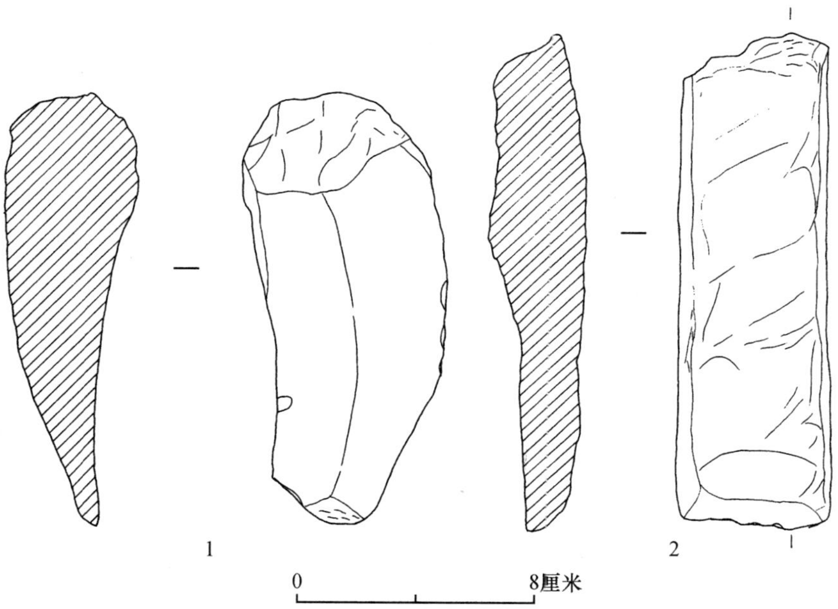

图2-112　蔡云岽遗址采集石器

1. 砺石（2012-2013CSCY采：1）　2. 石锛坯件（2012-2013CSCY采：2）

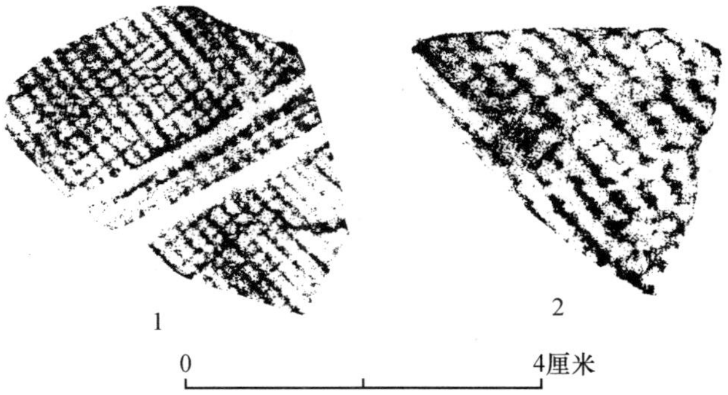

图2-113　蔡云岽遗址采集陶片纹饰拓片

1. 方格纹与弦纹组合纹饰（2012-2013CSCY采：3）　2. 方格纹（2012-2013CSCY采：4）

三十四　芦花岽遗址

1. 遗址概况

遗址位于长汀县四都镇同仁村第四片自然村四都敬老院西10米（图2-114），为此次调查发现。遗址地理坐标为北纬25°38′39.9″，东经116°11′56.7″。遗址为一处大山延伸出来呈东西走向的山梁，长约300米，宽约60米，调查面积约18000平方米，海拔357米，相对高度25米。遗址东面300米为水口桥，西南面坡下有一鱼塘，北面坡下有四都敬老院，敬老院门前为通往红山的县道。遗址植被覆盖率低，种植松树和茶树，土壤类型为红壤（图版52）。未发现遗迹和文化层堆积。

2. 遗物

通过调查采集有石器和大量陶片。

（1）石器

包括石锛、石镞、砺石。

石锛　3件。可分为二型。

A型　常型石锛，2件。

2012-2013CSLH采：1，深灰色细砂岩。不规则形。器身厚重。正面磨砺精细，且呈弧形，左右侧面均有磨砺。长16.2、宽2.3～7.1、厚2.4～5厘米。重655.98克（图2-115：1）。

2012-2013CSLH采：8，青灰色砂岩。近梯形。左侧残缺。斜平尾，弧形刃，横截面为梯形。长6.7、宽2.4、厚0.9～1.5厘米。重36.5克（图2-115：2）。

B型　有段石锛，1件。2012-2013CSLH采：4，青灰色砂岩。近长方形。横截面为梯形。平尾，正面较平直，弧形刃。长9.6、宽4.2、厚0.5～1.7厘米。重128.39克（图2-115：6）。

石镞　1件。2012-2013CSLH采：7，深灰色砂岩。余镞身中段。锋、铤残缺，两翼较钝，中脊较明显。残长3.1、宽1～1.4、厚0.3厘米。重1.53克（图2-115：4）。

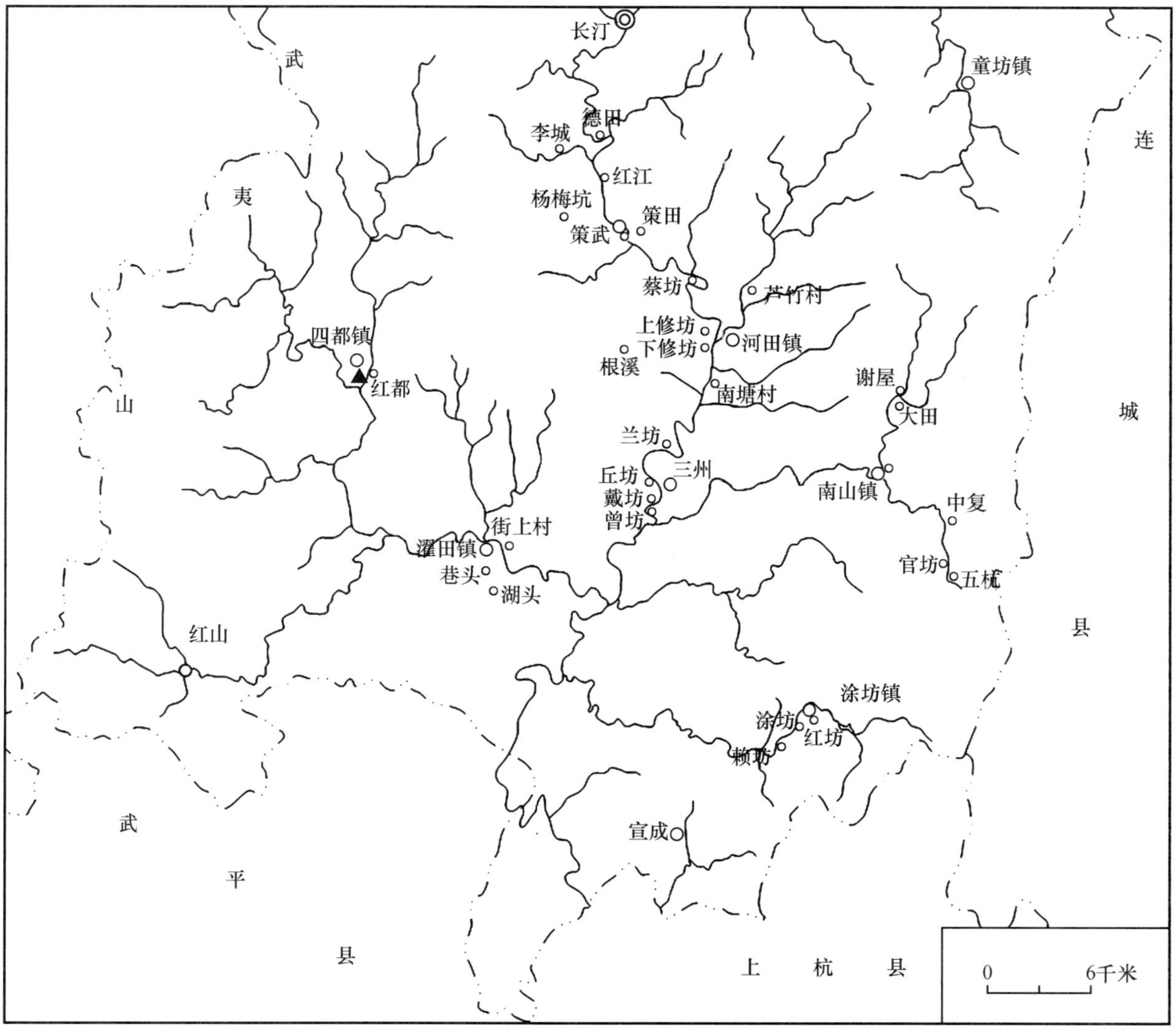

图2-114　芦花岽遗址位置示意图

砺石　4件。

2012-2013CSLH采：2，灰褐色砂岩。近长方形。器身扁平。正反、左右四面均有磨砺，横截面为长方形。残长3.8、宽5.7、厚0.55厘米。重27.68克（图2-115：5）。

2012-2013CSLH采：3，灰褐色砂岩。不规则形。正反两面均有磨砺，纵剖面近长形。残长8.8、宽2.8、厚1.6厘米。重74克（图2-115：7）。

2012-2013CSLH采：5，灰褐色砂岩。不规则形。正反、底面三面磨砺。长8、宽6、厚3.2～4.2厘米。重264.74克（图2-115：3）。

2012-2013CSLH采：6，灰褐色砂岩。不规则形。器身厚薄不一。正反两面均有磨砺。正面可见两道磨砺形成的凹槽，背面磨砺呈凹形。长15.2、宽7.8、厚2.4～3.9厘米。重410.84克（图2-115：8）。

（2）陶器

采集324片陶片。陶质有泥质和夹砂陶，部分黑衣陶。陶胎较薄，陶色以灰色系为主，有

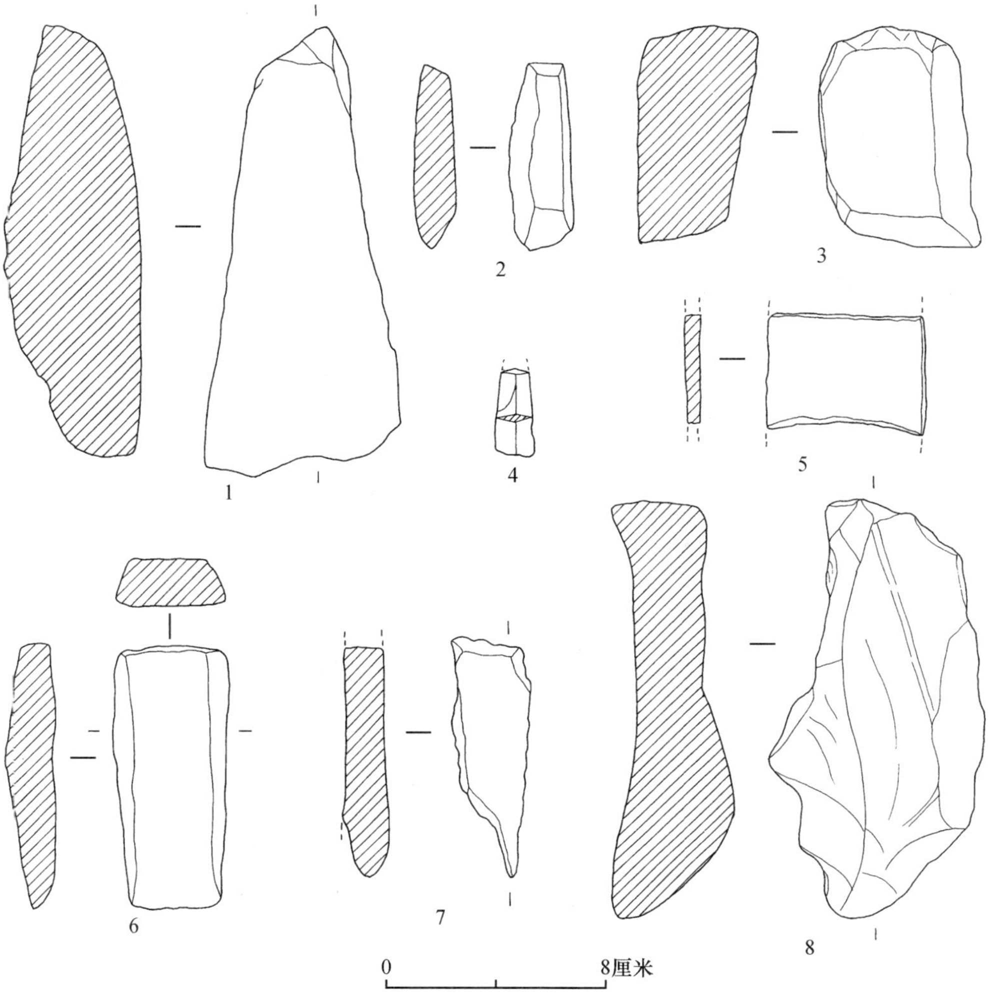

图2-115　芦花宷遗址采集石器

1、2. A型石锛（2012-2013CSLH采：1、2012-2013CSLH采：8）　3、5、7、8. 砺石（2012-2013CSLH采：5、2012-2013CSLH采：2、2012-2013CSLH采：3、2012-2013CSLH采：6）　4. 石镞（2012-2013CSLH采：7）　6. B型石锛（2012-2013CSLH采：4）

青灰、灰黄、灰红、灰褐。纹饰有方格纹、凸棱纹、弦纹、大网格纹、双线、三线菱形纹、篮纹、网格纹、复合曲折纹、条纹、双线与云雷纹组合、凸棱与条纹组合纹饰等（图2-116）。可辨器形有釜、盆、罐、杯。

釜口沿　1件。2012-2013CSLH采：14，泥质灰硬陶。圆唇，敛口，沿面微凹，束颈。残长4.4、残高2.6、厚0.5厘米（图2-117：5）。

盆口沿　3件。

2012-2013CSLH采：11，泥质灰褐硬陶，方唇，敛口，弧腹。口径15、残高3.3、厚0.5厘米（图2-117：3）。

2012-2013CSLH采：12，泥质灰陶，胎质较硬。圆唇，侈口，弧腹。口沿下可见三道凹弦纹（图2-117：2）。

2012-2013CSLH采：13，泥质灰褐硬陶。圆唇，敞口，弧腹。腹饰双线菱形纹。口径23、残高6.1、厚0.3～0.9厘米（图2-117：1）。

图2-116　芦花岽遗址采集陶片纹饰拓片

1、11. 复线菱形纹（2012-2013CSLH采：29、2012-2013CSLH采：23）　2、7、14. 方格纹（2012-2013CSLH采：19、2012-2013CSLH采：25、2012-2013CSLH采：31）　3、8、9. 条纹（2012-2013CSLH采：22、2012-2013CSLH采：28、2012-2013CSLH采：26）　4、13. 网格纹（2012-2013CSLH采：32、2012-2013CSLH采：27）　5. 曲折纹（2012-2013CSLH采：30）　6、10、15. 双线菱形纹（2012-2013CSLH采：18、2012-2013CSLH采：21、2012-2013CSLH采：20）　12. 凸棱与条纹组合纹饰（2012-2013CSLH采：24）

罐口沿　2件。

2012-2013CSLH采：9，泥质青灰色硬陶。圆唇，侈口，束颈，溜肩，肩下饰小方格纹。口径11、残高4.1、厚0.3～0.7厘米（图2-117：4）。

2012-2013CSLH采：33，泥质青灰色硬陶，里外施衣，衣剥落严重。圆唇，侈口，沿面外翻，口与颈相接处上凸。口径15.4、残高1.8、厚0.3～0.5厘米（图2-117：7）。

杯　1件。2012-2013CSLH采：10，泥质灰褐色硬陶。圆唇，敞口，沿微外卷，弧腹内收，圜底。口径9、底径2.6、高3.4、厚0.3～0.75厘米（图2-117：6）。

圈足　1件。2012-2013CSLH采：17，泥质灰褐硬陶。斜弧腹内收，圈足。底径9、残高

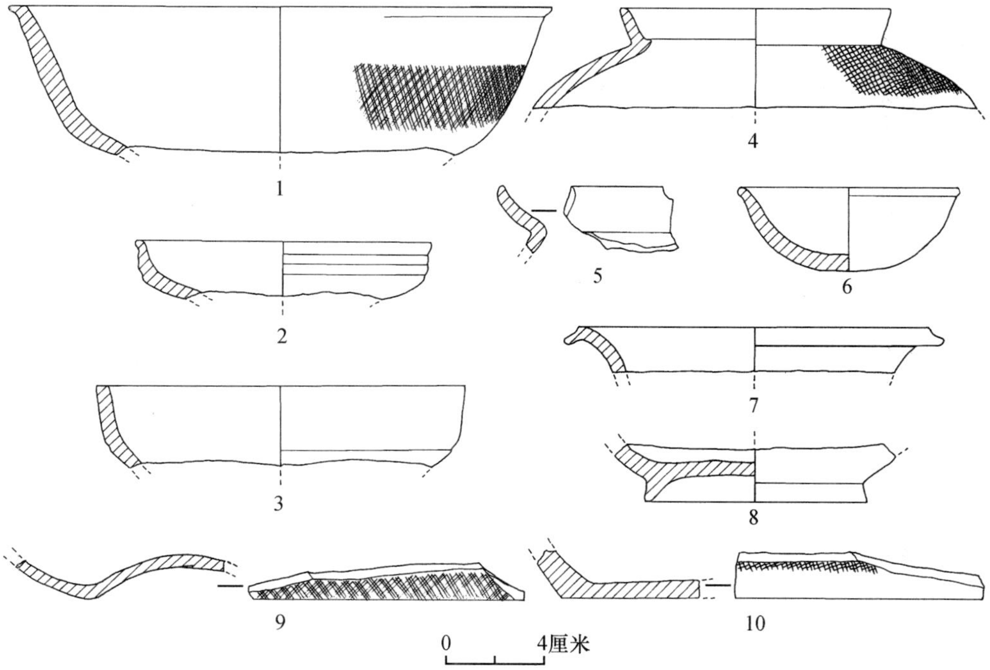

图2-117　芦花崇遗址采集陶器

1～3. 盆口沿（2012-2013CSLH采：13、2012-2013CSLH采：12、2012-2013CSLH采：11）　4、7. 罐口沿（2012-2013CSLH采：9、2012-2013CSLH采：33）　5. 釜口沿（2012-2013CSLH采：14）　6. 杯（2012-2013CSLH采：10）　8. 圈足（2012-2013CSLH采：17）　9、10. 器底（2012-2013CSLH采：16、2012-2013CSLH采：15）

2.1、厚0.3～0.7厘米（图2-117：8）。

器底　2件。

2012-2013CSLH采：15，泥质青灰硬陶。斜腹平底。腹饰方格纹。底径22、残高1.9、厚0.5～1.1厘米（图2-117：10）。

2012-2013CSLH采：16，泥质紫褐硬陶。弧腹内收，圜底，腹及底饰三线菱形纹（图2-117：9）。

三十五　凹风岭遗址

1. 遗址概况

遗址位于长汀县四都镇圭田村凹风岭（图2-118），为1987年调查发现。地理坐标北纬25°37′4.8″，东经116°12′5.2″。遗址面积约6000平方米，海拔318米。遗址东南面500米有一条圭田河，西部山脚下是农田，凹风岭遗址中间有一条长汀到红山的县道，北面200米是圭田村变电站，南面1000米是圭田村的村部。遗址上的植被覆盖率一般，以松树为主，土壤类型以红土为主（图版53）。

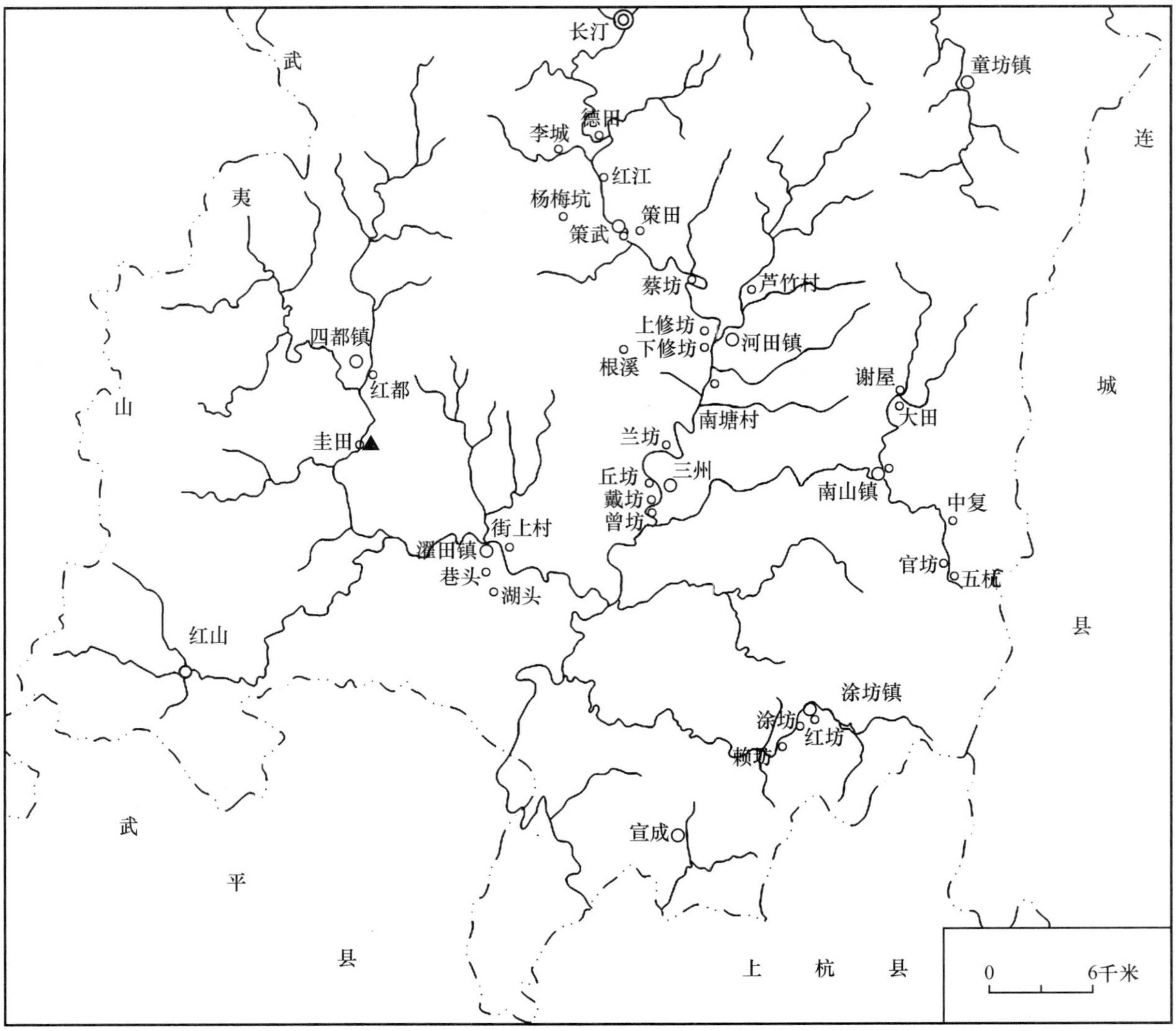

图2-118　凹风岭遗址位置示意图

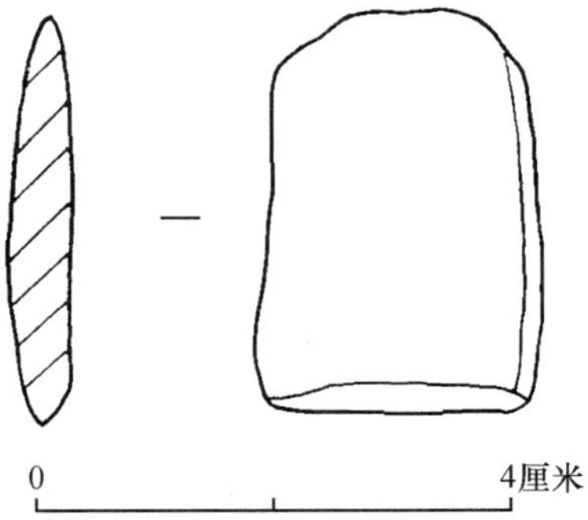

图2-119　凹风岭遗址采集石器
石锛（2012-2013CSAF采：1）

2. 遗物

（1）石器

石锛　1件。2012-2013CSAF采：1，青灰色砂岩。近长方形。弧尾，刃部明显。长3.4、宽2.4、厚0.2～0.5厘米。重7.38克（图2-119）。

（2）陶器

通过调查，采集43片陶片。陶质有泥质和夹砂。夹砂陶大多火候较高，质地坚硬。部分施衣陶。陶色可见青灰、灰黄等。纹饰有网格纹、栅篱纹、米字纹、双线、三线菱形纹、方格纹、曲折纹、篮纹、弦纹、叶脉纹（图2-120）。可辨器形有罐。

罐口沿　3件。

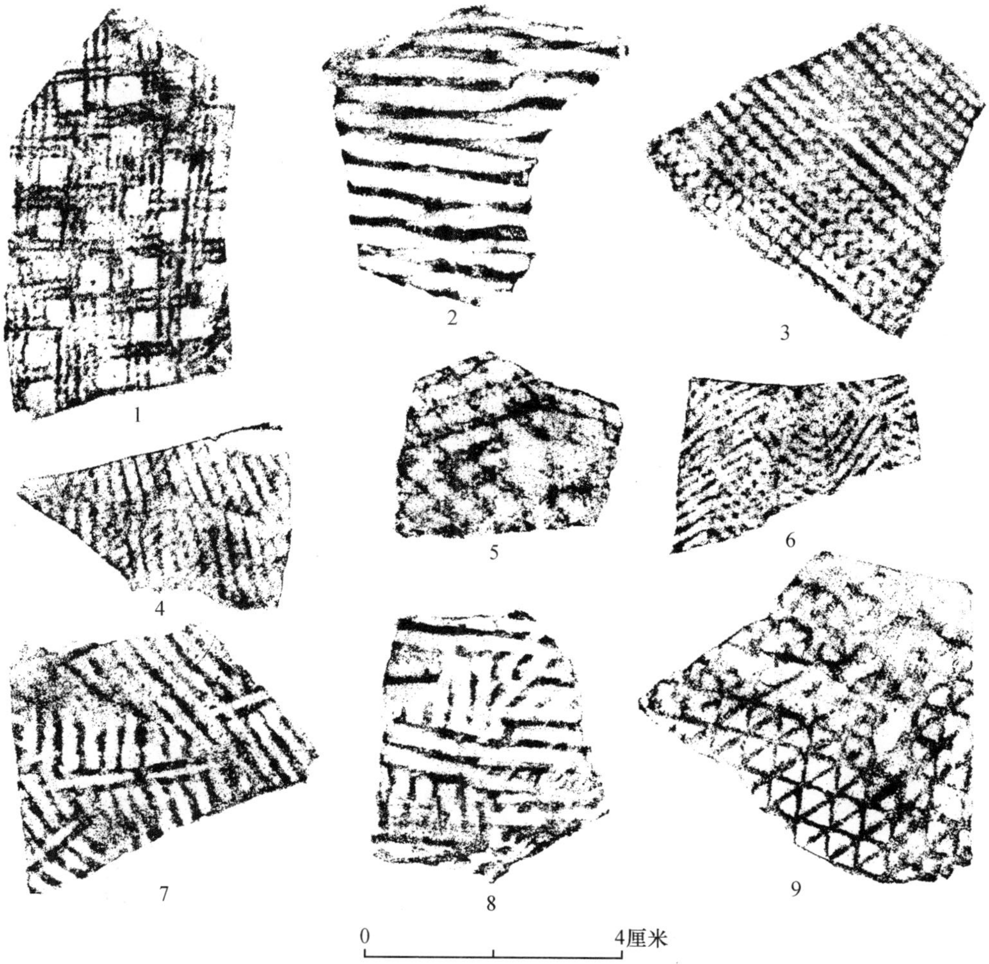

图2-120　凹风岭遗址采集陶片纹饰拓片

1. 复线菱形纹（2012-2013CSAF采：9）　2. 条纹（2012-2013CSAF采：14）　3. 方格纹（2012-2013CSAF采：13）　4. 网格纹（2012-2013CSAF采：6）　5. 双线菱形纹（2012-2013CSAF采：12）　6. 叶脉纹（2012-2013CSAF采：7）　7、8. 栅篱纹（2012-2013CSAF采：11、2012-2013CSAF采：8）　9. 米字纹（2012-2013CSAF采：10）

2012-2013CSAF采：2，泥质深青灰硬陶。圆唇，侈口，沿面微曲。口沿与颈相接处上凸，短颈微束，溜肩。肩饰网格纹。口径10.8、残高4.2、厚0.3～0.6厘米（图2-121：1）。

2012-2013CSAF采：3，泥质深青灰硬陶。圆唇，侈口，沿面微曲，沿与颈相接处上凸，短颈微束，斜肩。肩饰双线菱形纹。口径11、残高2.5、厚0.4～0.6厘米（图2-121：2）。

2012-2013CSAF采：4，泥质灰硬陶，里外施黑衣。圆唇，侈口，束颈，高领。残高5、宽5、厚0.5～1.2厘米（图2-121：3）。

器底　1件。2012-2013CSAF采：5，泥质灰褐硬陶。斜腹，平底。腹饰方格纹。底径14、残高3.4、厚0.6～1.5厘米（图2-121：4）。

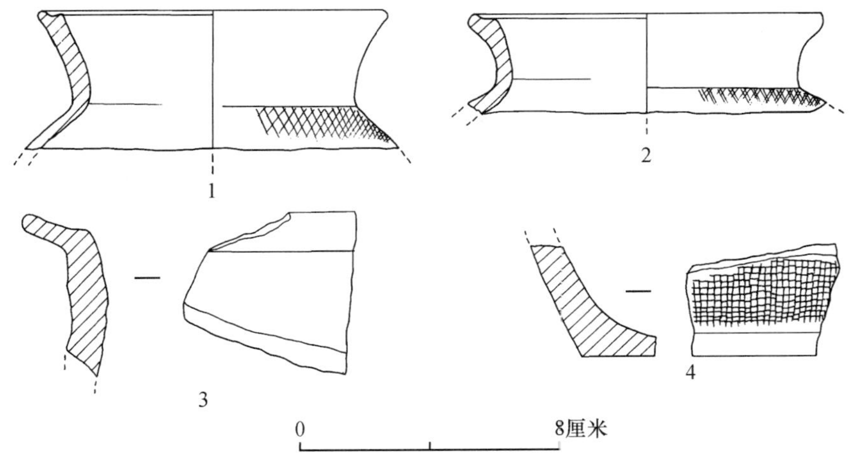

图2-121　凹风岭遗址采集陶器

1～3. 罐口沿（2012-2013CSAF采：2、2012-2013CSAF采：3、2012-2013CSAF采：4）　4. 器底（2012-2013CSAF采：5）

三十六　罗坊岗遗址

1. 遗址概况

遗址位于长汀县三洲乡兰坊村东侧方向兰坊大桥西侧400米（图2-122），为此次调查发现。遗址地理坐标为北纬 25°36′24.9″，东经116°21′44.7″。遗址为一处相对独立呈东西走向、相对独立的小山包。遗址长约150米，宽约60米，海拔295米，相对高度25米。东面有汀江自北向南流经，西面坡下有一小溪流入汀江，南面坡下为村民鱼塘及稻田，北面坡下有一小溪，小溪北面为通往兰坊的村道（图版55）。未发现遗迹及文化层堆积。

2. 遗物

通过调查采集有石锤和较多陶片。

（1）石器

石锤　1件。2012-2013CSLF采：1，灰褐色砂岩。不规则形。正面底部边缘可见多处石片疤。残长5.4、宽7.9、厚2.2厘米。重123.1克（图2-123）。

（2）陶器

采集91片陶片，陶质有泥质和夹砂，部分软陶，施衣陶。陶胎质地较薄，以硬陶为主。陶色可见深灰、灰白、灰褐。陶片纹饰有条纹、凸棱纹、网格纹、双线菱形纹、镂孔、刻划纹、篮纹、凸棱与双线菱形纹组合、凸棱与条纹组合纹饰（图2-124）。还采集陶拍1件，器耳1件。可辨器形有钵、豆、罐等。

钵口沿　1件。2012-2013CSLF采：4，夹细砂青灰硬陶。圆唇，折肩，弧腹。腹饰网格纹。残高6.3、宽5.5、厚0.5～0.8厘米（图2-125：1）。

器耳　1件。2012-2013CSLF采：7，桥形耳，变形严重。夹砂深青灰色陶，胎质坚硬。

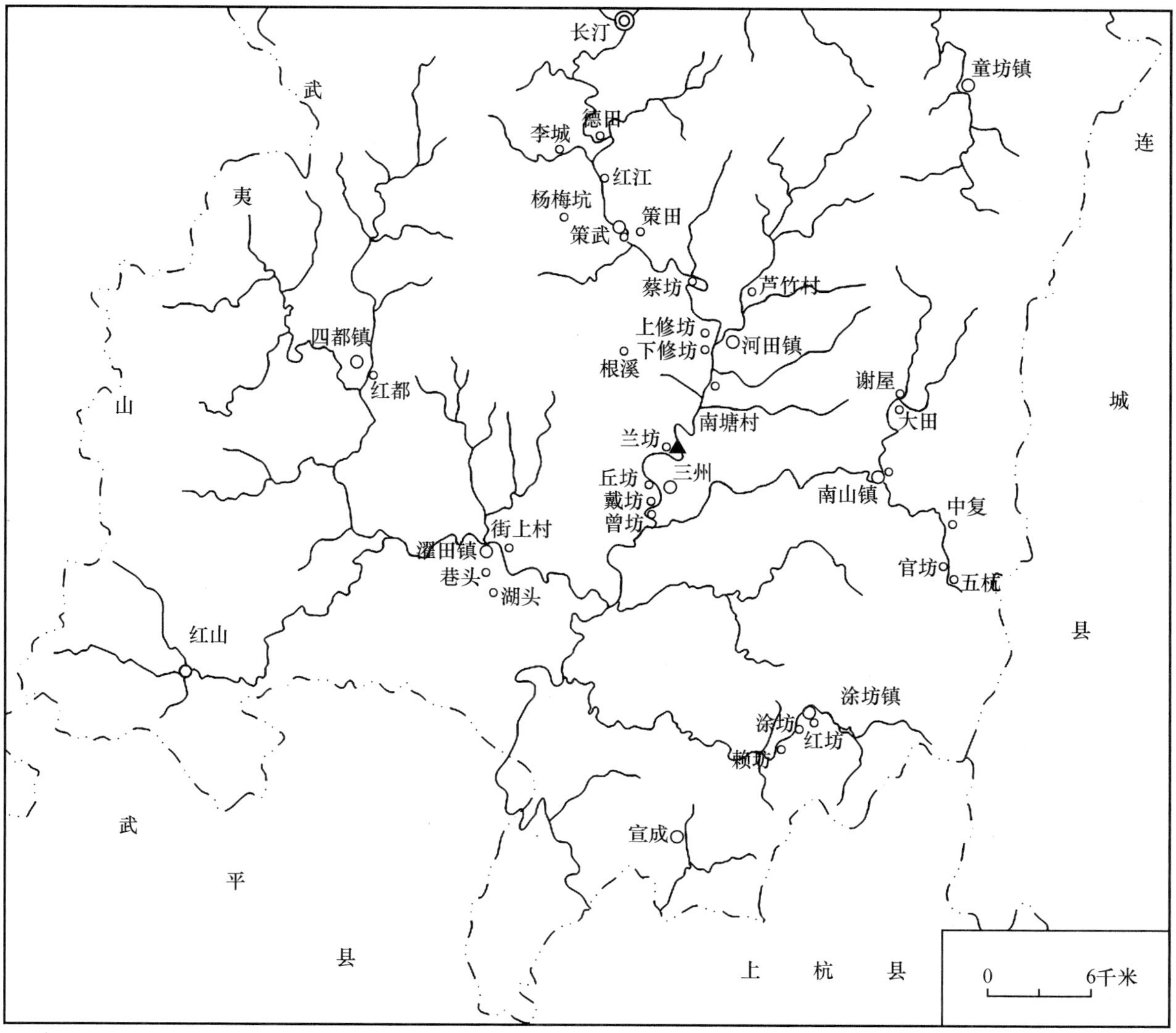

图2-122　罗坊岗遗址位置示意图

残长5.2、宽4.6、厚1.4～2.2厘米（图2-125：2）。

豆柄　1件。2012-2013CSLF采：8，夹细砂灰陶。上部残缺。喇叭形。圈足径13、残高4.2厘米（图2-125：3）。

罐口沿　5件。

2012-2013CSLF采：3，灰色泥质陶，陶胎坚硬。圆唇，外折沿。沿面有轮旋形成的凸棱纹。口径30、残高3.3、宽7.4、厚0.6～1厘米（图2-125：4）。

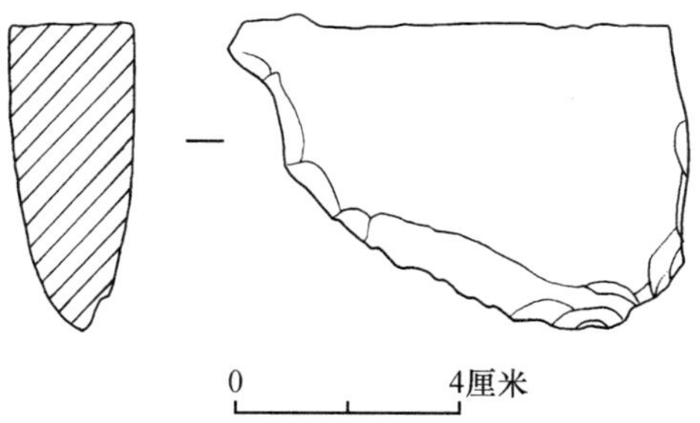

图2-123　罗坊岗遗址采集石器

石锤（2012-2013CSLF采：1）

2012-2013CSLF采：5，泥质青灰硬陶。圆唇，窄外折沿，敞口。沿面有一穿。残高2.7、宽6.7、厚0.5～0.8厘米（图2-125：5）。

2012-2013CSLF采：6，泥质青灰硬陶，圆唇，窄外折沿，沿面微曲。沿面由轮旋形成凸

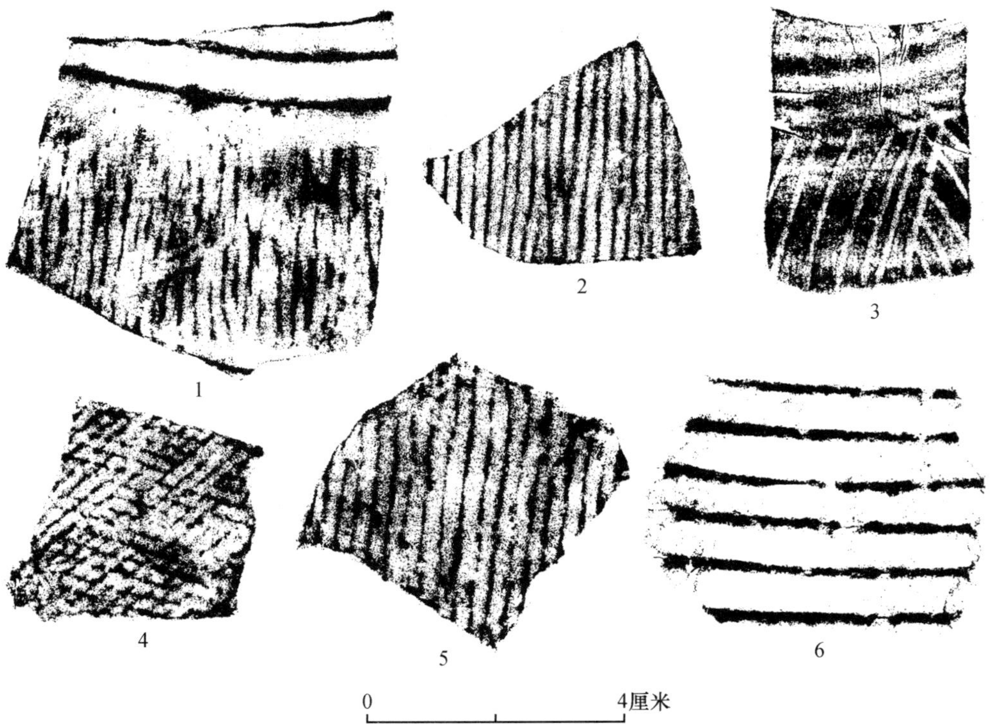

图2-124　罗坊岗遗址采集陶片纹饰拓片

1. 凸棱与条纹组合纹饰（2012-2013CSLF采：15）　2、5. 条纹（2012-2013CSLF采：12、2012-2013CSLF采：17）　3. 刻划斜线纹（2012-2013CSLF采：20）　4. 方格纹（2012-2013CSLF采：14）　6. 凸棱纹（2012-2013CSLF采：16）

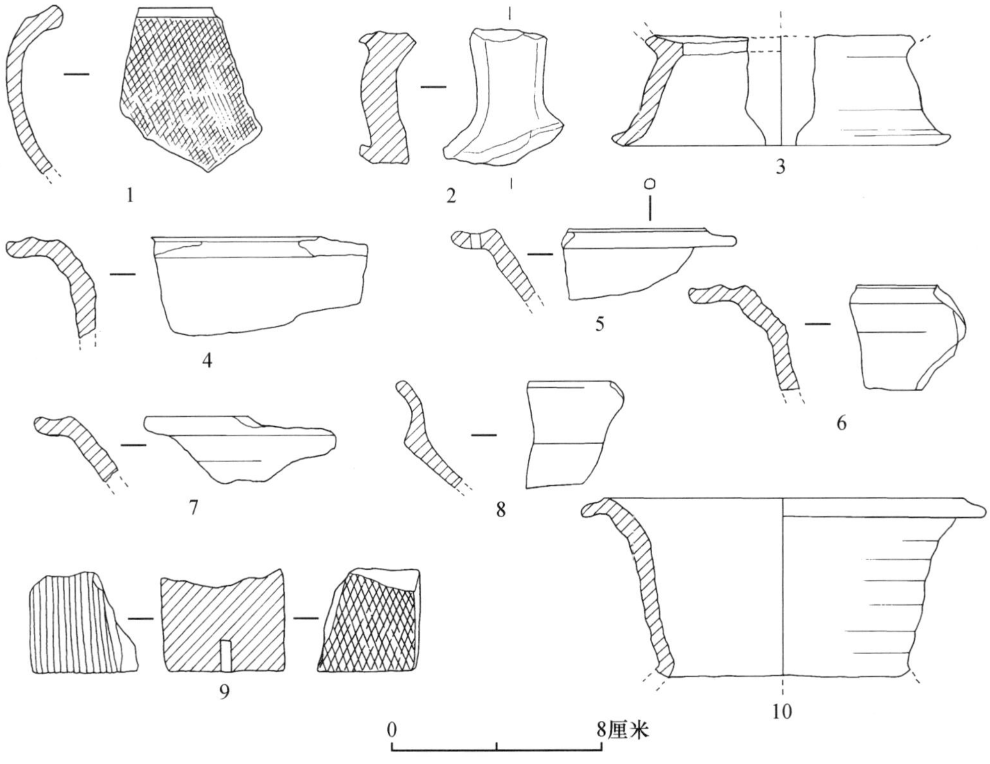

图2-125　罗坊岗遗址采集陶器

1. 钵口沿（2012-2013CSLF采：4）　2. 器耳（2012-2013CSLF采：7）　3. 豆柄（2012-2013CSLF采：8）　4～7、10. 罐口沿（2012-2013CSLF采：3、2012-2013CSLF采：5、2012-2013CSLF采：6、2012-2013CSLF采：9、2012-2013CSLF采：10）　8. 豆口沿（2012-2013CSLF采：11）　9. 陶拍（2012-2013CSLF采：2）

棱纹。施黑衣，衣剥落严重。残高4.宽4.4、厚0.5～0.8厘米（图2-125：6）。

2012-2013CSLF采：9，夹砂灰白硬陶。圆唇，窄外折沿，敞口。残高2.5、宽7.3、厚0.6～0.7厘米（图2-125：7）。

2012-2013CSLF采：10，泥质灰白陶，胎质坚硬，夹少量粗砂。圆唇，窄外折沿，沿面微凹，沿与颈相接处上凸，侈口，高领。外口径15.4、内口径13.8、厚0.4～0.7厘米（图2-125：10）。

豆口沿　1件。2012-2013CSLF采：11，深灰色夹砂陶，陶胎较硬。圆唇，侈口，折肩，斜腹。肩部下似饰有纹饰，但抹光严重，无法分辨。残高4、宽3.7、厚0.4～0.9厘米（图2-125：8）。

陶拍　1件。2012-2013CSLF采：2，泥质灰硬陶。余残段。正反两面有纹饰，正面为条纹、反面为网格纹，纹饰规整。底部有两穿。残长3.5～4.2、厚4.4厘米（图2-125：9；图版56、57）。

三十七　井下山遗址

1. 遗址概况

遗址位于长汀县三洲乡丘坊村瓦檐自然村北侧方向100米（图2-126），为此次调查发现。遗址地理坐标为北纬25°36′4.1″，东经116°21′45.6″。遗址为一处大山绵延出来呈东南—西北走向的小山包，遗址长约200米，宽约50米，海拔283米，相对高度30米。东面坡下为汀江自西北向东南流经，西面坡下有冲沟，南面、北面坡下为稻田。遗址植被覆盖率低，种植少量松树和杉树，遗址土壤类型为红壤（图版54）。未发现遗迹和文化层堆积。

2. 遗物

通过调查，采集有石器坯件1件和少量陶片。

（1）石器

石器坯件　1件。2012-2013CSJX采：2，青灰色细砂岩。不规则形。边缘可见较多石片疤，器身还可见磨砺痕迹。残长3.6、宽2.5、厚0.6厘米。重7.67克（图2-127）。

（2）陶器

采集65片陶片，以泥质陶为主，部分施衣陶。陶胎较薄，质地较硬。陶色以灰色系为主，有深灰、青灰、灰黄、灰褐、灰红等。纹饰可见方格纹、网格纹、弦纹、水波纹、弦纹与方格纹组合纹饰（图2-128）。可辨器形有杯、钵等，另外还采集陶垫饼1件。

杯　1件。2012-2013CSJX采：5，深青灰色泥质硬陶，里外施釉，釉剥落严重。尖圆唇，直口微侈，斜直腹。腹饰水波纹。口径9、残高4.2、厚0.3～0.65厘米（图2-129：1）。

钵　1件。2012-2013CSJX采：4，灰褐色泥质硬陶。尖圆唇，弧腹，腹部可见轮旋形成的

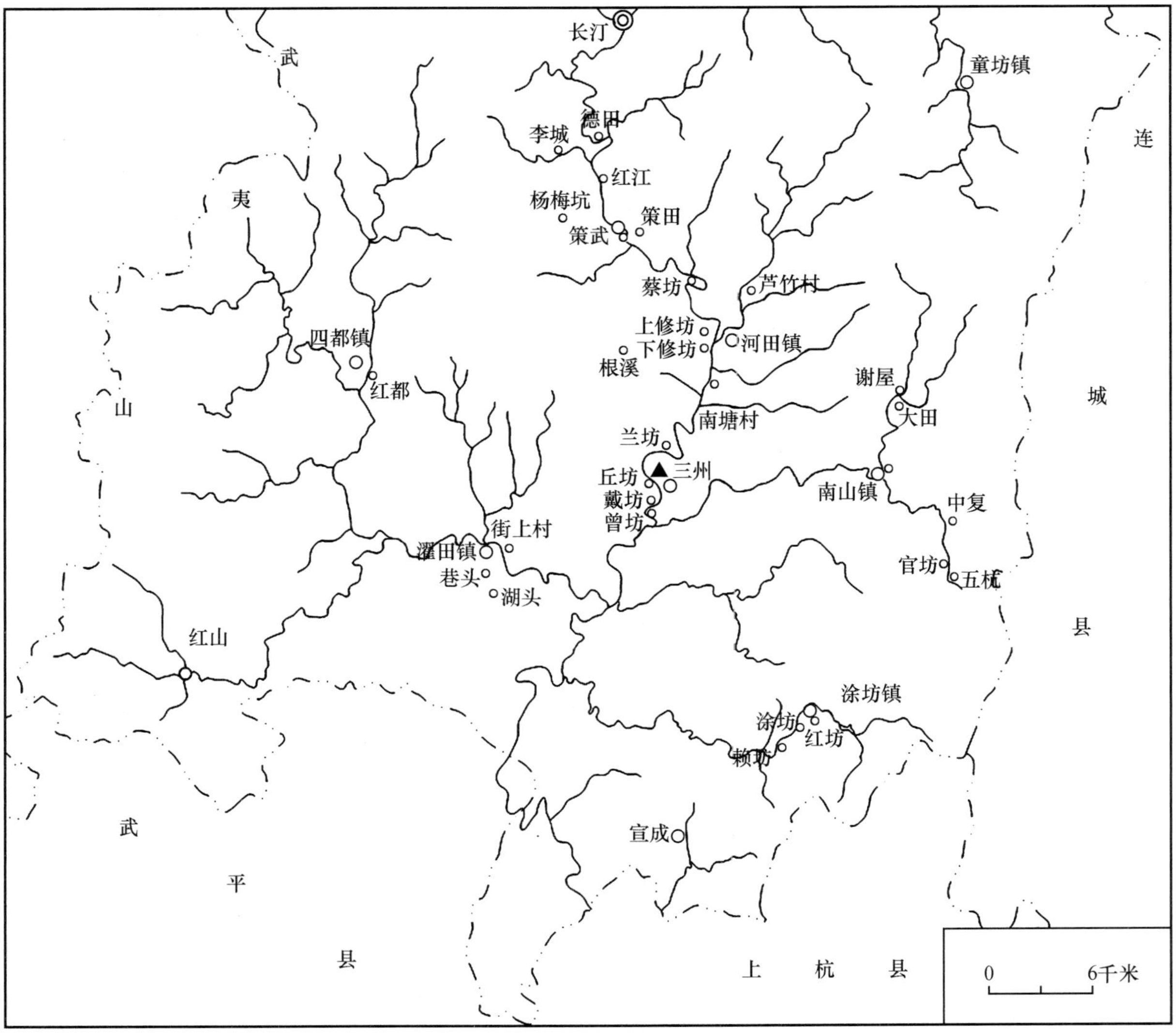

图2-126　井下山遗址位置示意图

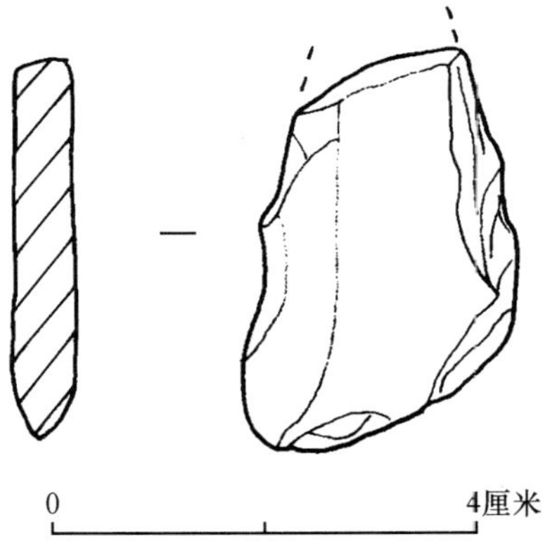

图2-127　井下山遗址采集石器

石器坯件（2012-2013CSJX采：2）

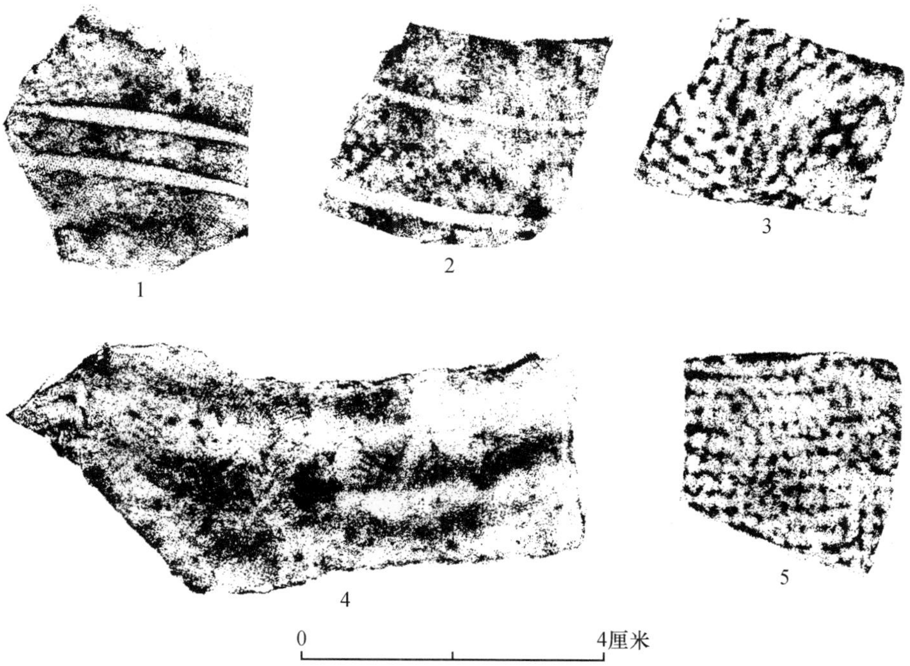

图2-128　井下山遗址采集陶片纹饰拓片

1. 刻划纹（2012-2013CSJX采：9）　2. 弦纹与方格纹组合纹饰（2012-2013CSJX采：10）　3、5. 方格纹（2012-2013CSJX采：6、2012-2013CSJX采：8）　4. 刻划水波纹（2012-2013CSJX采：7内侧）

凹弦纹。口径14、残高4.3、厚0.5～0.7厘米（图2-129：2）。

垫饼　1件。2012-2013CSJX采：1，夹细砂陶。近圆形。正面陶色为红色，反面为青灰，且反面有釉渍残留。长7.5、宽7、厚1.2厘米（图2-129：3）。

器底　1件。2012-2013CSJX采：3，灰褐色泥质陶，陶胎坚硬。斜腹，平底。底径13、残高2.9厘米（图2-129：4）。

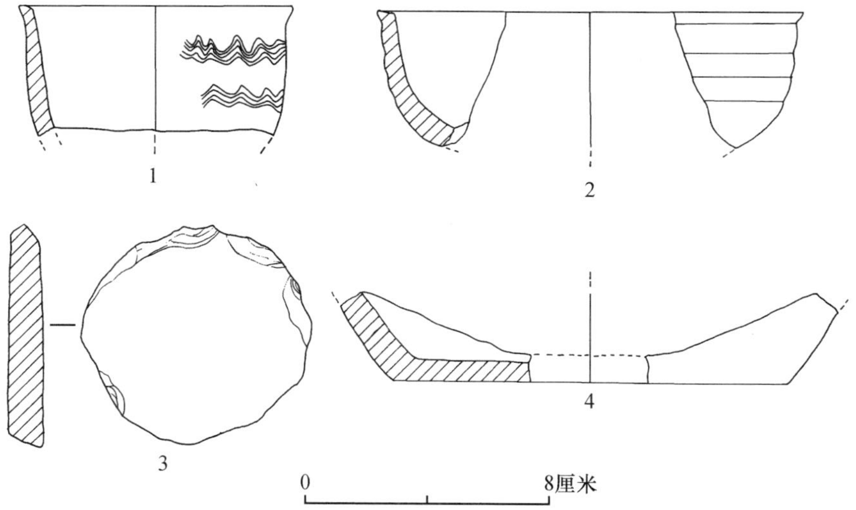

图2-129　井下山遗址采集陶器

1. 杯（2012-2013CSJX采：5）　2. 钵（2012-2013CSJX采：4）　3. 垫饼（2012-2013CSJX采：1）　4. 器底（2012-2013CSJX采：3）

三十八　庙岽山遗址

1. 遗址概况

遗址位于长汀县三洲镇戴坊村庙子岽山（图2-130），为1987年调查发现。遗址地理坐标为北纬25°35′16.1″，东经116°22′16.8″。遗址为一处圆形山包，调查面积约1500平方米，海拔296米。遗址西北面为农田，西南面约150米为堡楼岽山，北面约70米为汀江自西向东流经。遗址植被覆盖率低，多见马尾松，土壤类型为红壤（图版58）。未发现遗迹及文化层。

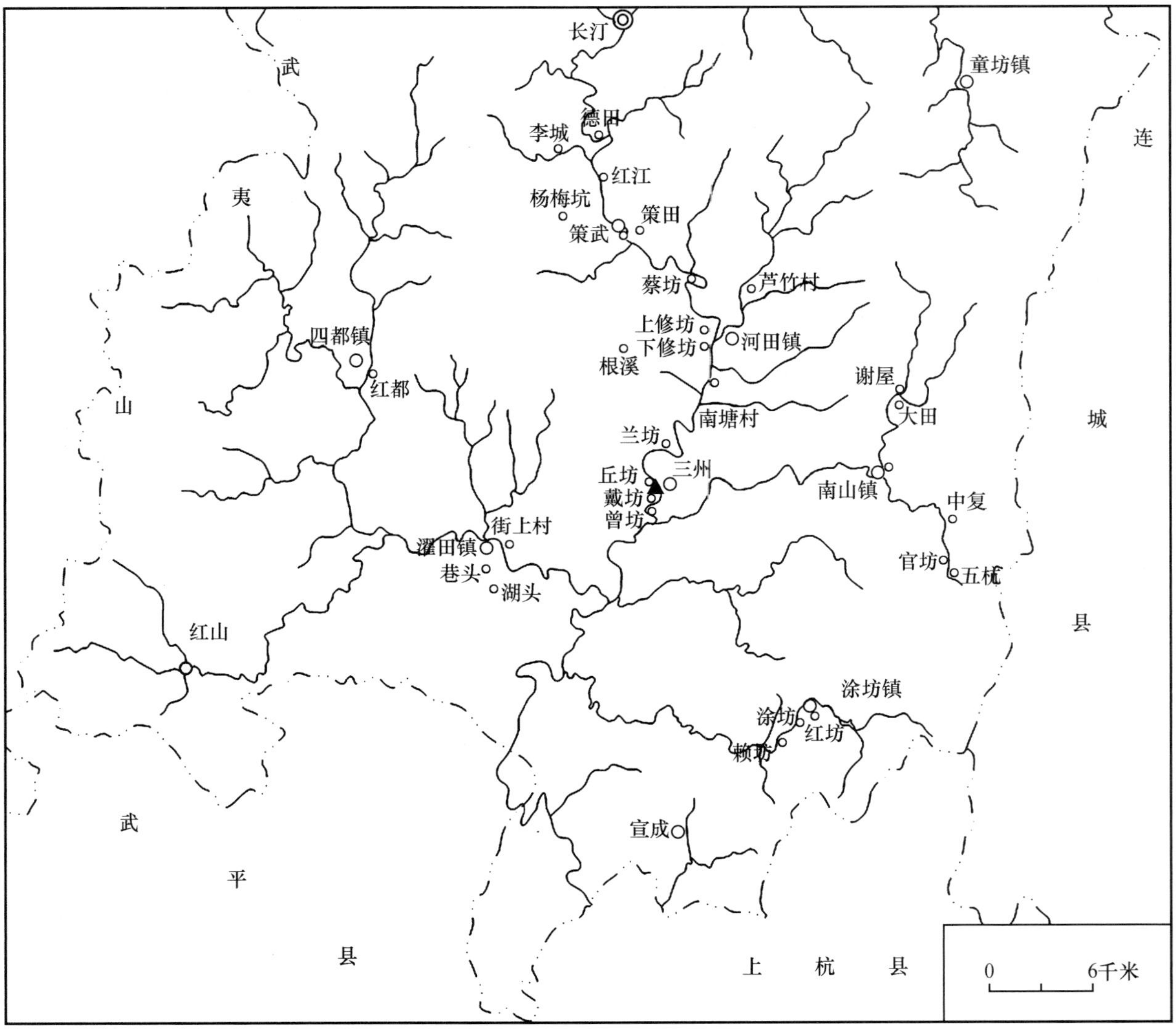

图2-130　庙岽山遗址位置示意图

2. 遗物

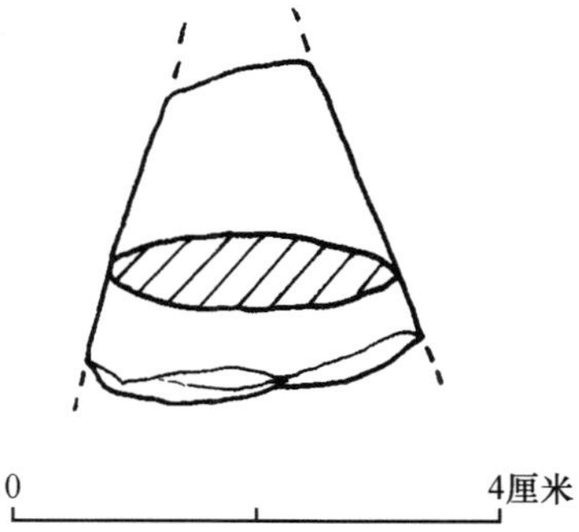

图2-131　庙岽山遗址采集石器
石镞（2012-2013CSMD采：1）

通过调查，采集有石镞1件与较多陶片。

（1）石器

石镞　2012-2013CSMD采：1，灰黑色砂岩。磨制精细。余镞身中部残段。左翼较钝，中脊不明显。剖面呈扁椭圆形。残长2.7、宽2.7、厚0.6厘米（图2-131）。

（2）陶器

采集52片陶片，包括泥质和夹砂陶，其中泥质灰软陶有5片，部分施黑衣。陶色可见深灰色。纹饰有条纹、交错曲折纹、篮纹、双线菱形纹、栅篱纹、凸棱纹、刻划纹、凸棱与条纹组合、刻划与镂孔组合纹饰（图2-132）。可辨器形有尊、罐。

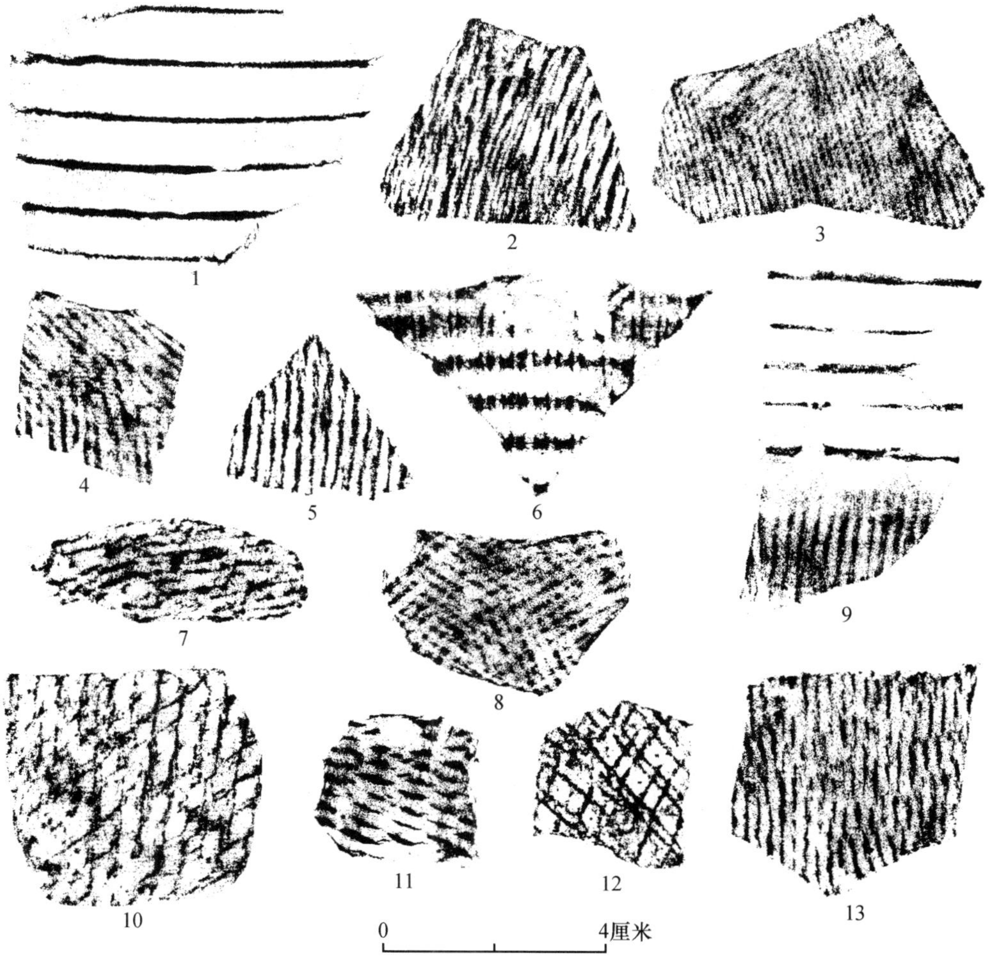

图2-132　庙岽山遗址采集陶片纹饰拓片

1. 凸棱纹（2012-2013CSMD采：8）　2、11、13. 篮纹（2012-2013CSMD采：12、2012-2013CSMD采：6、2012-2013CSMD采：13）　3、8. 交错绳纹（2012-2013CSMD采：11、2012-2013CSMD采：14）　4. 曲折纹（2012-2013CSMD采：15）　5. 条纹（2012-2013CSMD采：16）　6. 刻划弦纹（2012-2013CSMD采：10）　7. 栅篱纹（2012-2013CSMD采：17）　9. 凸棱与条纹组合纹饰（2012-2013CSMD采：7）　10、12. 双线菱形纹（2012-2013CSMD采：9、2012-2013CSMD采：5）

尊口沿　1件。2012-2013CSMD采：2，泥质陶，由剖面看，表层陶色为红色，中间为青灰色，里外施黑衣，胎质坚硬。圆唇，宽折沿，敞口。沿面及颈内外侧可见轮旋形成的凹凸弦纹，沿面与颈部相接处可见锯齿纹，沿面还可见刻划纹及一穿。残高7.1、厚0.6～1厘米（图2-133：1）。

罐口沿　2件。

2012-2013CSMD采：3，深灰色泥质陶，陶胎坚硬。圆唇，窄折沿，短束颈，折肩，斜腹，肩饰两条凸棱纹，腹饰条纹。口径18.1、残高4.1、厚0.5～1.1厘米（图2-133：3）。

2012-2013CSMD采：4，泥质黄陶，陶胎坚硬。圆唇，侈口，折肩，斜直腹。腹饰条纹。口径9、残高4、厚0.4～0.5厘米（图2-133：2）。

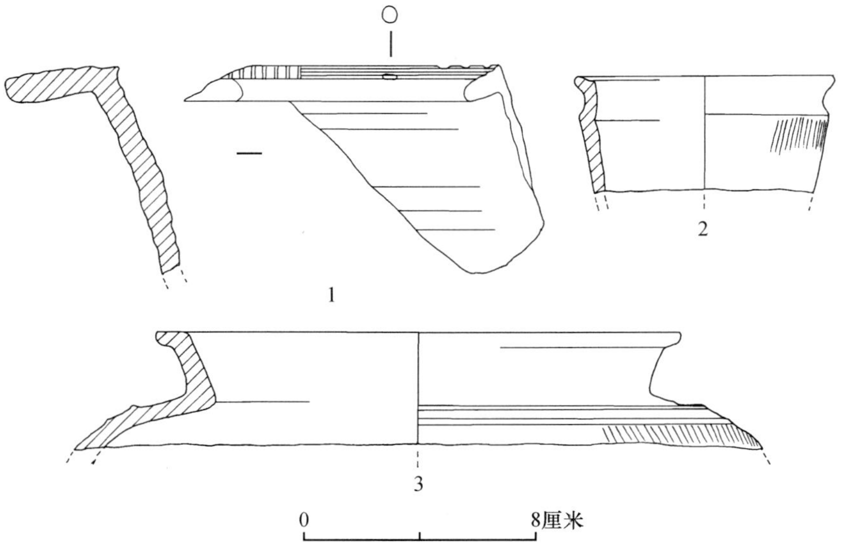

图2-133　庙岽山遗址采集陶器

1. 尊口沿（2012-2013CSMD采：2）　2、3. 罐口沿（2012-2013CSMD采：4、2012-2013CSMD采：3）

三十九　蓑衣岽遗址

1. 遗址概况

遗址位于长汀县三洲乡曾坊村（图2-134），为1987年调查发现。遗址地理坐标为北纬25°34′48.2″，东经116°22′29.9″。遗址为一处圆形山包，调查面积约500平方米，海拔315米。遗址西北面约150米为汀江河自北向南流经，东南侧约230米左右为老屋背，南侧约200米为鸡罩岽，北面约200米左右为枫树山。遗址水土流失严重，植被覆盖率低，土壤类型为红壤。未发现文化层堆积。

2. 遗物

通过调查，采集1片施衣陶，饰双线菱形纹（图2-135）。

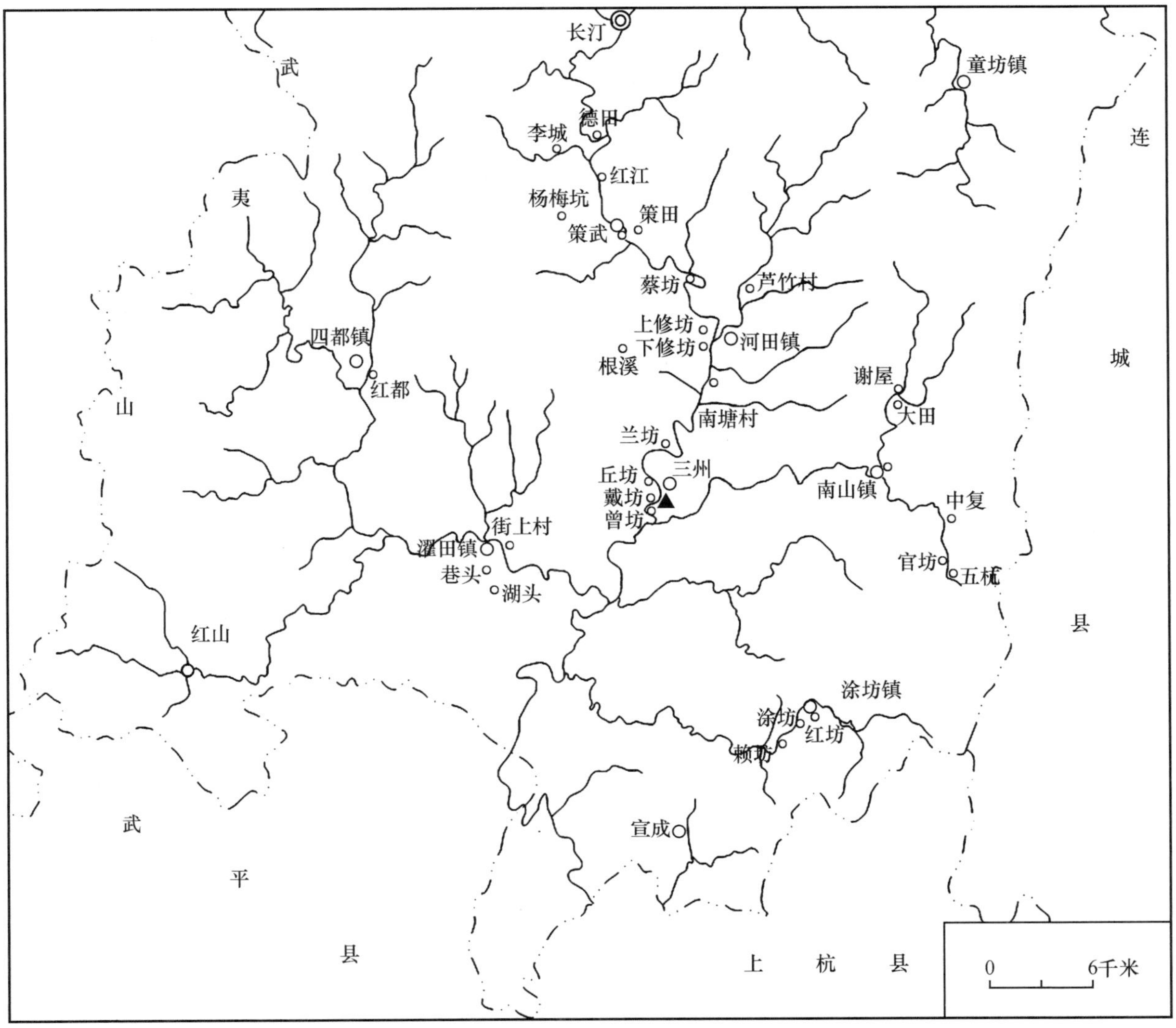

图2-134　蓑衣崇遗址位置示意图

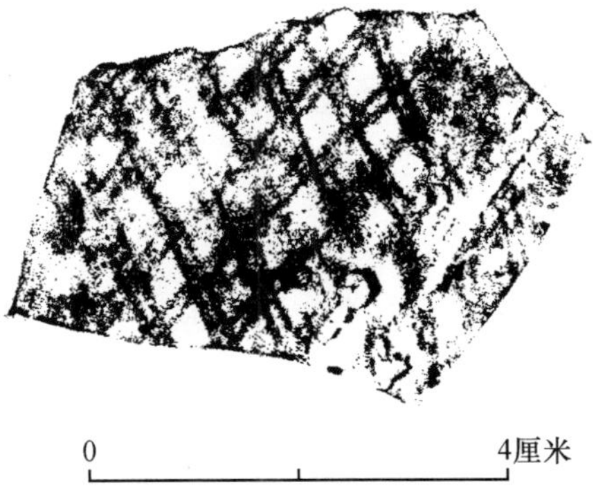

图2-135　蓑衣崇遗址采集陶片纹饰拓片

双线菱形纹（2012-2013CSSY采：1）

四十　谢屋后门山遗址

1. 遗址概况

遗址位于长汀县南山镇谢屋自然村东面方向150米（图2-136），为此次调查发现。遗址地理坐标为北纬25°38′23.8″，东经116°31′2.5″。遗址为一处大山延伸出来呈南北走向的山梁，遗址长约200米，宽约50米，遗址调查面积10000平方米，海拔348米，相对高度20米。东面坡下为小河谷，谷地被开垦为稻田，西坡较缓，南面为断坎，北面与大山相连。遗址水土流失严重，植被覆盖率低，地表土壤类型为红壤（图版59）。采集有少量陶片，未发现遗迹及文化层堆积。

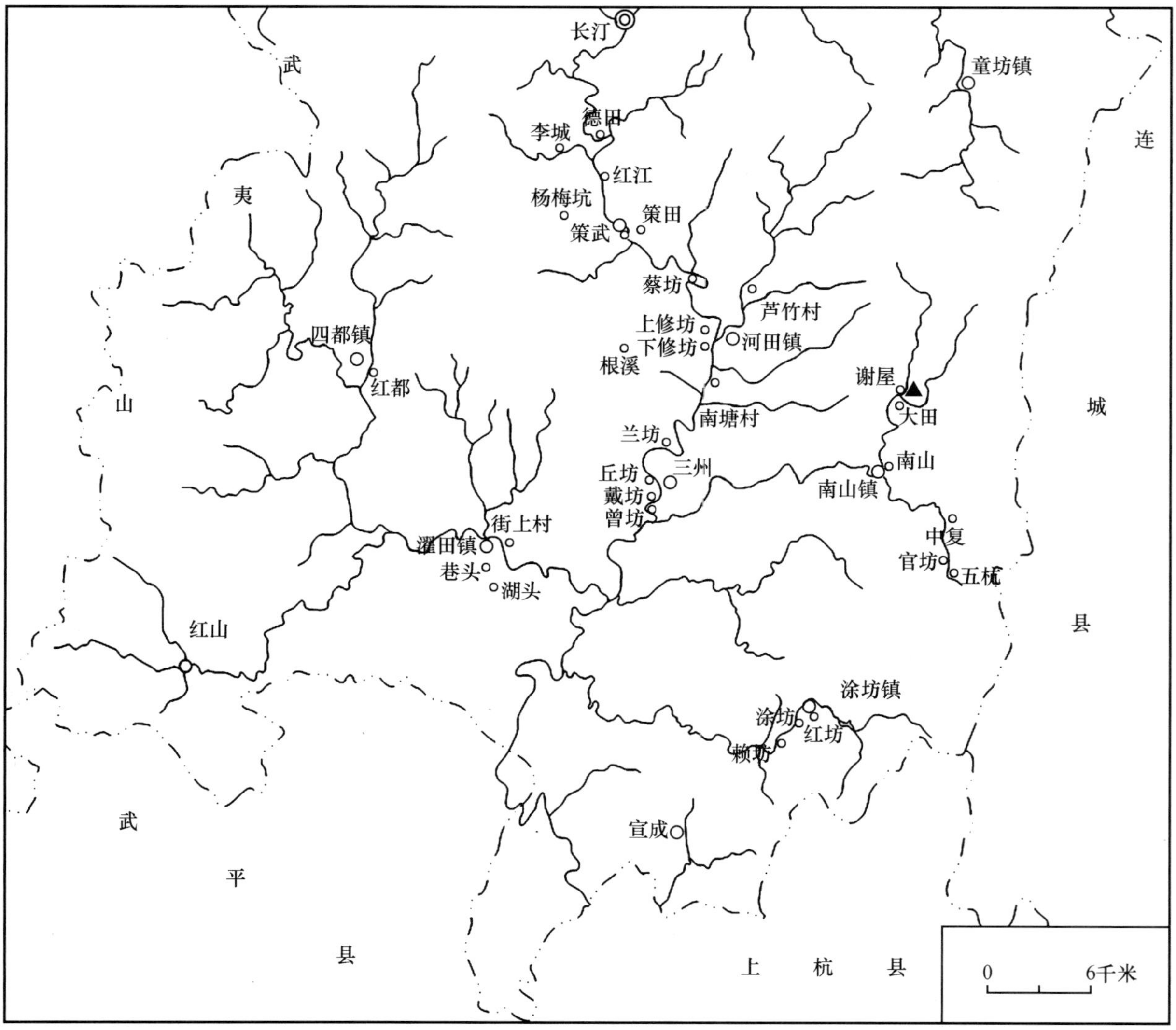

图2-136　谢屋后门山遗址位置示意图

2. 遗物

此次调查发现陶片20片。其中有泥质软陶1片，其余均为夹砂硬陶以及施黑衣陶片。陶片纹饰可见绳纹、方格纹、大网格纹、凸棱纹、篮纹等（图2-137）。另发现有宋瓷碗1件，由于本文所述为早期遗址，因此宋瓷碗就不赘述。

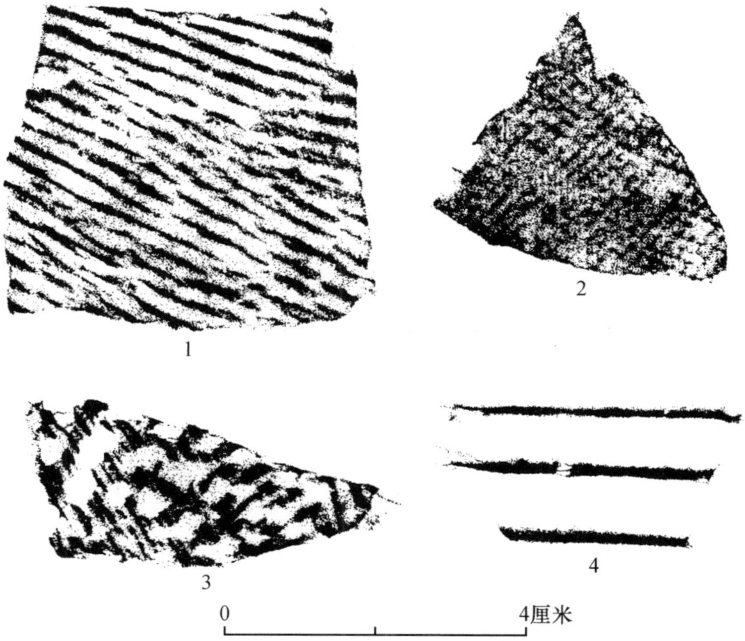

图2-137　谢屋后门山遗址采集陶片纹饰拓片

1. 篮纹（2012-2013CNXW采：1）　2. 方格纹（2012-2013CNXW采：2）　3. 弦纹与戳印网格纹组合纹饰（2012-2013CNXW采：3）　4. 凸棱纹（2012-2013CNXW采：4）

四十一　茶头坑子遗址

1. 遗址概况

遗址位于长汀县南山镇严田村严田自然村东面方向300米（图2-138），为此次调查发现。遗址地理坐标为北纬25°36′49.1″，东经116°30′16.5″。遗址为一处大山延伸出来的小台地。遗址长约300米，宽约80米，调查面积约24000平方米，海拔328米，相对高度20米。遗址东面、北面坡下为村民的养猪场，约150米处为赣龙铁路，西面、南面坡下为南山通往大田的村道，西面坡下的公路西侧150米处有一条小河由东北向西南流经。遗址植被茂密，基本被杂草覆盖，种植有茶树及松树（图版60）。

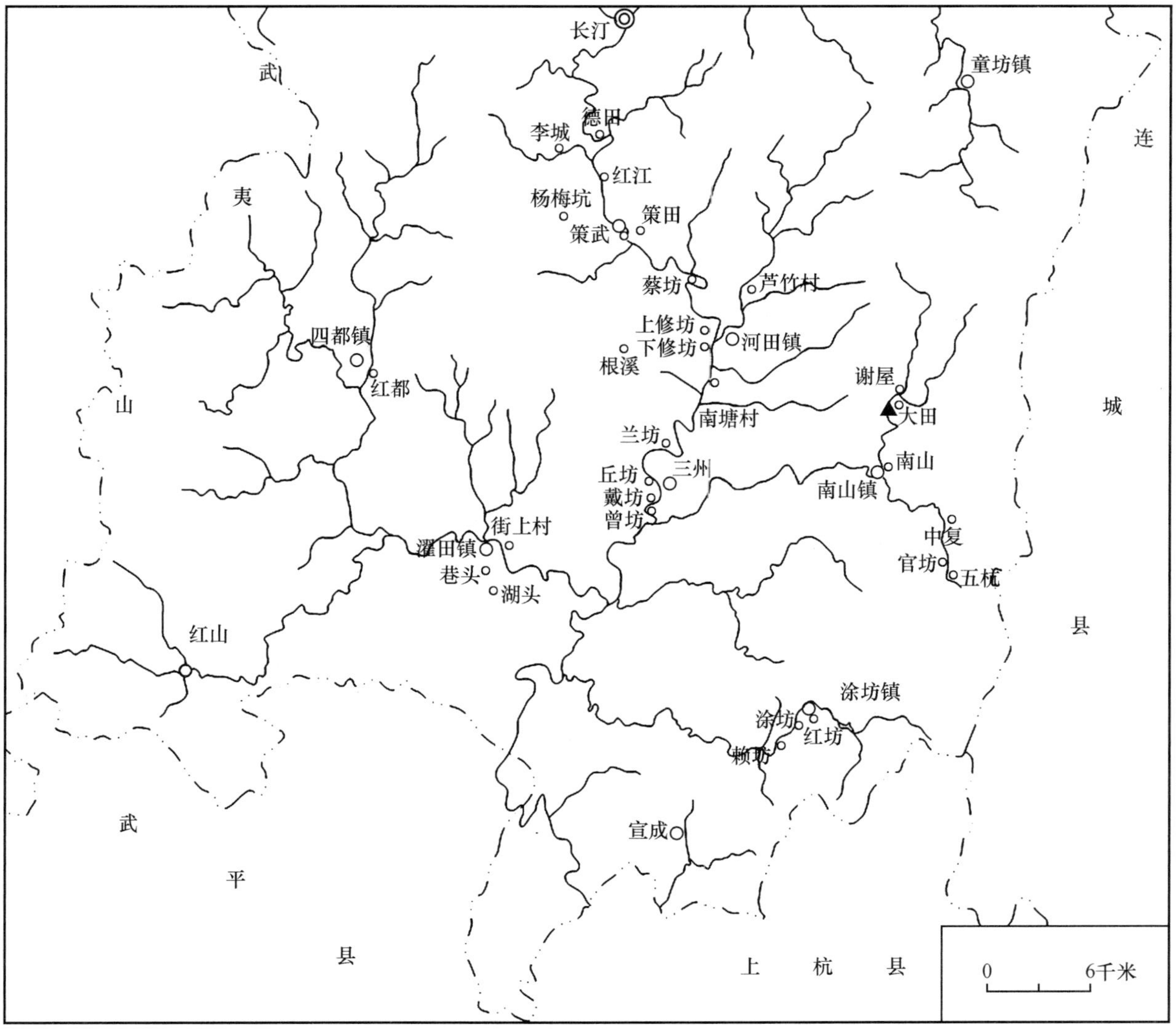

图2-138　茶头坑子遗址位置示意图

2. 文化层堆积

通过调查，在遗址一处蓄水池南壁剖面可见两层文化层堆积（图2-139；图版61）：

第1层为表土层，为较厚的黄土层，质地疏松，含沙量大，为挖掘蓄水池时形成的扰动土。厚40～45厘米；

第2层为文化层，也为黄土，质地较细密，可见零星陶片。厚45～50厘米。

3. 遗物

通过调查，采集有石戈1件及较多陶片。

（1）石器

石戈　2012-2013CNCT采：1。灰黄色砂岩，磨制精细。内残片，有一穿。残长4.2、宽5.3、厚0.7厘米。重21.23克（图2-140）。

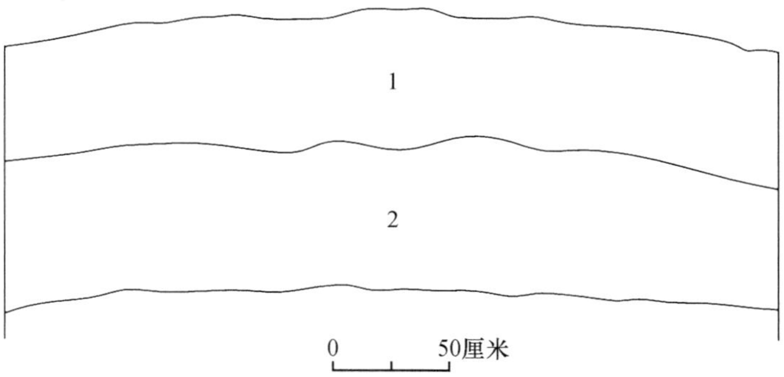

图2-139　茶头坑子遗址地层剖面图

（2）陶器

采集168片陶片，陶质以泥质和夹砂硬陶为主，少量软陶。陶胎较薄，部分施黑衣。陶色以灰色系为主，有青灰、灰白、灰黄等。纹饰种类较多，有双线菱形纹、条纹、戳印纹、凸棱纹、叶脉纹、网格纹、栅篱纹、曲折纹、大网格纹、刻划纹、凸棱与条纹组合纹饰等（图2-141）。可辨器形有罐、杯。

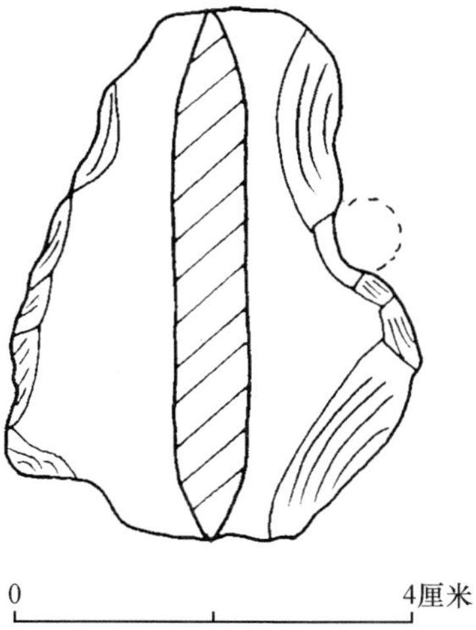

图2-140　茶头坑子遗址采集石器
石戈（2012-2013CNCT采：1）

罐口沿　5件。

2012-2013CNCT采：2，泥质灰硬陶，里外施黑衣，衣剥落严重。圆唇，宽沿，敞口，口与颈相接处上凸，且饰有七道刻划纹。残高2.7、残宽9.5、厚0.8厘米（图2-142：1）。

2012-2013CNCT采：3，夹细砂灰褐陶。圆唇，宽沿，敞口。沿面与颈相接处有压印纹。残高2.3、残宽6.6、厚0.5～0.6厘米（图2-142：2）。

2012-2013CNCT采：4，泥质深灰陶。尖圆唇，沿面微曲外翻，侈口。口径9、残高2、厚0.2～0.4厘米（图2-142：3）。

2012-2013CNCT采：5，夹细砂灰褐陶。圆唇，敞口。口径16、残高3.1、厚0.6～1.3厘米（图2-142：4）。

2012-2013CNCT采：6，夹细砂灰褐陶。圆唇，侈口，束颈，唇面微曲，内外施衣。口径9、残高3.5、厚0.5～0.7厘米（图2-142：5）。

杯　1件。2012-2013CNCT采：7，灰褐色夹细砂硬陶。圆唇，敛口，弧腹，平底，素面。口径5.4、底径5、高2.9、厚0.3～1厘米（图2-142：6）。

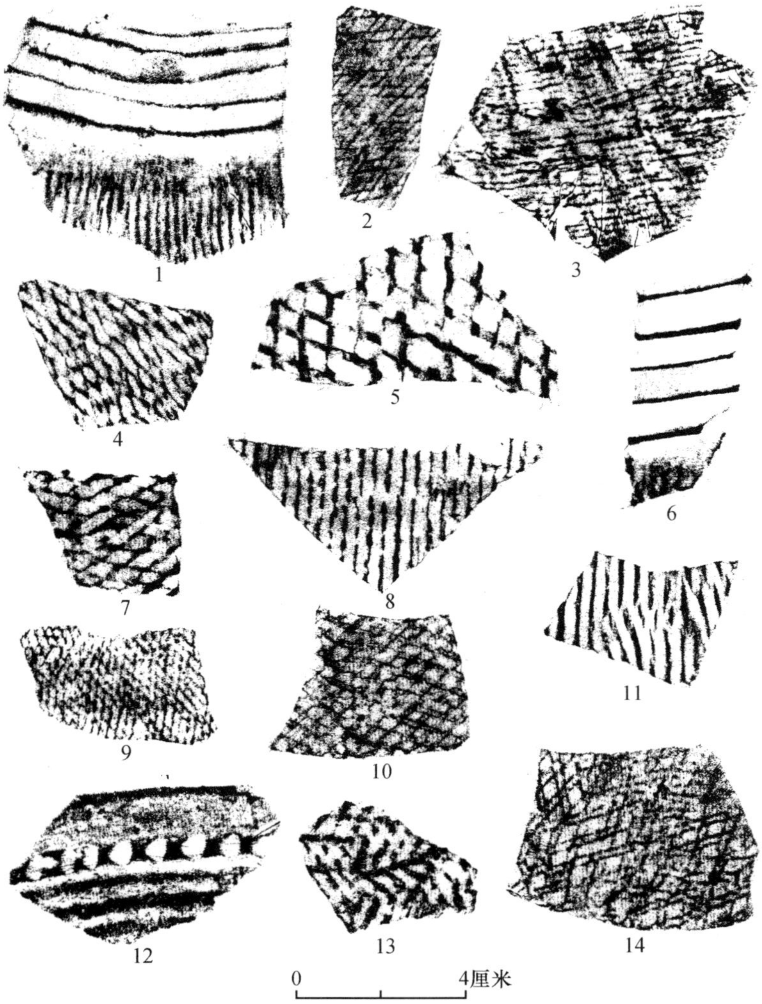

图2-141　茶头坑子遗址采集陶片纹饰拓片

1、6. 凸棱与条纹组合纹饰（2012-2013CNCT采：8、2012-2013CNCT采：15）　2、10、14. 双线菱形纹（2012-2013CNCT采：14、2012-2013CNCT采：12、2012-2013CNCT采：13）　3. 栅篱纹（2012-2013CNCT采：9）　4、5、7、9. 网格纹（2012-2013CNCT采：18、2012-2013CNCT采：11、2012-2013CNCT采：16、2012-2013CNCT采：17）　8. 刻划斜线纹（2012-2013CNCT采：10）　11. 篮纹（2012-2013CNCT采：20）　12. 戳印锯齿纹（2012-2013CNCT采：3）　13. 叶脉纹（2012-2013CNCT采：19）

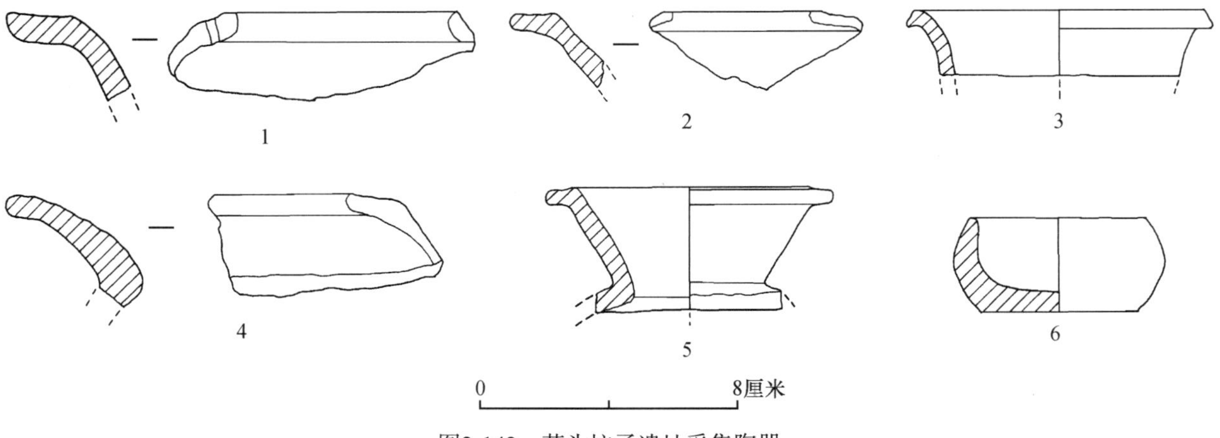

图2-142　茶头坑子遗址采集陶器

1～5. 罐口沿（2012-2013CNCT采：2、2012-2013CNCT采：3、2012-2013CNCT采：4、2012-2013CNCT采：5、2012-2013CNCT采：6）　6. 杯（2012-2013CNCT采：7）

四十二　寨坛岽遗址

1. 遗址概况

遗址位于长汀县南山镇严田村寨坛岽（图2-143），为1987年调查发现。遗址地理坐标为北纬25°37′15.3″，东经116°30′19.7″。寨坛岽遗址地处寨坛岽山包上，遗址调查面积400平方米，海拔309米。遗址南面坡下为九曲溪，北面为姐妹岽，东北方向20米处有一座公王庙，100米处有一座严婆田大桥和南山往馆前的县道。遗址植被覆盖率高（图版62）。未发现遗迹及文化层堆积。

2. 遗物

通过调查采集有施衣陶5片，均为素面。

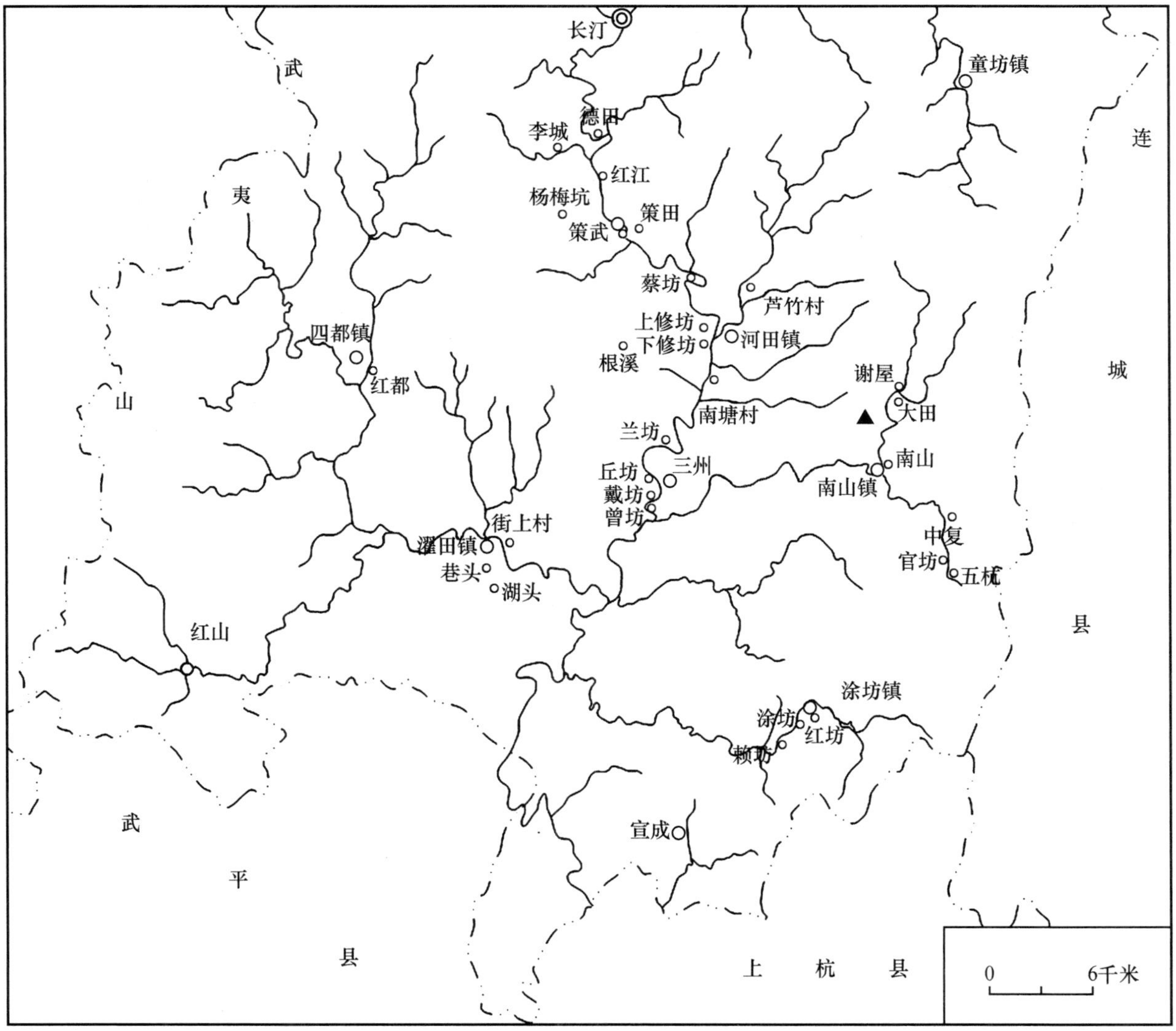

图2-143　寨坛岽遗址位置示意图

四十三　大田后龙山遗址

1. 遗址概况

遗址位于长汀县南山镇大田村后龙山（图2-144），为1987年调查发现。遗址地理坐标为北纬25°37′46.3″，东经116°30′45.6″。遗址调查面积约3600平方米，海拔342米。遗址中间开辟了一条村道，东面300米是村部，西面150米是赣龙铁路，背面150米是大田小学。遗址植被覆盖率高，种植果树、竹子、板栗，土壤类型以沙土、红壤为主。未发现遗迹及文化层堆积（图版63）。

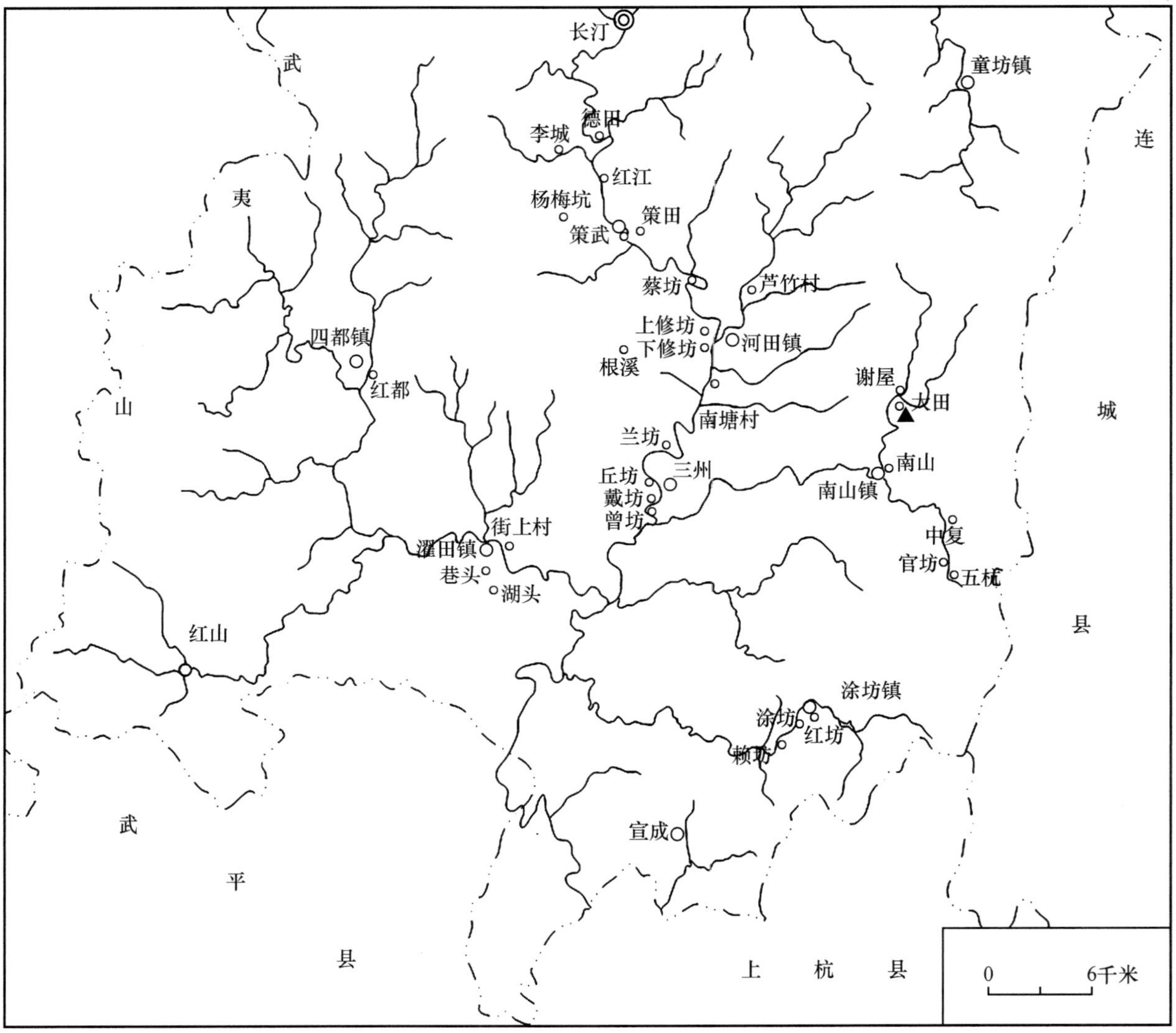

图2-144　大田后龙山遗址位置示意图

2. 遗物

通过调查，采集陶片39片，均为泥质灰黄硬陶。纹饰可见双线菱形纹、凸棱纹（图2-145）。

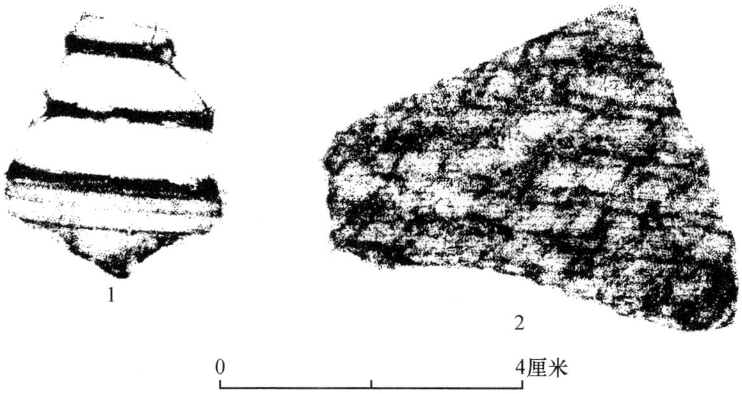

图2-145　大田后龙山遗址采集陶片纹饰拓片

1. 凸棱纹（2012-2013CNHL采：2）2.双线菱形纹（2012-2013CNHL采：1）

四十四　松山遗址

1. 遗址概况

遗址位于长汀县濯田镇丰口村（图2-146），为1987年调查发现。遗址地理坐标为北纬25°34′7.4″，东经116°16′21″。遗址面积约2000平方米，海拔301米。遗址东面约800米为扁崇山，西面约1000米是濯田河，西南面是丰口村。遗址植被覆盖率低，土壤类型为水稻土（图版64）。未发现遗迹和文化层堆积。

2. 遗物

通过调查，采集7片陶片。大多为泥质硬陶，部分黑衣陶，1片原始瓷。纹饰可见方格纹、双线菱形纹（图2-147）。

器口沿　1件。2012-2013CZSS采：1，泥质灰褐硬陶，薄胎。圆唇，敞口。口径11.4、残高3.5、厚0.3厘米（图2-148）。

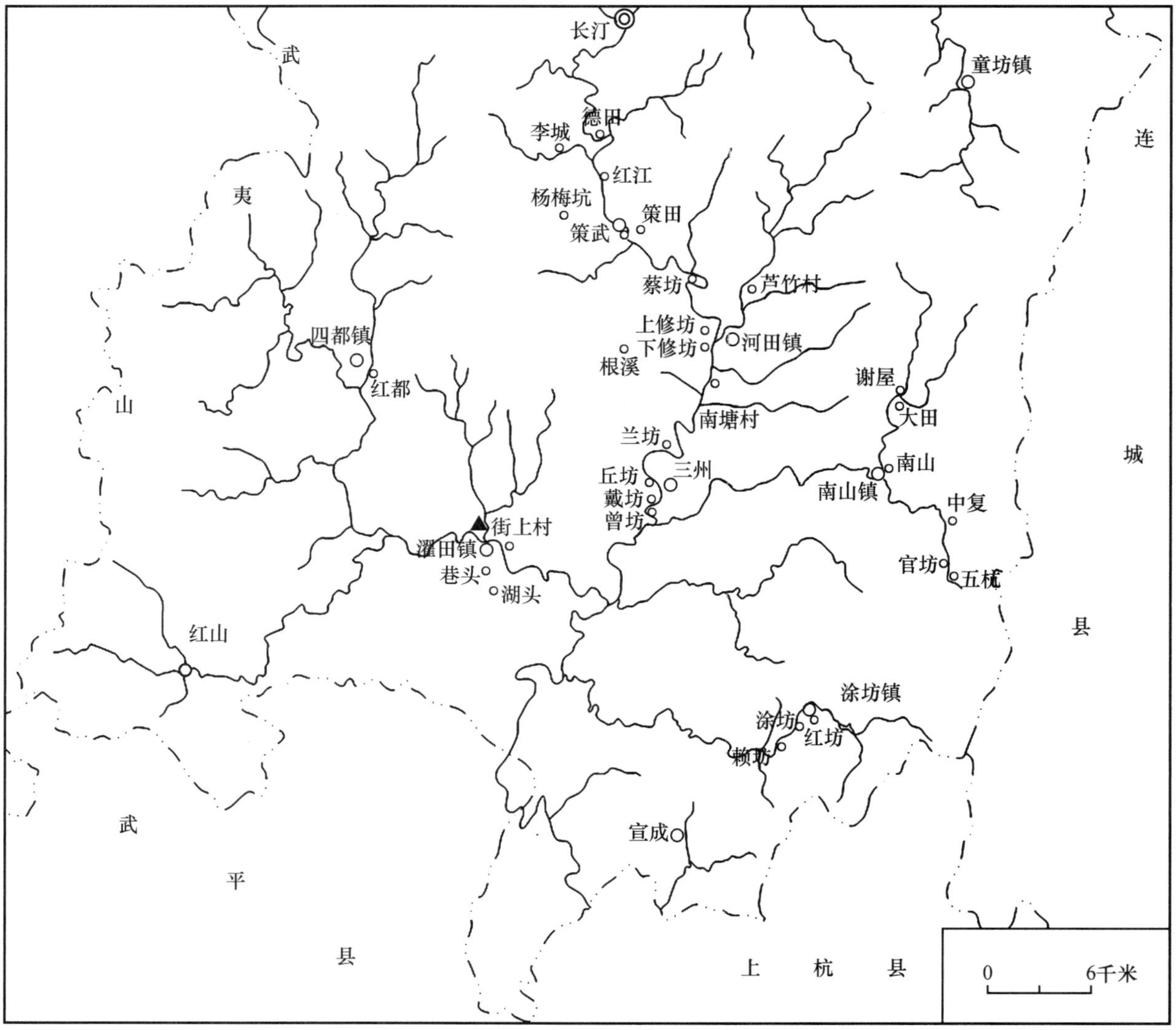

图2-146　松山遗址位置示意图

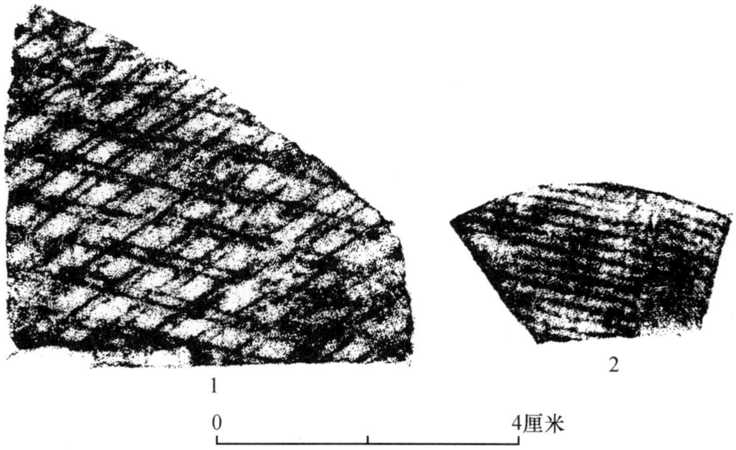

图2-147　松山遗址采集陶片纹饰拓片

1. 双线菱形纹（2012-2013CZSS采：2）　2. 方格纹（2012-2013CZSS采：3）

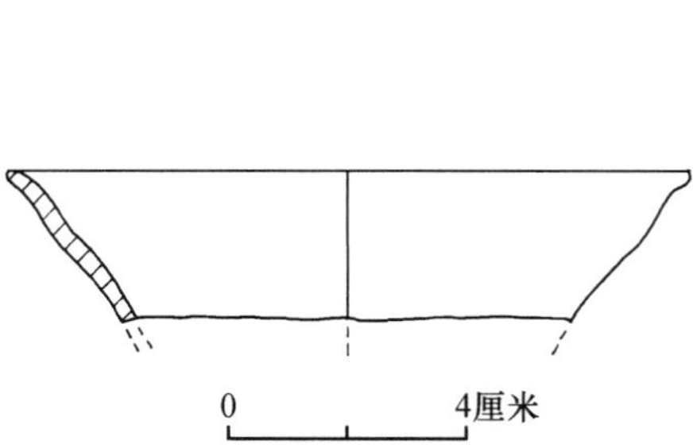

图2-148　松山遗址采集陶器

器口沿（2012-2013CZSS采：1）

四十五　河水岭遗址

1. 遗址概况

遗址位于长汀县濯田镇街上村（图2-149），为1987年调查发现。遗址地理坐标为北纬25°33′32.6″，东经116°17′4.4″。遗址分布于数座绵延的小山，遗址面积2000平方米，海拔300米。山中部有205省道穿过，东南约300米是濯田大桥，西南约300米是濯田河，南约500米是山。遗址植被覆盖率一般，种植松树。土壤类型为沙质水稻土（图版65）。未发现遗迹和文化层堆积。

2. 遗物

通过调查采集4片陶片，均为泥质灰硬陶。纹饰可见网格纹、条纹、弦纹（图2-150）。

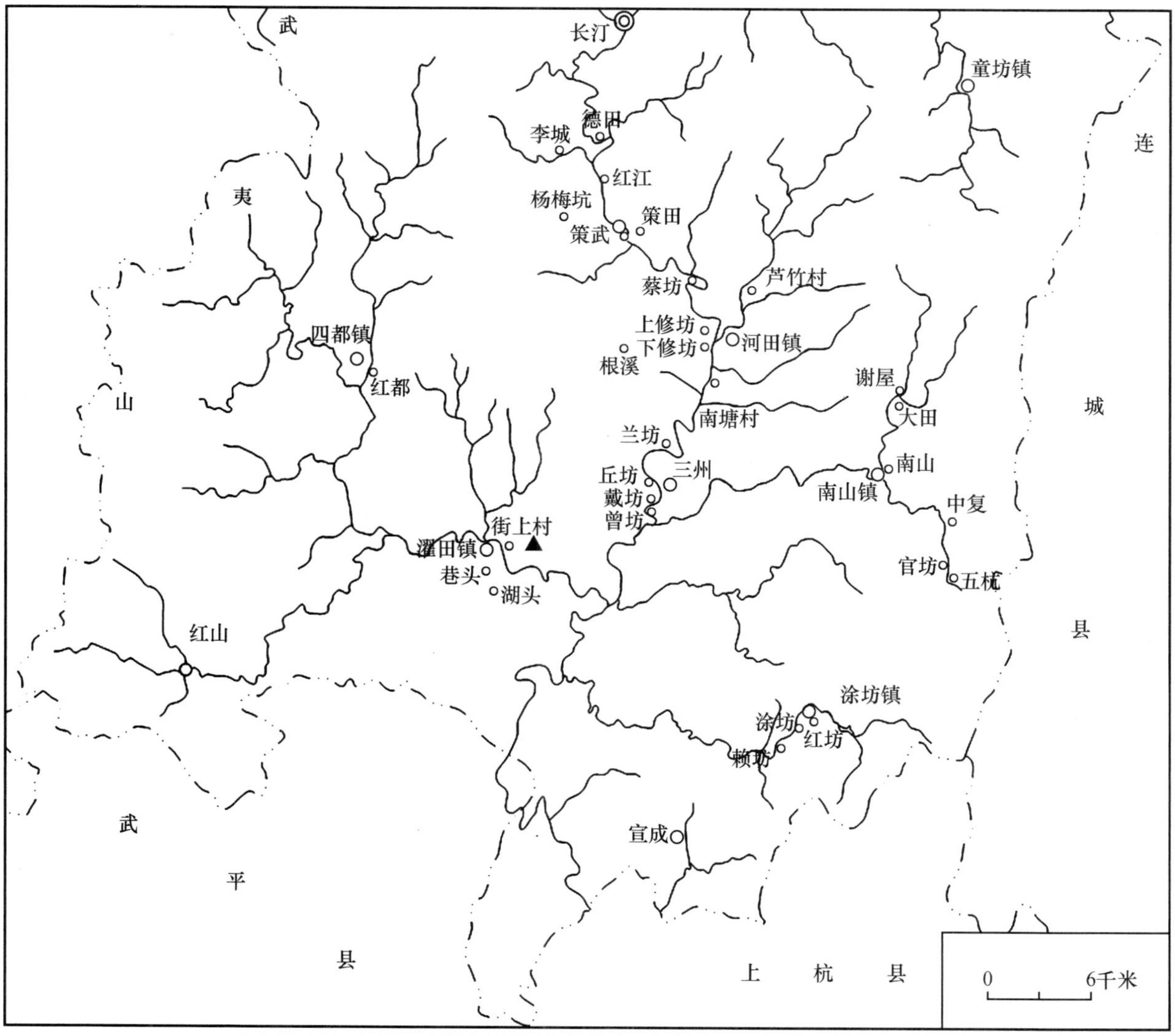

图2-149　河水岭遗址位置示意图

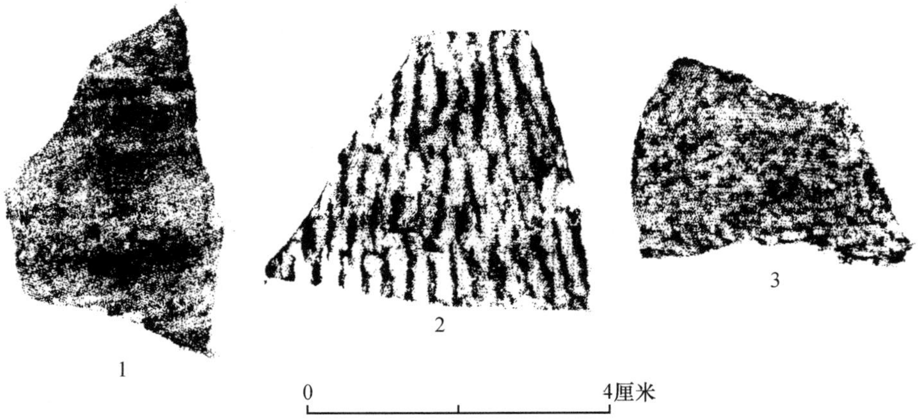

图2-150　河水岭遗址采集陶片纹饰拓片

1. 弦纹（2012-2013CZHS采：1）　2. 条纹（2012-2013CZHS采：2）　3. 网格纹（2012-2013CZHS采：3）

四十六　后龙山遗址

1. 遗址概况

遗址位于长汀县濯田镇街上村（又名寒婆寨）（图2-151），为1987年调查发现。北纬25°33′27.7″，东经116°17′6.8″。调查面积约500平方米，海拔301米。遗址山脚下是胜清水泥砖厂和民居，厂门口是205省道。遗址植被覆盖率高，土壤以沙质土为主。未发现遗迹和文化层堆积。

2. 遗物

包括石锤1件和陶片。

（1）石器

石锤　2012-2013CZHL采：3，灰褐色砂岩，余一半。扁平体，右侧可见较多打制石片疤，由右往左侧打击。放射线、同心圆均不明显。刃部可见使用痕迹。残高7.8、宽6.9、厚1.9厘米。重187.68克（图2-152）。

（2）陶器

采集23片陶片。包含泥质、夹砂陶和1片原始瓷。陶色有深灰、灰黄。陶片纹饰有条纹、方格纹（图2-153）。

器底　1件。2012-2013CZHL采：1，泥质灰褐硬陶。弧腹内收，平底。腹饰方格纹。底径13、残高5.4、厚0.6～1.3厘米（图2-154）。

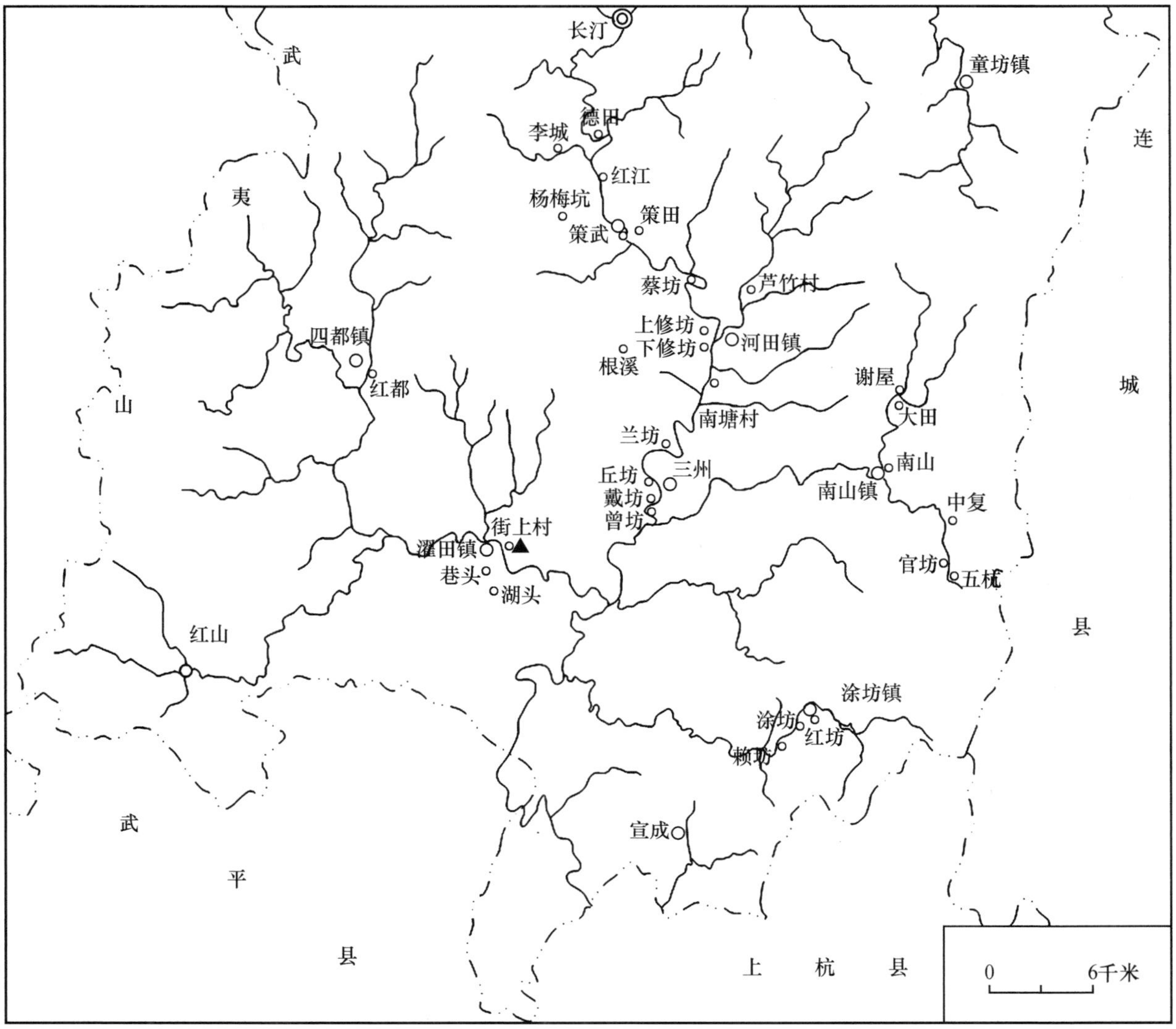

图2-151　后龙山遗址位置示意图

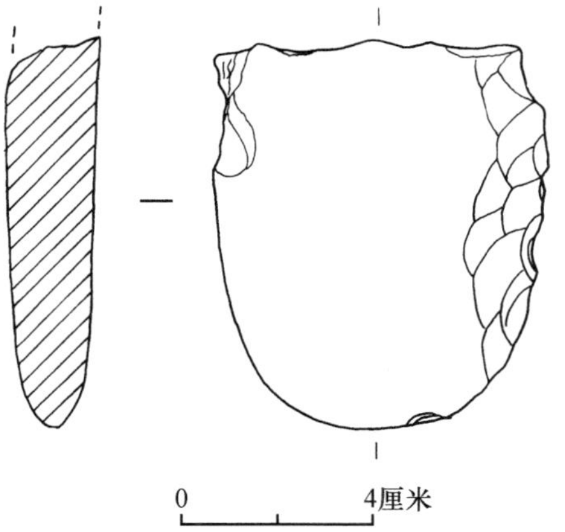

图2-152　后龙山遗址采集石器

石锤（2012-2013CZHL采：3）

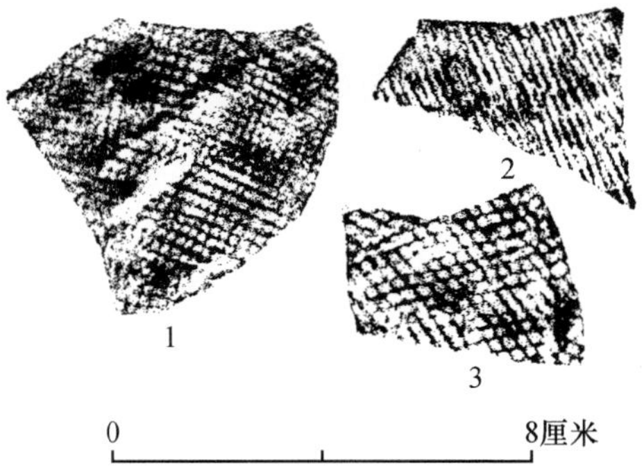

图2-153　后龙山遗址采集陶片纹饰拓片

1、3. 方格纹（2012-2013CZHL采：5、2012-2013CZHL采：4）　2. 条纹（2012-2013CZHL采：3）

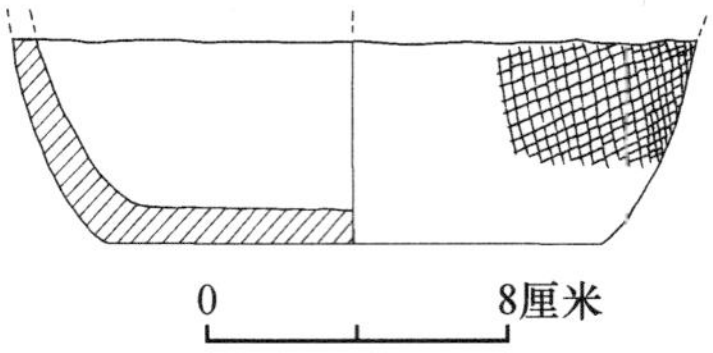

图2-154　后龙山遗址采集陶器

器底（2012-2013CZHL采：1）

四十七　北周山遗址

1. 遗址概况

遗址位于濯田镇湖头村（图2-155），为1987年调查发现。遗址地理坐标为北纬25°32′36.3″，东经116°17′11.6″。遗址为一处独立的山丘，面积约9400平方米，海拔302米。遗址东面坡下为205省

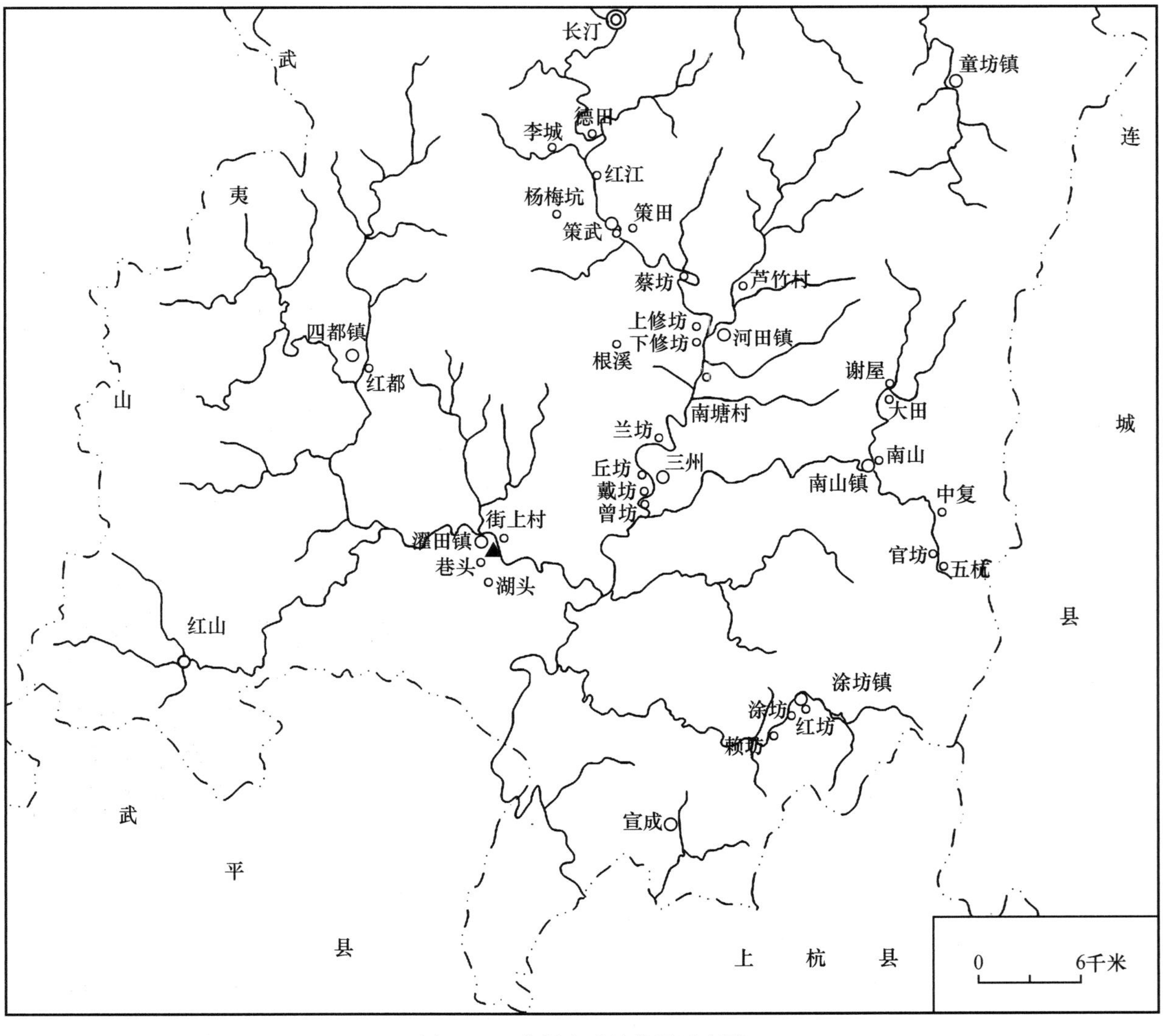

图2-155　北周山遗址位置示意图

道，公路边是瓦子坪自然村，西面约2000米是大窝哩山，北面约400米为濯田河。遗址植被覆盖率高，种植松树，土壤类型为水稻土（图版66）。未发现遗迹和文化层堆积。

2. 遗物

（1）石器

石镞　1件。2012-2013CZBZ采：1，灰色砂岩。锋部残缺，余铤部。剖面为四边形。残长3.1、宽1.9、厚0.21厘米。重2.08克（图2-156）。

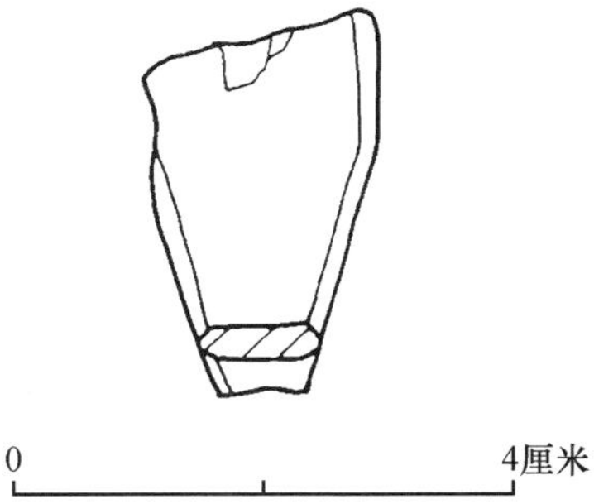

图2-156　北周山遗址采集石器

石镞（2012-2013CZBZ采：1）

（2）陶器

通过调查，采集94片陶片，以泥质陶为主，部分夹砂陶，少量施黑衣陶。陶色可见灰、深灰、灰褐、灰黄。纹饰有网格纹、双线菱形纹、戳印纹、云雷纹、篮纹、云雷纹与戳印纹组合、凸棱与网格纹组合纹饰（图2-157）。可辨器形有罐。

罐口沿　5件。

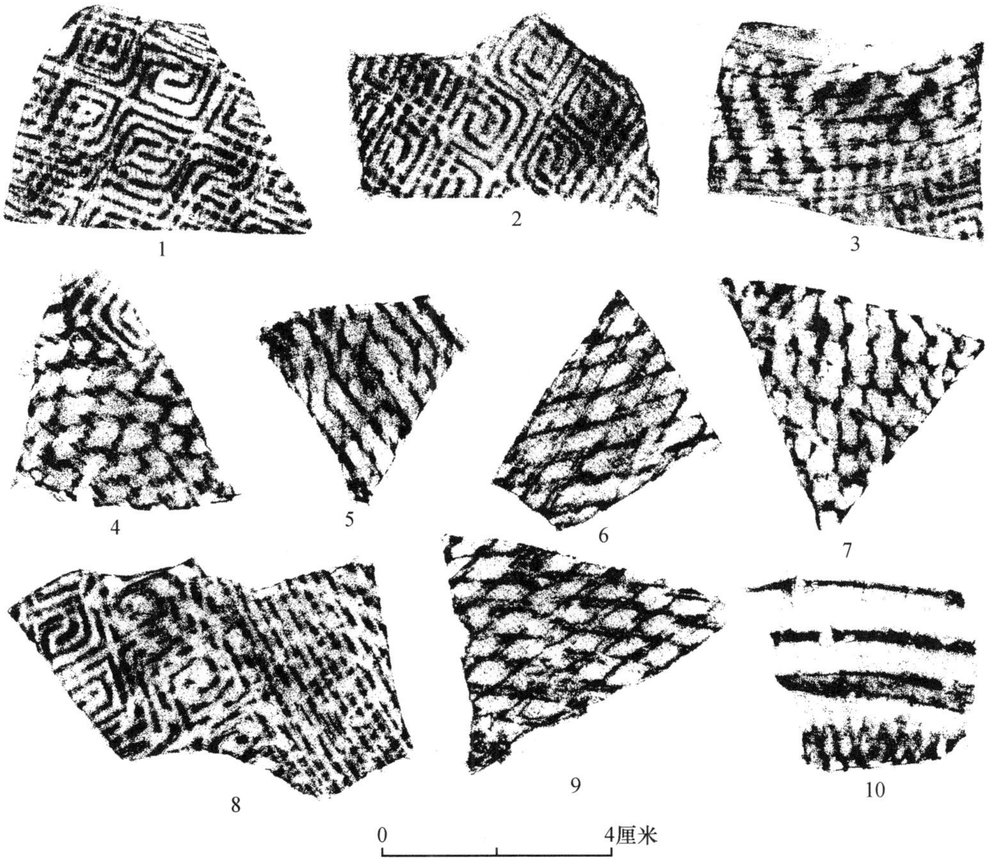

图2-157　北周山遗址采集陶片纹饰拓片

1、2. 云雷纹（2012-2013CZBZ采：7、2012-2013CZBZ采：10）　3. 戳印纹（2012-2013CZBZ采：12）　4. 云雷与指甲戳印组合纹饰（2012-2013CZBZ采：16）　5、7. 网格纹（2012-2013CZBZ采：14、2012-2013CZBZ采：11）　6、9. 双线菱形纹（2012-2013CZBZ采：15、2012-2013CZBZ采：13）　8. 云雷纹与戳印纹组合纹饰（2012-2013CZBZ采：8）　10. 弦纹与网格纹组合纹饰（2012-2013CZBZ采：9）

2012-2013CZBZ采：2，泥质灰硬陶。圆唇，侈口，短颈，唇面微曲，斜肩。肩饰双线菱形纹。口径8、残高2.2、厚0.4厘米（图2-158：1）。

2012-2013CZBZ采：3，夹细砂灰硬陶。圆唇，敞口。口径23、残高3、厚0.4～0.5厘米（图2-158：2）。

2012-2013CZBZ采：4，泥质灰硬陶，圆唇，宽折沿，沿面微曲。口径22、残高3.5、厚0.5～0.6厘米（图2-158：3）。

2012-2013CZBZ采：5，泥质灰褐硬陶。圆唇，敞口，胎厚。口径18.8、残高2.5、厚0.5～1厘米（图2-158；4）。

2012-2013CZBZ采：6，泥质灰红陶，胎质较硬，烧制火候的原因，中间胎色为灰，内外侧为红色。尖圆唇，沿面微曲，高领。口径13、残高3.6、厚0.5～0.7厘米（图2-158：5）。

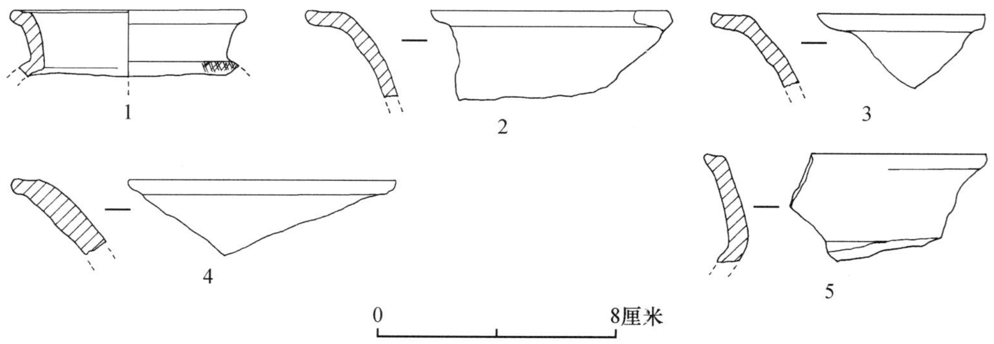

图2-158　北周山遗址采集陶器

1～5. 罐口沿（2012-2013CZBZ采：2、2012-2013CZBZ采：3、2012-2013CZBZ采：4、2012-2013CZBZ采：5、2012-2013CZBZ采：6）

四十八　丝巾子禾山遗址

1. 遗址概况

遗址位于长汀县濯田镇巷头村东侧400米（图2-159），为此次调查发现。遗址地理坐标为北纬25°32′47.2″，东经116°16′52.5″。遗址为一处相对独立呈东西走向、独立的山包，海拔294米，相对高度23米。遗址东面坡下有养猪场和村庄，约1000米处有公路，西面约400米处为巷头村，北面坡下有村道及稻田，稻田北侧有濯田溪自西向东流经。遗址植被覆盖率低，土壤类型为红壤（图版67）。未发现遗迹和文化层堆积。

2. 遗物

通过调查，采集46片陶片。陶质有泥质和夹砂，胎质较硬陶片居多。陶色可见青灰、灰褐、灰黄。纹饰有网格纹、条纹、双线菱形纹（图2-160）。可辨器形有罐。

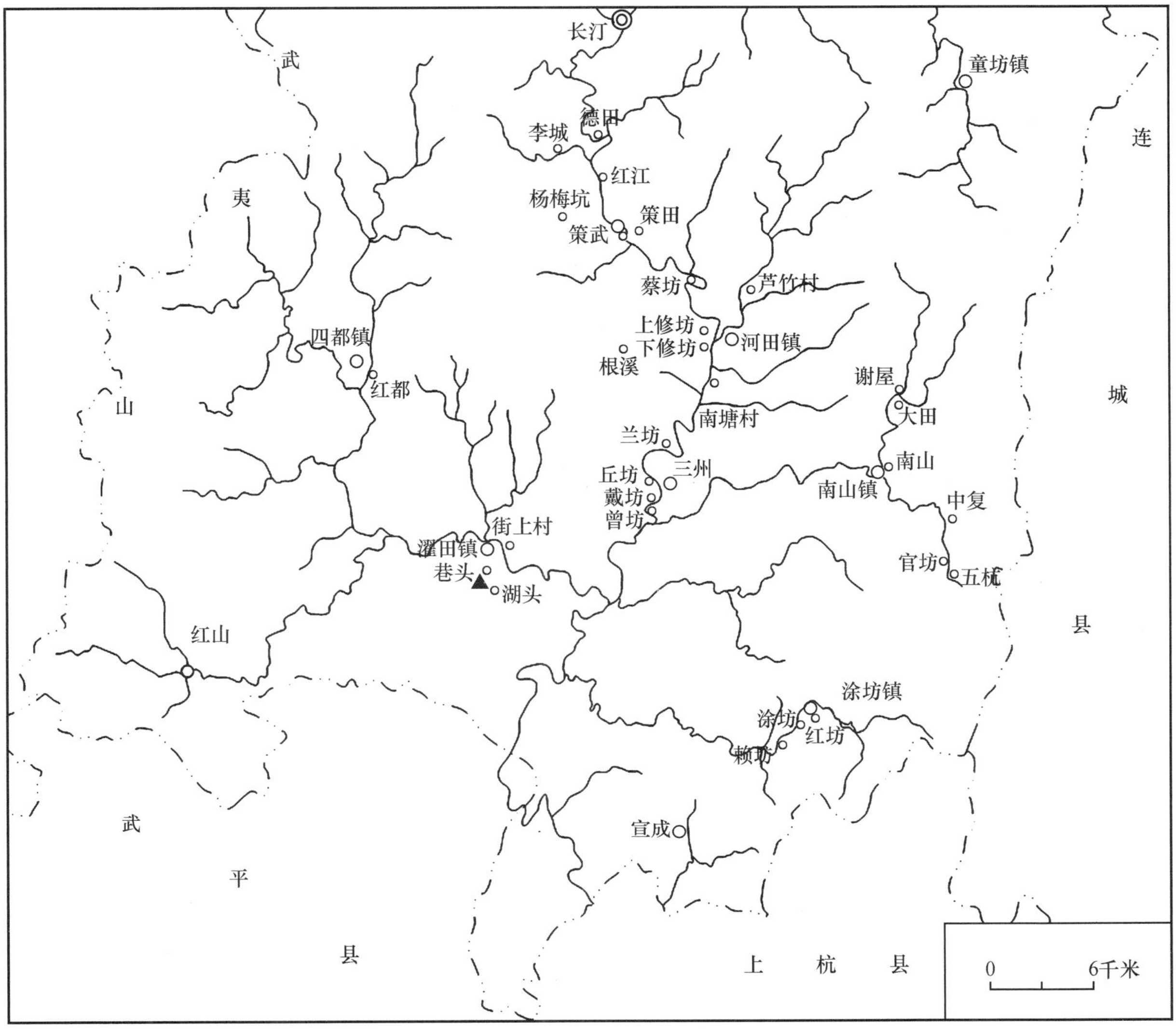

图2-159　丝巾子禾山遗址位置示意图

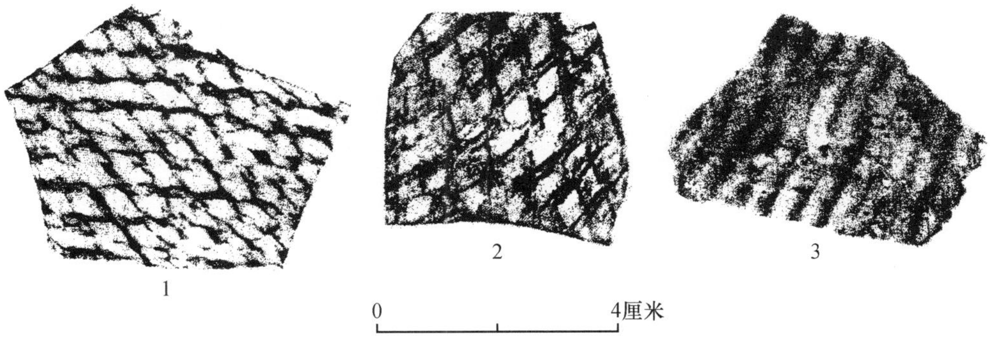

图2-160　丝巾子禾山遗址采集陶片纹饰拓片

1. 网格纹（2012-2013CZSJ采：3）　2. 双线菱形纹（2012-2013CZSJ采：4）　3. 条纹（2012-2013CZSJ采：5）

罐口沿　2件。

2012-2013CZSJ采：1，泥质灰硬陶。圆唇，侈口，高领，沿面微曲，沿与颈相接处上凸。口沿内外侧可见轮旋痕迹。口径10、残高3.7、厚0.3～0.6厘米（图2-161：1）。

2012-2013CZSJ采：2，泥质灰硬陶。圆唇，侈口，高领。口沿内外可见轮旋痕迹。残高3.6、宽3.6、厚0.5厘米（图2-161：2）。

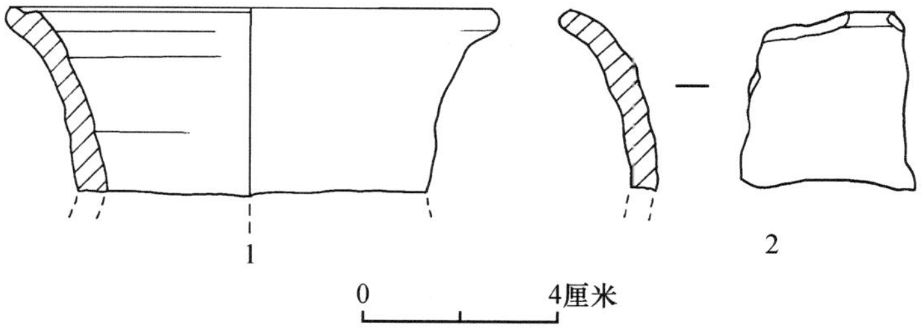

图2-161　丝巾子禾山遗址采集陶器

1、2. 罐口沿（2012-2013CZSJ采：1、2012-2013CZSJ采：2）

四十九　猪头山下遗址

1. 遗址概况

遗址位于长汀县濯田镇东山村湖头自然村西侧30米（图2-162），为此次调查发现。遗址地理坐标为北纬25°32′44.2″，东经116°16′59.8″。遗址为一处独立的呈东西走向的山包，遗址长约80米，宽约50米，调查面积4000平方米，海拔299米，相对高度25米。遗址东面坡下有民宅、稻田及通往武平的公路，北面坡下也为民宅与稻田，稻田北侧为濯田溪自东向西流经。遗址植被覆盖率低，种植松树，土壤类型为红壤（图版68）。未发现遗迹和文化层堆积。

2. 遗物

通过调查，采集有1件砺石及大量陶片。

（1）石器

砺石　2012-2013CZZT采：1，灰褐色砂岩。顶部残缺。正反、左右侧面均有磨砺。残高8.7、宽5.3～5.5、厚0.7～3.7厘米（图2-163）。

（2）陶器

采集312片陶片。有泥质和夹砂。陶胎较薄，以硬陶为主，少量软陶，部分黑衣陶。陶色以灰色系为主，有灰、青灰、灰黄、灰白、灰褐等。纹饰种类频繁，有曲折纹、双线菱形纹、网格纹、条纹、凸棱纹、篮纹、方格纹、大网格纹、栅篱纹、席纹、凸棱与条纹组合纹饰及镂孔等装饰（图2-164）。可辨器形有罐、盆、钵等。

罐口沿　8件。

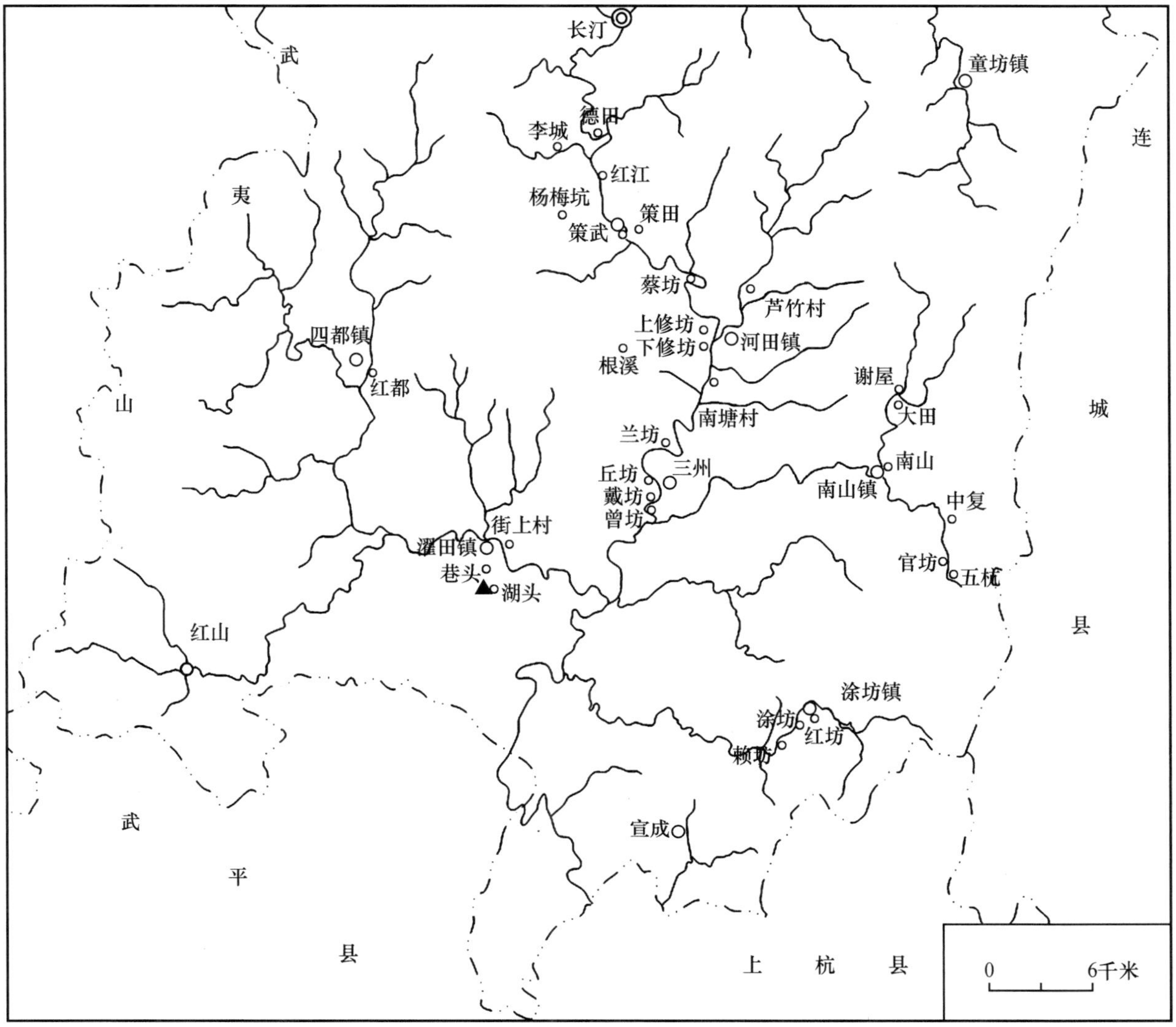

图2-162　猪头山下遗址位置示意图

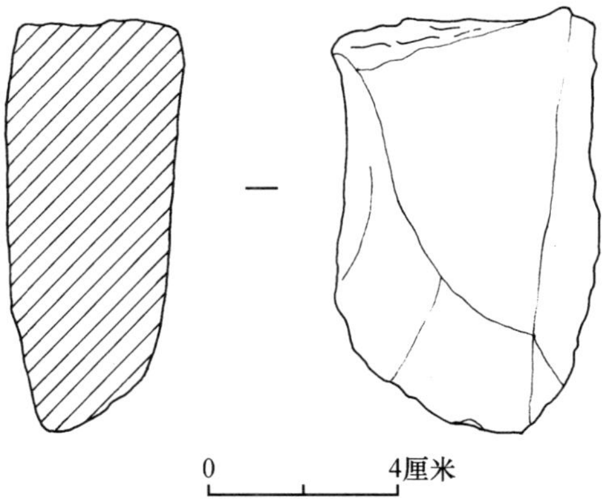

图2-163　猪头山下遗址采集石器

砺石（2012-2013CZZT采：1）

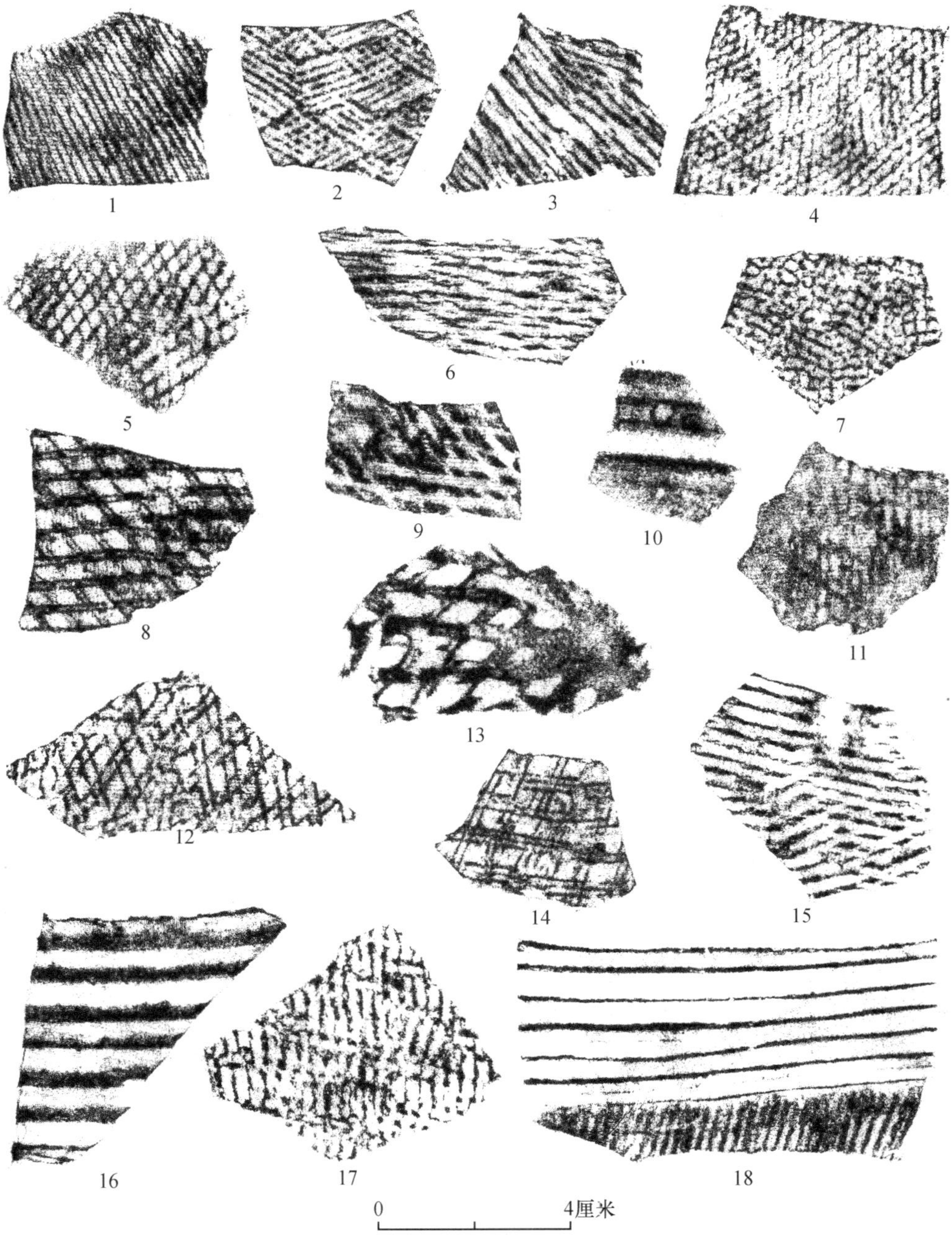

图2-164　猪头山下遗址采集陶片纹饰拓片

1. 条纹（2012-2013CZZT采：24）　2. 席纹（2012-2013CZZT采：28）　3、6. 篮纹（2012-2013CZZT采：12、2012-2013CZZT采：27）　4、5、13. 网格纹（2012-2013CZZT采：23、2012-2013CZZT采：29、2012-2013CZZT采：31）　7. 方格纹（2012-2013CZZT采：30）　8、11、12、14. 双线菱形纹（2012-2013CZZT采：25、2012-2013CZZT采：17、2012-2013CZZT采：26、2012-2013CZZT采：16）　9、15. 曲折纹（2012-2013CZZT采：15、2012-2013CZZT采：21）　10. 镂孔（2012-2013CZZT采：18）　16. 凹凸弦纹（2012-2013CZZT采：20）　17. 栅篱纹（2012-2013CZZT采：22）　18. 凹凸弦纹与条纹组合纹饰（2012-2013CZZT采：19）

2012-2013CZZT采：2，夹砂灰黄陶，烧制火候不高，陶胎中间为青灰色，胎质较疏松。圆唇，侈口，斜肩。肩下饰栅篱纹。口径30、残高6.2、厚0.7厘米（图2-165：4）。

2012-2013CZZT采：3，夹粗砂黄陶，胎质较硬。圆唇，侈口，斜肩。肩下饰条纹。残高6.5、残宽6.5、厚0.3～1.7厘米（图2-165：6）。

2012-2013CZZT采：4，泥质灰褐硬陶。圆唇，侈口，高领，束颈，斜肩。肩饰网格纹。口径13、残高6.5、厚0.8厘米（图2-165：1）。

2012-2013CZZT采：8，泥质青灰陶，夹细砂，胎质较硬。圆唇，侈口，沿与颈相接处上凸。口径21、残高3.8、厚0.4～0.6厘米（图2-165：2）。

2012-2013CZZT采：9，泥质灰硬陶。圆唇，外折沿，沿面微曲。口径9.6、残高2、厚0.3～0.6厘米（图2-165：9）。

2012-2013CZZT采：10，泥质灰硬陶，里外施黑衣。圆唇，窄沿，沿面微曲，沿与颈相接处上凸，口部可见多道轮旋形成的凸棱纹。口径17、残高3.6、厚0.4～1.1厘米（图2-165：11）。

2012-2013CZZT采：11，泥质灰黄陶，胎质较疏松。外施黑衣，衣剥落严重。圆唇，外折沿，侈口，沿面可见两穿。残高1.9、宽4.5、厚0.6～0.8厘米（图2-165：8）。

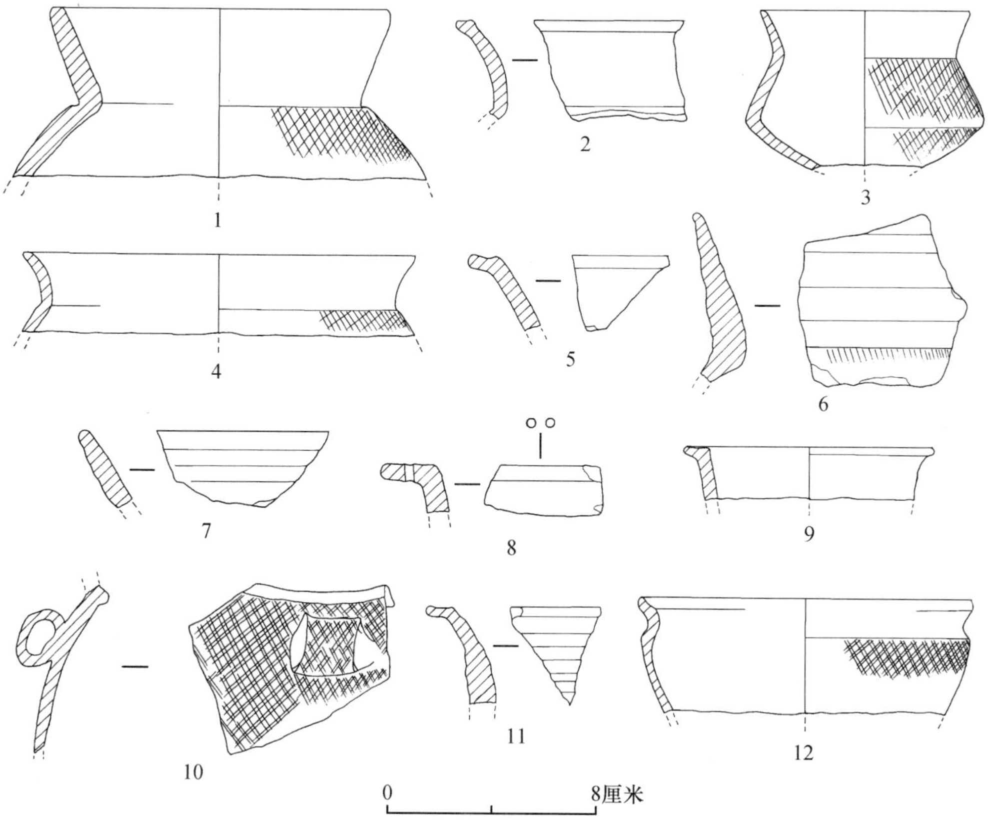

图2-165　猪头山下遗址采集陶器

1、2、4～6、8、9、11. 罐口沿（2012-2013CZZT采：4、2012-2013CZZT采：8、2012-2013CZZT采：2、2012-2013CZZT采：14、2012-2013CZZT采：3、2012-2013CZZT采：11、2012-2013CZZT采：9、2012-2013CZZT采：10）　3. 罐（2012-2013CZZT采：6）　7. 钵口沿（2012-2013CZZT采：13）　10. 陶器腹片（2012-2013CZZT采：7）　12. 盆口沿（2012-2013CZZT采：5）

2012-2013CZZT采：14，泥质深灰硬陶。圆唇，敞口，沿面微曲，沿与颈相接处上凸。口径13、残高2.9、厚0.5～0.6厘米（图2-165：5）。

折腹罐　1件。2012-2013CZZT采：6，泥质浅灰硬陶。圆唇，侈口，束颈，斜肩，折腹。肩与腹饰栅篱纹。口径8、残高5.8、厚0.2～0.3厘米（图2-165：3）。

陶器腹片　1件。2012-2013CZZT采：7，泥质青灰陶，胎质系密，陶胎坚硬。口沿部分残缺，余肩部及腹残片。肩饰一环形耳。肩以下饰双线菱形纹。残高5.3、宽7.6、厚0.3～0.7厘米（图2-165：10）。

盆口沿　1件。2012-2013CZZT采：5，泥质灰褐硬陶。圆唇，侈口，束颈，折肩，斜弧腹内收，底部残缺。腹饰双线菱形纹。口径12.8、残高4.3、厚0.3～0.4厘米（图2-165：12）。

钵口沿　1件。2012-2013CZZT采：13，泥质灰硬陶，夹少量粗砂。圆唇，敞口微敛，斜弧腹。口径23、残高2.9、厚0.4～0.7厘米（图2-165：7）。

五十　虎形山遗址

1. 遗址概况

遗址位于长汀县濯田镇莲湖村（图2-166），为1987年调查发现。遗址地理坐标为北纬25°32′56.9″，东经116°18′12″。遗址为一处独立的山丘，遗址调查面积2000平方米，海拔303米，相对高度25米。遗址东面约1000米为对面山，西面约300米为濯田河，南约2500米是腊石山，北面约400米是长汀到濯田的公路。遗址所在山地普遍种植杨梅树，土壤类型为红壤（图版69）。未发现遗迹及文化层堆积。

2. 遗物

通过调查，采集有1件砺石及少量陶片。

（1）石器

砺石　2012-2013CZHX采：1，灰褐色砂岩。不规则形。正反两面均有磨砺。长7.6、宽6、厚1.6～2.7厘米。重148.67克（图2-167）。

（2）陶器

采集30片陶片。包含泥质、夹砂陶和硬陶，部分施黑衣。陶色有青灰、灰黄。纹饰可见条纹、双线菱形纹、方格纹、米字纹、刻划纹、方格与圆圈纹组合纹饰（图2-168）。可辨器形有罐、钵。

罐口沿　1件。2012-2013CZHX采：2，泥质灰硬陶。圆唇，侈口，宽沿，沿面可见轮旋形成的凸棱。残高3、宽6.8、厚0.8～0.9厘米（图2-169：1）。

钵　1件。2012-2013CZHX采：3，泥质灰褐硬陶。圆唇，敛口，弧腹内收，底部破损似留有部分内底。腹饰网格加点纹。口径13、残高4.4、厚0.3～0.7厘米（图2-169：2）。

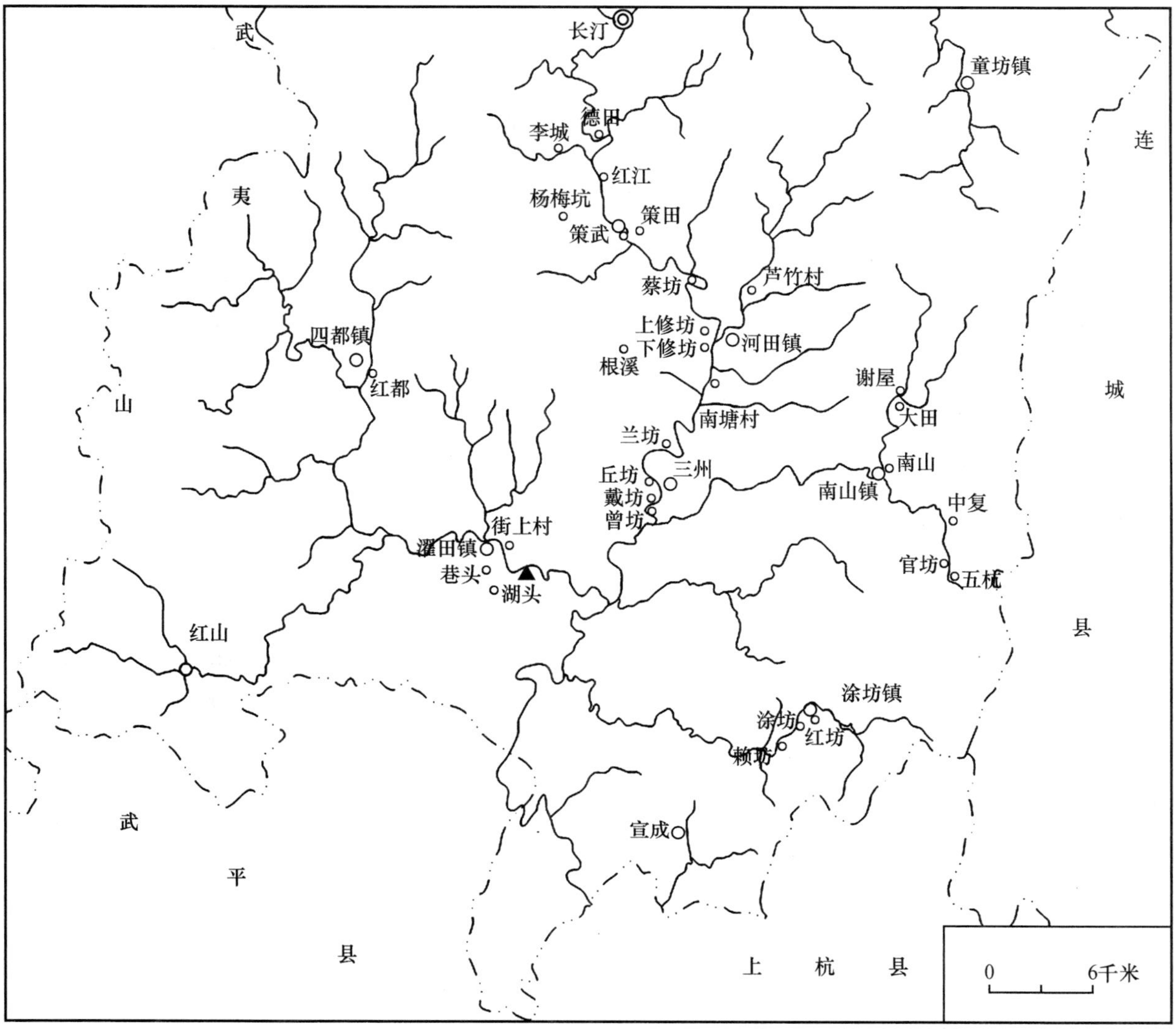

图2-166　虎形山遗址位置示意图

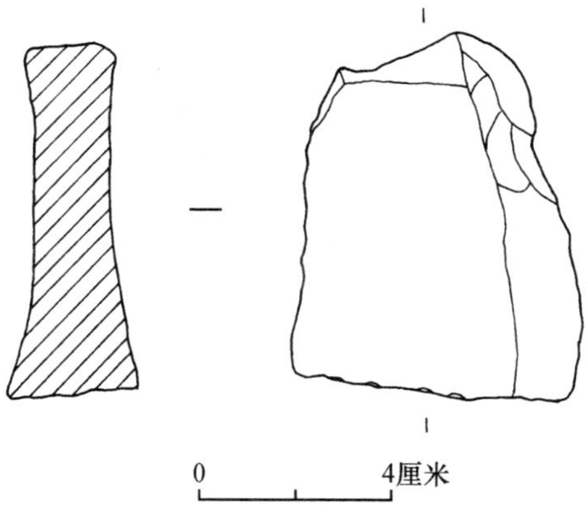

图2-167　虎形山遗址采集石器

砺石（2012-2013CZHX采：1）

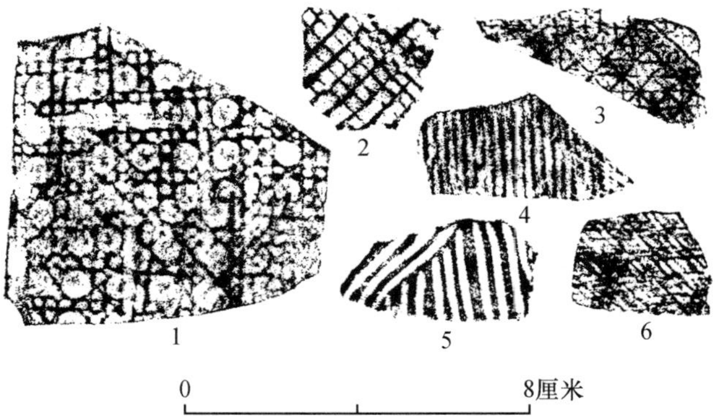

图2-168　虎形山遗址采集陶片纹饰拓片

1. 双线方格圆圈纹（2012-2013CZHX采：5）　2. 方格纹（2012-2013CZHX采：9）　3. 米字纹（2012-2013CZHX采：7）　4. 条纹（2012-2013CZHX采：6）　5. 刻划纹（2012-2013CZHX采：4）　6. 双线菱形纹（2012-2013CZHX采：8）

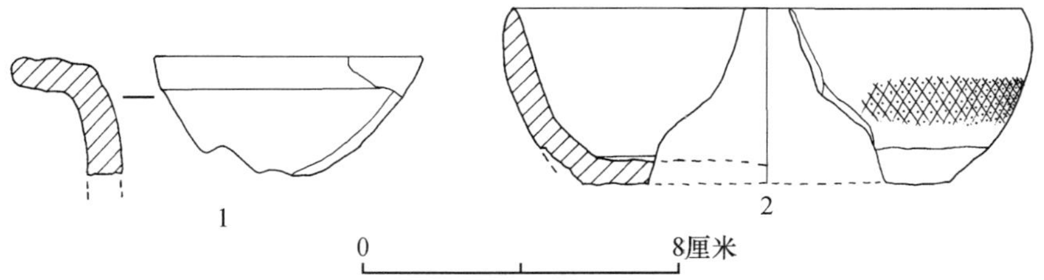

图2-169　虎形山遗址采集陶器

1. 罐口沿（2012-2013CZHX采：2）　2. 钵（2012-2013CZHX采：3）

五十一　垄头排遗址

1. 遗址概况

遗址位于长汀县濯田镇南安村垄头排自然村西北方向北侧5米（图2-170），为此次调查发现。遗址地理坐标为北纬25°38′39.9″，东经116° 11′56.7″。遗址为一处东西走向的独立山包，海拔357米，相对高度25米。东面坡下有村庄、公路和稻田，西面坡下为养猪场，南面坡下为村庄和公路，北面坡下为公路。遗址水土流失严重，植被覆盖率低，土壤类型为红壤（图版70）。未发现遗迹和文化层堆积。

2. 遗物

通过调查，采集32片陶片。陶质有泥质和夹砂硬陶，其中施衣陶有24片。陶色有青灰、灰黄、灰褐。陶片纹饰可见条纹、曲折纹（图2-171）。可辨器形有罐。

罐口沿　1件。2012-2013CZLT采：1，泥质灰褐硬陶。圆唇，侈口，斜肩。肩下饰条纹。残高2.4、宽2.2、厚0.2～0.5厘米（图2-172）。

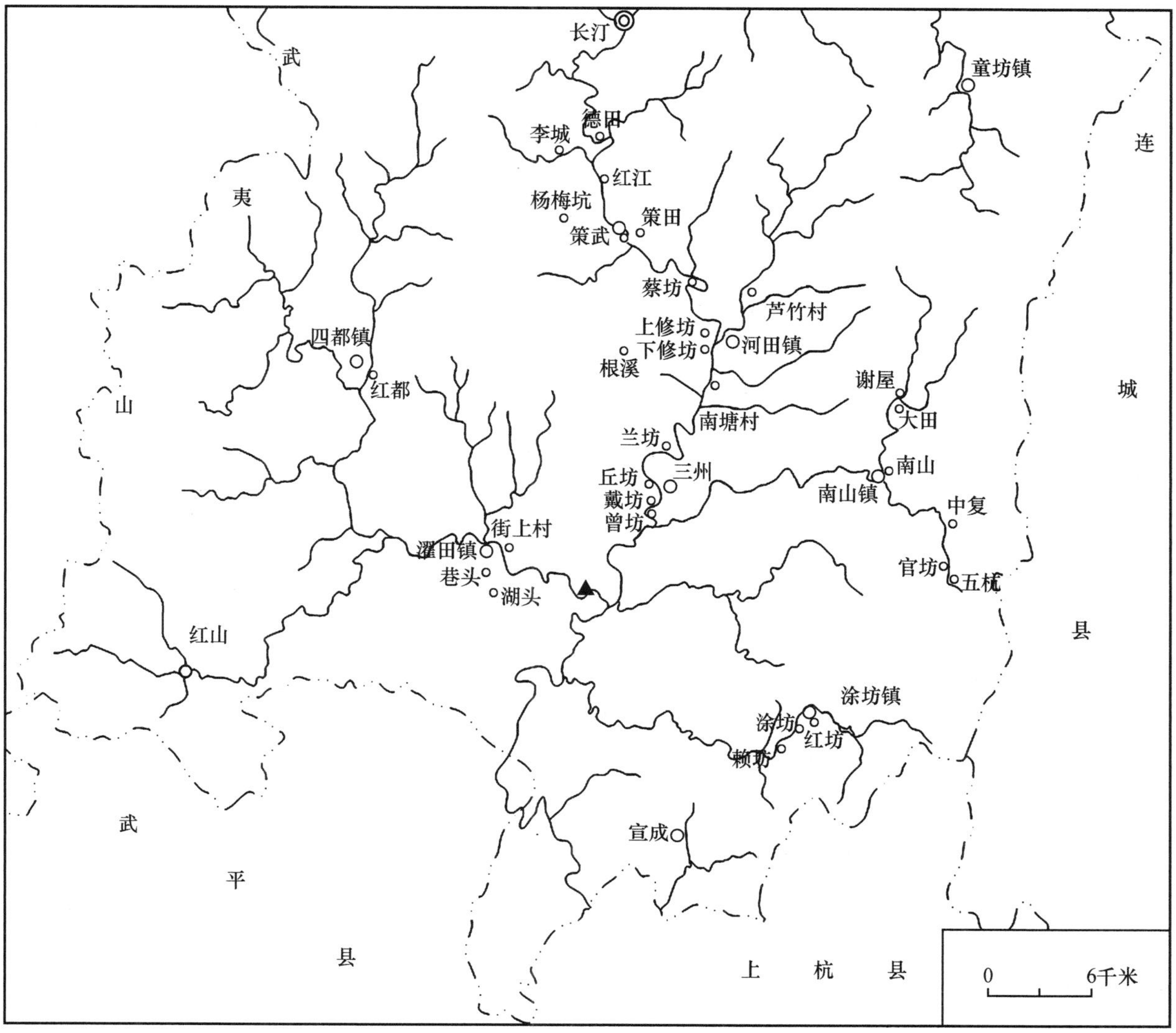

图2-170　垄头排遗址位置示意图

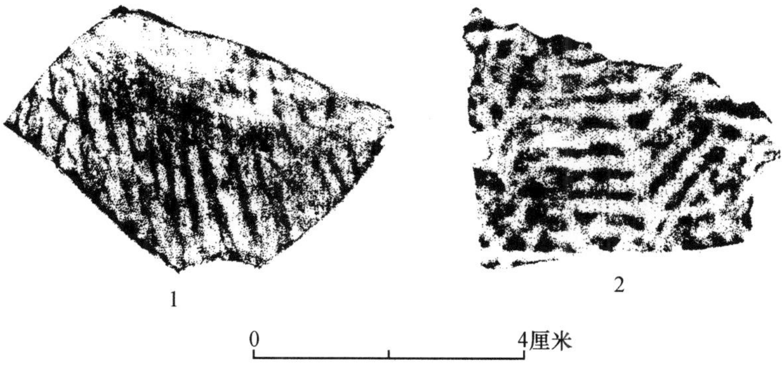

图2-171　垄头排遗址采集陶片纹饰拓片

1. 条纹（2012-2013CZLT采：2）　2. 曲折纹（2012-2013CZLT采：3）

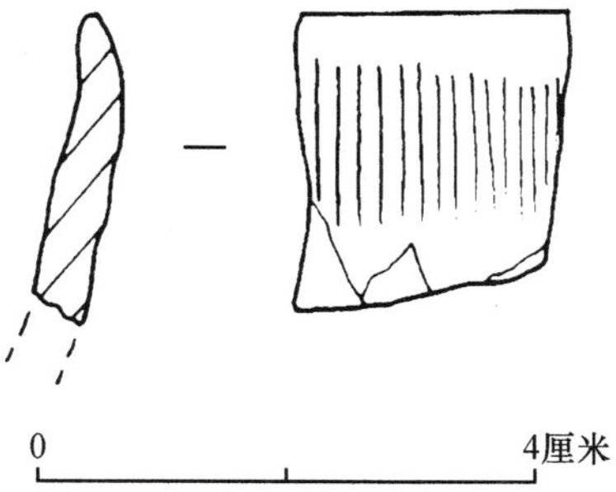

图2-172　垄头排遗址采集陶器

罐口沿（2012-2013CZLT采：1）

五十二　河甫岗遗址

1. 遗址概况

遗址位于长汀县涂坊镇红坊村沙背坑自然村西面方向500米（图2-173），为此次调查发现。遗址地理坐标为北纬25°28′49.6″，东经 116°27′50.1″。遗址为一处南北走向、相对独立的小台地，海拔369米，相对高度15米。遗址东面坡下20米处为涂坊河自东向西流经，西面坡下为谷地，南面坡下有涂坊河和沿河桥，约1千米处为涂坊镇，北面与绵延山丘相连。遗址水土流失严重，植被覆盖率低，东、西面山坡被村民开垦种植木薯、蔬菜等作物（图版71）。采集有遗物，未发现遗迹及文化层堆积。

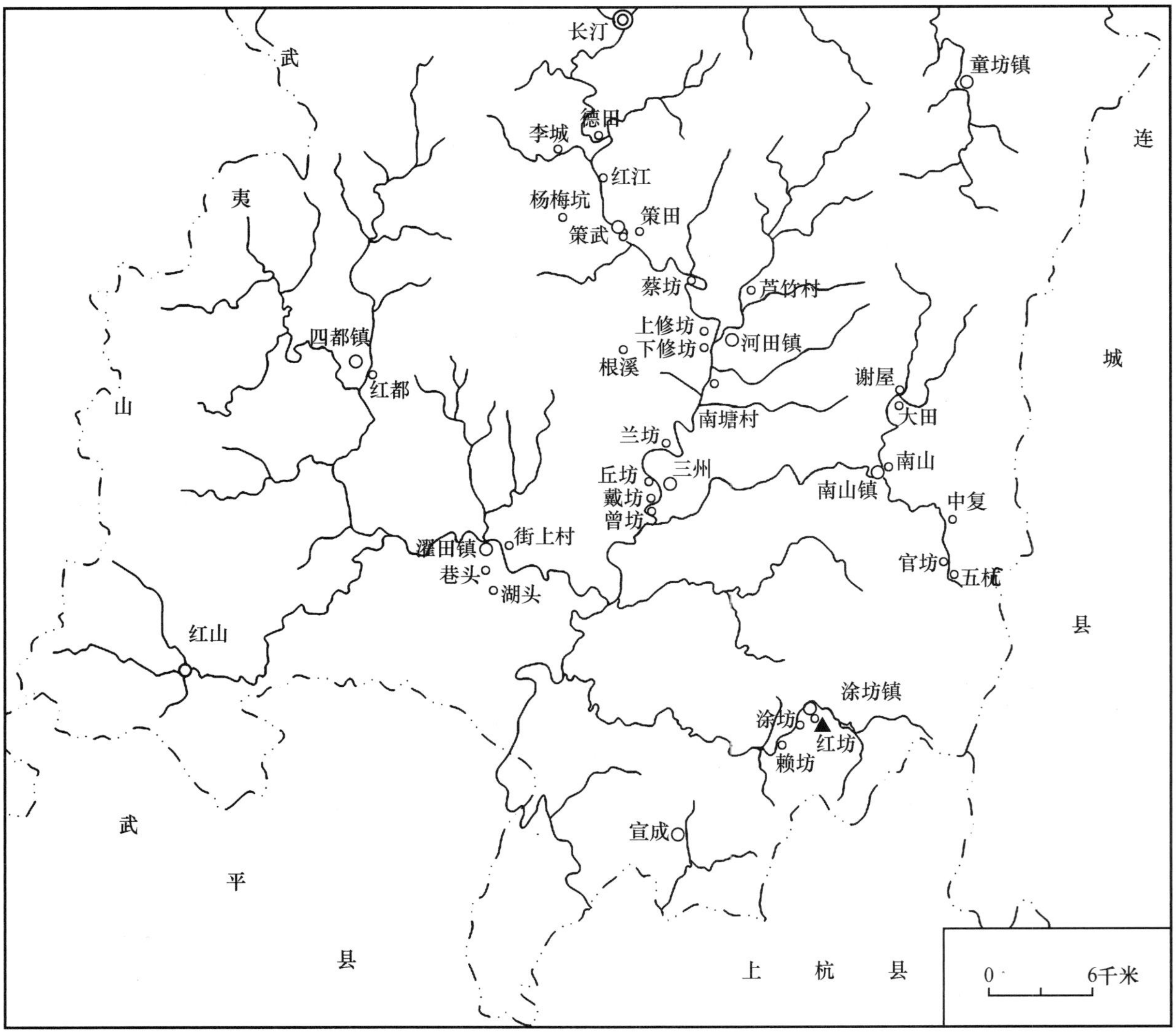

图2-173　河甫岗遗址位置示意图

2. 遗物

通过调查，采集有石锛1件及较多陶片。

（1）石器

石锛　2012-2013CTHF采：1，青灰色砂岩。尾部残缺。近方形，刃部明显，可见使用痕迹。残长5.2、宽5.5、厚0.2～1.2厘米。重50.94克（图2-174）。

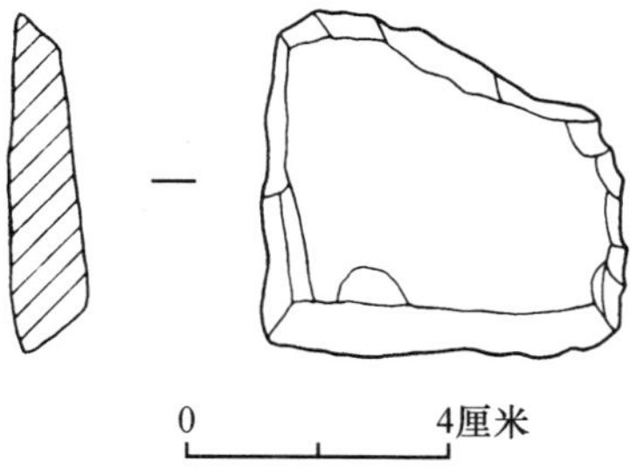

图2-174　河甫岗遗址采集石器
石锛（2012-2013CTHF采：1）

（2）陶器

采集59片陶片，以硬陶为主，少量软陶。软陶有泥质和夹砂陶，陶胎较薄，部分施黑衣。陶片纹饰可见弦纹、网格纹、凸棱纹、双线菱形纹、条纹等（图2-175）。可辨器形有罐、盆。

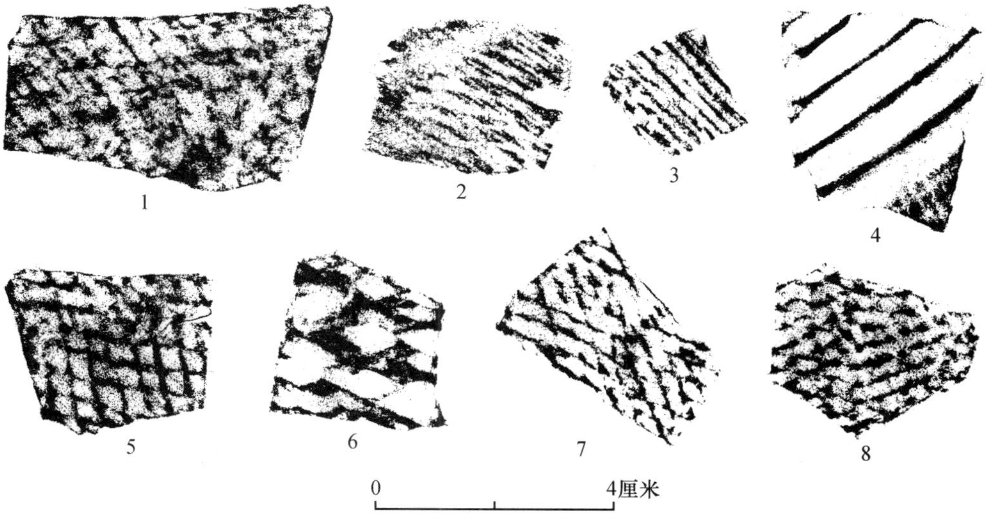

图2-175　河甫岗遗址采集陶片纹饰拓片
1. 双线菱形纹（2012-2013CTHF采：4）　2、3. 条纹（2012-2013CTHF采：7、2012-2013CTHF采：11）　4. 凸棱纹（2012-2013CTHF采：5）　5～8. 网格纹（2012-2013CTHF采：9、2012-2013CTHF采：10、2012-2013CTHF采：6、2012-2013CTHF采：8）

罐口沿　2件。

2012-2013CTHF采：3，泥质青灰硬陶。圆唇，敞口，窄折沿。沿面可见轮旋痕迹。残长5.8、残高2.1、厚0.5～0.9厘米（图2-176：1）。

2012-2013CTHF采：4，泥质灰硬陶，里外施衣，衣剥落严重。圆唇，侈口，窄折沿，沿面微曲，沿与颈相接处上凸。口径11、残高3、厚0.4～0.5厘米（图2-176：2）。

盆口沿　1件。2012-2013CTHF采：2，泥质青灰硬陶。圆唇，敛口，斜腹。腹饰网格纹。口径16、残高3.4、厚0.5～0.7厘米（图2-176：3）。

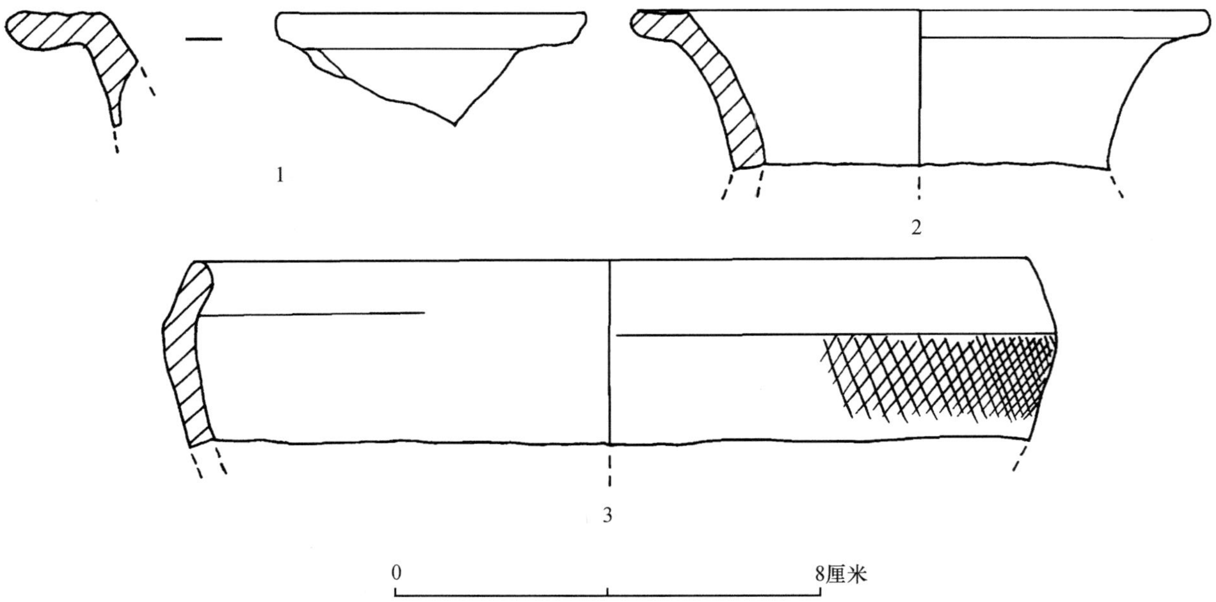

图2-176　河甫岗遗址采集陶器

1、2. 罐口沿（2012-2013CTHF采：3、2012-2013CTHF采：4）　3. 盆口沿（2012-2013CTHF采：2）

五十三　刘坑排遗址

1. 遗址概况

遗址位于长汀县涂坊镇涂坊村东面方向3米（图2-177），为此次调查发现。遗址地理坐标为北纬25°27′44.1″，东经116°27′11.7″。遗址为一处东西走向的小山包，海拔360米，相对高度30米。东面坡下为村民的养殖场，西面由于公路横穿而多形成断坎，公路的西侧为涂坊村，南面坡下有一小道，北面与山丘相连。遗址水土流失严重，东面、南面、北面被村民开垦，种植有茶树。采集有少量陶片，未发现文化层。

2. 遗物

通过调查，采集27片陶片。陶质可见泥质陶和硬陶，有施黑衣。胎色包括青灰、灰黄。陶片纹饰有网格纹、双线菱形纹、条纹、凸棱与条纹组合纹饰（图2-178）。可辨器形有豆。

豆口沿　1件。2012-2013CTLK采：1，泥质灰陶，胎质较硬。圆唇，敛口，斜腹。残高2.1、宽3.5、厚0.4～0.8厘米（图2-179）。

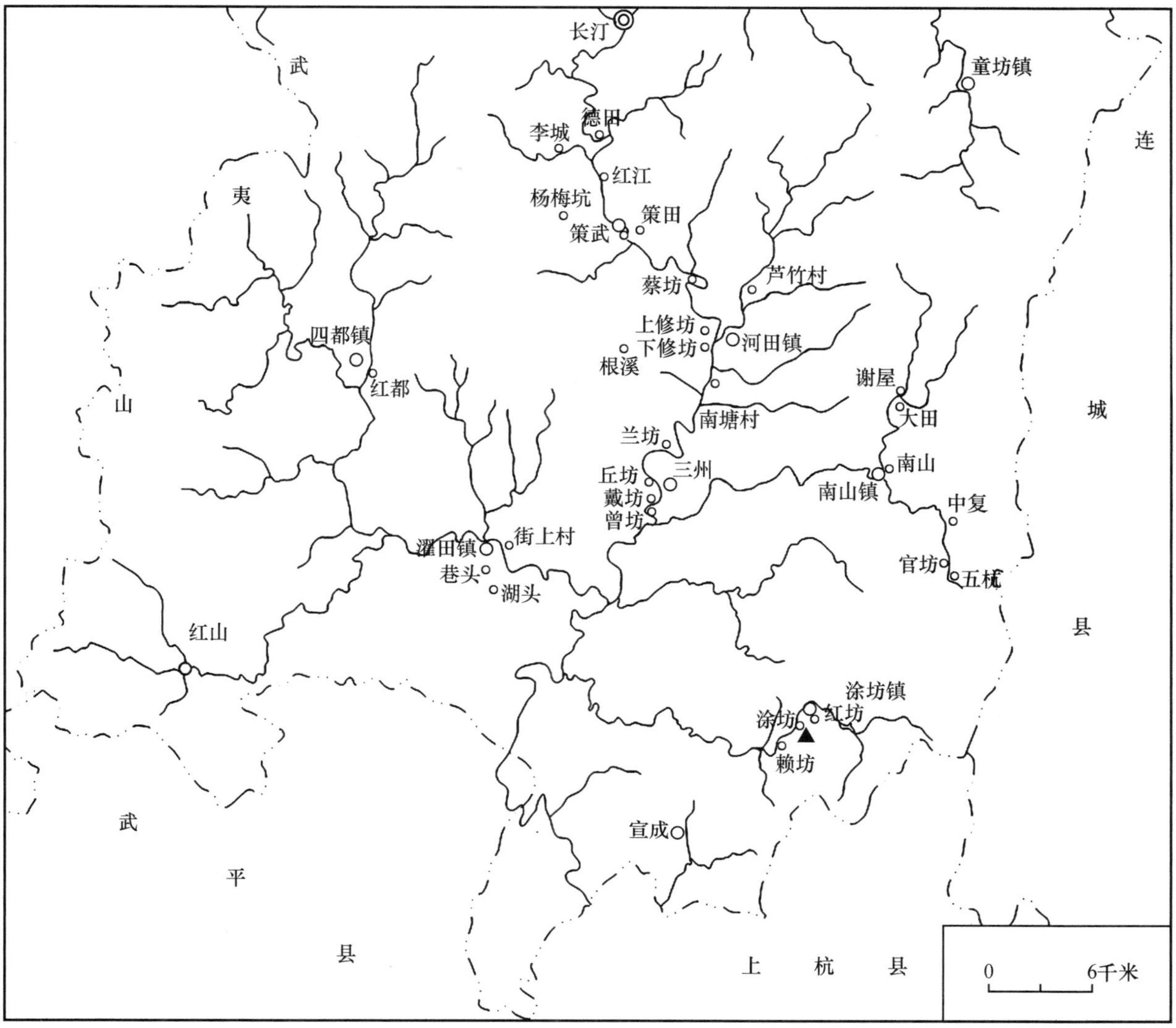

图2-177　刘坑排遗址位置示意图

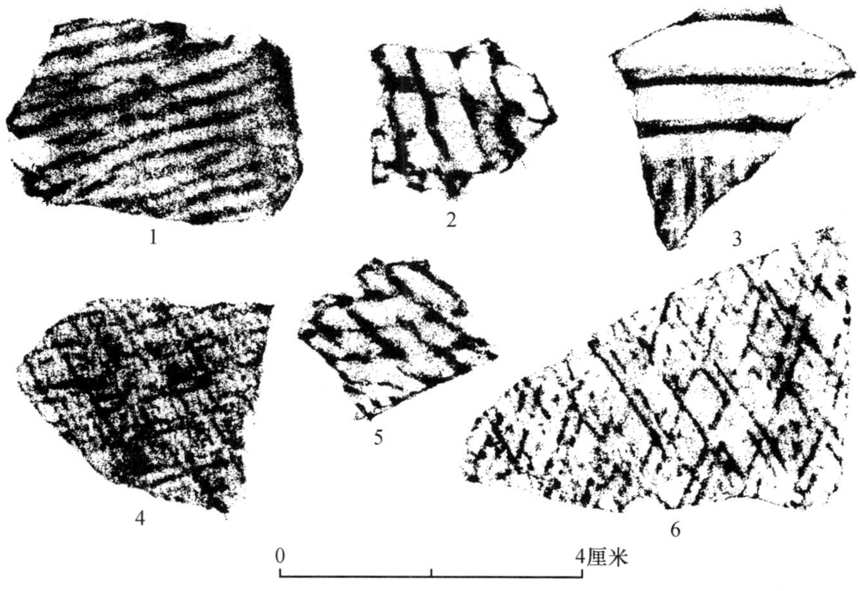

图2-178　刘坑排遗址采集陶片纹饰拓片

1. 条纹（2012-2013CTLK采：4）　2、5. 网格纹（2012-2013CTHK采：6、2012-2013CTHK采：5）　3. 凸棱与条纹组合纹饰（2012-2013CTHK采：3）　4、6. 双线菱形纹（2012-2013CTHK采：2、2012-2013CTHK采：7）

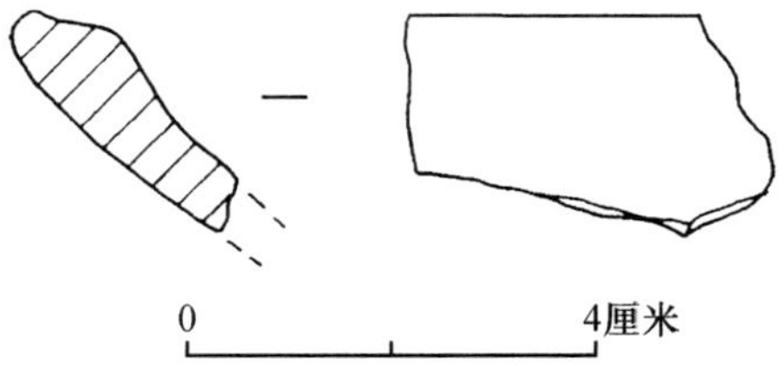

图2-179　刘坑排遗址采集陶器

豆口沿（2012-2013CTLK采：1）

五十四　上腾头遗址

1. 遗址概况

遗址位于长汀县涂坊镇涂坊村蛇头岌（图2-180），为1987年调查发现，遗址地理坐标为北纬25°28′11″，东经116°27′5.2″。遗址所在山地坐西北朝东南，海拔364米。遗址东南面约100

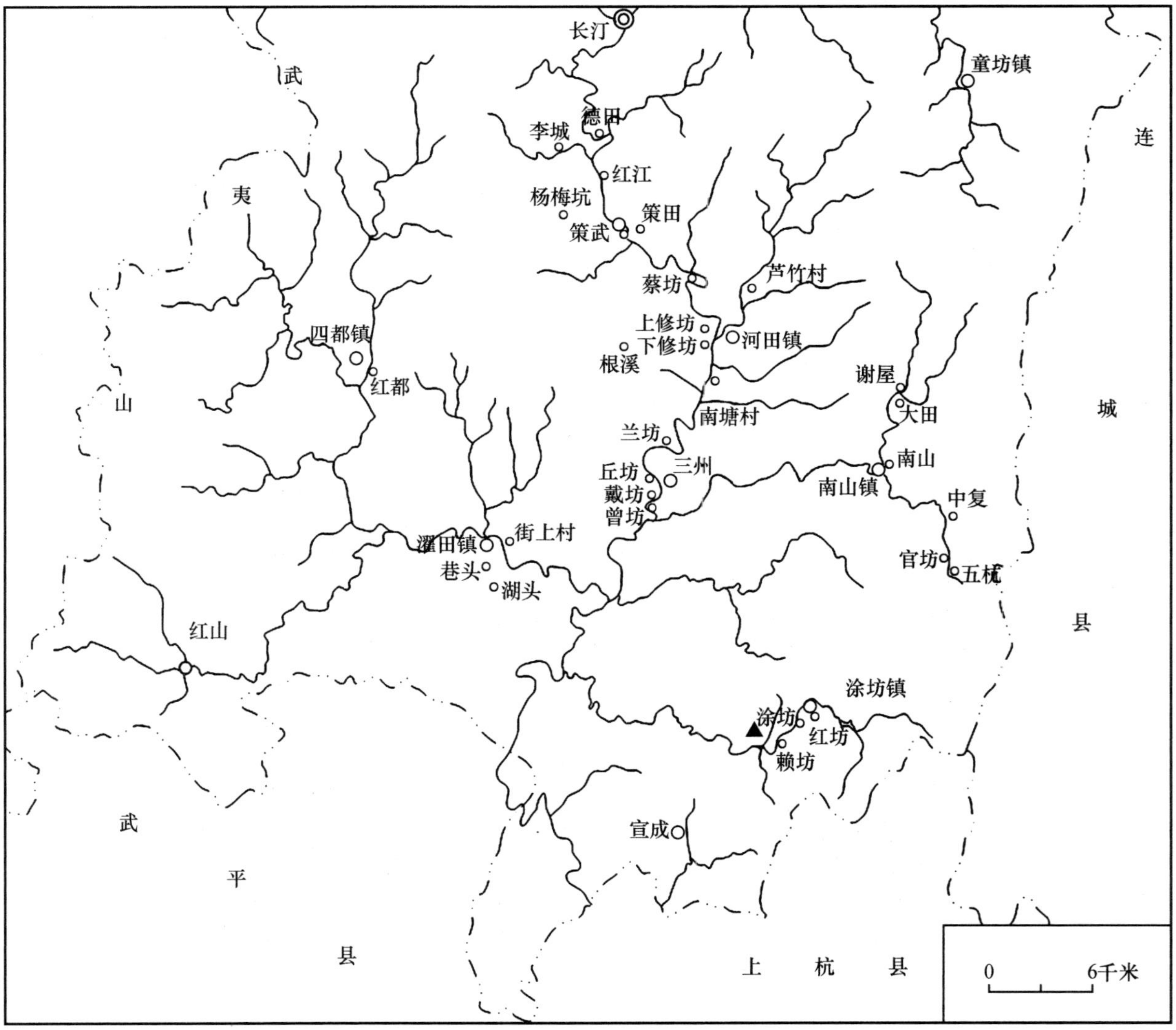

图2-180　上腾头遗址位置示意图

米处有涂坊河往丘成的河流，东面是一条水圳，东北面是对门山桥，西面是蛇头岌坑。遗址植被覆盖率低（图版72）。未发现文化层堆积。

2. 遗物

采集陶片陶质均为泥质陶，陶色灰黑、灰黄，胎质较硬，纹饰有网格纹、条纹（图2-181）。

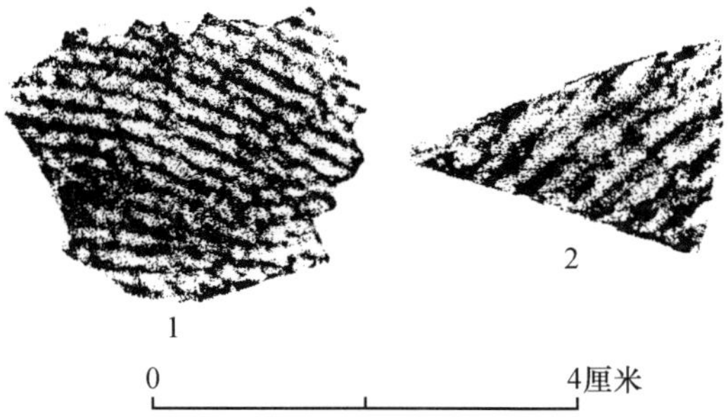

图2-181　上腾头遗址采集陶片纹饰拓片
1. 网格纹（2012-2013CTST采：1）
2. 条纹（2012-2013CTST采：2）

五十五　黄高岭遗址

1. 遗址概况

遗址位于长汀县涂坊镇赖坊村黄高岭自然村东面方向20米（图2-182），为此次调查发现。遗址地理坐标为北纬25°27′26.8″，东经116°26′58.4″。遗址为一处东西走向、相对独立的小台地，遗址长约200米，宽约50米，遗址调查面积10000平方米，海拔378米，相对高度15米。东面、南面坡下为河谷，谷地上种植水稻，西面半坡处有村民修建的水塔，北面坡下为赖姓民宅及璇公祖祠，祖祠前为涂坊通往宣城的县道，约300米处为丹溪河自西向东流经。遗址所在山地水土流失严重，植被覆盖率低，杂草丛生，土壤类型为红壤（图版73）。采集少量陶片，并在遗址南面断坎处发现有文化层。

2. 文化层堆积

通过调查，发现黄高岭遗址包含两层文化层：

第1层为表土层；

第2层为文化层，含有少量夹砂灰色陶片及木炭粒，厚约20厘米。

3. 遗物

通过调查，在遗址山顶、南面、西面、北面坡上发现有零散分布的陶片。采集遗物有石镞2件及陶器。

（1）石器

石镞　2件。

2012-2013CTHG采：1，菱形。磨制精细。锋、铤部均有残缺，两翼较锋利，横截面为菱形。残长3.3、宽0.4～0.8、厚0.2厘米。重0.98克（图2-183：1）。

2012-2013CTHG采：2，青灰色砂岩。磨制精细。上半部分残缺。横截面为扁平菱形。残长3.5、宽1.6、厚0.25厘米。重1.76克（图2-183：2）。

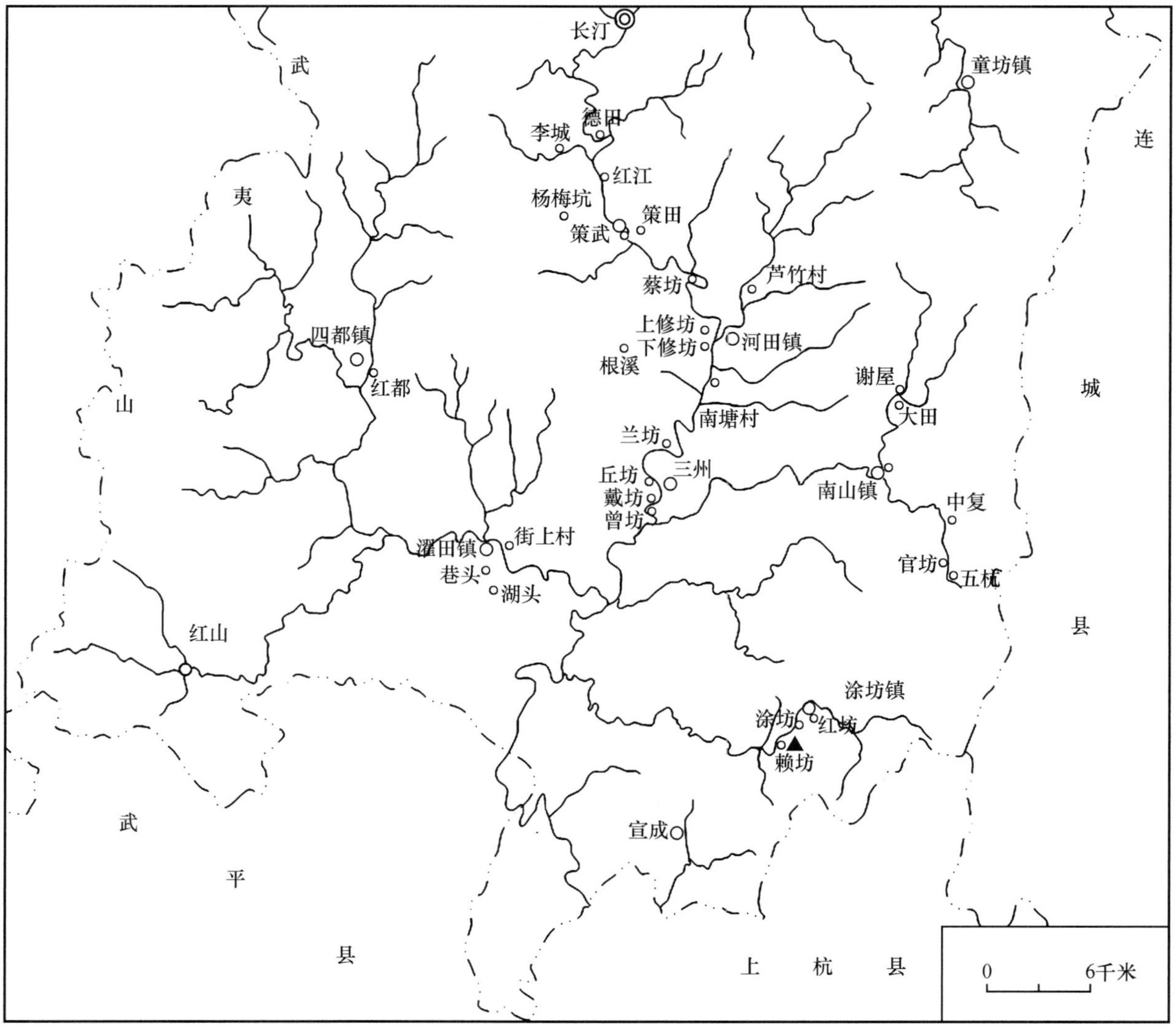

图2-182　黄高岭遗址位置示意图

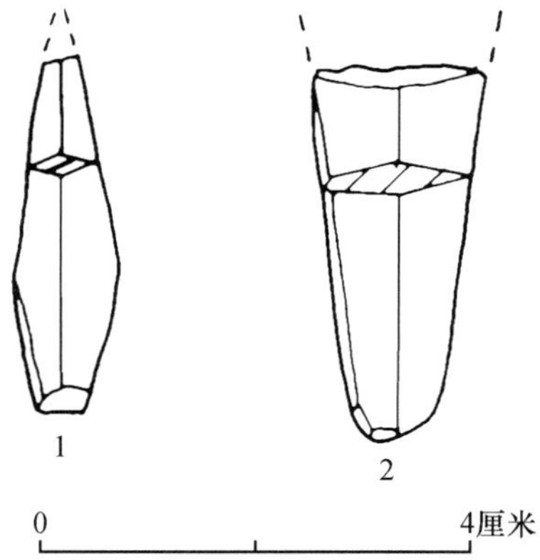

图2-183　黄高岭遗址采集石器

1、2. 石镞（2012-2013CTHG采：1、2012-2013CTHG采：2）

（2）陶器

采集67片陶片，陶质以泥质为主，部分夹砂和硬陶，可见部分施黑衣、红衣。陶色有青灰、灰黄、黄等。纹饰可见弦纹、方格纹、双线菱形纹、网格纹、复合曲折纹、条纹、席纹、条纹与凸棱组合纹饰等（图2-184）。可辨器形有罐。

罐口沿　2件。

2012-2013CTHG采：3，泥质灰红陶，胎质较硬。圆唇，窄折沿，侈口，高领，斜肩，唇面微曲，形成凸棱，口与颈相接处上凸。肩下饰条纹。口径25.2、残高5.4、厚0.5～0.9厘米（图2-185：1）。

2012-2013CTHG采：4，夹砂灰黄陶，胎质较硬。圆唇，侈口，高领，束颈，斜肩。肩下饰条纹。口径23、残高7.1、厚0.5～0.8厘米（图2-185：2）。

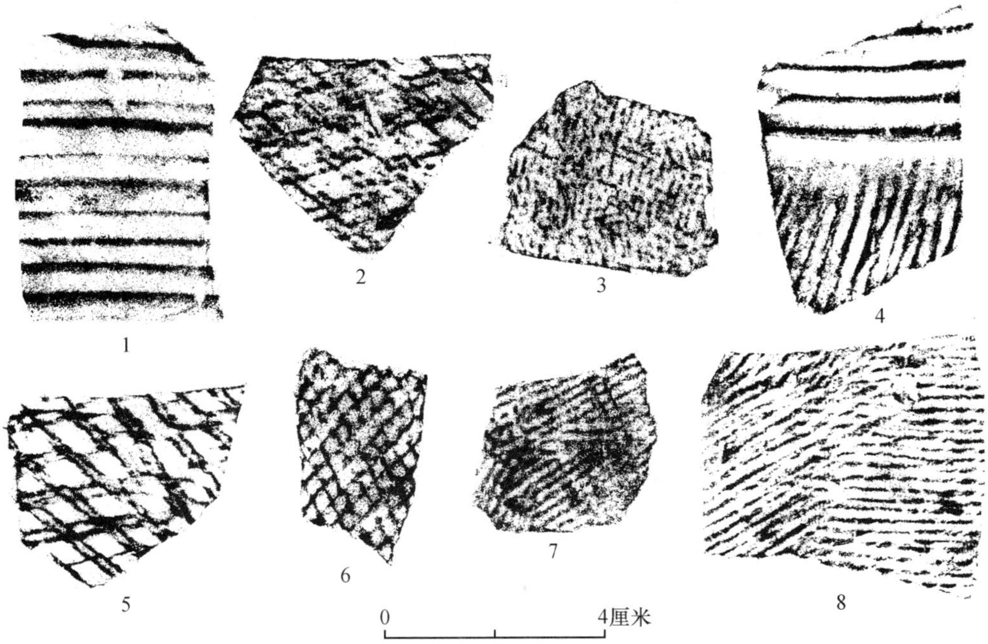

图2-184　黄高岭遗址采集陶片纹饰拓片

1. 弦纹（2012-2013CTHG采：5）　2、5. 双线菱形纹（2012-2013CTHG采：10、2012-2013CTHG采：9）　3. 栅篱纹（2012-2013CTHG采：7）　4. 凸棱与条纹组合纹饰（2012-2013CTHG采：6）　6. 网格纹（2012-2013CTHG采：8）　7、8. 交错绳纹（2012-2013CTHG采：13、2012-2013CTHG采：11）

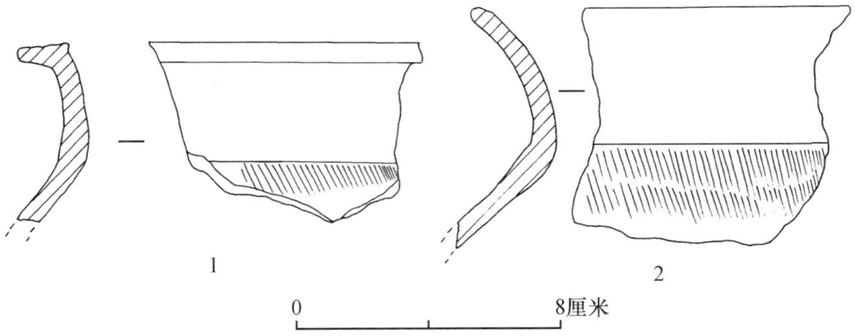

图2-185　黄高岭遗址采集陶器

1、2. 罐口沿（2012-2013CTHG采：3、2012-2013CTHG采：4）

五十六　松山岗遗址

1. 遗址概况

遗址位于长汀县涂坊镇赖坊村南面方向400米（图2-186），为此次调查发现。遗址地理坐标为北纬25°27′4.3″，东经116°26′34.1″。遗址为一处大山延伸出来呈东西走向的台地，海拔353米，相对高度24米。东面、西面坡下为村民开垦的农田及民宅，西南方向为龙虎山岗遗址，南面与大山相连，北面坡下有赖坊小学及涂坊通往宣城的公路，约500米处为涂坊河自东向西流经。遗址植被覆盖率低，种植少量松树，多处被村民开垦（图版74）。未发现文化层堆积。

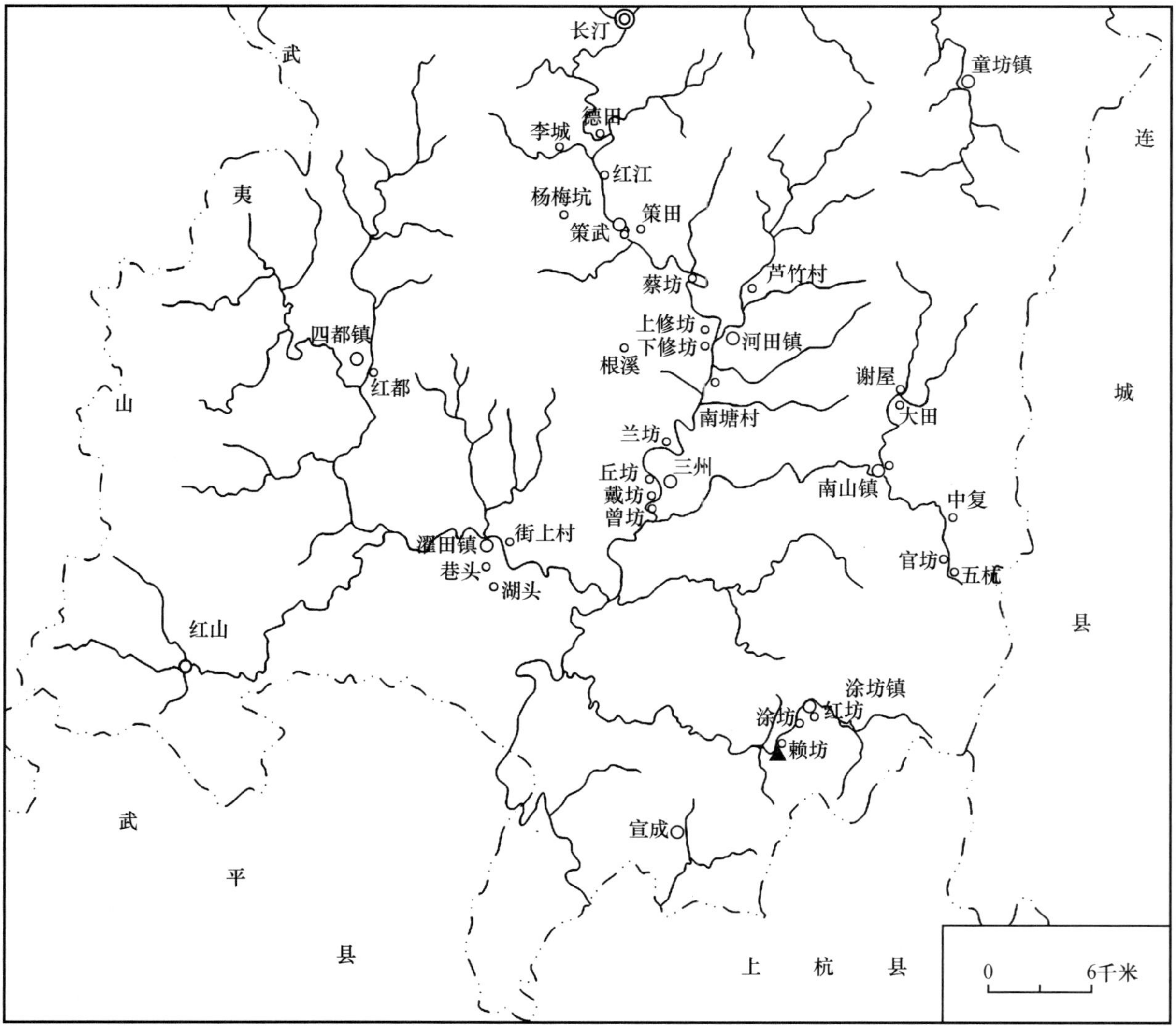

图2-186　松山岗遗址位置示意图

2. 遗物

通过调查，采集有石镞1件及少量陶片。

（1）石器

石镞　2012-2013CTSS采：1，桂叶形，蓝灰色石英砂岩。铤部及侧面锋部有破损。长5、宽1.9、厚0.35厘米。重5.05克（图2-187；图版75）。

（2）陶器

采集6片陶片，均为泥质青灰硬陶，纹饰有网格纹、双线菱形纹（图2-188）。

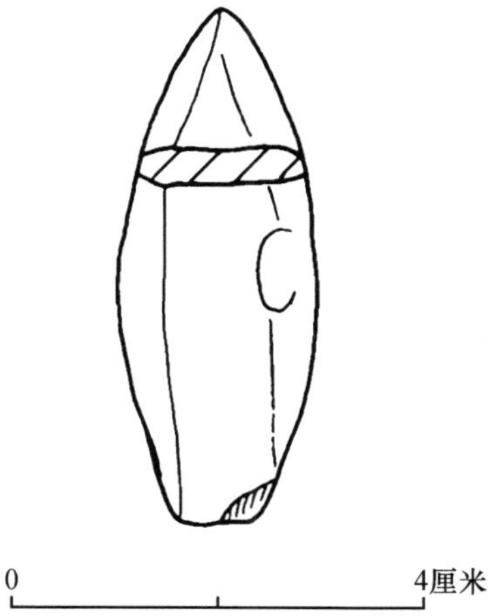

图2-187　松山岗遗址采集石器

石镞（2012-2013CTSS采：1）

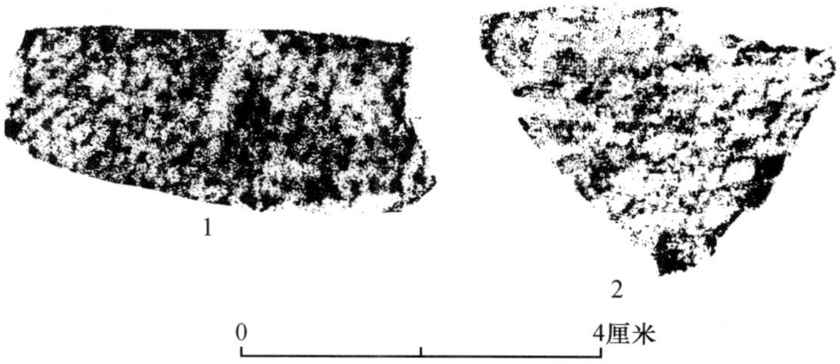

图2-188　松山岗遗址采集陶片纹饰拓片

1. 网格纹（2012-2013CTSS采：2）　2. 双线菱形纹（2012-2013CTSS采：3）

五十七　龙虎山岗遗址

1. 遗址概况

遗址位于长汀县涂坊镇赖坊村南面方向650米（图2-189），为此次调查发现。遗址地理坐标为北纬25°27′0.1″，东经116°26′30.6″。遗址为一处大山延伸出来呈东西走向的台地，海拔354米，相对高度25米。遗址东面、西面坡下被村民开垦种植水稻，东面对门山为松山岗遗址，南面与大山相连，北面坡下约200米处为涂坊通往宣城的县道。遗址山顶植被稀疏，有少量松树，遗址土壤类型为红壤（图版76）。未发现文化层堆积。

2. 遗物

通过调查，采集石器与少量陶片。

（1）石器

2件，包括石镞和石凿。

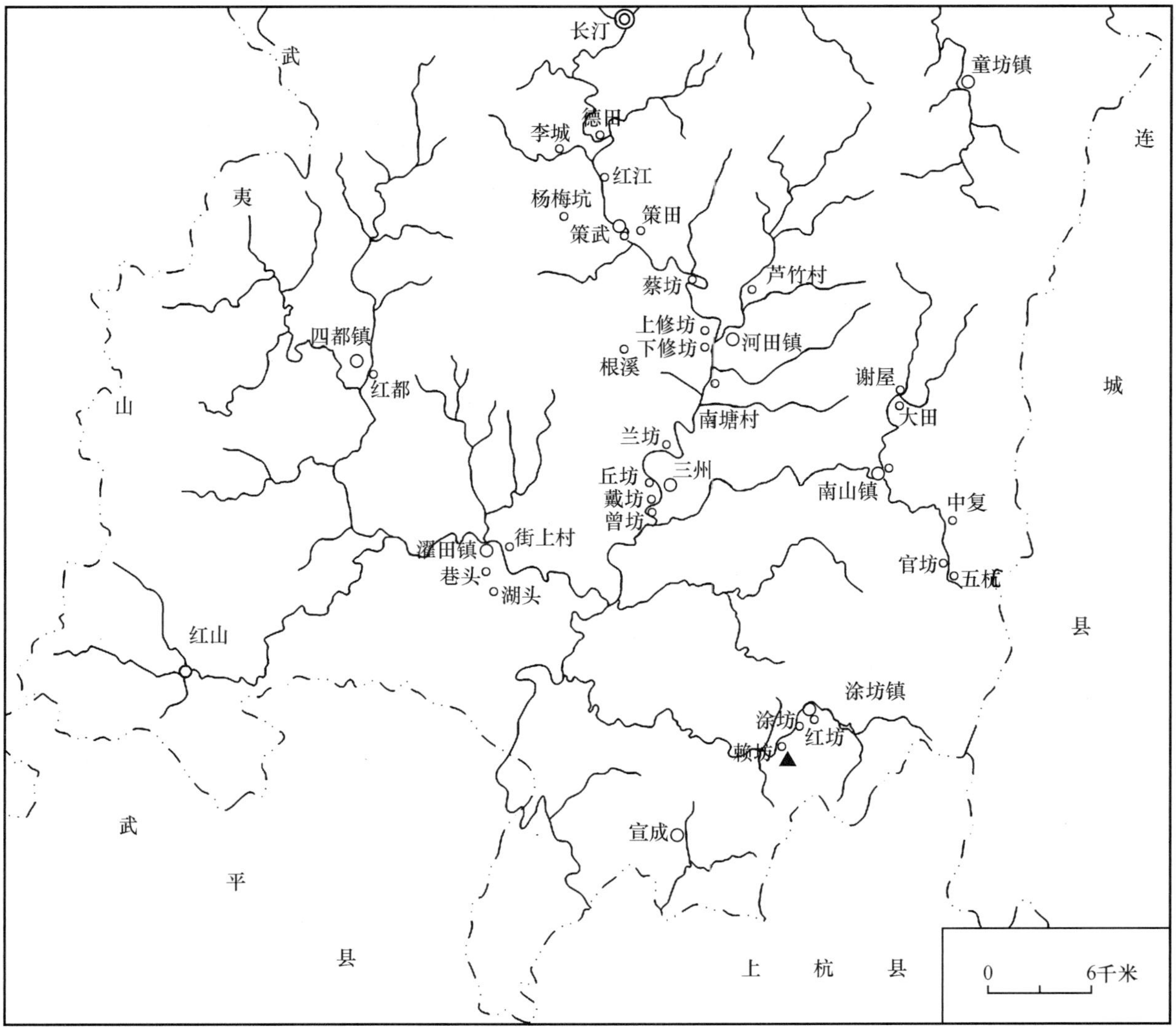

图2-189　龙虎山岗遗址位置示意图

石镞　1件。2012-2013CTLH采：1，浅青灰色细砂岩。磨制较精。锋部残缺。器身横截面为菱形，铤部剖面为四边形。残长5.1、宽2、厚0.4～1厘米。重13.5克（图2-190：1）。

石凿　1件。2012-2013CTLH采：2，蓝灰色细砂岩。近长形。刃部残缺。左右两侧起棱。残长5.9、宽1.4、厚0.9厘米。重11.57克（图2-190：2）。

（2）陶器

采集有2片陶片，为泥质青灰硬陶，纹饰可见栅篱纹（图2-191）。

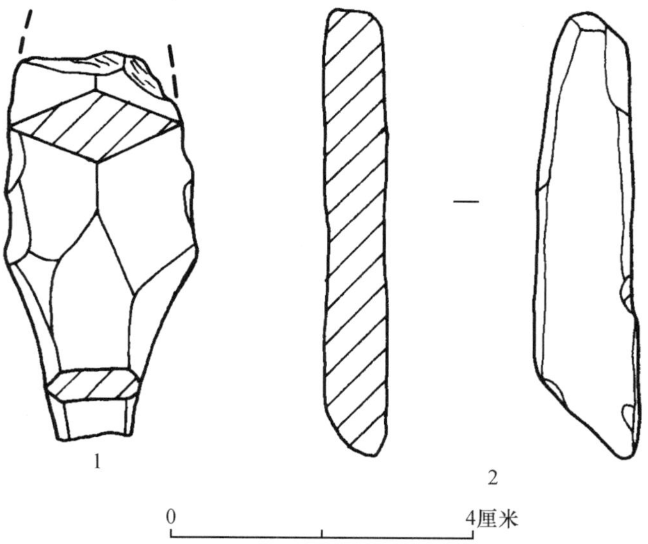

图2-190　龙虎山岗遗址采集石器

1. 石镞（2012-2013CTLH采：1）　2. 石凿（2012-2013CTLH采：2）

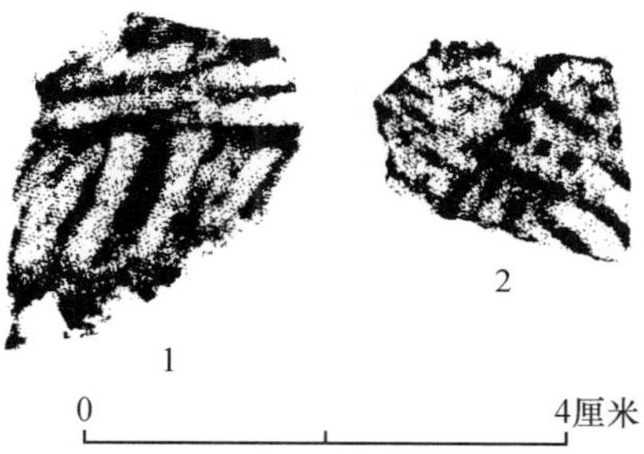

图2-191　龙虎山岗遗址采集陶片纹饰拓片

1、2. 栅篱纹（2012-2013CTLH采：1、2012-2013CTLH采：2）

第三章　上杭县先秦时期遗址

第一节　上杭县自然环境与历史沿革

一　自 然 环 境

上杭汀江水系在县境内流域面积为2715平方千米，占全县面积的95%。境内有旧县河和黄潭河两大支流。还有26条流域面积50平方千米以上的小溪流。旧县河为境内第一大支流，发源于连城莒溪白眉山北麓。经新泉进入县境的南阳、旧县、临城三乡。在九洲附近汇入汀江。流域面积达1701平方千米。上杭境内河长45.9千米，流域面积716千米。黄潭河为境内汀江第二大支流，发源于步云乡石坪，流经古田、蛟洋、龙岩市大池乡、溪口、太拔、蓝溪、稔田，在永定汇入汀江。流域集水面积达1222平方千米。河长139千米，县内总长98.1千米。流域面积908平方千米。

上杭除了汀江水系外，还包括九龙江、梅江水系，它们主要分布在步云、下都乡，其流域面积为145平方千米，占全县面积的5%。

上杭境内群山绵延，丘陵起伏，河流交错。山脉以旧县河-汀江为界。分东、西两侧。西侧属武夷山脉南段的延伸分支，呈北—西南走向。东侧为玳瑁山脉的延伸分支，南岗山脉，呈北—西南和东北西南走向。全县地貌属高丘、低山类型。以高丘为主，占42.05%；其次为低山，占24.83%；再次为中山，占17.92%；第四为低丘，占8.77%，盆地占3.31%；浅丘仅占3.31%。步云乡桂和村的狗子脑海拔1811米，为闽西南最高山峰。

上杭境内成土母岩以岩浆岩为主，砂质岩和泥岩次之。岩浆岩又以花岗岩为主，以闪长岩次之。丘陵山地自然土壤多为残积母质；耕地土壤则以坡积、洪质和冲积母质为主，尤以河流两侧及山间盆地多以坡积、冲积母质。

上杭县属亚热带季风气候，温暖湿润，降水充沛，夏长而不酷热，冬短而不严寒，降水相对集中，干湿季节分明。

二　历史沿革

769年（唐大历四年），汀州刺史陈剑奏请在龙岩湖雷下堡设场，因场形象木排浮在水上，寓《诗经·卫风·河广》“谁谓河广，一苇杭之”之义，称上杭场。994年（宋淳化五年），升场为县，沿用场名，称上杭县，隶汀州。县治初设于秫梓堡（今永定县高陂乡北山），曾先后迁至鳖沙（今白砂乡碧沙坑）、语口市（旧县全坊渡口）、钟寮，最后于1168年（宋乾道四年）迁至郭坊（今临江镇），因其地“有三冈，为川字崩洪”，故亦称杭川。元初为世祖忽必烈之女鲁国公主食邑。明成化至清康熙年间，为巡漳南道、分守江漳道驻地。清为汀州府辖县。1913年（民国二年），为汀漳道辖县；1926年（民国十五年），废除路道制，上杭县直属福建省。1934年（民国二十三年），上杭县属第七行政督察区。第二次国内革命战争时期，上杭县是中央苏区的组成部分。中华人民共和国成立后属于龙岩地区管辖。

第二节　上杭县先秦时期遗址

汀江流域上杭段的调查于2014年11月19日开始，至同年12月22日结束。所调查范围主要为上杭县境内涉及汀江主流及支流的乡镇，有官庄畲族乡、珊瑚乡、才溪镇、旧县镇、南阳镇、通贤乡、中都镇、下都乡、蓝溪镇、庐丰畲族乡、临城镇、稔田镇、太拔乡。对全县三普调查登记的古文化遗址进行了详细复查，其中采集有新遗物的遗址24处；新发现古文化遗址8处（图3-1），古墓葬1座。各遗址具体文化面貌兹述如下：

一　遍洋遗址

1. 遗址概况

遗址位于上杭县南阳镇黄坑村东500米（图3-2），为1987年调查发现。遗址地理坐标为北纬25°21′42.9″，东经116°29′36″。遗址为南北走向的椭圆形独立小山包，遗址调查面积约180平方米，海拔272米。四周植被较为茂密，顶部比较平坦，植被较为稀少，局部暴露出分化壳。其遗址顶部及西坡被村民开耕种植木薯，保存一般（图版77）。

2. 遗物

通过调查，在遗址的西坡上采集陶片26片，陶质有泥质陶、夹砂陶，少量施黑衣。主要为素面，纹饰主要为双线菱形纹、栅篱纹、竖条纹、弦纹（图3-3）。

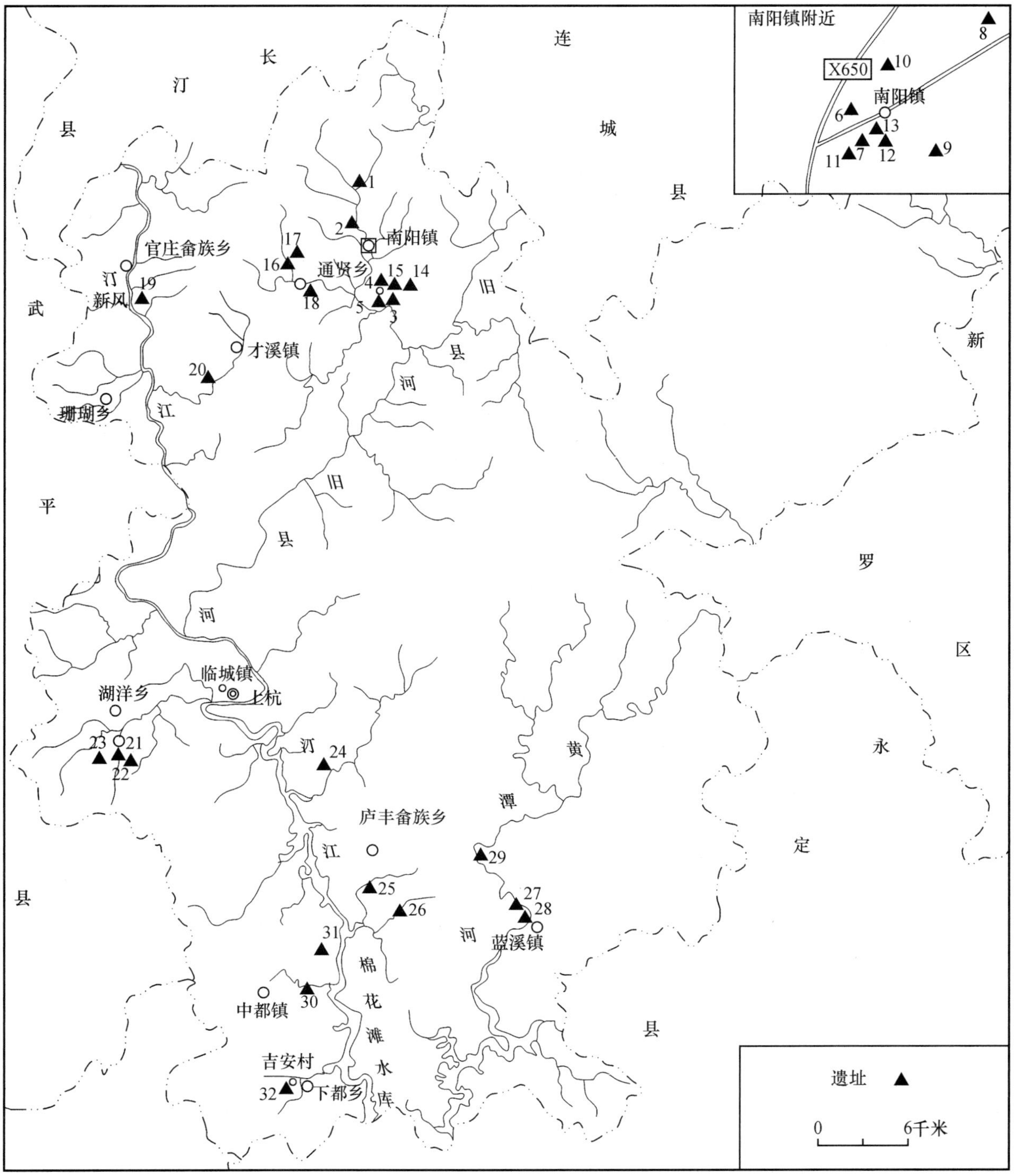

图3-1　上杭县调查遗址分布示意图

1. 遍洋遗址　2. 宫背山遗址　3. 元三公遗址　4. 周屋山遗址　5. 中田遗址　6. 茶园里遗址　7. 坪心盖遗址　8. 洪屋山遗址　9. 丁妹角山遗址　10. 方背锅遗址　11. 坑尾山遗址　12. 长岗遗址　13. 羊角凹遗址　14. 公王山遗址　15. 陈兰坑里遗址　16. 通贤遗址　17. 枫云岗遗址　18. 象鼻子岗遗址　19. 吊钟石下遗址　20. 刘湖角遗址　21. 罗田遗址　22. 罗田背后山遗址　23. 增田背后山遗址　24. 大仁岗遗址　25. 狮尾山遗址　26. 大引岗遗址　27. 伯公窝遗址　28. 斜栏棚遗址　29. 黄泥寨遗址　30. 邱家祠遗址　31. 对面山遗址　32. 猪屎埂遗址

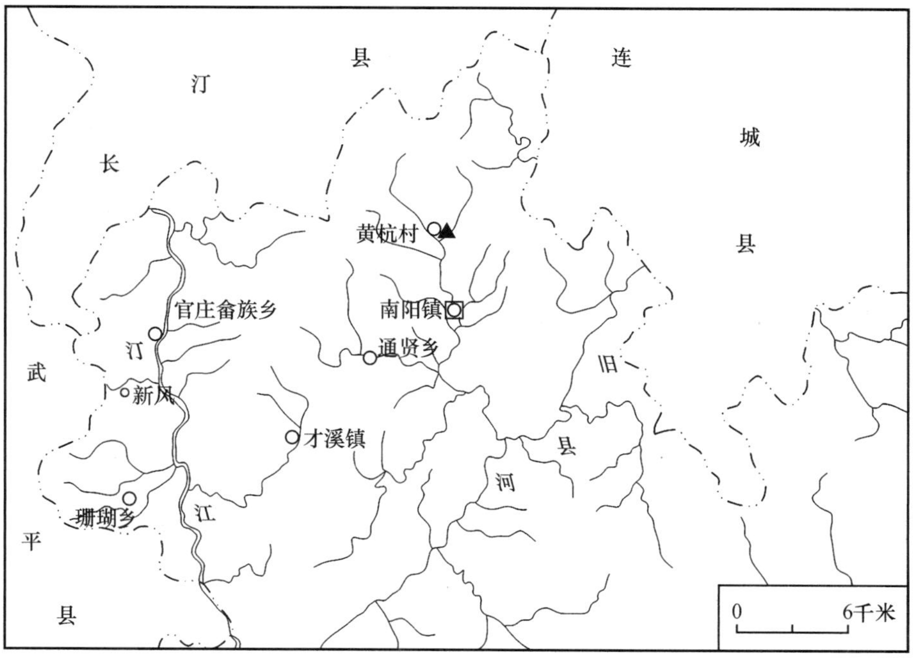

图3-2　遍洋遗址位置示意图

图3-3　遍洋遗址采集陶片纹饰拓片

1. 双线菱形纹（2014SNBY采：1）　2. 栅篱纹（2014SNBY采：2）　3. 竖条纹（2014SNBY采：3）
4. 弦纹（2014SNBY采：4）

二　宫背山遗址

1. 遗址概况

遗址位于上杭县南阳镇新联村宫背山（图3-4），为1988年调查发现。遗址地理坐标为北纬25°20′16.8″，东经116°29′49.7″。遗址调查面积约500米，海拔244米。西南侧是从才溪到南阳的县级公路。遗址地表为红壤，表面基本上被杂草所覆盖，四周植被茂密，有零散的松树及杉树，遗址南北走向，顶部较为平坦，西北部为断坎，最北部被村民开耕种植黄豆及地瓜。

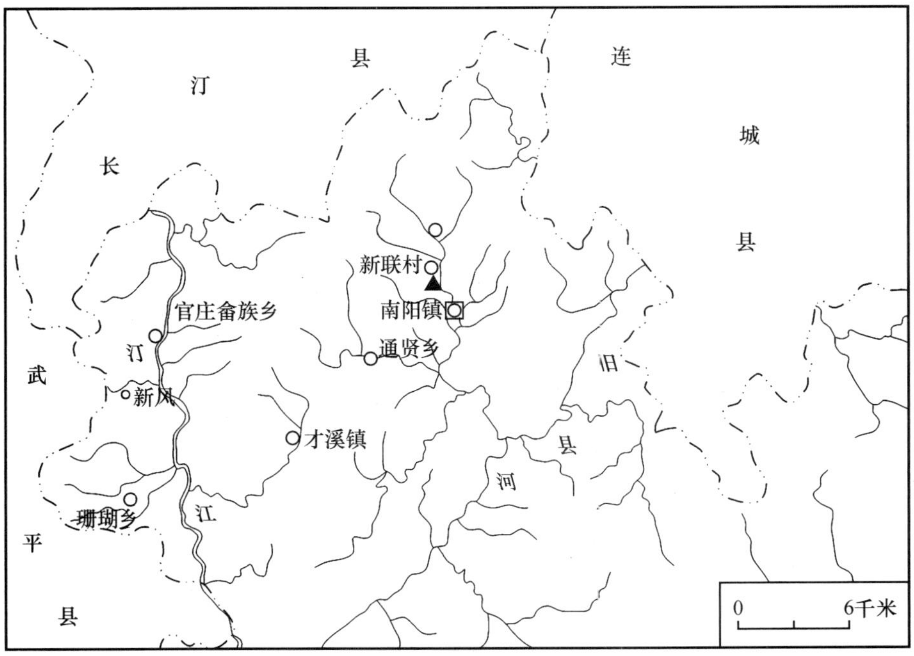

图3-4　宫背山遗址位置示意图

2. 遗物

采集有石铲和少量陶片。

（1）石器

石铲　1件。2014SNGB采：1，青黄色砂岩。质地较坚硬。梯形，剖面不规则。正面磨砺精细，且为凹凸弧面，下端可见大小不一石片疤。背面为打制，多次剥片，片疤宽而深，下端似为有刃，但无磨制现象，刃缘可见使用痕迹。长13.3、宽6.5～10.6、厚0.8～2.5厘米。重409.74克（图3-5）。

（2）陶器

采集2片夹砂灰软陶，陶片纹饰有双线菱形纹、网格纹（图3-6）。

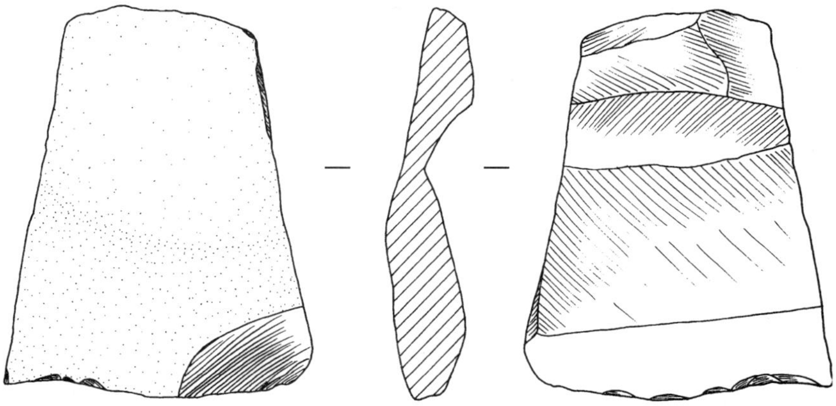

图3-5　宫背山遗址采集石器
石铲（2014SNGB采：1）

图3-6　宫背山遗址采集陶片纹饰拓片
1. 网格纹（2014SNGB采：3）　2. 双线菱形纹（2014SNGB采：2）

三　元三公遗址

1. 遗址概况

遗址位于上杭县南阳镇射山村大家里（图3-7），为1988年调查发现。遗址地理坐标为北纬25°16′45.6″，东经116°30′13.1″。遗址西北—东南走向，遗址调查面积约1万平方米，海拔333米。遗址四周及顶部基本上被杂草和灌木所覆盖，北坡被竹子和松树所覆盖，东南部顶部局部被村民开耕（图版78）。未发现文化层堆积。

2. 遗物

通过调查，采集遗物包括凹石和较多陶片。

（1）石器

凹石　1件。2014SNYS采：1，花岗岩。表色黄，里色紫红。不规则，剖面近椭圆形，正面磨砺，且磨砺呈长3、深0.6厘米的凹槽，背面微弧。残长10.5、宽2.3～6、厚5～5.5厘米（图

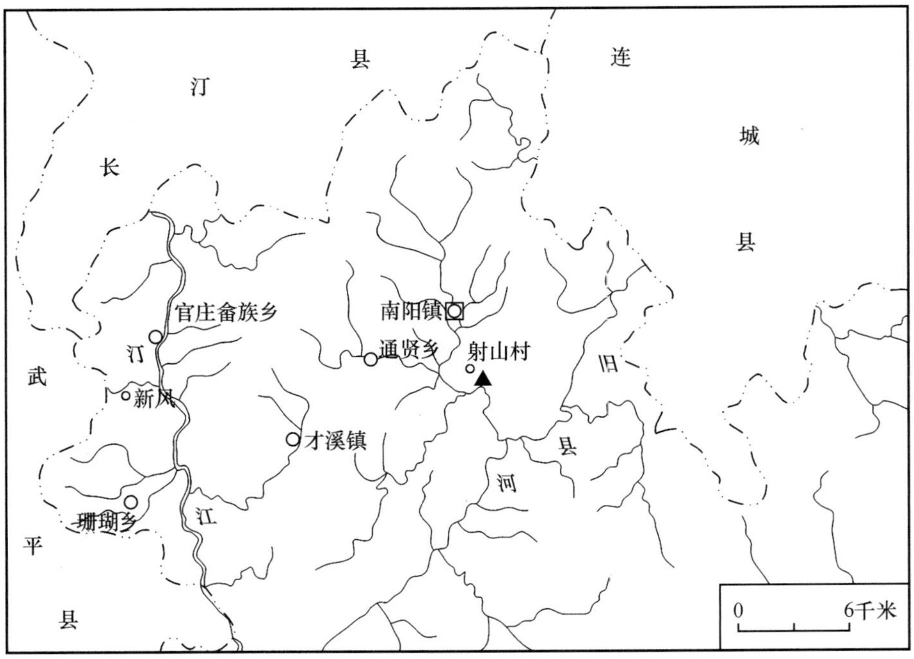

图3-7　元三公遗址位置示意图

3-9：1）。

（2）陶器

采集陶片149片。陶质以夹砂陶为多，部分泥质陶。少量施黑衣。陶片以素面为主，陶片纹饰可见网格纹，云雷纹，方格纹，弦纹、圆圈纹、曲折纹与云雷纹组合纹饰，以及三角填线组成的菱形纹等（图3-8）。初步可辨的器形有罐，标本多为口沿及器底残片、圈足等。

罐口沿　2件。

2014SNYS采：2，泥质灰陶，火候较高，可见两层陶胎，外层灰黑，厚0.1厘米，内层灰，厚0.3～0.5厘米。外施黑衣，有剥落现象。方唇，侈口，沿面微内凹，口沿外缘外凸。素面。残高3.9、残宽2.3、厚0.4～0.7厘米（图3-9：2）。

2014SNYS采：3，泥质黄陶，胎质较疏松。方唇，沿面微凹，侈口，短颈，颈部下可见戳印方格纹。残高2.7、残长3.9、厚0.5～0.7厘米（图3-9：3）。

圈足　1件。2014SNYS采：4，泥质灰陶，夹少量粗砂，火候较高，胎质密，外施黑衣，衣剥落严重，喇叭圈足，足端起棱。底径8、残高2.9、厚0.5～1.2厘米（图3-9：4）。

罐底　3件。

2014SNYS采：5，泥质灰陶，火候较高，胎质硬，外施黑衣，黑衣有剥落现象。斜弧腹，平底，腹饰云雷纹，见抹光现象。底径9.8、残高2.5、厚0.5～1.2厘米（图3-9：5）。

2014SNYS采：6，泥质灰陶，火候较高，陶胎质密。斜腹，平底，外饰方格纹。底径16、残高2.2、厚0.4～1.2厘米（图3-9：6）。

2014SNYS采：7，泥质灰陶，火候高，胎质硬。斜腹，平底。素面，残片底部可见明显轮旋痕迹。底径8、残高1.2、厚0.5～0.7厘米（图3-9：7）。

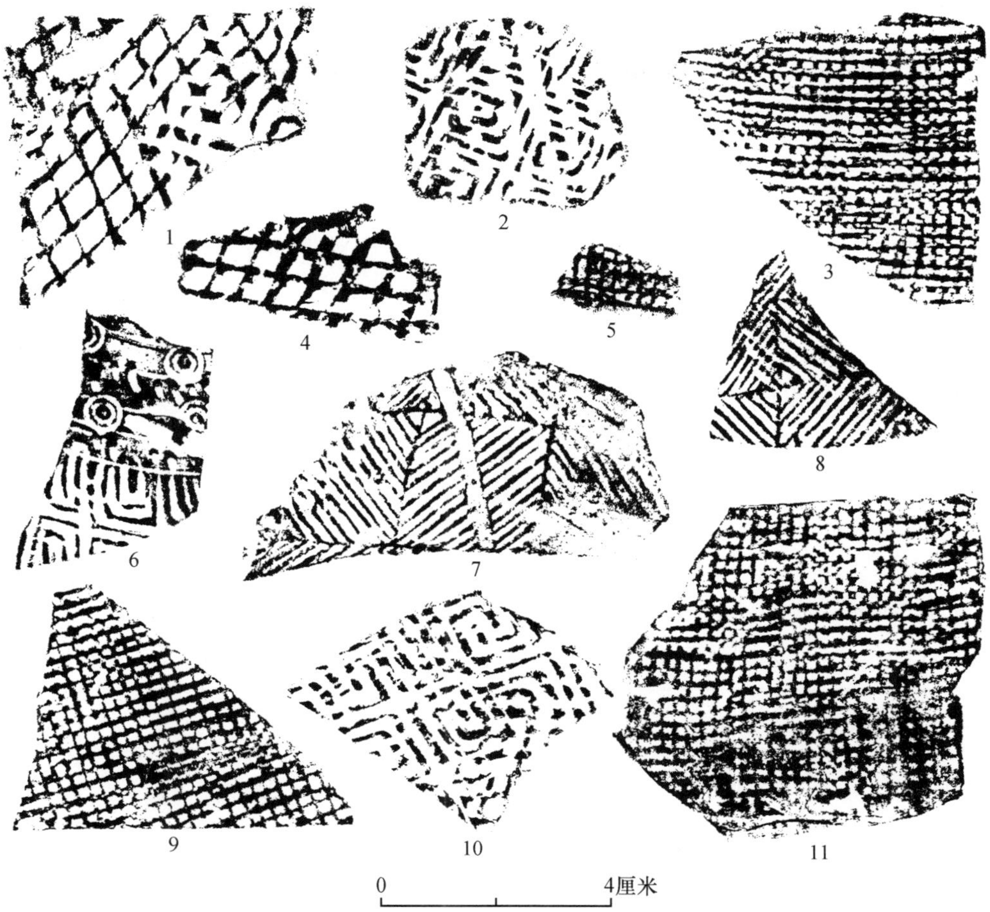

图3-8　元三公遗址采集陶片纹饰拓片

1、4、5. 网格纹（2014SNYS采：12、2014SNYS采：17、2014SNYS采：6）　2、10. 云雷纹（2014SNYS采：10、2014SNYS采：11）　3、9、11. 方格纹（2014SNYS采：8、2014SNYS采：16、2014SNYS采：14）　6. 弦纹、圆圈纹、曲折纹与云雷纹组合纹饰（2014SNYS采：9）　7、8. 三角填线组成的菱形纹（2014SNYS采：13、2014SNYS采：15）

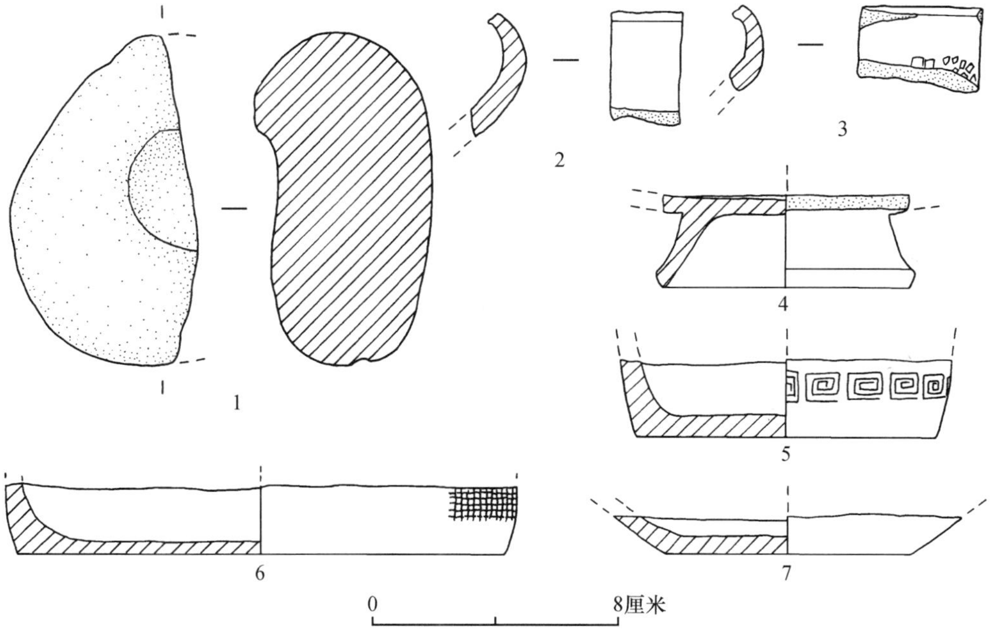

图3-9　元三公遗址采集遗物

1. 凹石（2014SNYS采：1）　2、3. 罐口沿（2014SNYS采：2、2014SNYS采：3）　4. 圈足（2014SNYS采：4）　5～7. 罐底（2014SNYS采：5、2014SNYS采：6、2014SNYS采：7）

四　周屋山遗址

1. 遗址概况

遗址位于上杭县南阳镇射山村周屋山（图3-10），为1988年调查发现。遗址地理坐标为北纬25°17′14″，东经116°30′24.9″。遗址为一座略呈东西走向的独立山包，遗址调查面积1000平方米，海拔327米。南侧2000米为林坑凹上，东侧约1000米为大山背山，东侧约200米为小溪自北向南流经。其遗址顶部略为平坦，四周植被较为茂密，顶部较为稀疏，地表基本被杂草、灌木、松树、杉树所覆盖，地表以红壤为主（图版79）。

2. 遗物

此次调查采集有7片陶片，其中泥质灰陶5片，泥质黄陶2片，6片饰有网格纹，1片饰双线菱形纹（图3-11）。

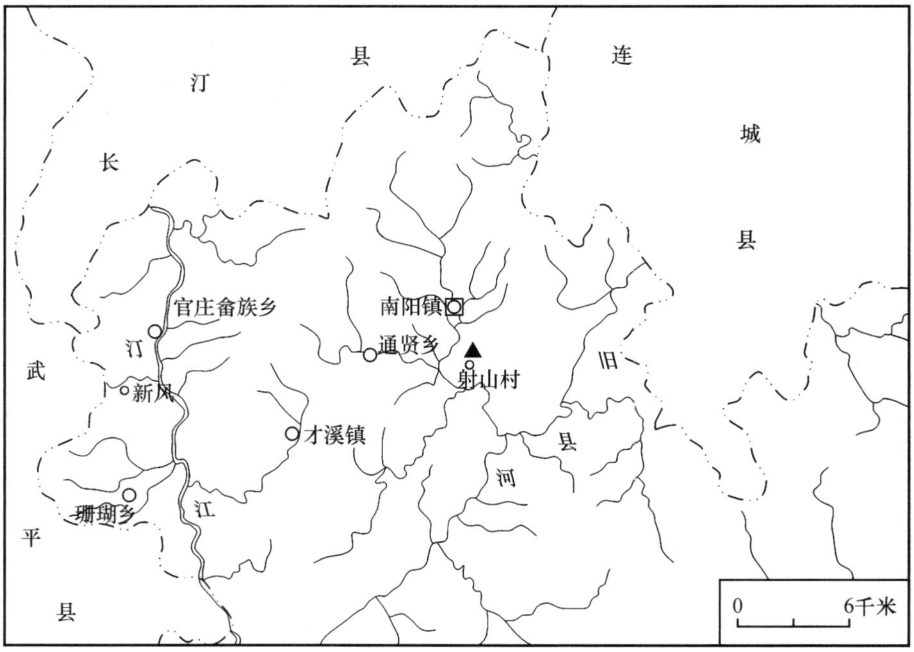

图3-10　周屋山遗址位置示意图

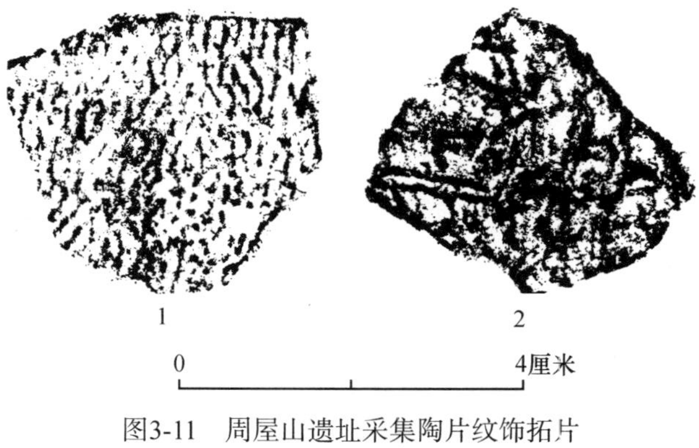

图3-11　周屋山遗址采集陶片纹饰拓片

1. 网格纹（2014SNZW采：1）　2. 双线菱形纹（2014SNZW采：2）

五　中田遗址

1. 遗址概况

遗址位于上杭县南阳镇射山村中田自然村（图3-12），为1988年调查发现。遗址地理坐标为北纬25°17′24.4″，东经116°30′8.1″。遗址为一处相对独立的小山包，遗址调查面积约4800平方米，海拔208米。遗址东西—南北走向，顶部较为平坦，植被稀少，四周植被茂密，南侧被开挖修建坟墓（图版80）。

2. 遗物

此次调查采集4片夹砂灰陶，均为素面。

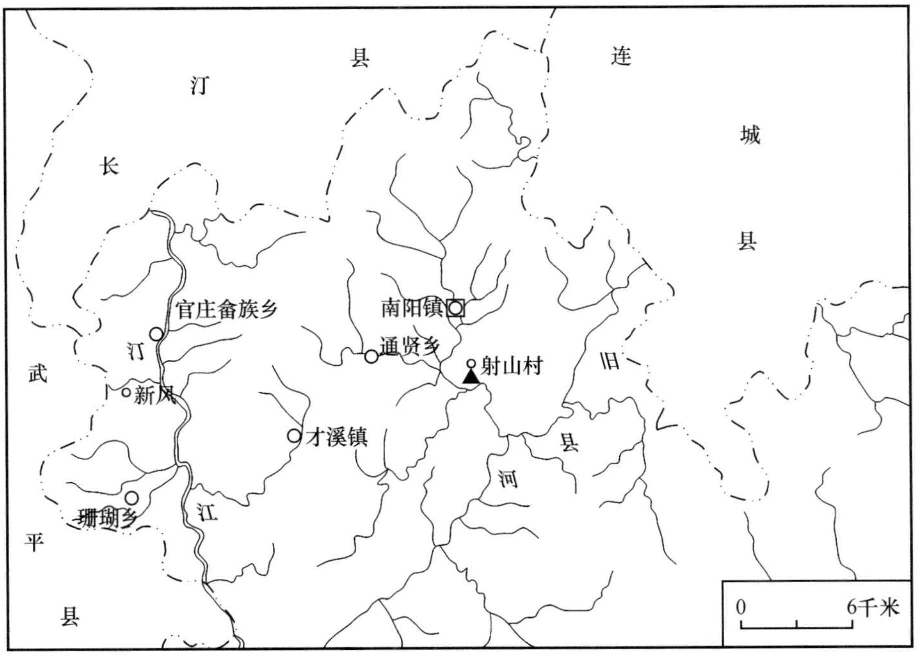

图3-12　中田遗址位置示意图

六　茶园里遗址

1. 遗址概况

遗址位于上杭县南阳镇沙下坝村（图3-13），为1987年调查发现。遗址地理坐标为北纬25°19′6.7″，东经116°29′44.2″。遗址为南北走向独立小山包，遗址调查面积约600平方米，海拔212米。东侧300米左右为南阳镇敬老院。东侧50米为沙下坝村，东侧坡下500米有一条小溪自北向南流经。遗址周边植被比较茂密，顶部比较稀疏，主要以杂草为主，地表以红壤为主。

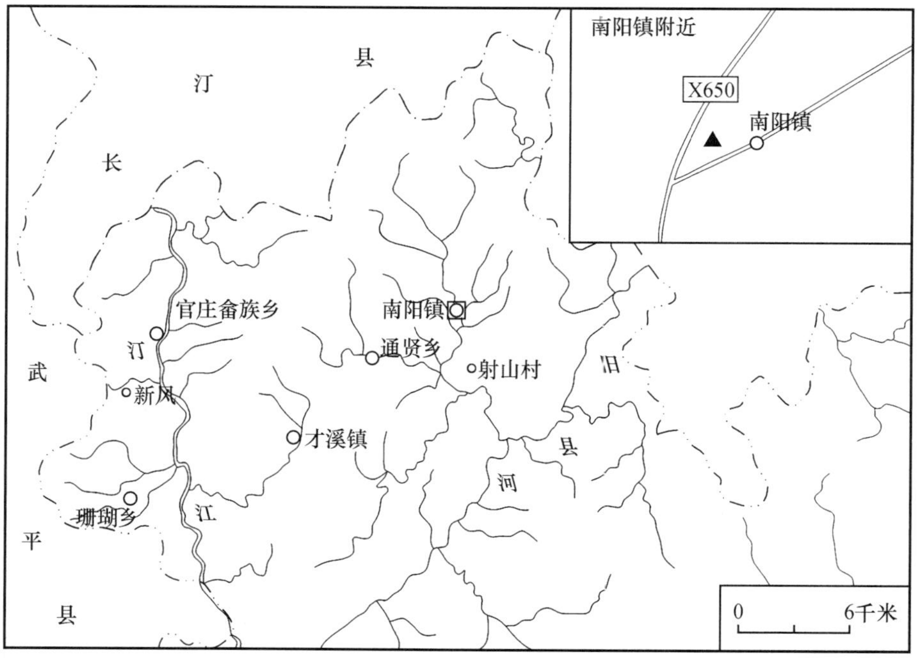

图3-13　茶园里遗址位置示意图

2. 遗物

采集有砺石1件和陶片。

（1）石器

砺石　2014SNCY采：1，灰黑色砂岩。质密，精磨。梯形，剖面不规则。正背面及两侧面均有磨砺。正背面磨砺呈微凹状，两侧面平直。残长8～11.5、残宽9.5、厚1.8～4.1厘米。重602.12克（图3-14）。

（2）陶器

采集陶片30片，泥质、夹砂灰陶为主，陶胎厚薄不均，夹砂灰陶，胎质较软；泥质灰陶，胎质较硬，少部分黑衣陶。以素面为主，陶片纹饰可见网格纹、竖条纹（图3-15）。

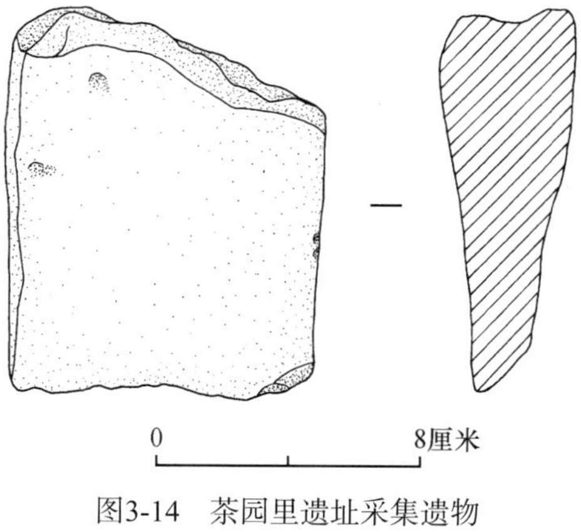

图3-14　茶园里遗址采集遗物

砺石（2014SNCY采：1）

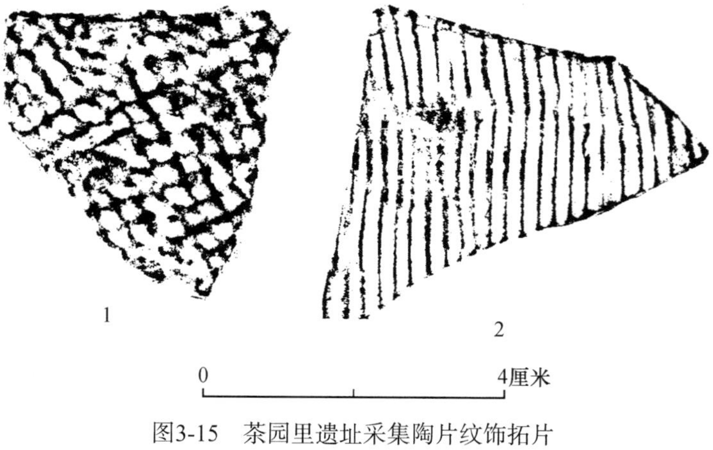

图3-15　茶园里遗址采集陶片纹饰拓片

1. 网格纹（2014SNCY采：2）　2. 竖条纹（2014SNCY采：3）

七　坪心盖遗址

1. 遗址概况

遗址位于上杭县南阳镇南阳村坪心盖自然村西南侧100米（图3-16），为1988年调查发现。遗址地理坐标为北纬25°19′45.3″，东经116°29′46.3″。遗址为西北—西南走向的椭圆形小山包，遗址面积约450米，海拔208米。遗址东西较长，南北较窄，顶面略凸，山上植被较为茂密，主要为杂草和松树，遗址东南侧建有一水塔，遗址北坡半坡处建有一安息堂，东坡村民新建有两座坟墓，北坡至南坡有推土机新开的一条便道（图版81）。

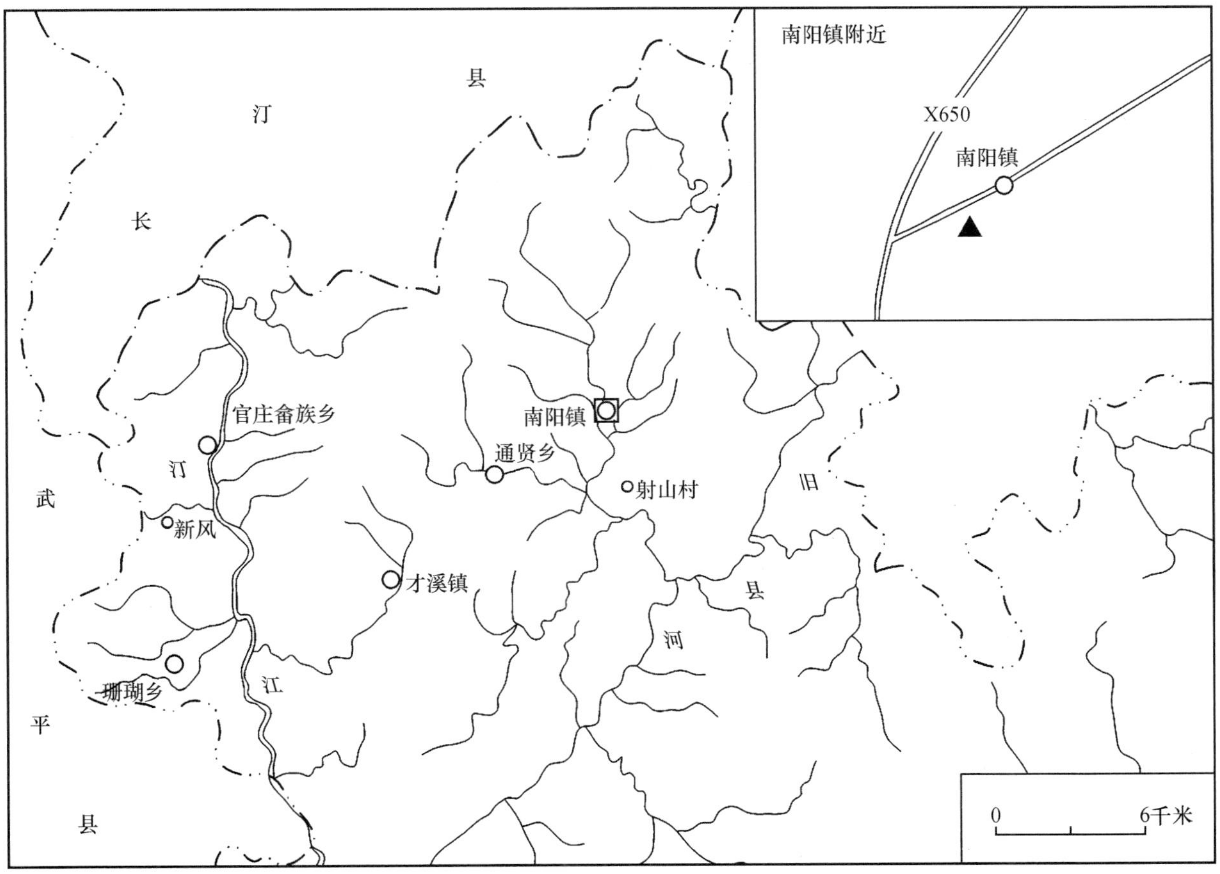

图3-16　坪心盖遗址位置示意图

2. 遗物

（1）石器

器形包括砺石、石坯。

砺石　1件。2014SNPX采：1，黄褐色页岩，质地较疏松。近梯形，剖面近长方形。单面磨砺，背面微凹。长8.8、宽3.4～5.1、厚1.6～1.8厘米。重137.67克（图3-18：1）。

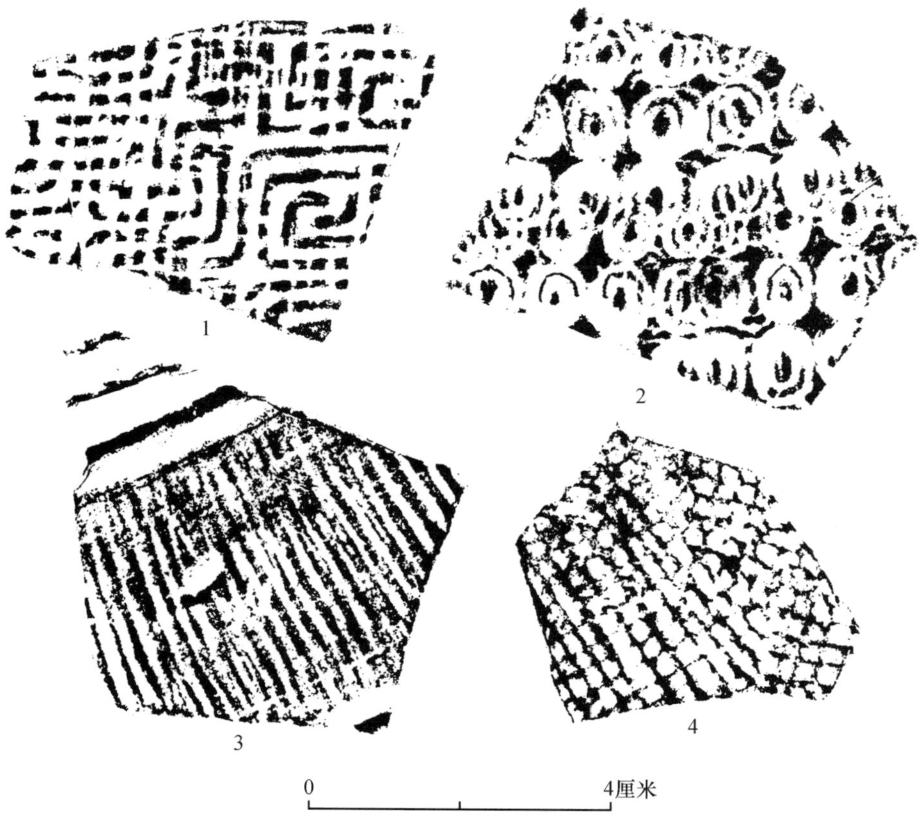

图3-17　坪心盖遗址采集陶片纹饰拓片

1. 云雷纹（2014SNPX采：8）　2. 圆圈纹（2014SNPX采：6）　3. 凸棱纹与竖条纹组合纹饰（2014SNPX采：5）　4. 方格纹（2014SNPX采：7）

石坯　1件。2014SNPX采：2，黄色砂岩，质地较疏松。近长方形，剖面近梯形。人工打制痕迹不明显。长6.5、宽3.3、厚1.2～2.5厘米。重52.32克（图3-18：2）。

（2）陶器

采集陶片79片，陶质以泥质陶和夹砂陶为主，其余为硬陶。多素面，少量陶片有施黑衣。陶片纹饰以网格纹为主，方格纹、菱形席纹次之，少量云雷纹、圆圈纹、凸棱纹与竖条纹组合纹饰、方格纹（图3-17）。可辨器形有罐。

罐口沿　2件。

2014SNPX采：3，泥质灰陶，胎质较硬。外施黑衣，黑衣剥落严重。圆唇，侈口，颈微束，斜肩。肩部饰网格纹。口径20.8、残高4.5、厚0.6～1.3厘米（图3-18：3）。

2014SNPX采：4，泥质黄陶，夹少量粗砂，胎质疏松。圆唇，侈口，肩部以下残缺。素面。口径14.4、残高3.2、厚0.6～0.9厘米（图3-18：4）。

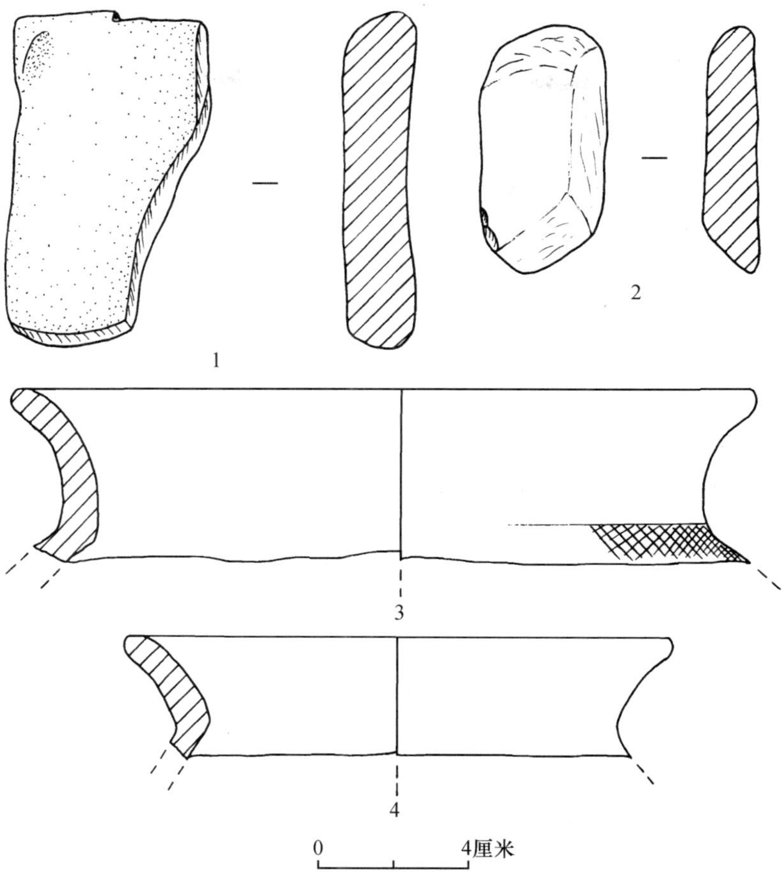

图3-18　坪心盖遗址采集遗物

1. 砺石（2014SNPX采：1）　2. 石坯（2014SNPX采：2）　3、4. 罐口沿（2014SNPX采：3、2014SNPX采：4）

八　洪屋山遗址

1. 遗址概况

遗址位于上杭县南阳镇南阳村洪屋园丁子上山，南阳村村部北侧11530米（图3-19）。遗址地理坐标为北纬25°19′55.9″，东经116°30′6.7″。遗址为一处南北走向的独立小山包，面积约800平方米，海拔344米。东侧为低矮的山丘，北侧为老屋背山，西北侧约300米为南阳龙田小学，东南侧坡下为民宅，山包上植被稀疏，主要为杂草和零散的松树。遗址顶部被村民开垦种植红薯。

2. 遗物

通过调查，采集陶片13片，陶质有泥质灰陶和夹砂灰陶，陶片胎质较薄。部分施黑衣，以素面为主，纹饰有栅篱纹、网格纹（图3-20）。

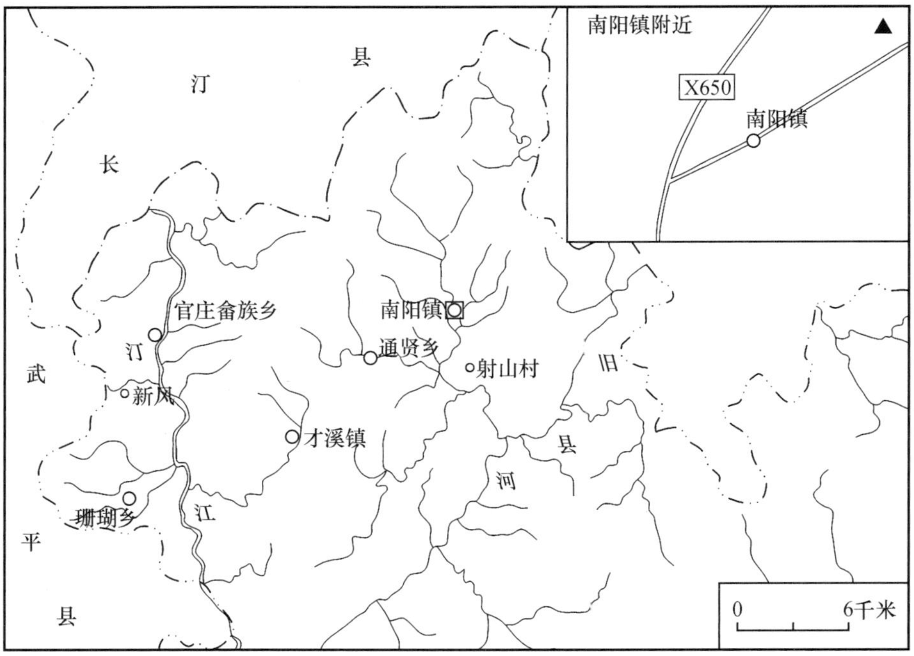

图3-19　洪屋山遗址位置示意图

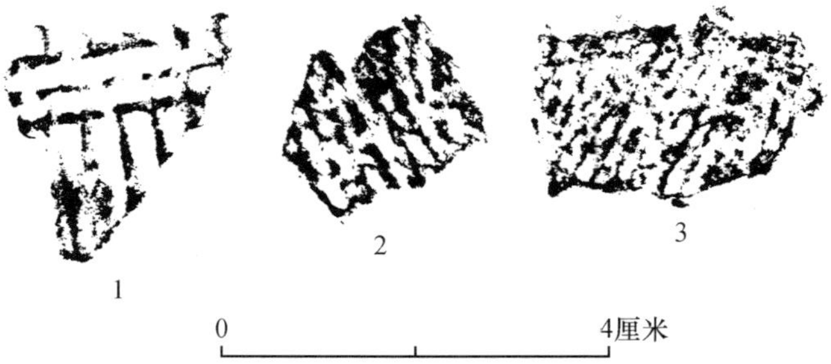

图3-20　洪屋山遗址采集陶片纹饰拓片

1. 栅篱纹（2014SNHW采：1）　2、3. 网格纹（2014SNHW采：2、2014SNHW采：3）

九　丁妹角山遗址

1. 遗址概况

遗址位于上杭县南阳镇南阳村村部东侧300米（图3-21），为1988年调查发现。遗址地理坐标为北纬25°19′30.2″，东经116°30′8.9″。遗址为一处略呈东西走向的独立山包，遗址调查面积约30000平方米，海拔341米。遗址上植被较为稀疏，主要为杂草和松树，遗址东南坡下100米处为南坑中学，遗址四周有正在修建的盘山水泥路（图版82）。

2. 遗物

此次调查采集陶片38片，陶质多见泥质灰陶，多施黑衣。陶片以素面为主，纹饰有曲折纹、条纹与圆圈纹组合纹饰（图3-22）。可辨器形有壶。

壶口沿　1件。

2014SNDM采：1，泥质黄陶，胎质较硬。内外施黑衣，黑衣脱落严重。圆唇，侈口，短颈。颈部下可见条纹，口沿部分可见轮旋痕迹。残高3、残长3.9、厚0.6厘米（图3-23）。

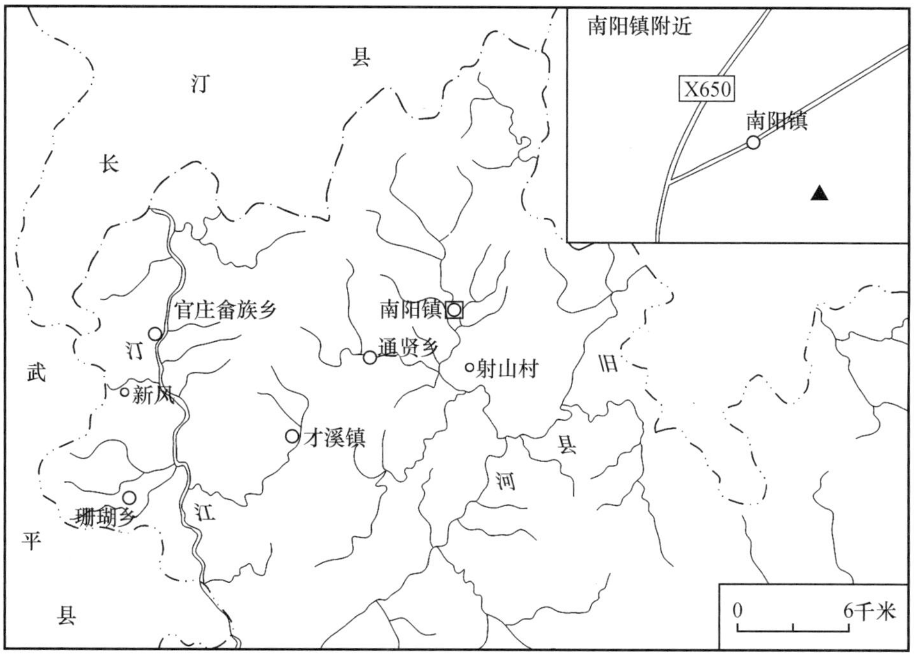

图3-21　丁妹角山遗址位置示意图

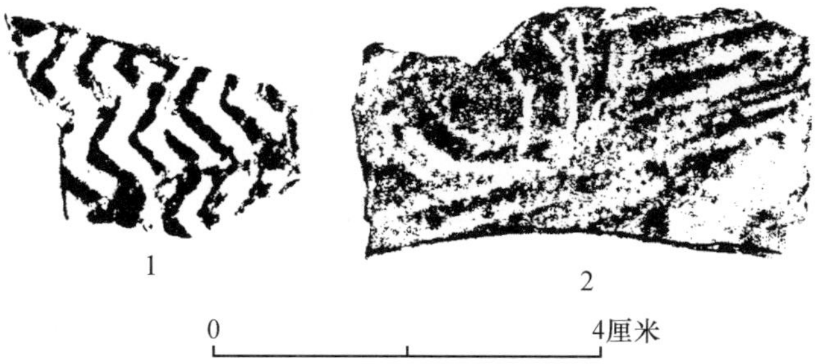

图3-22　丁妹角山遗址采集陶片纹饰拓片

1. 曲折纹（2014SNDM采：2）　2. 条纹与重圈纹组合纹饰（2014SNDM采：3）

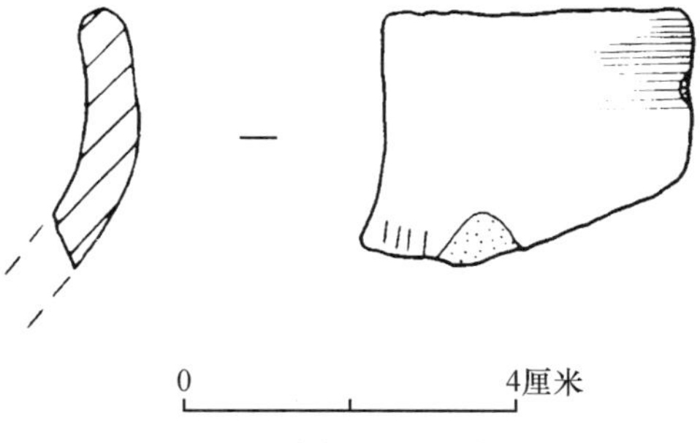

图3-23　丁妹角山遗址采集遗物

壶口沿（2014SNDM采：1）

十　方背锅遗址

1. 遗址概况

遗址位于上杭县南阳镇南阳村方背锅（图3-24），为1988年调查发现。遗址地理坐标为北纬25°20′11.1″，东经116°29′57.2″。遗址略呈南北走向，为一处相对独立的小山包，分布面积约2000平方米，海拔364米。山包顶部微凸，植被稀疏，四周较为茂密，主要为杂草和小松树，遗址东北坡下为南坑中学，南北半坡均有新开的盘山水泥路。

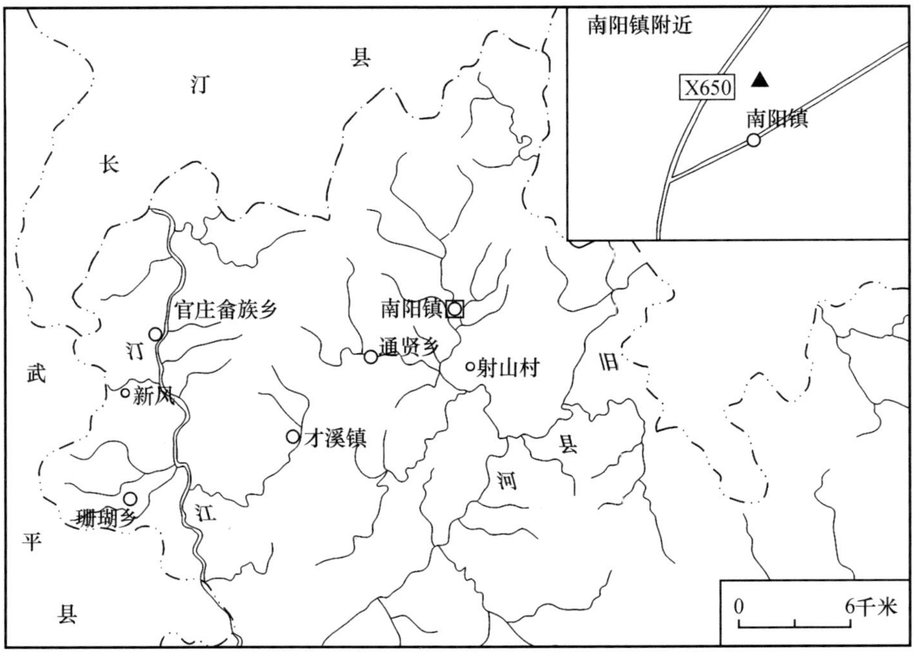

图3-24　方背锅遗址位置示意图

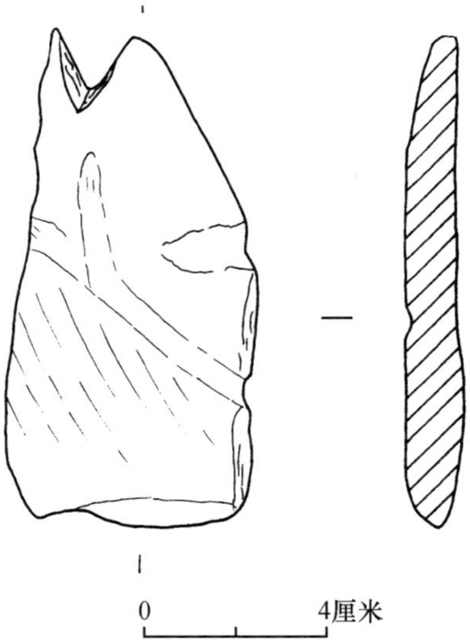

图3-25　方背锅遗址采集石器石坯（2014SNFB采：1）

2. 遗物

（1）石器

石器坯件　1件。2014SNFB采：1，安山岩。器表色黄，里色深灰。顶端残缺。不规则，剖面近长方形。下端器表因腐蚀形成几道斜向痕迹，由于风化腐蚀严重，人工打制痕迹较不清楚。残长10.5、残宽5.3、厚10.5～1.4厘米。重104.66克（图3-25）。

（2）陶器

采集陶片30片，陶质多泥质陶，火候较低，有见施黑衣。陶片以素面为主，纹饰有方格纹、竖条纹、网格纹、凸棱纹、曲折纹等（图3-26）。可辨器形有罐。

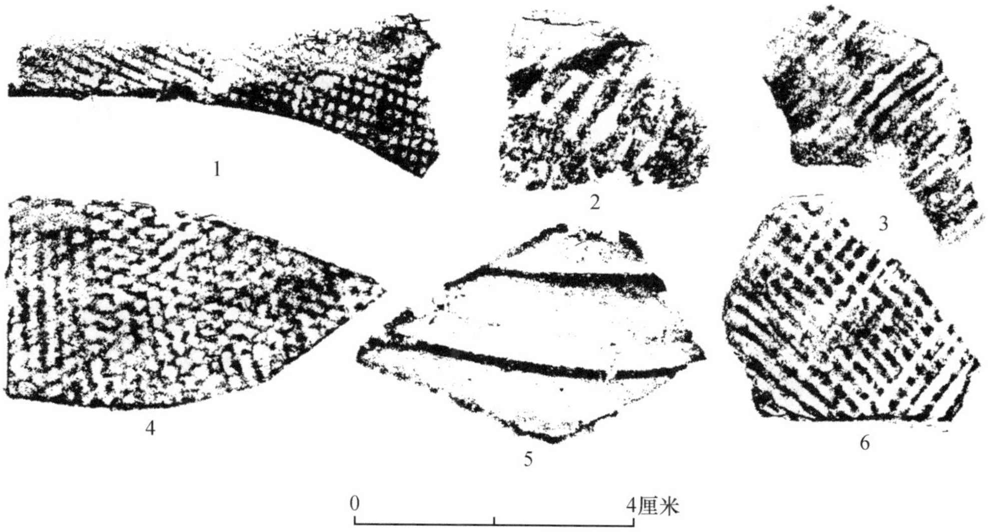

图3-26　方背锅遗址采集陶片纹饰拓片

1. 方格纹（2014SNFB采：2）　2、3. 竖条纹（2014SNFB采：7、2014SNFB采：6）　4. 网格纹（2014SNFB采：3）　5. 凸棱纹（2014SNFB采：5）　6. 曲折纹（2014SNFB采：4）

罐口沿　1件。2014SNFB采：2，泥质灰黑陶，胎质坚硬。方唇，外卷沿，侈口，束颈，溜肩。颈部、肩部饰方格纹。口径14.4、残高3.2、厚0.4～0.6厘米（图3-27）。

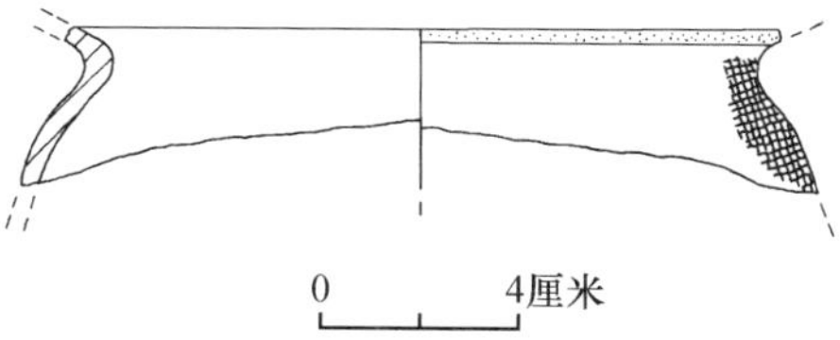

图3-27　方背锅遗址采集陶器

罐口沿（2014SNFB采：2）

十一　坑尾山遗址

1. 遗址概况

遗址位于上杭县南阳镇南阳村西南方向150米（图3-28），为1988年调查发现。遗址地理坐标为北纬25°19′23.1″，东经116°29′47.5″。遗址为东西走向的椭圆形独立小山包，遗址面积3000平方米，海拔182米。山上植被茂密，地表为红壤。东侧50米为南阳希望小学，东侧约20米为南阳至官余村的村道，西南侧约30米为民居（图版83）。

2. 遗物

此次调查采集有泥质灰硬陶2片，1片素面，1片凸棱纹与绳纹组合纹饰（图3-29）。未见文化层堆积。

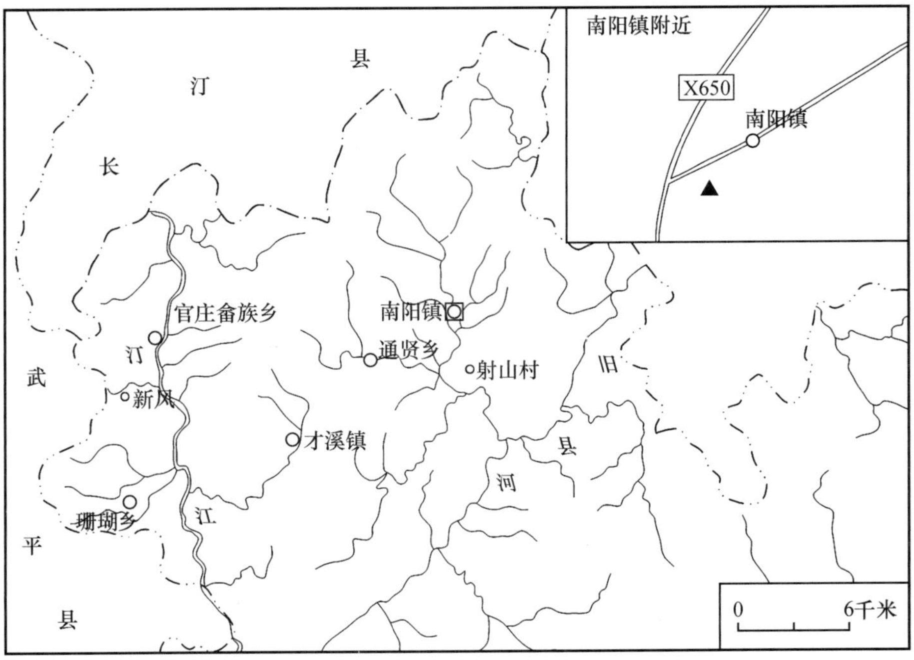

图3-28　坑尾山遗址位置示意图

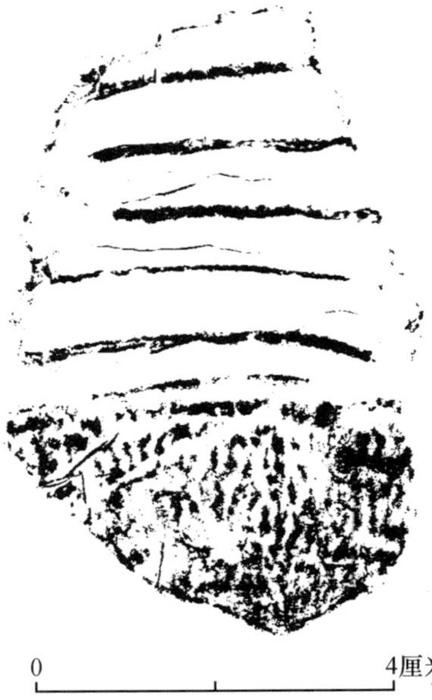

图3-29　坑尾山遗址采集陶片纹饰拓片

凸棱纹与绳纹组合纹饰（2014SNKW采：1）

十二　长岗遗址

1. 遗址概况

遗址位于上杭县南阳镇南阳村南侧100米长岗背山（图3-30）。遗址地理坐标北纬25°19′15.8″，东经116°29′47.4″。遗址为一座略呈南北走向、相对独立的山包，南北长约300米，东西宽约60米，

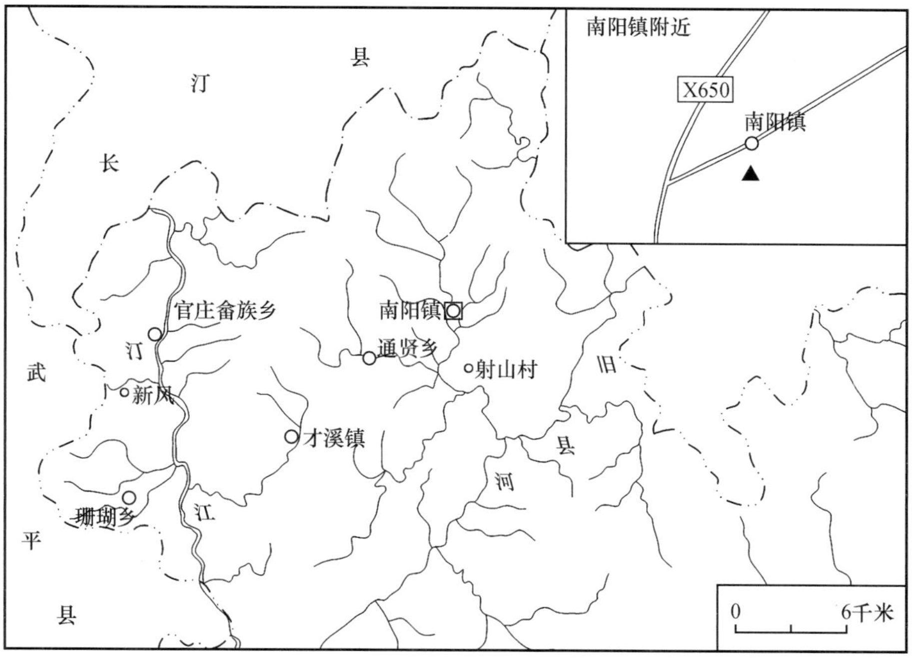

图3-30　长岗遗址位置示意图

海拔217米。遗址顶面平坦，植被稀疏，原被村民开垦种植红薯等农作物，现杂草丛生，四周植被较为茂密，主要以杂草和少量的松树为主。东面坡下为南阳镇卫生院，西南为低矮的山丘，北面坡下为南阳希望小学（图版84）。

2. 地层堆积

从遗址顶部及西北坡半坡处村民开耕的断坎上清理了一处剖面，堆积情况如下：

第1层为浅灰色土，土质疏松，厚10厘米；

第2层为浅红褐色土，土质疏松，内含有少量的石英岩块，厚50厘米；

第3层为红褐色土内夹杂有少量的木炭粒，红烧土颗粒，较多的夹砂灰色、灰黄色、灰黑色陶片，陶片胎质较为疏松。该层厚40～50厘米（图3-31；图版85）。

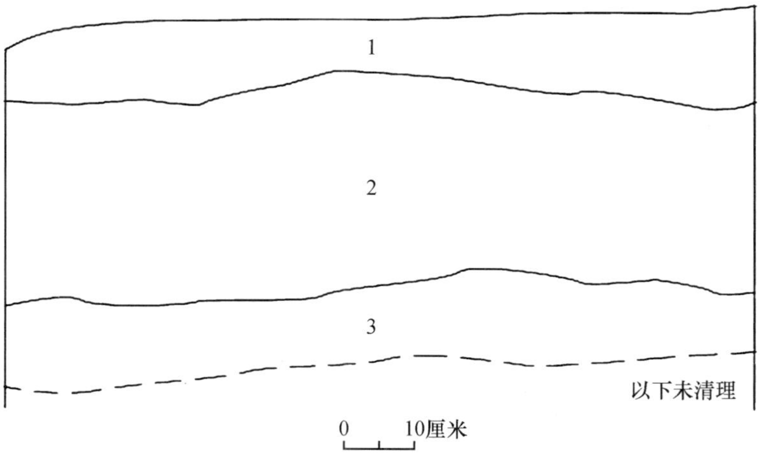

图3-31　长岗遗址地层剖面图

3. 遗物

（1）石器

采集石器有砺石、石片、石镞、石锛等。

砺石　1件。2014SNCG采：1，黄褐色粗砂岩，含较多粗砂颗粒。上、下端均残损。不规则形，横截面近三角形。正面磨砺出微凹两斜面。残长11、残宽10、厚1.6～6.6厘米。重713.92克（图3-32：1）。

石片　9件。砂岩，花岗岩、泥板岩。均打制。

2014SNCG采：4，灰色砂岩。近长方形。顶端残。腹面边缘可见几道石片疤，片疤短而浅，背面微弧，亦可见几处石片疤，同心波、放射线不可见。残长7.2、宽3.1、厚0.1～1.2厘米。重35.84克（图3-32：2）。

2014SNCG采：6，黄色板岩，质地坚硬。器体近半扁圆形，腹面较平滑，背面微弧为石皮，腹面与背面边缘均可见石片疤，片疤小而浅，可见放射线，同心波不可见。残长5.8、残宽7、厚0.1～1厘米。重51.83克（图3-32：3）。

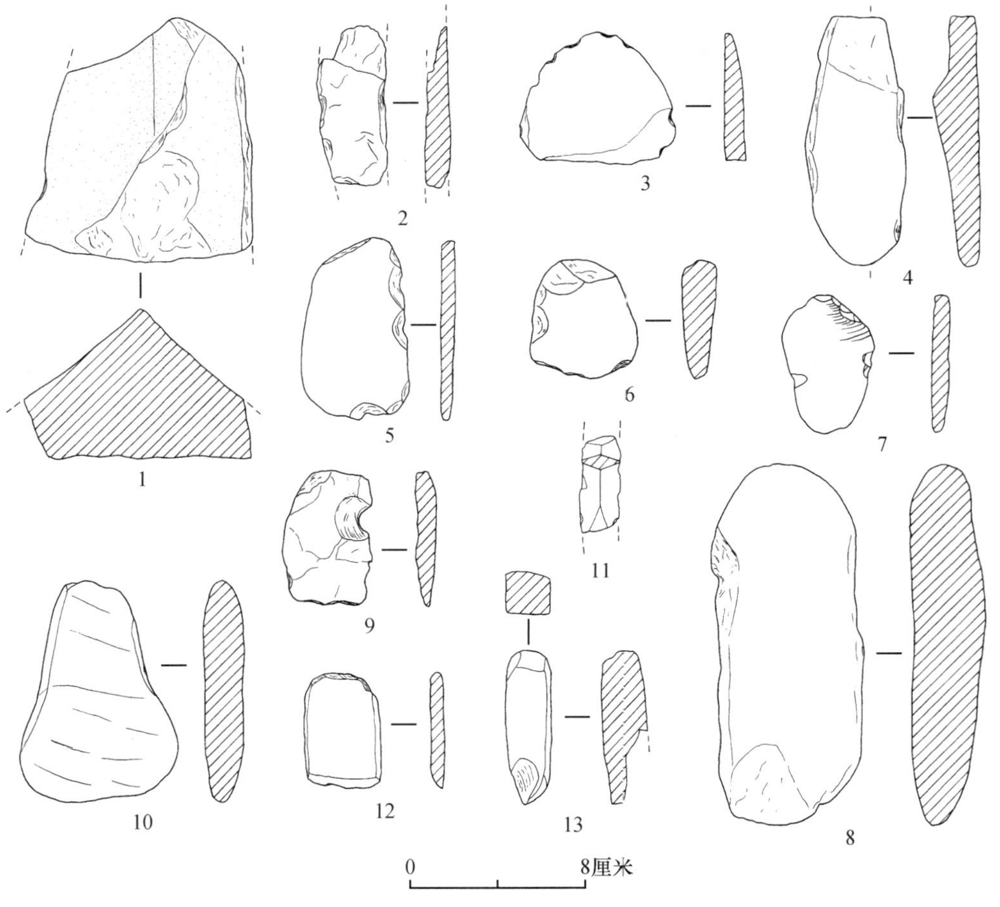

图3-32　长岗遗址采集石器

1. 砺石（2014SNCG采：1）　2～10. 石片（2014SNCG采：4、2014SNCG采：6、2014SNCG采：7、2014SNCG采：8、2014SNCG采：10、2014SNCG采：11、2014SNCG采：9、2014SNCG采：12、2014SNCG采：16）　11. 石镞（2014SNCG采：2）　12. 石锛（2014SNCG采：3）　13. 磨制石器（2014SNCG采：5）

2014SNCG采：7，黄色砂岩。近长方形。背面、顶端较平，正面为斜弧面。边缘可见石片疤，不见同心波与放射线。残长11.2、残宽4.5、厚0.5～2.2厘米。重150.2克（图3-32：4）。

2014SNCG采：8，灰色砂岩，含石英。近长方形。顶端残。正、背面较平直。正面可见几处层叠打击石片疤，片疤窄而浅。同心波与放射线不可见。残长8.2、残宽4.8、厚0.6厘米。重48.9克（图3-32：5）。

2014SNCG采：9，花岗岩。近长方形，剖面不规则。顶端为弧面，正面微凹，背面微凸。边缘可见层叠石片疤，片疤大小深浅不一。由于腐蚀与风化，同心波与放射线不可见。残长16、残宽6.5、厚3.2厘米。重573.54克（图3-32：8）。

2014SNCG采：10，黄色粗砂岩。不规则，正面微弧，边缘可见几处石片疤，片疤窄而浅，同心波与放射线不可见。残长5.3、残宽4.9、厚0.6～1.6厘米。重45.62克（图3-32：6）。

2014SNCG采：11，黄色砂岩，器表较粗糙，质地疏松。不规则形，剖面呈长条形。腹面边缘可见几处石片疤，片疤短而浅，不见同心波与放射线。长6.2、宽4.1、厚0.8厘米。重28.83克（图3-32：7）。

2014SNCG采：12，灰色板岩。不规则。低端较平，背面呈弧形，为石片一面。腹面可见多处石片疤，右侧片疤较宽而深，放射线可见，同心圆不可见。残长6.1、宽4、厚0.2～1厘米。重30.2克（图3-32：9）。

2014SNCG采：16，黑色板岩，器表较光滑。不规则，顶端及底部微弧，正背两面平，人工打制痕迹不明显，器表均有受到风化后形成的竖条横向纹理。残长9.8、残宽7.2～3、厚0.5～1.8厘米。重174.6克（图3-32：10）。

石镞　1件。2014SNCG采：2，青黄色泥板岩。镞身柳叶形。磨制。锋、铤及两翼均残，镞身截面呈菱形，中脊突出。残长4.3、宽1.8、厚0.7厘米。重6.12克（图3-32：11）。

石锛　1件。2014SNCG采：3，黄褐色砂岩，质地较疏松。磨制。尾与刃微残。长方形，剖面近梯形。正背面平直，微弧刃，刃部可见使用痕迹。残长5.1、残宽3.5、厚0.6厘米。重21.04克（图3-32：12）。

磨制石器　1件。2014SNCG采：5，凝灰岩。器表色黑，里色黄。方形主状体。通体精磨。顶端、下部及背面均有残损。正面就反面磨砺呈微凸弧面，左右两侧面较平直。残长2.1、残高6.9、厚0.6～2厘米。重43.51克（图3-32：13）。

（2）陶器

采集陶片124片，灰硬陶居多，少量软陶，另有2片原始瓷。少量见施黑衣。陶片多为素面，纹饰有网格纹、弦纹与水波纹组合纹饰、篮纹、席纹、锯齿纹与篮纹组合纹饰、双线菱形纹等（图3-33）。可辨器形有罐，另有扁形足1件。

扁形足　1件。2014SNCG采：13，夹粗砂灰陶，胎质较疏松。顶部残。梯形，顶部剖面近圆形，底部扁平。残高5.1、残宽2.1～4.9、厚1.1～3厘米（图3-34：1）。

罐口沿　1件。2014SNCG采：14，泥质灰陶，胎质较硬，夹少量细砂。圆唇，侈口。口沿可见轮旋痕迹。口径11、残高3.9、厚0.4～0.6厘米（图3-34：2）。

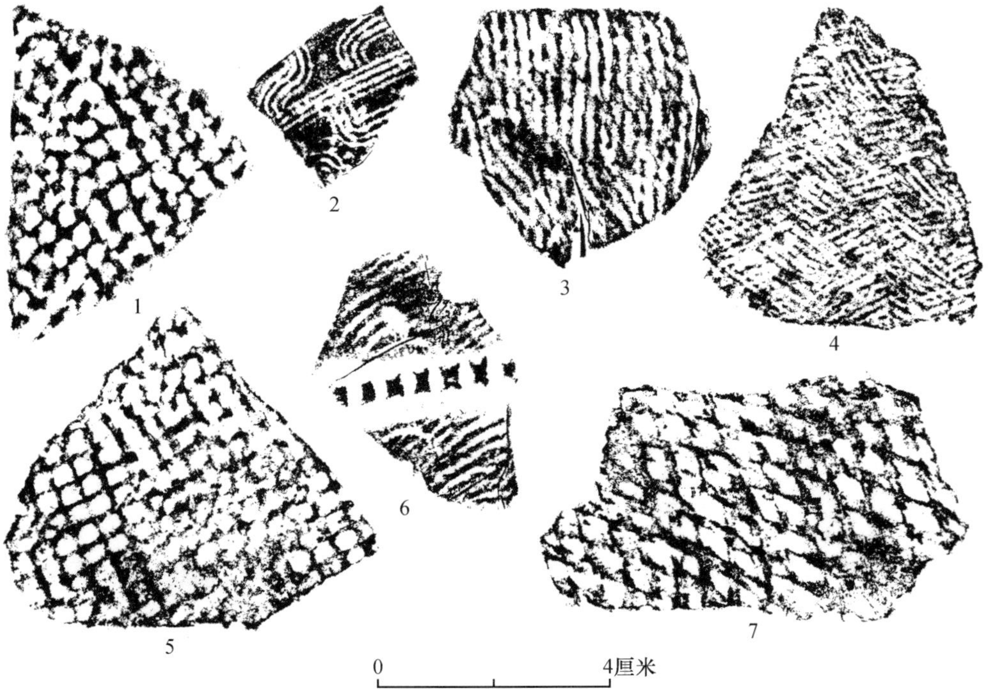

图3-33　长岗遗址采集陶片纹饰拓片

1、5. 网格纹（2014SNCG采：19、2014SNCG采：24）　2. 弦纹与水波纹组合纹饰（2014SNCG采：18）　3. 篮纹（2014SNCG采：25）　4. 席纹（2014SNCG采：21）　6. 锯齿纹与篮纹组合纹饰（2014SNCG采：22）　7. 双线菱形纹（2014SNCG采：20）

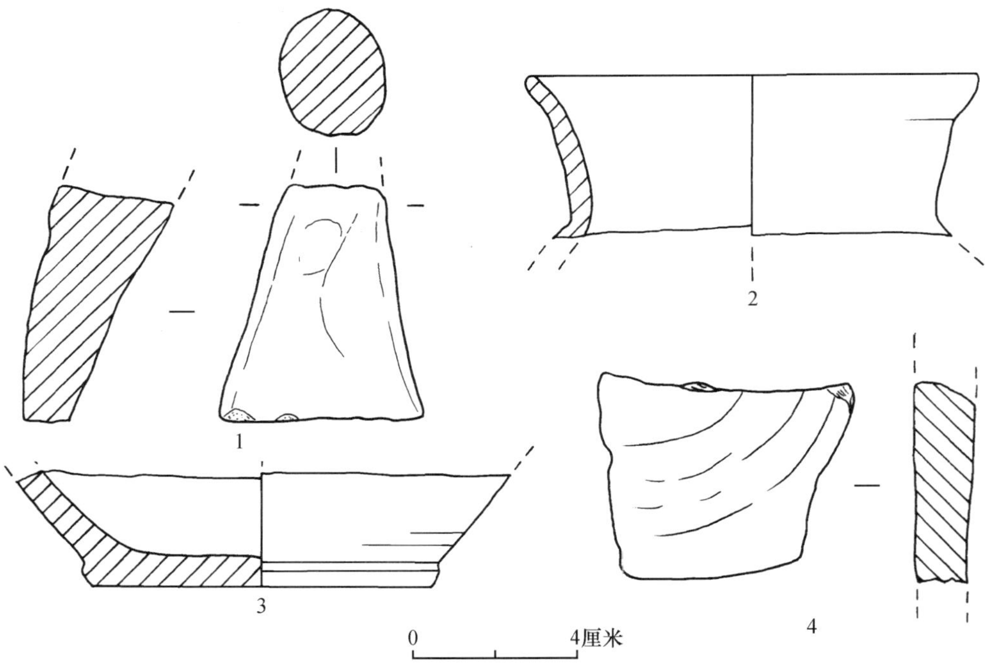

图3-34　长岗遗址采集陶器

1. 扁形足（2014SNCG采：13）　2. 罐口沿（2014SNCG采：14）　3、4. 罐底（2014SNCG采：15、2014SNCG采：17）

罐底　2件。

2014SNCG采：15，原始瓷。器表大部分衣已脱落。斜腹，平底，近底部可见两道明显轮旋纹。底径8.2、残高2.7、厚0.7～1.2厘米（图3-34：3）。

2014SNCG采：17，泥质灰陶。含少量细砂，胎质硬。为器底残块，不规则。底面可见几道轮旋纹。残长6、残宽4.7、厚1.2～1.6厘米（图3-34：4）。

十三　羊角凹遗址

1. 遗址概况

遗址位于上杭县南阳镇南阳村十一组、十二组东北方向300米（图3-35），为此次调查发现。遗址地理坐标为北纬25°19′49.11″，东经116°29′45.83″。遗址为一处略呈南北走向、相对独立的小山包，南北长、东西窄，遗址调查面积约16000平方米，海拔高度为351米。遗址顶面比较平坦，曾被建为战壕，局部遗留有大量瓦片。平面比较宽阔。顶部北侧植被比较稀少，南侧茂密，主要以杂草和松树及杉树为主。地表以红壤为主。东坡较缓，东坡下为村道及民宅；南坡较缓，坡上有用推土机推开的一条便道，采集有少量陶片。坡下为村道，与之相邻的是坪心盖遗址；西坡较缓，为阶地状平台，坡下为民宅；北坡较缓，坡下也为民宅、村道及龙田中学（图版86）。

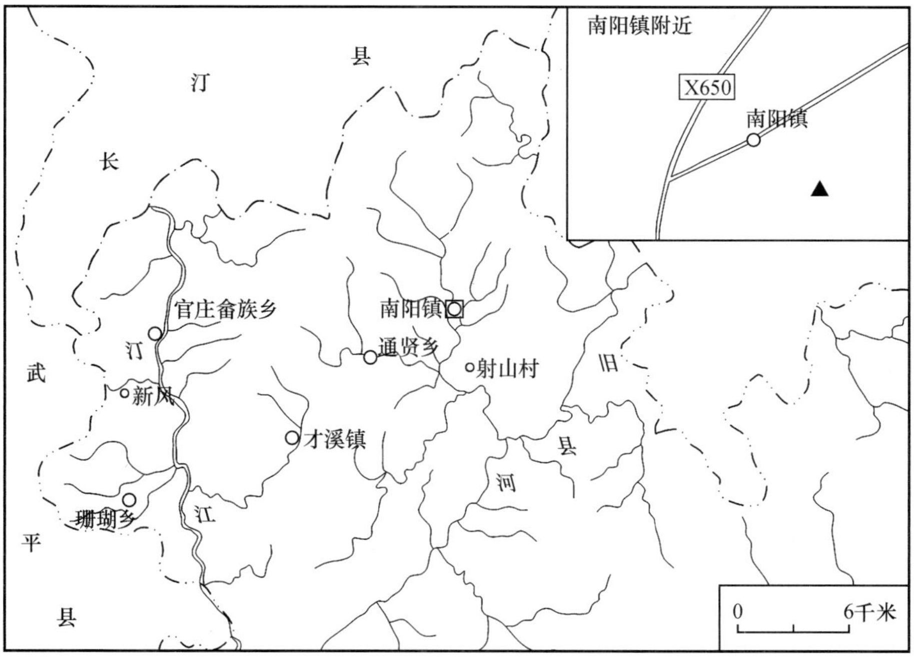

图3-35　羊角凹遗址位置示意图

2. 堆积情况

在遗址南部发现有厚20～30厘米的文化层。

3. 遗物

包括石器和陶器。

（1）石器

砺石　2件。

2014CNYJ采：1，黄色砂岩。器表粗糙，质地疏松。平剖面近梯形，正面较平直，可见磨制现象。残长4.9、残宽4.5、厚3.5厘米。重65.85克（图3-37：1）。

2014CNYJ采：2，褐色页岩。质密。长方形，剖面近梯形。顶端、左右侧平直，正背面可见磨制现象，且较为扁平，下端微弧。残长9.9、残宽5.9、厚0.3～3.3厘米。重424.15克（图3-37：2）。

（2）陶器

采集陶片30片，陶质多为泥质灰硬陶，少量夹砂软陶、泥质软陶。素面为主，陶片纹饰有方格纹、双线菱形纹、大网格纹与凸棱纹组合纹饰（图3-36）。可辨器形有钵、罐。

钵口沿　1件。2014CNYJ采：4，泥质磨光陶，火候较高，胎质较硬。圆唇，敛口，斜弧腹，口沿下部可见一道凹槽。口径9.6、残高3.4、厚0.4～0.7厘米（图3-37：3）。

罐底　1件。2014CNYJ采：3，泥质灰陶，火候较高，胎质较硬。外施黑衣，黑衣大部分脱落。斜腹，平底。腹饰网格纹。底径21、残高3、厚0.5～1.1厘米（图3-37：4）。

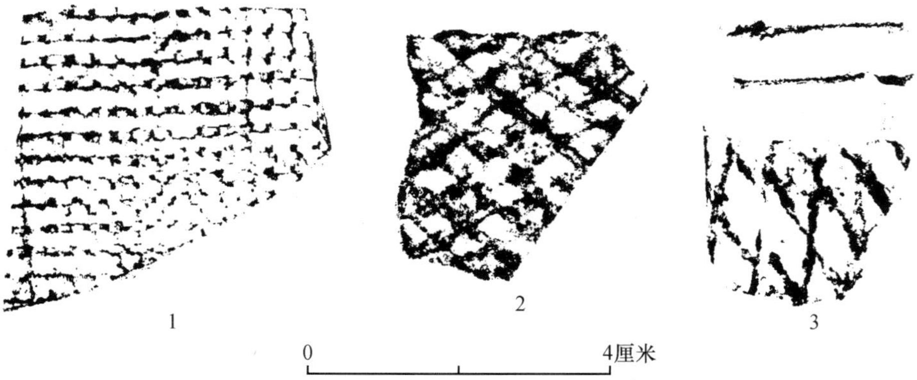

图3-36　羊角凹遗址采集陶片纹饰拓片

1. 方格纹（2014CNYJ采：采：5）　2. 双线菱形纹（2014CNYJ采：采：6）　3. 大网格纹与凸棱纹组合纹饰（2014CNYJ采：采：7）

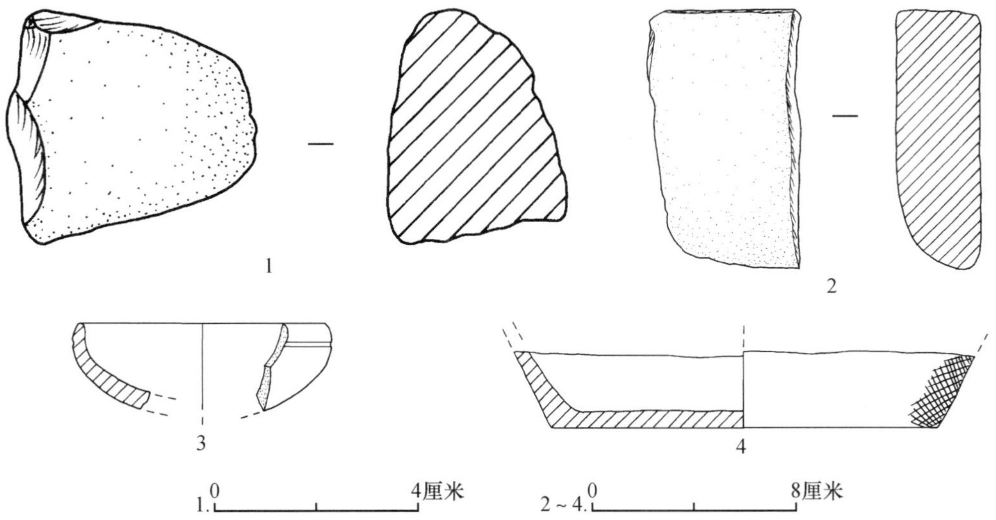

图3-37　羊角凹遗址采集遗物

1、2. 砺石（2014CNYJ采：1、2014CNYJ采：2）　3. 钵口沿（2014CNYJ采：4）　4. 罐底（2014CNYJ采：3）

十四　公王山遗址

1. 遗址概况

遗址位于上杭县南阳镇豪东村陈茜自然村南侧约100米（图3-38），为此次调查发现。遗址地理坐标为北纬25°17′33.38″，东经116°30′30.73″。遗址为一处略呈东西走向、相对独立的小山包，调查面积约10000平方米，海拔312米。地表为红壤，植被较为茂密，主要为杂草和零散的松树，东、南、北四面山坡都被村民开耕，种植松树。东坡下为村道，村道东边为江子下村

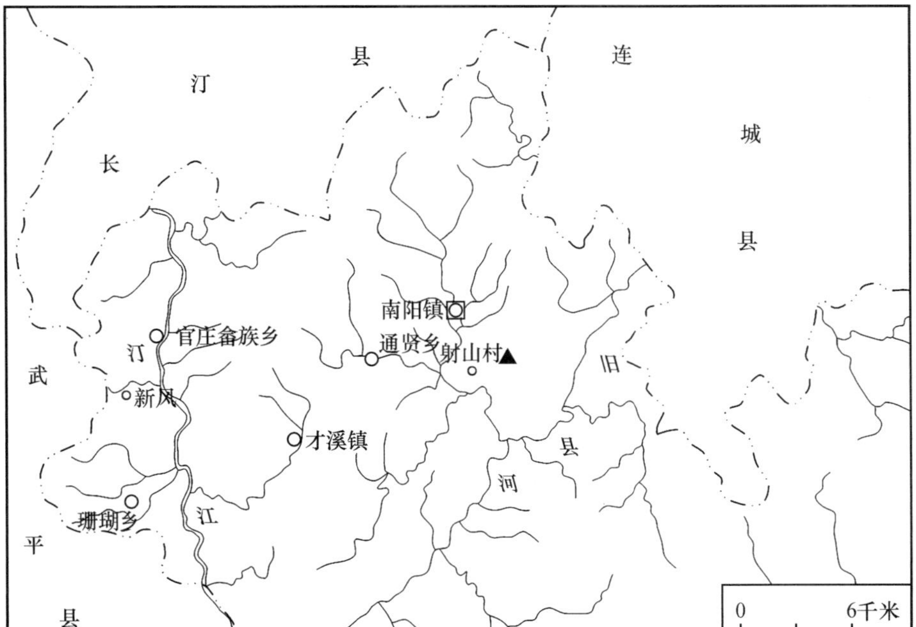

图3-38　公王山遗址位置示意图

庄，村庄的东侧紧连高速公路；南面比较开阔，为大片的稻田；西面下为小峡谷，峡谷对面为陈兰坑遗址；北面，半坡下为新建的一座安息堂及一座坟墓，坡下紧连村部，村部北侧约300米为豪东小学（图版87）。

2. 遗物

（1）石器

采集石器有砺石、石坯。

砺石　1件。2014SNGW采：1，黄灰色砂岩。不规则，剖面呈梯形。正反面均有磨砺，且都磨砺呈凹形。残长9.5、残宽8.5、厚1.7～3.2厘米。重291.11克（图3-39：2）。

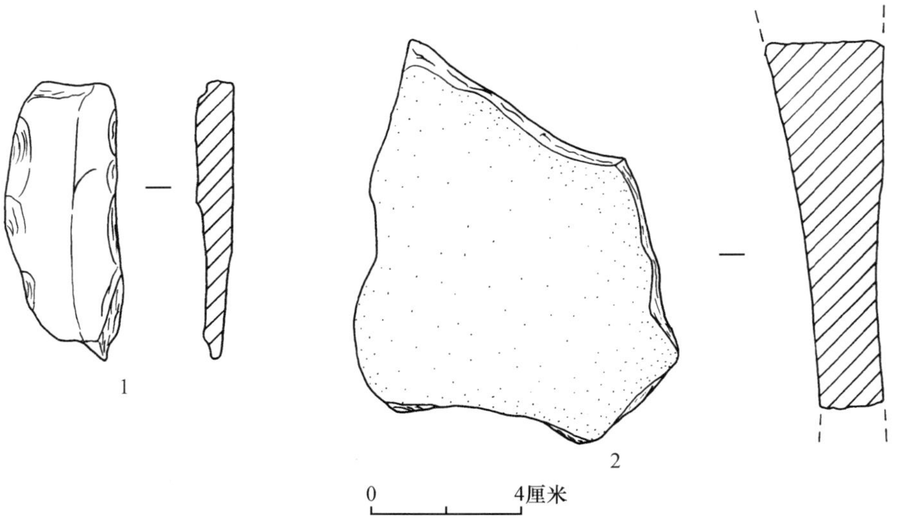

图3-39　公王山遗址采集遗物

1. 石坯（2014SNGW采：2）　2. 砺石（2014SNGW采：1）

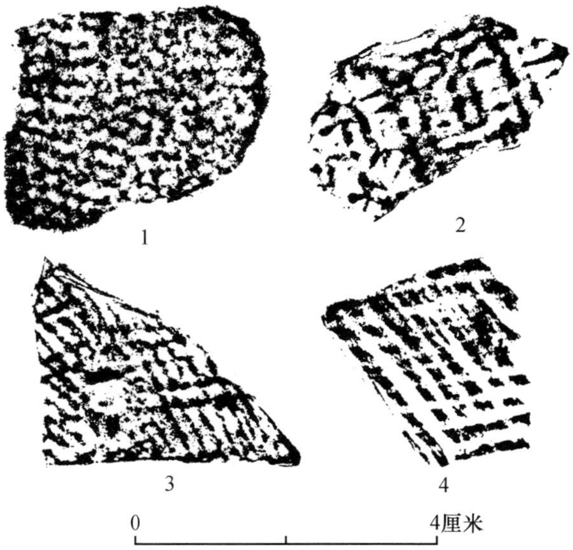

图3-40　公王山遗址采集陶片纹饰拓片

1. 方格纹（2014SNGW采：6）　2、3. 双线菱形纹（2014SNGW采：4、2014SNGW采：7）　4. 曲折纹（2014SNGW采：3）

石坯　1件。2014SNGW采：2，灰色页岩。不规则，剖面呈长方形。腹面微凸，可见几处层叠的石片疤，片疤窄而浅，背面微弧。残长7.2、宽2.9、厚0.1～1厘米。重26.77克（图3-39：1）。

（2）陶器

采集陶片20片，陶质以泥质灰陶为主，胎质较硬。多施黑衣，纹饰有方格纹、双线菱形纹、曲折纹等（图3-40）。

十五　陈兰坑里遗址

1. 遗址概况

遗址位于上杭县南阳镇射山村东北方向约1000米（图3-41），为此次调查发现。遗址地理坐标为北纬25°17′29.25″，东经116°30′12.22″。遗址东南—西北走向，调查面积约7500平方米，海拔240米。四周及顶部植被比较稀疏，由于长期的水土流失，遗址顶部大面积裸露，东坡较陡，中间局部因水土流失而形成大面积坍塌，坡下为小河谷；南较缓，坡上被村民开挖种植松树；西坡较缓，坡上种植松树，半坡上村民建有养猪场，西坡下为大片的稻田，稻田对面为射山遗址及射山粮站；北坡较缓，与低矮的山丘相连（图版88）。

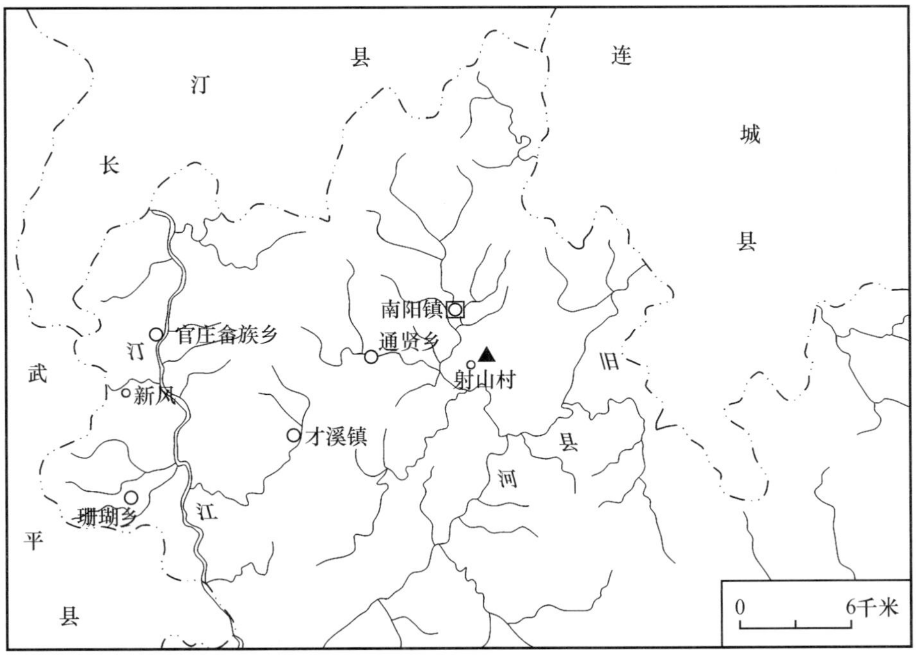

图3-41　陈兰坑里遗址位置示意图

2. 遗物

（1）石器

采集石器有凹石、石锛、石凿、石镞、石玦、石环等。

凹石　1件。2014SNCL采：15，紫色砂岩。内为黑灰色，含石英。质地较坚硬。不规则。正面微凸，且中部磨砺呈凹状。背面有打制石片疤，片疤宽而深。长15.2、宽11、厚2.2～5.3厘米。重850.49克（图3-42：1）。

穿孔磨制石器　1件。2014SNCL采：8，灰黑色板岩。磨制。下端与右侧残缺。不规则，剖面略呈长方形，器体上薄下厚。正、背面及左侧面磨制精细，顶端与左侧面平，正、背面微弧。下端可见一穿，已残。残长5.9、残宽2.9～4.4、厚0.7～1.1厘米。重30.54克（图3-42：2）。

石锛　数量较多，共8件。依器体大小分两类。

中型锛　4件。长6～13厘米。近长方形，截面呈梯形，分二型。

A型　2件。器身相对窄长形。

2014SNCL采：13，灰色凝灰岩，微弧尾，正面微凹，弧背。微凹刃，可见使用痕迹。长13、宽5.4～6、厚1.3厘米。重184.22克（图3-42：3；图版89）。

2014SNCL采：16，黄色凝灰岩。质地疏松。微弧尾，正、背面平，两侧面斜直。刃口截面为凹弧形，弧形刃，微残。长6.7、宽3.1、厚1.4厘米。重43.45克（图3-42：4）。

B型　2件。器身略为短宽。

2014SNCL采：7，黄色凝灰岩。质地疏松。微弧尾，正面及背面平，右侧面斜直。刃部残。残长6、宽5、厚1.3厘米。重52.89克（图3-42：5）。

2014SNCL采：12，青黑色安山岩。质地坚硬。器体厚薄不均。微弧尾，正面微凹，弓

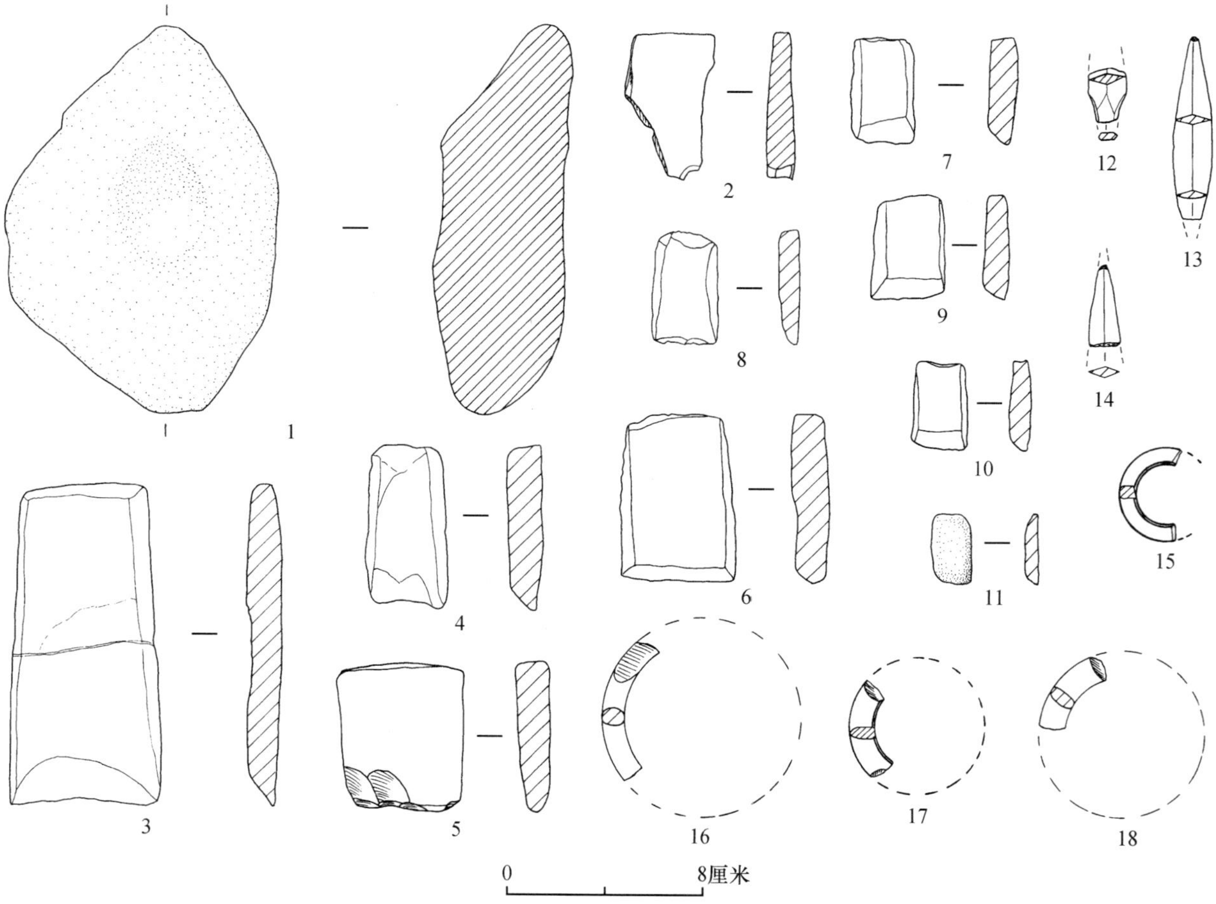

图3-42　陈兰坑里遗址采集石器

1. 凹石（2014SNCL采：15）　2. 穿孔磨制石器（2014SNCL采：8）　3～10. 石锛（2014SNCL采：13、2014SNCL采：16、2014SNCL采：7、2014SNCL采：12、2014SNCL采：6、2014SNCL采：9、2014SNCL采：10、2014SNCL采：17）　11. 石凿（2014SNCL采：5）　12～14. 石镞（2014SNCL采：11、2014SNCL采：18、2014SNCL采：21）　15. 石玦（2014SNCL采：1）　16～18. 石环（2014SNCL采：2、2014SNCL采：3、2014SNCL采：14）

背，平直刃。刃部可见使用痕迹。长6.9、宽4.6、厚1.2～1.5厘米。重80.9克（图3-42：6；图版90）。

小型锛　4件。长度在6厘米以内。器身都为窄长，近长方形，截面呈梯形。

2014SNCL采：6，灰色凝灰岩。平尾，正面及两侧面较平，微弧背。平直刃，微残，刃部可见使用痕迹。长4.3、宽2.5、厚1.1厘米。重19.87克（图3-42：7；图版91）。

2014SNCL采：9，青灰色凝灰岩。尾残、正面近底部微凹，平直背，左右两侧面较斜直。平直刃，刃部微残，可见使用痕迹。长4.8、宽2.8、厚0.9厘米。重17.66克（图3-42：8）。

2014SNCL采：10，灰色凝灰岩。顶端、背微弧，正面较平。平刃，刃部微残，可见使用痕迹。残长4.3、宽2.9、厚1厘米。重22.56克（图3-42：9；图版92）。

2014SNCL采：17，灰色砂岩。尾微凹，正面微凸，背微弧，平刃。长3.7、宽2.2、厚0.9厘米。重10.6克（图3-42：10；图版93）。

石凿　1件。2014SNCL采：5，灰色凝灰岩。质地较疏松。器体较小。长方形，顶端微弧，背面平直，刃缘稍弧。可见使用痕迹。长2.8、宽1.6、厚0.6厘米。重3.57克（图3-42：11）。

石镞　3件。

2014SNCL采：11，灰色页岩。磨制。仅存铤接叶处残段。镞身截面呈菱形，与铤分界较明显，中脊明显，铤扁平。残长2.3、宽1.5、厚0.6厘米。重1.65克（图3-42：12）。

2014SNCL采：18，黑灰色板岩。柳叶形。通体精磨。锋与锋翼稍残。两翼锋利，镞身截面呈菱形，与铤分界不明显。中脊明显，扁平铤，一面起棱。残长8.4、宽1.6、厚0.3～0.4厘米。重5.27克（图3-42：13；图版94）。

2014SNCL采：21，黑灰色页岩。柳叶形。磨制精细。仅存镞身上半段。锋稍残，两翼锋利，镞身截面呈棱形，中脊明显。残长3.4、宽1.3、厚0.4厘米。重1.97克（图3-42：14）。

石玦　1件。2014SNCL采：1，青灰色。质较坚硬。磨制精细。一侧有小缺口。截面近方形，内缘一侧面微斜。外径3.8、内径2.4～2.6、厚0.5厘米。重5.15克（图3-42：15；图版95）。

石环　3件。

2014SNCL采：2，黄褐色。质地较疏松。磨制。仅存残段。截面呈椭圆形。外径8.1、内径6.2、厚0.5～0.7厘米。重4.72克（图3-42：16）。

2014SNCL采：3，表色紫，内色黑。质地较疏松。磨制。仅存残段。截面为扁圆形，内缘一侧肉较厚，外缘一侧薄。外径5.6、内径3.4、厚0.3～0.4厘米。重3.94克（图3-42：17）。

2014SNCL采：14，青灰色。质地较疏松。磨制。仅存残段。截面呈扁圆形。外径6.8、内径4.6、厚0.6厘米。重3.84克（图3-42：18）。

（2）陶器

采集陶片618片，陶质以泥质灰硬陶和夹砂陶为多，陶胎厚薄不一。多施黑衣，原始瓷1片。陶片多为素面，主要纹饰有席纹、方格纹、菱形刻划纹、篮纹、弦纹与方格纹组合纹饰、竖条纹、凸棱纹、云雷纹、双线菱形纹、重圈纹等（图3-43）。可辨器形有尊、盆、盂、罐

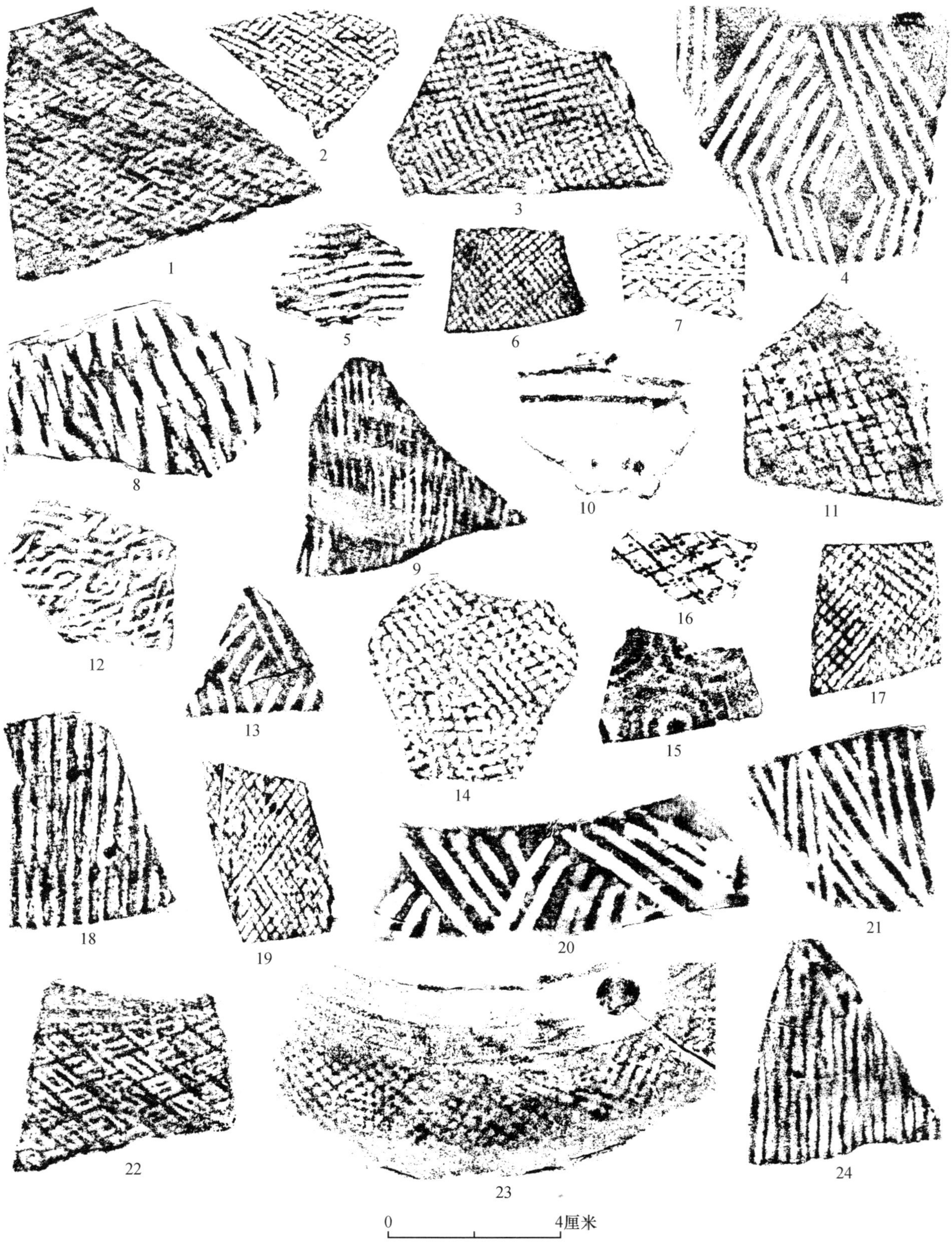

图3-43　陈兰坑里遗址采集陶片纹饰拓片

1、22. 席纹（2014SNCL采：40、2014SNCL采：43）　2、3、6、11、14、17、19. 方格纹（2014SNCL采：51、2014SNCL采：47、2014SNCL采：59、2014SNCL采：50、2014SNCL采：52、2014SNCL采：53、2014SNCL采：56）　4、13. 菱形刻划纹（2014SNCL采：39、2014SNCL采：41）　5、8. 篮纹（2014SNCL采：49、2014SNCL采：48）　7. 弦纹与方格纹组合纹饰（2014SNCL采：54）　9、18、24. 竖条纹（2014SNCL采：45、2014SNCL采：44、2014SNCL采：46）　10. 凸棱纹（2014SNCL采：60）　12. 菱形回纹（2014SNCL采：55）　15. 重圈纹（2014SNCL采：57）　16. 双线菱形纹（2014SNCL采：58）　20、21. 三角形刻划纹（2014SNCL采：38、2014SNCL采：42）　23. 乳钉纹与方格纹组合纹饰（2014SNCL采：61）

等，都为口沿残片及器底残片，另采集1件陶纺轮。

尊口沿　2件。

2014SNCL采：19，泥质灰陶，火候高，胎质硬。内外施酱黄釉，釉大部分脱落。圆唇，侈口。口沿内可见四道较为明显的轮旋纹。口径16.4、残高6.4、厚0.5厘米（图3-44：1）。

2014SNCL采：20，泥质灰陶，火候高，胎质硬。外施黑衣。圆唇，敞口，平折沿。素面。口径18.6、残高3.2、厚0.3～0.6厘米（图3-44：5）。

盆口沿　1件。2014SNCL采：25，泥质灰黑陶，胎质硬。外施黑釉。素面。口径18、残高3.6、厚0.4～0.7厘米（图3-44：6）。

陶盂　1件。2014SNCL采：38，泥质黄陶，夹少量细砂，胎质疏松。器体内可见施赭衣，有脱落现象。敛口，圆唇，浅折腹，下腹内收，平底。器表饰刻划纹。口径10、底径7、高4、

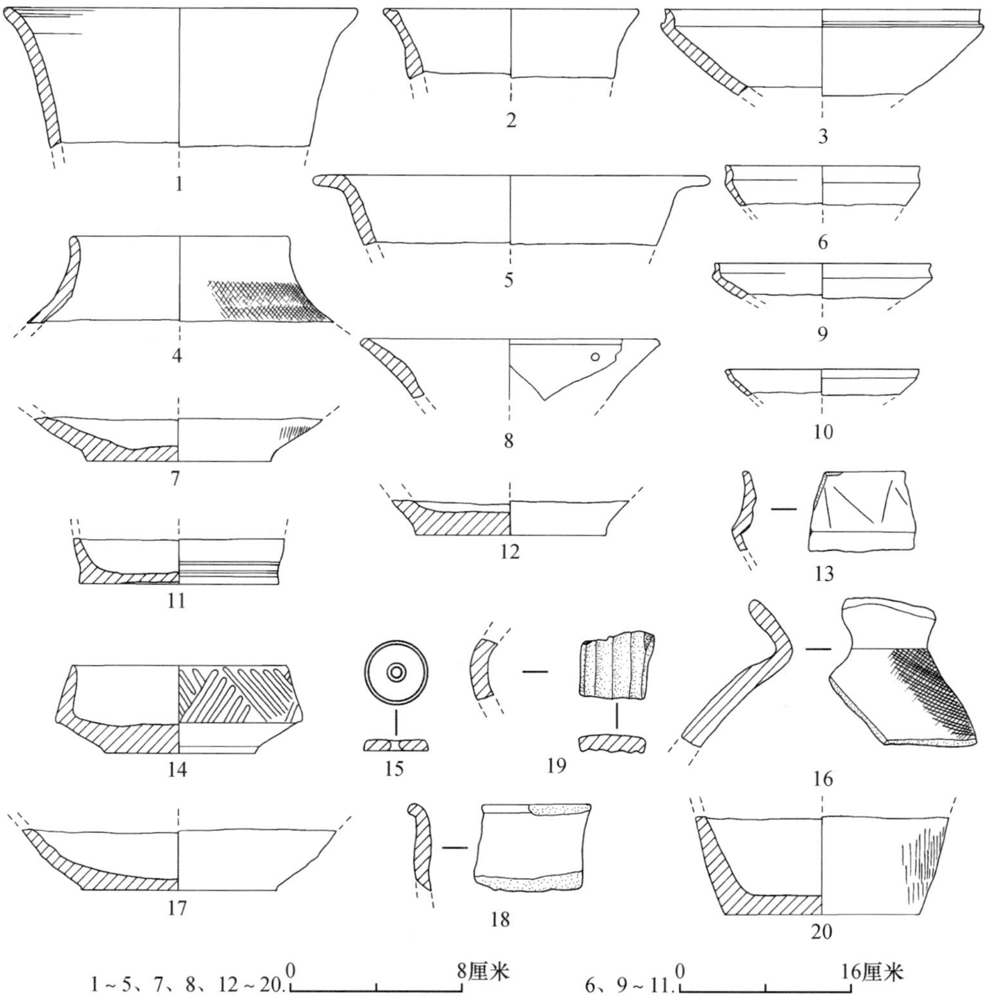

图3-44　陈兰坑里遗址采集陶器

1、5. 尊口沿（2014SNCL采：19、2014SNCL采：20）　2、4、8、13、16、18. 罐口沿（2014SNCL采：27、2014SNCL采：26、2014SNCL采：23、2014SNCL采：24、2014SNCL采：22、2014SNCL采：29）　3、9、10. 豆盘口沿（2014SNCL采：37、2014SNCL采：28、2014SNCL采：30）　6. 盆口沿（2014SNCL采：25）　7、11、12、17、20. 罐底（2014SNCL采：34、2014SNCL采：32、2014SNCL采：36、2014SNCL采：35、2014SNCL采：33）　14. 陶盂（2014SNCL采：38）　15. 陶纺轮（2014SNCL采：4）　19. 器耳（2014SNCL采：31）

厚0.3～0.6厘米（图3-44：14；图版96）。

豆盘口沿　3件。

2014SNCL采：28，泥质灰陶，胎质硬。外施黑衣。圆唇，侈口，斜腹。素面。口径20、残高3.2、厚0.4～0.7厘米（图3-44：9）。

2014SNCL采：30，夹细砂灰陶，胎质较疏松。里外施黑衣。圆唇，侈口，斜腹，素面。口径18、残高2.4、厚0.4～0.5厘米（图3-44：10）。

2014SNCL采：37，原始瓷。尖唇，侈口，斜弧腹。口沿下饰一道凹弦纹。口径14.6、残高4、厚0.1～0.6厘米（图3-44：3）。

罐口沿　6件。

2014SNCL采：22，泥质黄陶，陶胎内外色黄，厚0.1～0.2厘米，中间胎色灰，厚约0.7厘米，胎质疏松。圆唇，侈口，束颈，斜弧肩。口沿部分变形严重。肩饰网格纹。残高6.1、厚0.5～1厘米（图3-44：16）。

2014SNCL采：23，泥质灰陶，火候高，胎质硬。外施酱釉。方唇，侈口，口沿有两穿，一穿已残，口沿内外均可见轮旋痕迹。口径13.6、残高2.8、厚0.5～0.7厘米（图3-44：8）。

2014SNCL采：24，泥质灰陶，火候较高，胎质硬。里外施黑衣，黑衣大部分脱落。圆唇，侈口，折肩。口沿外饰刻划纹“/\/\”，口沿内外可见轮旋痕迹。残高3.7，厚0.3～0.6厘米（图3-44：13）。

2014SNCL采：26，泥质灰陶，火候高，胎质硬。外施黑衣，圆唇，直口微侈，斜肩，肩部饰网格纹，抹光现象严重。口径10、残高5、厚0.3～0.6厘米（图3-44：4）。

2014SNCL采：27，泥质灰陶，火候高，胎质硬。里外施黑衣。圆唇，唇缘外凸，侈口。口径11.8、残高3.3、厚0.3～0.8厘米（图3-44：2）。

2014SNCL采：29，泥质灰陶，火候高，胎质硬。里外施黑衣。圆唇，卷沿，直口。残高4、厚0.5～0.7厘米（图3-44：18）。

罐底　5件。

2014SNCL采：32，夹细砂灰陶，胎厚且胎质较疏松。外施黑衣，黑衣大部分脱落。斜弧腹，平底微内凹。近底部可见5道弦纹。底径17.2、残高4.2、厚0.6～2.2厘米（图3-44：11）。

2014SNCL采：33，泥质灰陶，胎厚且胎质较疏松。外施釉，釉剥落严重。斜腹，平底。腹饰竖条纹，抹光现象严重。底径9、残高4.5、厚0.5～1.5厘米（图3-44：20）。

2014SNCL采：34，泥质灰陶，火候较高，胎质硬。外施酱釉。斜腹内收，小平底，器底中部微凸。腹饰竖条纹。底径8.6、残高2、厚0.5～1.1厘米（图3-44：7）。

2014SNCL采：35，泥质灰陶，火候较高，胎质硬。外施酱黑釉。斜腹弧内收，平底。素面。器底内外可见轮旋痕迹。底径9、残高2.7、厚0.4～1.3厘米（图3-44：17）。

2014SNCL采：36，泥质灰陶，胎质较硬。外施黑衣。斜腹，小平底。素面。器表可见轮旋痕迹。底径8.8、残高1.6、厚0.6～1.1厘米（图3-44：12）。

器耳　1件。2014SNCL采：31，桥形器耳，仅存残段。泥质灰陶，火候较高。外饰黑衣。

器表可见五道凸棱纹。残宽3、残高2.8、厚0.9厘米（图3-44：19）。

陶纺轮 1件。2014SNCL采：4，泥质黄陶，胎质较疏松。圆形，剖面略呈梯形，扁平状。上外径2.85、下外径3、孔径0.5～0.8、厚0.5厘米（图3-44：15）。

3. 墓葬

此次调查，在遗址的中部发现有被雨水冲刷后暴露的一座墓葬，编号为2014SNCLM1。

2014SNCLM1墓框无存，地表暴露较多陶器残片，且比较集中，陶片纹饰可见席纹、弦纹与方格纹组合纹饰、竖条纹和大网格纹（图3-45）。从中初步可辨的器形有尊、豆、罐。

尊 2件。

2014SNCLM1：1，泥质黄陶，火候较高，胎薄，器体较大。由含口沿、颈部、肩、腹与器底复原大概。圆唇，宽折沿，敞口，长颈，溜肩微折，深腹弧收，小平底。颈部可见几道轮旋纹，颈肩相接处可见一道凸棱纹和圆圈纹，肩与腹饰竖条纹。抹光现象严重。器身上段：口径26、最大腹径31.2、残高34.2、厚0.5～0.6厘米；底段：底径7.8、残高11、厚0.4～0.6厘米。复原后大致高度为45.2厘米（图3-46：1）。

2014SNCLM1：3，口沿，夹砂灰陶，火候较高。里外施黑衣。黑衣剥落严重。圆唇，敞口，宽沿微外卷，长颈。口沿内外均可见轮旋痕迹。口径19.6、残高6.3、厚0.4～1厘米（图3-46：2）。

豆口沿 1件。2014SNCLM1：4，泥质灰陶，火候较高。里外施酱黄釉，釉剥落严重。

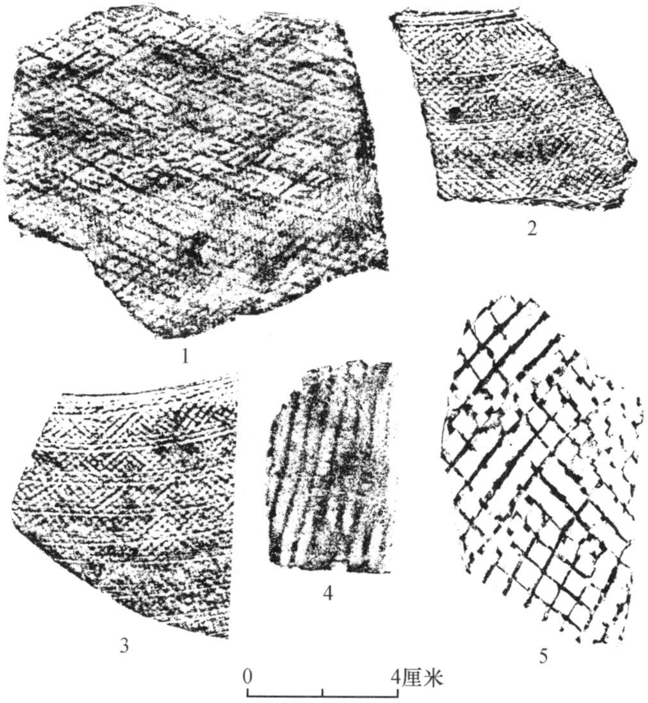

图3-45 陈兰坑里M1陶片纹饰拓本

1. 席纹（2014SNCLM1：9） 2、3. 弦纹与方格纹组合纹饰（2014SNCLM1：10、2014SNCLM1：8） 4. 竖条纹（2014SNCLM1：1） 5. 大网格纹（2014SNCLM1：2）

口沿小于腹径。圆唇，侈口，曲腹。残片内外可见轮旋痕迹。口沿17.2、最大腹径19.2、残高7.5、厚0.4～0.7厘米（图3-46：3）。

豆柄　2件。

2014SNCLM1：6，泥质灰陶，火候较高。里外施酱黄釉，釉剥落严重。斜腹内收，喇叭形圈足，足根外撇，豆把上饰有刻划符号。足径12、残高7.6、厚0.6～1.4厘米（图3-46：4）。

2014SNCLM1：7，夹粗砂灰陶，胎质硬。外施赭衣，剥落严重。斜腹，喇叭形粗圈足。圈足内外可见明显轮旋纹。底径13.2、残高5.2、厚0.4～1.4厘米（图3-46：5）。

罐　1件。2014SNCLM1：2，泥质灰硬陶，陶胎较厚。由含肩部腹部残片及底部残片复原大概，溜肩微折，口沿部分已残。斜弧腹，内收，底微内凹。通体饰大网格纹。肩部腹部段：最大腹径34、残高16.6、厚0.6～0.8厘米；器底段：底径17.6、残高3、厚0.6～1.4厘米。复原后大致高度为19.6厘米（图3-46：6）。

圈足　1件。2014SNCLM1：5，夹砂灰陶，胎厚且质硬。外施黑衣，剥落严重。腹内收，喇叭圈足，足根外卷。圈足底部可见小部分方格纹，抹光现象严重。圈足外可见轮旋痕迹。底径16、残高3.6、厚0.7～1.5厘米（图3-46：7）。

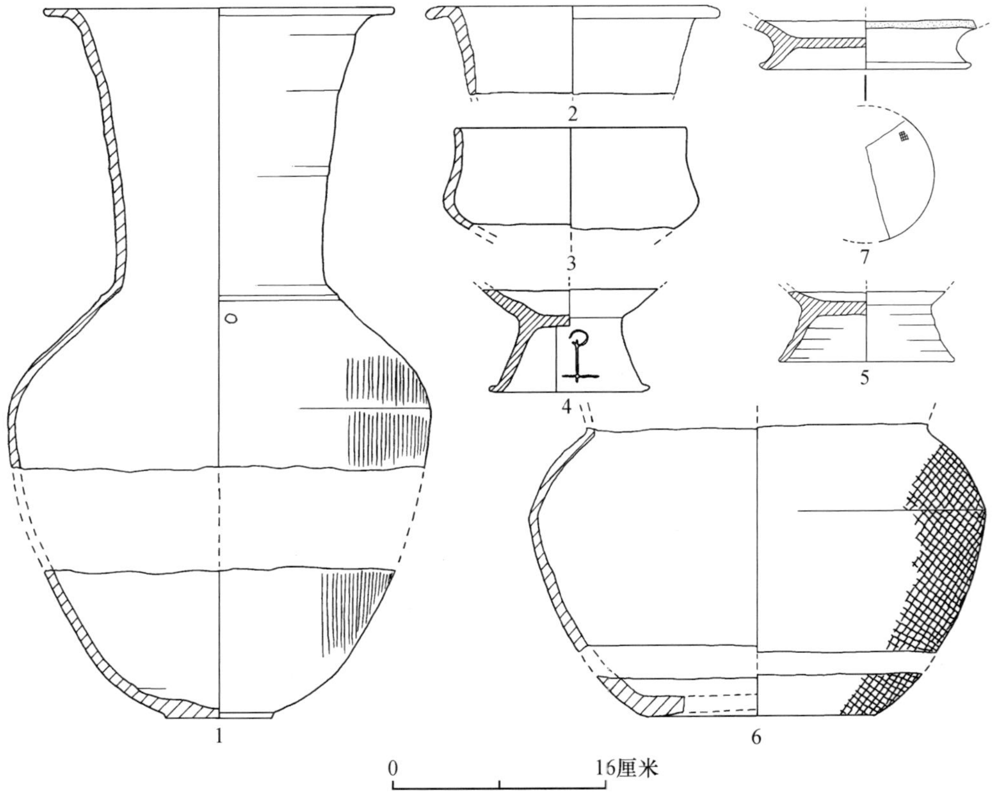

图3-46　陈兰坑里M1出土遗物

1、2. 尊（2014SNCLM1：1、2014SNCLM1：3）　3. 豆口沿（2014SNCLM1：4）　4、5. 豆柄（2014SNCLM1：6、2014SNCLM1：7）　6. 罐（2014SNCLM1：2）　7. 圈足（2014SNCLM1：5）

十六　通贤遗址

1. 遗址概况

遗址位于上杭县通贤乡通贤村中学背头山西北侧（图3-47），为1988年调查发现。遗址地理坐标为北纬25°18′20″，东经116°27′3.6″。遗址为一座南北走向的独立山包，北高南低，遗址调查面积约6000平方米，海拔700米。通贤遗址东南侧500米为通贤村村部，东侧约200米为金桥自然村，东南侧约100米为通贤中学。植被较为稀少，主要为灌木、杉树、松树为主遗址的顶部有新建的水塔，地表为红壤，大多暴露风化壳。

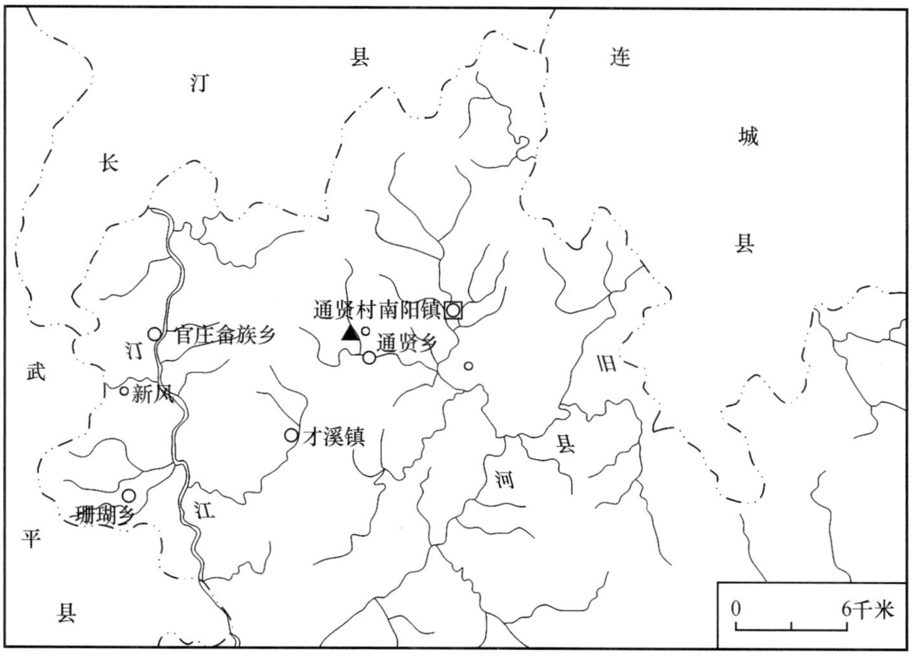

图3-47　通贤遗址位置示意图

2. 遗物

（1）石器

采集石器有凸刃刮削器、砺石。

凸刃刮削器　1件。2014STTX采：2，红褐色砂岩。质地较密。打制。贝壳状，剖面近三角形，有石皮一面微凸，中间厚，两边薄。B面向A面打制形成，可见多个单层石片疤，打击点集中，片疤身。凸形刃，刃缘呈锯齿状。可见放射线，同心波不可见。残长10.8、残宽2.4、厚2.7厘米。重175.88克（图3-48：1）。

砺石　1件。2014STTX采：1，黄褐色花岗岩。质地较密。磨制。梯形，剖面近长方形。正背两面以及右侧面均磨制，正面平直、右侧面微弧，背面微凹。残长9.8、残宽10～12、厚3.6～3.8厘米。重671.18克（图3-48：2）。

（2）陶器

采集陶片13片，陶质以泥质灰陶和夹砂灰陶为主，1片黑衣陶。陶片多素面，纹饰可见方格纹、双线菱形纹、云雷纹、凸棱纹（图3-49）。可辨器形有钵。

钵口沿　1件。2014STTX采：3，泥质灰陶，火候较高。外施黑衣，黑衣大部分脱落。圆唇，敛口，素面，器表可见轮旋痕迹。口径6、残高2.2、厚0.3～1厘米（图3-50）。

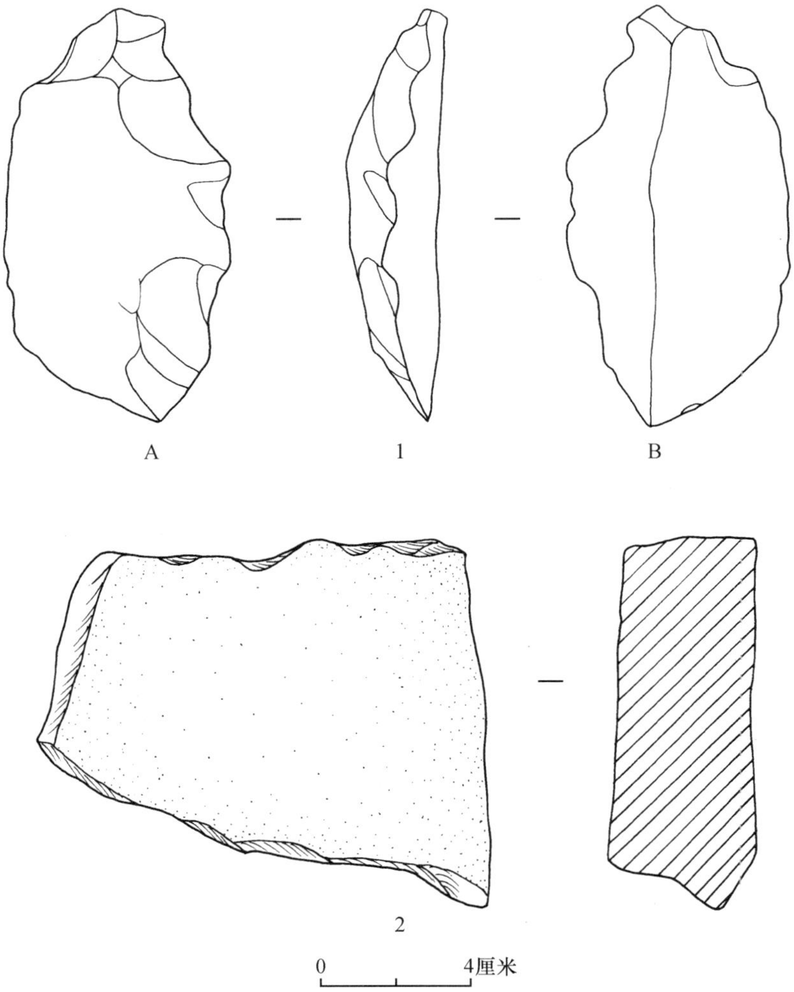

图3-48　通贤遗址采集石器

1. 凸刃刮削器（2014STTX采：2）　2. 砺石（2014STTX采：1）

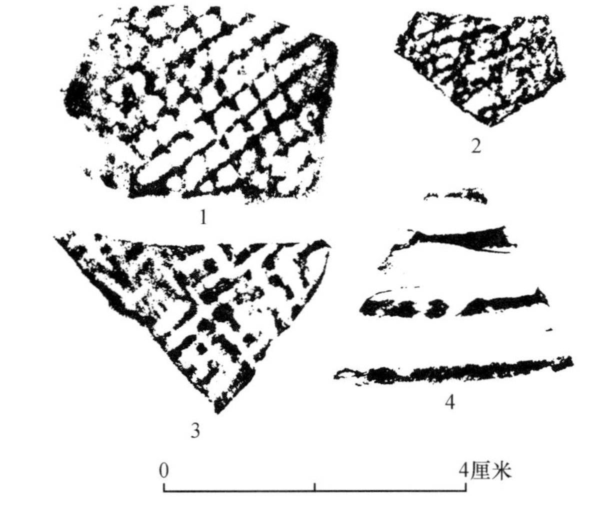

图3-49　通贤遗址采集陶片纹饰拓片

1. 方格纹（2014STTX采：5）　2. 双线菱形纹（2014STTX采：6）　3. 云雷纹（2014STTX采：7）　4. 凸棱纹（2014STTX采：4）

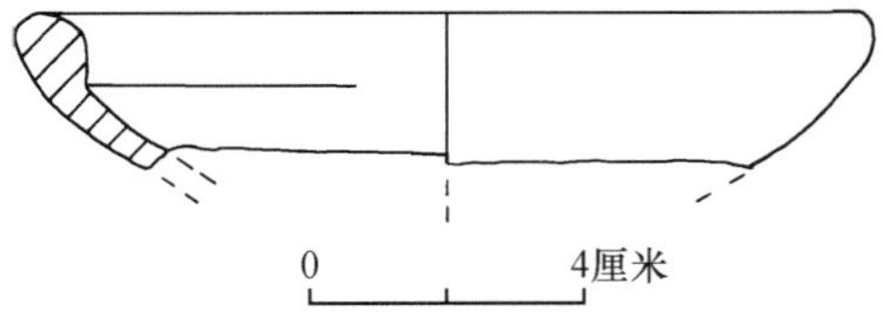

图3-50　通贤遗址采集陶器

钵口沿（2014STTX采：3）

十七　枫云岗遗址

1. 遗址概况

遗址位于上杭县通贤乡通贤村枫仁岗东北侧距村部570米处（图3-51），为1987年调查发现。遗址地理坐标为北纬25°18′24″，东经116°27′23.3″。遗址为一处南北走向相对独立的小山包，南侧约500米为曹丘村背头山。遗址调查面积约4500平方米，海拔725米。遗址地表植被稀疏，有零散分布的小杉树和小松树，土壤为红壤，地势北高南低状分布。遗址自下往上有新开的一条宽约3米的土路（图版97）。

2. 遗物

从地表南侧裸露处采集陶片20片，陶质有泥质灰陶、夹砂灰陶，胎质较硬，黑衣和赭衣陶。多为素面，主要纹饰有栅篱纹、双线菱形纹、竖条纹（图3-52）。

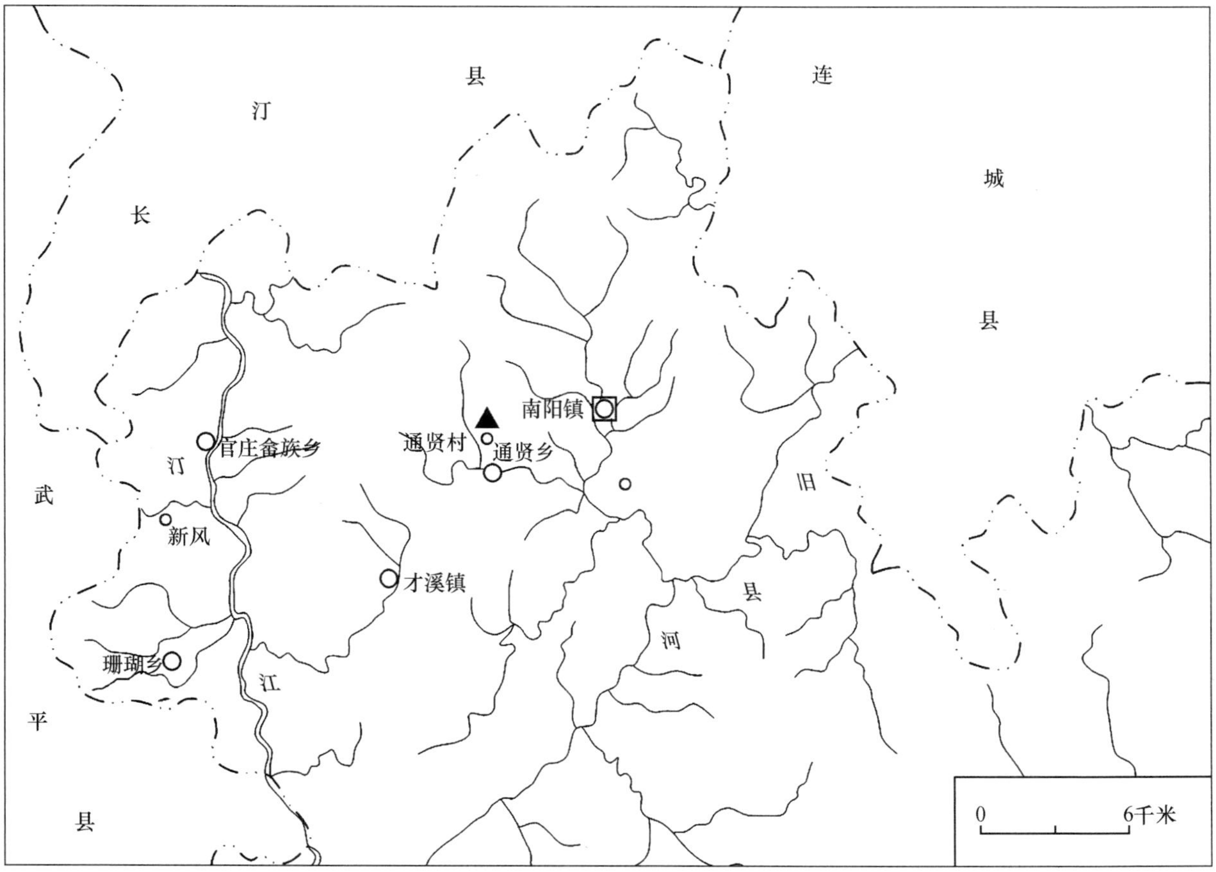

图3-51　枫云岗遗址位置示意图

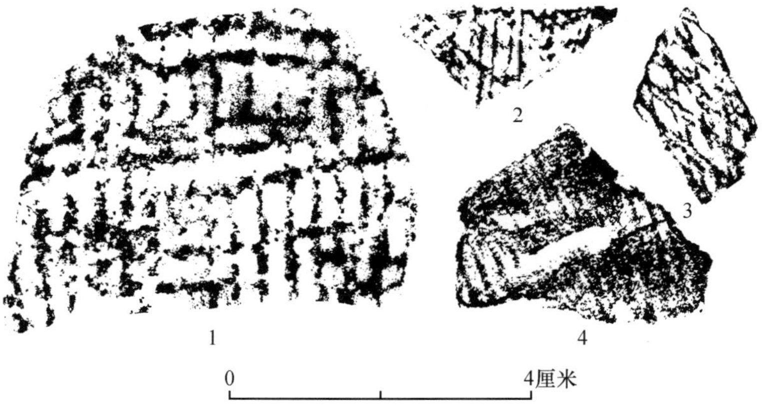

图3-52　枫云岗遗址采集陶片纹饰拓片

1. 栅篱纹（2014STFY采：1）　2、3. 双线菱形纹（2014STFY采：3、2014STFY采：4）　4. 竖条纹（2014STFY采：2）

十八　象鼻子岗遗址

1. 遗址概况

遗址位于上杭县通贤乡东里村象鼻子岗山东侧距村部东侧390米（图3-53），为1987年调查发现。遗址地理坐标为北纬25°18′2.7″，东经116°27′32.3″。为一座南北走向相对独立的小山包，面积约110米，海拔318米。顶部植被稀疏，四周植被较为茂密，东侧390米为东里村村部，东侧距遗址约1000米处为205国道。北侧约10米为丘福星住宅，西南侧约50米为东里小学，南侧约20米为村道（图版98）。

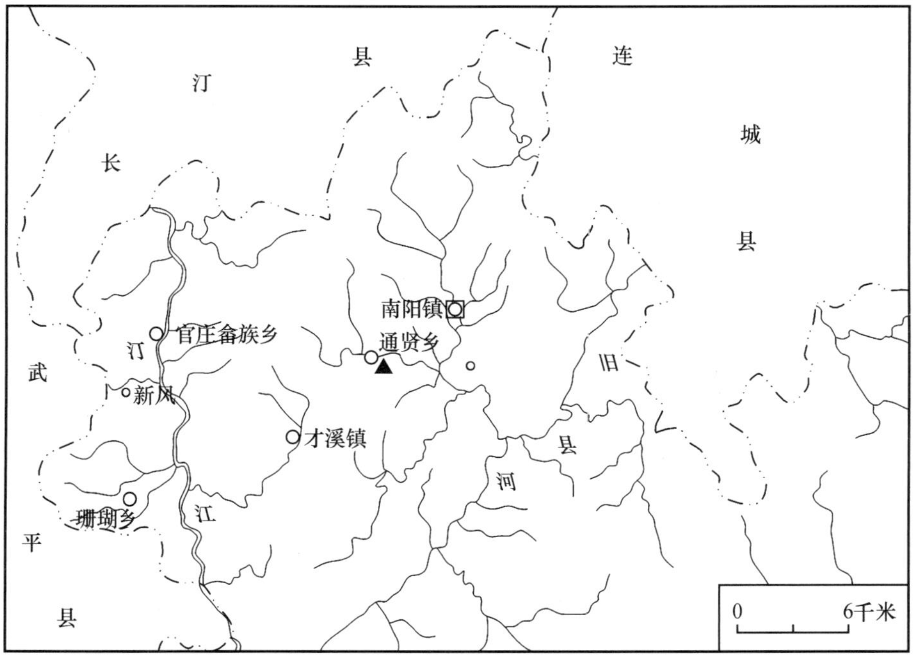

图3-53　象鼻子岗遗址位置示意图

2. 遗物

（1）石器

石片　1件。2014STXB采：1，页岩。整体形状呈菱形，剖面不规则。正背两面均打制，正面平，反面微凸。正面右上端可见磨砺痕迹，未成形，似为石镞坯件。残长3.9、残宽1.6、厚0.1～0.3厘米。重1.89克（图3-54）。

（2）陶器

陶片42片，泥质陶、夹砂陶以及少量黑衣陶，胎质较软。陶片以素面为主，纹饰有双线菱形纹、网格纹（图3-55）。

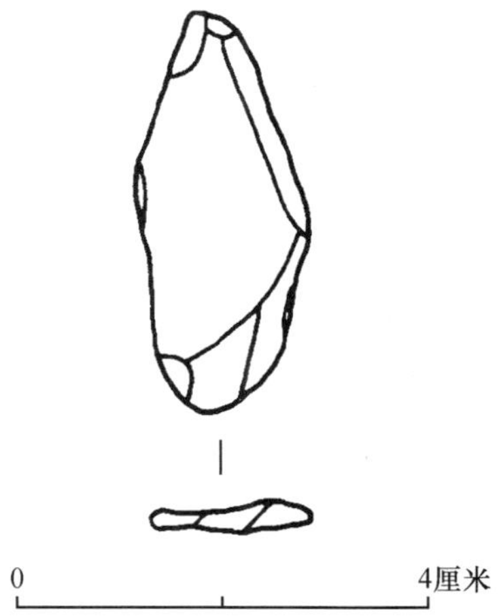

图3-54　象鼻子岗遗址采集遗物
石片（2014STXB采：1）

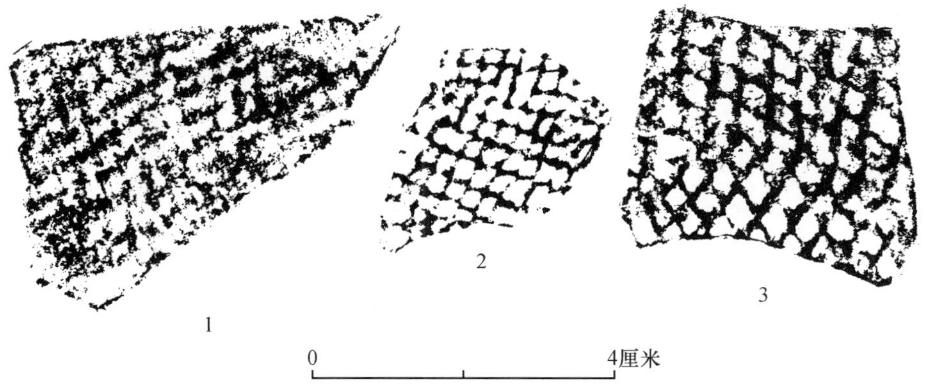

图3-55　象鼻子岗遗址采集陶片纹饰拓片
1. 双线菱形纹（2014STXB采：3）　2、3. 网格纹（2014STXB采：4、2014STXB采：2）

十九　吊钟石下遗址

1. 遗址概况

遗址位于上杭县官庄畲族乡树人村吊钟自然村南侧，距村部1250米（图3-56），为1987年调查发现。遗址地理坐标为北纬26°17′17.7″，东经116°20′41.1″。遗址是一处相对独立的小山包，遗址调查面积约400平方米，海拔234米。东侧约100米为石子洲山，东南侧约200米为笠子顶，周边平坦开阔。土壤类型以红土为主。遗址北侧1250米为树人村村部，北侧山下约100米为蓝氏祠堂，西侧约200米新风村民宅，东侧约50米为村道。

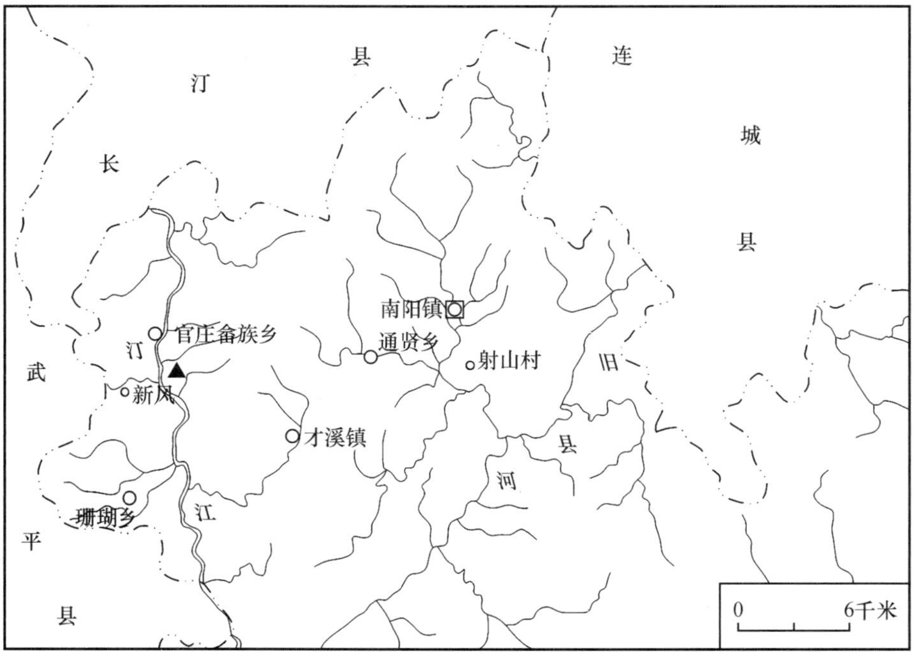

图3-56　吊钟石下遗址位置示意图

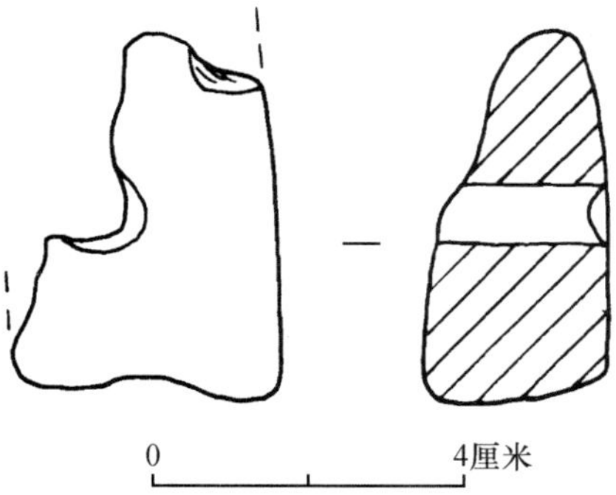

图3-57　吊钟石下遗址采集遗物
穿孔石器（2014SGDZ采：1）

2. 遗物

（1）石器

穿孔石器　1件。2014SGDZ采：1，紫红色砂岩。整体形状不规则。正面凹凸不平，中间有一穿。背面残缺，凹凸不平。残长4.3、残宽3.4、厚1.2～2.4厘米。重38.43克（图3-57）。

（2）陶器

采集1片素面泥质灰陶。

二十　刘湖角遗址

1. 遗址概况

遗址位于上杭县才溪镇刘湖自然村刘忠将军故居背后山（图3-58），为1987年调查发现。遗址调查面积约3000平方米。

2. 遗物

通过调查，采集陶片57片，陶质以泥质陶为主、部分黑衣陶，火候较高，胎质较硬。主要纹饰有凸棱纹与网格纹组合纹饰、双线菱形纹、曲折纹、条纹、条纹与附加堆纹组合纹饰、篮纹、网格纹等（图3-59）。可辨器形有盆。

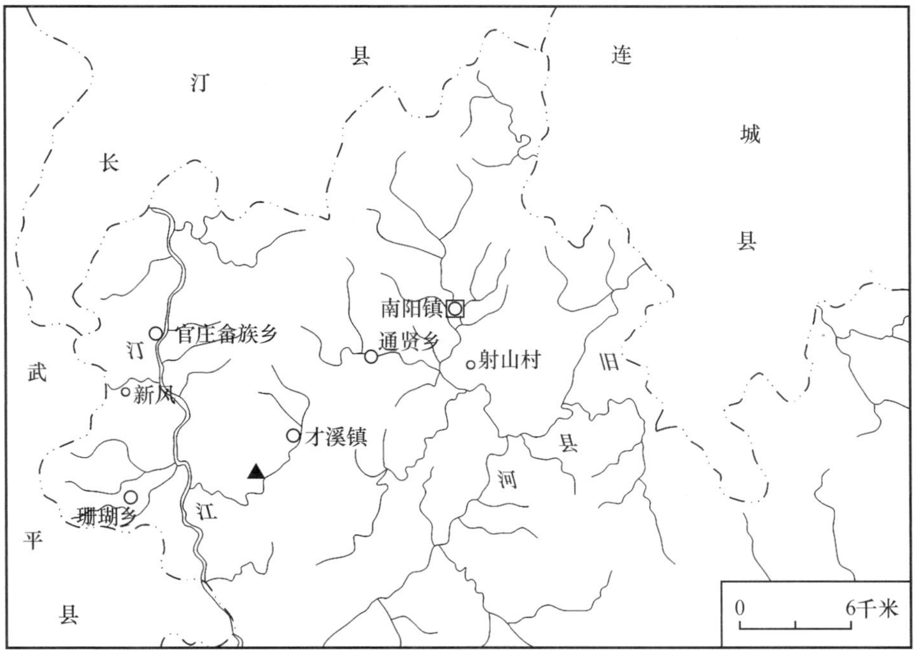

图3-58　刘湖角遗址位置示意图

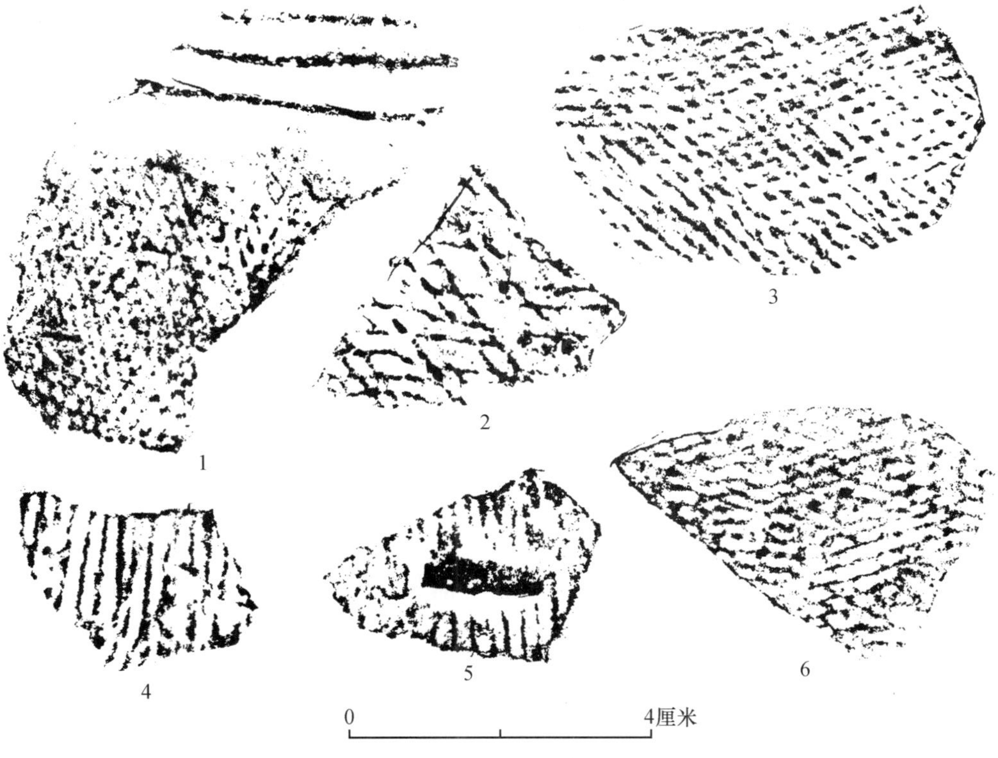

图3-59　刘湖角遗址采集陶片纹饰拓片

1. 凸棱纹与网格纹组合纹饰（2014SCLH采：5）　2. 双线菱形纹（2014SCLH采：4）　3. 曲折纹（2014SCLH采：2）　4. 条纹（2014SCLH采：7）　5. 条纹与附加堆纹组合纹饰（2014SCLH采：6）　6. 网格纹（2014SCLH采：3）

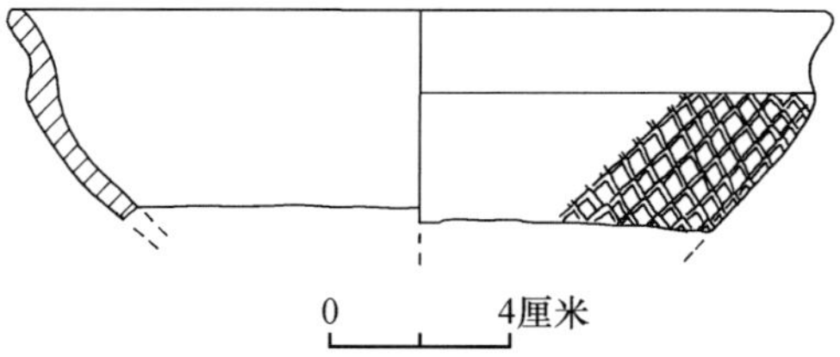

图3-60　刘湖角遗址采集遗物
盆口沿（2014SCLH采：1）

盆口沿　1件。

2014SCLH采：1，泥质黄陶，陶胎里外黄，中间灰，胎质较疏松。圆唇，侈口，折肩，斜腹。口沿下部可见轮旋痕迹，腹饰双线菱形纹，抹光现象严重。口径18、残高4.7、厚0.4～0.7厘米（图3-60）。

二十一　罗田遗址

1. 遗址概况

遗址位于湖洋乡古楼村罗田沟子山，北距村部约700米（图3-61），为1987年调查发现。遗址地理坐标为北纬25°1′55.3″，东经116°20′27″。遗址为一座西北—东南走向、相对独立的小山包，遗址调查面积约8000平方米，海拔252米。南侧约300米为登下山，西侧约200米为胡其背，西北侧约200米为增田背，西侧坡下为湖洋乡古楼村村庄，整个遗址植被比较茂密，仅顶部局部植被稀少，暴露出地表，地表为红壤，顶部略为平坦，西部因长期的水土流失而坍塌，从而形成大的断坎，北侧有村民建房（图版99）。

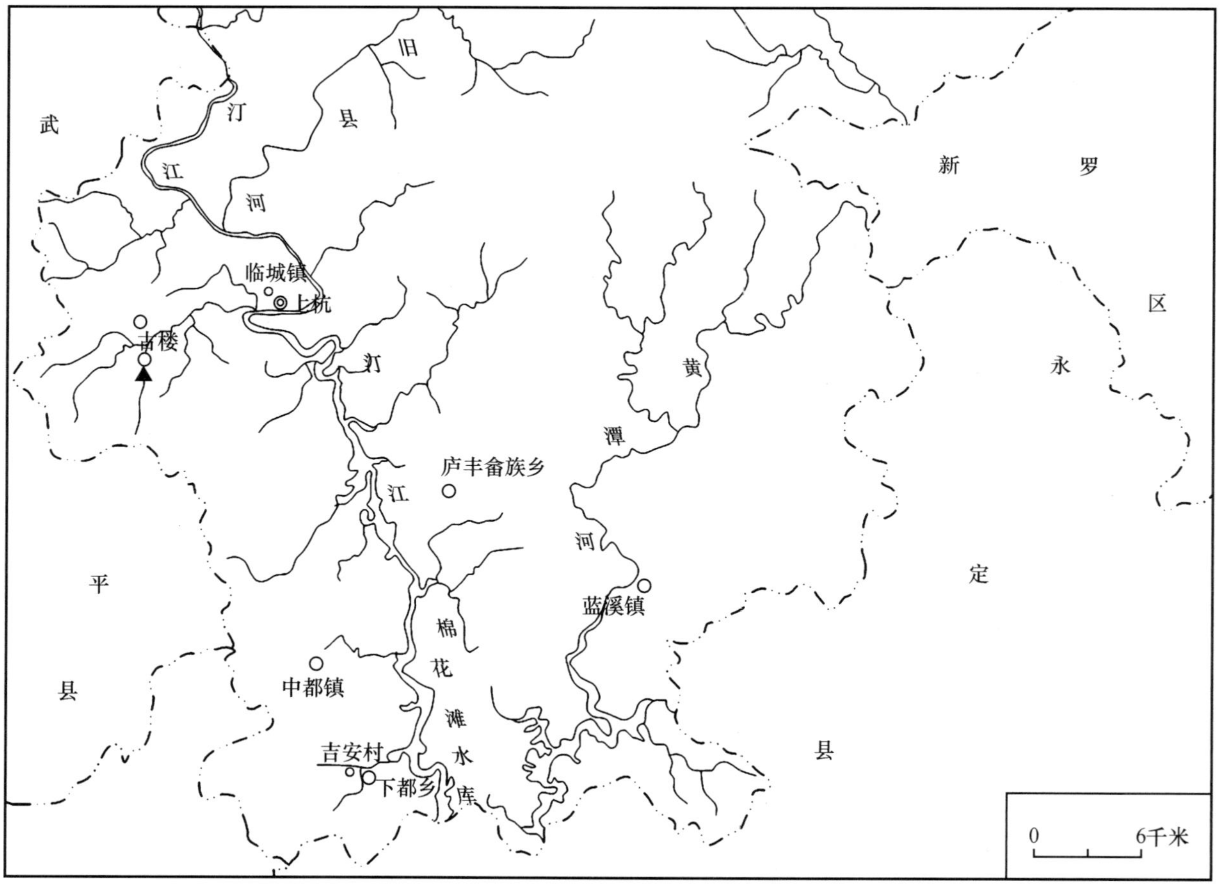

图3-61　罗田遗址位置示意图

2. 遗物

（1）石器

器形包括砺石、石坯、石锛。

砺石　2件。

2014SHLT采：2，黄褐色砂岩，质地较疏松。平剖面呈梯形。正背面可见磨砺现象，且背面磨砺呈微凹状。残长3.2、残宽1.3～3.7、厚1.2～1.8厘米。重35.26克（图3-63：1）。

2014SHLT采：3，黄色砂岩，质地较密。不规则形，剖面为梯形。正背面平，均有磨砺。残长6.8、宽5.8、厚3.4～4.6厘米。重261.62克（图3-63：2）。

石坯　1件。2014SHLT采：4，灰黑色泥板岩。略呈长方形，较扁平。顶端和两侧有较明显打击痕迹。残长5.3、残宽2.7、厚0.6厘米。重14.2克（图3-63：3）。

石锛　1件。2014SHLT采：1，青灰色砂岩。磨制。表面较粗糙，含植物根系。长方形，剖面梯形。顶端微残，微弧尾，正面平，弓背，单面斜直刃，刃缘可见使用痕迹。残长8、残宽4.7、厚1.9厘米。重129.46克（图3-63：4；图版100）。

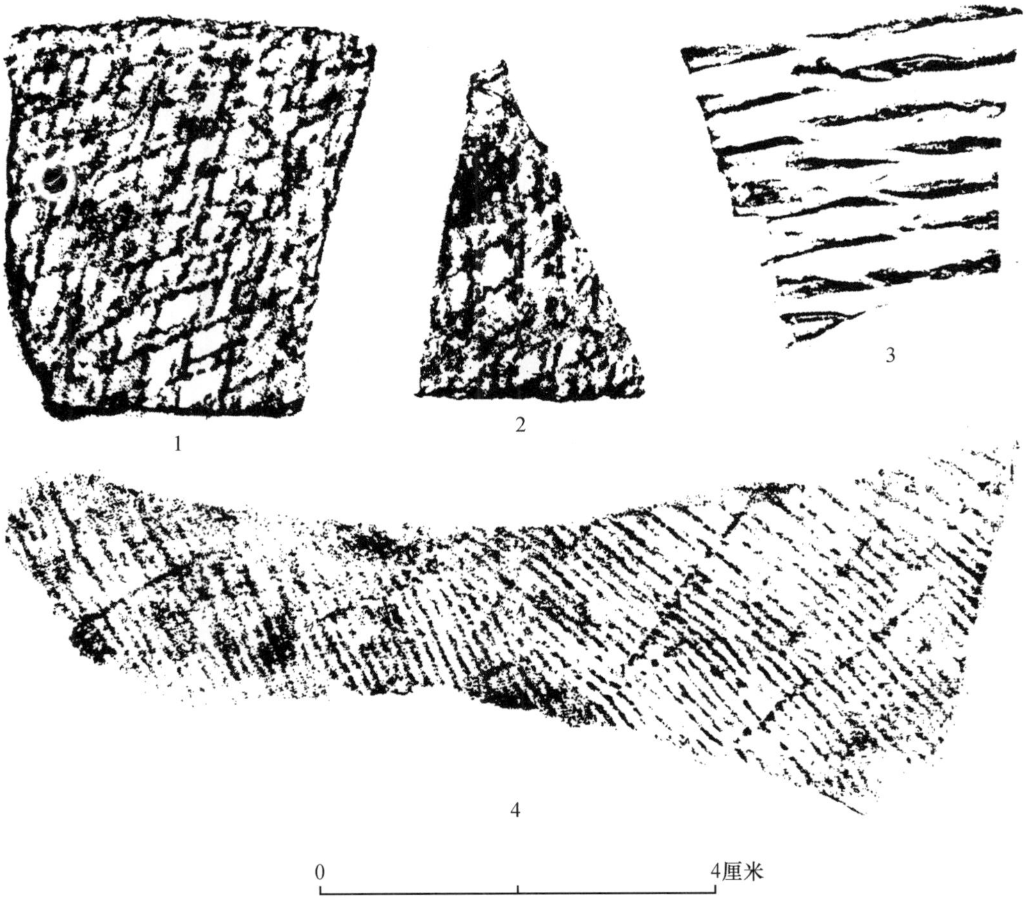

图3-62　罗田遗址采集陶片纹饰拓片

1、2. 双线菱形纹（2014SHLT采：8、2014SHLT采：10）　3. 篮纹（2014SHLT采：9）　4. 栅篱纹（2014SHLT采：5）

（2）陶器

采集陶片53片，泥质灰硬陶和黑衣陶为多，以素面为主，纹饰有双线菱形纹、篮纹、栅篱纹（图3-62）。可辨器形有罐。

罐口沿　3件。

2014SHLT采：5，泥质灰陶，火候较高，口沿部分胎厚，腹部胎较薄。圆唇，侈口，束颈，折肩，斜弧腹。颈部可见轮旋纹，肩部下饰栅篱纹。口径26.6、残高6、厚0.3～0.6厘米（图3-63：5）。

2014SHLT采：6，泥质硬陶，可见3层陶胎，内外红褐，内层厚0.2厘米，外层厚0.3厘米，中间灰白，厚0.1～0.6厘米。外施黑衣。圆唇，唇缘外凸，侈口，颈微束，颈部下饰绳纹。残高4.3、厚0.3～1.1厘米（图3-63：6）。

2014SHLT采：7，泥质灰陶，胎质较硬。外施黑衣，黑衣有剥落现象。圆唇，侈口。口径6.2、残高3、厚0.4～0.5厘米（图3-63：7）。

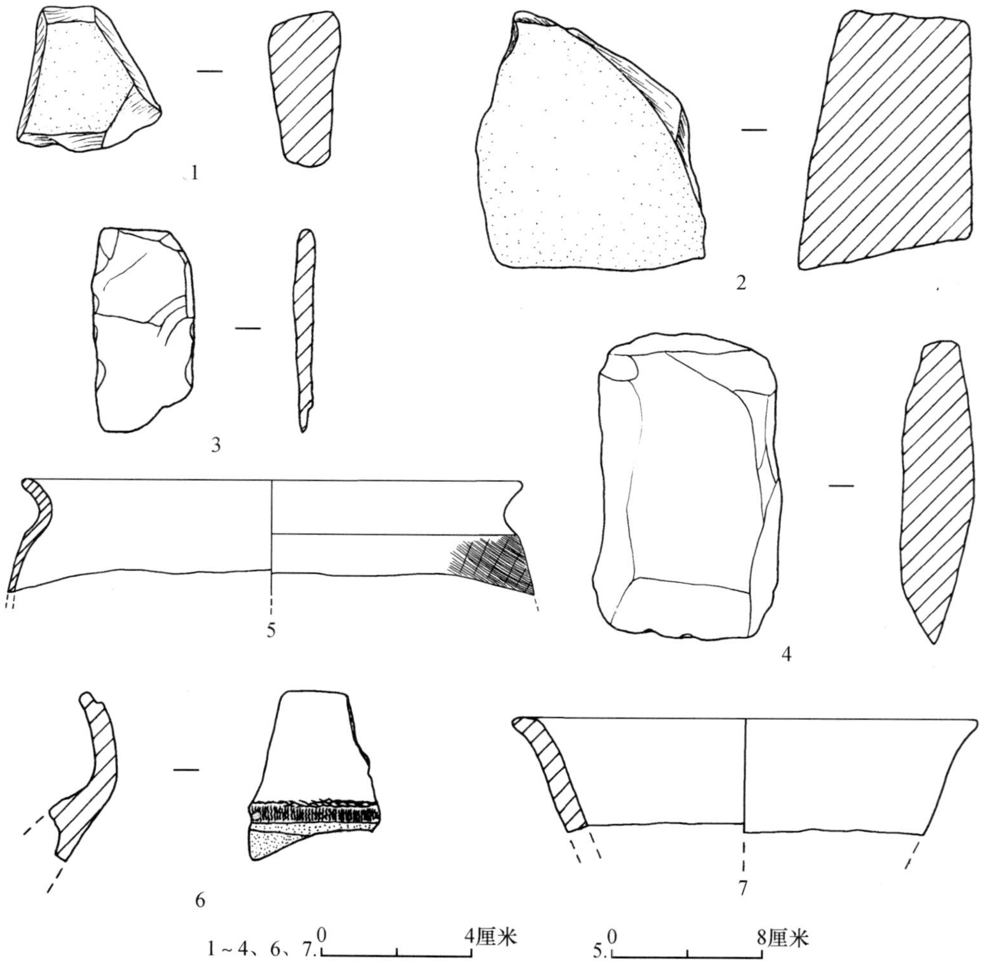

图3-63　罗田遗址采集遗物

1、2. 砺石（2014SHLT采：2、2014SHLT采：3）　3. 石坯（2014SHLT采：4）　4. 石锛（2014SHLT采：1）　5～7. 罐口沿（2014SHLT采：5、2014SHLT采：6、2014SHLT采：7）

二十二　罗田背后山遗址

1. 遗址概况

遗址位于上杭县湖洋乡古楼村罗田自然村（图3-64），为此次调查发现。遗址地理坐标为北纬25°1′46.11″，东经116°20′29.95″。遗址为一处相对独立的山包，南北走向，遗址调查面积约3000米，海拔280米。遗址顶面略为平坦，周末及顶部植被稀疏，主要为杂草和新栽种的松树。遗址东坡较缓，坡下为小峡谷；西坡较缓，坡上多种植松树，坡下为大片稻田及罗田村民宅；南坡较缓，坡上种植松树，坡下为小峡谷，东南方向为大片稻田及古楼村民宅；北坡为断坎，坡下可见稻田（图版101）。

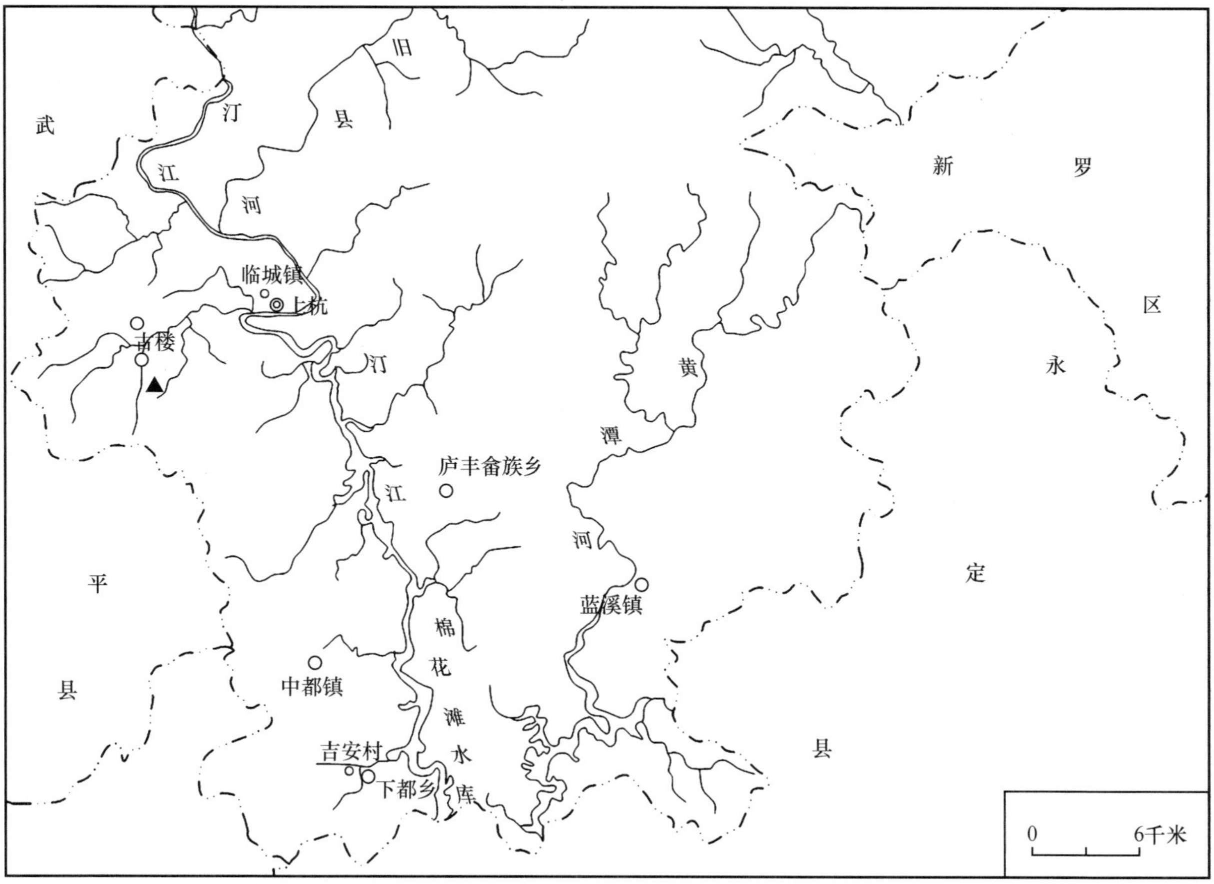

图3-64　罗田背后山遗址位置示意图

2. 遗物

（1）石器

器形包括石片、砺石、石锛。

石片　1件。2014SHLTB采：3，板岩。不规则。打击后崩裂残片，可见打击点和放射线，同心波不可见。背面亦可见多层石片疤，片疤宽而深。残长6、残宽4.6、厚0.7厘米。重26.09

克（图3-65：1）。

砺石　1件。2014SHLTB采：2，凝灰岩。整体不规则，正背面平直，磨制精细。残长6.5、残宽5.3、厚1.3厘米。重50.49（图3-65：2）。

石锛　1件。2014SHLTB采：1，安山岩，表面灰色，含粗砂颗粒。器体厚薄不一。略呈长方形，剖面梯形。弧尾，尾部微残，弧背，弧刃，刃部右侧残。残长9.1、宽4、厚0.5～3厘米。重196.53克（图3-65：3）。

（2）陶器

通过调查，在遗址顶部裸露地表上采集，陶片19片，陶质多为泥质、夹砂灰陶。均素面。未发现遗迹及文化层堆积。

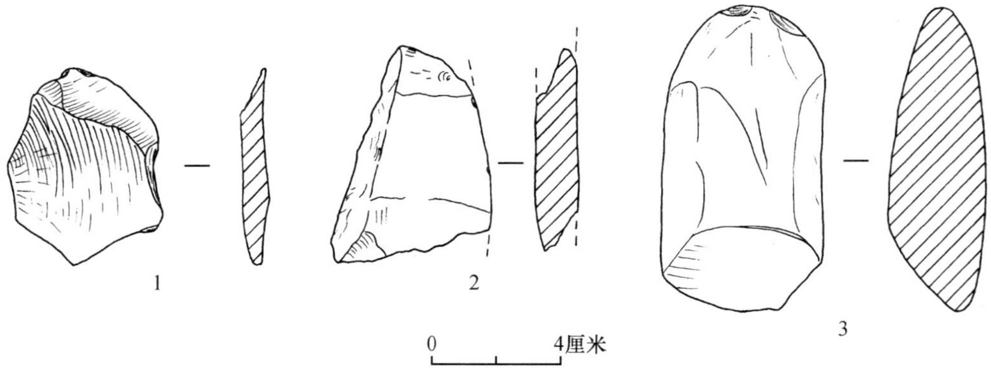

图3-65　罗田背后山遗址采集遗物

1. 石片（2014SHLTB采：3）　2. 砺石（2014SHLTB采：2）　3. 石锛（2014SHLTB采：1）

二十三　增田背后山遗址

1. 遗址概况

遗址位于上杭县湖洋乡古楼村增田自然村北边20米（图3-66），为此次调查发现。遗址地理坐标为北纬25°2′6.344″，东经116°20′15.42″。遗址为一座略呈东西走向、相对独立的山包，西高东低，遗址调查面积约12000平方米，海拔300米。遗址顶面较平坦，周边植被比较茂密，顶部稀疏，主要以杂草和零散分布的松树及杉树为主。东坡较缓，半坡上建有移动信息塔，坡下为村庄及民宅；南坡较陡，坡下为小峡谷，与之相邻的是低矮的小山包；西坡较缓，坡下有新建养猪场，北坡较陡，坡下为小峡谷（图版102）。

2. 遗物

（1）石器

可见砺石、石锛、穿孔石器残件、石坯。

砺石　1件。2014SHZTB采：1，紫黄色砂岩。正面顶端、底部及背面残。整体略呈长方形，剖面亦近长方形。正侧面磨砺呈凹形，横截面略呈三角形。残长17、宽6.2、厚4～5厘米。重521.76克（图3-67：1）。

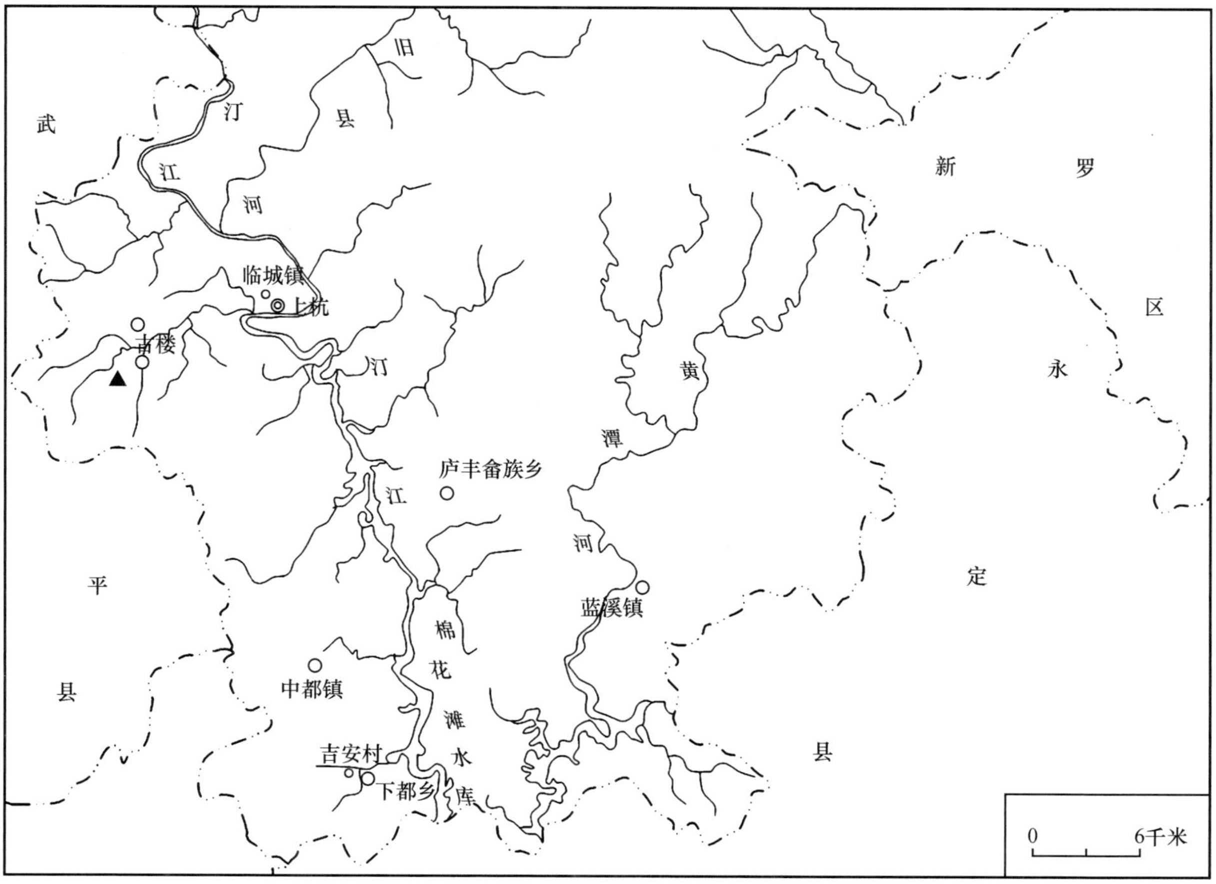

图3-66　增田背后山遗址位置示意图

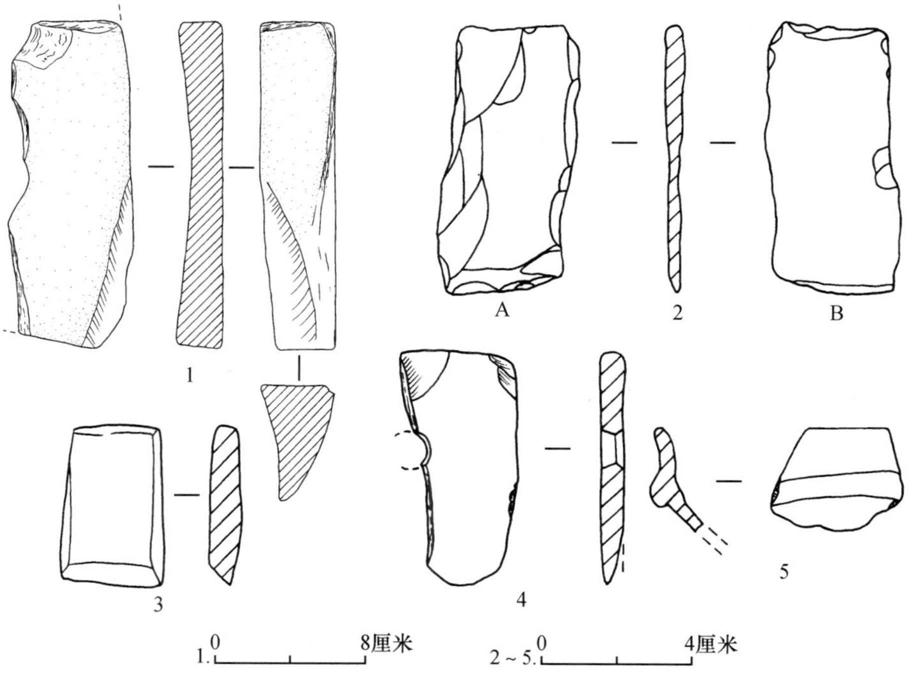

图3-67　增田背后山遗址采集遗物

1. 砺石（2014SHZTB采：1）　2. 石坯（2014SHZTB采：4）　3. 石锛（2014SHZTB采：2）　4. 穿孔石器残件（2014SHZTB采：3）　5. 豆口沿（2014SHZTB采：5）

石锛　1件。2014SHZTB采：2，灰黑色凝灰岩，器表多粗砂颗粒。保存较为完整。近长方形，剖面梯形。平顶，正面平直，弓背，单面斜直刃。长4.2、宽2.5～2.7、厚0.8厘米。重19.67克（图3-67：3）。

穿孔石器残件　1件。2014SHZTB采：3，凝灰岩，器体扁平不规则，剖面近长方。背面均精磨，中间有一穿。残长6.1、残宽2～2.9、厚0.6厘米。重22.76克（图3-67：4）。

石坯　1件。2014SHZTB采：4，青灰色泥板岩，质密。打制未成形。近长方形，扁平。正背两面均打制，正面较平直，背面微凹。正面面见多层大小不一石片疤，片疤浅而窄，且在正面底端可见磨制现象，似为有刃，较斜直。背面可见一片大而宽石片疤，在近底端亦可见磨制现象。正背两面放射线均可见，石皮、同心波不可见。残长7、宽3.2、厚0.2～0.5厘米。重24.83克（图3-67：2）。

（2）陶器

在山顶的中部和西部，采集陶片155片，陶质以泥质灰陶、黑衣陶为主，少量夹砂陶。多素面，纹饰主要有栅篱纹、曲折纹与附加堆纹组合纹饰、竖条纹、篮纹、曲折纹、叶脉纹、双线菱形纹、网格纹、三角形刻划纹等（图3-68）。可辨器形有豆。

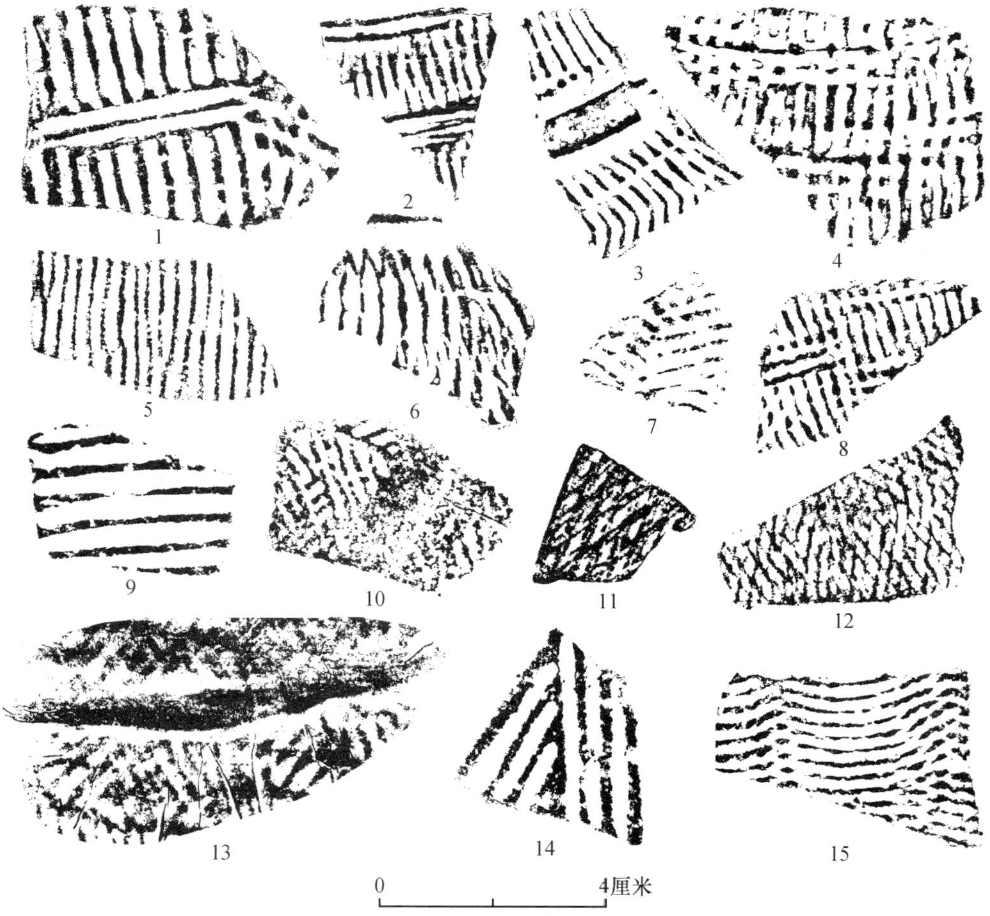

图3-68　增田背后山遗址采集陶片纹饰拓片

1、2、4、8. 栅篱纹（2014SHZTB采：15、2014SHZTB采：19、2014SHZTB采：7、2014SHZTB采：10）　3、13. 曲折纹与附加堆纹组合纹饰（2014SHZTB采：14、2014SHZTB采：11）　5. 竖条纹（2014SHZTB采：8）　6、9、15. 篮纹（2014SHZTB采：9、2014SHZTB采：12、2014SHZTB采：6）　7. 曲折纹（2014SHZTB采：20）　10. 叶脉纹（2014SHZTB采：18）　11. 双线菱形纹（2014SHZTB采：17）　12. 网格纹（2014SHZTB采：16）　14. 三角形刻划纹（2014SHZTB采：13）

豆口沿　1件。2014SHZTB采：5，泥质灰陶，火候较高。外施黑衣。圆唇，侈口。口沿下有一凸棱。残高2.7、厚0.3～0.7厘米（图3-67：5）。

二十四　大仁岗遗址

1. 遗址概况

遗址位于上杭县庐丰乡上坊村（图3-69），为1987年调查发现。遗址为相对独立的小山包，东南—西北走向，海拔高度226米。顶部相对比较平坦，四周植被比较茂密，顶部植被比较稀疏，顶部主要以杂草为主，四周主要以杉树、松树为主，东北坡下有民房及大片农田（图版103）。

2. 遗物

通过调查，采集陶片24片，泥质灰硬陶居多，少量夹砂陶，胎质较硬。陶片以素面为主，纹饰有网格纹、双线菱形纹、席纹、方格纹（图3-70）。可辨的器形有壶、罐。

壶口沿　1件。2014SLDR采：1，泥质灰黑陶，火候较高，胎质较硬。外施黑衣，黑衣大

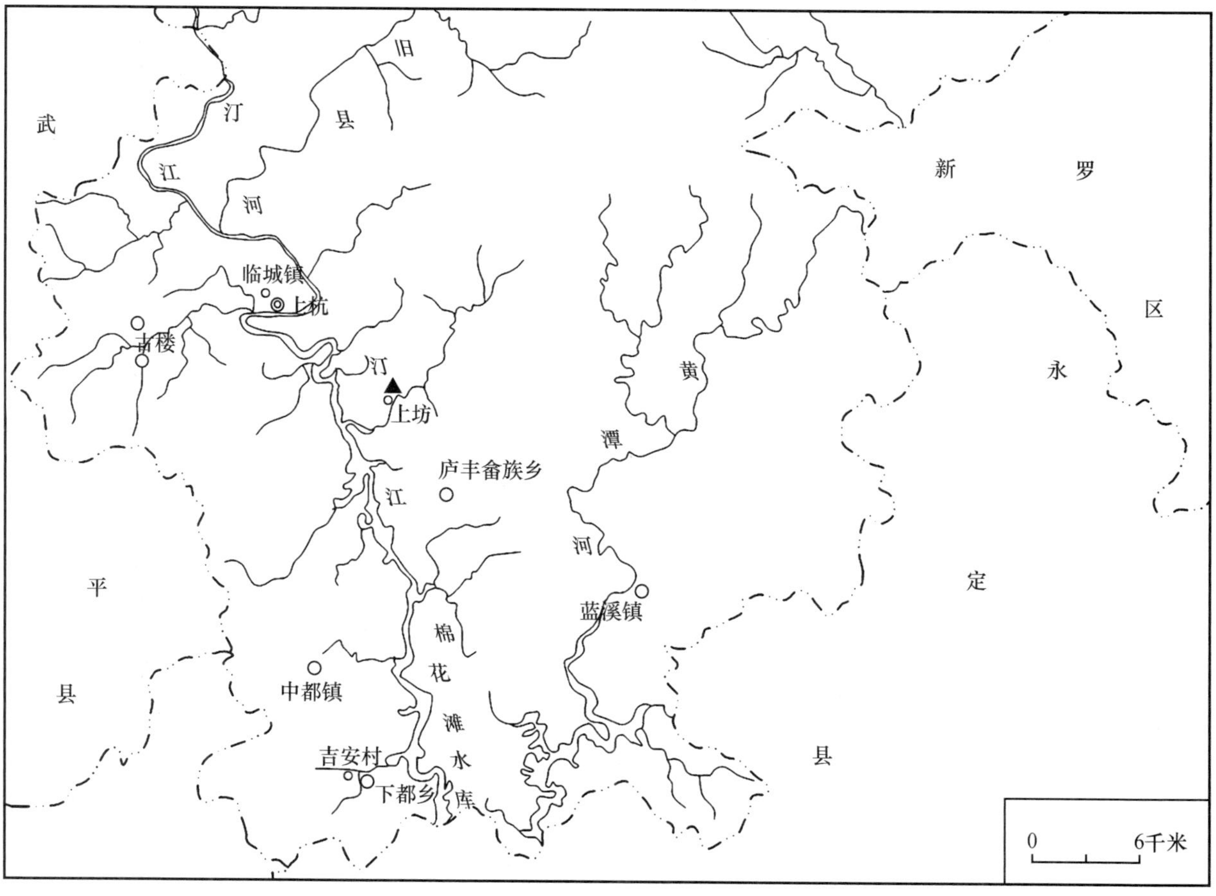

图3-69　大仁岗遗址位置示意图

部分脱落。方唇，沿面微凹，敛口，长颈。颈部饰两道弦纹，口沿内外壁可见轮旋痕迹。口径9.4、残高5.2、厚0.5～1厘米（图3-71：1）。

罐底　1件。2014SLDR采：2，夹砂黄陶，火候较低，胎质疏松。斜腹，平底。腹饰菱形席纹，器内壁可见四道较突出轮旋纹。残高5.5、厚1～1.7厘米（图3-71：2）。

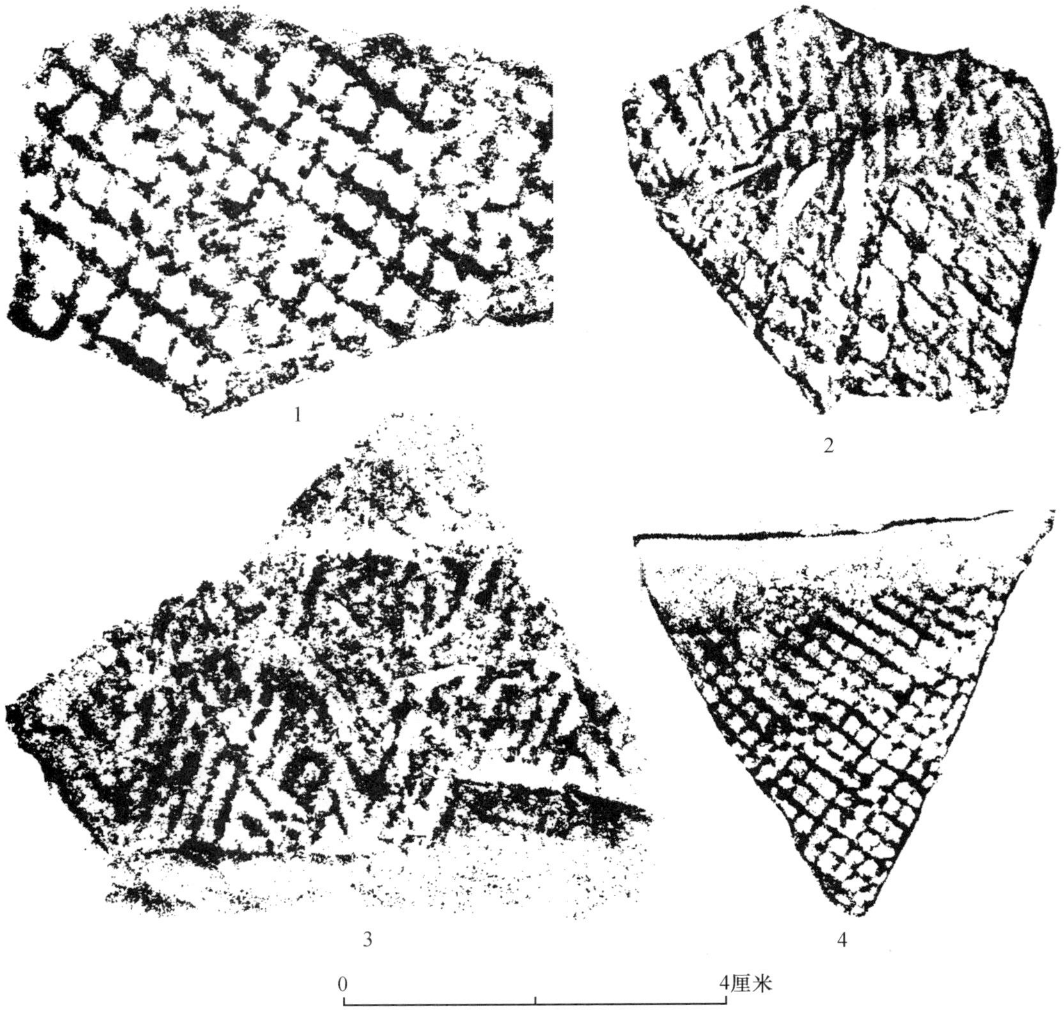

图3-70　大仁岗遗址陶片纹饰拓片

1. 网格纹（2014SLDR采：3）　2. 双线菱形纹（2014SLDR采：5）　3. 席纹（2014SLDR采：2）　4. 方格纹（2014SLDR采：4）

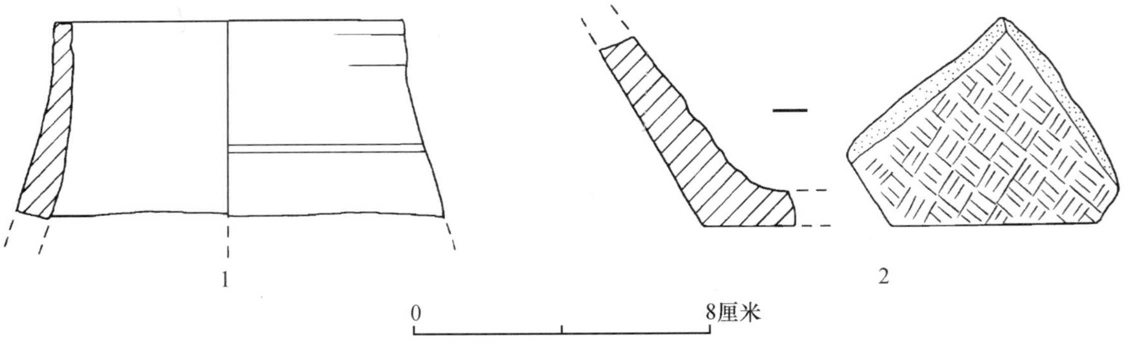

图3-71　大仁岗遗址采集遗物

1. 壶口沿（2014SLDR采：1）　2. 罐底（2014SLDR采：2）

二十五　狮尾山遗址

1. 遗址概况

遗址位于上杭县庐丰乡丰济村（图3-72），为1987年调查发现。遗址地理坐标为北纬24°56′40.34″，东经116°30′56.39″。遗址为一处相对独立的山梁，东西走向，东高西低，海拔高度298米。现遗址最高部位已失去原貌，基本上被推为平地，新建一座革命烈士英雄纪念碑。四周植被稀少主要为松树、杉树及杂草。另外西部遗址顶部被村民改建为养猪场（图版104）。

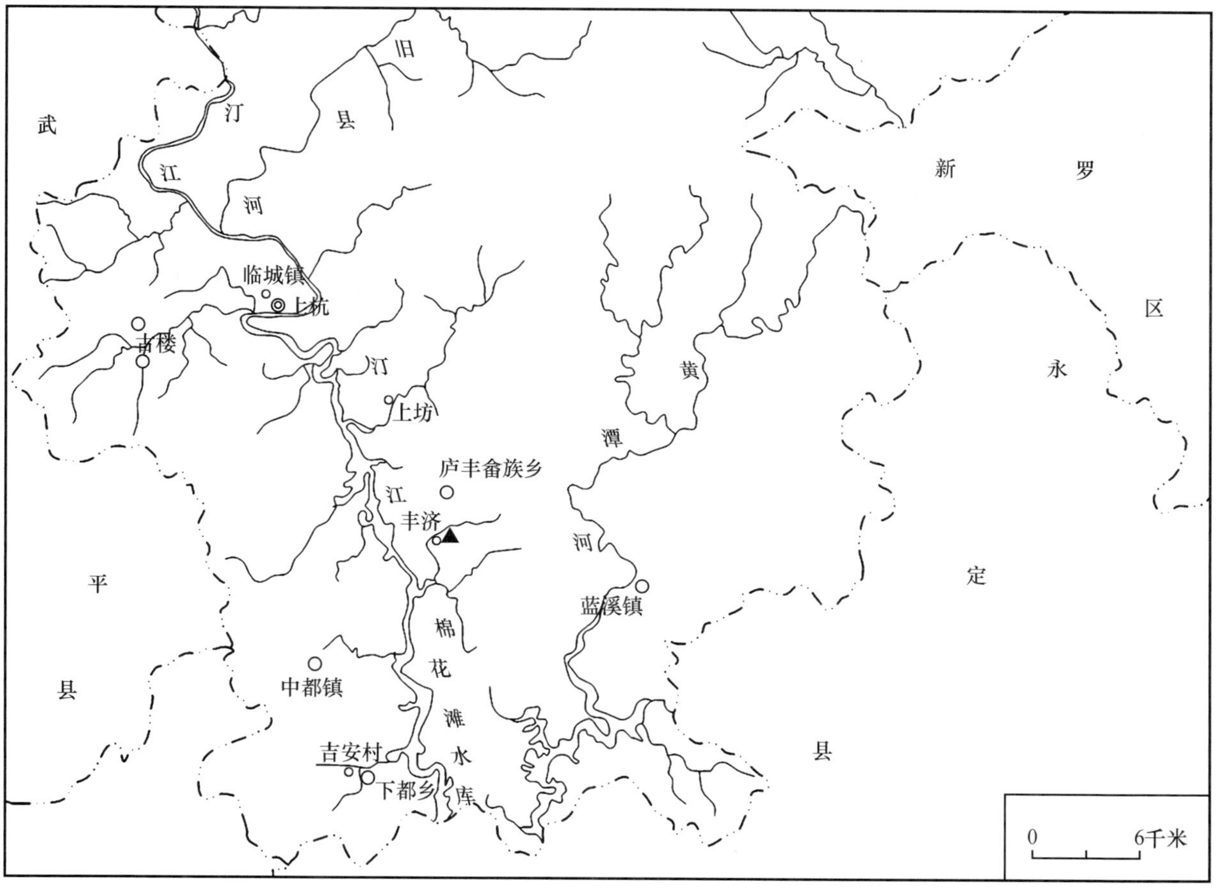

图3-72　狮尾山遗址位置示意图

2. 遗物

通过调查，在遗址的东坡上采集到2片泥质灰陶，胎质较硬，为网格纹（图3-73）。

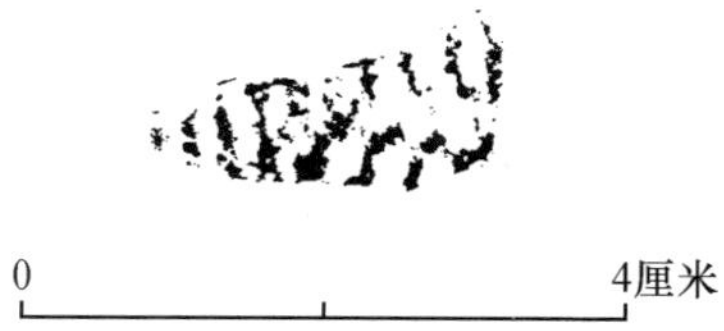

图3-73　狮尾山遗址采集陶片纹饰拓片
网格纹（2014SLSW采：1）

二十六　大引岗遗址

1. 遗址概况

遗址位于上杭县庐丰乡上坊村西南方向50米（图3-74），为此次调查发现。遗址地理坐标为北纬25°00′4.14″，东经116°28′15.77″。遗址为一座西北东南走向的独立山包，南北长，东西宽，遗址调查面积24000平方米，海拔240米。该遗址平面比较宽阔，遗址顶面比较平坦，地表以红壤为主，周边植被较为稀疏，主要以杂草和零散分布的松树及杉树为主。东坡较缓，近坡底有村民开挖新建的坟墓，坡下为村庄及民宅，村庄前面可见大片比较开阔的稻田；南坡较陡，半坡上建有养鸡场，坡下紧连通往庐丰的309国道，省道前为大片的稻田；西坡较陡，局部因取土而形成大的断坎，坡下为大片稻田、蔬菜地，及民居；北坡较陡，坡下亦为大片稻田，及零散分布的民居。遗址顶部建有移动信号塔（图版105）。

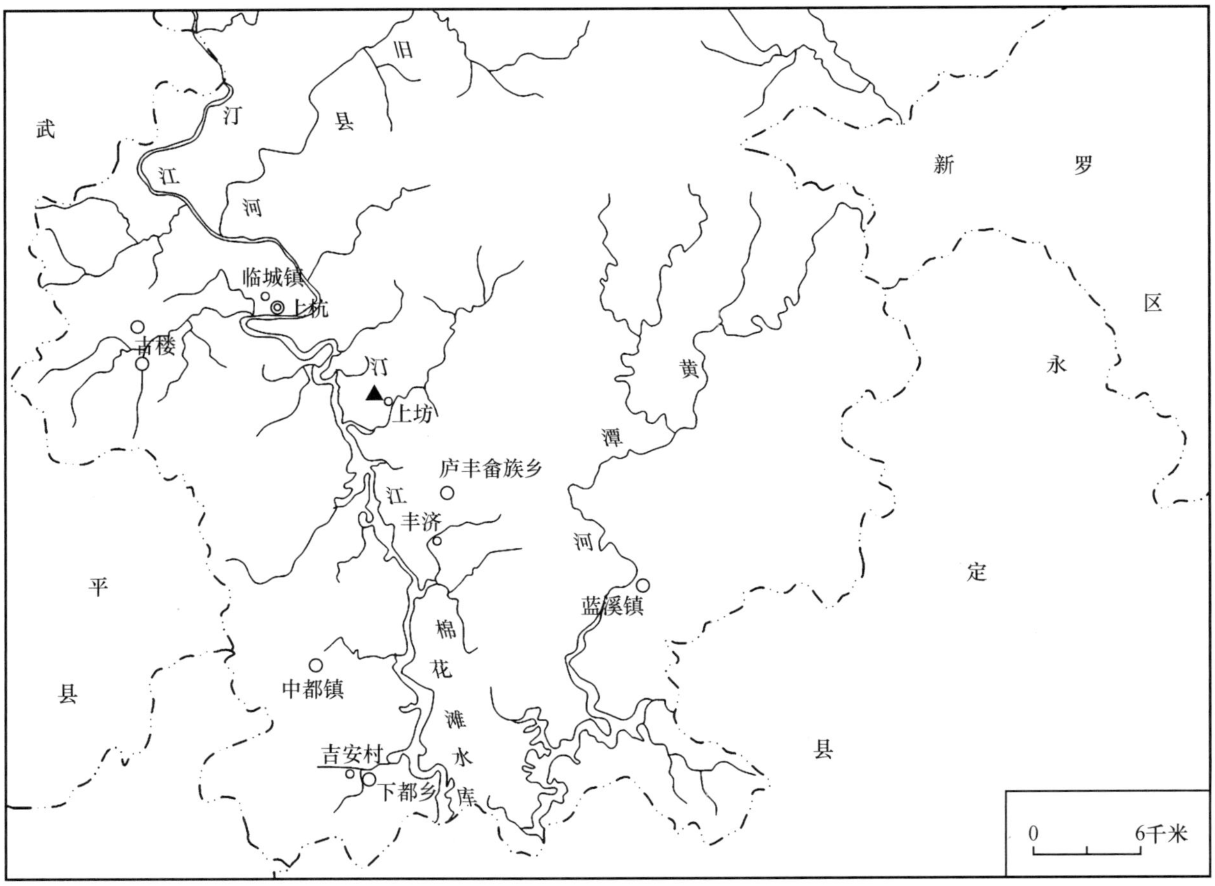

图3-74　大引岗遗址位置示意图

2. 地层堆积

通过调查，大引岗遗址发现有50～60厘米的文化层堆积（图3-75；图版106），堆积情况兹述如下：

第1层为浅灰色土，厚10厘米；

第2层为灰褐色土，土质较疏松，内包含有少量的石英块及颗粒，厚20～25厘米；

第3层为红褐色土，土质较疏松，内亦包含较多的石英块、颗粒，另有少量的炭粒。从剖面采集有陶拍1件，陶片口沿2件。

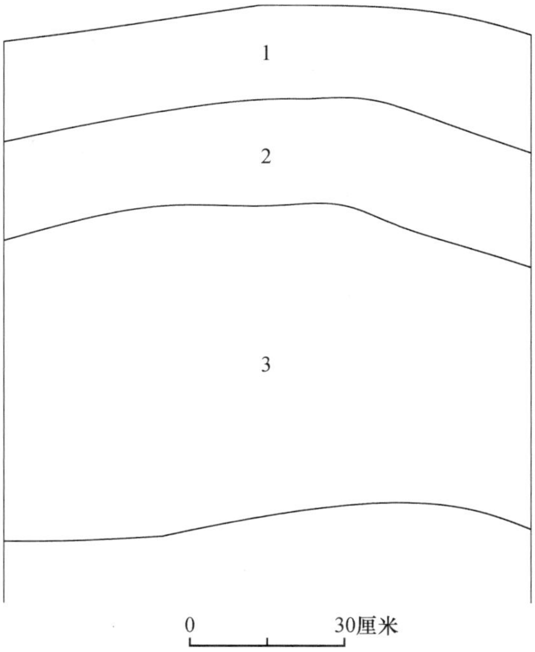

图3-75　大引岗遗址地层剖面图

3. 遗物

（1）石器

器形有砺石、石镞、磨制石器残段。

砺石　1件。2014SLDY采：1，紫黄色砂岩。平剖面近长方形，横截面近三角形。正面及两侧面均有磨砺。正面微凹。残长11.2、残宽4.5～5、厚1.4～2.3厘米。重170.73克（图3-76：1）。

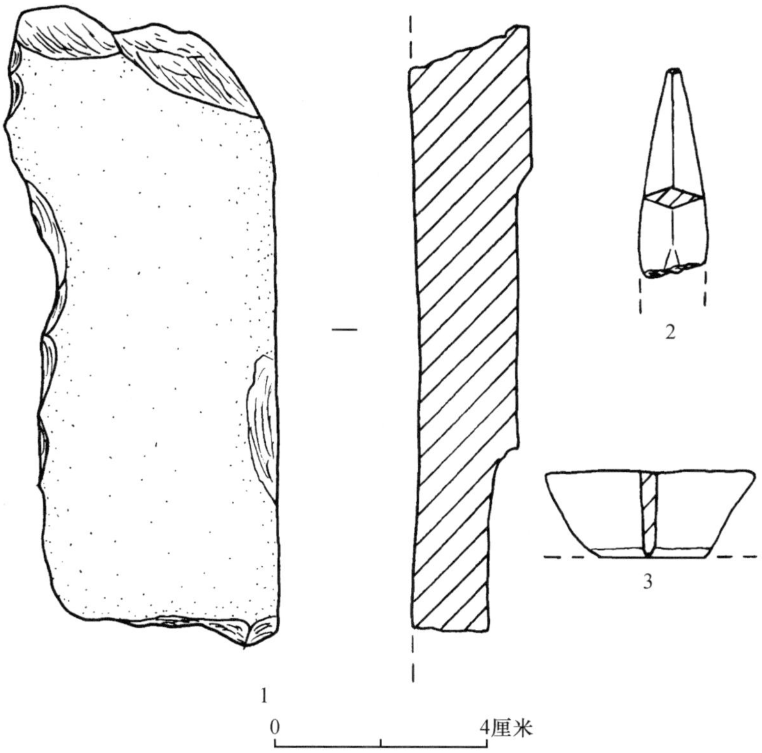

图3-76　大引岗遗址采集石器

1. 砺石（2014SLDY采：1）　2. 石镞（2014SLDY采：4）　3. 磨制石器残段（2014SLDY采：5）

石镞　1件。2014SLDY采：4，页岩。镞身柳叶形，磨制。铤部残缺。锋微残，镞身截面呈菱形，两翼锋利，中脊明显。残长3.9、残宽1.3、厚0.4厘米。重1.83克（图3-76：2）。

磨制石器残段　1件。2014SLDY采：5，深灰色板岩。近梯形。两面经打制，磨平，上端及两边残缺，正、背面底端可见磨砺刃部。残长2.1～3.9、残宽1.6、厚0.2～0.3厘米。重3.15克（图3-76：3）。

（2）陶器

采集陶片226片，陶质以泥质灰陶为多，部分夹砂陶和黑衣陶。陶胎厚薄不一，胎质较硬。陶片以素面为多，纹饰有方格纹、复线菱形纹、曲折纹、凸棱纹、栅篱纹、网格纹、篮纹、竖条纹等（图3-77）等。可辨器形有豆、罐、盆。另有陶拍1件。

豆　1件。2014SLDY采：2，泥质黄陶，胎质疏松，夹少量粗砂。器表可见施赭衣，剥落严重。圈足下端残缺。圆唇，侈口，折腹，盘壁弧内收，至下腹折入，下接圈足，足部可见外撇。腹部饰竖条纹，抹光现象严重。口径10、残高4.9、厚0.3～1.3厘米（图3-78：1；图版107）。

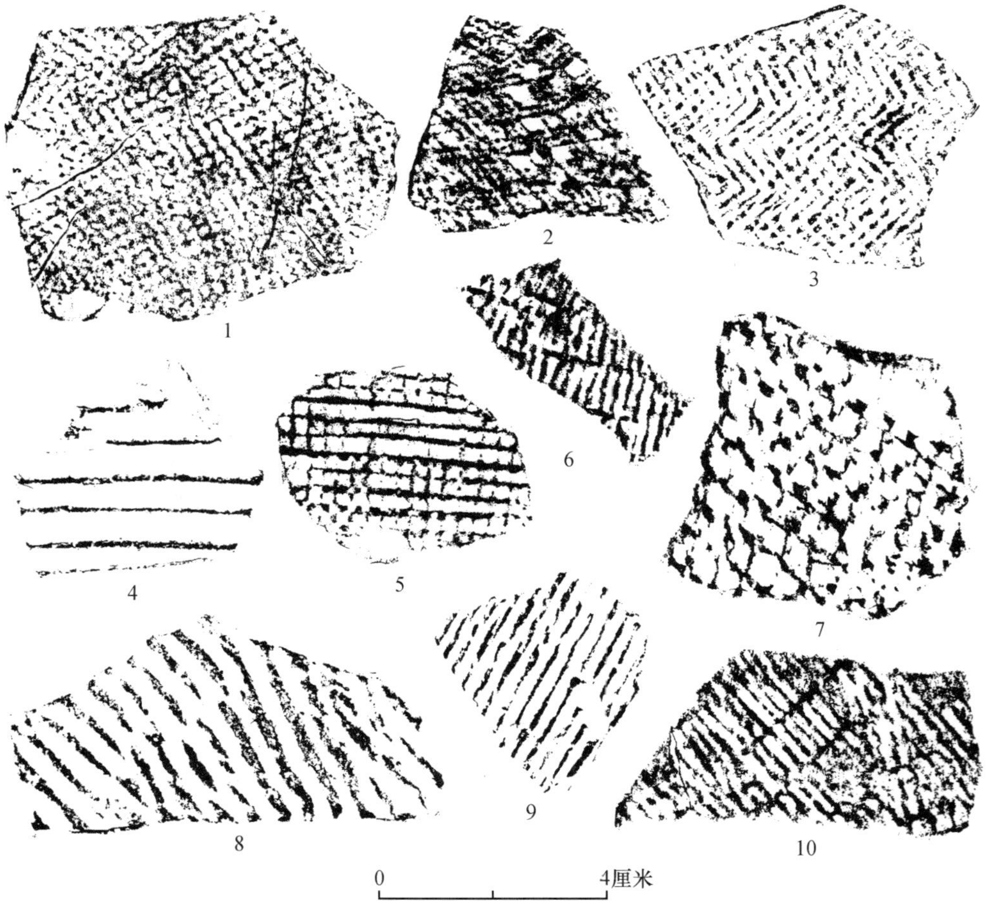

图3-77　大引岗遗址采集陶片纹饰拓片

1、5. 方格纹（2014SLDY采：17、2014SLDY采：19）　2. 复线菱形纹（2014SLDY采：13）　3. 曲折纹（2014SLDY采：16）　4. 凸棱纹（2014SLDY采：15）　6. 栅篱纹（2014SLDY采：11）　7、10. 网格纹（2014SLDY采：14、2014SLDY采：20）　8. 篮纹（2014SLDY采：12）　9. 竖条纹（2014SLDY采：18）

罐口沿　3件。

2014SLDY采：6，夹砂灰陶，胎质较疏松。侈口，圆唇，束颈，溜肩。肩部饰有席纹，抹光现象严重。残高5.6、宽6.5、厚0.6～1厘米（图3-78：2）。

2014SLDY采：7，泥质灰陶。侈口，圆唇，束颈，溜肩。肩部饰菱形席纹。口径20、残高4.2、厚0.3～0.5厘米（图3-78：3）。

2014SLDY采：8，泥质灰陶。直口微敛，圆唇，束颈，溜肩。肩部饰绳纹。残高3.5、宽3.8、厚0.6厘米（图3-78：4）。

盆口沿　2件。

2014SLDY采：9，泥质灰陶，火候较高，陶胎较薄。圆唇，侈口，折肩，斜弧腹。腹部饰栅篱纹。口径8、残高2.8、厚0.2～0.3厘米（图3-78：5）。

2014SLDY采：10，泥质灰陶，陶胎坚硬。敛口，圆唇，深弧腹，口沿外可见刻划纹“/ | |”。口径20、残高4、厚0.4～0.8厘米（图3-78：6）。

陶拍　1件。2014SLDY采：3，夹砂灰陶，胎质较疏松。较为完整。整体近圆锥状，面柄相连接，横截面近圆形。最大径3.8、高4.8厘米（图3-78：7；图版108）。

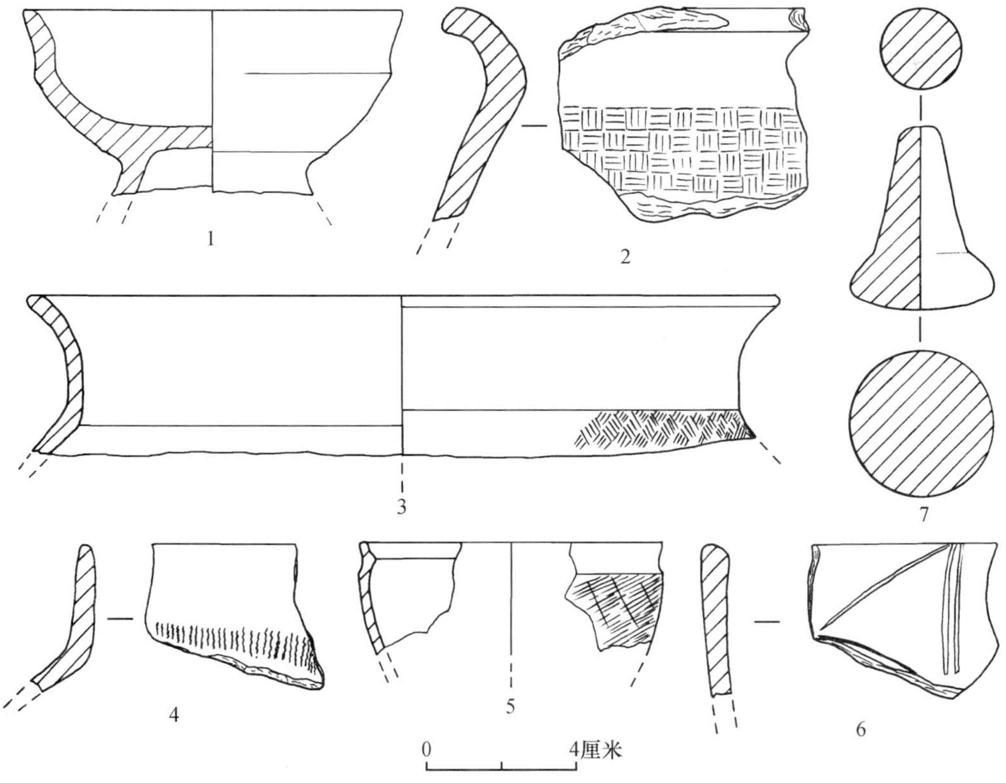

图3-78　大引岗遗址采集陶器

1. 豆（2014SLDY采：2）　2～4. 罐口沿（2014SLDY采：6、2014SLDY采：7、2014SLDY采：8）　5、6. 盆口沿（2014SLDY采：9、2014SLDY采：10）　7. 陶拍（2014SLDY采：3）

二十七　伯公窝遗址

1. 遗址概况

遗址位于上杭县蓝溪镇梅永村村部北侧1000米（图3-79），为1987年调查发现。遗址地理坐标为北纬24°55′29.5″，东经116°36′59.1″。遗址处于大山延伸出来的小山包，顶部平坦宽阔，西南东北走向，海拔270米。遗址东侧约2000米为塘子坑栋，西侧约500米为老鹰石栋，南侧约300米黄潭河自西向东流经。土壤以红壤为主。北侧山脚下为稻田，西侧约200米为烟基路，西北侧约100米为溪背茶亭，北侧约1000米为通往永定的省道（图版110）。

2. 地层堆积

从断面观察有二层堆积：

第1层为表土层，厚10～15厘米；

第2层为文化层，厚40～50厘米，可见少量陶片。

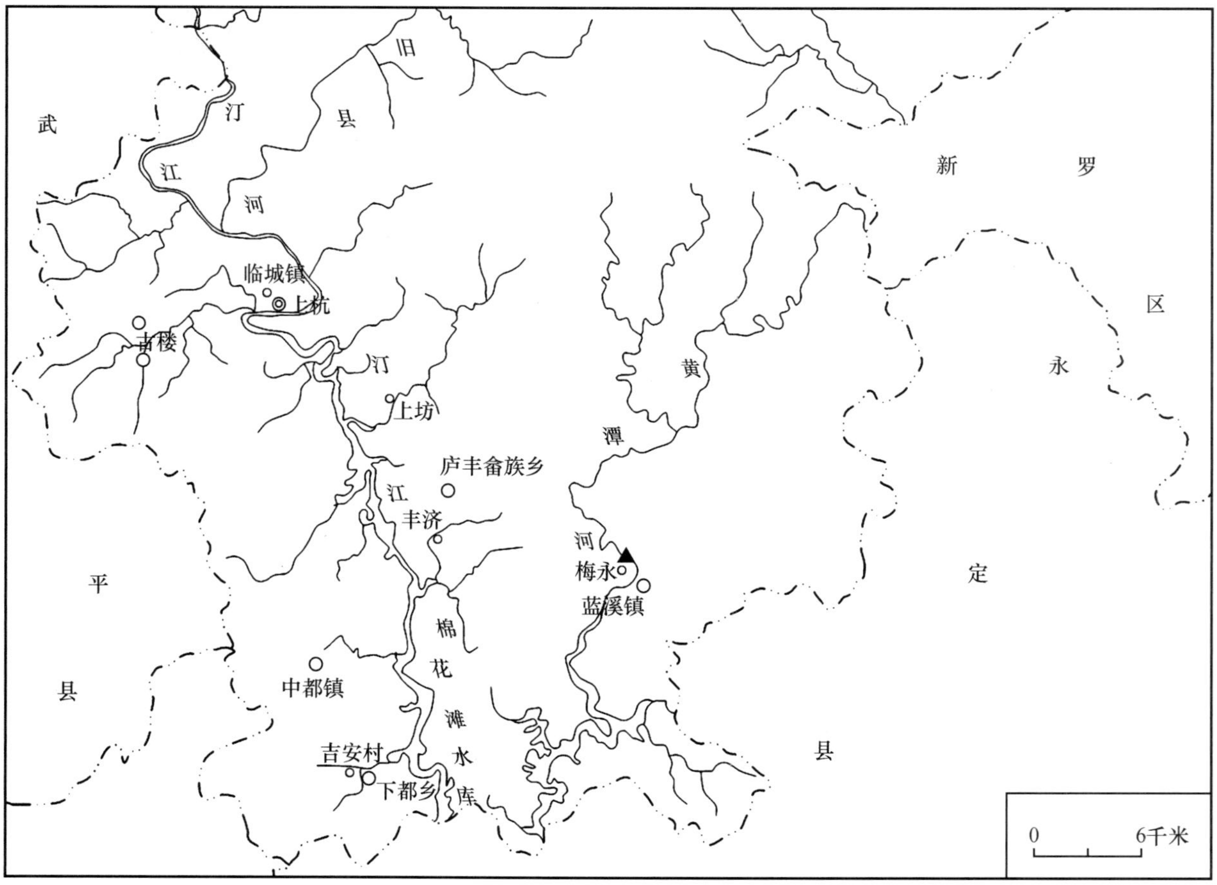

图3-79　伯公窝遗址位置示意图

3. 遗物

（1）石器

器形有石戈、石锛和凹石。

石戈　2件。

2014SLBWG采：1，灰黑色泥板岩。磨制精细，内段残缺。较细长。微弧援，援部两侧向前斜收尖锋，刃部稍残，右侧刃缘磨砺明显，刃宽0.4厘米，起脊。残长11、宽4.9、厚0.8厘米。重66.5克（图3-81：1；图版111）。

2014SLBWG采：2，青灰色泥质板岩。磨制精细，仅存援内分界处。直内较宽，斜直援，内中部有一穿。残长7.8、残宽4.8～5.4、厚0.6～0.8厘米。重44.17克（图3-81：2；图版112）。

石锛　1件。2014SLBWG采：3，灰黑色砂岩。磨制。整体形状与剖面略呈梯形，顶端微残。弧尾，正面平，微弧背，微弧刃，刃缘可见使用痕迹。残长4、残宽3、厚0.7厘米。重14.73克（图3-81：3）。

凹石　1件。2014SLBWG采：4，黄色页岩。左侧残缺。整体略呈半圆，剖面为椭圆形。正背面均有磨砺且正面磨砺呈凹状，微弧背。左侧残缺断面可见九道明显纹理。残长12.7、残宽10.2、厚2～3.2厘米。重693.87克（图3-81：4）。

（2）陶器

通过调查，采集陶片35片，陶质为泥质陶和黑衣陶，软陶占小部分。以素面为主，纹饰有席纹、刻划菱形填线纹、竖条纹、网格纹（图3-80）。可辨器形有豆、罐。

豆口沿　1件。2014SLBWG采：6，泥质灰陶，胎质较硬。里外施黑衣，黑衣有剥落现象。圆唇，侈口，折肩。肩部可见一道凸棱。残高4.9、厚0.4～0.9厘米（图3-81：5）。

罐底　1件。2014SLBWG采：5，泥质黄陶，胎质较硬。外施黑衣，黑衣剥落严重。斜腹，平底，腹饰竖条纹，近底部可见一道凹槽。底径9.2、残高2.3、厚0.7～1.1厘米（图3-81：6）。

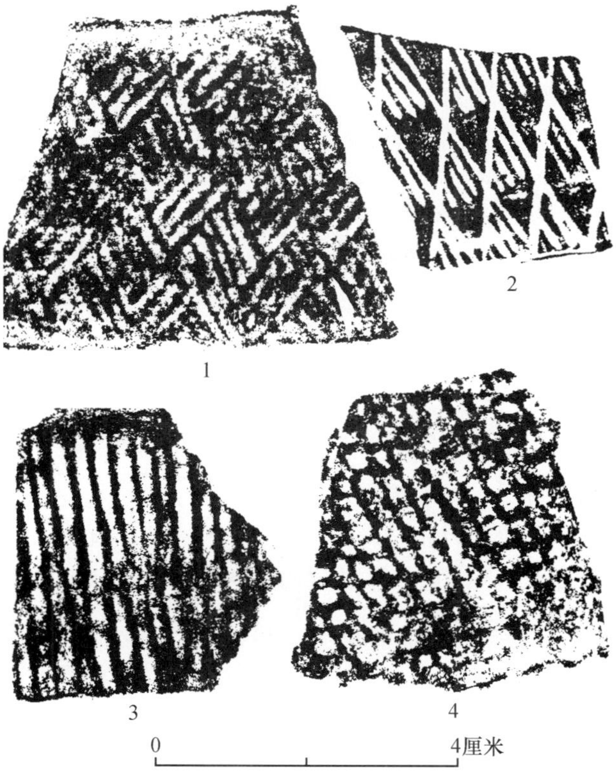

图3-80　伯公窝遗址采集陶片纹饰拓片

1. 席纹（2014SLBWG采：8）　2. 刻划菱形填线纹（2014SLBWG采：10）　3. 竖条纹（2014SLBWG采：9）　4. 网格纹（2014SLBWG采：7）

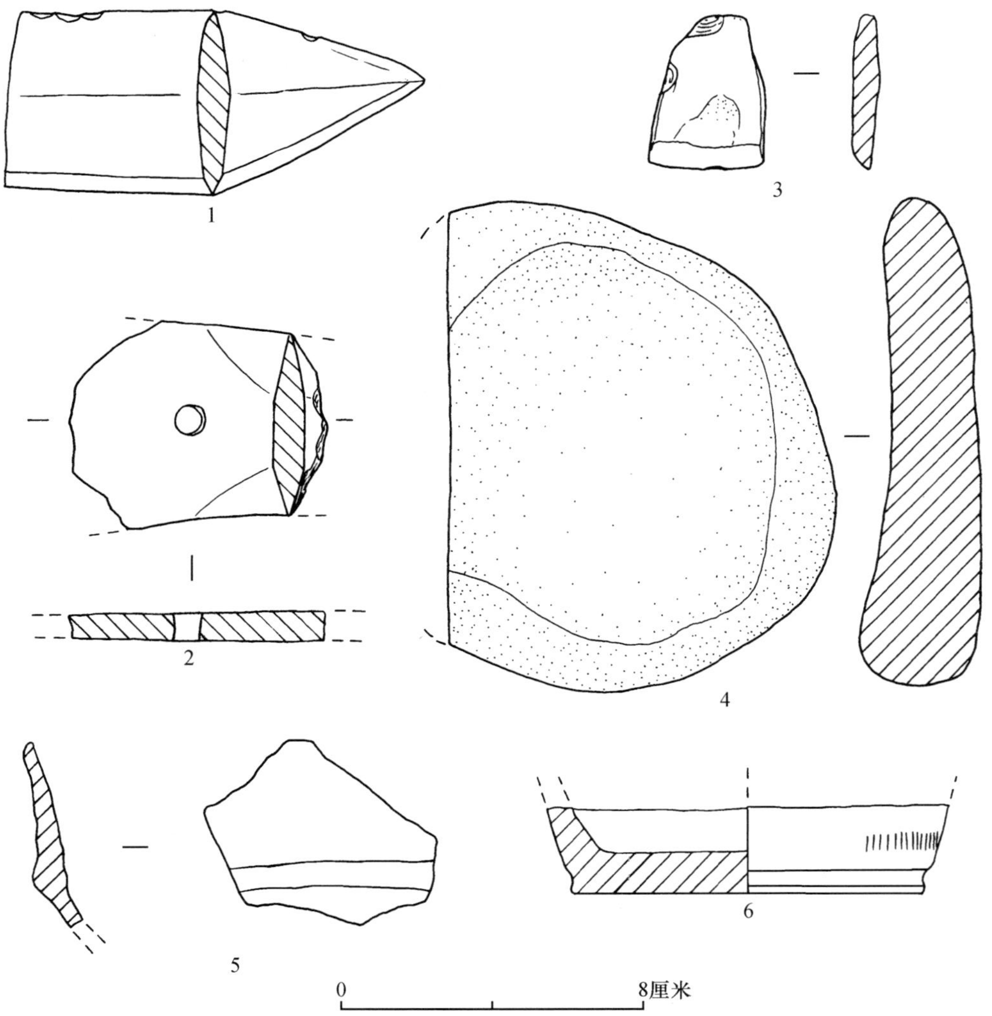

图3-81　伯公窝遗址采集遗物

1、2. 石戈（2014SLBWG采：1、2014SLBWG采：2）　3. 石锛（2014SLBWG采：3）　4. 凹石（2014SLBWG采：4）　5. 豆口沿（2014SLBWG采：6）　6. 罐底（2014SLBWG采：5）

二十八　斜栏棚遗址

1. 遗址概况

遗址位于上杭县蓝溪镇梅永村村部北侧1000米（图3-82），为1987年调查发现。遗址地理坐标为北纬24°55′43.6″，东经116°36′47.9″。遗址为一座相对独立的小山包，调查面积约300平方米，海拔261米。遗址略呈东西走向，东侧约100米为对门山，北侧约200米为黄潭河自西向东流经，西侧约200米为岐滩村。四周植被较为茂密，顶部植被稀少（图版109）。

2. 遗物

（1）石器

在遗址的顶部采集石器有石英石坯1件。

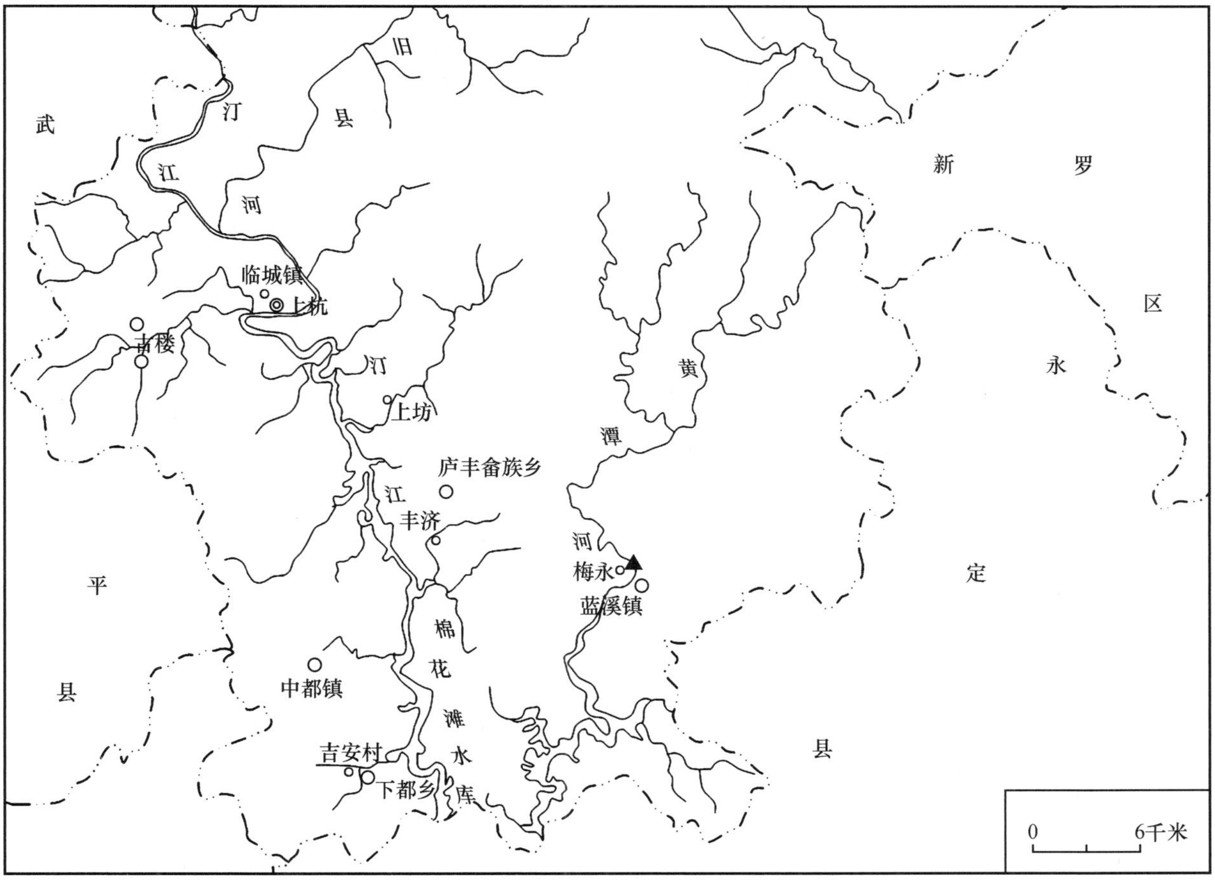

图3-82　斜栏棚遗址位置示意图

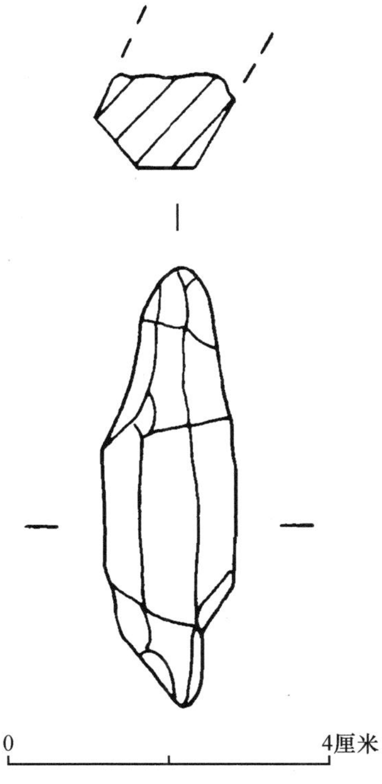

图3-83　斜栏棚遗址采集遗物

石英石坯（2014SLXL采：1）

2014SLXL采：1，质地透亮。不规则形，为多变形柱状体。两端及背部残缺。两端尖小，中间宽厚，中部可见平直四面，均有磨制。残长5.3、残厚1.1～1.7厘米。重13.43克（图3-83）。

（2）陶器

采集陶片11片，泥质软陶7片，夹砂灰陶3片，夹砂黄陶1片。纹饰可见网格纹、方格纹、栅篱纹（图3-84）。

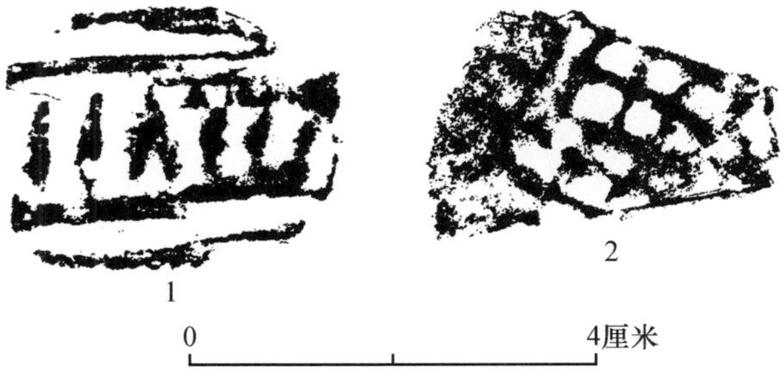

图3-84　斜栏棚遗址采集陶片纹饰拓片

1. 栅篱纹（2014SLXL采：2）　2. 方格纹（2014SLXL采：3）

二十九　黄泥寨遗址

1. 遗址概况

遗址位于上杭县蓝溪镇黄潭村黄泥寨山，北侧距村部600米（图3-85），为1987年调查发现，遗址地理坐标为北纬24°57′54.4″，东经116°34′49.8″。遗址为一处相对独立的山包，调查面积约200平方米，海拔235米。遗址西南侧约2000米为桷子山岽，300米为古顶上自然村；东南侧约1000米为倚天寨；南侧约100米为黄潭河自东向西流经，约600米为黄潭村村部。整个遗址植被稀疏，主要为杂草，地表以红壤为主（图版113）。

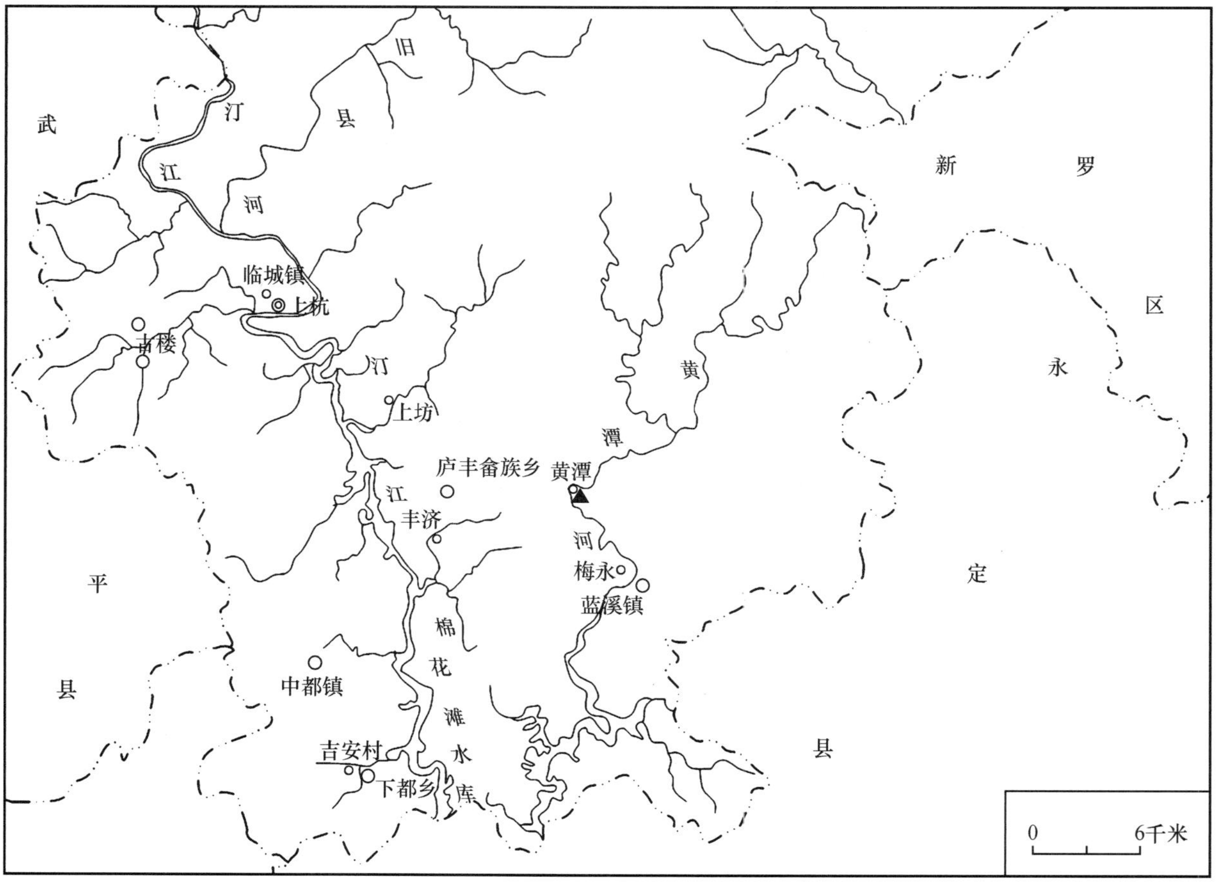

图3-85　黄泥寨遗址位置示意图

2. 遗物

通过调查，采集陶片11片。泥质和夹砂陶居多，其中泥质灰陶5片，泥质黄陶3片，夹砂灰软陶2片。另有黑衣陶1片。纹饰有竖条纹、网格纹、席纹（图3-86）。可辨器形有钵、罐。

钵　1件。2014SLHN采：2，泥质灰陶，火候高，陶胎质密。里外施黑衣。方唇，沿面微凹，敛口，浅斜弧腹。口沿饰三道弦纹，器表通体可见轮旋痕迹。口径15.4、残高3.2、厚

0.4～0.7厘米（图3-87：1）。

罐底　1件。2014SLHN采：1，泥质黄陶，胎厚且质硬。斜腹，平底。外饰方格填线米字纹。残高2.6、厚0.9～1.4厘米（图3-87：2）。

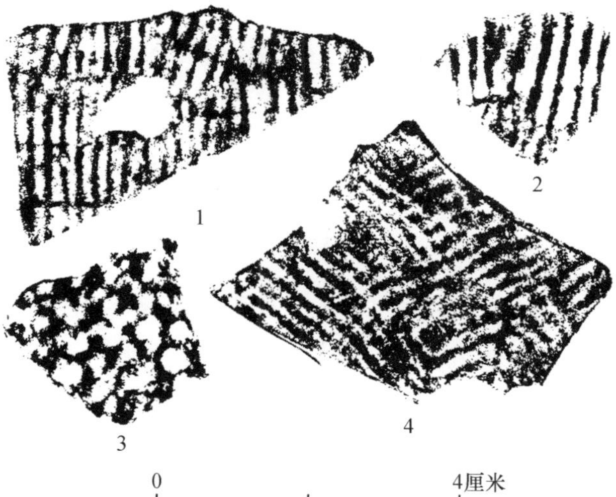

图3-86　黄泥寨遗址采集陶片纹饰拓片

1、2. 竖条纹（2014SLHN采：4、2014SLHN采：6）　3. 网格纹（2014SLHN采：3）　4. 席纹（2014SLHN采：3）

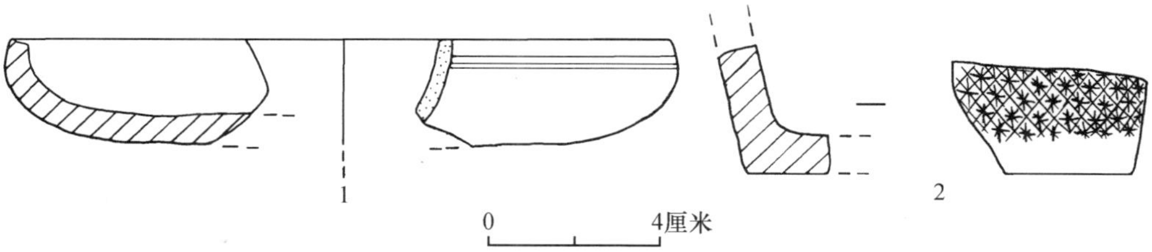

图3-87　黄泥寨遗址采集遗物

1. 钵（2014SLHN采：2）　2. 罐底（2014SLHN采：1）

三十　邱家祠遗址

1. 遗址概况

遗址位于上杭县中都镇亲睦村宫前上路自然村东侧300米（图3-88），为1987年调查发现。遗址地理坐标为北纬24°53′16.4″，东经116°27′8.4″。遗址东南—西北走向，调查面积约200平方米，海拔280米。遗址南侧山腰至山底为亲睦村宫前上路自然村，南侧180米为杭都公路，公路两侧为稻田。遗址顶部略为平坦，遗址西北角下即为亲睦村，遗址顶部的北部被村民开耕种植柚子树、橘树，西北部被村民开挖建墓，南部植被茂密，北部植被稀疏。

2. 地层堆积

第1层为灰色土、厚5～15厘米。内包含有少量的文化遗物；

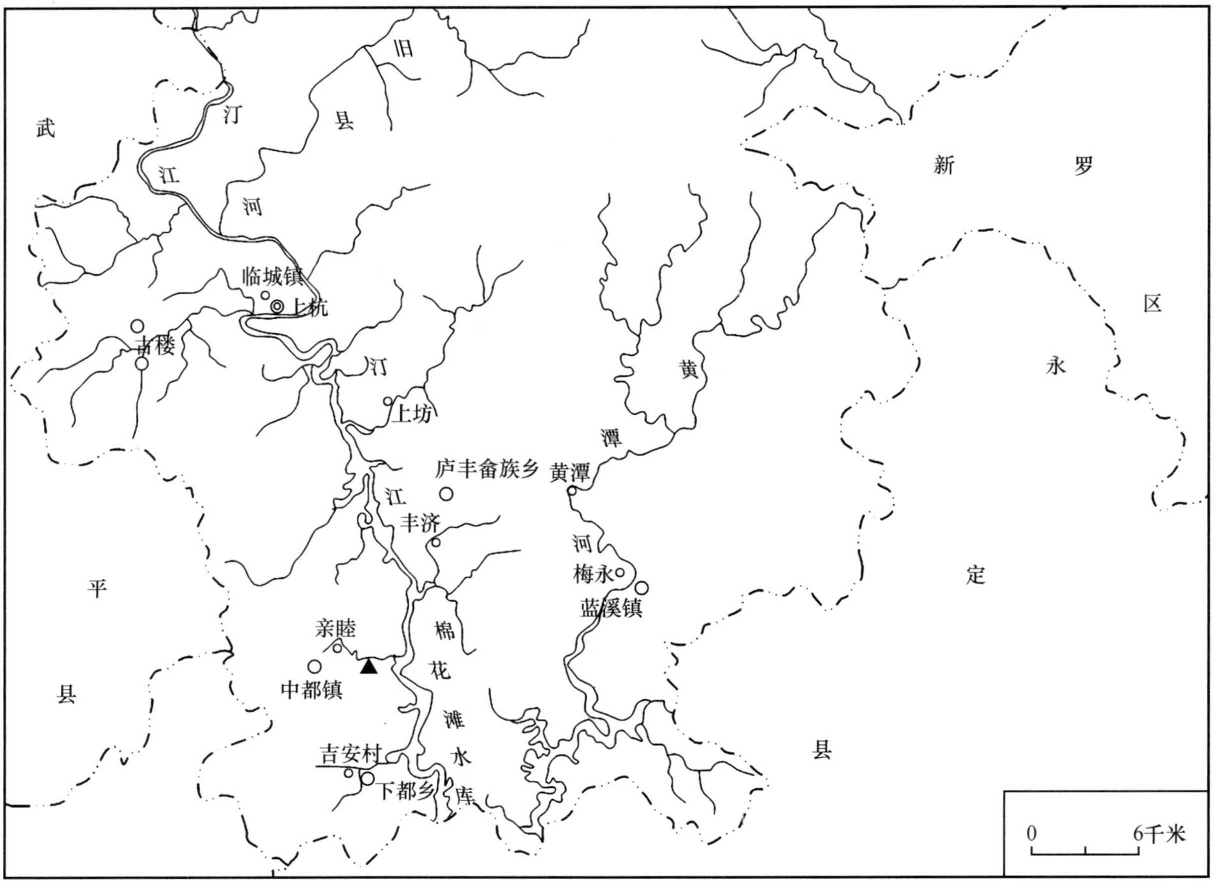

图3-88　邱家祠遗址位置示意图

第2层为砖红土，厚3～10厘米；

第3层为风化壳。

3. 遗物

（1）石器

器形有石器残件、石凿。

石器残件　1件。2014SZQJ采：2，黑色泥板岩。磨制。梯形，横截面近长方形。正背面、两侧面较扁平，且都可见磨制现象。残长4、残宽5.6、厚0.5～1厘米。重27.3克（图3-90：1）。

石凿　1件。2014SZQJ采：1，青黄色泥板岩。质地密，磨制精细。顶端微残，保存较完整。梯形，剖面长条形。顶部微弧，正背面、两侧面较平直。单面刃，刃部较平，刃部可见使用痕迹。残长3.3、残宽1.2～1.7、厚0.6厘米。重5.68克（图3-90：2）。

（2）陶器

采集陶片20片，陶质以泥质灰陶和夹砂灰陶为主，胎质较硬。另有7片原始瓷，陶片纹饰以素面为主，纹饰有刻划纹、方格纹（图3-89）。可辨器形有罐。

罐口沿　1件。2014SZQJ采：3，泥质灰硬陶，夹少量粗砂。陶胎较厚，且质地较密。方唇，唇面微凹，侈口，短颈，溜肩。肩部饰方格填线米字纹。口径20.4、残高4.8、厚0.3～1.1厘米（图3-90：3）。

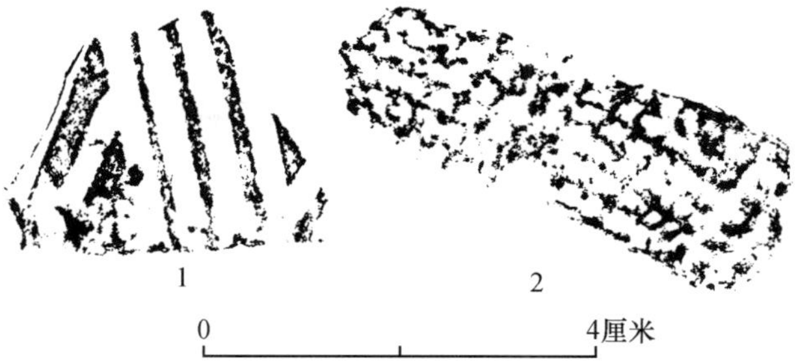

图3-89　邱家祠遗址采集陶片纹饰拓片
1. 刻划纹（2014SZQJ采：4）　2. 方格纹（2014SZQJ采：5）

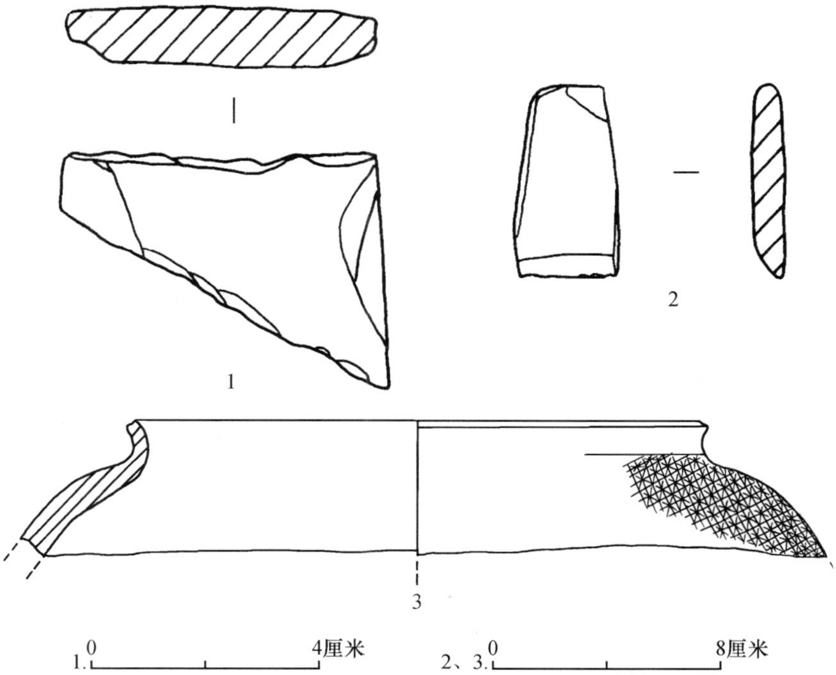

图3-90　邱家祠遗址采集遗物
1. 石器残件（2014SZQJ采：2）　2. 石凿（2014SZQJ采：1）　3. 罐口沿（2014SZQJ采：3）

三十一　对面山遗址

1. 遗址概况

遗址位于上杭县中都镇亲睦村红二组自然村（图3-91），为此次调查发现。遗址地理坐标为北纬24°53′8.61″，东经116°27′18.01″。遗址为一处略呈南北走向、相对独立的山包，长约300米，宽约20米，遗址调查面积约6000平方米，海拔约308米。遗址顶面比较平坦，周边植被茂密，顶部稀少，主要以杂草、松树及杉树为主。在山顶裸露地表采集有少量陶片，未发现文化层。四周坡上均未发现遗物。东面半坡上村民建有坟墓，坡下为村庄及民宅。南坡下比较开阔，为大面积水稻田，西面坡下为民宅，北坡下紧连低矮山丘。

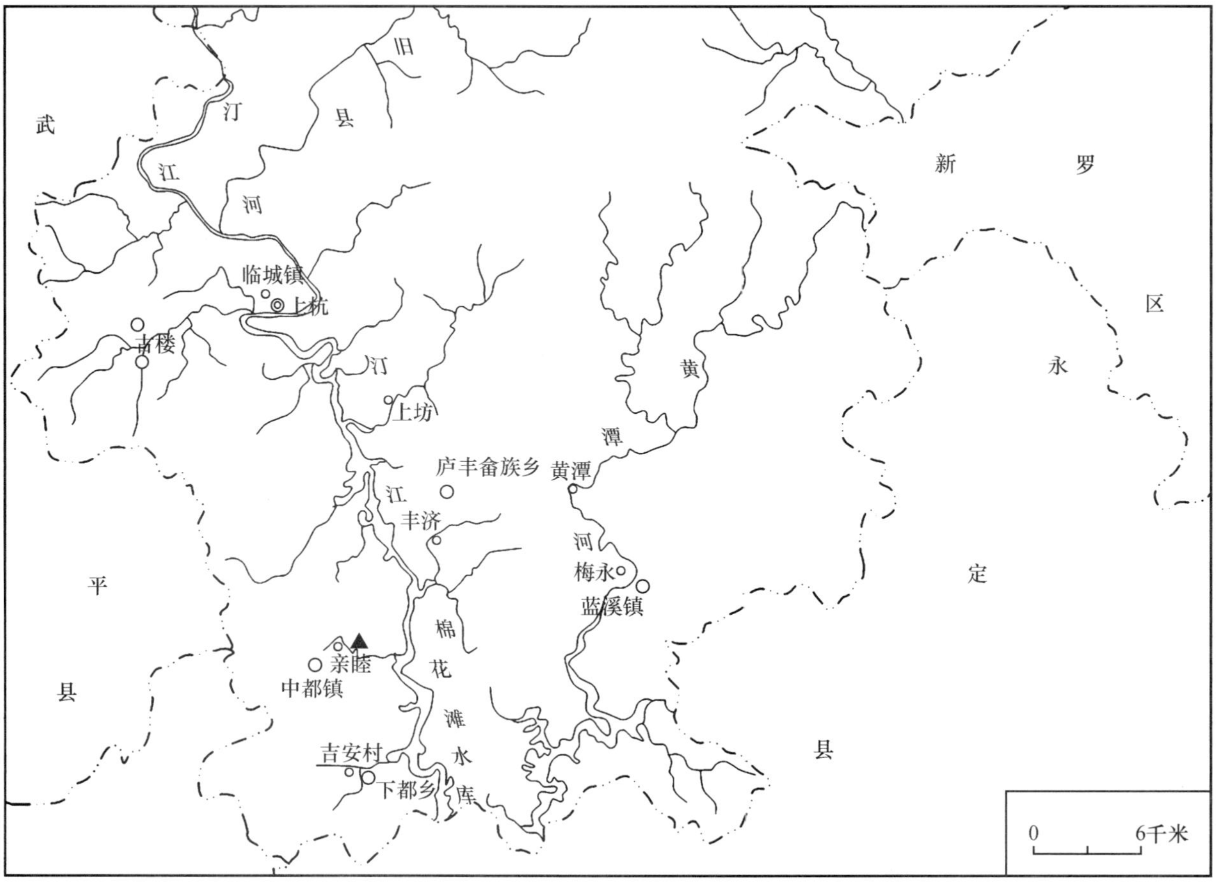

图3-91　对面山遗址位置示意图

2. 遗物

采集遗物有17片陶片，多泥质灰陶、夹砂灰陶，胎质较硬。少见施黑衣。多素面，纹饰有网格纹、弦纹、网格圆圈纹（图3-92）。可辨器形有钵。

钵口沿　1件。2014SZDM采：1，泥质陶，胎红，火候较高，胎质较硬。外施黑衣。圆唇，敛口，斜弧腹。素面。口径6.2、残高1.9、厚0.4～0.6厘米（图3-93）。

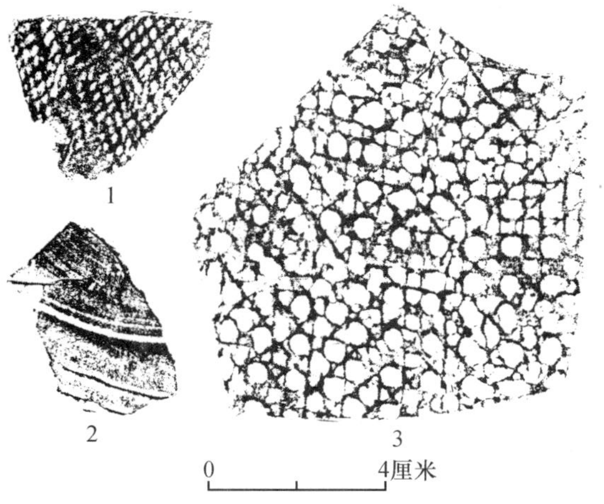

图3-92　对面山遗址采集陶片纹饰拓片

1. 网格纹（2014SZDM采：3）　2. 弦纹（2014SZDM采：4）

3. 网格圆圈纹（2014SZDM采：2）

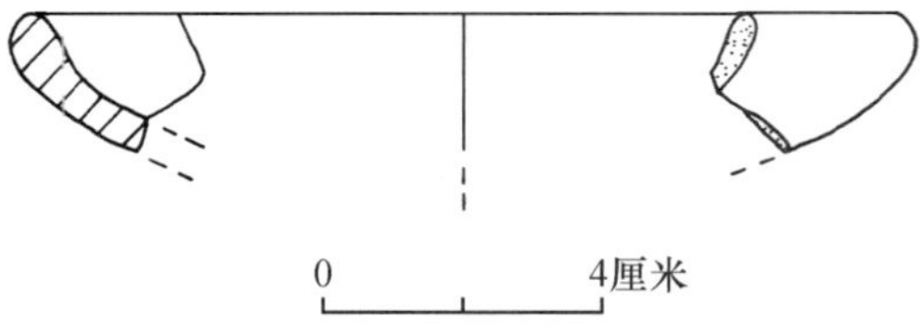

图3-93　对面山遗址采集遗物

钵口沿（2014SZDM采：1）

三十二　猪屎埂遗址

1. 遗址概况

遗址位于上杭县下都乡吉安村（图3-94），为此次调查发现。遗址地理坐标为北纬25°48′57.42″，东经116°27′22.59″。遗址为一座东北—西南走向、相对独立的小山包，长约300米，宽约80米，调查面积约24000平方米，海拔252米。遗址顶面较为宽阔平坦，南部顶部被开挖建有一小亭，四周半坡全部被开耕成台阶，并种植柚子树。遗址东坡下为小河谷，对面为低矮山包，西、南坡下为村民开垦的稻田，北坡下为大片的开阔地，约1000米处为下都乡政府所在地（图版114）。

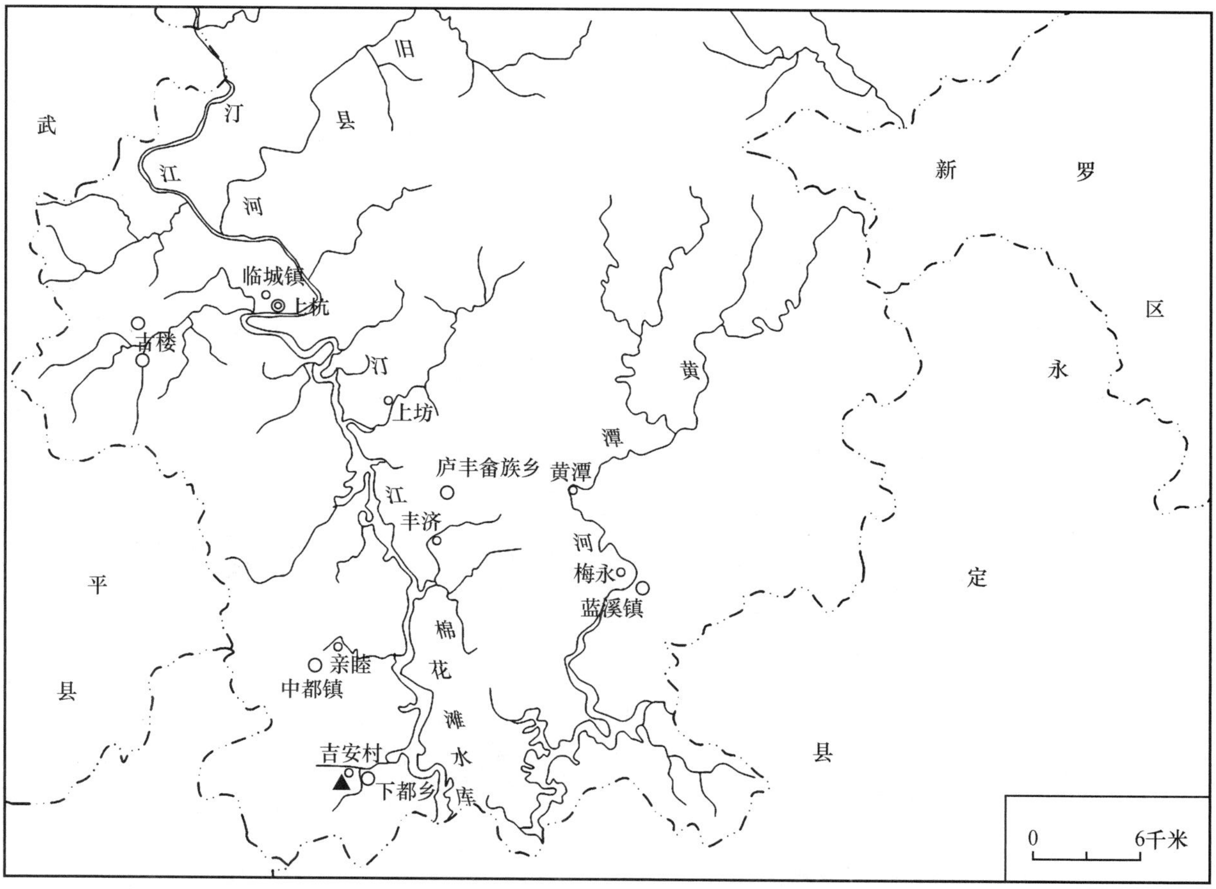

图3-94　猪屎埂遗址位置示意图

2. 地层堆积

遗址顶部西南部可见少量文化遗物，局部保留文化层。

第1层为表土层，浅灰色土，厚约10厘米；

第2层为文化层，红褐色图，土质较疏松，内含较多石英块及颗粒，另有少量的炭粒及夹砂灰色陶片，厚20～30厘米。

3. 遗物

（1）石器

石片　1件。2014SXZS采：1，灰黑泥板岩，质地较密。打制未成形。不规则形，正面较平直，背面中下部微凸。正背面两面均可见大小不一石片疤，放射线较明显，同心波不可见。残长6.7、残宽0.2～2.3、厚0.2～0.8厘米。重15.86克（图3-95）。

（2）陶器

陶片　23片，陶质有泥质陶、夹砂陶，施衣陶。胎质较硬，陶片纹饰以曲折纹为多，条纹次之，还有席纹、条纹与附加堆纹组合纹饰（图3-96）。

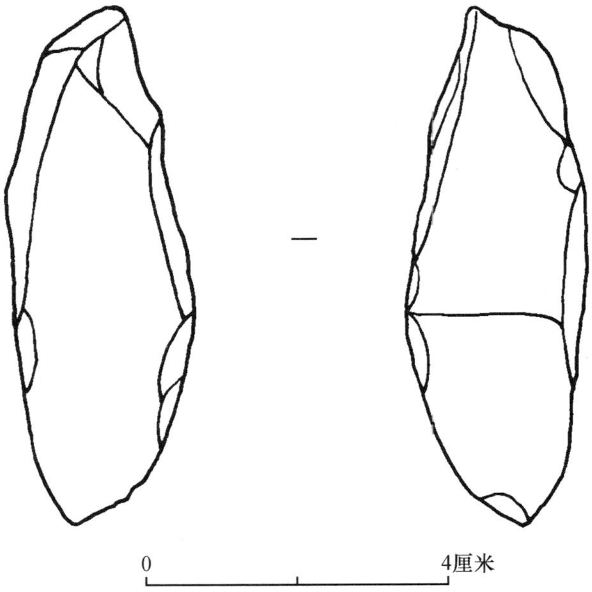

图3-95　猪屎埂遗址采集遗物

石片（2014SXZS采：1）

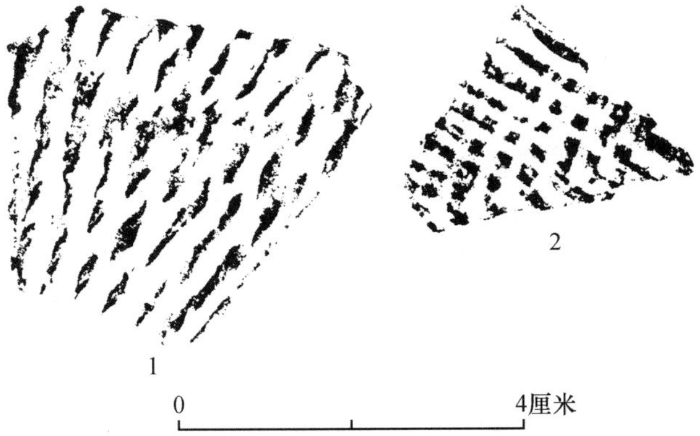

图3-96　猪屎埂遗址采集陶片纹饰拓片

1. 篮纹（2014SXZS采：2）　2. 曲折纹（2014SXZS采：3）

第四章　武平县先秦时期遗址

第一节　武平县自然环境与历史沿革

一　自然环境

武平县位于福建省西部，地处龙岩市西南，北接长汀，南连广东省平远县、蕉岭县，西接江西省寻乌、会昌两县，东邻上杭县。西面武夷山南端余脉，由汀南蜿蜒进入县境，形成西列、东列山系。武平县境内地势西北高东南低，中部高南北低。主要为低山丘陵地貌，山脉连绵，沟壑纵横。境内500米以下的丘陵占全县总面积33.97%，河谷盆地占总面积的12.69%。武平地处北纬24°47′～25°29′，属亚热带海洋性季风气候。

县内溪流密布，流域面积2283平方千米，属梅州、汀江、赣州水系，其中汀江水系流域占全县总面积40.5%，松源河、中山河、下坝河，桃溪河、中堡河、丰田河等干流。松源河、中山河、下坝河干流属梅江水系；桃溪河、中堡河、丰田河干流属汀江水系；松源河部分流入梅江、部分流入韩江。桃溪河各支流流经大禾、湘店、永平、桃溪，于桃溪镇相汇，往东经桃溪镇的罗屋流入长汀县，汇入汀江；丰田河、中堡河各支流流经四维、中堡，往东南方向流入上杭县，汇入汀江。中山河、下坝河的各支流流经万安、武平县城、中山镇、下坝，往南流入广东，汇入梅江水系。

武平地质构造处于新华夏系巨型构造体系第二隆起带上，地层构造包含上元古界震旦系列到新生界第四系地层。有铁、锰、铜、铅锌、钨、金、稀土等金属矿。土壤呈红色酸性。境内植被多为亚热带常绿树种，垂直分布有常绿阔叶林带、针叶混交林带、中山灌木丛以及中山草甸。中部及东南部地区主要分布马尾松林、东北部分布毛竹林，常绿阔叶林，针阔混交林，针、阔、竹混交林等，北部、西北部以常绿阔叶林和针阔混交林为主。南部、西北部地区原生植被破坏严重。

二　历史沿革

武平县所辖区域夏、商时期属扬州域，西周属七闽地，春秋、战国时为闽越地，秦属闽中郡，西汉时隶属会稽郡，三国为吴国建安郡，晋太康年间置晋安郡，领八县，其中一曰新罗，武平为新罗县地。唐开元二十四年置南安（今平川镇）、武平镇（今中山镇），属建安郡，据《舆地广记》载，宋置武平县，原为唐时武平镇，以境内武平河（为汀江支流）而得名，历属汀州路、汀州府、汀漳道。

民国二年废除府州制，十五年废道，以省统县，武平直属福建省，民国二十二年，福建分为4个省，武平隶龙汀省，民国二十三年，福建省划为8个行政督察区，武平属第八行政督察区，第二次国内革命战争时期为中央苏区县，历属龙岩市。

宋时，武平下设5乡，后划7个乡，缺1乡，明洪武十四年，改乡为里，元清两代武平行政区划沿革不详。民国初，全省划为17个区统498个乡，苏维埃时期，全县160多个乡成立了苏维埃政府，中华人民共和国成立后，县内行政区划经历13次调整，1987年，全县划为14个乡3个镇。武平县人口多为汉族，少数民族主要为畲族。

第二节　武平县先秦时期遗址

继汀江流域调查上杭段结束后，考古调查队员于2014年12月16日至同年12月26日对武平段进行了考古调查及勘探，在武平县复查以往发现遗址并采集有遗物的遗址有16处，新发现古文化遗址2处，范围包括湘店乡、桃溪镇、大禾乡、永平镇、中堡镇、武东镇6个乡镇。另外在大东背遗址抢救性发掘清理墓葬3座，有文化堆积层的遗址有桃溪镇小澜村富堂里遗址、武东镇丰田村中心岗遗址、武东镇三峙村石炉坑遗址、城厢镇东云村大崇背遗址4处（图4-1）。以下对各遗址进行逐一介绍。

一　湘店山遗址

1. 遗址概况

遗址位于武平县湘店乡尧山村（图4-2），为1988年调查发现。遗址地理坐标为北纬25°26′36.2″，东经116°12′39.7″。遗址呈东西走向，为相对独立的山包，东高西低，相对平坦。面积约700平方米，海拔382米。东侧为陡坡，山体植被茂密，山脚为溪流、公路；南侧断坎下为学校操场、教学楼；西侧低缓，种植零星杉树；北侧为陡坡，坡上植被茂密，种植松树、杉树。遗址中心建有通信塔站和一座蓄水池（图版115）。遗址破坏严重。未发现遗迹及文化层堆积。

2. 遗物

通过调查，采集陶片16片，夹砂黄软陶6片，夹砂灰硬陶4片，泥质黄软陶3片，黑衣陶3

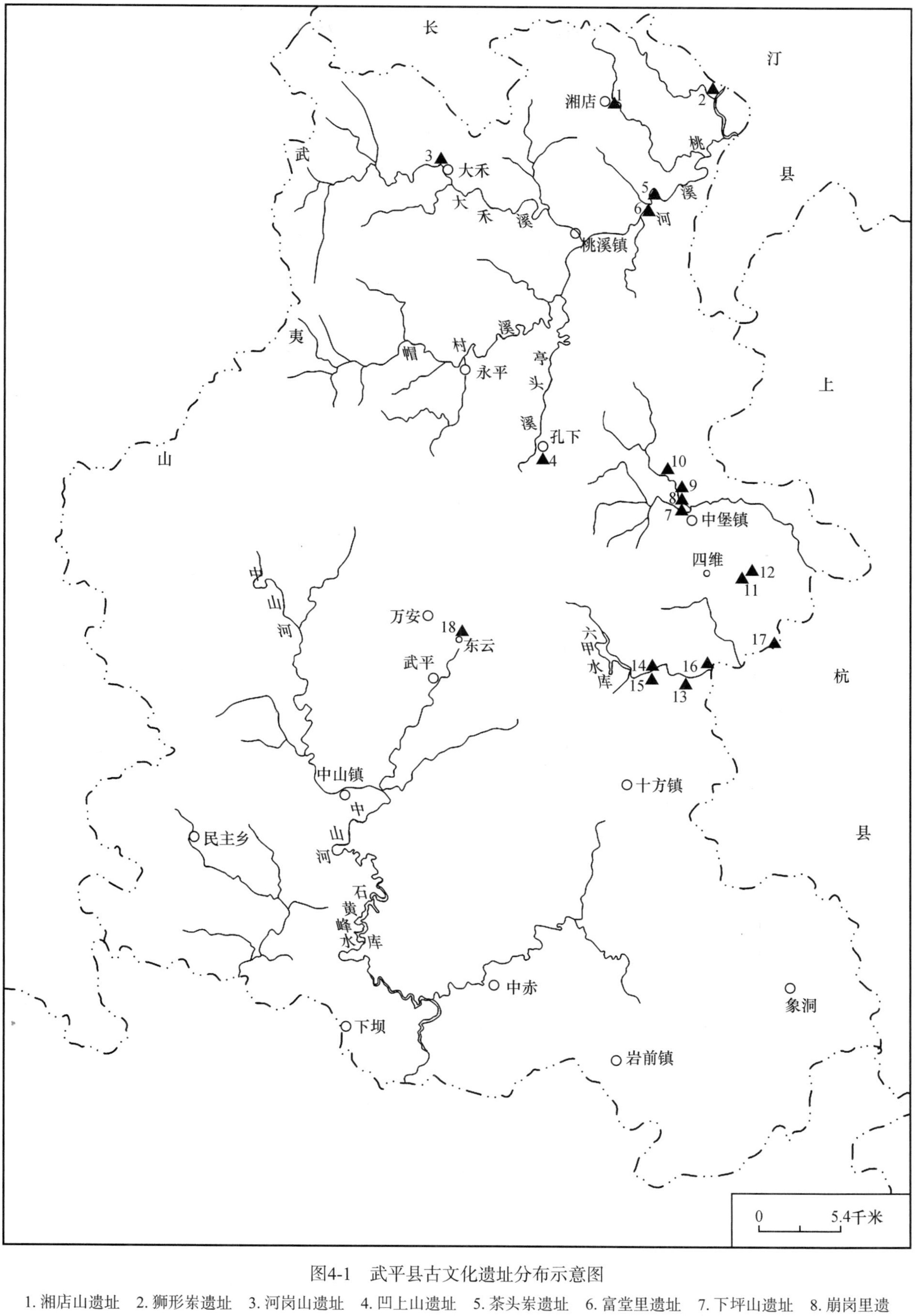

图4-1 武平县古文化遗址分布示意图

1. 湘店山遗址 2. 狮形岽遗址 3. 河岗山遗址 4. 凹上山遗址 5. 茶头岽遗址 6. 富堂里遗址 7. 下坪山遗址 8. 崩岗里遗址 9. 连坡后遗址 10. 店子岽遗址 11. 中心岗遗址 12. 中心岗后山遗址 13. 上山遗址 14. 寨米顶遗址 15. 陈岗上遗址 16. 赤岭里遗址 17. 石炉坑遗址 18. 大岽背遗址

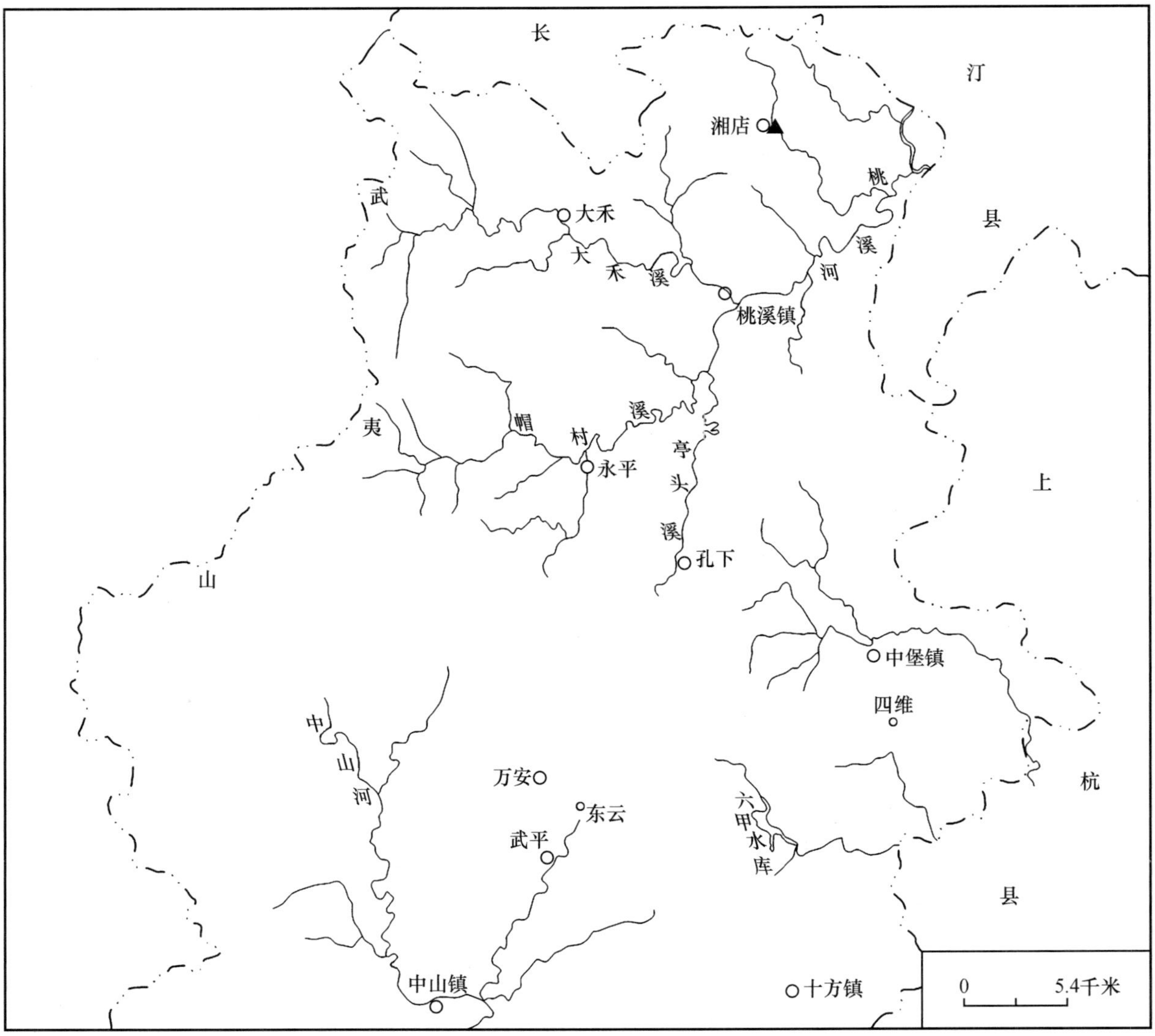

图4-2　湘店山遗址位置示意图

片。以素面为主，陶片纹饰可见席纹、篮纹、条纹（图4-3）。可辨器形有罐。

罐口沿　2件。

2014WXXD采：1，黑衣陶，器表面光亮，陶胎为泥质灰陶，胎质坚硬。口沿部分稍变形。圆唇，沿面较宽微凹，敞口，长颈。颈部可见明显轮旋纹。口径15、残高4.4、厚0.3～0.7厘米（图4-4：1）。

2014WXXD采：2，夹砂灰陶，胎质较硬。圆唇，侈口，束颈。颈部下饰条纹。残高4.9、厚0.3～0.5厘米（图4-4：2）。

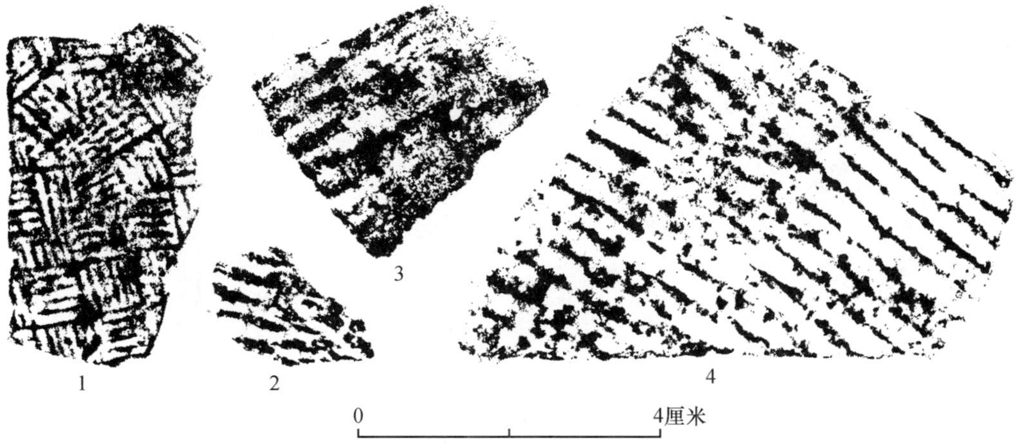

图4-3　湘店山遗址采集陶片纹饰拓片

1. 席纹（2014WXXD采：5）　2. 篮纹（2014WXXD采：6）　3、4. 条纹（2014WXXD采：4、2014WXXD采：3）

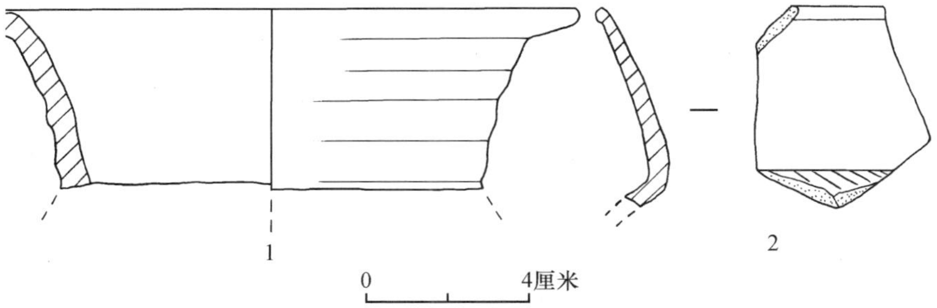

图4-4　湘店山遗址采集遗物

1、2. 罐口沿（2014WXXD采：1、2014WXXD采：2）

二　狮形岽遗址

1. 遗址概况

遗址位于武平县湘店乡店下村自然村北约300米（图4-5），为1988年调查发现。遗址地理坐标为北纬25°26′42.5″，东经116°16′49.2″。遗址呈南北走向，北高南低，东西宽约50米，南北长约70米，该遗址调查面积约3500平方米，海拔271米。遗址顶面为凸起山包，相对平坦。东侧坡较陡，坡上植被茂密，坡下为汀江由东向南流经；南坡低缓，植被茂密杂草丛生，坡下为民房，南侧山脚有省道205通往长汀县；西坡较陡，植被茂密，种植有松树、杉树（图版116）。未发现遗迹与文化层堆积。

2. 遗物

此次调查采集有2片砂灰陶陶片，均施黑衣，纹饰有网格纹（图4-6）。

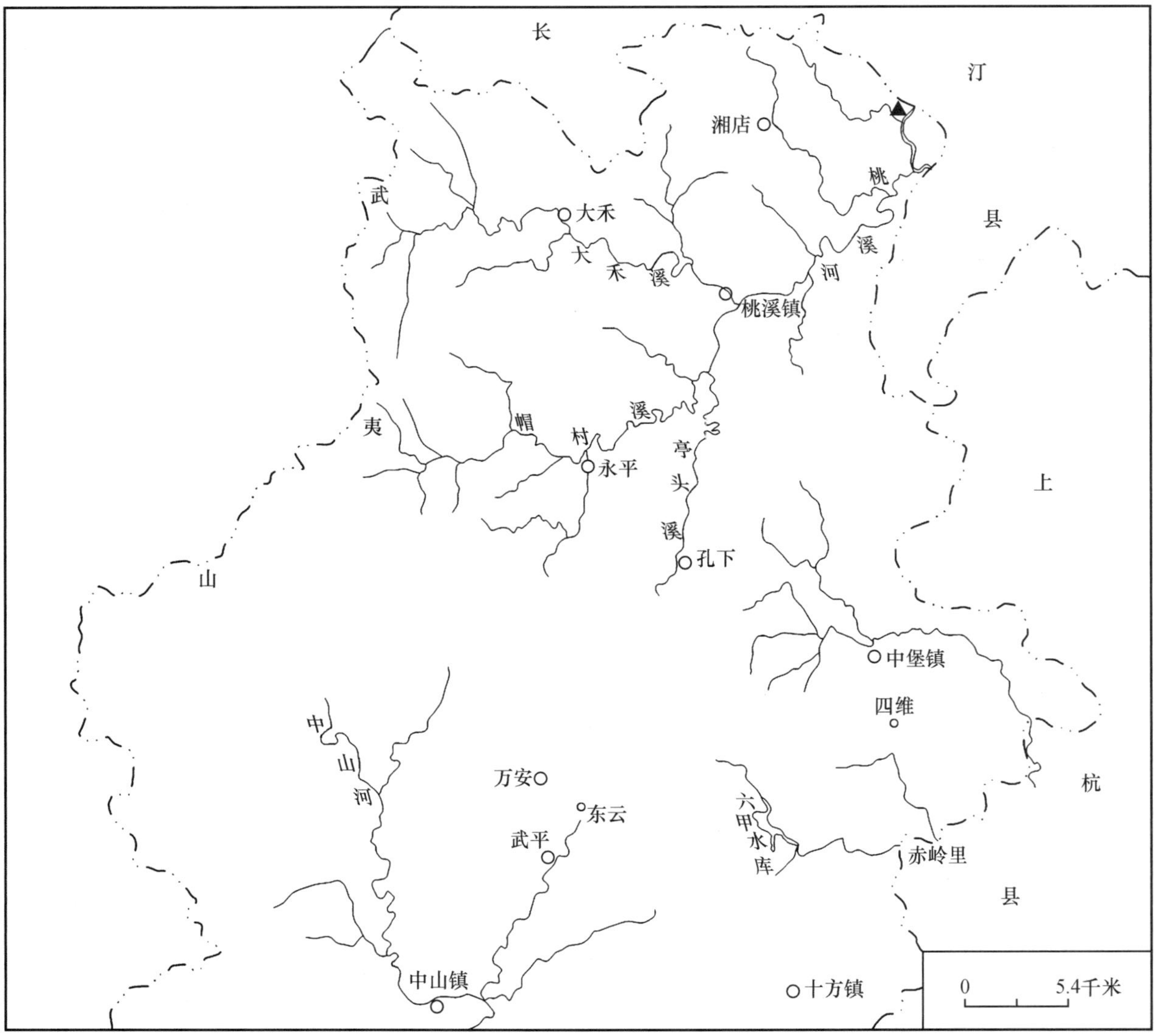

图4-5 狮形岽遗址位置示意图

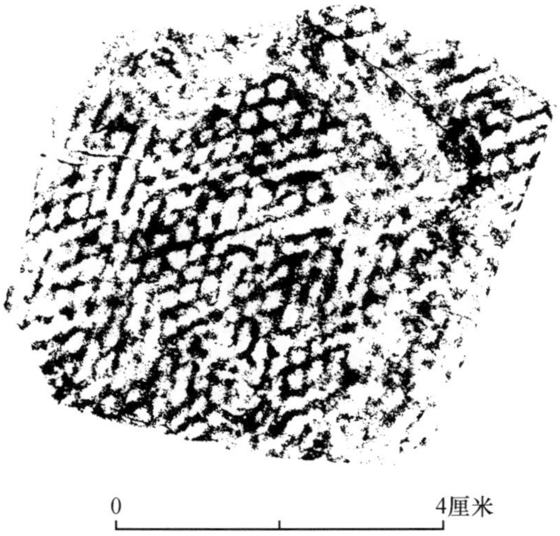

图4-6 狮形岽遗址采集陶片纹饰拓片

网格纹（2014WXSX采：1）

三　河岗山遗址

1. 遗址概况

遗址位于武平县大禾乡大禾村西约600米（图4-7），为1988年调查发现。遗址地理坐标为北纬25°24′8.9″，东经116°5′58.2″。遗址平面呈长条形，河岗山遗址呈南北走向，南高北低，南北长约65米，宽约35米，遗址调查面积约2000米，海拔347米。遗址顶面为凸起山包相对平坦，约400平方米，建有通信塔站。东坡陡，坡上植被茂密，山脚下建有民房、公路，为大禾乡集镇；南坡陡，坡上植被茂密杂草丛生；西侧坡面也较陡，杂草丛生；北坡有两个阶梯式台地，杂草丛生，山脚有民房和大禾乡的市场（图版117）。未发现遗迹与文化层堆积。

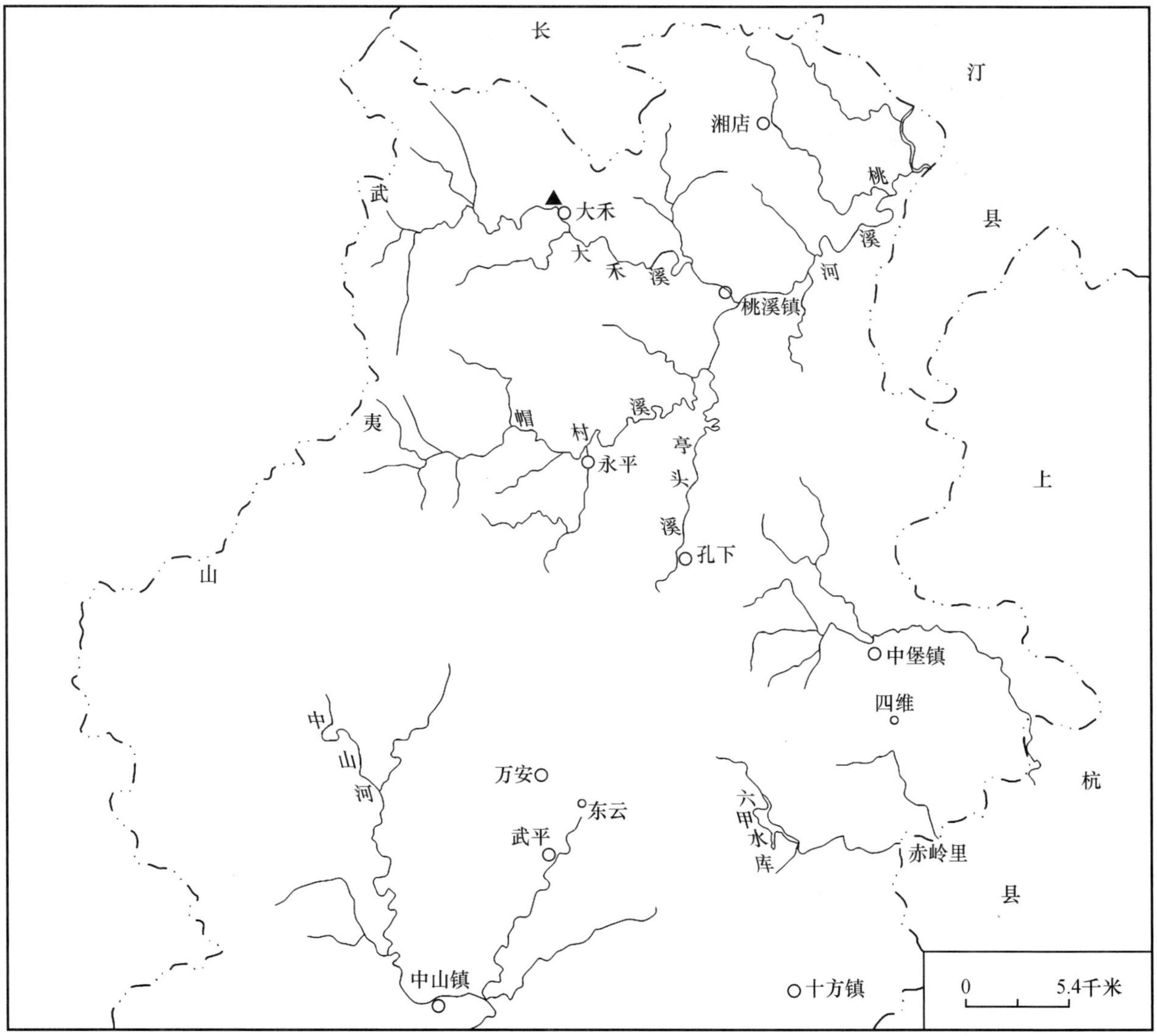

图4-7　河岗山遗址位置示意图

2. 遗物

此次调查采集少量陶片，施黑釉、黑衣，纹饰有网格纹、双线菱形纹等（图4-8）。

图4-8　河岗山遗址采集陶片纹饰拓片

1、2. 网格纹（2014WDHG采：5、2014WDHG采：1）　3. 双线菱形纹（2014WDHG采：2）　4. 曲折纹（2014WDHG采：3）　5. 篮纹（2014WDHG采：7）　6、7. 条纹（2014WDHG采：6、2014WDHG采：4）

四　凹上山遗址

1. 遗址概况

遗址位于武平县永平镇孔下村东侧（图4-9），为1988年调查发现。遗址地理坐标为北纬25°14′8.38″，东经116°10′16.58″。遗址位于盆地中央的山包，东南—西北走向。南北长70米，东西宽50米，面积约3500平方米，海拔508米。遗址四周为缓坡，植被较为茂密，顶面较凸，植被稀疏，遗址顶部北侧建有一移动信号塔。遗址南侧紧连低矮的山丘；北侧为一条东西流向的孔厦溪；东北侧400米处为永平到中堡公路；西坡下为大片村庄。地表为红壤，从遗址顶部地表上采集有少量陶片。未发现文化层堆积。

2. 遗物

此次采集陶片11片。泥质灰软陶3片，施衣陶8片。素面为主，纹饰可见双线菱形纹（图4-10）。可辨器形有罐。

罐口沿　1件。2014WYAS采：1，泥质黄陶，胎质较硬。里外施黑衣，黑衣剥落。圆唇，侈口。口沿内外侧均可见轮旋痕迹。残高1.3、厚0.6～1厘米（图4-11）。

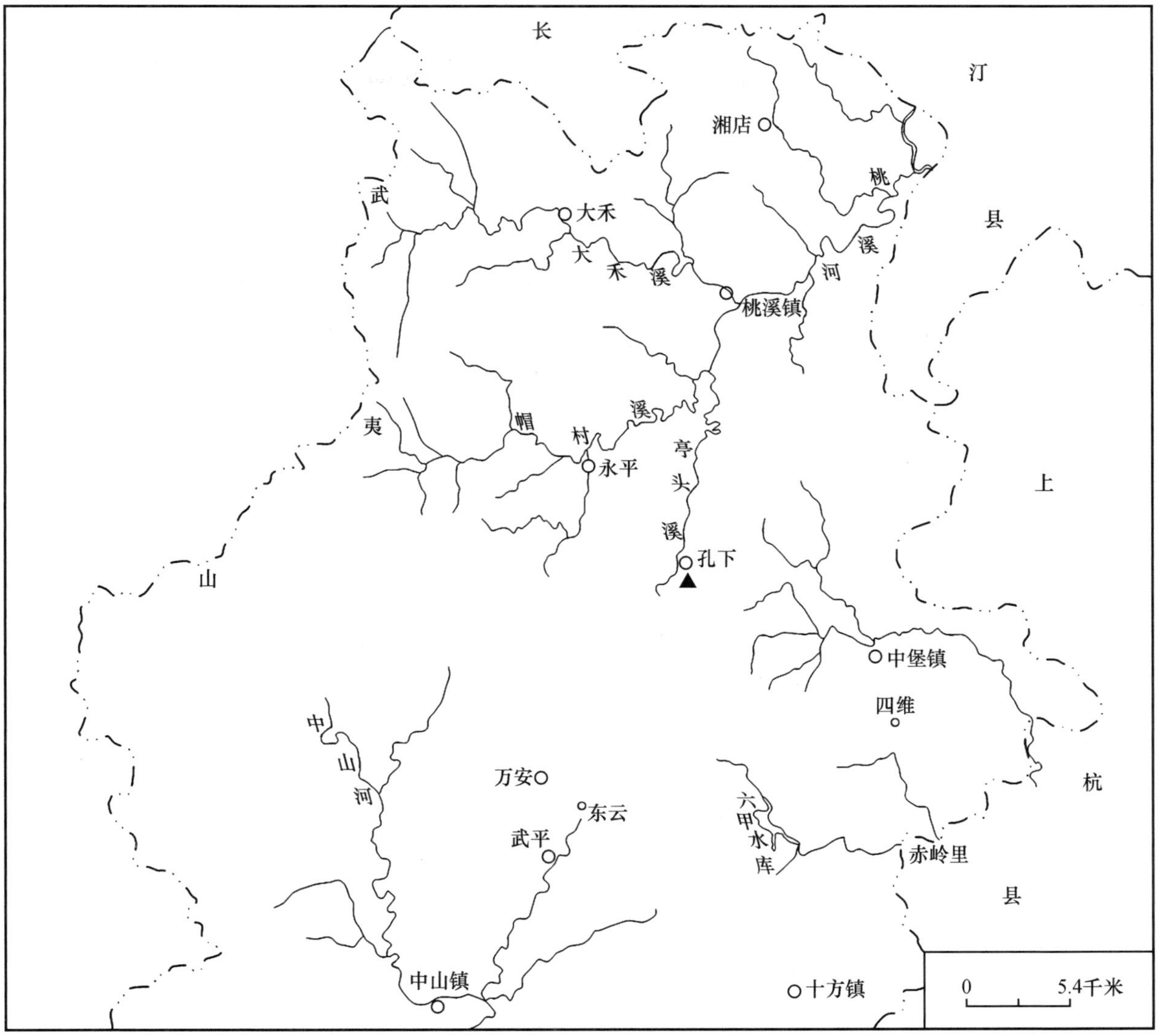

图4-9　凹上山遗址位置示意图

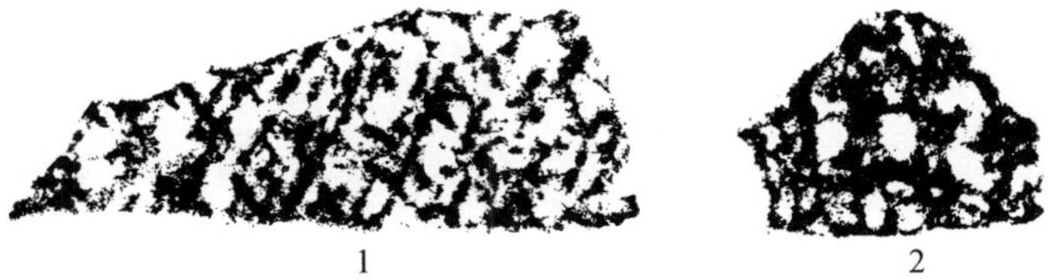

图4-10　凹上山遗址采集陶片纹饰拓片

1、2. 双线菱形纹（2014WYAS采：2、2014WYAS采：3）

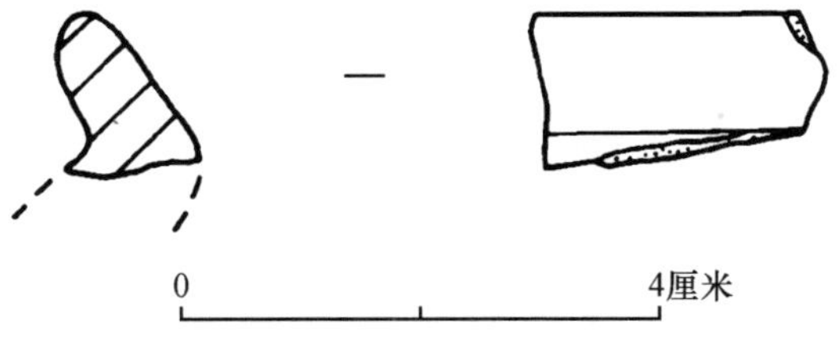

图4-11　凹上山遗址采集遗物

罐口沿（2014WYAS采：1）

五　茶头岽遗址

1. 遗址概况

遗址位于武平县桃溪镇小澜树下河西自然村（图4-12），为1988年调查发现。遗址地理坐标为北纬25°23′21.88″，东经116°14′50.96″。遗址东南—西北走向，为一座大山延伸出来的山梁。遗址东西长50米，南北宽30米，遗址面积1500米，海拔328米。四周植被较为稀疏，顶面较凸。遗址东侧山脚下是稻田，半山腰有民房，再远处是小澜新街道；南侧山脚下有田垅；西侧为连绵高山；北侧亦群山连绵（图版118）。从遗址东南部顶部裸露的地表上采集有少量陶片，未发现遗迹与文化层堆积。

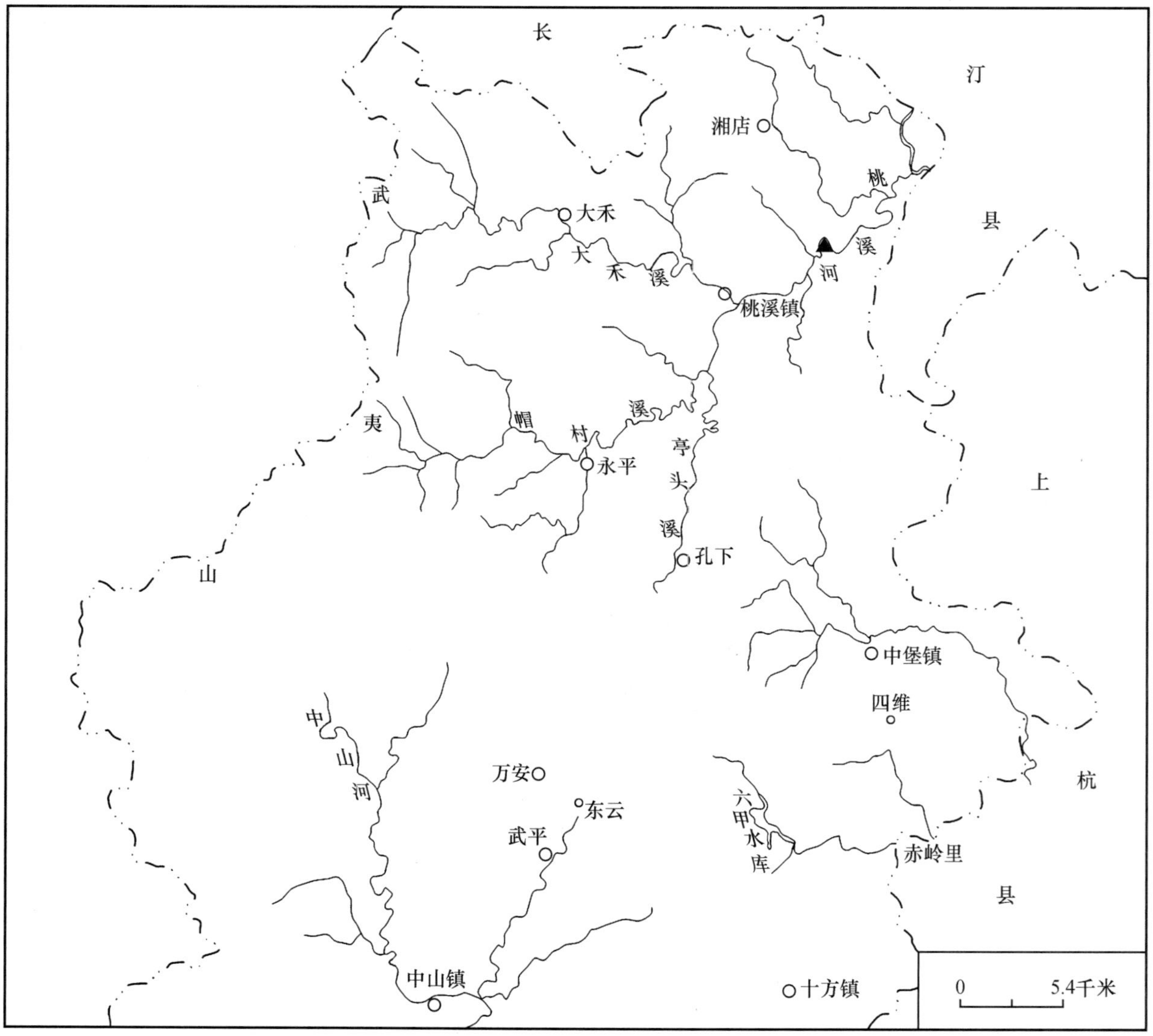

图4-12　茶头岽遗址位置示意图

2. 遗物

采集陶片10片，主要为夹砂黄软陶3片，泥质黄软陶2片，泥质灰硬陶2片，泥质黄硬陶1片，施衣陶2片。多素面，纹饰可见条纹与附加堆纹组合纹饰、双线菱形纹（图4-13）。可辨器形有豆。

豆口沿　1件。2014WTCT采：1，泥质黄陶，夹少量细砂，胎质较硬。圆唇，侈口，折肩，斜腹。残高2.1、厚0.4～1厘米（图4-14）。

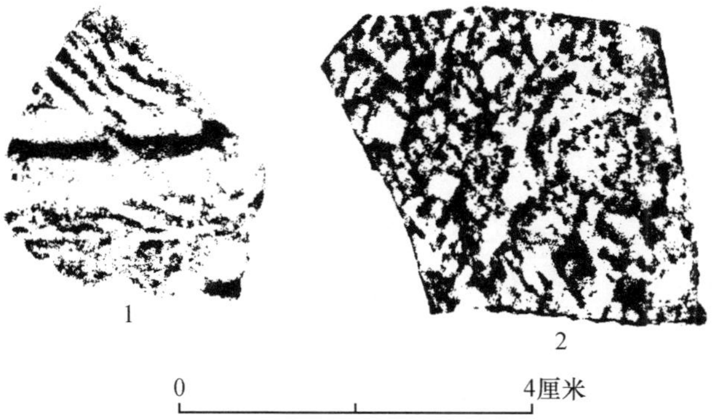

图4-13　茶头岽遗址采集陶片纹饰拓片
1. 条纹与附加堆纹组合纹饰（2014WTCT采：2）　2. 双线菱形纹（2014WTCT采：3）

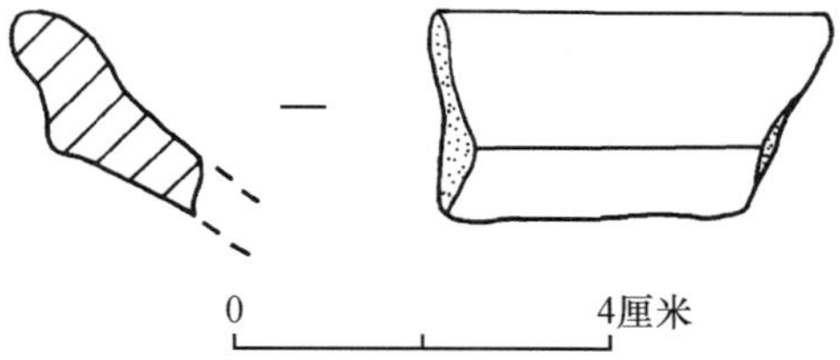

图4-14　茶头岽遗址采集遗物
豆口沿（2014WTCT采：1）

六　富堂里遗址

1. 遗址概况

遗址位于武平县桃溪镇小澜村西南1.5千米（图4-15），为1988年调查发现。遗址地理坐标为北纬25°23′0.36″，东经116°15′8.02″。该遗址略呈南北走向，为一座相对独立的小山包，遗址面积约2800米，海拔287米，相对高度30米。顶面相对比较平坦，四周植被较为茂密，顶面植被稀疏，地表为红壤。遗址东南部是连绵的山脉，西北山脚下是由西向东流淌的小澜河，西北方50米处为民居（图版119）。

2. 地层堆积

通过调查，在遗址北侧村民开垦的台阶上发现有文化层堆积（图4-16；图版120）。堆积情况兹述如下：

第1层为表土层；

第2层为浅红褐色土，土质较为疏松，无包含物，厚约12厘米；

第3层为红褐色土，土质疏松，内包含有少量的夹砂灰色陶片，红灰烧土颗粒，木炭粒等，厚15～20厘米。

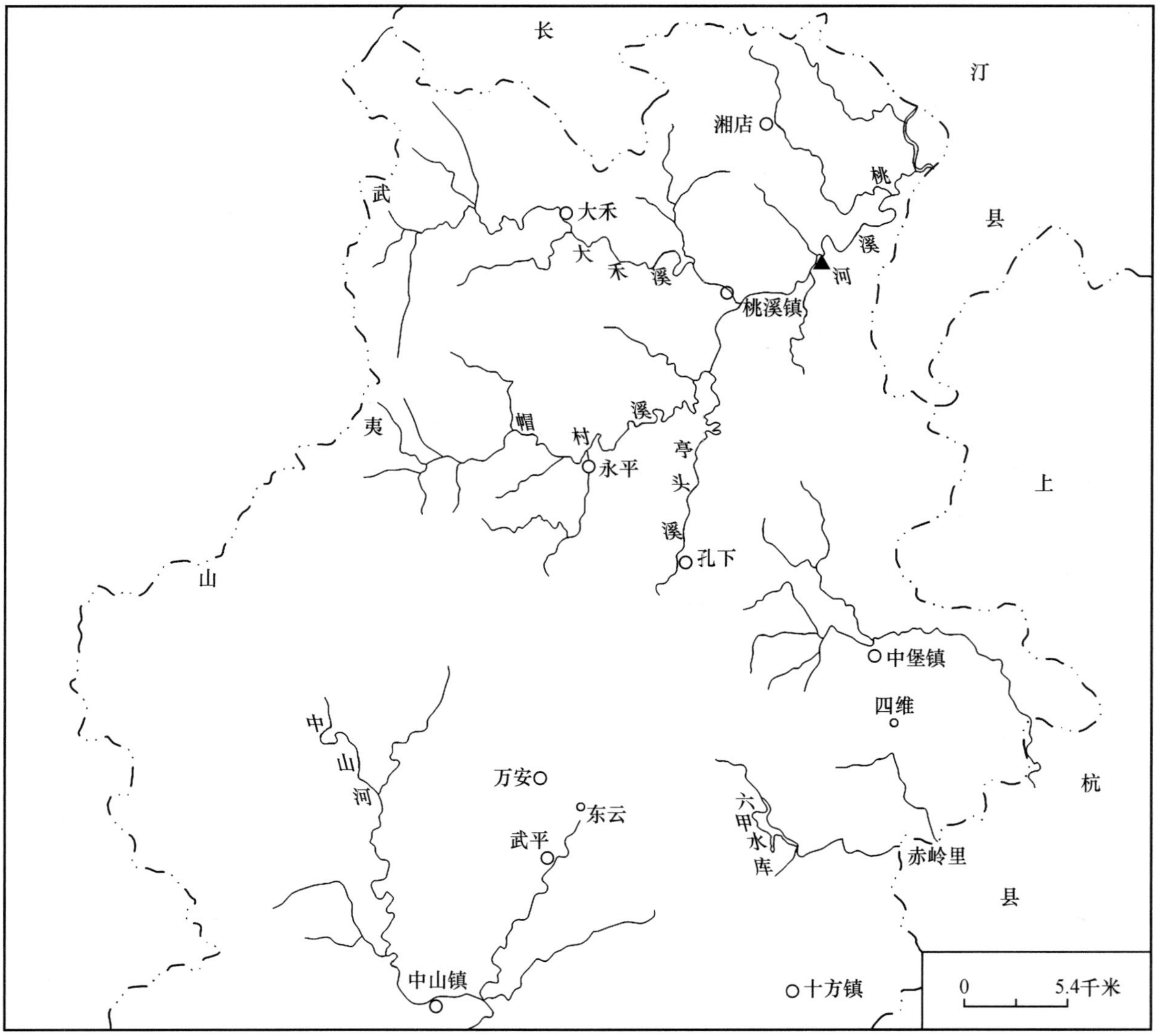

图4-15　富堂里遗址位置示意图

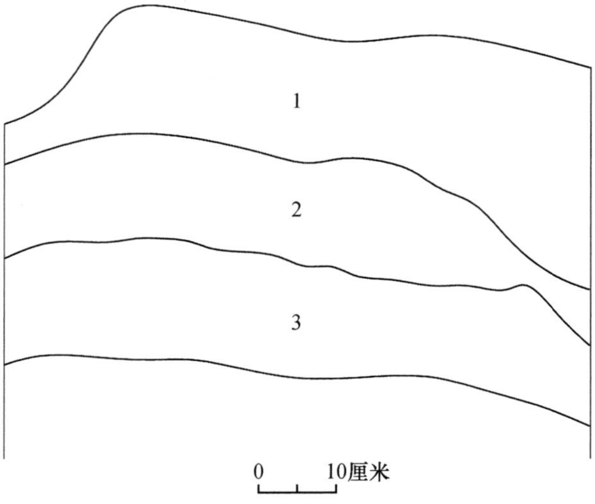

图4-16　富堂里遗址地层剖面图

3. 遗物

（1）石器

器形有砺石、石坯、石匕、石锛和石镞。

砺石　1件。2014WTFT采：2，黄色砂岩，平面不规则，整体扁平。正面可见磨砺呈微凹状，背面微弧。残长5.2、厚1.5厘米。重66.64克（图4-17：1）。

石坯　1件。2014WTFT采：8，灰色砂岩，表面粗糙。弧尾，正背面扁平，正面可见石片疤，片疤浅细长而浅。下端可见磨制现

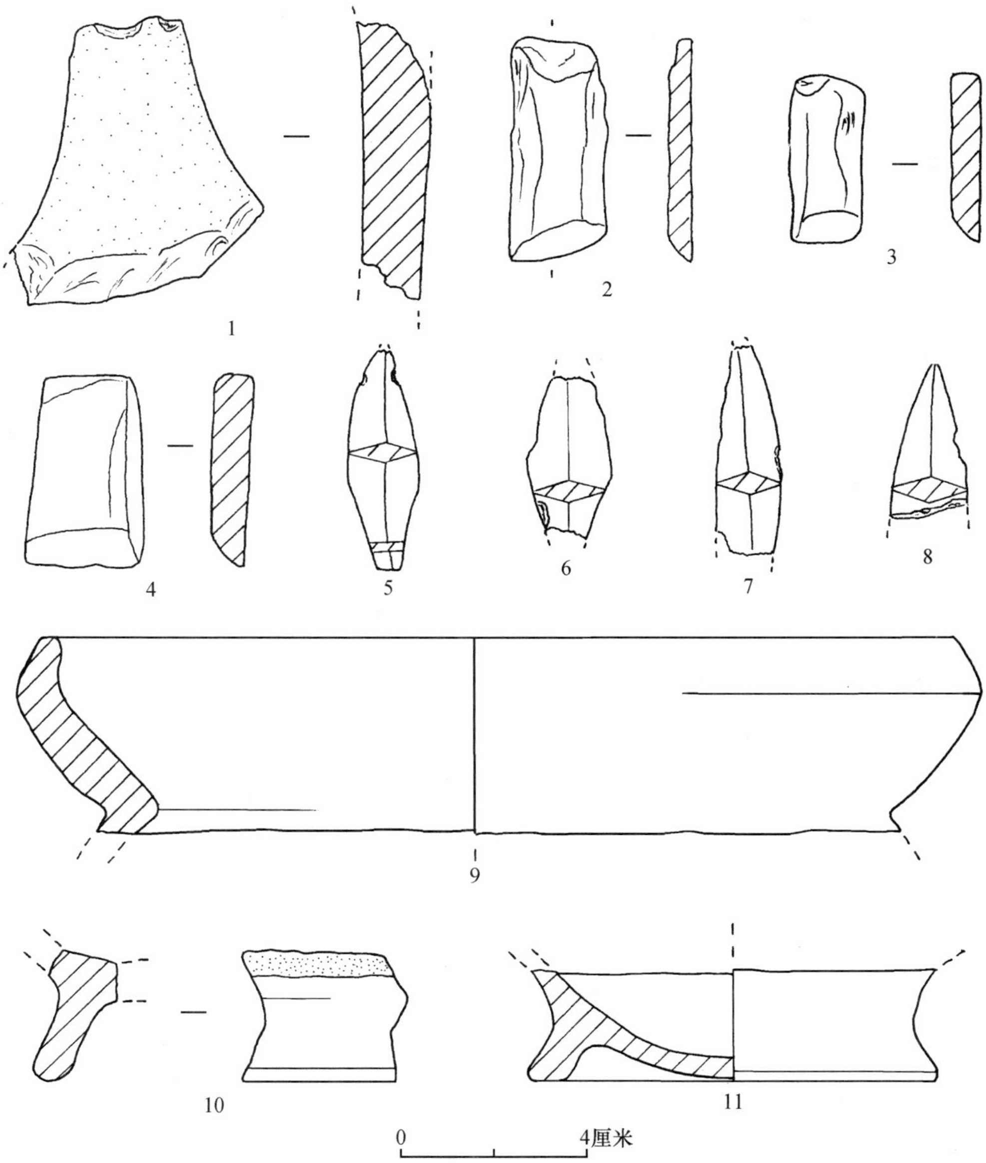

图4-17　富堂里遗址采集遗物

1. 砺石（2014WTFT采：2）　2. 石坯（2014WTFT采：8）　3. 石匕（2014WTFT采：3）　4. 石锛（2014WTFT采：1）
5～8. 石镞（2014WTFT采：4、2014WTFT采：5、2014WTFT采：6、2014WTFT采：7）　9. 釜口沿（2014WTFT采：9）
10、11. 圈足（2014WTFT采：10、2014WTFT采：11）

象，似为有刃。残长4.8、残宽2、厚0.5厘米。重8.23克（图4-17：2）。

石匕　1件。2014WTFT采：3，青灰色砂岩。略呈长方形。表面粗糙，微弧尾，微残。平背，微弧刃，刃部可见使用痕迹。残长2.6、残宽1.6、厚0.6厘米。重4.78克（图4-17：3）。

石锛　1件。2014WTFT采：1，灰色页岩。器体略呈梯形。磨制精细，顶部微缺。正背面平，弧尾，平直刃，刃部可见使用痕迹。残长4.1、宽2.3、厚0.6～0.9厘米。重15.23克（图4-17：4；图版121）。

石镞　4件，分为二型。

A型　桂叶形，3件。

2014WTFT采：4，桂叶形。灰色板岩，磨制。锋、翼微残。两翼较锋利，横截面为菱形，中脊明显，与铤分界较明显，扁平铤。残长4.8、宽1.5、厚0.4厘米。重1.13克（图4-17：5；图版122）。

2014WTFT采：5，桂叶形。深灰色页岩，磨制。锋、铤均残，两翼较锋，微残，横截面为菱形，中脊明显。残长3.4、宽1.8、厚0.5厘米。重3.39克（图4-17：6）。

2014WTFT采：7，桂叶形。灰色板岩，磨制精细。镞身下段残。锋翼均磨制锋利，翼微残，中脊明显。残长3.3、宽1.7、厚0.5厘米。重2.08克（图4-17：8）。

B型　柳叶型，1件。

2014WTFT采：6，柳叶形，灰色页岩，磨制。锋、翼稍残，铤部残缺。横截面为菱形，中脊明显。残长4.4、残宽1.4、厚0.5厘米。重3.9克（图4-17：7）。

（2）陶器

采集陶片40片，多为泥质灰陶和夹砂灰陶，另有泥质灰硬陶8片，黑衣陶1片，原始瓷1片。素面为多，纹饰可见曲折纹、栅篱纹、网格纹等（图4-18）。陶器可辨器形有釜，另有2件圈足。

釜口沿　1件。2014WTFT采：9，泥质灰陶，夹少量细砂，胎质较硬。圆唇，敛口，束颈。口沿外侧可见轮旋痕迹。口径18.6、残高4.2、厚0.4～1厘米（图4-17：9）。

圈足　2件。

2014WTFT采：10，夹砂黄陶，外施衣，衣大部分剥落，喇叭圈足。残高2.8、厚0.6～1厘米（图4-17：10）。

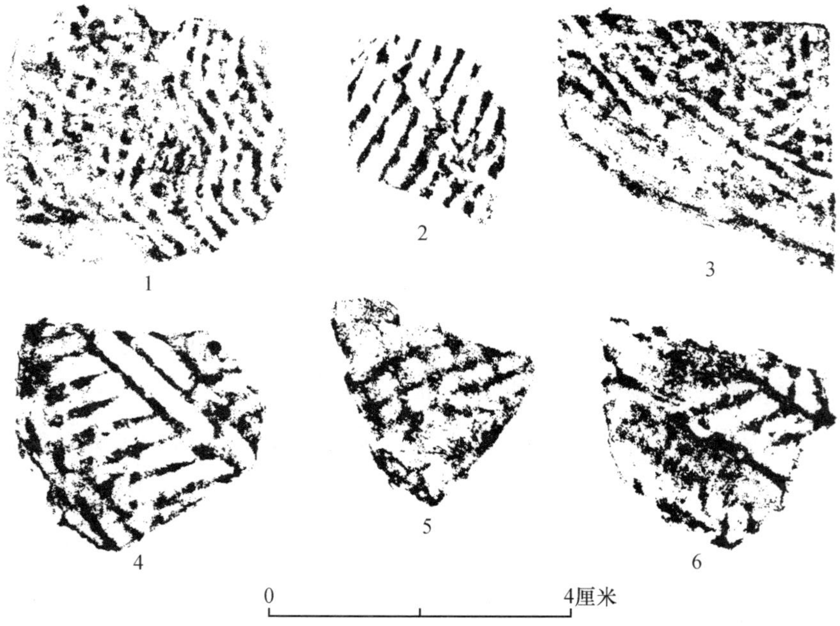

图4-18　富堂里遗址采集陶片纹饰拓片

1、3. 曲折纹（2014WTFT采：13、2014WTFT采：17）　2、4. 栅篱纹（2014WTFT采：14、2014WTFT采：12）　5. 网格纹（2014WTFT采：15）　6. 叶脉纹（2014WTFT采：16）

2014WTFT采：11，泥质灰陶，胎质坚硬。斜腹，喇叭圈足，足根微外撇。底径8.8、厚0.4～1厘米（图4-17：11）。

七　下坪山遗址

1. 遗址概况

遗址位于武平县中堡镇朱坊村秧地排上自然村北侧100米（图4-19），为1988年调查发现。遗址地理坐标为北纬25°11′35.3″，东经116°15′38.51″。遗址东南—西北走向，东西较长，南北较窄，南北长50米，东西宽30米，面积约1500米，海拔428米。整个遗址植被较为稀疏，主要为杂草和新栽种的松树。地表红壤，因长时间的水土流失，遗址顶部文化层全部被破坏。遗址南侧山下有溪流由东往西流经。东面为镇政府所在地，遗址东南侧建有一移动信号塔（图

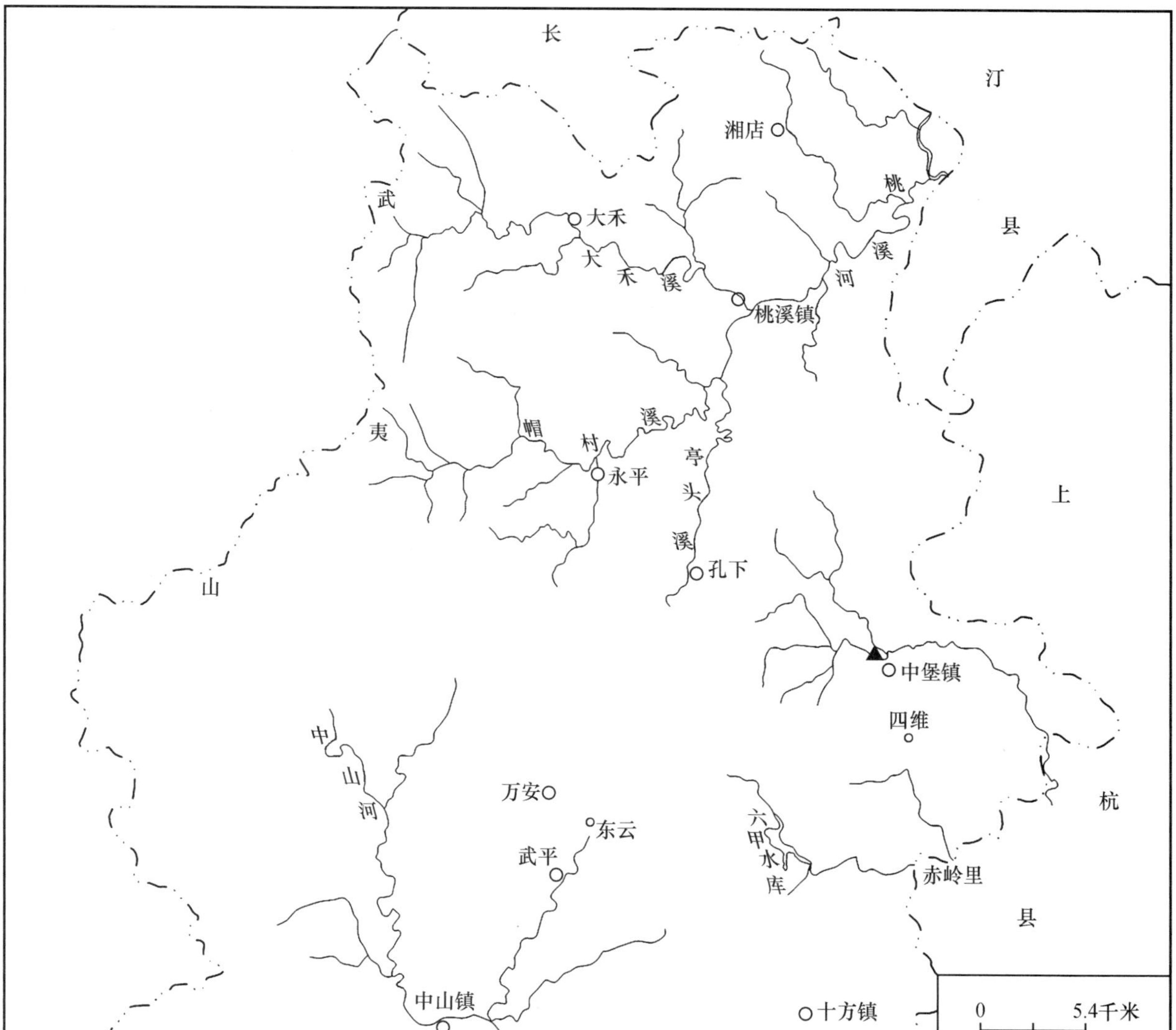

图4-19　下坪山遗址位置示意图

版123）。未发现遗址与文化层堆积。

2. 遗物

通过调查，采集陶片155片，多为泥质陶和夹砂陶，陶色多灰陶、黄陶，少部分红陶，胎质较疏松，部分质地较硬，少量有施黑衣。以素面为多，纹饰可见竖条纹、网格纹、栅篱纹、弦纹、绳纹、篮纹、方格纹、曲折纹、凸棱纹等（图4-20）。采集有扁形足3件，陶器可辨器形有罐、豆、钵，均为口沿残片。

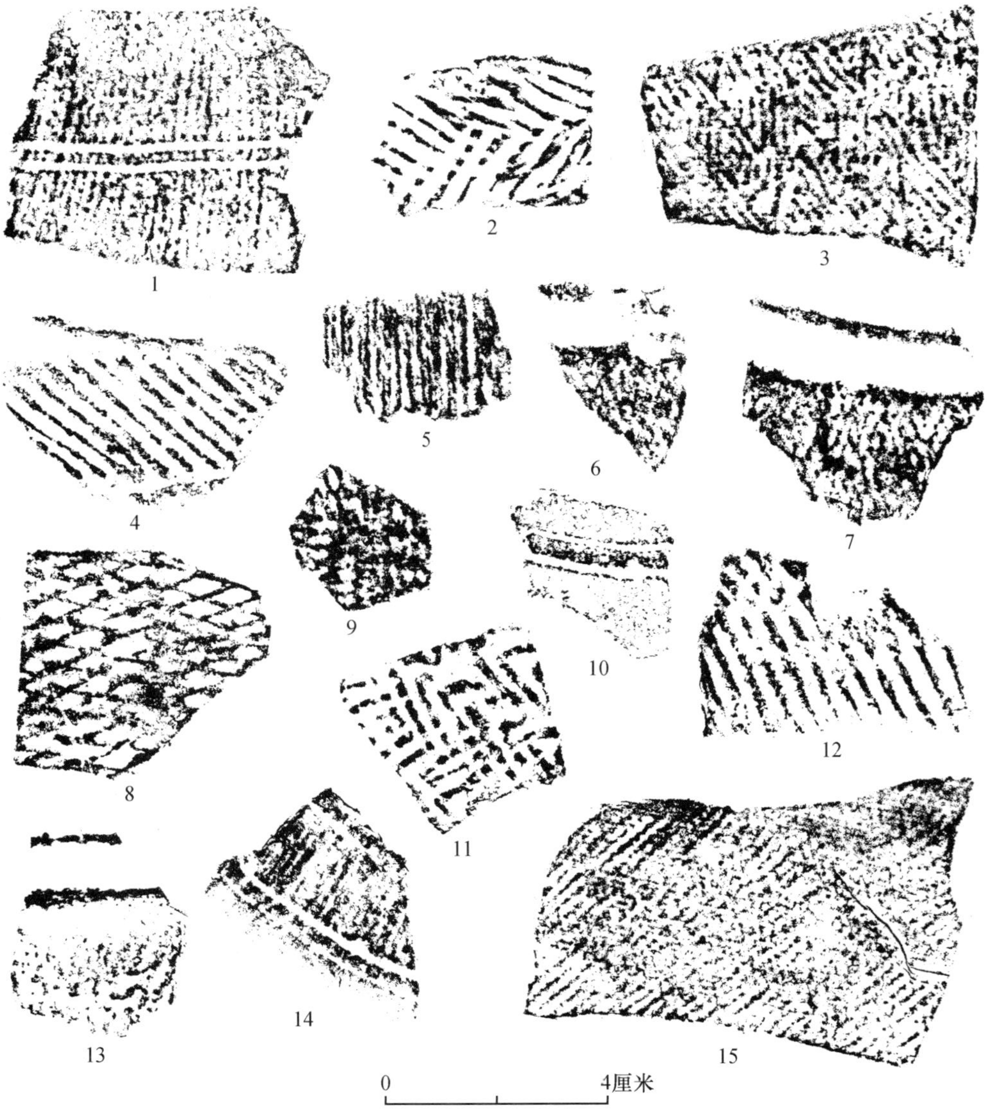

图4-20　下坪山遗址采集陶片纹饰拓片

1、14. 弦纹与绳纹组合纹饰（2014WZXP采：5、2014WZXP采：15）　2、11. 曲折纹（2014WZXP采：16、2014WZXP采：20）　3. 席纹（2014WZXP采：14）　4、12. 竖条纹（2014WZXP采：9、2014WZXP采：21）　5、15. 绳纹（2014WZXP采：2、2014WZXP采：12）　6～9、13. 网格纹（2014WZXP采：8、2014WZXP采：7、2014WZXP采：17、2014WZXP采：6、2014WZXP采：19）　10. 弦纹（2014WZXP采：18）

扁形足　3件。

2014WZXP采：10，泥质灰陶，含石英，胎质疏松，可见两层陶胎，外层灰，厚约0.3厘米，里层黑，厚约0.6厘米。足体近扁平弓形，足根微残，与器身相接处可见捏塑痕迹。残高7.5、厚1～2.9厘米（图4-21：1）。

2014WZXP采：11，夹砂黄陶，夹较多粗砂，胎质疏松。足体上厚下薄。残高7.5、宽3.1～3.9、厚0.8～3.9厘米（图4-21：2）。

2014WZXP采：13，泥质青灰陶，可见两层陶胎，外层灰，厚约0.3厘米，里层黑，厚0.6厘米。足体扁平，上段残缺外侧面微弧，内侧面较斜直。残高6.4、厚1～1.2厘米（图4-21：3）。

罐口沿　4件。

2014WZXP采：1，夹砂黄陶，胎质疏松。圆唇，敛口，素面。口径26、残高4、厚

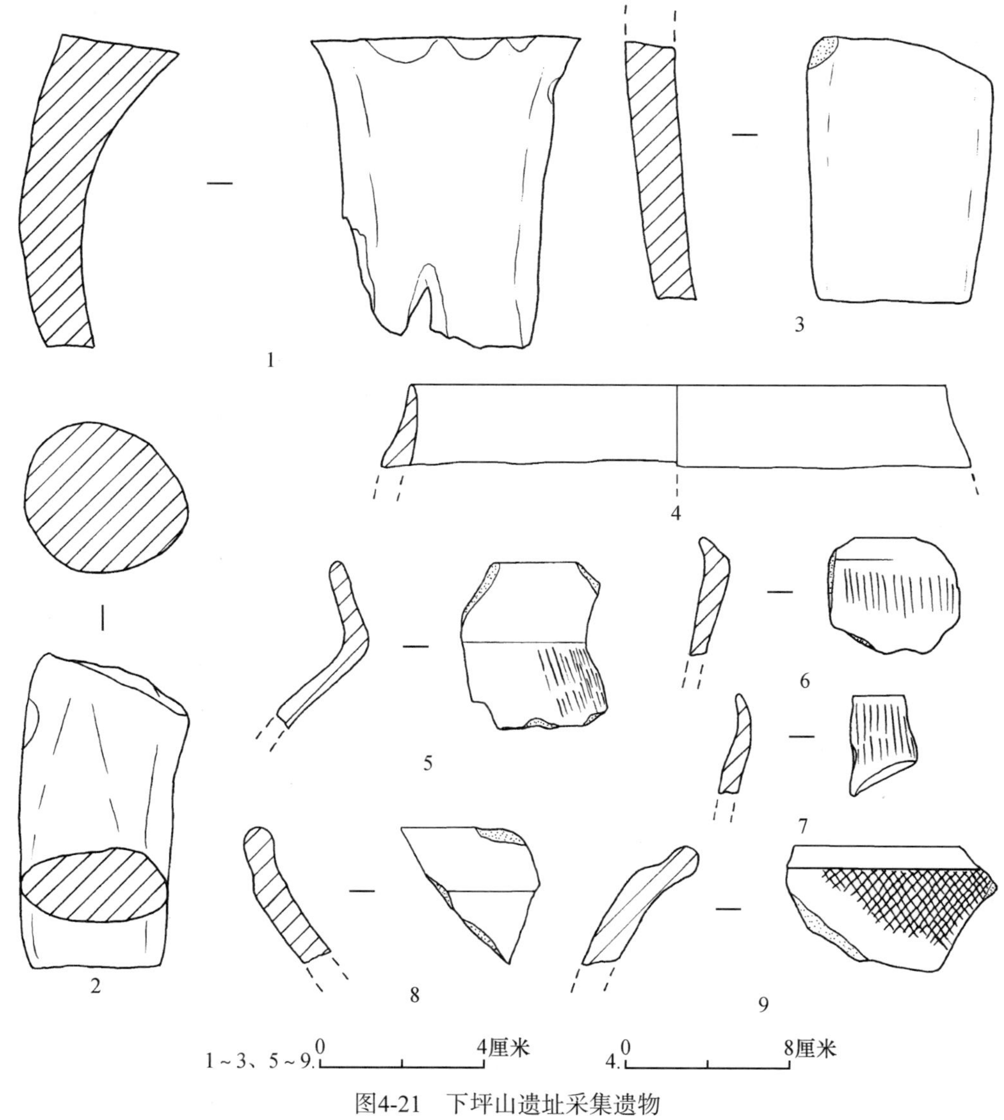

图4-21　下坪山遗址采集遗物

1～3. 扁形足（2014WZXP采：10、2014WZXP采：11、2014WZXP采：13）　4～7. 罐口沿（2014WZXP采：1、2014WZXP采：2、2014WZXP采：3、2014WZXP采：4）　8. 豆口沿（2014WZXP采：7）　9. 钵口沿（2014WZXP采：8）

0.4～1.4厘米（图4-21：4）。

2014WZXP采：2，泥质灰陶，胎质较硬，夹少量粗砂。圆唇，侈口，沿面微凹，束颈，斜肩。口沿外侧饰一道弦纹，肩部饰竖条纹。残高4、厚0.4～0.6厘米（图4-21：5）。

2014WZXP采：3，泥质黄陶，胎质疏松。器表可见施黑衣，黑衣剥落严重。圆唇，侈口，斜肩。肩部饰竖条纹。残高2.8、厚0.2～0.6厘米（图4-21：6）。

2014WZXP采：4，泥质黄陶，胎质疏松。圆唇，侈口，斜肩。器表通饰竖条纹。残高2.4、厚0.2～0.5厘米（图4-21：7）。

豆口沿　1件。2014WZXP采：7，夹砂黄陶，胎质较硬。圆唇，侈口，斜肩，素面。残高3.2、厚0.6～0.7厘米（图4-21：8）。

钵口沿　1件。2014WZXP采：8，泥质灰陶，胎质较硬。圆唇，敛口，溜肩，肩部饰网格纹，抹光现象严重。残高2.9、厚0.6～0.8厘米（图4-21：9）。

八　崩岗里遗址

1. 遗址概况

遗址位于武平县中堡镇远富村富贝自然村（图4-22），为1988年调查发现。遗址地理坐标为北纬25°12′20.56″，东经116°15′14.8″。东西长100米，南北宽100米，面积约10000平方米，海拔435米。遗址顶面较凸，东、西两侧较高，中间低凹，东南坡下为大的盆地及村民开耕的稻田及村庄。西南坡下为小的盆地，遗址顶部有村民私自建的坟墓，西南侧有通往邻村的便道。整个遗址植被较为稀疏，主要为杂草和松树。地表为红壤，因长时间的水土流失，遗址顶部文化层全部被破坏（图版124）。未发现遗迹与文化层堆积。

2. 遗物

（1）石器

器形有石坯和砺石。

石坯　1件。2014WZBG采：2，黄色页岩。打制未成形。略呈长方形，正背面平直。正面边缘多个层叠，大小不一的石片疤，片疤小而浅。可见放射线。残长9.8、残宽3.3厘米。重72.66克（图4-24：1）。

砺石　1件。2014WZBG采：1，砂岩。表色黄，里色紫红。内含部分石英。略呈长方形，正背面凹凸不平，正面上部分已残，仅存部分磨砺面。残长13.9、宽8.8、厚1.8厘米。重252.73克（图4-24：2）。

（2）陶器

采集陶片176片，泥质灰硬陶为多，部分夹砂灰硬陶，少量泥质黄软陶、泥质灰软陶，黑

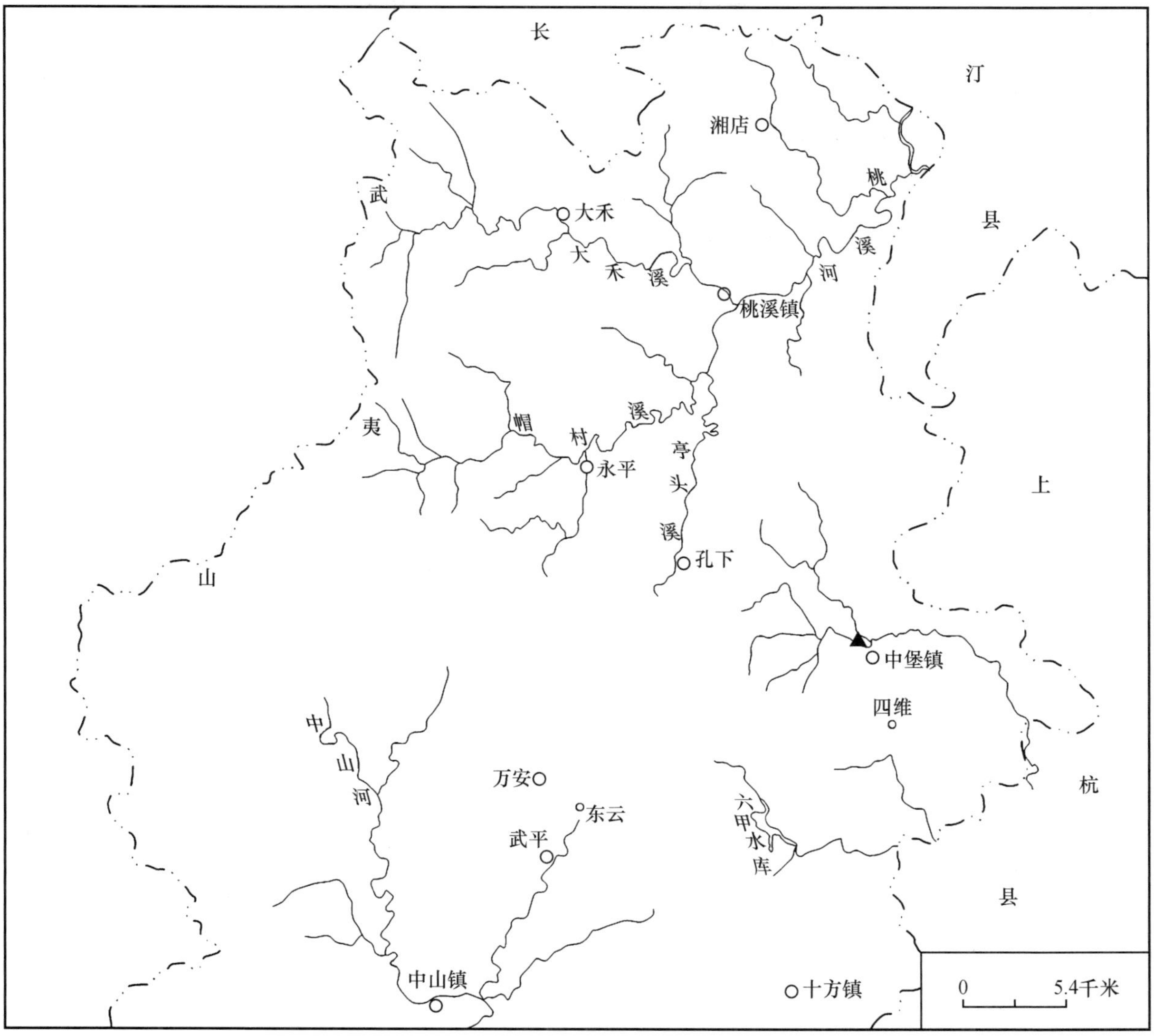

图4-22　崩岗里遗址位置示意图

衣2片，施衣1片。陶片纹饰可见曲折纹、条纹（图4-23）。可辨器形有釜，另有扁形足。

釜口沿　2件。

2014WZBG采：3，泥质灰陶，胎质坚硬。外施黑衣，黑衣剥落严重。圆唇，敛口，沿面微凹，束颈，斜肩。口沿内侧可见明显轮旋痕迹，肩部饰条纹。口径16.4、残高5.1、厚0.5～0.8厘米（图4-24：3）。

2014WZBG采：4，泥质灰陶，胎质较硬。圆唇，敛口，沿面微凹，口沿外侧可见轮旋痕迹。口径14、残高3、厚0.6～0.8厘米（图4-24：4）。

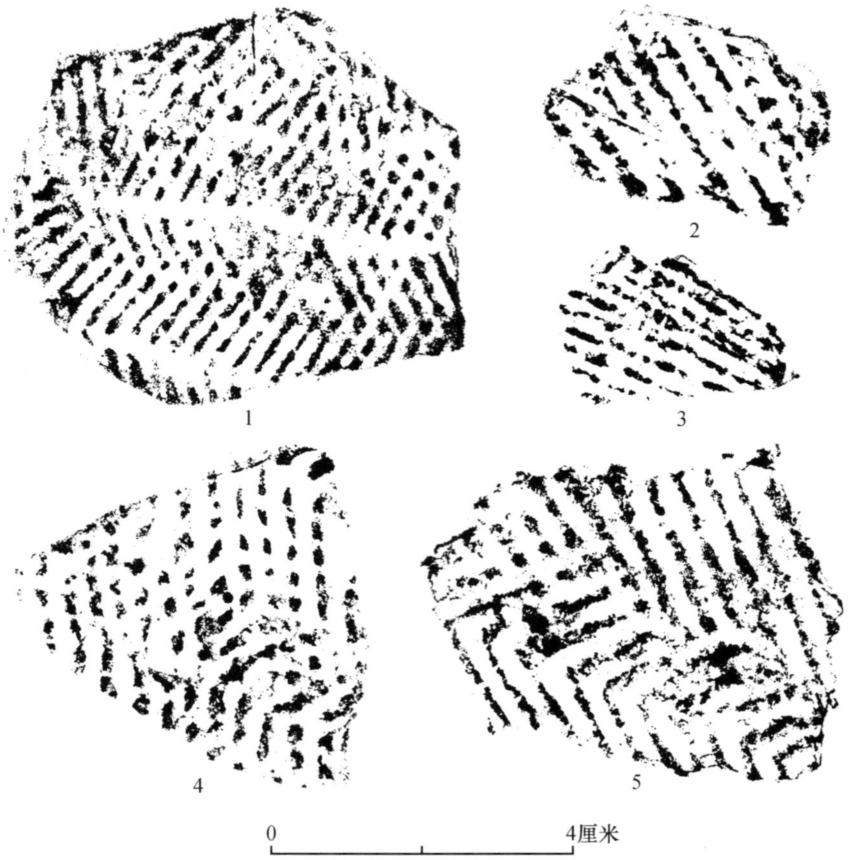

图4-23　崩岗里遗址采集陶片纹饰拓片

1、4、5. 曲折纹（2014WZBG采：6、2014WZBG采：5、2014WZBG采：7）　2、3. 条纹（2014WZBG采：8、2014WZBG采：9）

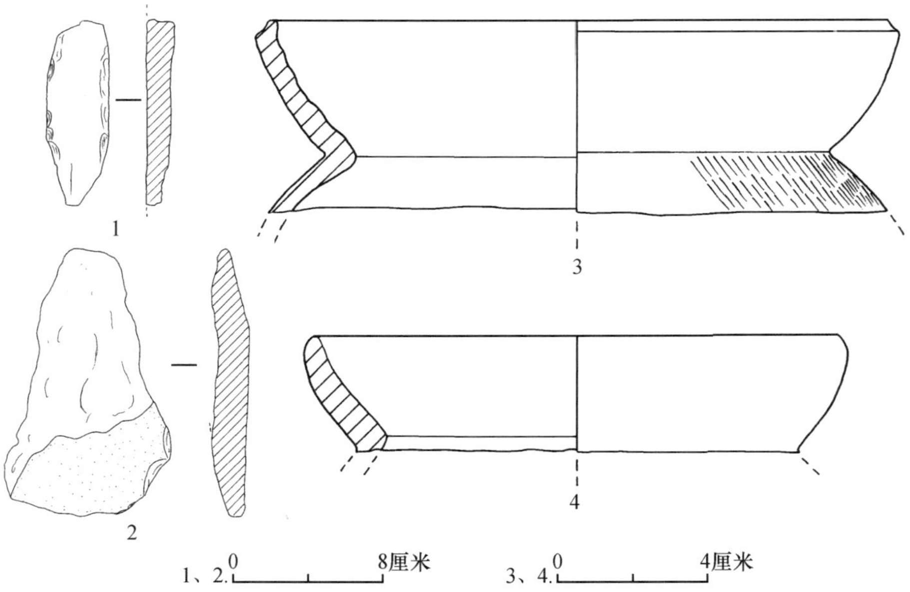

图4-24　崩岗里遗址采集遗物

1. 石坯（2014WZBG采：2）　2. 砺石（2014WZBG采：1）　3、4. 釜口沿（2014WZBG采：3、2014WZBG采：4）

九　连坡后遗址

1. 遗址概况

遗址位于武平县中堡镇远富村富贝自然村黄芬岭（图4-25），为1988年调查发现。遗址地理坐标为北纬25°12′14.23″，东经116°19′14.01″。遗址为一座相对独立的山包，东西宽约100米，南北长约250米，遗址调查面积25000平方米，海拔441米。遗址顶部较凸，四周较陡，整个遗址植被较为茂密，主要为杂草和松树。地表为红壤，该遗址北接崩岗里遗址，东侧为开阔地，东侧为富贝村，村道自东向西可至山脚下，到达南侧中堡中学（图版125）。未发现遗迹与文化层堆积。

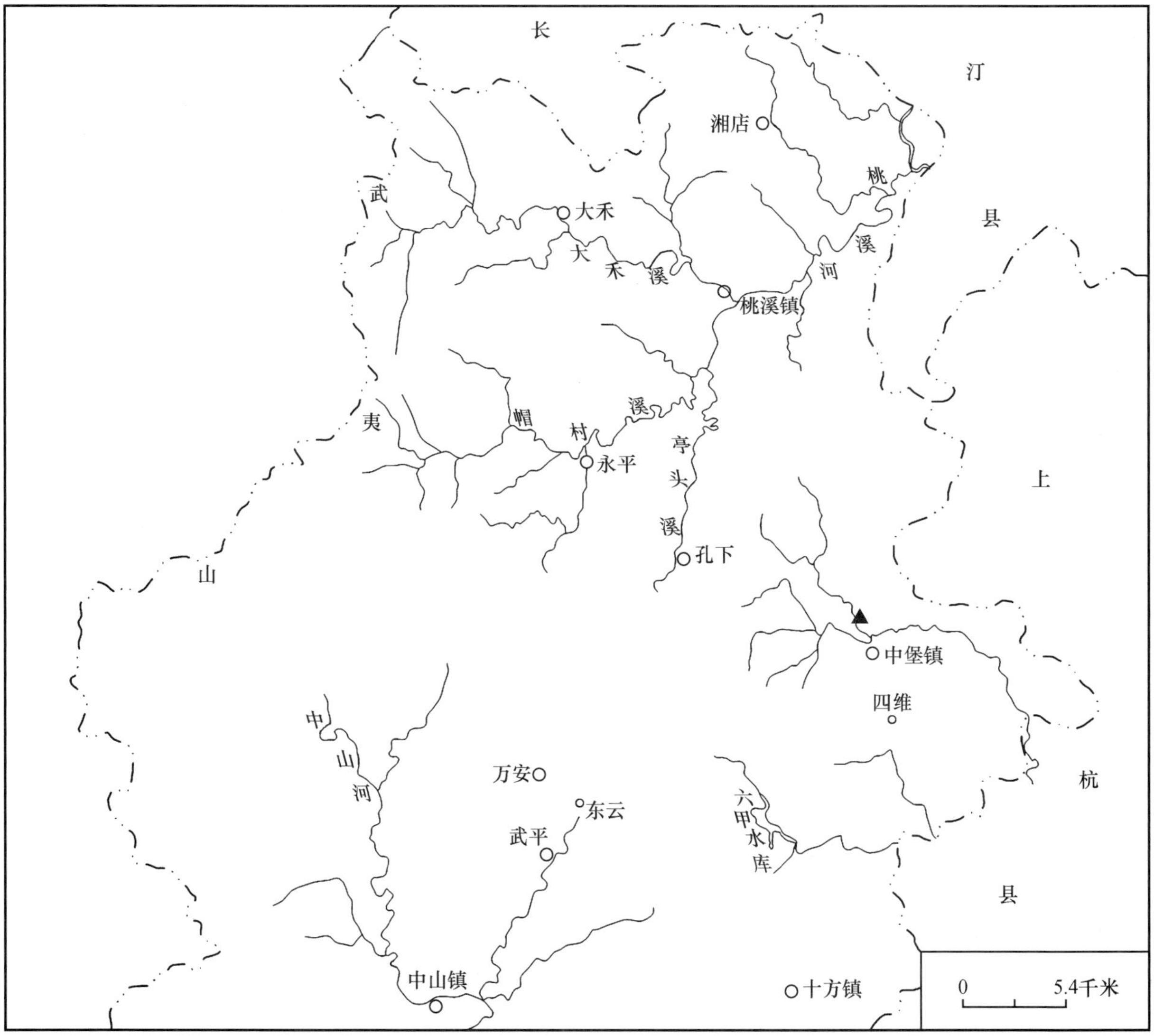

图4-25　连坡后遗址位置示意图

2. 遗物

通过调查，采集有2片夹砂灰色陶片，1片泥质灰色陶片，陶片纹饰有条纹、方格纹（图4-26）。

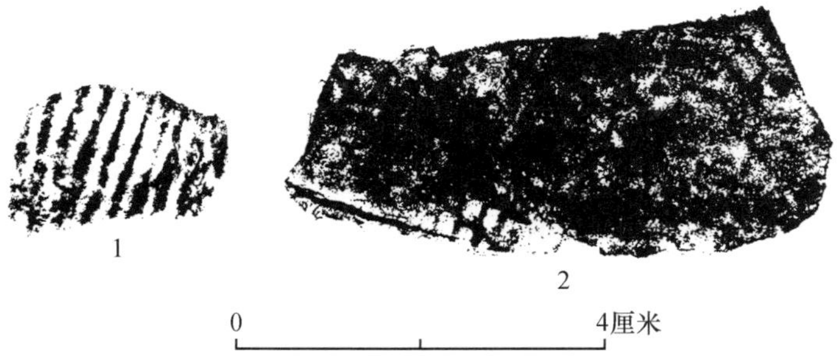

图4-26　连坡后遗址采集陶片纹饰拓片
1. 条纹（2014WZLP采：2）　2. 方格纹（2014WZLP采：1）

十　店子岽遗址

1. 遗址概况

遗址位于武平县中堡镇大坪村街上自然村西侧方向200米（图4-27），为此次调查发现。遗址地理坐标为北纬25°13′14.55″，东经116°15′4.53″。遗址为一座略呈东南—西北走向的相对独立的小山包，遗址调查面积2000平方米，海拔403米。遗址顶部较为平坦，四周为缓坡，整个遗址植被较为稀疏，主要为杂草和新栽种的小松树。顶部局部裸露，地表为红壤。东坡、南坡、西坡较为低缓，均被开垦种植松树，坡下为稻田及民宅，北坡低缓，坡下有中堡通往武平的公路（图版126）。未发现遗迹及文化层。

2. 遗物

通过调查，采集陶片23片，均为泥质灰硬陶，绝大多数饰有双线菱形纹（图4-28）。可辨器形有尊、罐。

尊口沿　1件。2014WZDZ采：1，泥质灰陶，胎质坚硬。圆唇，敞口，沿面微凹，可见一穿。口沿内侧缘起棱。口沿内外均可见明显凸棱纹。口径15.8、残高2.1、厚0.4～0.6厘米（图4-29：1）。

罐口沿　1件。2014WZDZ采：2，泥质灰陶，胎质坚硬，可见3层陶胎，里外灰黑，厚约0.2厘米，中间色浅灰，厚0.3～0.5厘米。圆唇，侈口，唇缘外凸，束颈。口沿内外可见轮旋痕迹。颈部下饰双线菱形纹，残高5.9、厚0.5～1.1厘米（图4-29：2）。

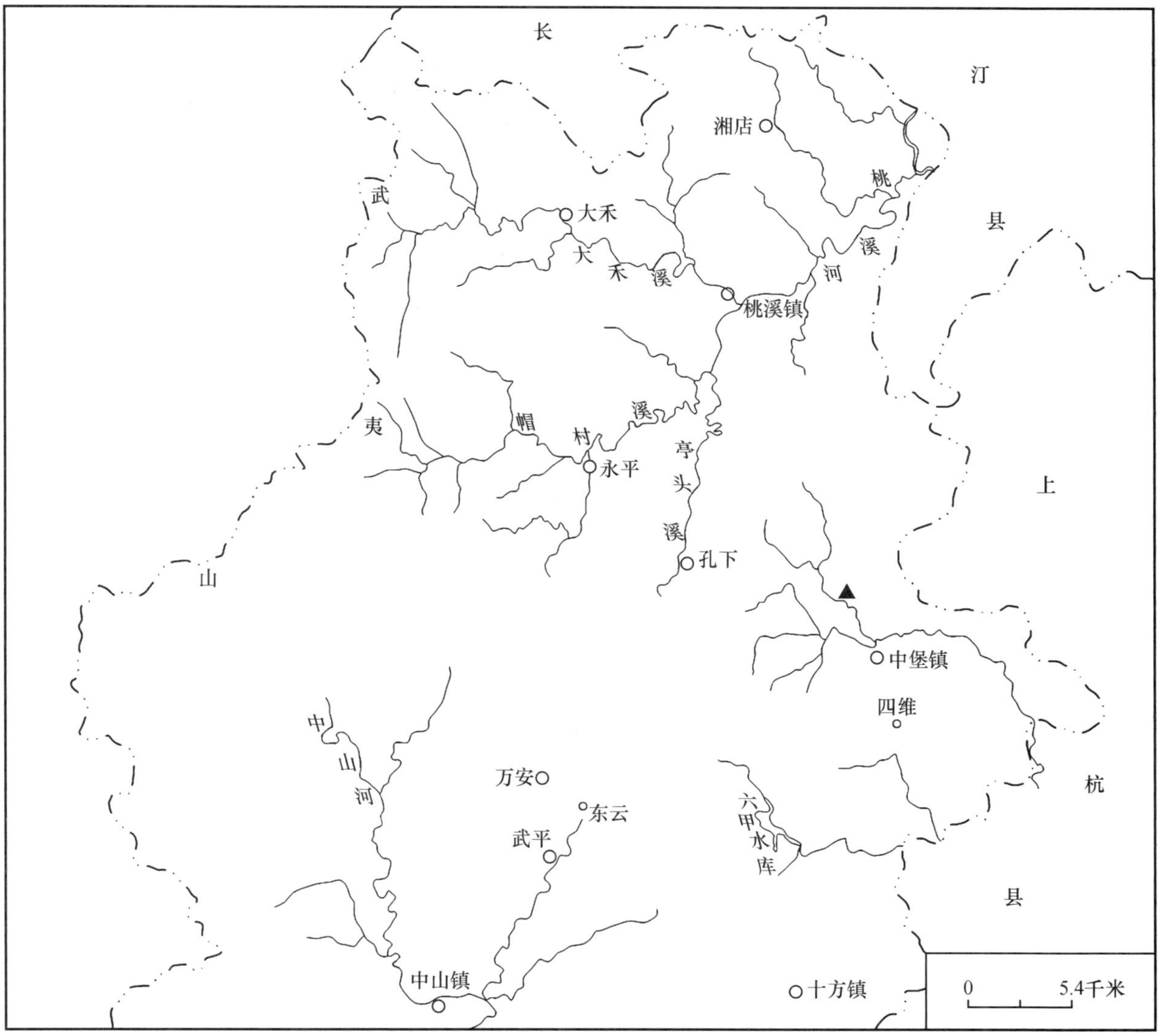

图4-27 店子岽遗址位置示意图

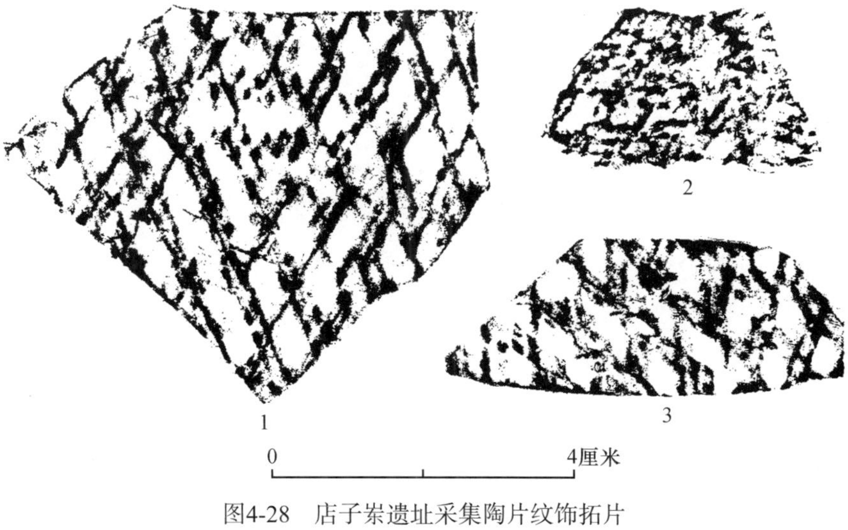

图4-28 店子岽遗址采集陶片纹饰拓片

1～3. 双线菱形纹（2014WZDZ采：3、2014WZDZ采：4、2014WZDZ采：5）

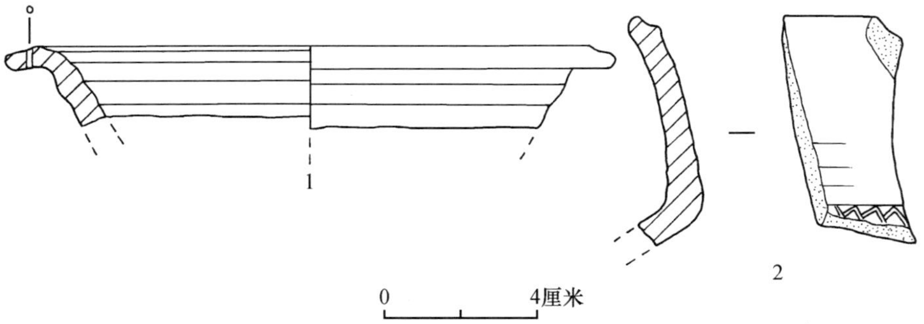

图4-29　店子岽遗址采集遗物

1. 尊口沿（2014WZDZ采：1）　2. 罐口沿（2014WZDZ采：2）

十一　中心岗遗址

1. 遗址概况

遗址位于武平县武东镇丰田村中心岗自然村（图4-30），为1988年调查发现。遗址地理坐标为北纬25°9′19.5″，东经116°18′11.68″，为一座盆地中央的小山包，南高北低，南北长50米，东西宽20米，遗址调查面积1000平方米，海拔281米。北部被村民大面积开耕，种植玫瑰茄，南侧植被比较茂密，北坡为长的缓坡，东坡、南坡及西坡较陡，四周坡下为大片村民开耕的稻田。遗址顶部较为平坦，四周为缓坡。遗址西侧为牛栏岗自然村，南有瑶前自然村，西北为安丰村。

2. 地层堆积

从遗址北侧断坎上发现有15～25厘米的文化层。

3. 遗物

（1）石器

器形包括石坯、石镞、石锛、砺石。

石坯　4件。

2014WWZX采：4，灰色页岩。器体厚薄不一，打制未成形。不规则，正面微凸，背面弧，正背面均可见多层大小不一打击石片疤，片疤小而浅。长7.9、宽3.8、厚1.5厘米。重48.49克（图4-31：1）。

2014WWZX采：5，深灰色板。近菱形，剖面为扁平梯形，打制未成形。残长6、残宽1.7、厚0.6厘米。重10.88克（图4-31：2）。

2014WWZX采：7，深灰色页岩。近长方形，剖面为扁平梯形，正背面平，打制未成形，可见多层大小不一打击石片疤，片疤小而浅。残长8.5、宽2.7、厚0.9厘米。重33.27克（图4-31：3）。

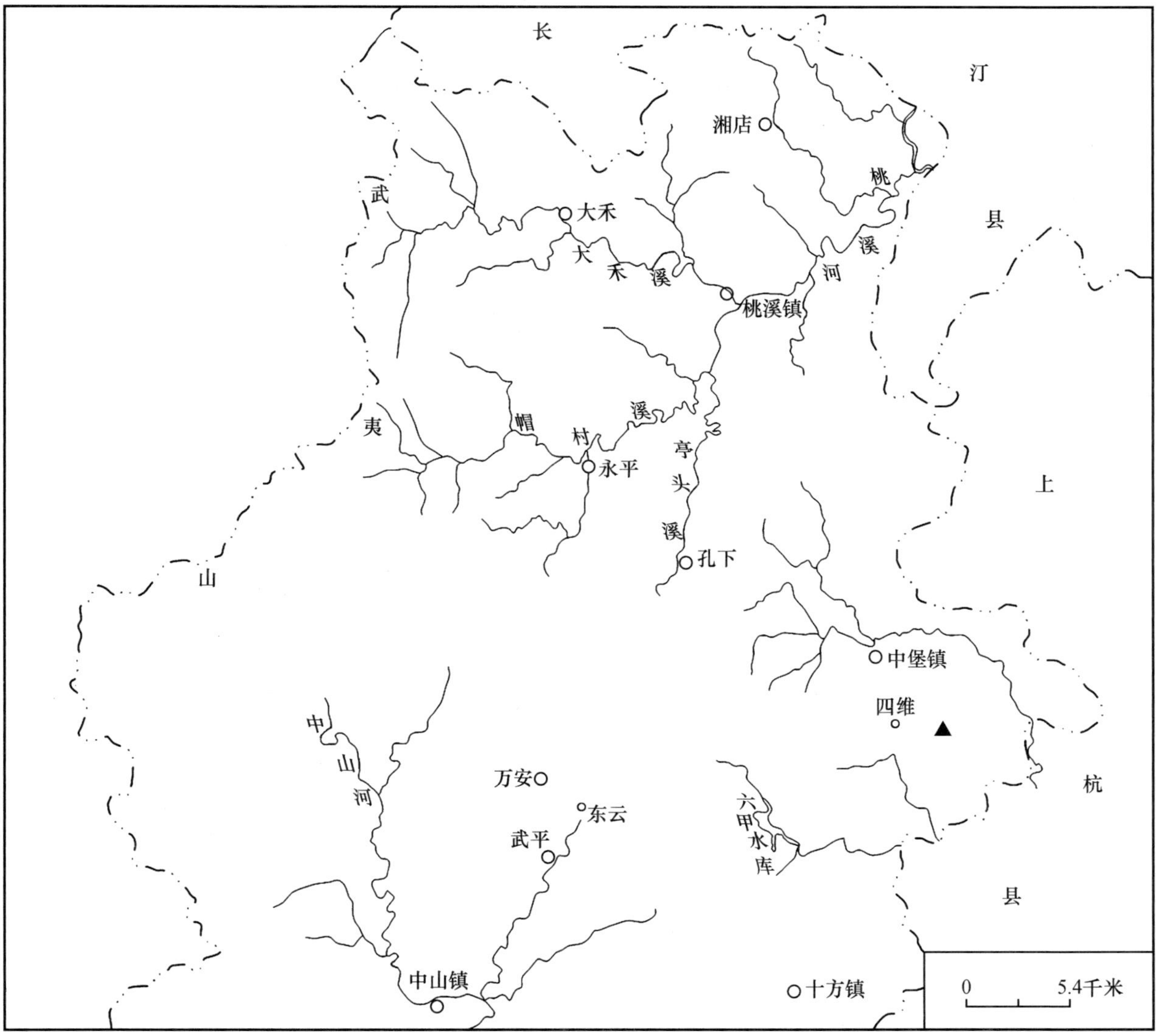

图4-30　中心岗遗址位置示意图

2014WWZX采：8，深灰色页岩，平面及剖面近菱形，器体厚薄不一，打制未成形。残长3.8、宽1.3、厚0.4厘米。重2.25克（图4-31：4）。

石镞　1件。2014WWZX采：1，安山岩，表色灰，里色深灰。磨制。柳叶形，锋残，均存翼接铤部分，横截面为菱形，中脊明显。残长4、残宽2.1、厚0.8厘米。重6.73克（图4-31：5）。

石锛　2件。

2014WWZX采：2，浅灰色花岗岩，右侧残。近三角形，剖面呈梯形，平尾，正面平，背微弧，微弧刃，刃部可见使用痕迹。残长4、残宽2.4、厚0.8厘米。重10.12克（图4-31：6）。

2014WWZX采：3，深灰色凝灰岩。近长方形，器体上厚下薄，顶端残。剖面梯形。正面微凸，平背，弧形刃，可见使用痕迹。残长8.5、宽6、厚2.3厘米。重154.08克（图4-31：7）。

砺石　1件。2014WWZX采：6，紫色砂岩，内含石英颗粒。整体不规则，正背面平直，

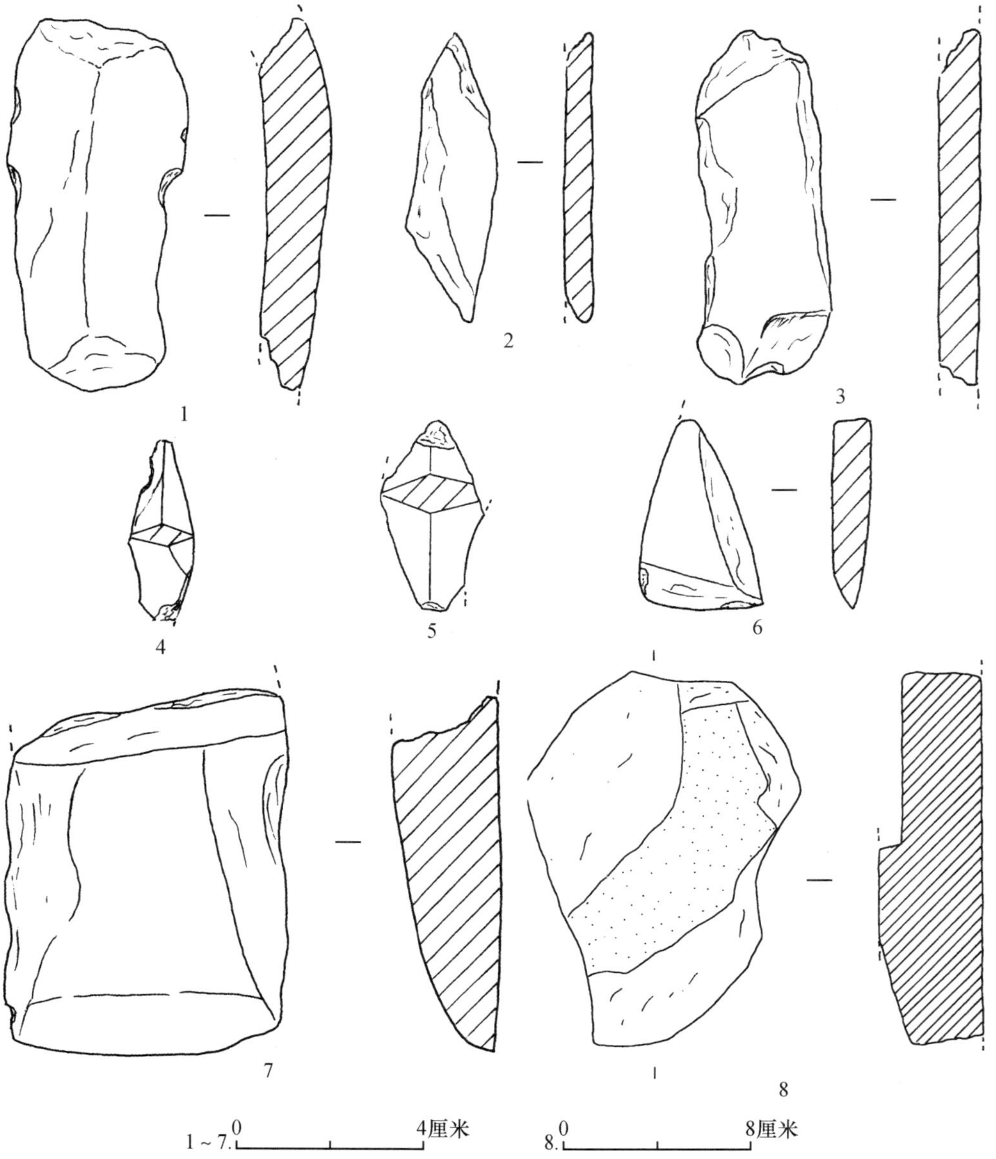

图4-31　中心岗遗址采集石器

1～4. 石坯（2014WWZX采：4、2014WWZX采：5、2014WWZX采：7、2014WWZX采：8）　5. 石镞（2014WWZX采：1）
6、7. 石锛（2014WWZX采：2、2014WWZX采：3）　8.砺石（2014WWZX采：6）

左侧上段残，边缘多处残缺，仅小部分可见磨砺痕迹。残长15.8、宽11.8、厚4.4厘米。重954.63克（图4-31：8）。

（2）陶器

采集陶片175片，多为泥质灰陶和夹砂灰陶，陶胎胎质较硬，少量陶胎较软。部分施黑衣。素面为主，陶片的纹饰有曲折纹、栅篱纹、条纹、篮纹、网格纹、方格纹、凸棱纹、重圈纹等（图4-32）。可辨器形有罐。

罐口沿　3件。

2014WWZX采：9，泥质灰黑陶，胎质坚硬。圆唇，侈口，窄沿，沿面微凹，微束颈，

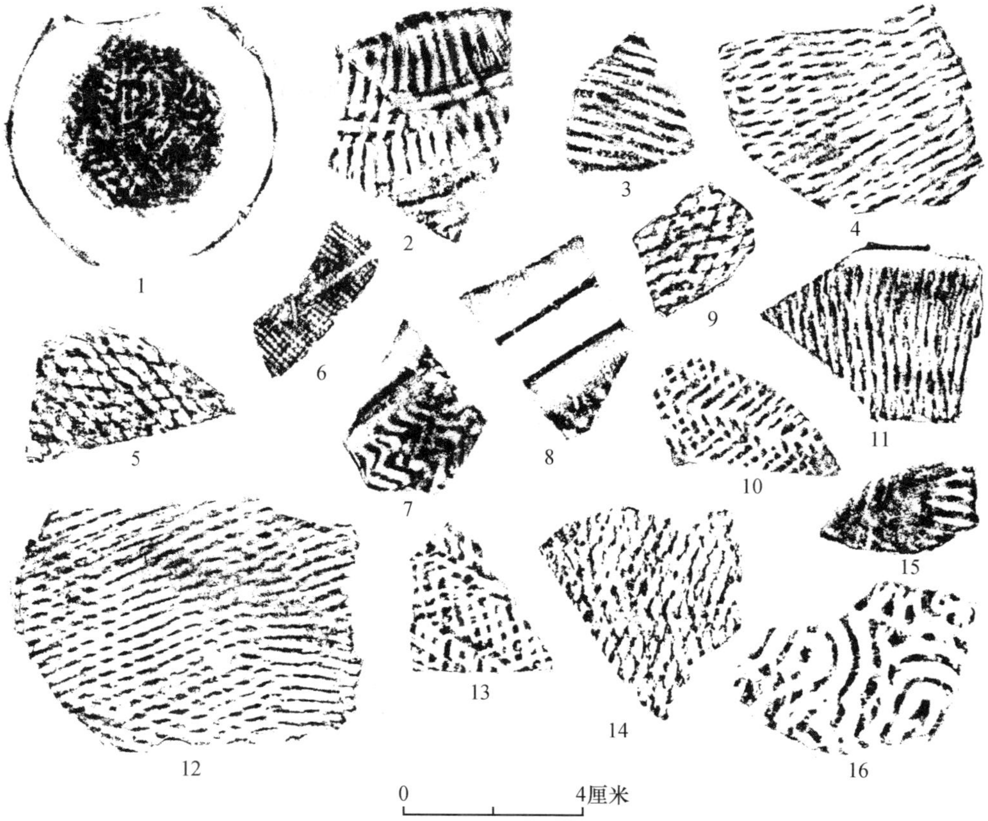

图4-32　中心岗遗址采集陶片纹饰拓片

1、7、10、13、15. 曲折纹（2014WWZX采：12、2014WWZX采：22、2014WWZX采：24、2014WWZX采：25、2014WWZX采：13）　2. 栅篱纹（2014WWZX采：23）　3、11. 条纹（2014WWZX采：26、2014WWZX采：19）　4、12. 篮纹（2014WWZX采：15、2014WWZX采：17）　5、9、14. 网格纹（2014WWZX采：20、2014WWZX采：14、2014WWZX采：21）　6. 方格纹（2014WWZX采：27）　8. 凸棱纹（2014WWZX采：16）　16. 重圈纹（2014WWZX采：18）

溜肩。颈部可见明显轮旋纹，肩部饰双线菱形纹。口径10.8、残高3.7、厚0.3～0.6厘米（图4-33：3）。

2014WWZX采：10，夹砂灰陶，胎质较硬。圆唇，侈口，束颈，斜肩。口沿内侧缘可见一道弦纹，肩部饰条纹。残高3、厚0.4～0.7厘米（图4-33：4）。

2014WWZX采：11，夹砂灰陶，胎质较疏松。圆唇，侈口，唇缘外凸，器表可见轮旋痕迹。残高2.9、厚0.4～0.8厘米（图4-33：5）。

圈足　2件。

2014WWZX采：12，泥质灰陶，胎质较硬。喇叭圈足，足根外撇，足根内侧微凹，底部饰曲折纹，抹光现象严重。底径6、残高1.3、厚0.4厘米（图4-33：1）。

2014WWZX采：13，泥质灰陶，胎质较硬。斜腹，圈足，足根外撇。腹饰条纹，器底可见曲折纹，抹光现象严重。底径9、厚0.5～0.6厘米（图4-33：2）。

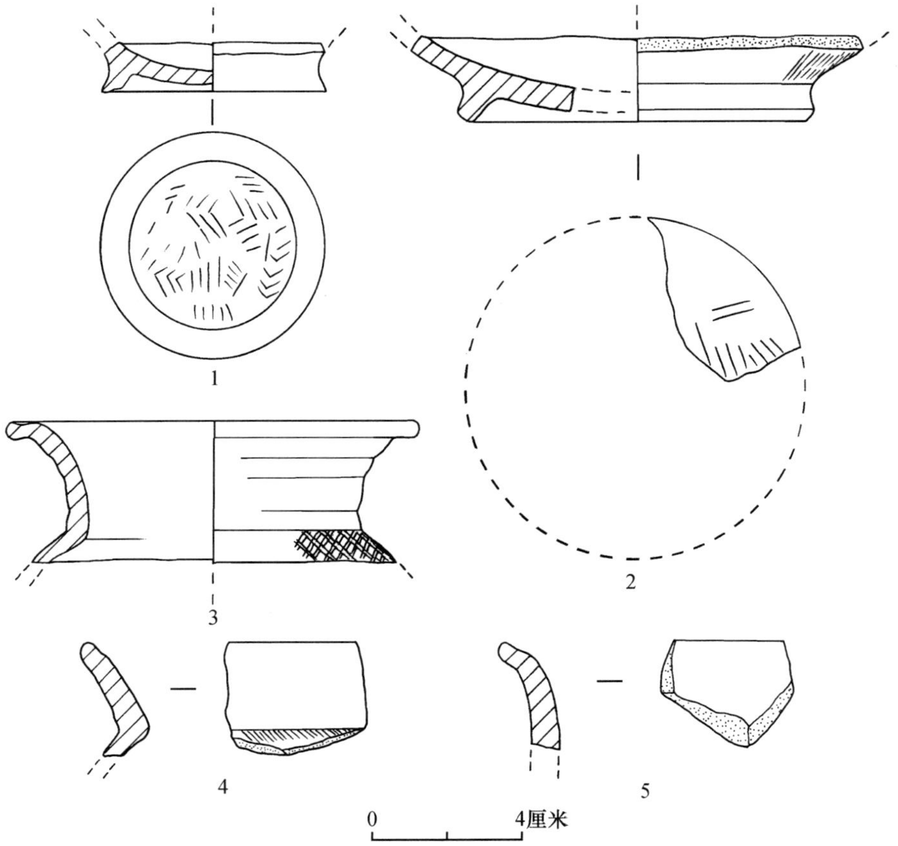

图4-33　中心岗遗址采集陶器

1、2. 圈足（2014WWZX采：12、2014WWZX采：13）　3～5. 罐口沿（2014WWZX采：9、2014WWZX采：10、2014WWZX采：11）

十二　中心岗后山遗址

1. 遗址概况

遗址位于武平县武东镇丰田村中心岗自然村东北方向20米（图4-34），为此次调查发现。遗址地理坐标为北纬25°9′24.4″，东经116°18′20.53″。遗址为一处南北走向、相对独立的山包，北高南低，中间低凹，南侧距中心岗遗址仅500米，遗址调查面积5000平方米，海拔303米。东坡为断坎，为山体滑坡形成，东侧山脚为小峡谷，有稻田；南坡较低缓，坡上种植松树，坡下为小盆底，有稻田及民宅；西坡低缓，种植松树，坡下为丰田村村庄；北坡低缓，亦种植松树，与山包相连。南侧植被比较茂密，顶部植被较为稀疏（图版127）。未发现遗迹与文化层堆积。

2. 遗物

通过调查，采集陶片93片，陶质以泥质和夹砂为主，多施黑衣，胎质较硬，含部分软陶。

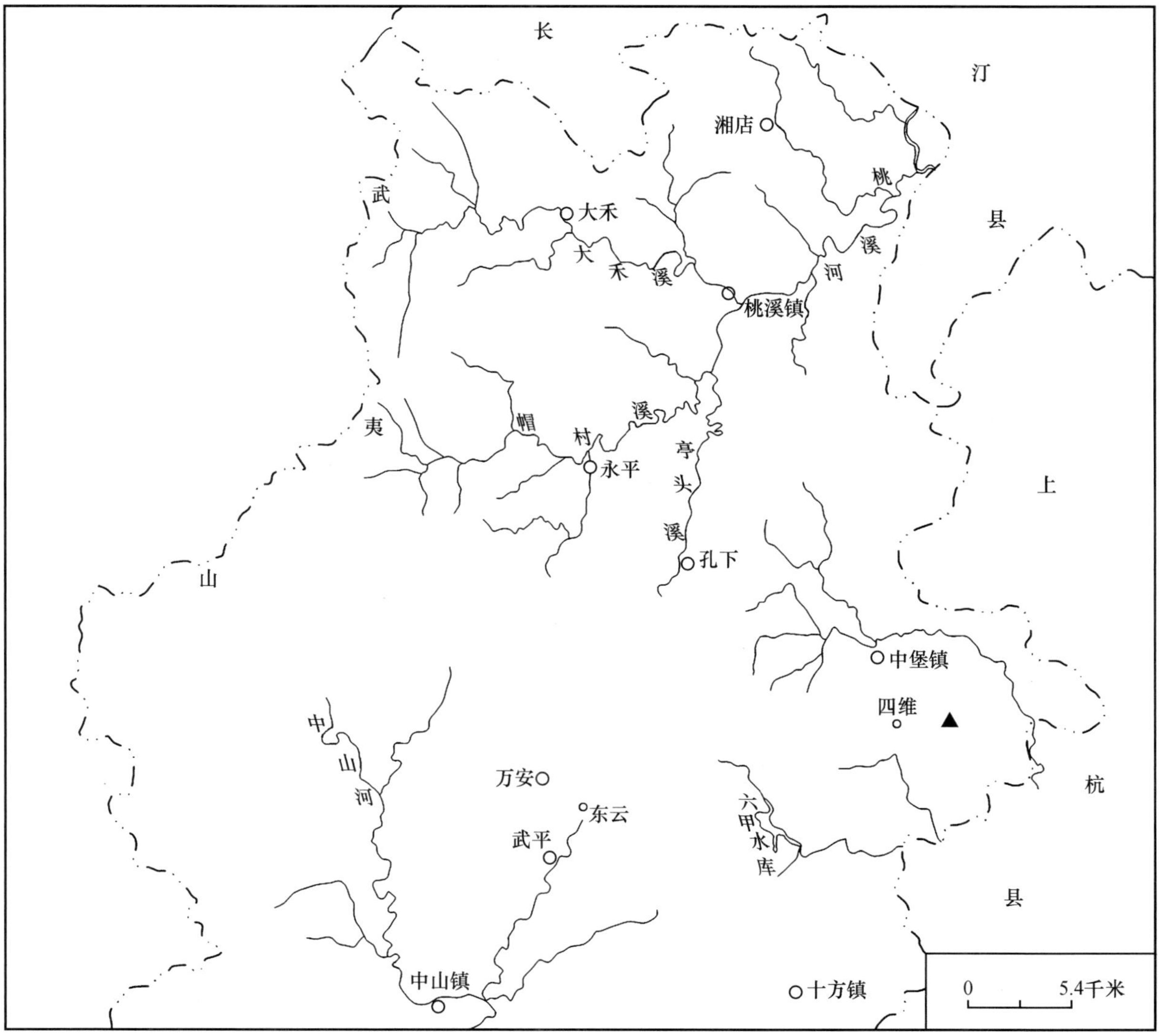

图4-34 中心岗后山遗址位置示意图

纹饰可见凸棱纹、复线菱形纹、条纹、重圈纹、弦纹、网格纹、曲折纹等（图4-35）。

器物口沿 3件。

2014WWZXH采：1，夹细砂灰陶，胎质较疏松。圆唇，侈口，束颈。口沿外侧可见轮旋痕迹。残高4.1、厚0.4～0.8厘米（图4-36：1）。

2014WWZXH采：3，泥质灰陶，夹少量细砂，火候较高。圆唇，敞口，宽沿，沿面微凹，沿面可见一穿。残高1.7、厚0.4～0.6厘米（图4-36：2）。

2014WWZXH采：4，泥质灰陶，火候较高。里外施黑衣，黑衣剥落严重。圆唇，侈口，窄沿，沿面微凹，素面。残高2、厚0.4～0.7厘米（图4-36：3）。

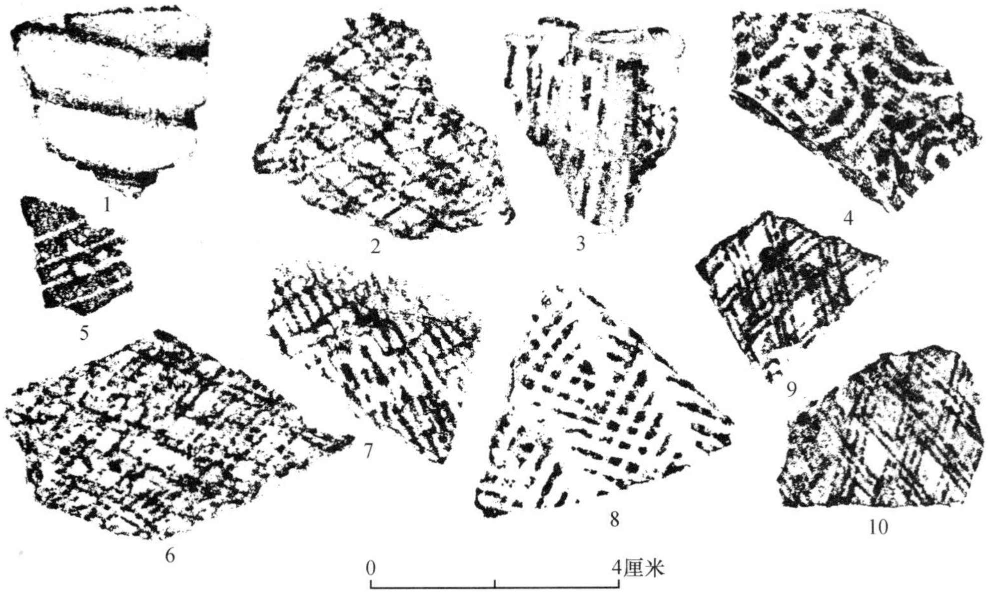

图4-35　中心岗后山遗址采集陶片纹饰拓片

1. 凸棱纹（2014WWZXH采：11）　2、6、9、10. 复线菱形纹（2014WWZXH采：5、2014WWZXH采：10、2014WWZXH采：7、2014WWZXH采：12）　3. 条纹（2014WWZXH采：9）　4. 重圈纹（2014WWZXH采：6）　5. 弦纹（2014WWZXH采：2）　7. 网格纹（2014WWZXH采：8）　8. 曲折纹（2014WWZXH采：13）

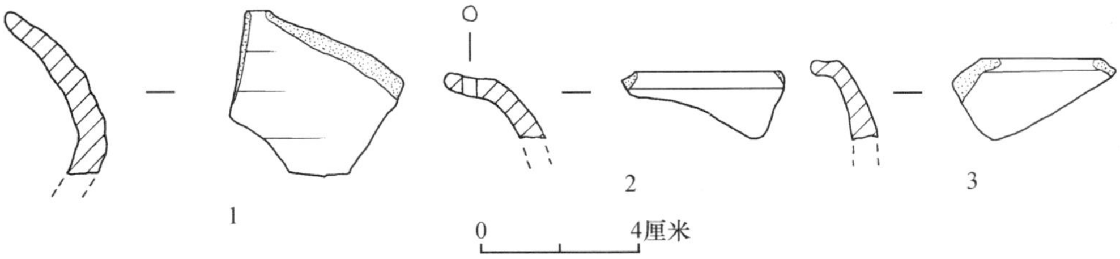

图4-36　中心岗后山遗址采集遗物

1～3. 器物口沿（2014WWZXH采：1、2014WWZXH采：3、2014WWZXH采：4）

十三　上山遗址

1. 遗址概况

遗址位于武平县武东镇黄埔村上山（图4-37），为1988年调查发现。遗址地理坐标为北纬25°5′55.51″，东经116°15′26.53″。遗址南北长40米，东西宽20米，调查面积800平方米，海拔317米。遗址周边植被较为茂密，顶部植被稀疏，主要为杂草、松树及新栽种的枫树。南边为村道及东头坪村庄及大片的稻田，东侧和西侧紧邻连绵的山丘，北侧100米处为自西向东流淌的武东河。从山梁的顶部裸露的地表上采集有遗物（图版128）。未发现遗迹与文化层堆积。

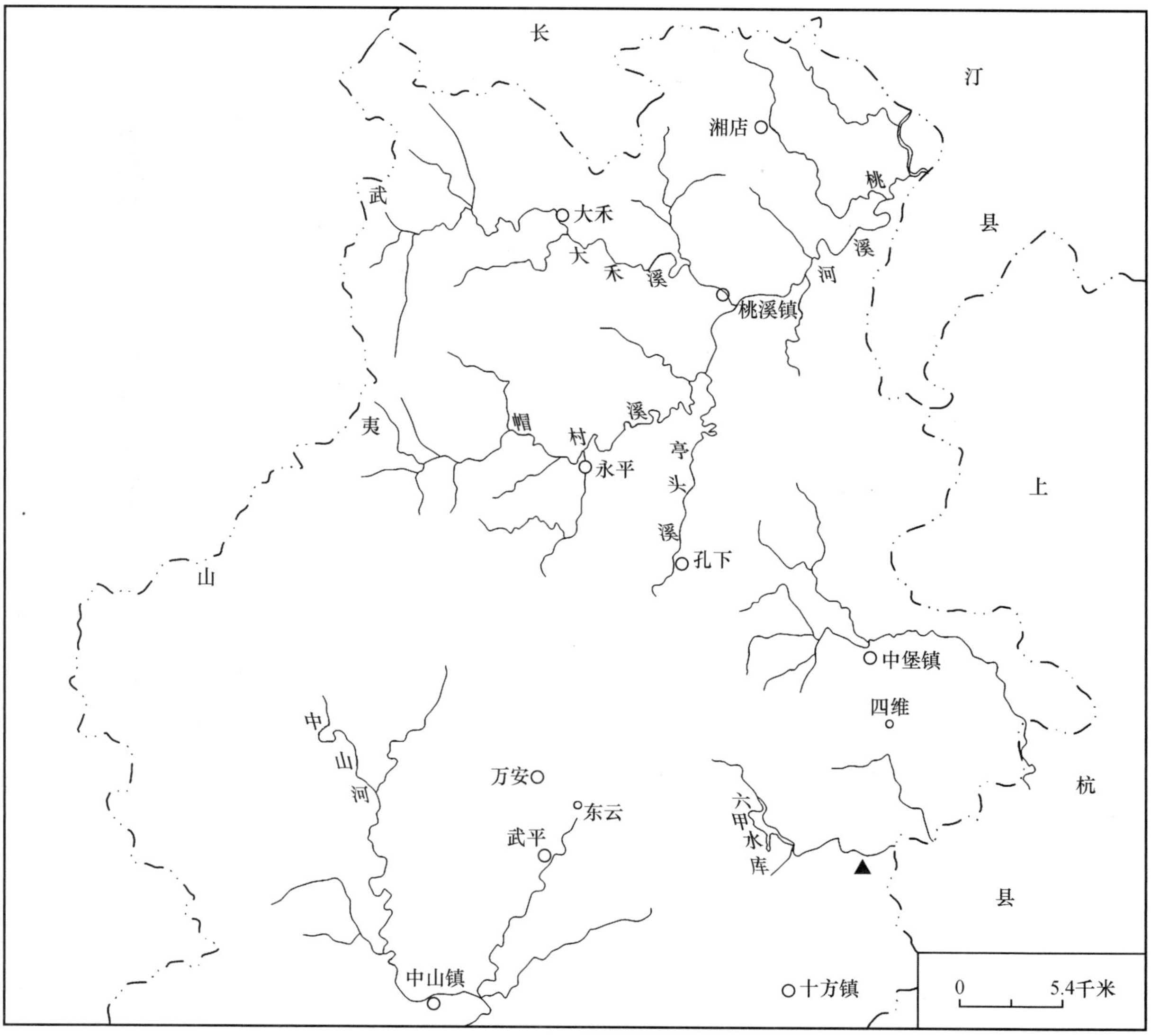

图4-37　上山遗址位置示意图

2. 遗物

调查采集遗物中，石器有石坯。陶片3片，泥质灰硬陶1片，泥质黄硬陶1片，夹砂灰硬陶1片。纹饰可见菱形纹和网格纹（图4-38）。

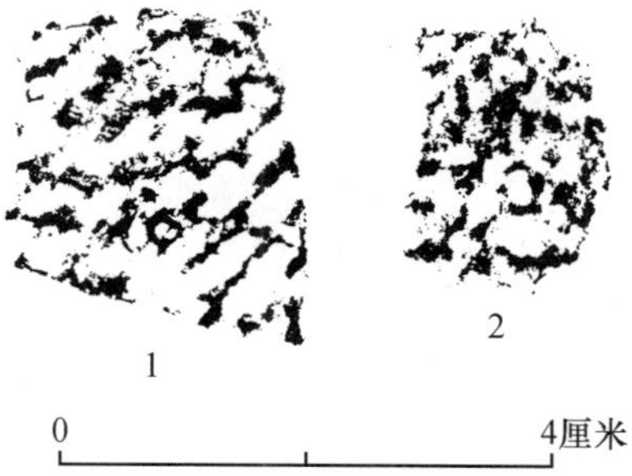

图4-38　上山遗址采集陶片纹饰拓片

1、2. 网格纹（2014WWSS采：1、2014WWSS采：2）

十四　寨米顶遗址

1. 遗址概况

遗址位于武平县武东镇陈埔村西寨米顶山（图4-39），为1988年调查发现。遗址地理坐标为北纬25°6′36.66″，东经116°14′37.51″。遗址为独立山丘，呈长条形，南北长30米，东西宽20米，遗址调查面积约600平方米，海拔310米。遗址顶部现被开发建公园、水塔、移动信号塔，顶部全部被推平，仅移动信号塔局部保留原生地表。遗址周边植被稀少，主要为杂草，四周为缓坡。西侧山下为大片农田，东侧山脚下为武东乡镇府，南侧山脚下有通往中堡的公路（图版129）。未发现遗迹与文化层堆积。

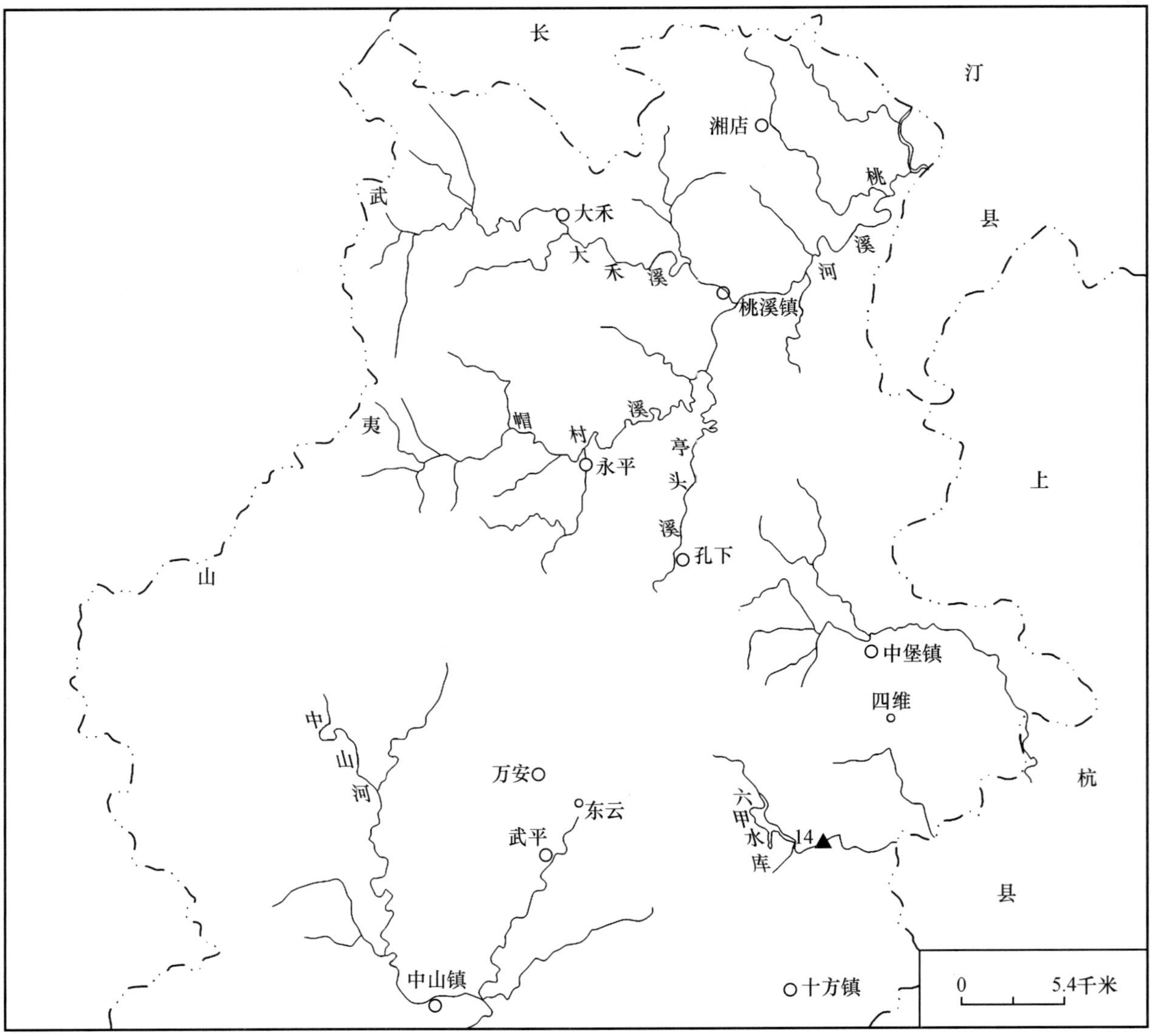

图4-39　寨米顶遗址位置示意图

2. 遗物

罐口沿　1件。2014WWZM采：1，泥质灰陶，夹少量细砂，胎质坚硬。圆唇，侈口，束颈，颈部下饰条纹。口径10、残高4.1、厚0.3～0.6厘米（图4-40）。

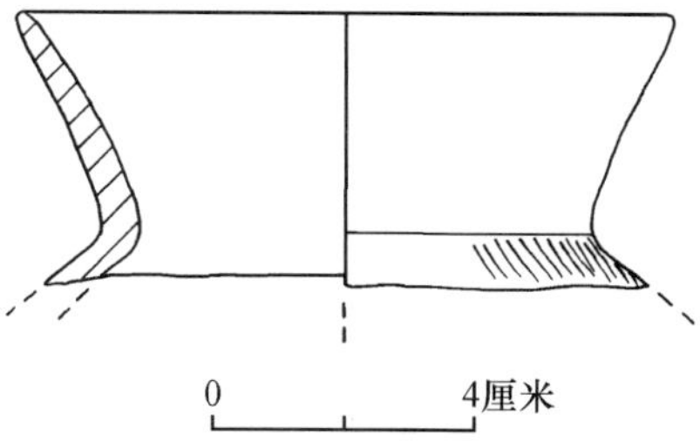

图4-40　寨米顶遗址采集遗物
罐口沿（2014WWZM采：1）

十五　陈岗上遗址

1. 遗址概况

遗址位于武平县武东镇陈埔村西南（图4-41），为1988年调查发现。遗址地理坐标为北纬

图4-41　陈岗上遗址位置示意图

25°6′21.18″，东经116°14′11.19″。遗址为一座略呈东西走向的相对独立的山梁，东西长50米，南北宽15米，遗址面积750平方米，海拔328米。遗址东边为村庄及县道，南侧为小峡谷，山脚下为陈埔村和农田。北边及西边与低矮的山丘相连，山顶植被稀疏，四周植被茂密，主要为杂草和少量零散分布的松树（图版130）。未发现遗迹与文化层堆积。

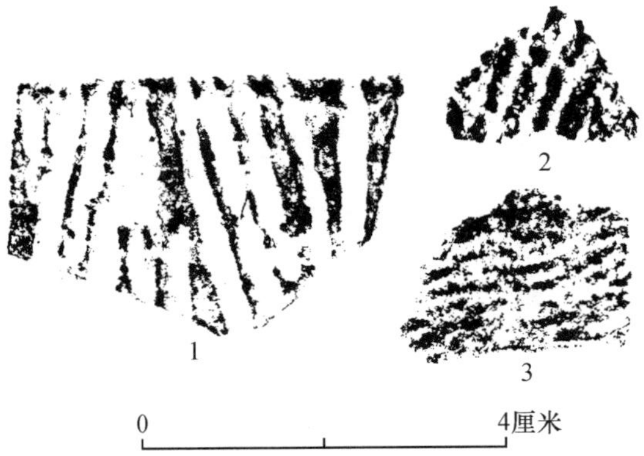

图4-42　陈岗上遗址采集陶片纹饰拓片
1. 刻划纹（2014WWCG采：1）　2. 曲折纹（2014WWCG采：3）　3. 绳纹（2014WWCG采：2）

2. 遗物

通过调查，采集陶片32片，陶质可见泥质陶和夹砂陶，胎色灰，多软陶，部分施黑衣。多素面，纹饰可见篮纹、刻划纹、交错曲折纹（图4-42）。

十六　赤岭里遗址

1. 遗址概况

遗址位于武平县武东乡黄埔村车头坪自然村（图4-43），为1988年调查发现。遗址地理坐标为北纬25°6′0.4″，东经116°15′46″。遗址为大山脉延伸出来的一个小山包，东西长40米，南北宽30米，遗址调查面积约1200平方米，海拔267米。遗址植被茂密，土壤为黄色。西侧30米有条自西向东流的黄埔溪，西侧山脚为陈寨公路，800米处是黄埔村村部；西南侧为耕地，南面为大片民房（图版133）。未发现遗迹与文化层堆积。

2. 遗物

（1）石器

器形有砺石、石坯和石环。

砺石　1件。2014WWCL采：2，黄色砂岩。不规则。器体厚薄不一。正面磨砺呈凹形，深度达0.6厘米，平背，亦有磨砺。残长5.4、宽2.8、厚1～1.6厘米。重量48.38克（图4-44：1）。

石坯　1件。2014WWCL采：3，深灰色安山岩。不规则。正面较平，见大小不一石片疤，底端可见打击点，背面为弧形。残长7.8、宽6.8、厚0.8～2.8厘米。重231.57克（图4-44：2）。

石环　1件。2014WWCL采：1，深灰色板岩。磨制较精。仅存残段。截面呈扁椭圆形。外径6、内径4、厚0.4厘米。重6.19克（图4-44：3）。

（2）陶器

采集陶片105片，陶质以泥质和夹砂为主，陶胎质地较硬，部分软陶，少量施黑衣。以素

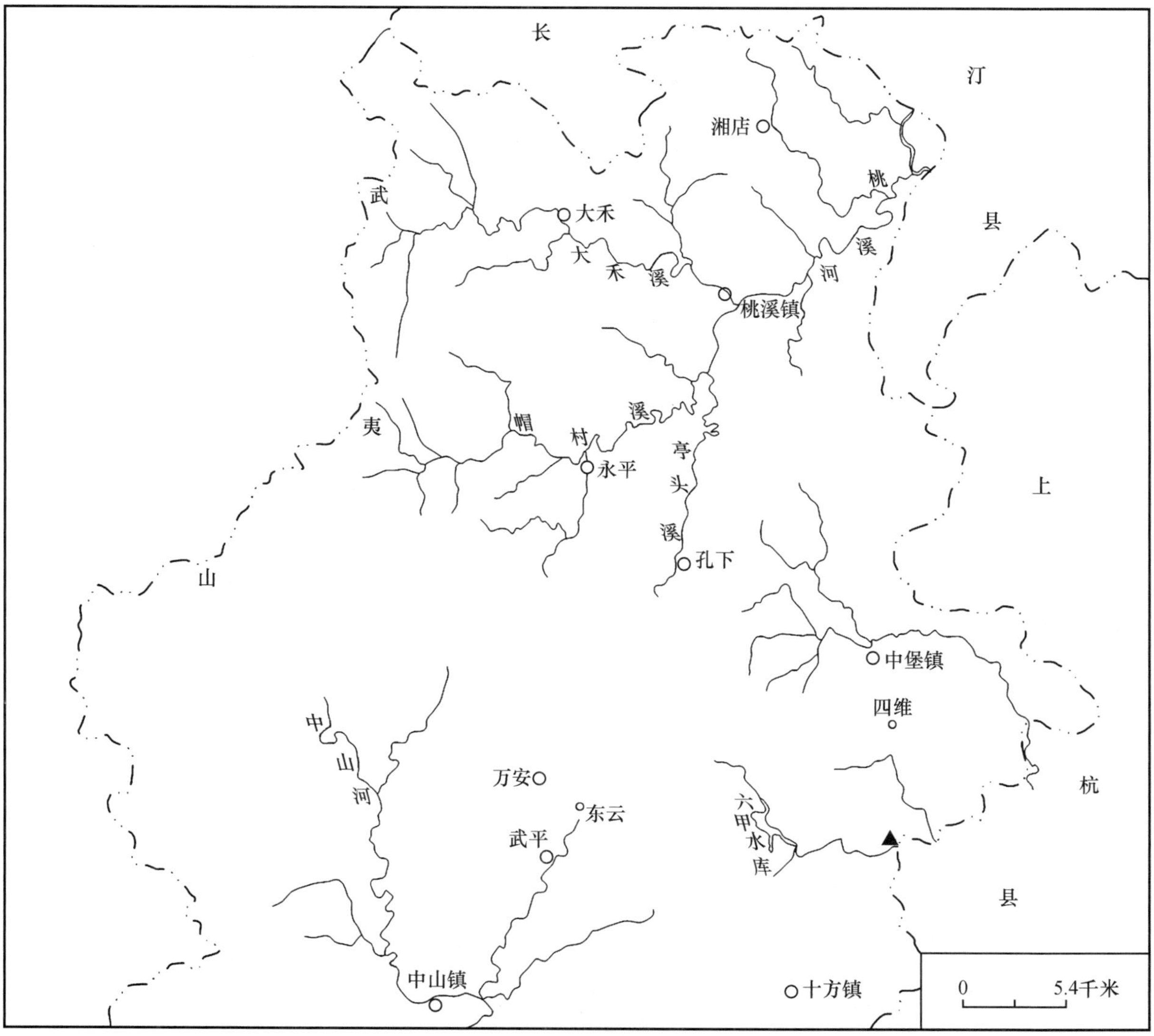

图4-43　赤岭里遗址位置示意图

面为主，纹饰可见双线菱形纹、网格纹、凸棱纹、条纹、栅篱纹、方格纹、曲折纹、席纹等（图4-45）。可辨器形有罐、钵，还有1件器耳。

罐口沿　2件。

2014WWCL采：4，夹砂灰陶，胎质疏松，含较多粗砂。器表施黑衣，黑衣大部分剥落。圆唇，侈口，斜肩，素面。口径16、残高5、厚0.3～1.1厘米（图4-44：4）。

2014WWCL采：5，口沿，泥质灰黑陶，胎质薄且硬。圆唇，侈口，唇缘外凸，束颈，溜肩微折，斜弧腹。腹饰方格纹。口径7、残高2.5、厚0.3厘米（图4-44：5）。

钵口沿　1件。2014WWCL采：6，泥质灰陶，胎质疏松。圆唇，敛口，斜腹。素面。残高2.3、厚0.4～0.7厘米（图4-44：6）。

器耳　1件。2014WWCL采：7，泥质灰黑陶，胎质坚硬。器表施双线菱形纹。长2.8、宽1.9、厚0.5厘米（图4-44：7）。

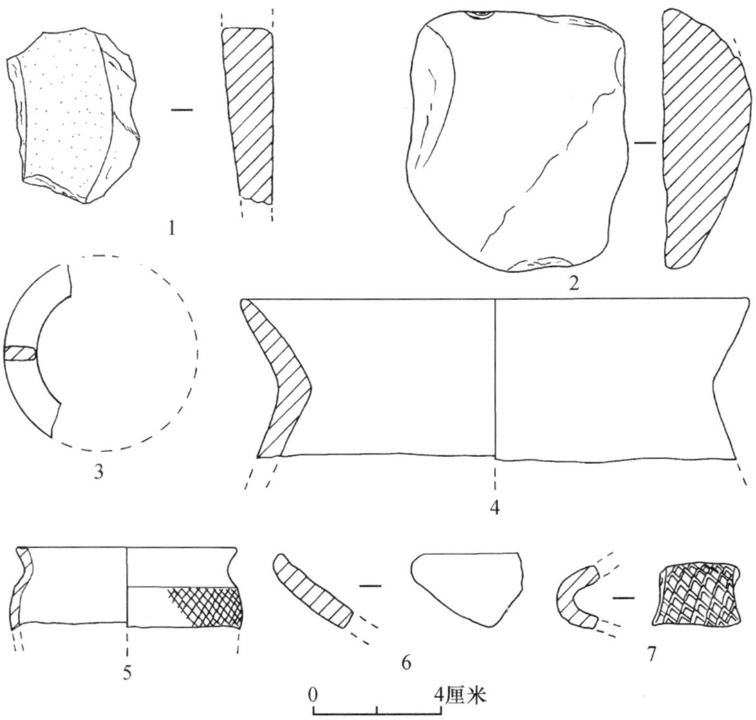

图4-44　赤岭里遗址采集遗物

1. 砺石（2014WWCL采：2）　2. 石坯（2014WWCL采：3）　3. 石环（2014WWCL采：1）　4、5. 罐口沿（2014WWCL采：4、2014WWCL采：5）　6. 钵口沿（2014WWCL采：6）　7. 器耳（2014WWCL采：7）

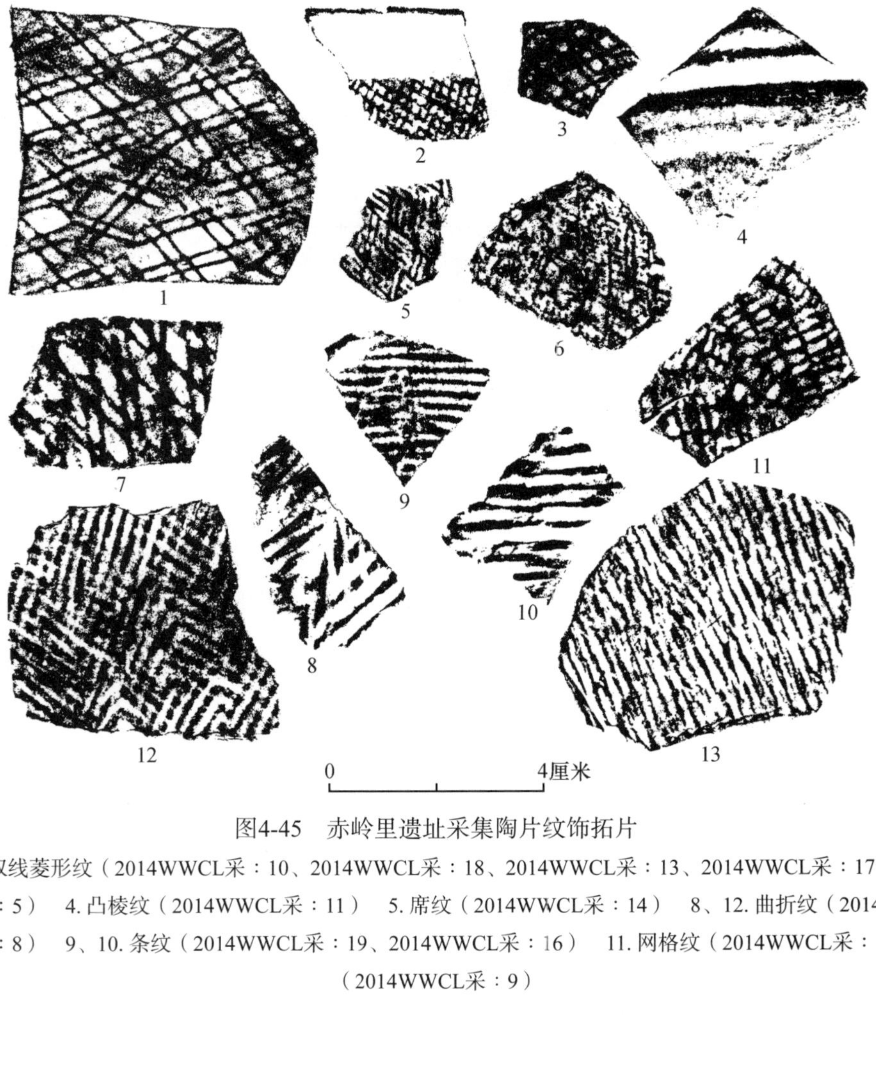

图4-45　赤岭里遗址采集陶片纹饰拓片

1、3、6、7. 双线菱形纹（2014WWCL采：10、2014WWCL采：18、2014WWCL采：13、2014WWCL采：17）　2. 方格纹（2014WWCL采：5）　4. 凸棱纹（2014WWCL采：11）　5. 席纹（2014WWCL采：14）　8、12. 曲折纹（2014WWCL采：15、2014WWCL采：8）　9、10. 条纹（2014WWCL采：19、2014WWCL采：16）　11. 网格纹（2014WWCL采：12）　13. 绳纹（2014WWCL采：9）

十七　石炉坑遗址

1. 遗址概况

遗址位于武平县武东镇三峙村石炉坑自然村北500米（图4-46），为1988年调查发现。遗址地理坐标为北纬25°7′25.51″，东经116°17′15.79″。遗址基本上为南北走向，北高南低，遗址面积约12000平方米，海拔276米。顶部略为平坦，北部为大山，南部半坡处被村部改建为休闲公园，东、西、北三侧为缓坡，坡上植被比较茂密，顶部植被稀少，主要为杂草和松树，地表为红壤（图版131）。

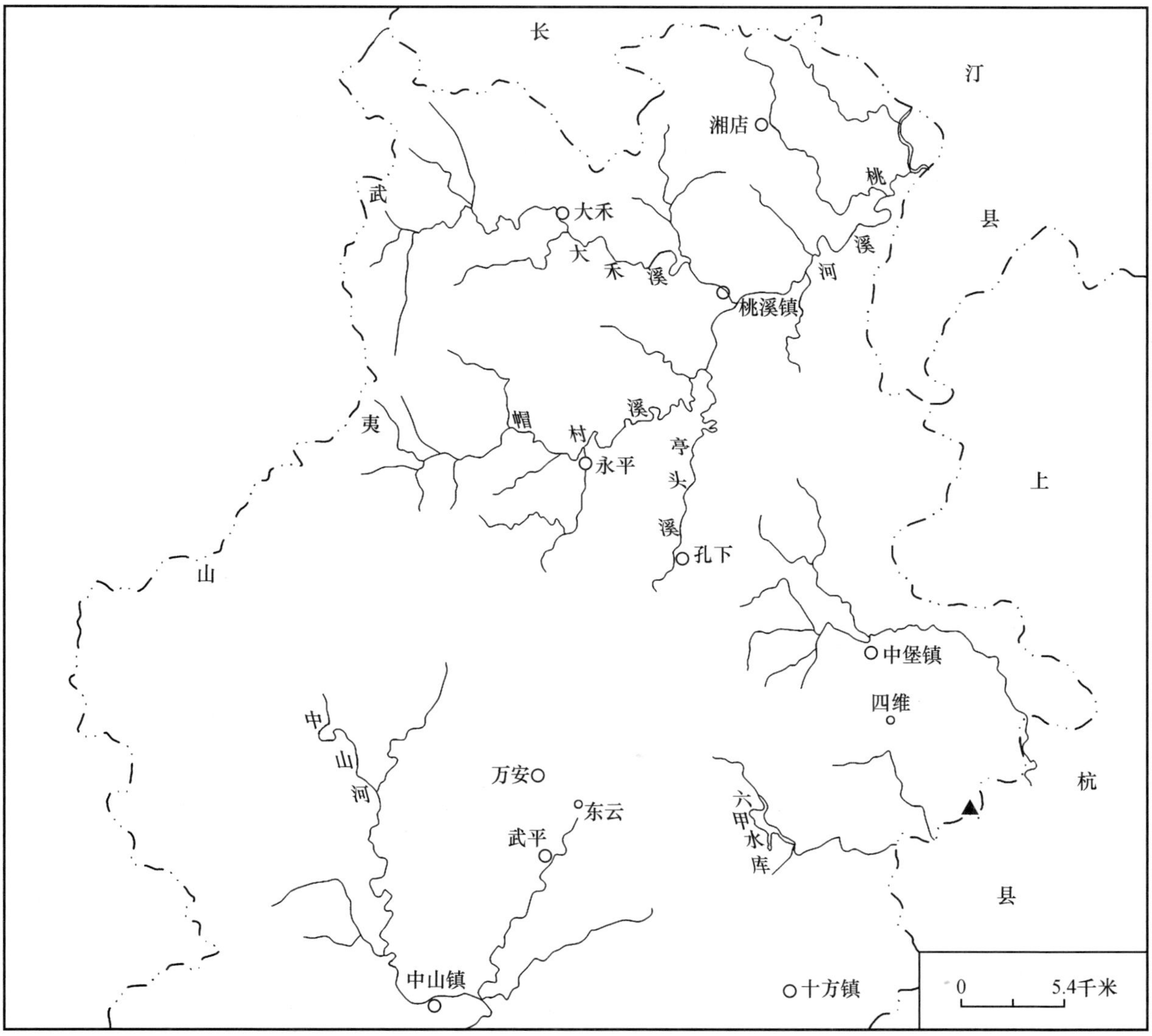

图4-46　石炉坑遗址位置示意图

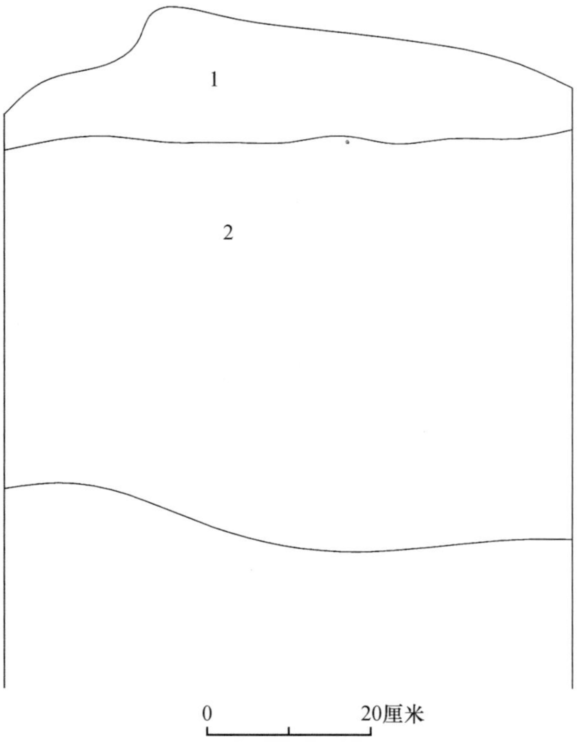

图4-47　石炉坑遗址地层堆积剖面图

2. 地层堆积

在遗址西部村民建造墓地的断坎上发现有明显的文化层堆积（图4-47；图版132）：

第1层为表土层，土色呈浅褐色土，土质疏松，厚20～30厘米；

第2层为深褐色土，土质较为疏松，厚40～50厘米，内包含有少量的木炭粒，红、灰烧土颗粒，夹砂灰色、灰褐色陶片。

3. 遗物

（1）石器

砺石　1件。2014WWSL采：1，黄色花岗岩，质地坚硬，内含较多石英颗粒。不规则，剖面近梯形。器体厚薄不一。正面磨砺平直，局部微残，背面凸。残长12.7、宽12.3、厚1.7～3.3厘米。重813.59克（图4-48：1）。

（2）陶器

采集陶片125片。多为泥质陶和夹砂陶，陶质较硬，部分施黑衣。素面为主，纹饰可见网格纹、竖条纹、双线菱形纹、篮纹、曲折纹、凸棱纹、竖条纹与附加堆纹组合纹饰等（图4-49），可辨器形有罐。

罐口沿　1件。2014WWSL采：2，夹砂灰陶，陶胎较薄且质地坚硬。外施衣，衣剥落严重。圆唇，侈口，窄沿，沿面微凹，口沿内侧可见轮旋痕迹。残高3.6、厚0.3～0.4厘米（图4-48：2）。

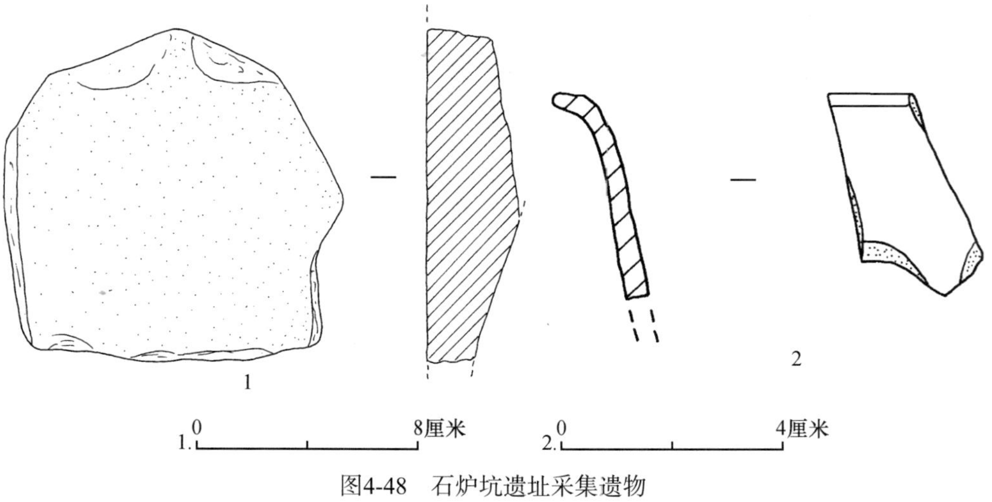

图4-48　石炉坑遗址采集遗物

1. 砺石（2014WWSL采：1）　2. 罐口沿（2014WWSL采：2）

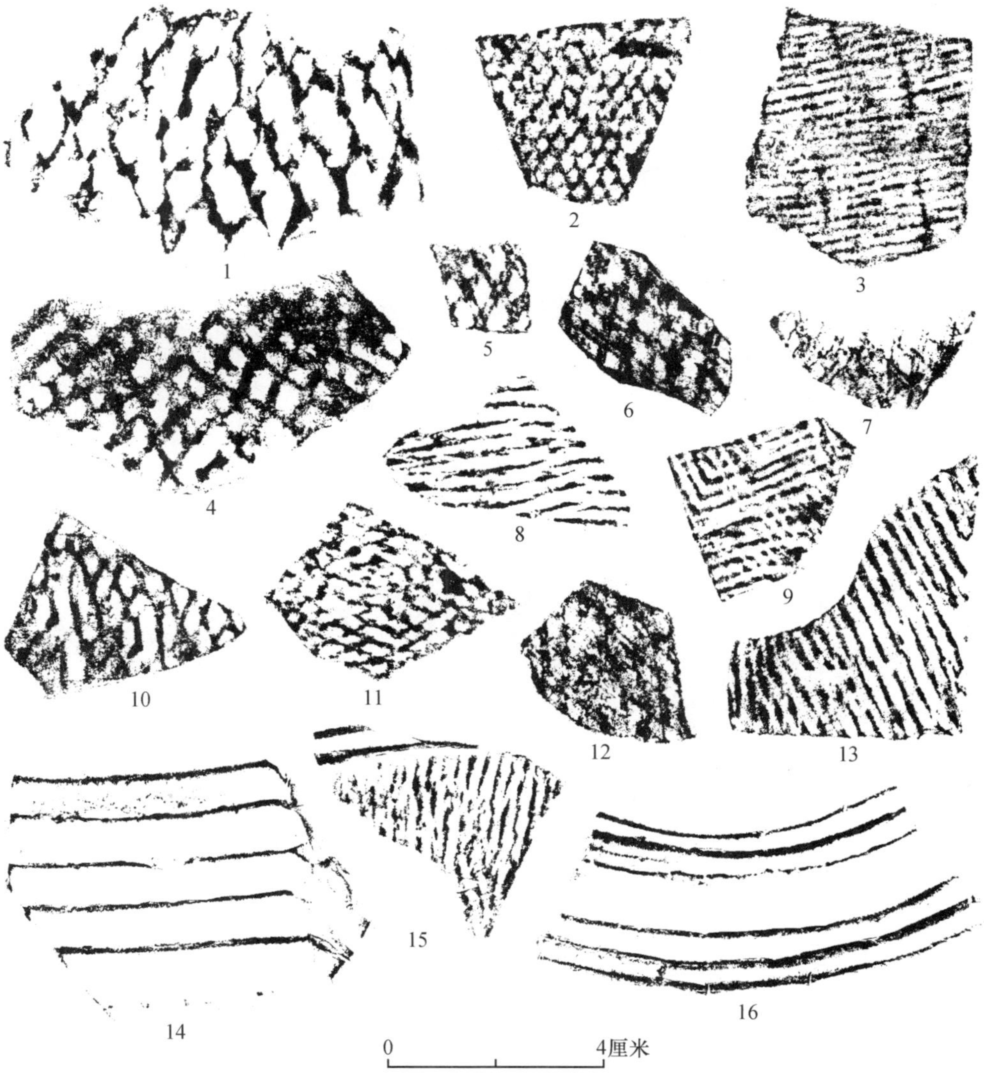

图4-49　石炉坑遗址采集陶片纹饰拓片

1. 大网格纹（2014WWSL采：4）　2、4、10、11. 网格纹（2014WWSL采：12、2014WWSL采：6、2014WWSL采：7、2014WWSL采：13）　3、13. 竖条纹（2014WWSL采：8、2014WWSL采：9）　5～7、12. 双线菱形纹（2014WWSL采：15、2014WWSL采：14、2014WWSL采：3、2014WWSL采：17）　8. 篮纹（2014WWSL采：5）　9. 曲折纹（2014WWSL采：11）　14、16. 凸棱纹（2014WWSL采：18、2014WWSL采：10）　15. 竖条纹与附加堆纹组合纹饰（2014WWSL采：16）

十八　大崇背遗址

1. 遗址概况

遗址位于武平县城厢镇东云村下村自然村大崇背山丘（图4-50），为1988年调查发现。遗址地理坐标为北纬25°7′38.5″，东经116°7′0.01″。遗址南北长20米，东西长约15米，遗址调查面积约300米，海拔303米。遗址东高西低，顶部略为平坦，遗址南约550米有平川河自东向西流经。北部因长期的水土流失而形成断坎，南侧、西侧及东侧均为缓坡，遗址南侧坡下有一养猪

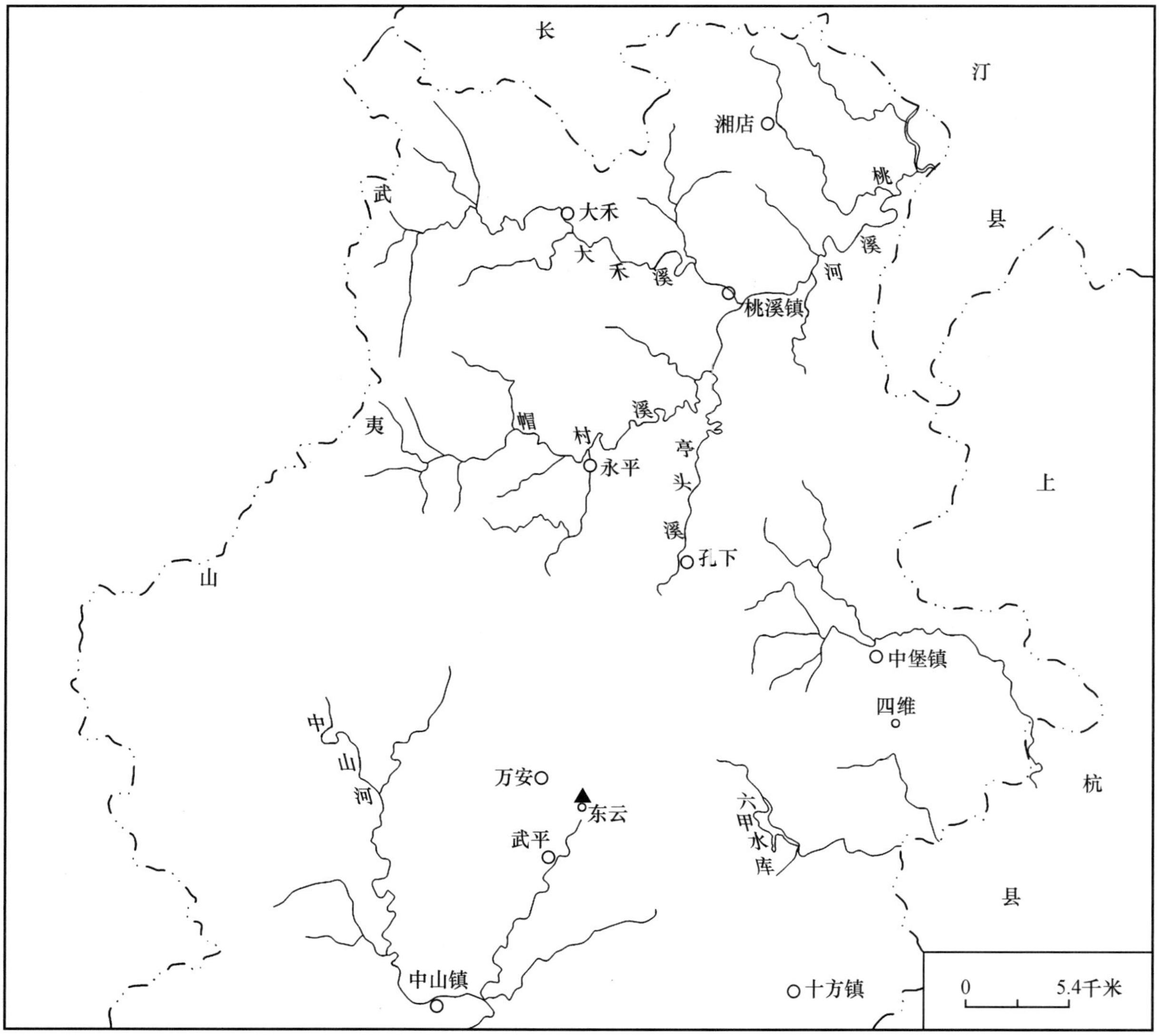

图4-50　大崇背遗址位置示意图

场，猪场前为大片的村民开耕的台阶稻田，北部断坎下为小溪及稻田，东侧坡下为民宅。坡上植被比较茂密，多松树和杂草，顶部亦被杂草所覆盖。地表为红壤（图版134）。

2. 地层堆积

在遗址东部顶部断坎上发现有明显的文化层堆积，堆积情况兹述如下：

第1层为表土层，土色呈浅灰色土质疏松，厚约10厘米；

第2层为红褐色土，土质较为疏松，厚10～15厘米，内包含有少量的红、灰烧土颗粒，并少量的夹砂灰色、灰褐色陶片。

3. 遗物

采集陶片53片，主要为泥质灰陶和夹砂灰陶。陶片以素面为主，纹饰可见条纹、云雷纹、

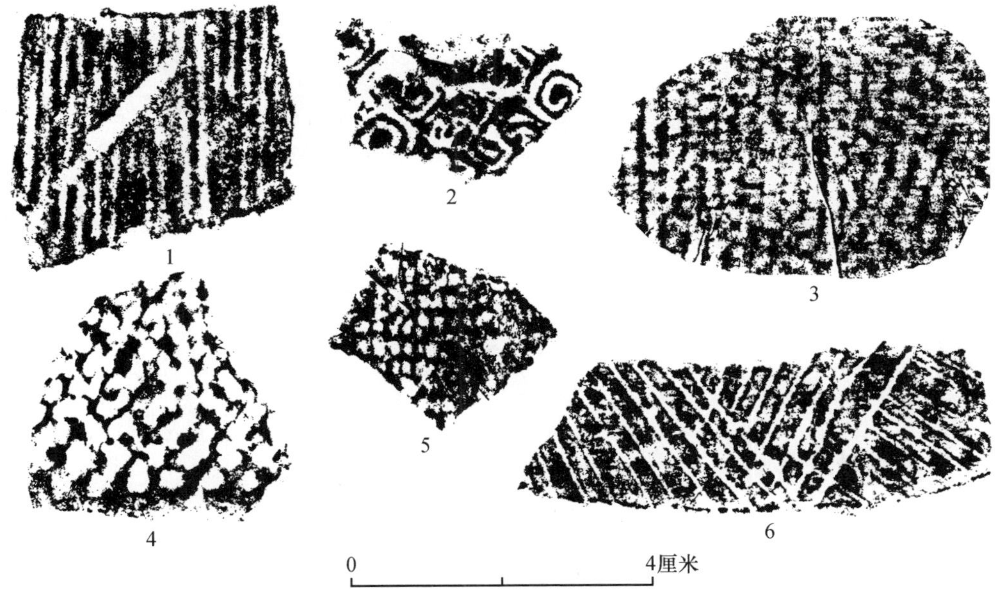

图4-51　大崇背遗址采集陶片纹饰拓片

1. 条纹（2014WCDD采：8）　2. 云雷纹（2014WCDD采：2）　3、5. 方格纹（2014WCDD采：6、2014WCDD采：1）
4. 网格纹（2014WCDD采：3）　6. 刻划纹（2014WCDD采：5）

方格纹、网格纹、刻划纹（图4-51）。可辨器形有罐、壶，均为口沿，另外有1件桥形耳。在遗址东南侧村民住宅前采集有东汉到西晋时期的墓砖2块。

罐口沿　2件。

2014WCDD采：1，夹砂灰黑陶，粗砂含量大，胎质疏松。圆唇，侈口，束颈，斜肩。肩部饰条纹。口径12、残高5.3、厚0.3～1.2厘米（图4-52：1）。

2014WCDD采：2，泥质黄陶，夹少量粗砂，胎质较疏松。外施黑衣，黑衣大部分剥落。圆唇，侈口，口沿微外卷，溜肩。肩部饰云雷纹，可见一桥形耳。残高5.5、器身厚0.4～0.6、器耳厚0.7厘米（图4-52：2）。

壶口沿　1件。

2014WCDD采：3，泥质灰陶，夹少量细砂，胎质坚硬，陶胎较薄。圆唇，直口，口沿微外卷，短颈微鼓，斜腹。腹饰方格纹。口径6、残高4.5、厚0.2～0.7厘米（图4-52：3）。

桥形耳　1件。

2014WCDD采：4，夹砂灰黑陶，粗砂含量大，胎质疏松。残高9.4、厚1.7厘米（图4-52：4）。

4. 墓葬

共发现墓葬3座，分别编号为M1、M2、M3。这3座墓葬均为竖穴土坑墓。

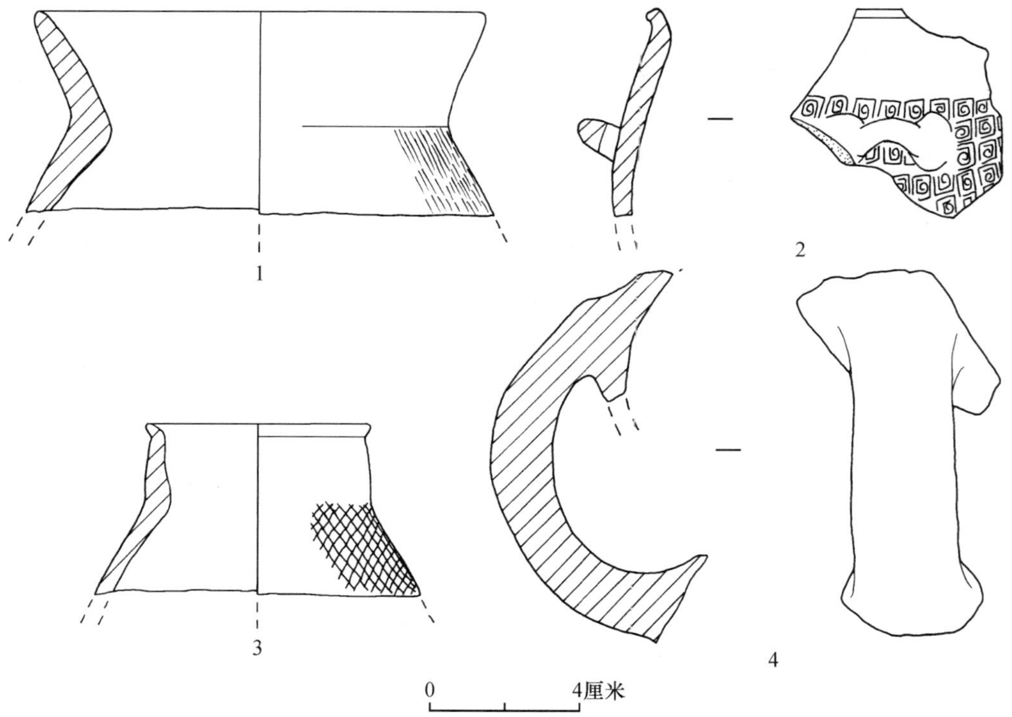

图4-52　大岽背遗址采集遗物

1、2. 罐口沿（2014WCDD采：1、2014WCDD采：2）　3. 壶口沿（2014WCDD采：3）　4. 桥形耳（2014WCDD采：4）

M1

（1）墓葬清理

首先在断坎处布3米×2米的探方，然后对表土进行发掘清理，表土为灰色，土质较为松散，厚10～15厘米，内夹杂有大量的小石英颗粒及植物根系，另外有少量的夹砂灰色陶片，纹饰有网格纹。

在探方北部第1层下发现一灰坑，编号为H1，其H1打破M1，按照叠压打破关系首先清理H1。

H1内填土为灰黑色土，土质疏松，内包含有大量的小石英颗粒，未发现任何文化遗物，深40厘米。H1清理完毕。

M1位于探方的南部，开口于第1层之下，开口距地表10～15厘米，方向185°（图4-53）。平面呈长方形，南北走向，底长1.75、宽0.6、深0.5米。西部被村民建养猪场所破坏，墓坑内堆积为红褐色土，内包含有大量的小石英颗粒，局部夹杂有少量的灰褐色黏土，土质较为疏松，墓深50厘米，人骨腐朽无存，在墓的西侧发现随葬品，有豆、杯、罐、壶共5件，其中罐与陶壶陶质疏松较软，未复原。

（2）出土遗物

陶豆　2件。

2014WCDDM1：1，泥质黄陶，胎质较硬，夹少量粗砂。豆盘变形严重。圆唇，唇面微曲，敛口，斜腹内收，喇叭形豆柄。素面，豆柄与豆盘相接处可见明显捏塑痕迹，器表可见轮

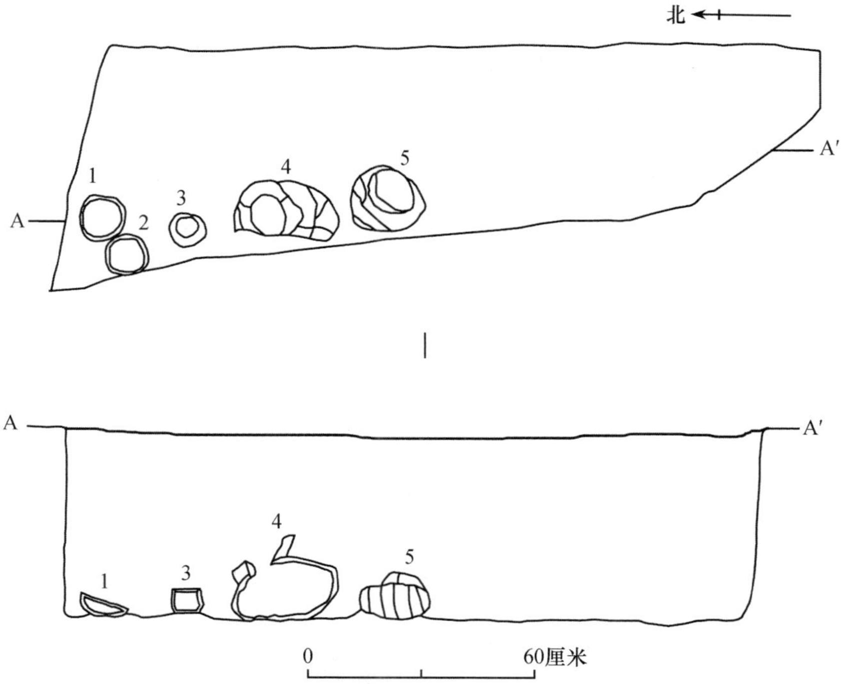

图4-53　大崇背M1平、剖面图

1、2. 豆（2014WCDDM1：1、2014WCDDM1：2）　3. 杯（2014WCDDM1：3）　4. 釜（2014WCDDM1：4）　5. 壶（2014WCDDM1：5）

旋痕迹。口径11、底径8.2、高5.4、厚0.2～1.3厘米（图4-54：2；图版135）。

2014WCDDM1：2，泥质灰陶，胎质较硬，夹少量细砂。口沿部分微变形，稍残。圆唇，敛口，鼓腹，下腹斜内收，喇叭形豆柄，豆柄矮且粗。素面，器体内外均可见明显轮旋痕迹。口径10.2、底径7.6、高5.3、厚0.4～1.1厘米（图4-54：3；图版136）。

陶杯　1件。2014WCDDM1：3，泥质黄陶，夹较多粗砂。口沿部分变形。圆唇，敛口，

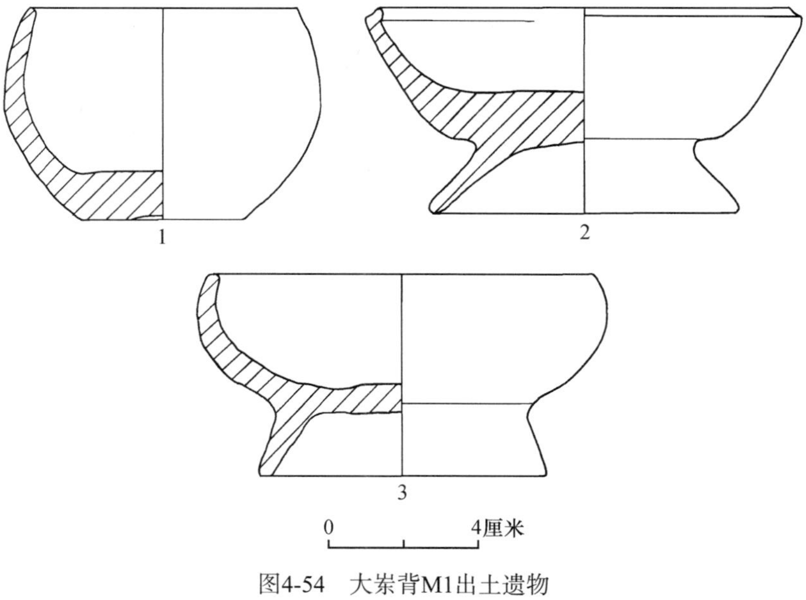

图4-54　大崇背M1出土遗物

1. 杯（2014WCDDM1：3）　2、3. 豆（2014WCDDM1：1、2014WCDDM1：2）

鼓腹，下腹斜内收，平底微内凹。素面，口沿部分可见轮旋痕迹，近底部可见捏塑痕迹，在腹中下部可见两对不对称近椭圆形施釉图案。口径7.2、底径4.2、高5.6、厚0.3～1.2厘米（图4-54：1；图版137）。

陶釜　1件。2014WCDDM1：4，泥质红陶。胎质疏松。余一半。圆唇，侈口，束颈，溜肩，折弧腹，圜底。肩部下饰网格纹。因胎质较软未修复。

陶壶　1件。2014WCDDM1：5，泥质软黄陶，因胎质较软未修复。

M2

（1）墓葬清理

在遗址北部断坎处布3米×2米的探沟，地层堆积：第1层为表土层，灰色土，土质较为松散，内包含有较多的植物根系；第2层为红褐色土，内包含有大量的小石英小颗粒，局部夹杂有少量的黄色岩石风化物，未发现文化遗物。

M2位于探方北部，开口于第2层下，开口距地表10～29厘米，方向185°。平面为长方形，东西走向，底长1.4、宽0.7～1.12、深1.48米。墓坑内堆积为红褐色土，内包含有大量小石英颗粒，局部夹杂有少量的灰色黏土及黄色岩石风化物，土质较为疏松（图4-55）。墓坑的东

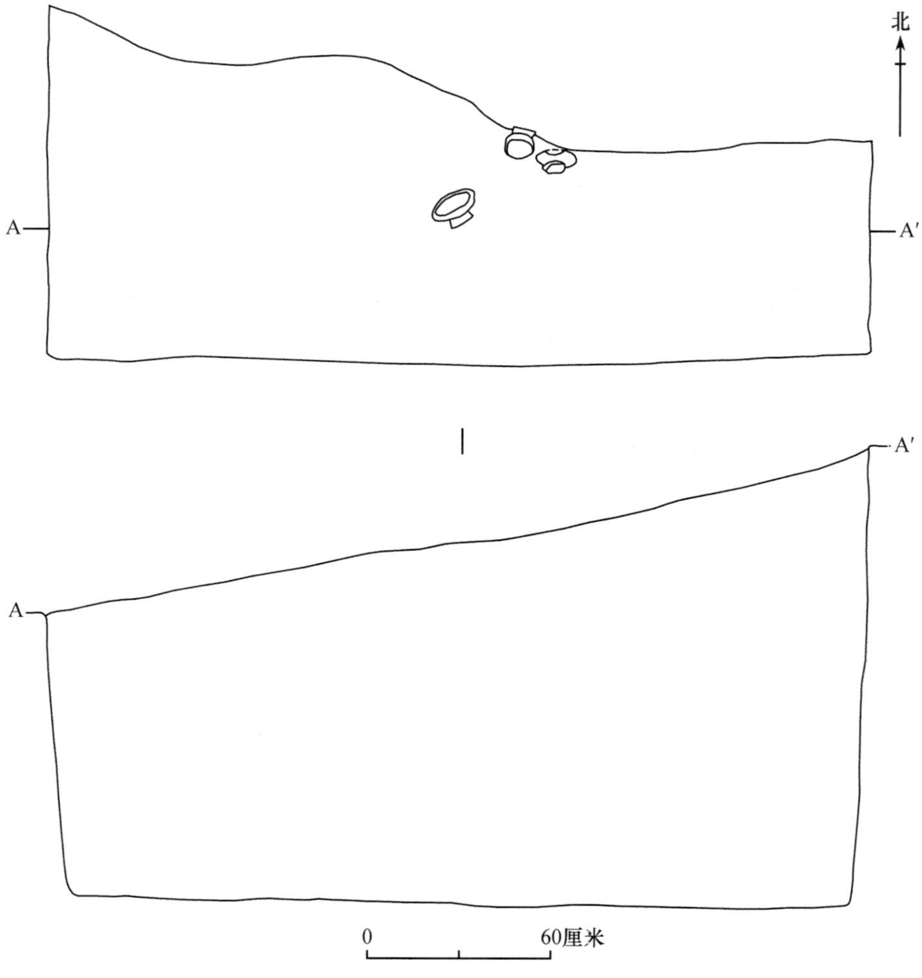

图4-55　大崇背M2平、剖面图

侧发现3件随葬品。墓葬北部被破坏，从坍塌的土层里边采集有陶豆1件（M2：4）和陶罐1件（M2：5）。

（2）出土遗物

原始瓷豆　4件。

2014WCDDM2：1，泥质黄陶，夹细砂，火候较高。豆盘口沿部分稍残，较完整，微变形。圆唇，敛口，斜弧腹内收，大喇叭形豆柄。素面，器体内外均可见明显轮旋痕迹。口径15.4、底径9.4、高6.7、厚0.4～1.2厘米（图4-56：1；图版138）。

2014WCDDM2：2，夹砂灰黄陶，胎质较硬。豆盘稍残，圈足部分变形较甚。圆唇，敞口，唇缘外凸，斜腹微曲，下腹斜内收，喇叭形豆柄，通体施青色釉，釉剥落严重，豆盘上腹、上腹内壁及圈足部分可见残存较多釉，圈足内外由于风化呈紫黑色。器表素面，仅在豆

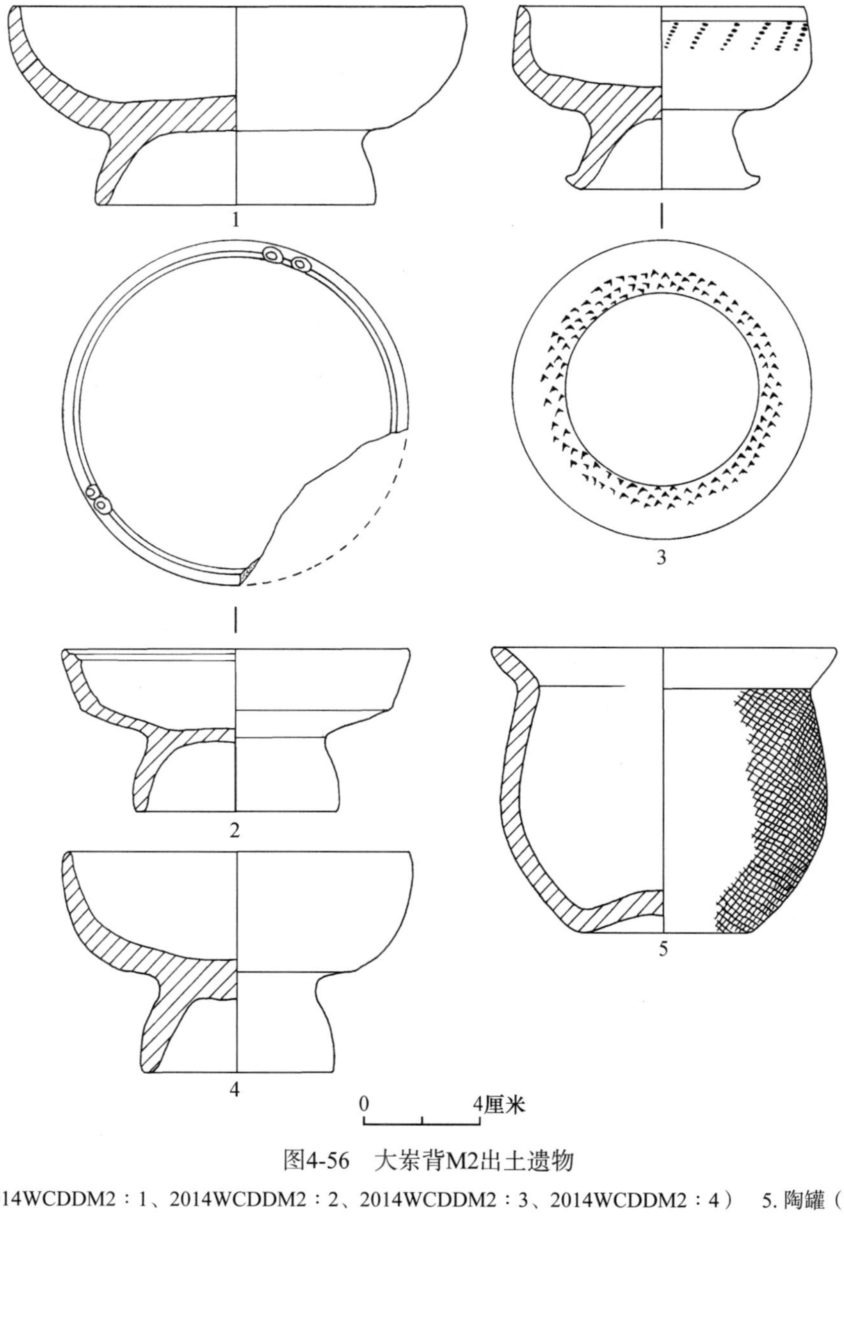

图4-56　大岽背M2出土遗物

1～4. 原始瓷豆（2014WCDDM2：1、2014WCDDM2：2、2014WCDDM2：3、2014WCDDM2：4）　5. 陶罐（2014WCDDM2：5）

盘口沿沿面可见两道凸棱及不对称小圆纽两对。口径11.8、底径6.8、高5.5、厚0.4～1厘米（图4-56：2；图版139）。

2014WCDDM2：3，泥质红陶，胎质较硬，保存完整，制作规整。圆唇，直口微敛，鼓腹内收，喇叭形豆柄，足根外撇。口沿饰一周弦纹及一周6点或7点的篦点纹，腹下部近豆柄处戳印一周网格纹。口径9.8、底径9.9、高6.2、厚0.4～1.5厘米（图4-56：3；图版140）。

2014WCDDM2：4，泥质黄陶，夹细砂，胎质较硬，可见变形。豆盘圆唇、敛口，弧腹内收，喇叭形豆柄。素面，器表可见轮旋痕迹。口径11.6、底径6.4、高7.6、厚0.3～1.3厘米（图4-56：4；图版141）。

陶罐　1件。2014WCDDM2：5，泥质黄陶，夹少量粗砂，胎质较硬。圆唇，侈口，斜肩，微鼓腹，下腹斜内收，圜底内凹。口沿以下通饰方格纹，另在器表可见鸟形施釉图案。口径11.8、底径6、高9.6、厚0.6～0.8厘米（图4-56：5；图版142）。

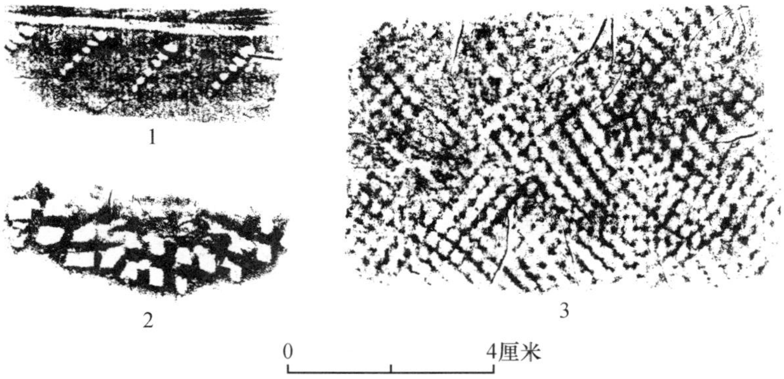

图4-57　大岽背M2出土部分陶器纹饰拓片

1. 弦纹与篦点纹组合纹饰（2014WCDDM2：3口沿外侧）　2. 网格纹（2014WCDDM2：3豆盘下腹部）　3. 方格纹（2014WCDDM2：5）

M3

（1）墓葬清理

M3平面呈长方形，东西走向。底长1.9、宽1、深0.08米。墓坑内填土为红褐色土，局部夹杂有灰色黏土。在墓坑的东侧发现5件随葬品，排列有序（图4-58）。

（2）出土遗物

陶钵　1件。2014WCDDM3：1，泥质青灰陶，夹少量细砂，胎质较硬。稍残。圆唇，敛口，唇面微凹，斜弧腹，下腹斜内收，圜底。器表通饰网格纹。口径10.8、最大腹径11.6、高5.1、厚0.3～0.9厘米（图4-59：2；图版143）。

陶罐　3件。

2014WCDDM3：2，泥质灰陶，胎质较硬。制作较规整，口沿部分微残。器物内外通施衣，可见剥落现象。圆唇，侈口，束颈，颈部两侧可见对称各两穿，溜肩，鼓腹微折，下腹斜内收，圜底微内凹。口沿以下通饰网格纹。口径8、最大腹径10、高5.9、厚0.3～0.6厘米（图4-59：4；图版144）。

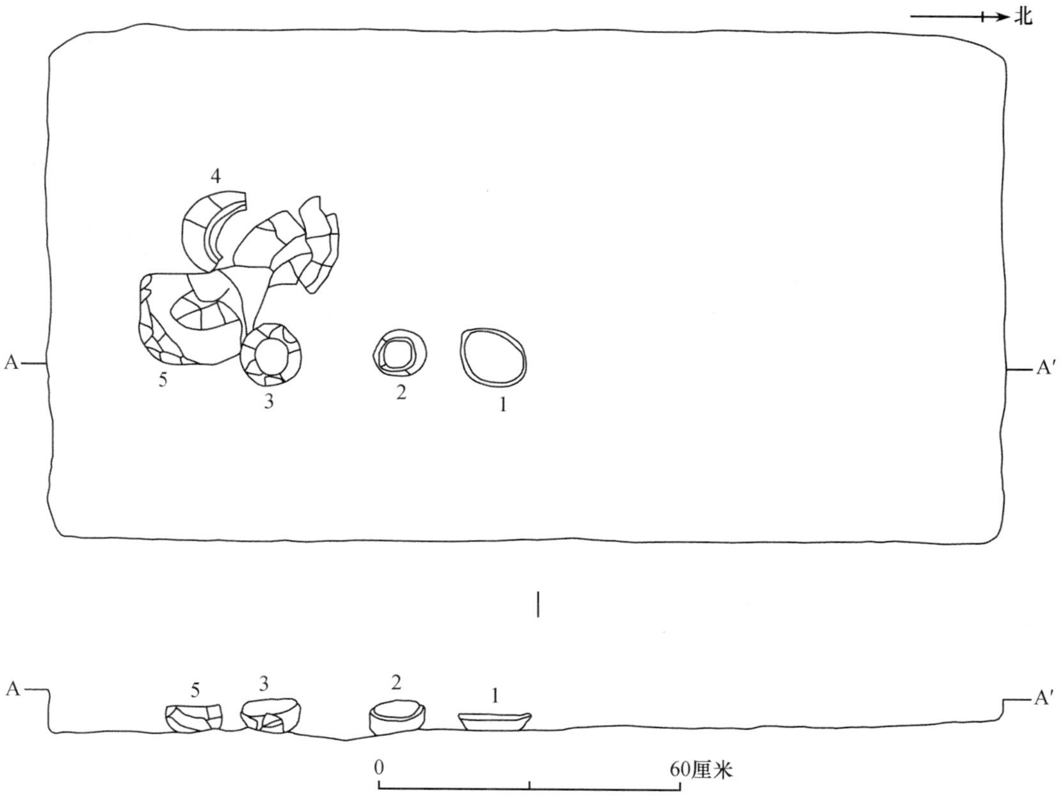

图4-58　大岽背M3平、剖面图

1. 钵（2014WCDDM3：1）　2、5. 罐（2014WCDDM3：2、2014WCDDM3：5）　3. 双系罐（2014WCDDM3：3）
4. 豆（2014WCDDM3：4）

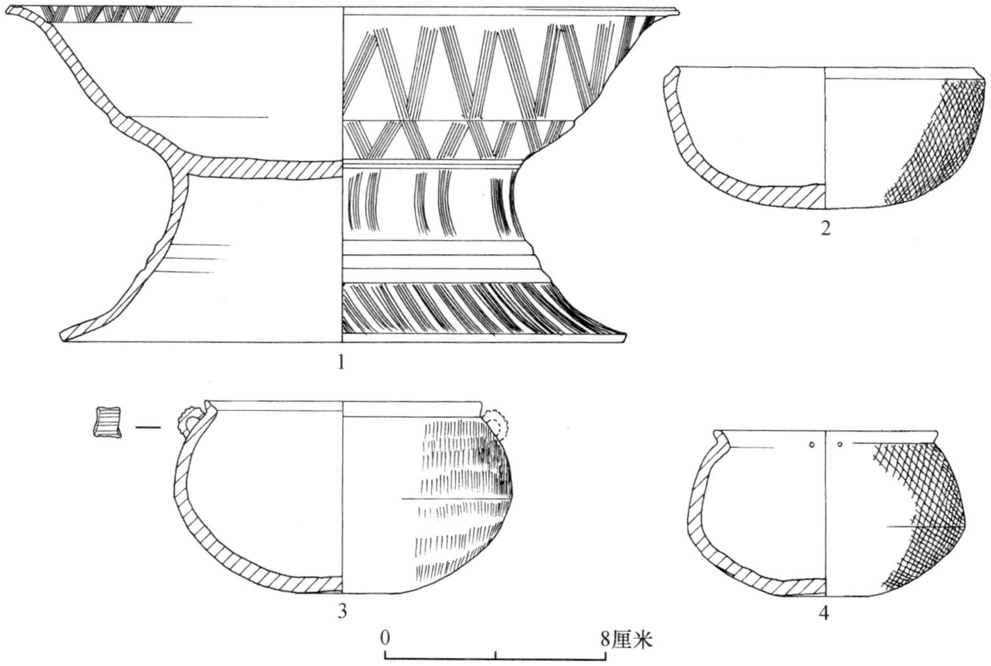

图4-59　大岽背M3出土遗物

1. 陶豆（2014WCDDM3：4）　2. 陶钵（2014WCDDM3：1）　3. 陶双系罐（2014WCDDM3：3）　4. 陶罐
（2014WCDDM3：2）

2014WCDDM3：3，双系罐，泥质黄陶，胎质较硬。口沿及腹部残稍残。可见两层陶胎，内外层均为黄色，厚0.1～0.2厘米，中间为青灰，厚约0.2厘米。圆唇，侈口，束颈，溜肩，肩部一边存有桥形耳，鼓腹，微折，下腹斜收，圜底微内凹，口沿以下通饰竖条纹。口径10、最大腹径12.2、高6.8、厚0.3～0.6、器耳厚0.3厘米（图4-59：3；图版145）。

2014WCDDM3：5，泥质黄陶，器形不辨。

陶豆　1件。2014WCDDM3：4，泥质浅青灰陶，陶胎较薄且胎质疏松。可复原。方圆唇，大敞口，唇面微凹，宽沿微折，斜弧腹内收，大喇叭形高圈足，足根微外撇。口沿上侧沿面，豆盘外腹、豆柄外侧、圈足外侧均饰有刻划斜线纹。豆盘底、豆柄外侧均饰有凹凸弦纹，豆盘内底可见手指垫窝痕迹。口径24.4、圈足径20.4、高12、厚0.3～0.6厘米（图4-59：1）。

第五章　永定区先秦时期遗址

第一节　永定区自然环境与历史沿革

一　自然环境

永定区位于福建省西南部，地处龙岩市西南部。北临上杭古田、西北接上杭象洞，东北接龙岩新罗市区、适中镇，南连广东大埔，东南临漳州南靖。永定区境内地势东北高，西南低，主要有博平岭山脉及玳瑁山山脉。主要河流有永定河、金丰溪，均属汀江水系。汀江水系由上杭流入峰市镇，并由峰市出境流入广东省，汇入韩江。永定河由高陂镇发源，流经坎市、抚市、凤城、湖雷等城镇，经峰市镇流入汀江河，金丰溪发源永定东南部，流经湖坑镇、大溪乡、下洋镇，南下流入广东省，汇入韩江。永定区辖1个街道办事处、12个镇、11个乡。2013年末永定区人口达49.2万人。

二　历史沿革

由对永定区境内考古发掘及调查活动可知，自新石器时代伊始，永定县就有人类居住。永定所辖区域，春秋战国时期为闽越地，唐初为晋安郡新罗县地，宋为上杭属地。明成化十四年，析上杭县地置永定县，历属汀州府、汀州道。1929～1934年为中央苏区县，历属龙岩市。2014年，撤县设龙岩市永定区，以原永定县行政区域为永定区的行政区域。

第二节　永定区先秦时期遗址

继汀江流域武平段考古调查后，考古队于2014年12月30日至2015年1月9日对汀江流域永定段进行了为期11天的考古调查，涉及湖雷镇、凤城镇、城郊乡、仙师乡、峰市镇、高陂镇和大溪乡7个乡镇。在永定区调查遗址17处，复查以往发现遗址15处，新发现古文化遗址2处（图5-1）。

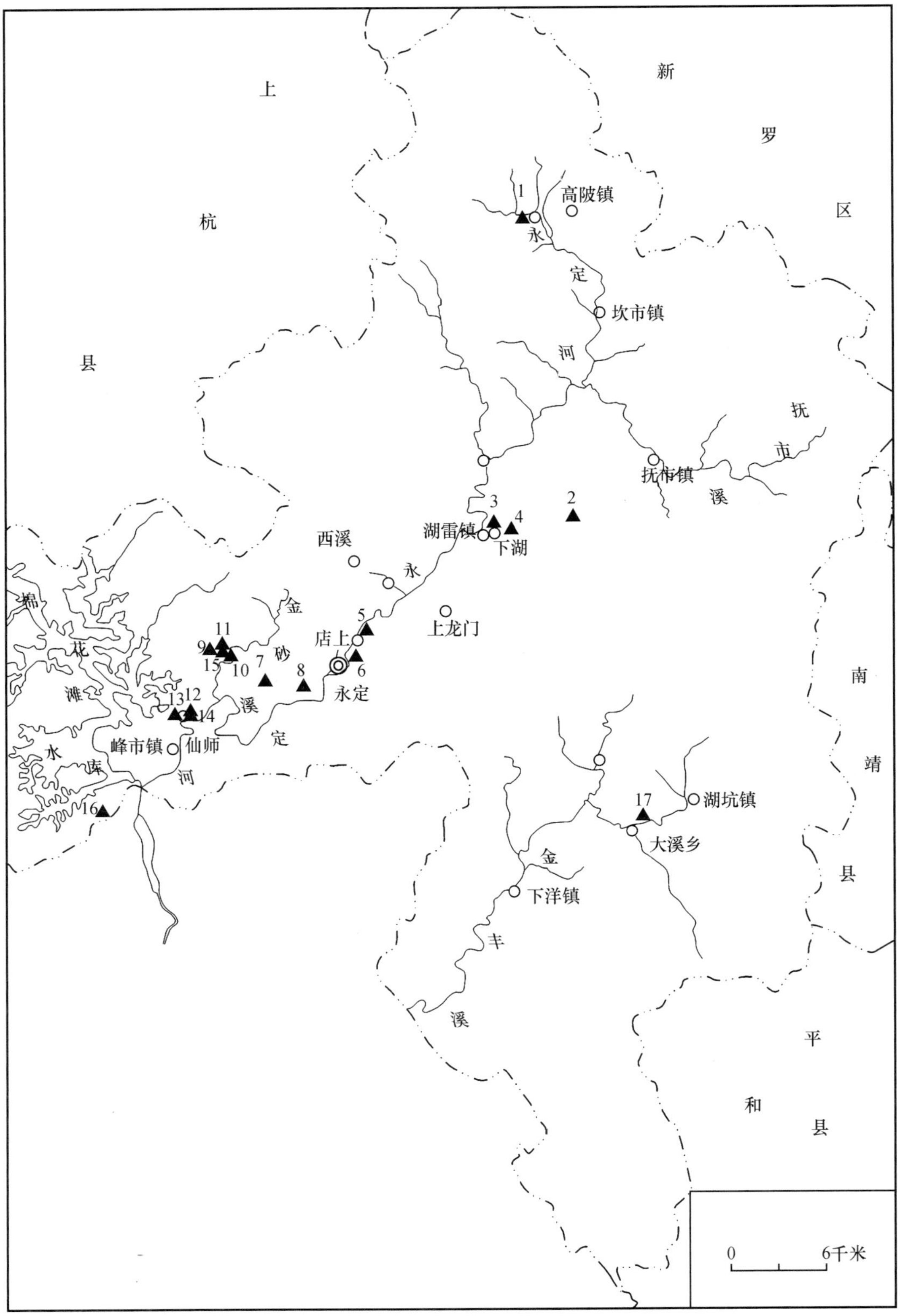

图5-1　永定区调查遗址分布示意图

1. 前头岭遗址　2. 大坪里遗址　3. 下湖北遗址　4. 前头板遗址　5. 店上遗址　6. 后山遗址　7. 罗前头遗址　8. 古一遗址　9. 黄泥岗遗址　10. 水口遗址　11. 祠堂后遗址　12. 仙师遗址　13. 岭下房遗址　14. 赤竹坑口遗址　15. 联三遗址　16. 湖顶头遗址　17. 背头山遗址

一　前头岭遗址

1. 遗址概况

遗址位于永定区高陂镇西陂村前头岭自然村（图5-2），为此次调查发现。遗址地理坐标为北纬24°58′45.64″，东经116°51′12.44″。遗址为一处略呈南北走向、相对独立的小山包，顶面较为宽阔平整，海拔346米。该址东坡下村道为大片的开阔地及村庄民宅，西坡下为新修建的林修富烈士墓，遗址四周均为缓坡，植被稀疏，主要为杂草，东坡被开耕为台阶，原来种植农作物，现杂草丛生（图版146）。未发现遗迹及文化层堆积。

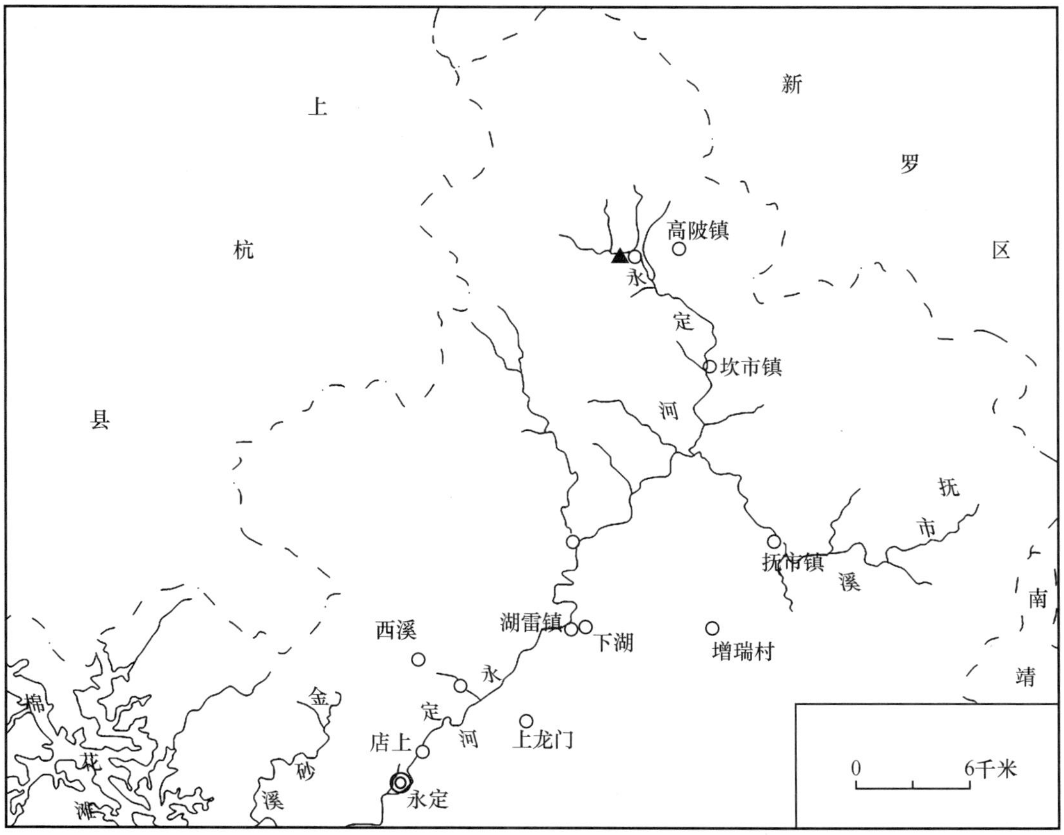

图5-2　前头岭遗址位置示意图

2. 遗物

通过调查，采集部分石器及少量陶片。

（1）石器

器形有石锤、石坯。

石锤　1件。2014-2015YGQT采：1，黄褐色花岗岩，质地较密，平面形状近圆形，剖面为椭圆形，底部有锤击痕迹。长10.6、宽8.8、厚5.8厘米。重800.6克（图5-3：1）。

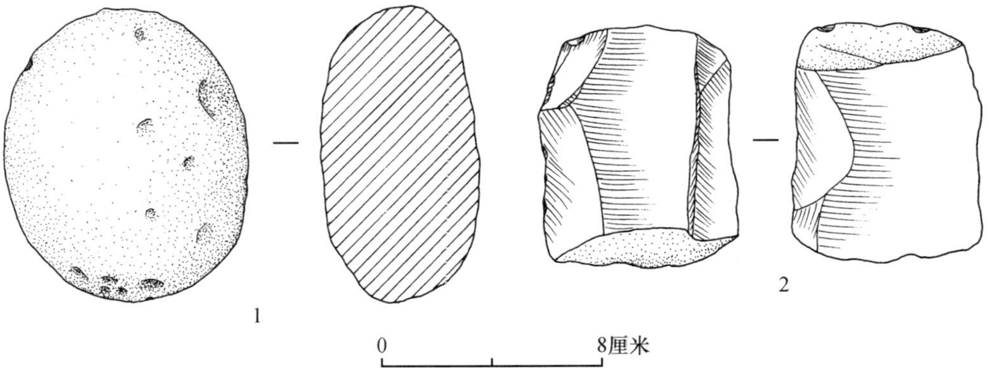

图5-3　前头岭遗址采集石器
1. 石锤（2014-2015YGQT采：1）　2. 石坯（2014-2015YGQT采：2）

石坯　1件。2014-2015YGQT采：2，紫褐色细砂岩。打制未成形。平面近长方形，横截面不规则。A、B两面均有打制，A面微凹，B面微弧，且两面均可见大小不一的石片疤，在顶部可见打击点。残长8.6、残宽6.9、厚0.2～2厘米。重208.16克（图5-3：2）。

（2）陶器

采集陶片6片，陶质有泥质黄陶和黑衣陶，胎质较硬。其中1片陶片内外可见纹饰，器表篮纹，内为重圈纹，另可见竖条纹、双线菱形纹（图5-4）。可辨器形有盆。

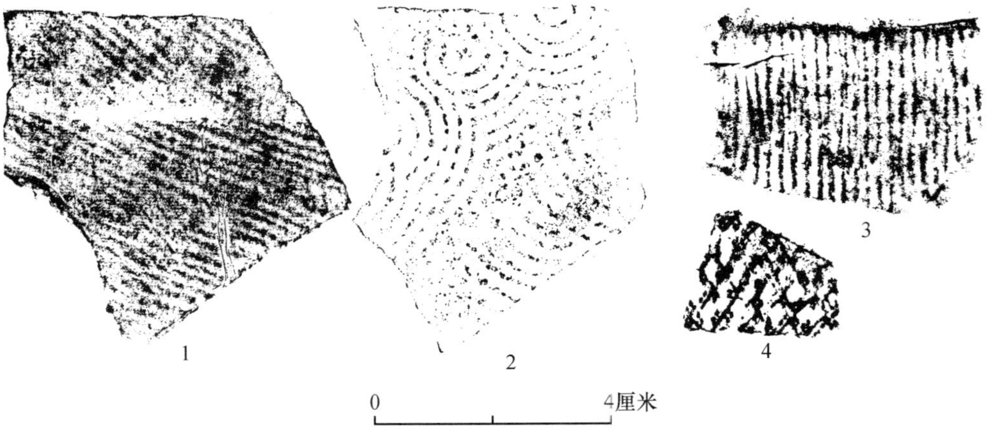

图5-4　前头岭遗址采集陶片纹饰拓片
1. 篮纹（2014-2015YGQT采：4正面）　2. 重圈纹（2014-2015YGQT采：4内面）　3. 竖条纹（2014-2015YGQT采：3）
4. 双线菱形纹（2014-2015YGQT采：5）

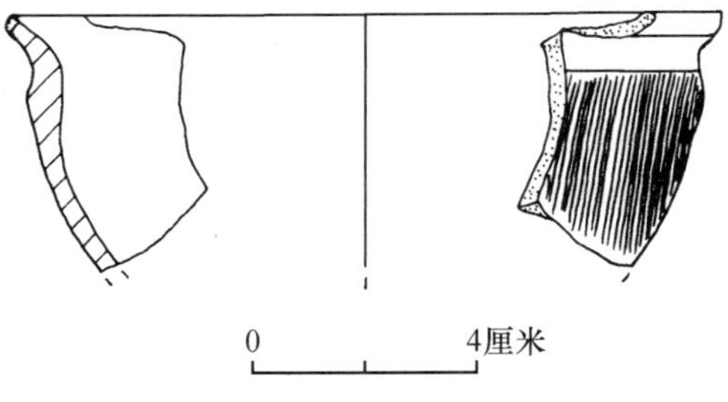

图5-5　前头岭遗址采集陶器
盆口沿（2014-2015YGGQT采：3）

盆口沿　1件。2014-2015YGGQT采：3，泥质灰硬陶，陶胎较薄，胎质较疏。外施黑衣，黑衣有脱落现象。圆唇，侈口，折肩，斜腹，外饰竖条纹。口径12.6、残高4.4厘米（图5-5）。

二　大坪里遗址

1. 遗址概况

遗址位于永定区湖雷镇增瑞村（图5-6），为1988年调查发现。遗址地理坐标为北纬24°47′58.18″，东经116°52′21.57″。遗址地形是一座相对独立的小山梁，南北较长，东西较窄，北高南低，南北长180米，东西宽30米，分布面积约5000平方米，海拔333米。大坪里遗址南侧岗下村前10米为自西向东流的小溪，南侧600米为永龙公路，东南500米为增瑞小学（图版147）。整个遗址植被较为茂密。未发现遗迹及文化层堆积。

2. 遗物

通过调查，采集到2片泥质灰硬陶片，纹饰为曲折纹（图5-7）。

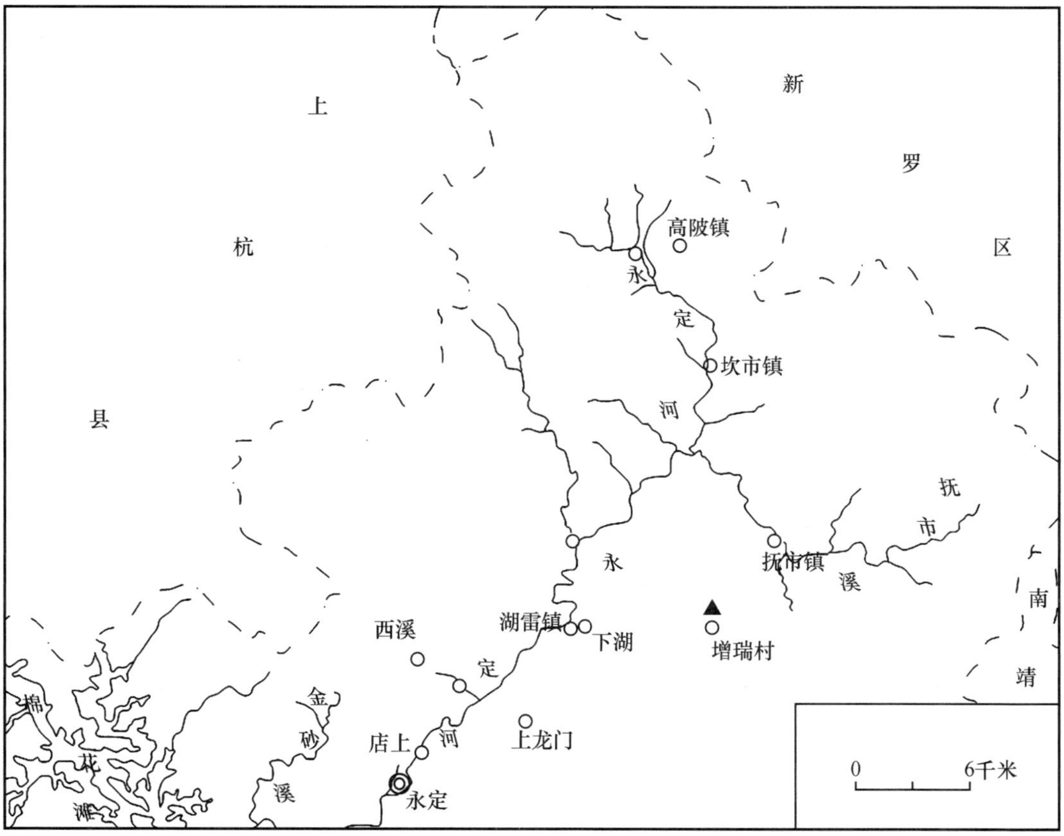

图5-6　大坪里遗址位置示意图

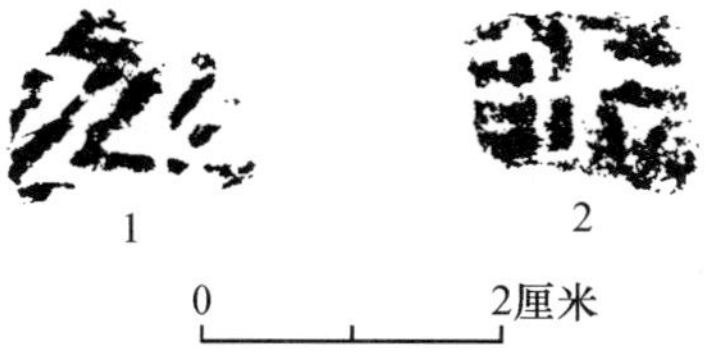

图5-7　大坪里遗址采集陶片纹饰拓片

1、2. 曲折纹（2014-2015YHDP采：1、2014-2015YHDP采：2）

三　下湖北遗址

1. 遗址概况

遗址位于永定区湖雷镇下湖北村（图5-8），为1988年调查发现。遗址地理坐标为北纬24°48′5.6″，东经116°49′5″。遗址为一座相对独立的小山包。地处下湖村背头山，东西长约30米，南北宽约5米，遗址分布面积约150平方米，海拔269米。遗址西南侧为下湖中心小学，西北侧为湖雷中学。遗址土壤类型以红土为主。该遗址现已被招宝生态农庄所破坏。未发现遗迹及文化层堆积。

2. 遗物

通过调查，采集有1片夹砂灰硬陶片，饰弦纹与席纹组合纹饰（图5-9）。

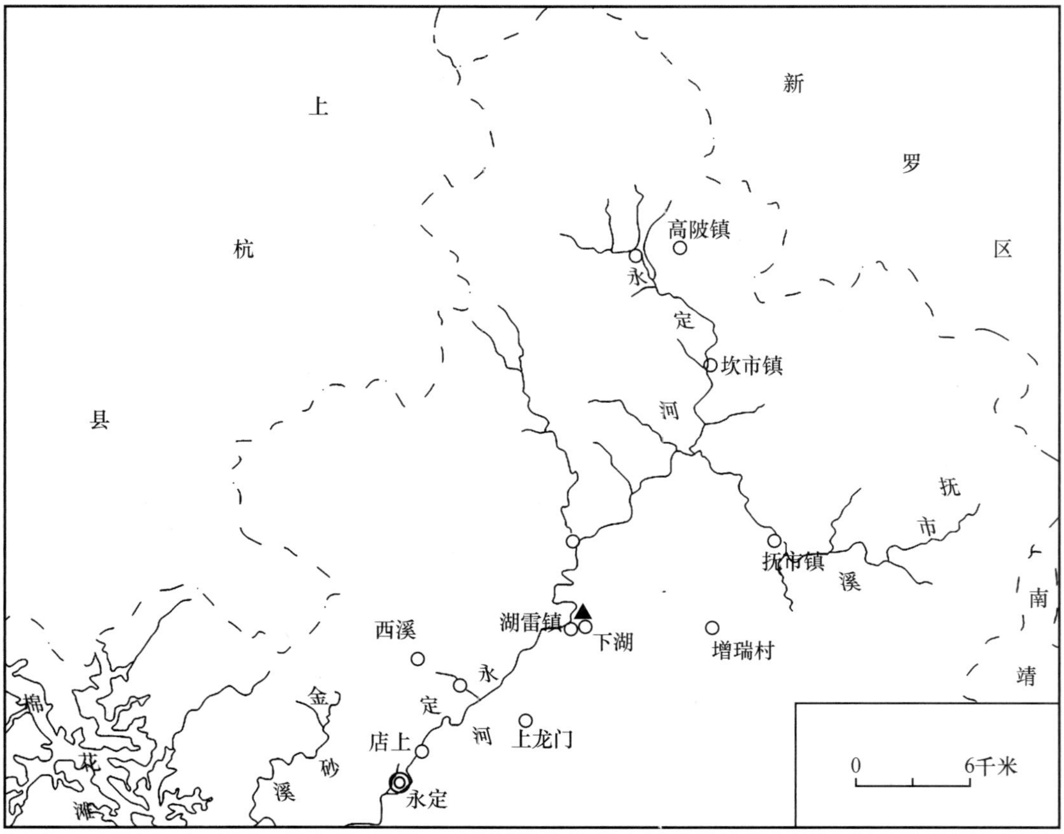

图5-8　下湖北遗址位置示意图

图5-9　下湖北遗址采集陶片纹饰拓片
弦纹与席纹组合纹饰（2014-2015YHXH采：1）

四　前头板遗址

1. 遗址概况

遗址位于永定区湖雷镇石坑村（图5-10），为1988年调查发现。遗址地理坐标为北纬

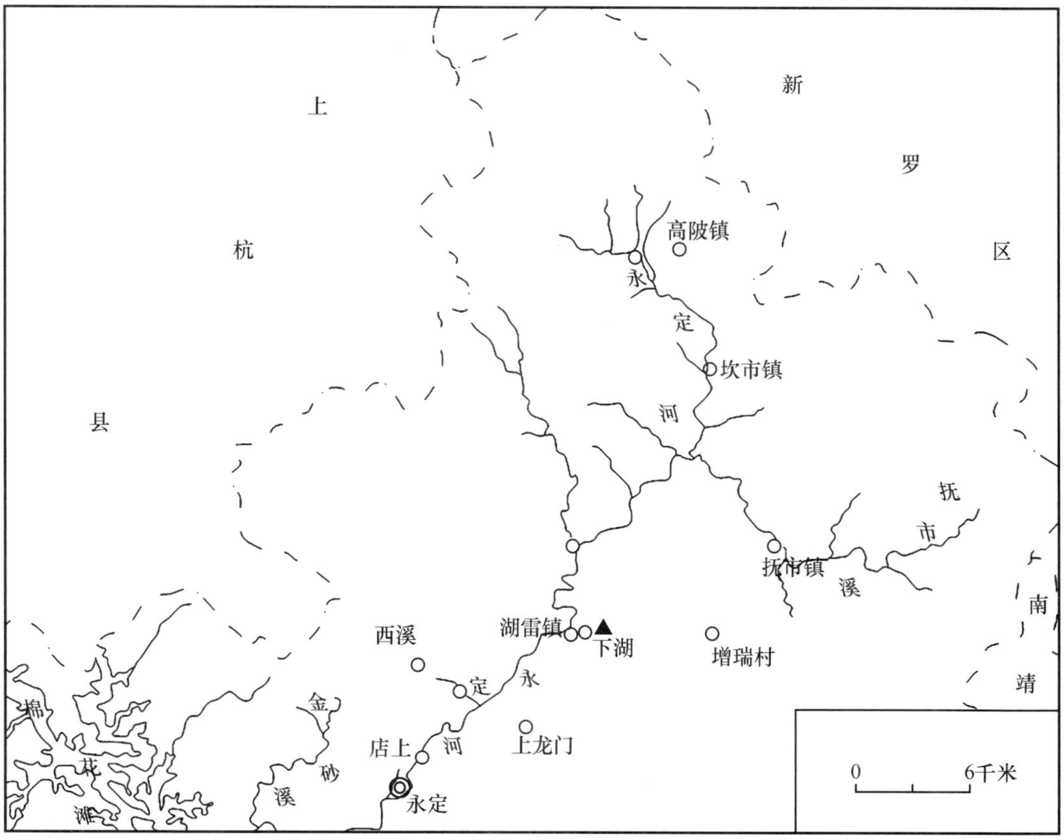

图5-10　前头板遗址位置示意图

24°47′51.2″，东经116°49′37.2″。地处石坑前头板背头山山腰，遗址东西较长，南北较短。东西长约30米，南北宽约5米，分布面积约150平方米，海拔263米。遗址南侧100米为石坑小溪，南侧山脚为石坑村，北侧山脚为适峰公路。整个遗址植被比较茂密，也全部被杂草和松树所覆盖，遗址顶部新建一移动信号塔。未发现遗迹及文化层堆积。

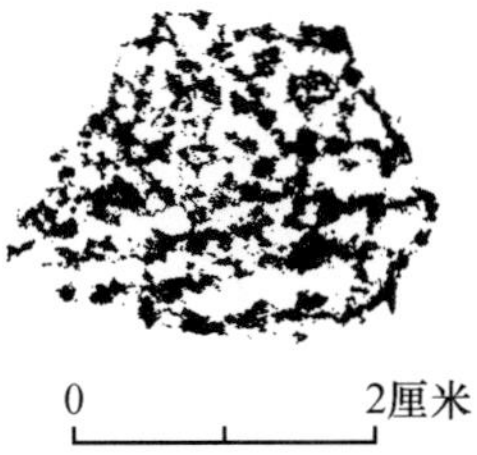

图5-11　前头板遗址采集陶片纹饰拓片
绳纹（2014-2015YHQT采：1）

2. 遗物

从地表上采集到2片泥质灰硬陶片，纹饰较模糊，有绳纹（图5-11）。

五　店上遗址

1. 遗址概况

遗址位于永定区凤城镇大洲居委会东南200米（图5-12），为1988年调查发现。遗址地理坐标为北纬24°44′32.17″，东经116°44′30.83″。遗址为一座略呈东北—西南走向的山梁。东西长约30米，南北宽约20米，分布面积约600平方米，海拔248米。遗址地形以丘陵山地为主，周边比较平坦开阔，东北500米有永定河自东向西流经。遗址东南面山脚为凤城镇东环路和大丘段

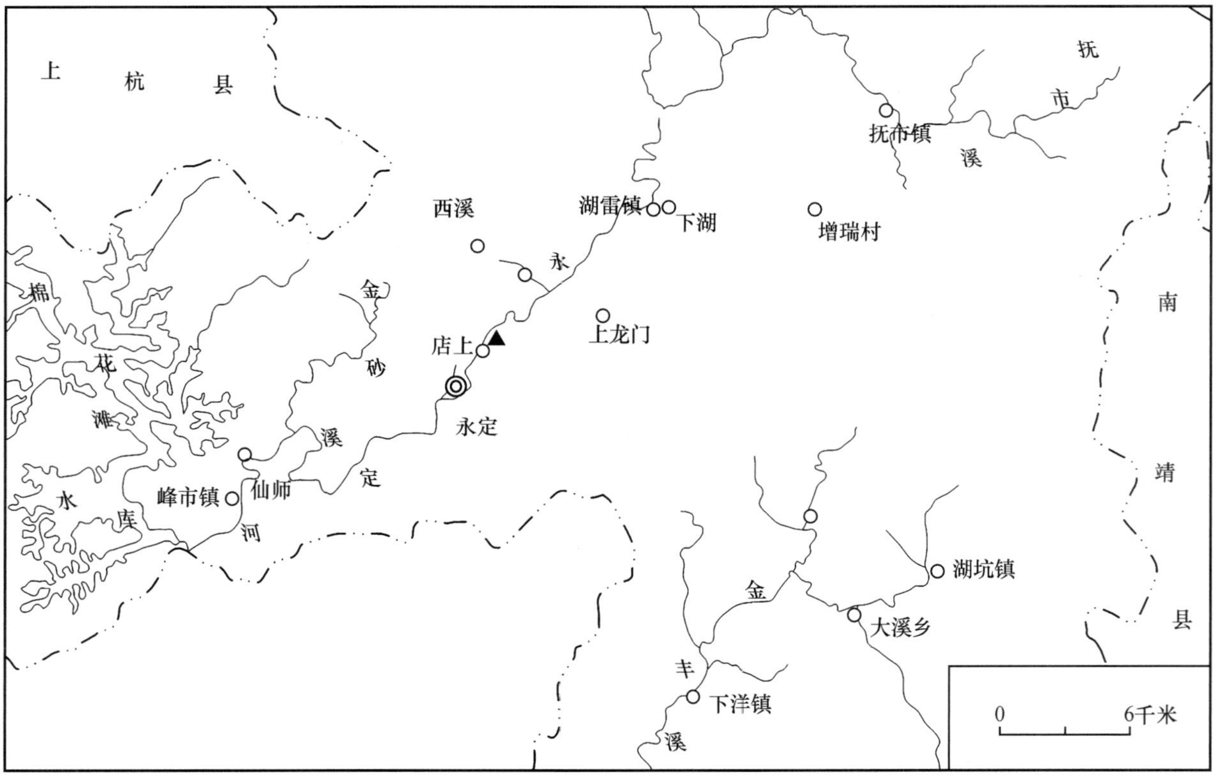

图5-12　店上遗址位置示意图

店上村居民区。现遗址东坡下建有永定区第三中学，西坡下有通往龙岩的公路，遗址上植被茂密，地表上全部被杂草、落叶及松树、杉树所破坏（图版148）。未发现遗迹及文化层堆积。

2. 遗物

此次调查从遗址南部裸露的地表上采集有3片陶片，黑衣陶2片，赭衣陶1片，饰篮纹，纹饰不清晰（图5-13）。

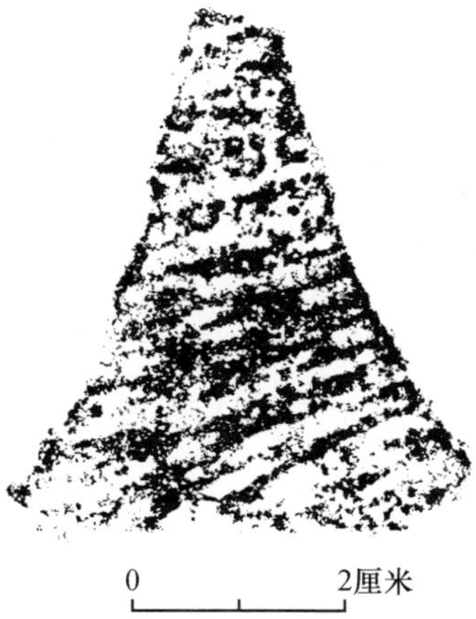

图5-13　店上遗址采集陶片纹饰拓片
篮纹（2014-2015YFDS采：1）

六　后山遗址

1. 遗址概况

遗址位于永定区凤城镇大洲居委会东南变电场后山（图5-14），为1988年调查发现。遗址地理坐标为北纬24°44′3.61″，东经116°44′30.56″。遗址山势为东西走向，为长条形的小山丘，平面呈椭圆形，为一座相对独立的小山包。东西宽约45米，南北长65米，分布面积约为3000平方米，海拔231米。东南100米为金丰酒厂，西南紧邻大丘段遗址，南坡有村民新建坟墓，东南侧顶部有新建的移动信号塔，地形以丘陵山地为主，周边较为开阔平坦，整个遗址植被较为茂密，土壤多为红土（图版149）。未发现遗迹及文化层堆积。

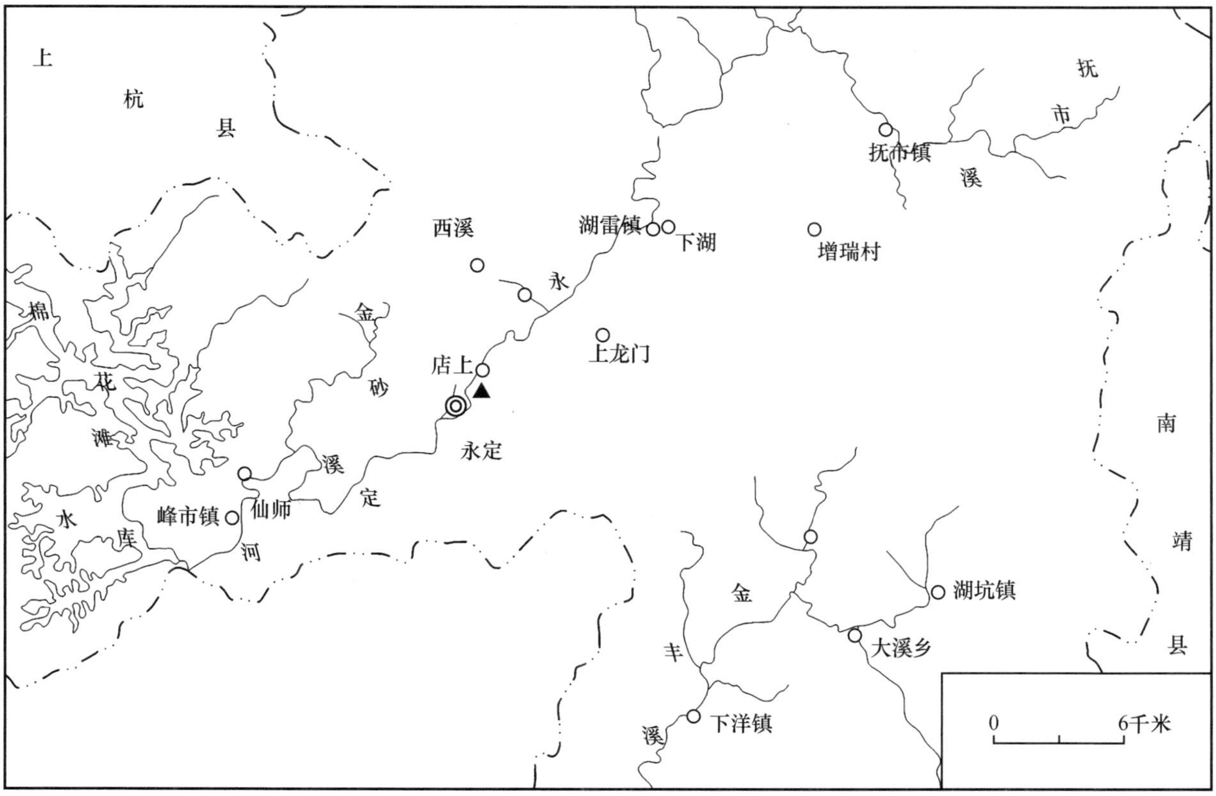

图5-14　后山遗址位置示意图

2. 遗物

此次调查时在遗址南坡村民建墓的地表上采集到泥质灰软陶和夹砂灰软陶片各1片，均为素面。

七　罗前头遗址

1. 遗址概况

罗前头遗址位于永定区城郊乡古二村（图5-15），为1988年调查发现。遗址地理坐标为北纬24°42′16.08″，东经116°41′20.8″。为一处略呈东西走向、大山延伸出来的山梁。东高西低，西坡较缓，北侧及东侧紧邻连绵的大山，西坡下为铁路及罗前头自然村村庄。东西长约44米，南北宽约20米，分布面积约900平方米，海拔204米。南侧200米为永定河，西南侧30米为龙梅铁路、居民区和公路，南侧山脚为罗前头自然村。遗址四周植被比较茂密，顶部稀疏。地形以丘陵山地为主，土壤类型为沙质黄土（图版150）。未发现遗迹及文化层堆积。

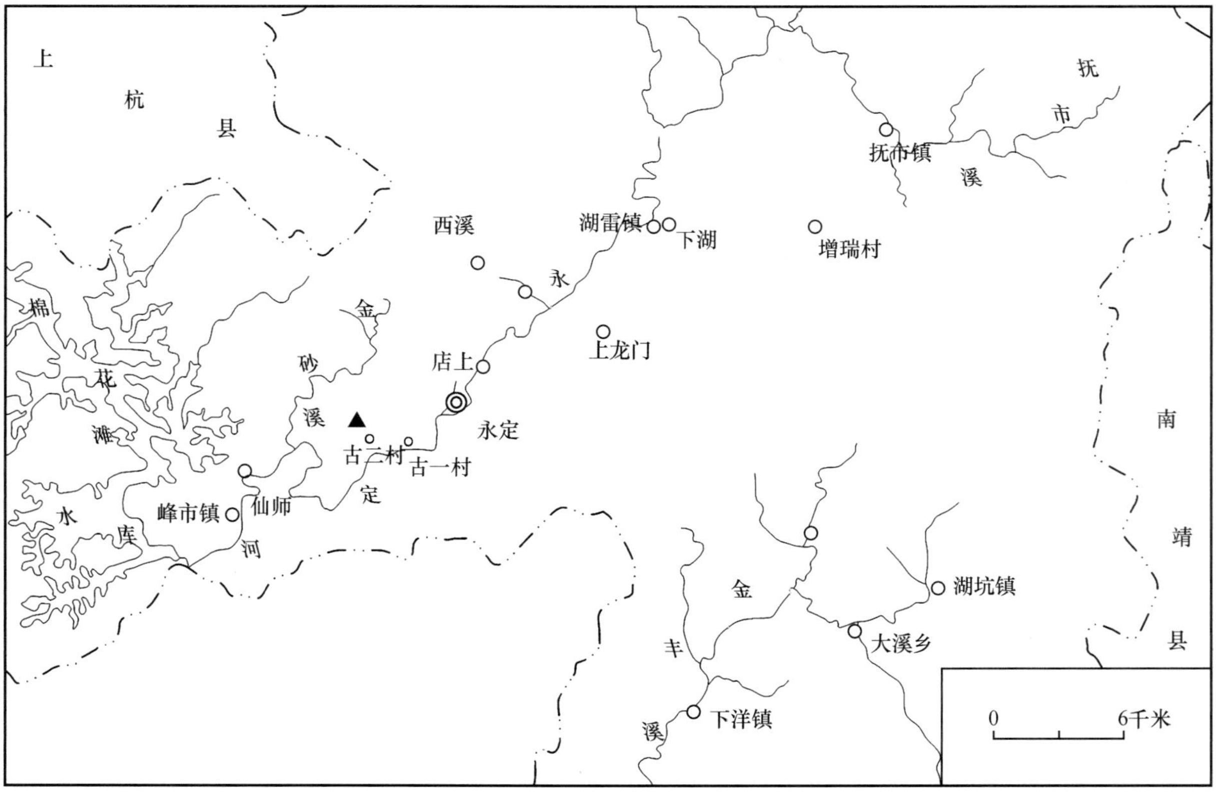

图5-15　罗前头遗址位置示意图

2. 遗物

（1）石器

石锛　1件。2014-2015YCLQ采：1，安山岩。器表色青灰。磨制。整体磨损严重，近长方形，截面不规则。顶端残，单面刃、残缺严重。残长7、宽0.7～4.4、厚0.2～1.2厘米。重65.97克（图5-16）。

（2）陶器

陶片有5片，黑衣陶3片，其余为泥质陶，其中1片为弦纹（图5-17）。

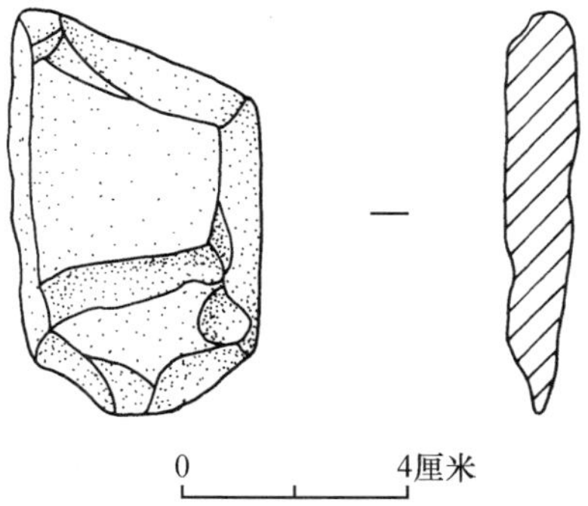

图5-16　罗前头遗址采集石器
石锛（2014-2015YCLQ采：1）

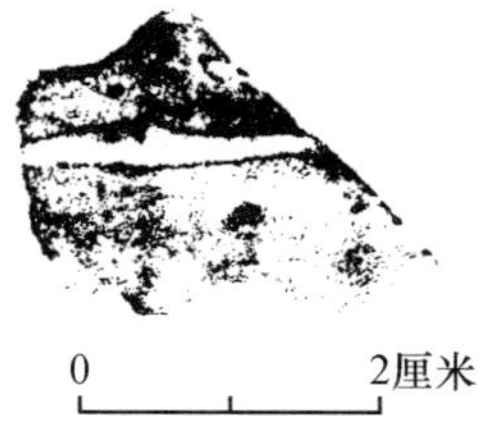

图5-17　罗前头遗址采集陶片纹饰拓片
弦纹（2014-2015YCLQ采：2）

八　古一遗址

1. 遗址概况

遗址位于永定区城郊乡古一村村北200米（图5-18），为1988年调查发现。遗址地理坐标为北纬24°42′50.36″，东经116°42′36.38″。为一处略呈南北走向，相对独立的小山包，南北两侧较高，中间低凹，南北长约20米，东西宽约15米，面积约300平方米，海拔230米。遗址北侧30米为永定河，西南侧为新开发的工业园区，西南侧500米为古镇现代居民区。现该遗址西坡上有新建的一道盘山路，顶部南侧为城郊乡变电站，东坡下为永定河及通往峰市的公路，西坡下为厂房，整个遗址四周植被较为茂密，顶部植被稀疏，表土为红壤（图版151）。未发现文化层及遗迹。

2. 遗物

此次调查时，从北侧挖掘高压线坑的四周表土上，采集有4片陶片，胎质较硬，泥质黄硬陶1片，泥质灰硬陶2片，黑衣陶素面1片。纹饰有刻划水波纹、方格纹（图5-19）。

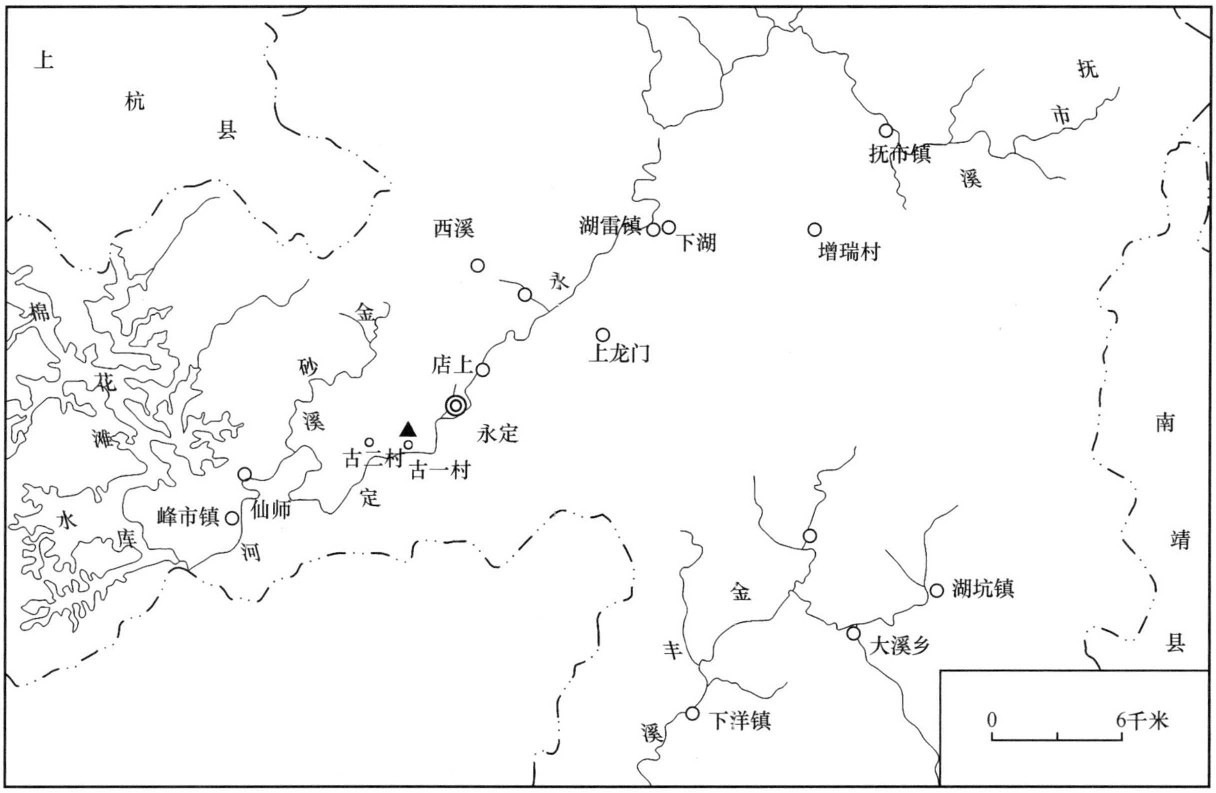

图5-18　古一遗址位置示意图

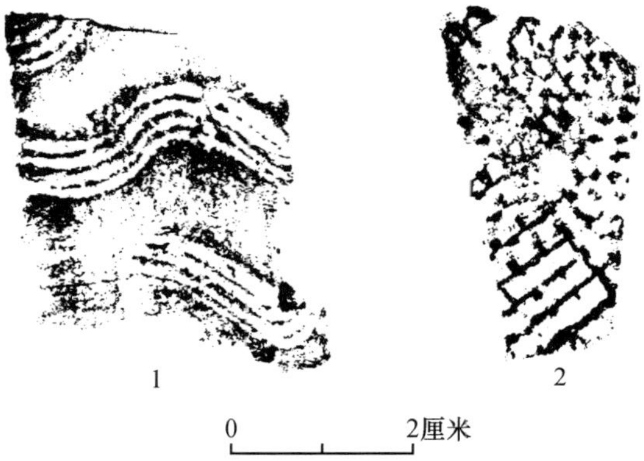

图5-19　古一遗址采集陶片纹饰拓片

1. 刻划水波纹（2014-2015YCGY采：1）　2. 方格纹（2014-2015YCGY采：2）

九　黄泥岗遗址

1. 遗址概况

遗址位于永定区仙师乡兰岗村联三背头山（图5-20），为1988年调查发现。遗址地理坐标为北纬24°44′5.56″，东经116°38′38.2″。遗址东西走向，东西较长，南北较窄，南北长13米，东西宽12米，遗址面积约150平方米，海拔199米。遗址南侧山脚为村道和联三自然村，西侧3000

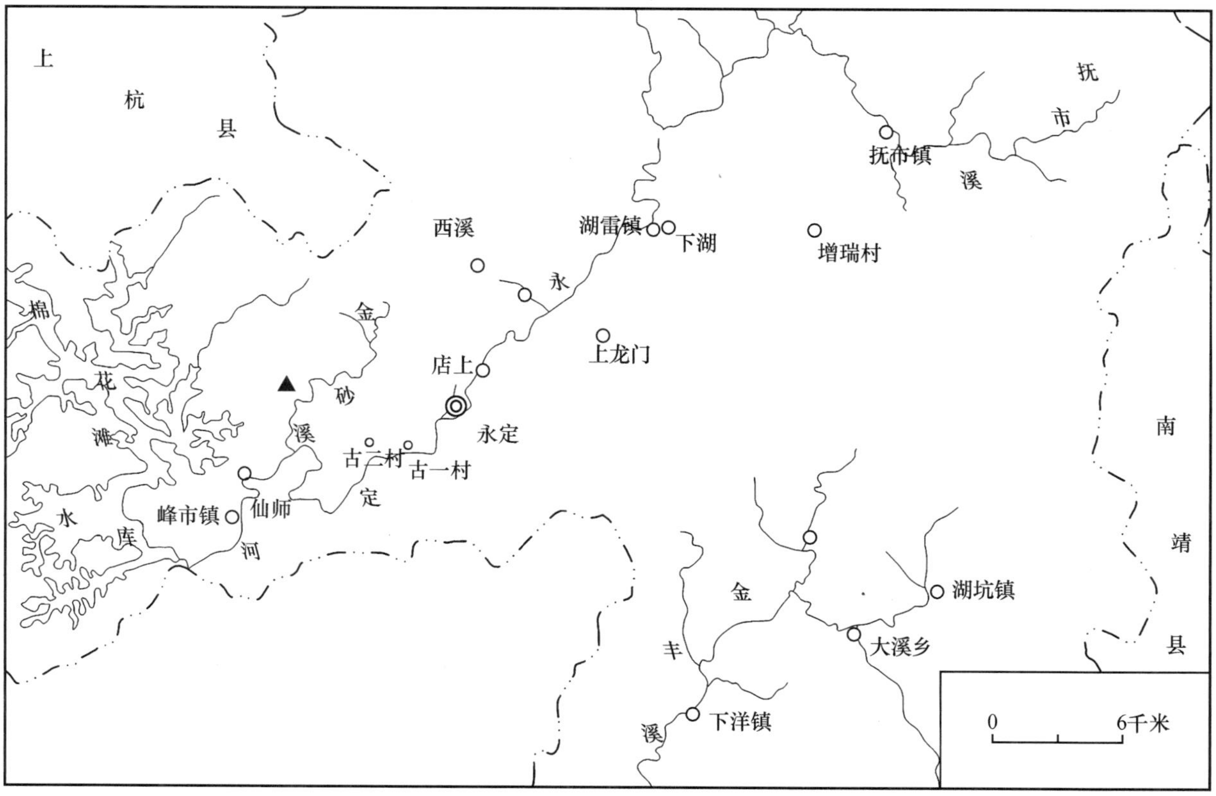

图5-20　黄泥岗遗址位置示意图

米是永定区公路，西南侧与联二村相邻。四周植被较为茂密，主要为杂草和松树，东坡较缓，北坡、南坡、西坡较陡，现东坡上被村民开耕栽种柚子树，南坡有用推土机新开的三条便道，南坡下有联三村民宅及大片的稻田（图版152）。未发现遗迹及文化层堆积。

2. 遗物

此次调查采集有陶片5片，其中黑衣3片，泥质灰软陶素面1片，泥质灰硬陶1片。纹饰可见方格纹、网格纹（图5-21）。可辨器形有罐。

罐口沿　1件。2014-2015YXHN采：1，泥质灰陶，胎质较疏松，外施黑衣，黑衣脱落严重。侈口，唇缘外凸，束颈，溜肩。口径10、残高3.2厘米（图5-22）。

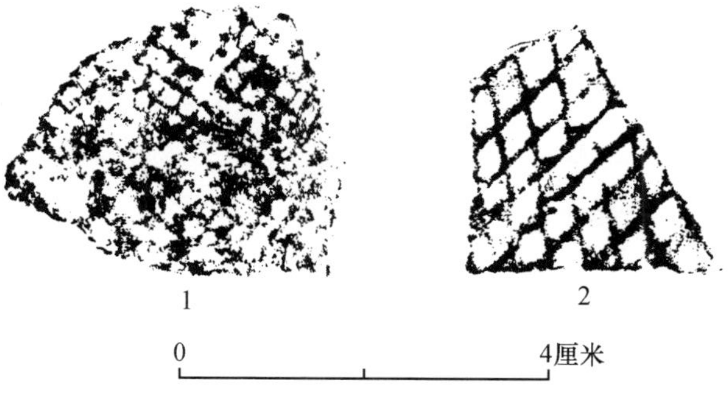

图5-21　黄泥岗遗址采集陶片纹饰拓片

1. 方格纹（2014-2015YXHN采：2）　2. 网格纹（2014-2015YXHN采：3）

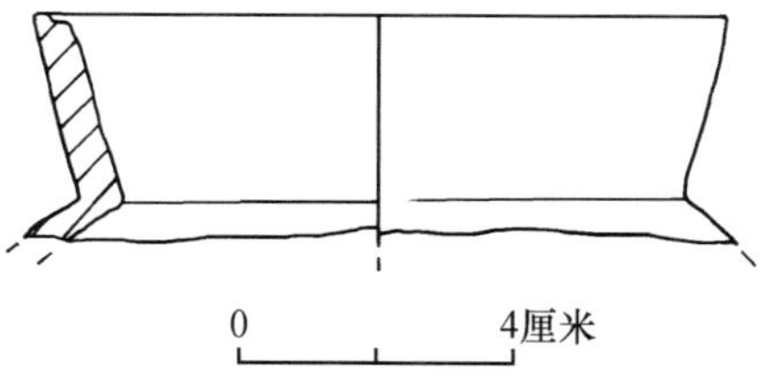

图5-22　黄泥岗遗址采集遗物

罐口沿（2014-2015YXHN采：1）

十　水口遗址

1. 遗址概况

遗址位于永定区仙师乡兰岗村（图5-23），为1988年调查发现。遗址地理坐标为北纬24°42′58.31″，东经116°38′35.01″。为一处略呈东西走向、相对独立的小山包，呈椭圆形，东西稍宽，南北狭长，调查面积约200平方米，海拔181米。遗址西高东低，顶面较凸。遗址东坡下为兰岗村，东坡山脚5米为村道，南坡下为小峡谷，与之紧邻的是低矮的山丘，北侧山脚30米为兰岗村联一、联二、联三自然村。遗址顶部因火灾树木被烧，地表上都为灰烬（图版153）。未发现遗迹与文化层堆积。

2. 遗物

此次调查采集到2片素面泥质灰硬陶片，素面。

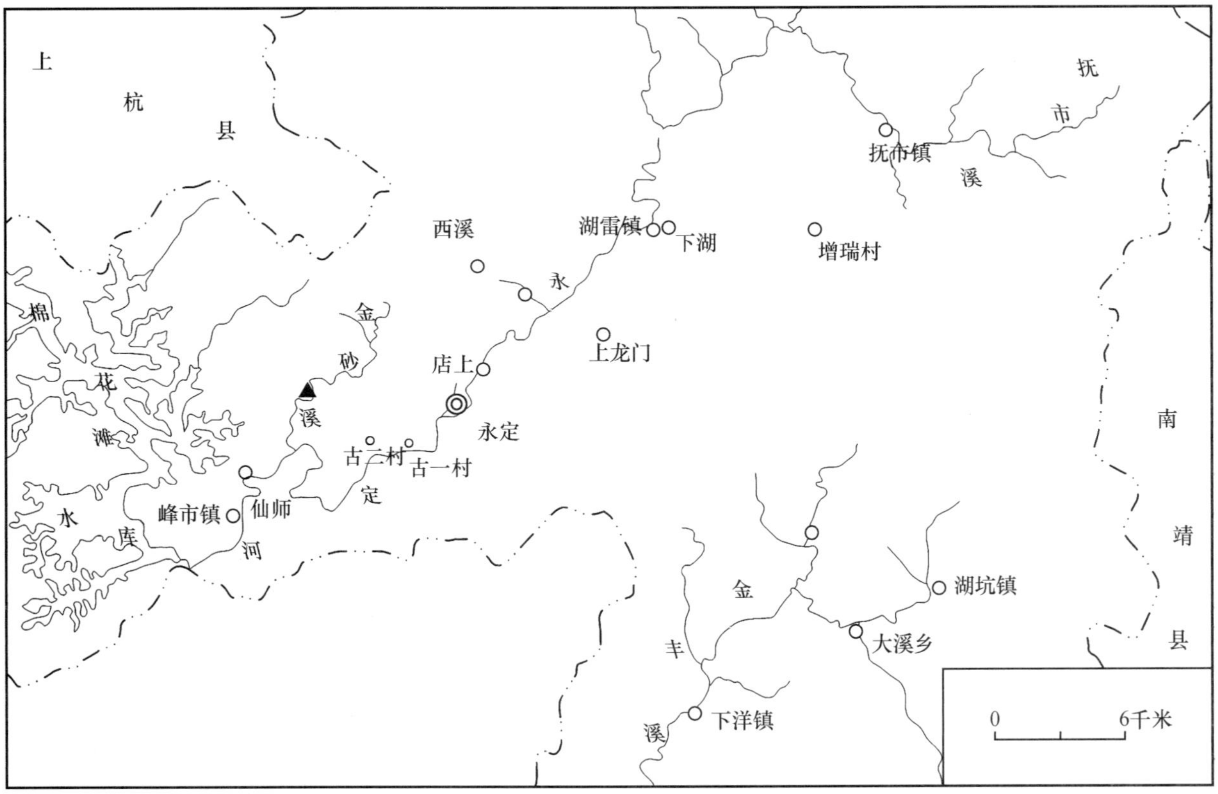

图5-23　水口遗址位置示意图

十一　祠堂后遗址

1. 遗址概况

遗址位于永定区仙师乡兰岗村祠堂背头山（图5-24），为1989年调查发现。遗址地理坐标为北纬24°43′18.03″，东经116°38′29.11″。遗址为一处略呈东南—北走向大山延伸出来的山梁，顶部略平较窄，南北长约20米，东西宽约10米，海拔207米。2014年12月16日发生火灾，导致整个遗址四周植被全部被烧，地表上留有大量的灰烬，遗址东、西、北坡较陡，南坡较缓，南坡上被村民开耕为果园，南坡及北南坡下紧连联二遗址，坡下为联岗村民宅，西部与连绵的大山相连（图版154）。另外由于长期的水土流失，导致遗址文化层严重破坏，地表上局部已暴露出岩石风化物，地表上未发现遗迹及文化层。

2. 遗物

此次调查采集石器及少量陶片。

（1）石器

器形有石镞、石锛、石坯。

石镞　1件。2014-2015YXCT采：1，细砂岩。镞身为柳叶形。磨制精细。两翼微残。镞身

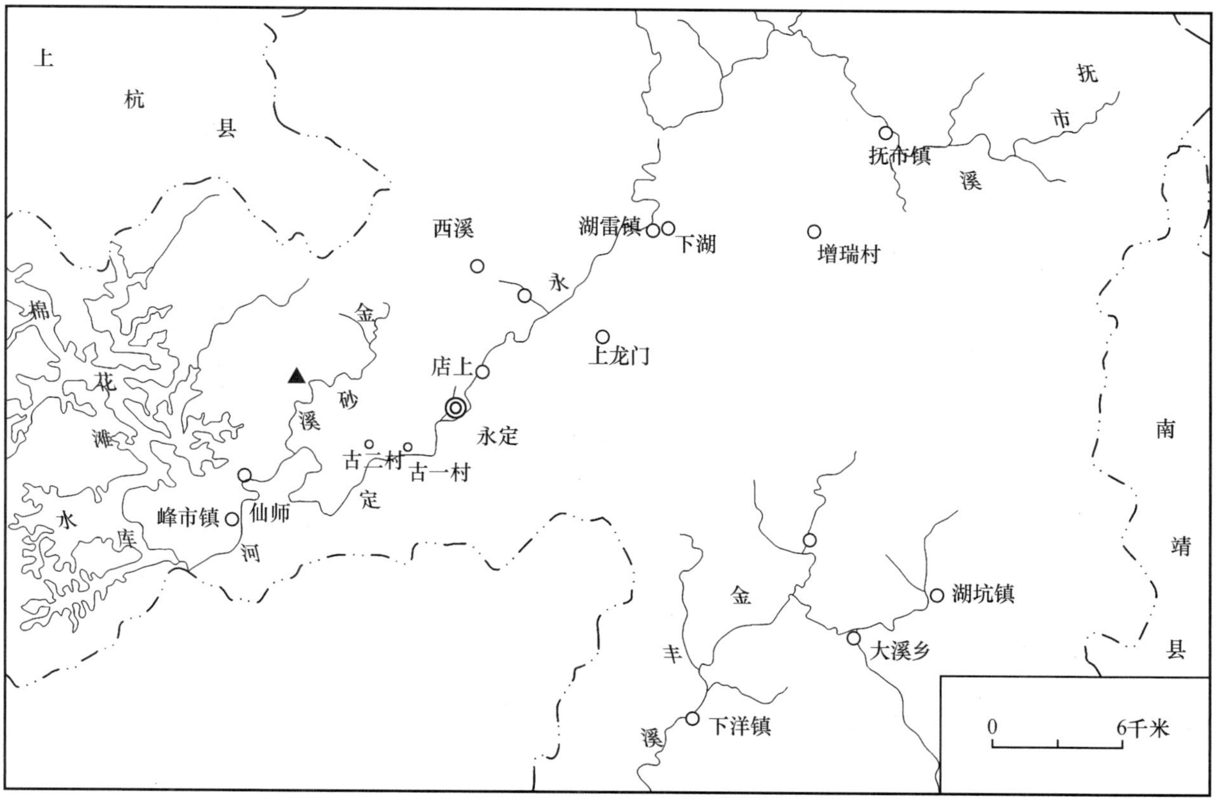

图5-24　祠堂后遗址位置图

截面呈棱形，与铤分界不明显，中脊明显，扁平铤。长9、宽1.1、厚0.8厘米。重15.78克（图5-25：1；图版155）。

石锛残件　1件。2014-2015YXCT采：2，细砂岩。磨制。仅存刃部残段，单面弧刃，刃部较凸，刃缘背面可见痕迹。残长2.3、宽4.3、厚1.2厘米。重14.94克（图5-25：2）。

石坯　1件。2014-2015YXCT采：3，灰色细砂岩，平剖面近长方形。面上有打击点与放射线痕迹，四面均可见打制形成的多层石片疤。左右两侧有磨制现象。长9.8、宽3.7、厚1.4～2.4厘米。重152.09克（图5-25：3）。

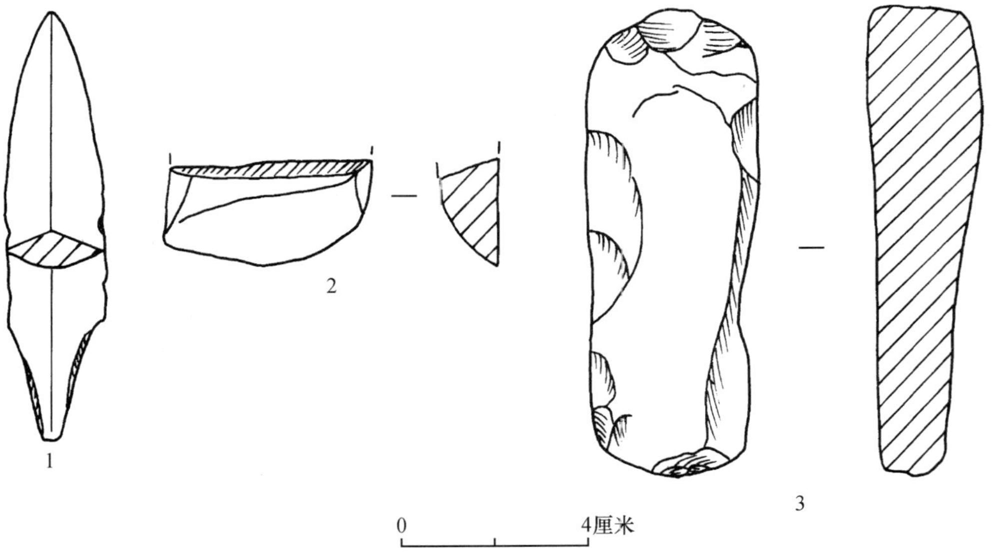

图5-25　祠堂后遗址采集石器

1. 石镞（2014-2015YXCT采：1）　2. 石锛残件（2014-2015YXCT采：2）　3. 石坯（2014-2015YXCT采：3）

（2）陶器

采集陶片24片，陶质以泥质灰硬陶为主，多施黑衣。陶片以素面为主，陶片纹饰有曲折纹与附加堆纹组合纹饰、方格纹、条纹、曲折纹、栅篱纹等（图5-26）。根据所采集的陶片口沿，初步可辨器形有罐、壶、盆。

罐口沿　1件。2014-2015YXCT采：6，夹砂黄陶，胎质较疏松。里外施黑衣，但大部分已脱落。圆唇，侈口，束颈，溜肩。口径14、残高4.2、厚0.5～1厘米（图5-27：1）。

壶口沿　1件。2014-2015YXCT采：5，泥质灰陶，夹少量细砂，胎质坚硬。施黑衣。敛口，高领，颈下部饰条纹。口径12、残高6.2、厚0.3～0.6厘米（图5-27：2）。

盆口沿　1件。2014-2015YXCT采：4，泥质灰陶，夹少量细砂，胎质坚硬。侈口，尖圆唇，折肩，斜弧腹，腹部饰有菱形席纹。口径20、残高5.4、厚0.3～0.6厘米（图5-27：3）。

豆圈足　1件。2014-2015YXCT采：7，泥质灰陶，火候较高。外施黑衣，黑衣剥落。喇叭圈足，足根外撇。足径12、残高3、厚0.3～0.6厘米（图5-27：4）。

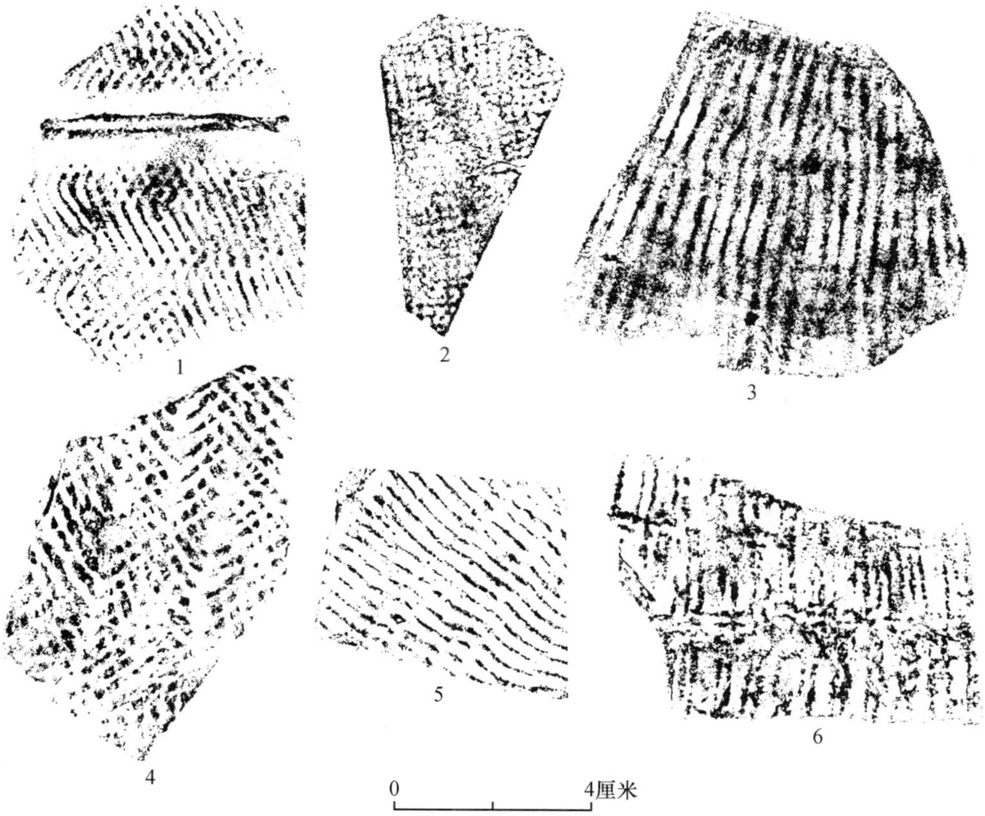

图5-26　祠堂后遗址采集陶片纹饰拓片

1. 曲折纹与附加堆纹组合纹饰（2014-2015YXCT采：14）　2. 方格纹（2014-2015YXCT采：13）　3. 条纹（2014-2015YXCT采：11）　4、5. 曲折纹（2014-2015YXCT采：12、2014-2015YXCT采：10）　6. 栅篱纹（2014-2015YXCT采：9）

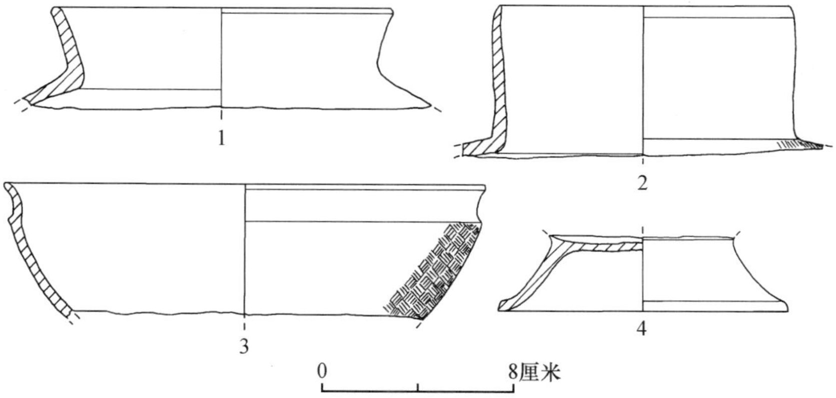

图5-27　祠堂后遗址采集陶器

1. 罐口沿（2014-2015YXCT采：6）　2. 壶口沿（2014-2015YXCT采：5）　3. 盆口沿（2014-2015YXCT采：4）　4. 豆圈足（2014-2015YXCT采：7）

十二　仙师遗址

1. 遗址概况

遗址位于永定区仙师乡仙师村（图5-28），为1988年调查发现。遗址地理坐标为北纬24°41′53.1″，东经116°31′27.89″。为一处略呈东西走向、相对独立的小山包，北高南低，顶面略平，东西长约100米，南北宽约25米，海拔209米。遗址西南坡下有两个机砖场，因长期取土而形成大的断坎，南坡下为乡政府及街道民居，东面300米为永定至峰市公路和仙师中学。遗址顶部由于长期的水土流失而暴露岩石风化物，东坡和北坡为红壤。四周植被较为茂密，顶部稀疏（图版156）。未发现遗迹及文化层堆积。

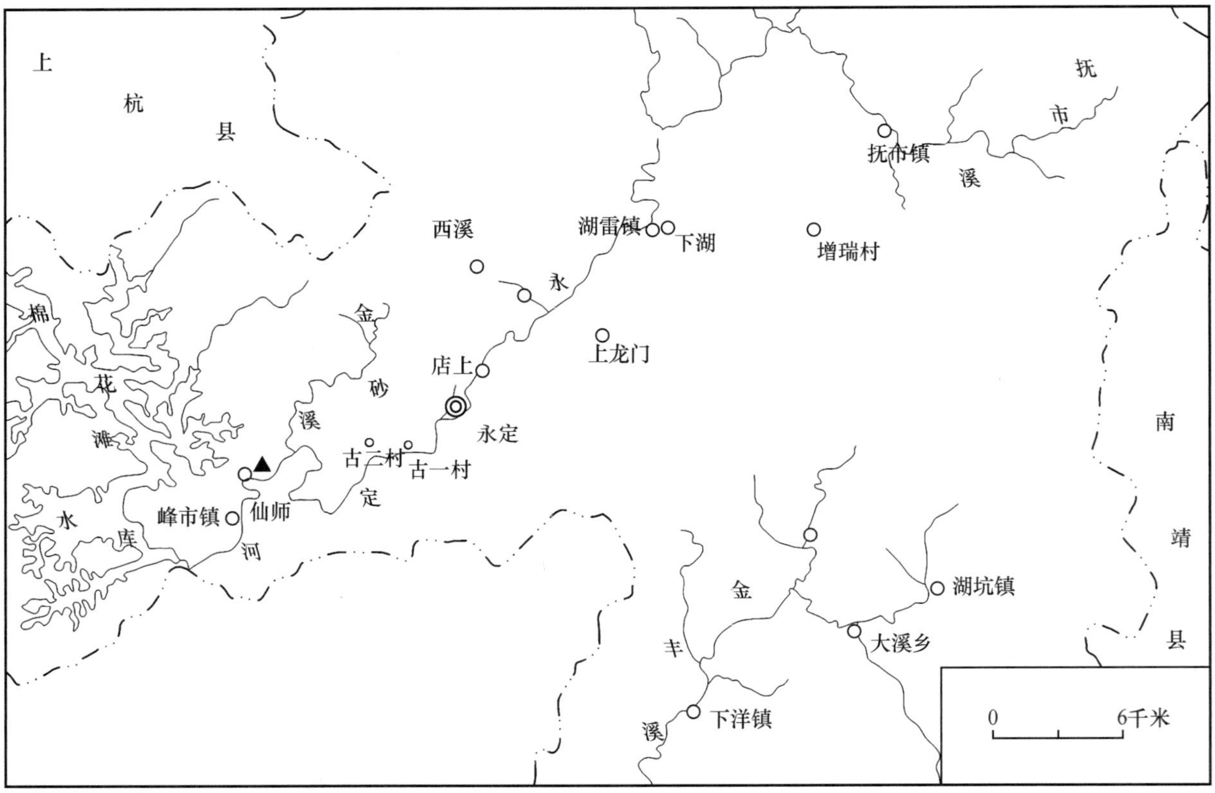

图5-28　仙师遗址位置示意图

2. 遗物

此次调查在该遗址东侧及北侧裸露的地表上采集石器以及较多陶片。

（1）石器

器形有砺石、石锤、石坯。

砺石　2件。

2014-2015YXXS采：3，黄色砂岩。平面不规则，剖面呈近似长条形。正背面有磨砺凹面。残长7.9、宽7、厚2.9～4.1厘米。重324.84克（图5-29：1）。

2014-2015YXXS采：2，紫色砂岩。表面可见火烧痕迹，质地较疏松。平、剖面近长条形，正面磨砺成凹状。长14.2、宽4.8～6、厚2～3.3厘米。重190.91克（图5-29：2）。

石锤　1件。2014-2015YXXS采：1，花岗岩，磨圆度较好。近椭圆形，纵向横截面不规则，顶端和底部残。在器物两端三面均有锤击使用形成的多层石片疤。长14.5、宽4.6、厚4.6厘米。重387.93克（图5-29：3）。

石坯　1件。2014-2015YXXS采：4，褐色板岩，包含云母。打坯未成形，一面为天然光面，平面不规则，剖面近似梯形。同心波不可见，放射线可见。残高7.9厘米，重112.06克（图5-29：4）。

（2）陶器

采集陶片78片，陶质以泥质陶为多，胎色灰，陶片胎较薄，质地较硬。纹饰有篮纹、曲折纹、网格纹与附加堆纹组合纹饰、曲折纹与附加堆纹组合纹饰（图5-30）。可辨器形有高领罐。

高领罐口沿　1件。2014-2015YXXS采：5，泥质灰硬陶，胎质疏松。侈口，长颈微束，斜肩，肩部饰有条纹，在口沿内部可见两道较明显轮旋纹。口径9.8、残高5.3、厚0.3～0.4厘米（图5-29：5）。

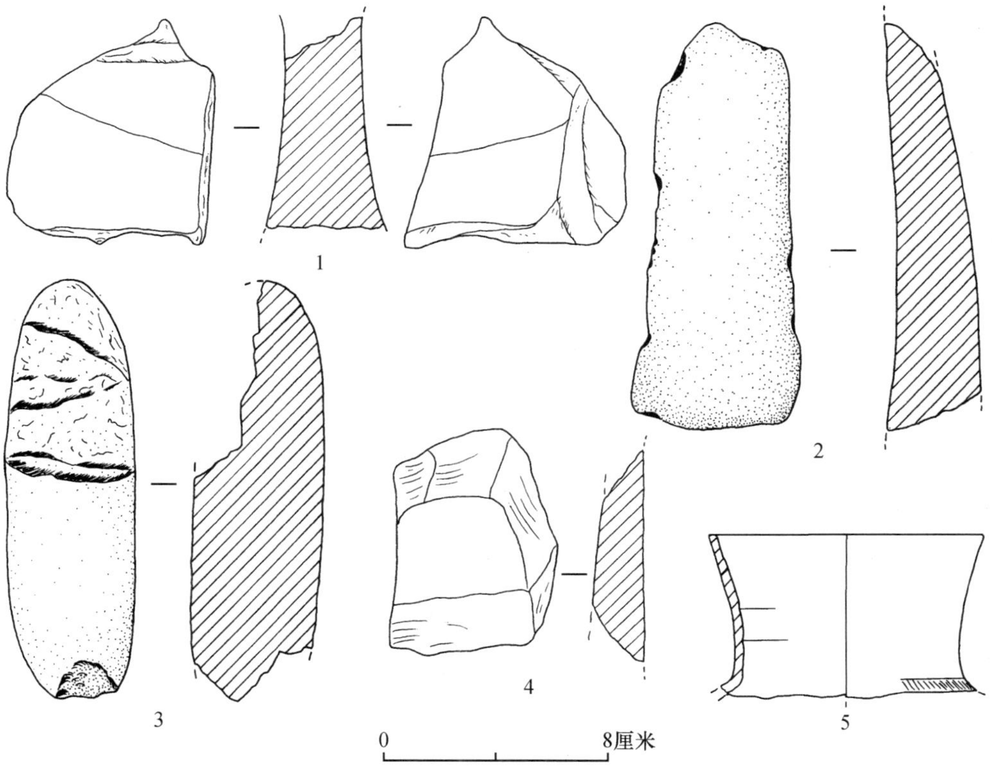

图5-29　仙师遗址采集遗物

1、2. 砺石（2014-2015YXXS采：3、2014-2015YXXS采：2）　3. 石锤（2014-2015YXXS采：1）　4. 石坯（2014-2015YXXS采：4）　5. 高领罐口沿（2014-2015YXXS采：5）

图5-30　仙师遗址采集陶片纹饰拓片

1. 篮纹（2014-2015YXXS采：9）　2. 曲折纹（2014-2015YXXS采：6）　3. 网格纹与附加堆纹组合纹饰（2014-2015YXXS采：8）　4. 曲折纹与附加堆纹组合纹饰（2014-2015YXXS采：7）

十三　岭下房遗址

1. 遗址概况

遗址位于永定区仙师乡仙师村岭下房背头山（图5-31），为1988年调查发现。遗址地理坐标为北纬24°41′51.86″，东经116°37′39.04″。遗址调查面积2000平方米，海拔185米，为一处略呈西南—东北走向，相对独立的小山包，顶面略平，南北长约100米，东西宽约20米。遗址西北150米为乡政府所在地，西南20米为街道，东北50米为村道。所处地形以丘陵山地为主，遗址周边平坦开阔，植物以长绿乔木为主，土壤类型为红土（图版157）。未发现遗迹及文化层。

2. 遗物

此次调查采集有2片泥质灰陶，其中1片饰篮纹（图5-32）。

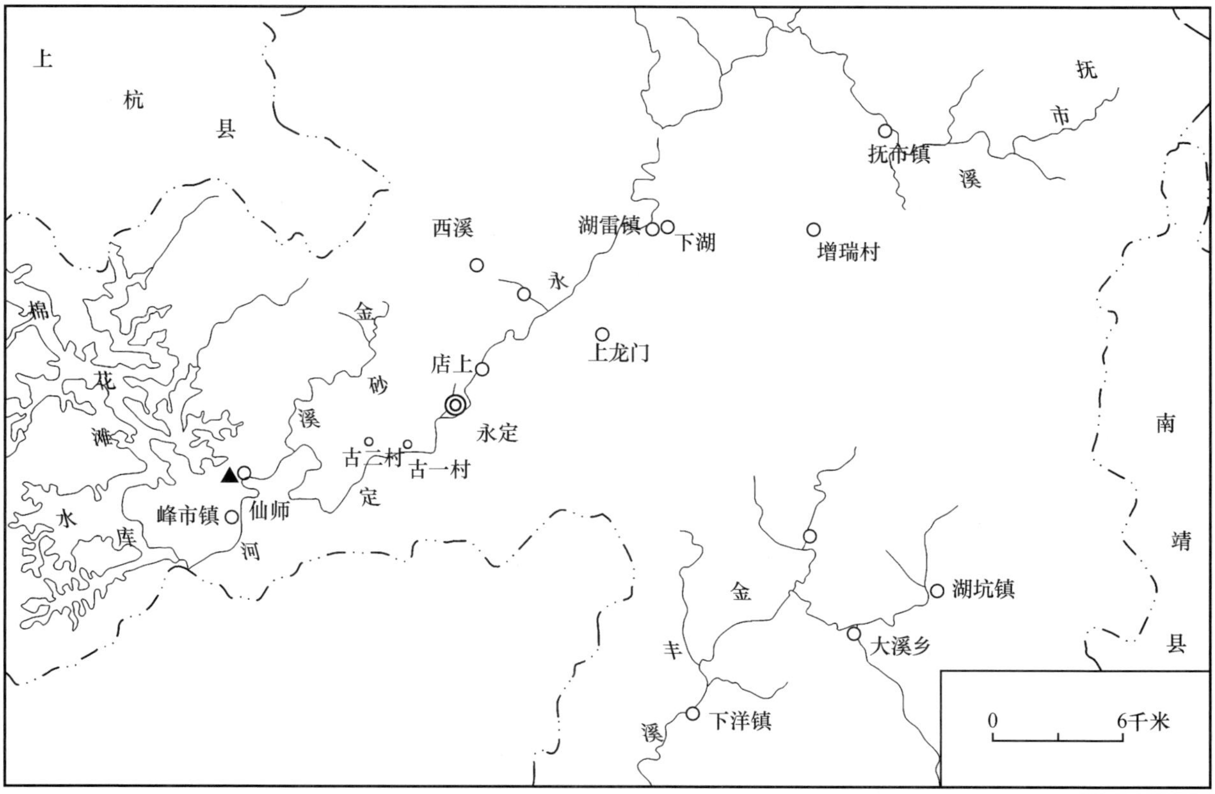

图5-31　岭下房遗址位置示意图

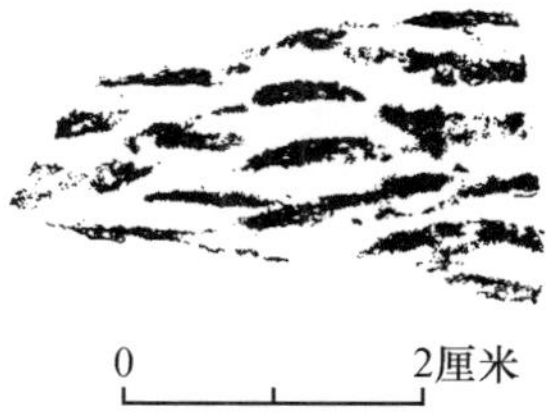

图5-32　岭下房遗址采集陶片纹饰拓片

篮纹（2014-2015YXLX采：1）

十四　赤竹坑口遗址

1. 遗址概况

赤竹坑口遗址位于永定区仙师乡华坊村（图5-33），为此次调查发现。遗址地理坐标为北纬24°41′59.61″，东经116°37′35.69″。该遗址为一处南北走向、相对独立的小山包，长约50米，宽约15米，总面积约750平方米，海拔204米。遗址顶面形态微凹，四周及顶部北侧植被较为茂密，顶部南侧植被稀疏。东西坡较缓，北坡较陡，三面坡上栽种松树。南坡较陡，坡底为建设移民安置房取土而形成断坎。遗址东面为民宅及小河谷，南面为移民安置房，西面为移民安置房篮球场及通往石鼓的村道，北面为稻田（图版158）。未发现遗迹及文化层堆积。

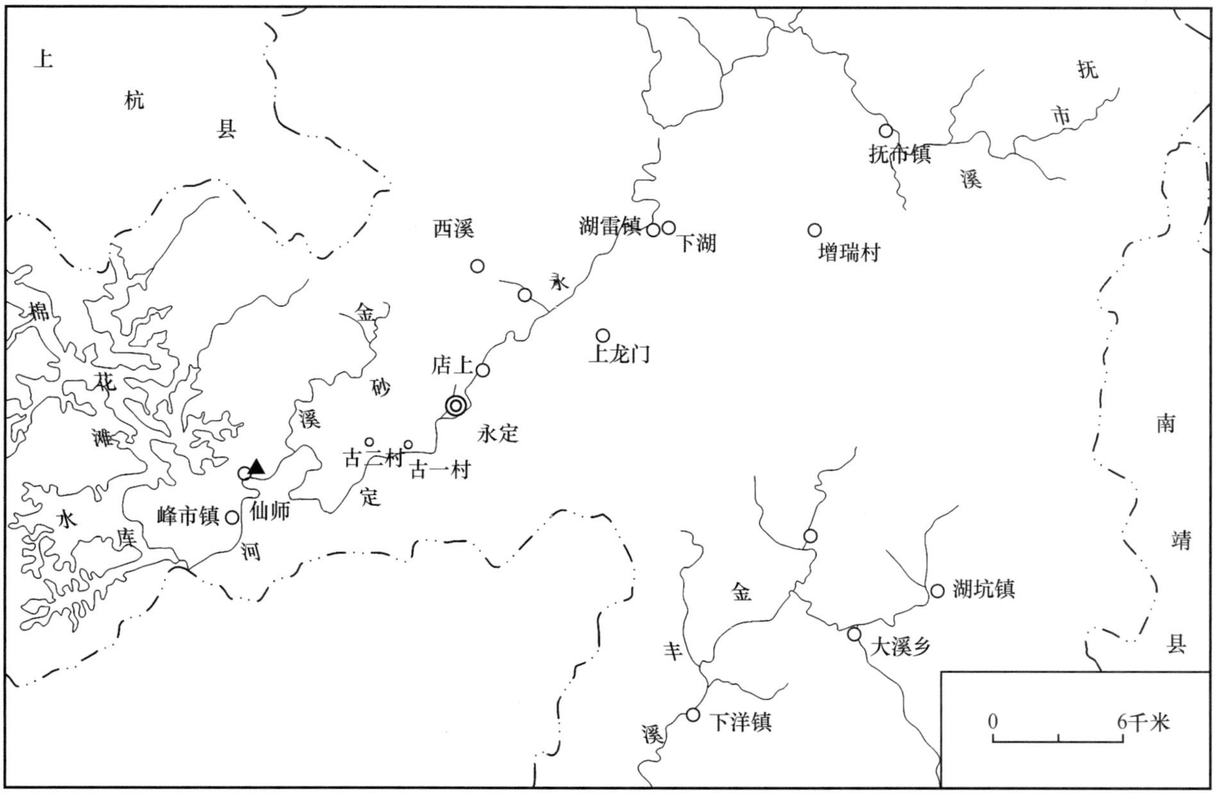

图5-33 赤竹坑口遗址位置示意图

2. 遗物

通过调查，采集部分石器及陶片。

（1）石器

器形可见石片、砺石。

石片 1件。2014-2015YXCZ采：2，褐色砂岩。质地较密，含云母。平面略呈椭圆形。腹面微凹，可见放射线，不见同心波，背面石皮。顶部边缘见打击点痕迹。长4.6、宽3.7、厚1.1厘米。重25.86克（图5-34：1）。

砺石 1件。2014-2015YXCZ采：1，紫褐色砂岩。质地疏松。平面形状不规则。正面可见

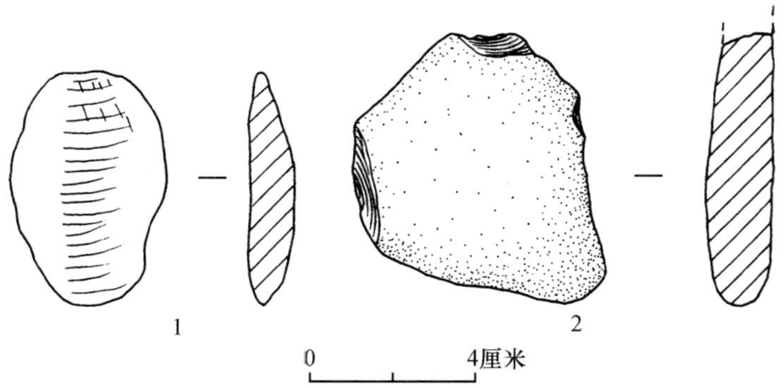

图5-34 赤竹坑口遗址采集石器

1. 石片（2014-2015YXCZ采：2） 2. 砺石（2014-2015YXCZ采：1）

磨砺凹面。长6.4、宽5.4、厚1.2～1.6厘米。重94.66克（图5-34：2）。

（2）陶器

采集陶片34片，陶质以泥质陶为主，多施黑衣。以素面为多，纹饰可见曲折纹、篮纹、曲折纹与附加堆纹组合纹饰（图5-35）。

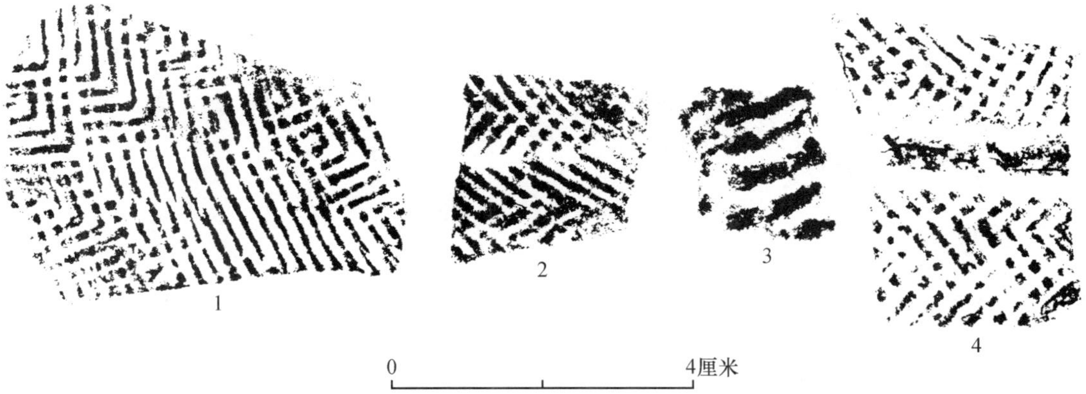

图5-35　赤竹坑口遗址采集陶片纹饰拓片

1、2. 曲折纹（2014-2015YXCZ采：3、2014-2015YXCZ采：4）　3. 篮纹（2014-2015YXCZ采：5）　4. 曲折纹与附加堆纹组合纹饰（2014-2015YXCZ采：6）

十五　联三遗址

1. 遗址概况

遗址位于永定区仙师乡联三自然村（图5-36），为1988年调查发现。遗址地理坐标为北纬24°43′27.33″，东经116°38′42.7″。南北长约15米，东西宽约8米，面积约120平方米，海拔194米。该遗址属河旁二级台地，地处由北向南延伸至山腰上，呈长方形。南坡较缓，北坡、东坡、西坡较陡，东坡下为村道及大片稻田，西坡对面为低矮的山丘。南侧山脚为兰岗村村道，西南300米为联三自然村，东南侧1500米为兰坪村。顶部、南坡上植被稀疏，顶部局部因长期的雨水冲刷已经暴露出岩石风化物。其余三面植被茂密，主要为杂草及松树。现南坡上被村民开耕栽种柚子树（图版160）。未发现遗迹及文化层堆积。

2. 遗物

在遗址南坡上裸露的地表上采集较多遗物。包括石器和大量陶片。

（1）石器

可见石斧、石坯、石锛、砺石等。

石斧　1件。2014-2015YXLS采：1，安山岩。表色青灰，内黑，质地较疏松。梯形，剖面近三角形。通体粗磨。双面刃，正面刃部微凹，刃部有使用痕迹。长15.5、宽7～10、厚1.6～5.6厘米。重1240.21克（图5-37：1）。

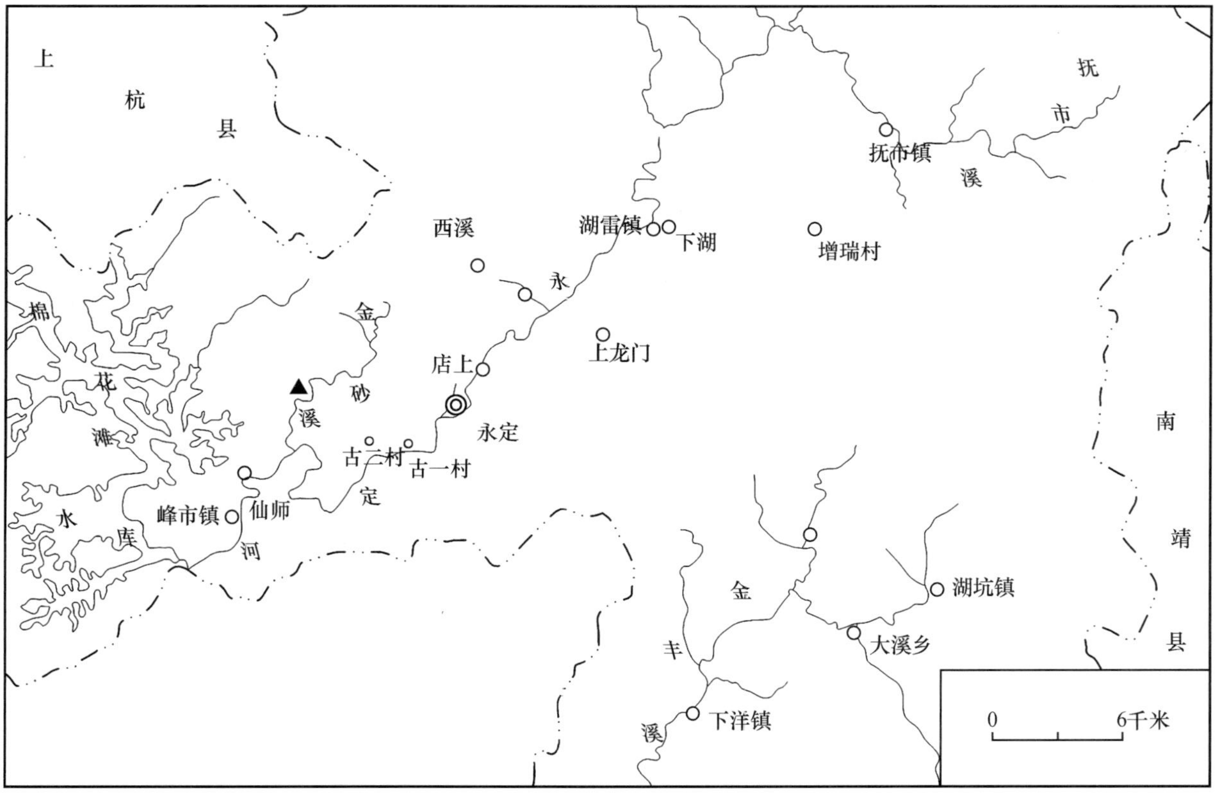

图5-36　联三遗址位置示意图

石坯　3件。

2014-2015YXLS采：5，安山岩，表色青灰，质地较疏松。平剖面近长方形。石片疤长而窄，由于腐蚀严重放射线与同心波不可见。残长13.9、残宽5、厚3.8厘米。重327.2克（图5-37：2）。

2014-2015YXLS采：6，红褐色板岩，质地较密。近长方形，剖面不规则。可见多层的石片疤，且石片疤短而窄，不见同心波和放射线。石坯两侧面可见较为明显的磨制痕迹，长7、宽3.3、厚0.1～1.2厘米。重30.2克（图5-37：3）。

2014-2015YXLS采：7，青灰色凝灰岩。石皮粗糙。质地较疏松。不规则，人工打制痕迹较不不明显。长5.1、宽1.6～5、厚0.7厘米。重20.25克（图5-37：4）。

石锛　2件。分二型。

A型　长型石锛，1件。2014-2015YXLS采：3，安山岩，表色青，里色黄，表面粗糙。长方形，剖面为长条形。正面较平直，微弧背。单面刃，刃部微残，有使用痕迹。长9.9、宽3.9、厚0.9～1.6厘米。重77.67克（图5-37：5）。

B型　有段石锛，1件。2014-2015YXLS采：2，有段石锛，安山岩，器表粗糙。近梯形，剖面为梯形。通体磨制。正面分段界痕明显。单面平刃，刃缘钝厚，有使用痕迹。残长6.8、宽3.4～3.9、厚0.6～1.6厘米。重81.55克（图5-37：6；图版161）。

砺石　1件。2014-2015YXLS采：4，紫色砂岩。器表较粗糙，呈不规则形，单面见磨制成

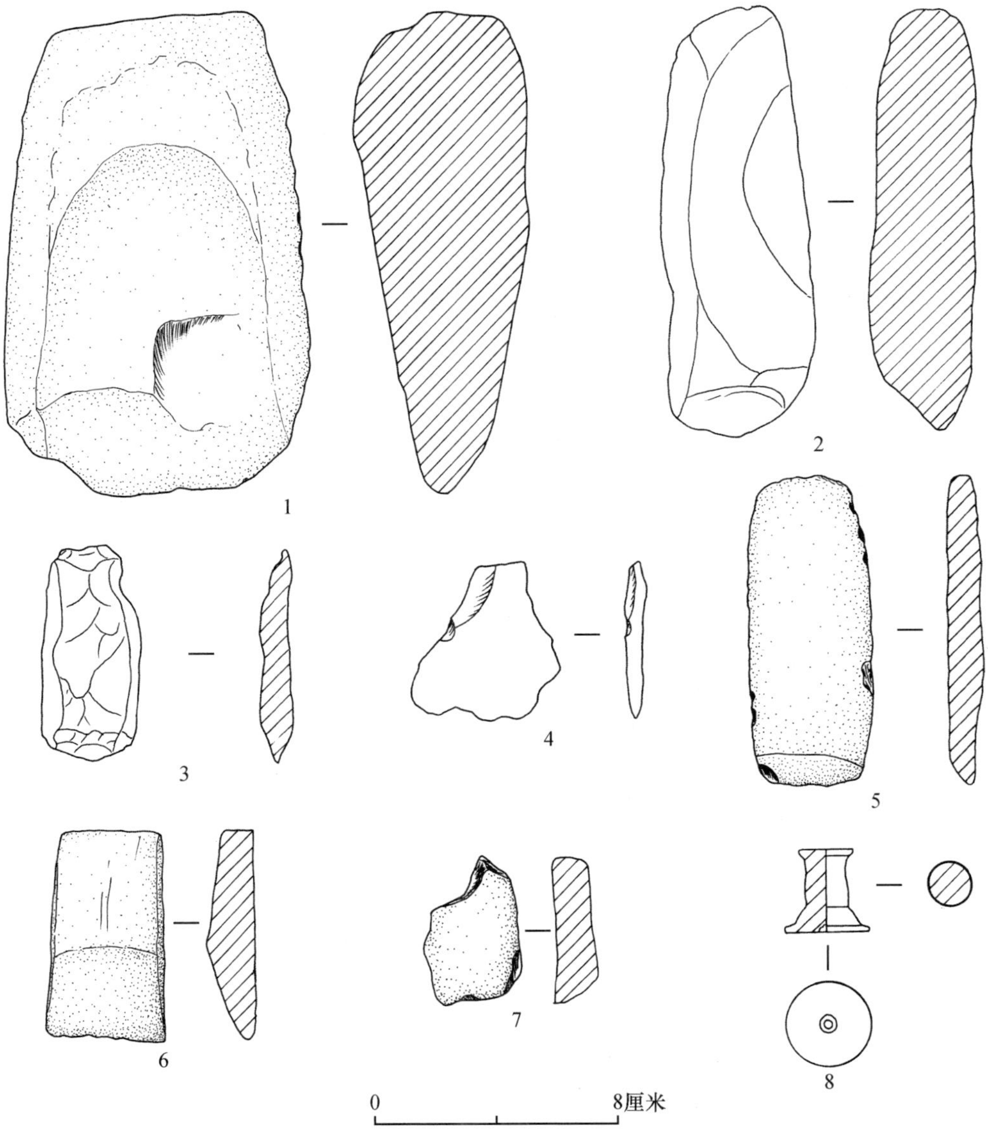

图5-37　联三遗址采集石器

1. 石斧（2014-2015YXLS采：1）　2～4. 石坯（2014-2015YXLS采：5、2014-2015YXLS采：6、2014-2015YXLS采：7）　5、6. 石锛（2014-2015YXLS采：3、2014-2015YXLS采：2）　7. 砺石（2014-2015YXLS采：4）　8. 石制品（2014-2015YXLS采：25）

微凹状。残长4.8、宽3.2、厚1.2～1.6厘米。重25.4克（图5-37：7）。

石制品　1件。2014-2015YXLS采：25，器身呈圆柱体。磨制精细。器身微鼓，足部呈喇叭状。最大径2.8、最小径0.2厘米。重14.66克（图5-37：8）。

（2）陶器

通过调查，采集陶片289片，陶质以灰硬陶为主，少量夹砂陶，大部分施黑衣，可见少量施赭衣陶、酱釉。陶胎基本为灰色，烧制火候较高。以素面为主，陶器纹饰主要有复合曲折纹、竖条纹、菱形席纹、附加堆纹与曲折纹组合纹饰、篮纹等（图5-38）。从所采集陶片来看，可辨的器形有盆、杯、罐，以及圆柱形器足1件。未发现文化层堆积。

图5-38　联三遗址采集陶片纹饰拓片

1、4、5、8、9. 复合曲折纹（2014-2015YXLS采：19、2014-2015YXLS采：23、2014-2015YXLS采：20、2014-2015YXLS采：24、2014-2015YXLS采：9）　2. 菱形席纹（2014-2015YXLS采：22）　3、6. 附加堆纹与曲折纹组合纹饰（2014-2015YXLS采：18、2014-2015YXLS采：21）　7. 篮纹（2014-2015YXLS采：17）

盆口沿　2件。

2014-2015YXLS采：16，夹砂灰硬陶，质地较硬。圆唇，侈口，折肩，斜腹，腹部饰席纹。口径25、残高3、厚0.3～0.7厘米（图5-39：1）。

2014-2015YXLS采：15，泥质灰黑硬陶，质地较硬。尖圆唇，侈口，折肩，斜腹，腹部饰席纹。口径14.4、残高4.5、厚0.3～0.7厘米（图5-39：2）。

杯　1件。2014-2015YXLS采：8，夹砂黄陶，火候较高。原始瓷，但釉已大部分脱落。圆唇，侈口，曲腹，平底，素面。口径8.8、底径6、高4.3、厚0.3～0.7厘米（图5-39：3；图版162）。

圆柱形器足　1件。2014-2015YXLS采：10，残。夹砂软红陶，胎质疏松。圆柱形。剖面直径2.1～2.6、残高4.6厘米（图5-39：4）。

罐底　4件。

2014-2015YXLS采：11，泥质硬陶，夹少量细砂，胎质较疏松。器表施黑衣，大部分已脱落。仅存底部，下腹内收，小平底。底径10、残高3.2、厚0.4～1厘米（图5-39：5）。

2014-2015YXLS采：12，泥质，胎黄，质地较密。器表施酱黄釉，但脱落严重。腹下斜内收，小平底。外饰竖条纹。底径9、残高5.2、厚0.3～1厘米（图5-39：6）。

2014-2015YXLS采：13，泥质灰硬陶。下腹斜内收，圈足底。器腹及器底饰曲折纹。底径12、残高3、厚0.3～1厘米（图5-39：7）。

2014-2015YXLS采：14，泥质灰硬陶，圈足底。器表和器底饰曲折纹。底径10.8、残高1.7、厚0.4～1厘米（图5-39：8）。

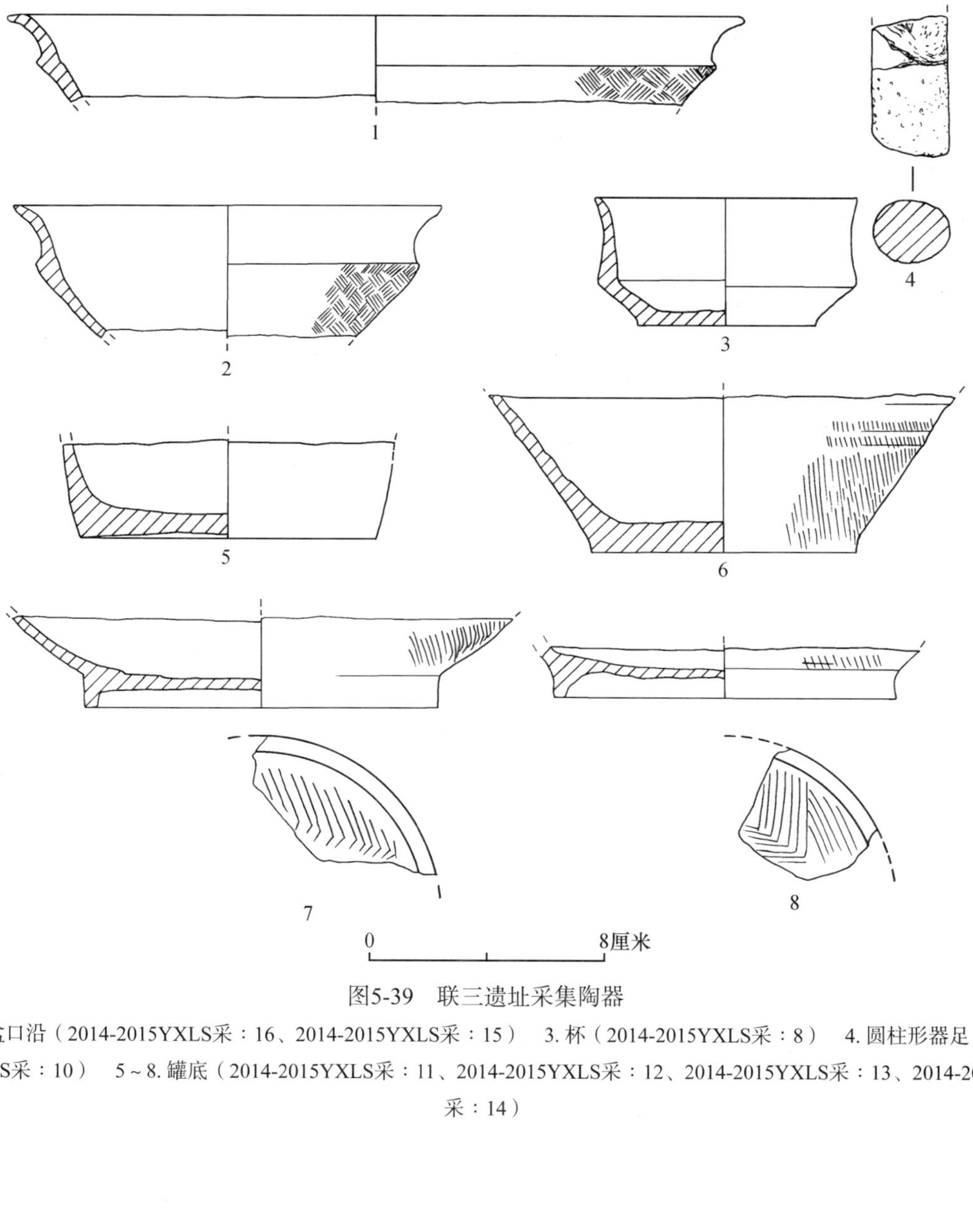

图5-39　联三遗址采集陶器

1、2. 盆口沿（2014-2015YXLS采：16、2014-2015YXLS采：15）　3. 杯（2014-2015YXLS采：8）　4. 圆柱形器足（2014-2015YXLS采：10）　5～8. 罐底（2014-2015YXLS采：11、2014-2015YXLS采：12、2014-2015YXLS采：13、2014-2015YXLS采：14）

十六　湖顶头遗址

1. 遗址概况

遗址位于永定区峰市镇信美村西北侧铜锣墩山余脉（图5-40），为1988年调查发现。遗址地理坐标为北纬24°38′38.93″，东经116°33′41.48″。遗址南高北低，南北较长，东西较窄，南北长600余米，东西宽约20米，海拔191米。遗址东侧1500米为高寨背移民点，东南侧为原老高寨背村，南侧1000米为环库区永洪公路。遗址顶部中心由北到南有用推土机推开的一条便道。四周植被较为茂密，顶部稀疏（图版159）。未发现遗迹与文化层堆积。

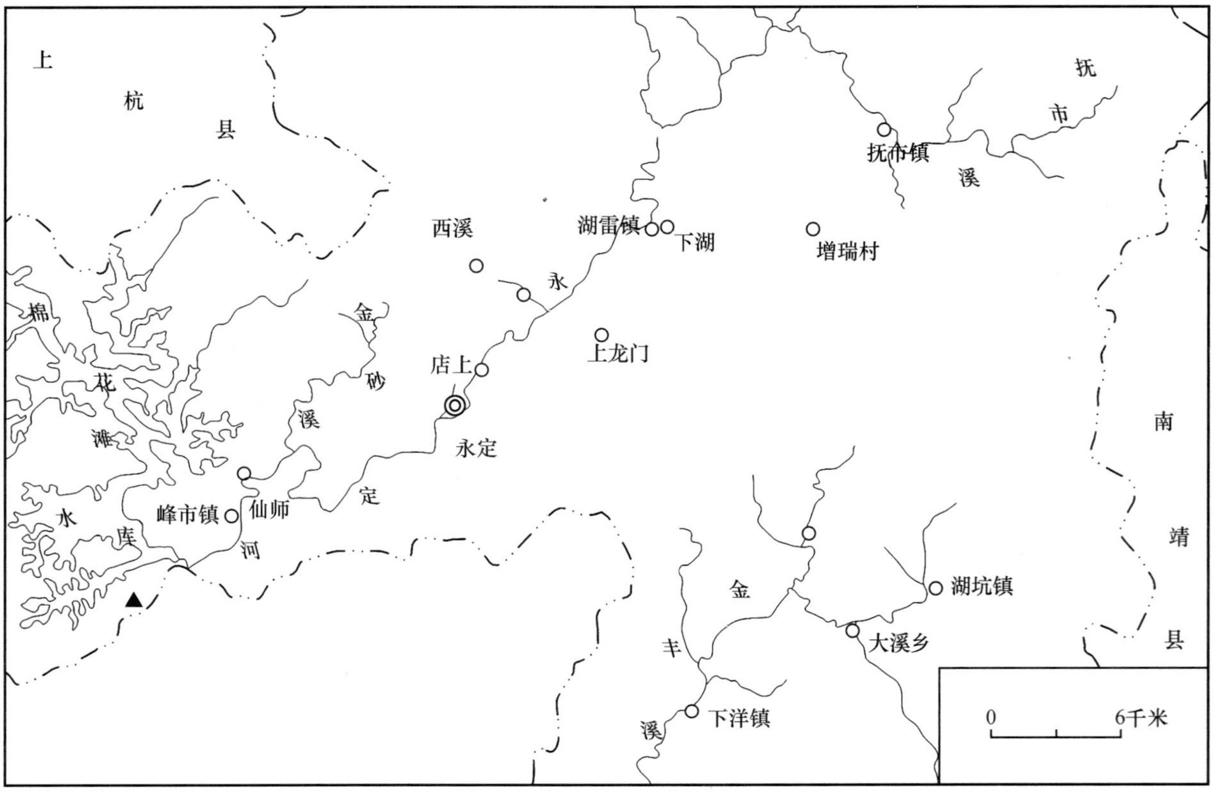

图5-40　湖顶头遗址位置示意图

2. 遗物

（1）石器

器形有石坯、砺石、石锛、磨制石器、石凿、石镞。

石坯　1件。2014-2015YFHD采：11，页岩。平面形状不规则，横截面近似长方形，正背面扁平，背面、左右侧面以及顶端有磨砺痕迹。残长4.2、残宽1.4～2.7、厚0.5厘米。重6.53克（图5-41：1）。

砺石　3件。

2014-2015YFHD采：1，细砂岩，呈不规则形。在器表有一长方形方框，框内似有器足的图案。残长3、宽2.4厘米。重15.1克（图5-41：2）。

2014-2015YFHD采：7，黄色砂岩，质地较密。平面形状不规则。横截面为梯形，正背两面均有磨制，并且背面磨砺呈微凹状。残高5.7、残宽2.4～4.9、厚0.9～3厘米。重106.34克（图5-41：3）。

2014-2015YFHD采：8，黄灰色砂岩。精磨。平面形状近梯形，横截面近三角形。单面见磨砺现象，其他各面均有打制石坯疤，器形不可辨。残长3.9、残宽2.6～3.1、厚0.1～2.5厘米。重36.96克（图5-41：4）。

石锛　2件。

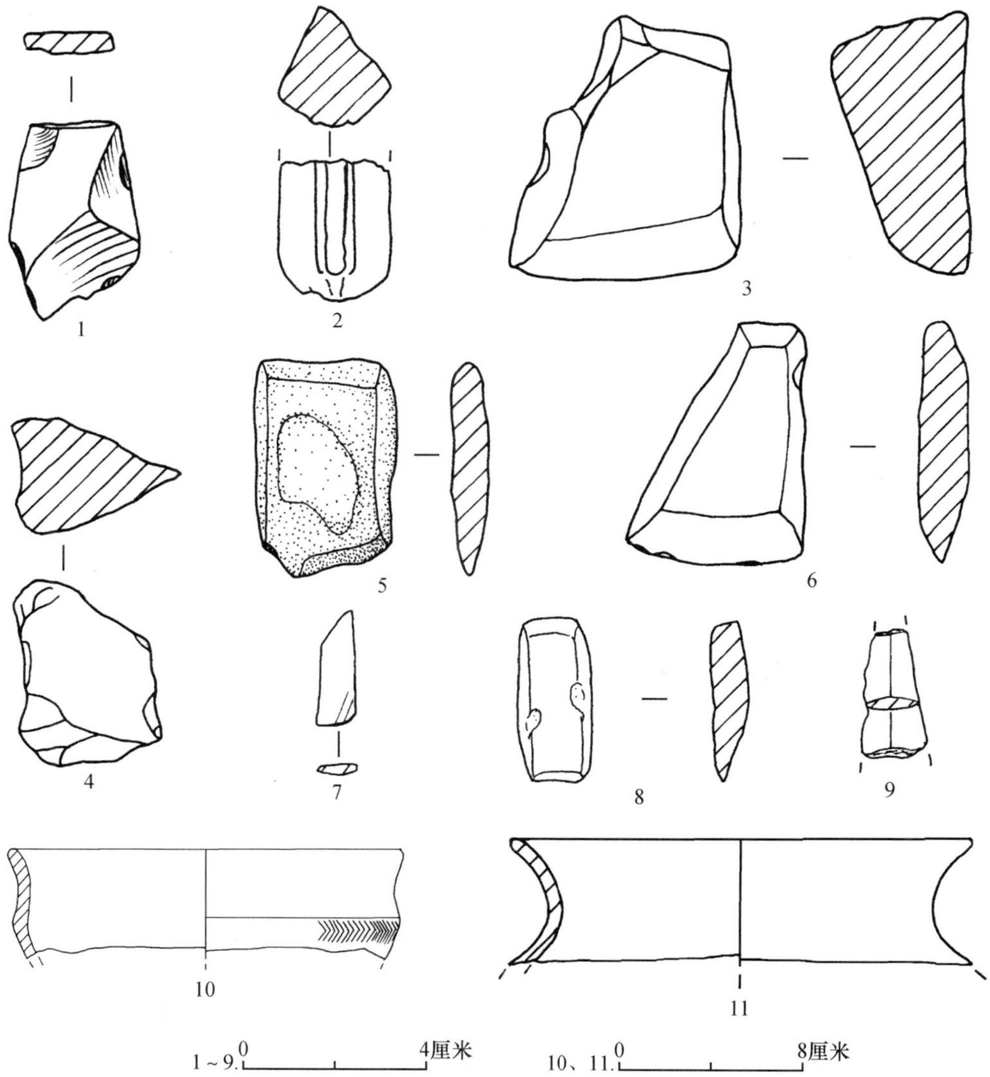

图5-41　湖顶头遗址采集遗物

1. 石坯（2014-2015YFHD采：11）　2～4. 砺石（2014-2015YFHD采：1、2014-2015YFHD采：7、2014-2015YFHD采：8）　5、6. 石锛（2014-2015YFHD采：2、2014-2015YFHD采：4）　7. 磨制石器（2014-2015YFHD采：10）　8. 石凿（2014-2015YFHD采：3）　9. 石镞（2014-2015YFHD采：5）　10. 盆口沿（2014-2015YFHD采：13）　11. 罐口沿（2014-2015YFHD采：12）

2014-2015YFHD采：2，青色砂岩，风化严重。近长方形，剖面为条形。微弧背刃部残缺。残长4.6、残宽2.8～3、厚0.2～0.8厘米。重22.78克（图5-41：5）。

2014-2015YFHD采：4，青灰色砂岩，顶端与左侧残缺。近梯形，剖面不规则。正面较平直，微弧背，刃部明显，且有使用痕迹残。残长5.2、残宽1.4～3.9、厚0.1～1.1厘米。重32.65克（图5-41：6）。

磨制石器　1件。2014-2015YFHD采：10，黑灰色板岩。磨制精细。平面形状为梯形，剖面不规则。在正面有两道不明显凸棱，背面有一道棱较明显。残长2.5、宽0.2～0.8、厚0.1～0.25厘米。重0.76克（图5-41：7）。

石凿　1件。2014-2015YFHD采：3，黄色砂岩。风化严重。平面形状为长方形，横截面近似梯形。正面扁平，刃部残损严重，背面微凸。残长3.5、残宽1～1.6、厚0.1～0.9厘米。重7.81克（图5-41：8）。

石镞　1件。2014-2015YFHD采：5，镞身为三角形。仅存镞身，锋残，锋翼略残，镞身截面近似棱形，中脊较明显。残长2.7、宽0.8～1.4、厚0.3厘米。重1.62克（图5-41：9）。

（2）陶器

采集陶片181片，陶质以夹砂陶和泥质陶为主。陶片以素面为主，纹饰有席纹、篮纹，竖条纹、网格纹、双线菱形纹、曲折纹等（图5-42）。从所出陶片的口沿来看，可辨器形有盆、罐。

盆口沿　1件。2014-2015YFHD采：13，口沿，泥质灰硬陶，胎质较疏松。圆唇、侈口，微束颈，折肩，斜弧腹，腹部饰曲折纹。口径17、残高4.7、厚0.4～0.6厘米（图5-41：10）。

罐口沿　1件。2014-2015YFHD采：12，口沿，泥质黄软陶，夹少量细砂，胎质疏松。圆唇，侈口，束颈，斜肩，素面。口径20、残高5.5、厚0.3～0.6厘米（图5-41：11）。

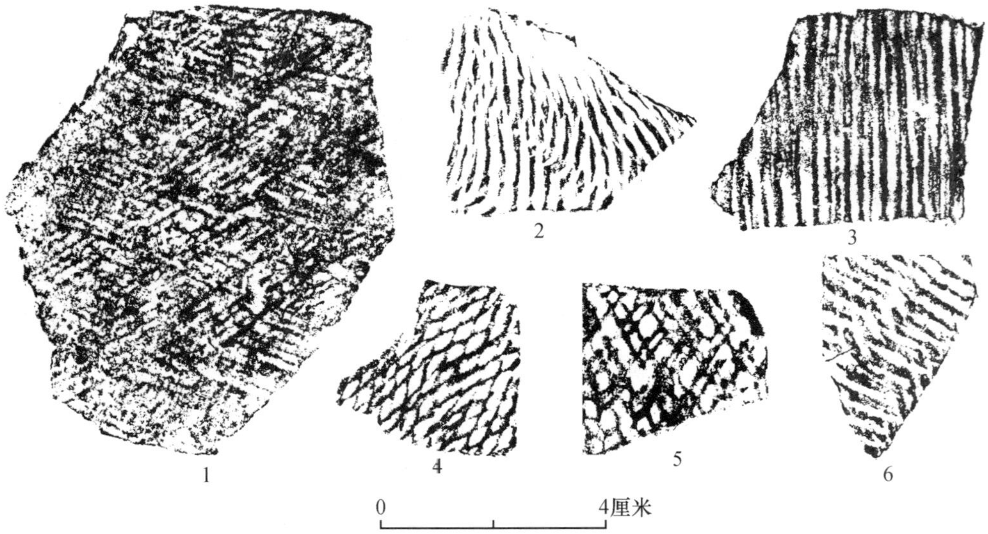

图5-42　湖顶头遗址采集陶片纹饰拓片

1. 席纹（2014-2015YFHD采：6）　2. 篮纹（2014-2015YFHD采：16）　3. 竖条纹（2014-2015YFHD采：9）　4. 网格纹（2014-2015YFHD采：14）　5. 双线菱形纹（2014-2015YFHD采：17）　6. 曲折纹（2014-2015YFHD采：15）

十七　背头山遗址

1. 遗址概况

遗址位于永定区大溪乡大溪村金丰河北侧巫屋背头山（图5-43），为1988年调查发现。遗址地理坐标为北纬24°38′15.4″，东经116°54′34.1″。该遗址原为一处略呈东西走向的大山延伸出来的小山包，永定通往湖坑镇的公路S309横穿而过。遗址东坡下为金丰河与坑头溪交汇处，北坡下为公路S309，北侧西侧对面为绵延的山丘。遗址为丘陵山地，东西长35米，南北宽12米，面积约300平方米，海拔300～800米，遗址顶部已被破坏，并拟建饭店，南坡下为大片开阔地及巫屋村民宅，东坡较陡，南坡较缓。东坡、南坡都被村民开垦，栽种柚子树，整个遗址植被稀疏，土壤类型为红土（图版163）。未发现遗迹和文化层堆积。

2. 遗物

通过调查，采集有丰富的石器、陶片和原始瓷片。

（1）石器

器形有石锛、砺石、石片以及磨制石器残段。

石锛　1件。2014-2015YDBT采：3，黄色凝灰岩。磨制。整体风化严重。长方形，剖面长

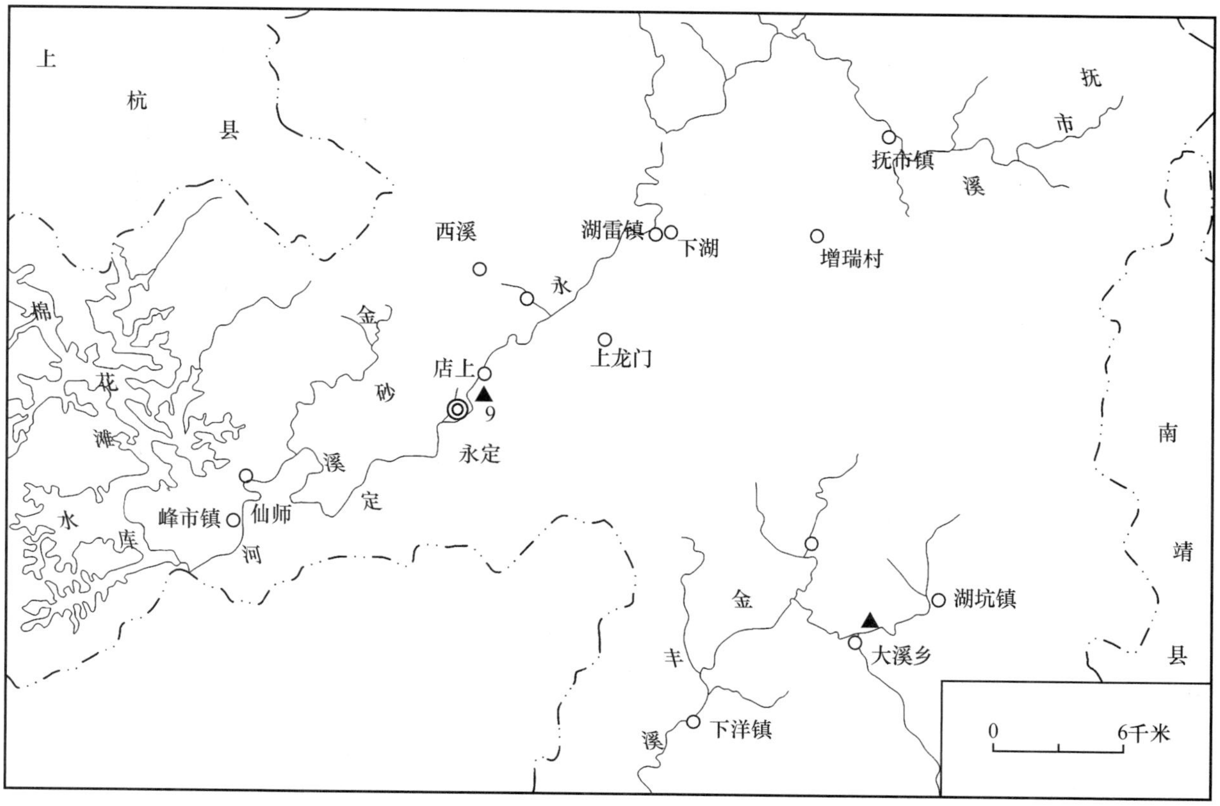

图5-43　背头山遗址位置示意图

条形，正背面较平直，单面直刃。残长4.4、厚0.2～0.7厘米。重13.18克（图5-44：1）。

砺石　1件。2014-2015YDBT采：4，灰黑色泥板岩。磨制精细。残。近半圆形，正背两面中心部分磨成凹状。残长7.1厘米、残宽4.6、厚0.2～0.7厘米。重28.46克（图5-44：2）。

石片　1件。2014-2015YDBT采：6，灰黑色安山岩。打制。残。平剖面形状不规则，器表可见植物根茎，以及打制痕迹，但打制的人工特征不甚清楚。残长6.8、残宽4.2、厚0.2～0.9厘米。重21.69克（图5-44：3）。

磨制石器残段　1件。2014-2015YDBT采：5，灰黑色板岩。磨制。顶端和底部残。平面呈梯形，剖面形状不规则，左右两侧面可见磨制痕迹。残长4.5、残宽2.5、厚0.1～1.5厘米。重21.49克（图5-44：4）。

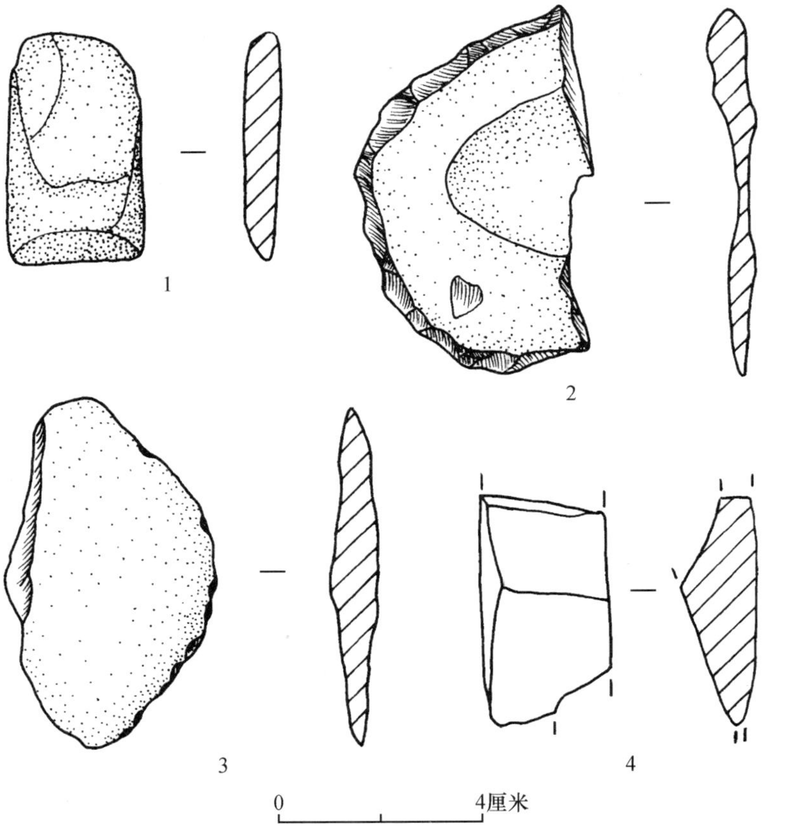

图5-44　背头山遗址采集石器

1. 石锛（2014-2015YDBT采：3）　2. 砺石（2014-2015YDBT采：4）　3. 石片（2014-2015YDBT采：6）　4. 磨制石器残段（2014-2015YDBT采：5）

（2）陶器

采集陶片257片，陶质以夹砂陶为主，较少泥质陶，部分施黑衣陶，酱釉，另有1片原始瓷片。有少量的可复原及完整的陶器，陶片质地较致密，烧制火候较高，陶胎基本都为灰色。纹饰相对比较单一，多素面，部分内外施黑衣或酱釉。纹饰主要为条纹，另有少量的条纹、云雷纹、方格纹和刻划斜线纹（图5-45）。可辨器形有钵、杯、曲腹盆、壶、尊、罐及陶纺轮1件。

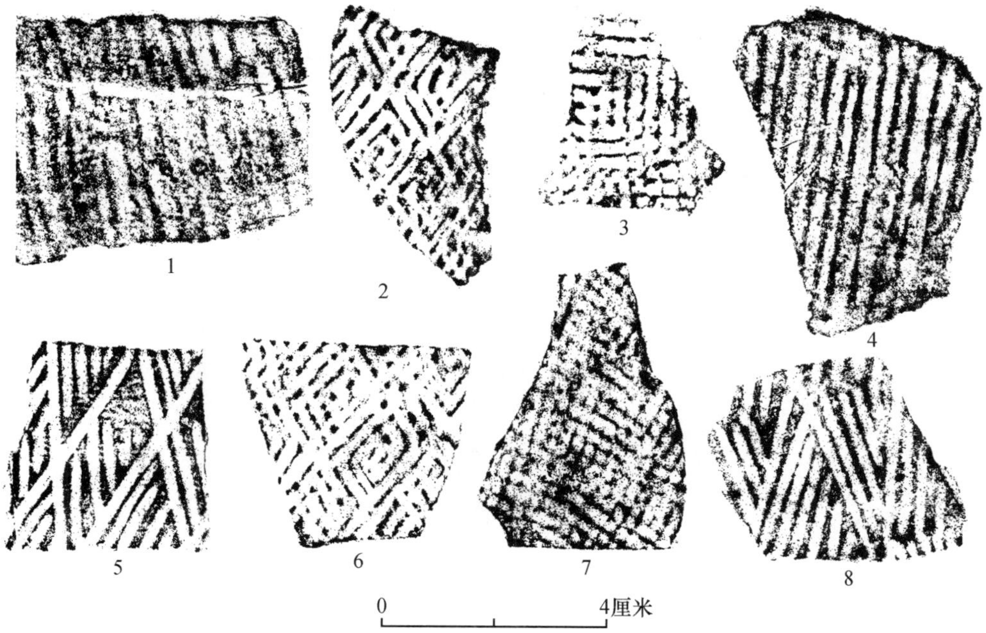

图5-45　背头山遗址采集陶片纹饰拓片

1、4. 条纹（2014-2015YDBT采：31、2014-2015YDBT采：32）　2、6. 云雷纹（2014-2015YDBT采：30、2014-2015YDBT采：20）　3、7. 方格纹（2014-2015YDBT采：29、2014-2015YDBT采：28）　5、8. 刻划斜线纹（2014-2015YDBT采：27、2014-2015YDBT采：26）

钵　1件。2014-2015YDBT采：8，泥质灰硬陶，夹少量粗砂。尖圆唇，敛口，沿微外侈，深弧腹，平底，素面，器表可见六道明显轮旋纹。口径15、底径8.4、高6.8、厚0.3～0.5厘米（图5-46：1；图版164）。

杯　1件。2014-2015YDBT采：16，泥质陶，胎灰。火候较高。器表施酱黄釉，釉已大部分脱落。敛口圆唇，圆弧腹，腹下弧内收，喇叭形圈足。器腹最大径处可见竖条纹，但抹光现象严重。口径4.6、底径6、高9.4、厚0.5～0.6厘米（图5-46：2；图版165）。

曲腹盆　1件。2014-2015YDBT采：1，泥质陶，胎灰黑，火候较高。器表施酱黄釉，釉大部分已脱落。圆唇，口沿微外侈，曲腹，平底微内凹，器表可见七道较明显轮旋纹。口径15.2、底径6、高7.2、厚0.5～1厘米（图5-46：3；图版166）。

壶　1件。2014-2015YDBT采：19，口沿，泥质，火候较高，器表施酱黄釉，釉已大部分脱落。尖圆唇，敞口，颈部可见四道较明显轮旋纹。口径9.6、残高5.4、厚0.1～0.5厘米（图5-46：4）。

尊　2件。

2014-2015YDBT采：17，口沿，泥质灰硬陶，含少量细砂。圆唇，敞口，沿外撇，素面。口径30.2、残高6.4、厚0.3～0.4厘米（图5-46：5）。

2014-2015YDBT采：18，口沿，泥质灰硬陶。圆唇，平折沿，敞口，素面。口径26、残高5.5厘米，厚0.3～0.4厘米（图5-46：6）。

罐口沿　1件。2014-2015YDBT采：11，泥质灰陶。口沿内外均饰黑衣，器表黑衣大部分

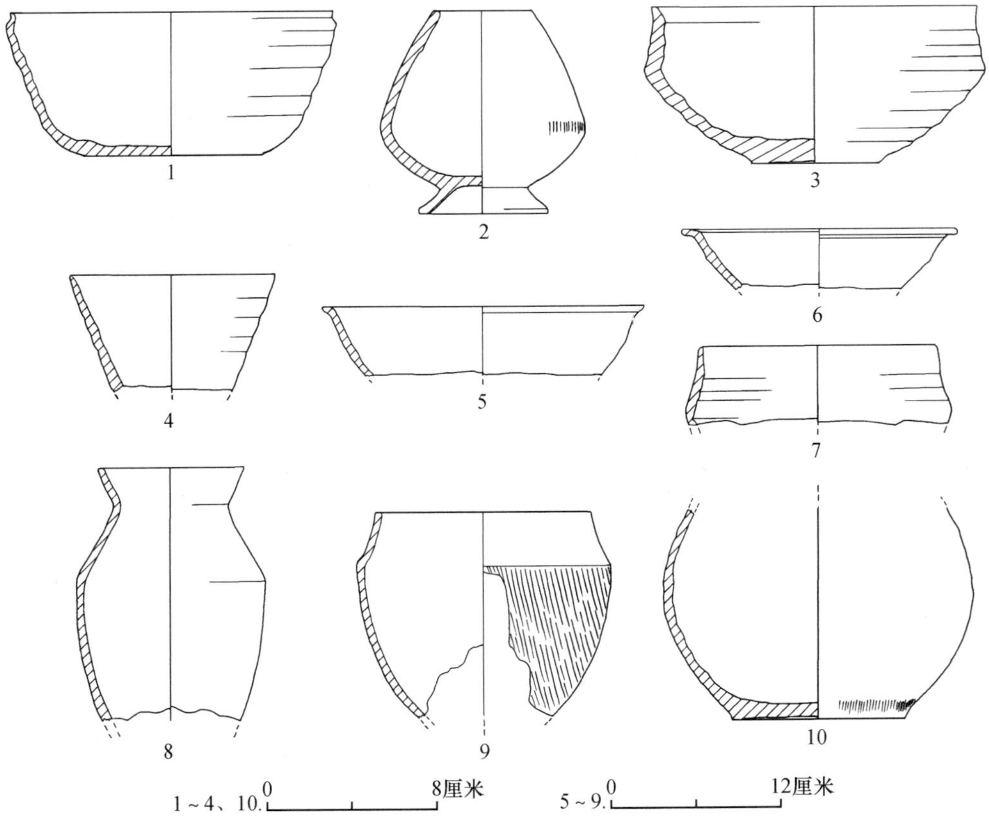

图5-46　背头山遗址采集陶器（一）

1. 钵（2014-2015YDBT采：8）　2. 杯（2014-2015YDBT采：16）　3. 曲腹盆（2014-2015YDBT采：1）　4. 壶（2014-2015YDBT采：19）　5、6. 尊（2014-2015YDBT采：17、2014-2015YDBT采：18）　7. 罐口沿（2014-2015YDBT采：11）　8、9. 折肩罐（2014-2015YDBT采：9、2014-2015YDBT采：14）　10. 罐底（2014-2015YDBT采：7）

已脱落。圆唇，口微侈，折肩。口沿内外均可见较为明显的轮旋纹。口径22.2、残高7.3、厚0.2～0.4厘米（图5-46：7）。

折肩罐　2件。

2014-2015YDBT采：9，夹细砂灰硬陶，胎质较疏松。底部残缺。圆唇，敞口，束颈，折肩，弧腹，腹下斜内收，素面。口径13.6、腹17.6、残高23.4、厚0.3～0.4厘米（图5-46：8）。

2014-2015YDBT采：14，泥质灰陶，夹少量细砂，胎质较致密。底部残缺。敛口，圆唇，折肩，鼓腹，腹下斜内收，腹部饰竖条纹。口径20、残高18.8、厚0.2～0.5厘米（图5-46：9）。

罐底　7件。

2014-2015YDBT采：7，泥质，火候较高，器表施酱黄釉，大部分已脱落。腹上部残，鼓腹，腹下斜内敛，小平底，底微内凹。近底部见竖条纹。底径8、残高9.8、厚0.3～0.6厘米（图5-46：10；图版167）。

2014-2015YDBT采：12，泥质黄陶，火候较高，器表施酱黑釉。下腹斜收，小平底。下腹可见明显竖条纹。底径7.2、残高4、厚0.8～2.1厘米（图5-47：1）。

2014-2015YDBT采：13，泥质灰陶。胎质较密。下腹斜收，平底微内凹。器表饰方格纹。

底径10.6、残高3.2、厚0.6～0.8厘米（图5-47：2）。

2014-2015YDBT采：22，泥质灰硬陶，夹少量细砂。下腹弧内收，小平底，外饰竖条纹。底径13、残高2.7、厚0.6～1厘米（图5-47：3）。

2014-2015YDBT采：15，泥质红陶，含少量粗砂，胎质较疏松。腹下内收，小平底微内凹，外饰竖条纹，近底部内外都可见几道轮旋纹。底径7.6、残高7、厚0.5厘米（图5-47：4）。

2014-2015YDBT采：24，泥质黄陶，胎质较疏松，夹少量细砂。下腹斜收，平底。外饰竖条纹。底径13、残高5.3、厚0.5～0.8厘米（图5-47：5）。

2014-2015YDBT采：25，泥质黄硬陶，火候较高。仅存底部。腹下内收，平底内凹。近底部可见两道轮旋纹。底径20、残高5.8、厚0.3～1厘米（图5-47：6）。

圈足　3件。

2014-2015YDBT采：10，泥质灰硬陶，胎质较疏松。器足为喇叭状。底径11.4、残高3、厚0.7～1.4厘米（图5-47：7）。

2014-2015YDBT采：21，夹砂灰硬陶，器表施酱黑陶，但大部分釉已脱落。器足为喇叭状。底径9、残高3.2、厚0.3～0.8厘米（图5-47：8）。

2014-2015YDBT采：23，夹砂灰硬陶，器表施酱黑釉，釉已大部分脱落。仅存底部。腹下弧内收，喇叭圈足，底径9、残高3.4、厚0.5～0.8厘米（图5-47：9）。

纺轮　1件。2014-2015YDBT采：2，夹砂灰黑软陶。整体风化严重，器表粗糙，素面。外径2.5、厚0.5厘米（图5-47：10）。

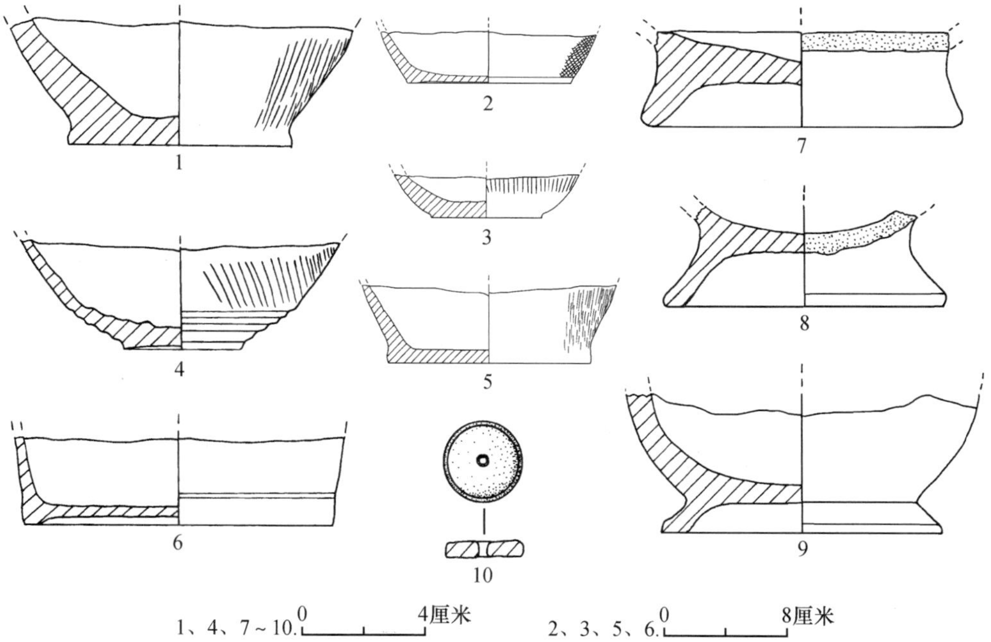

图5-47　背头山遗址采集陶器（二）

1～6. 罐底（2014-2015YDBT采：12、2014-2015YDBT采：13、2014-2015YDBT采：22、2014-2015YDBT采：15、2014-2015YDBT采：24、2014-2015YDBT采：25）　7～9. 圈足（2014-2015YDBT采：10、2014-2015YDBT采：21、2014-2015YDBT采：23）　10. 纺轮（2014-2015YDBT采：2）

第六章　结　　语

一　汀江流域史前考古的发现与研究史

早在20世纪30年代，厦门大学林惠祥先生就在汀江流域的武平进行了史前文化调查和试掘，并由此开创了福建史前考古的先河。然而，相对于福建其他区域，闽西地区史前考古工作尽管起步早，但闽西地区史前文化发现与研究一直未取得实质性进展。究其原因之一，应为闽西地区多属丘陵山地，水土流失严重，大多史前遗存保存状况较差，所获的实物材料缺乏。尽管如此，20世纪30年代至今已近90年，先辈们依然在汀江流域开展了一系列的考古调查、考古发掘工作。这些工作大致可分为以下三个阶段。正是由于这些不懈的工作，才使闽西地区的考古资料日渐丰富，并逐渐对这一地区的史前文化有了初步的认识。

第一阶段：20世纪60年代以前

1937年6月，厦门大学林惠祥对武平县进行了调查和发掘，这次考古活动被认为是福建史前考古的发端①。他收集了四群新石器时代遗址中的遗物，并且在这些遗址中发掘了21条探沟。这次发现包括84件石锛和949片陶片。林惠祥把梯形石锛与台湾、香港、南洋、太平洋群岛发现的石锛相比较，推测它们之间一定有一些联系。他还指出，武平的新石器时代结束于大约2500年以前，该地区新石器时代的人们不是华夏族，而是越族②。

1940～1946年，在林惠祥考察之后麦兆良参观了武平。他意识到林惠祥的重要发现。麦兆良报道了分布在武平县城周围的山岗上10个遗址，麦兆良认为，它们其中5个是新石器时代遗址，余下的遗址均属于青铜时代或更晚③。

1951年林惠祥对龙岩新罗区进行调查，在登高山与天马山发现有石器时代遗址④。其中陶片发现310片。石器包括石锛、石镞、石斧、石铲、石环、砺石等，他将之与闽西地区武平、浙江古荡良渚、广东海丰、香港、江西樟树等处遗物进行比较，得出“与武平遗物最相类，南

---

① 焦天龙：《台湾海峡考古的回顾与展望》，《考古》2013年第5期。

② Jiao, T. *The Neolithic of Southeast China*. New York: Cambria Press, 2007.

③ ［意］麦兆良著，刘丽君译：《粤东考古发现》，汕头大学出版社，1996年。

④ 林惠祥：《福建龙岩石器时代遗址的发现》，《厦门大学学报（社会科学版）》1960年第2期。

与韩江流域、海丰、香港、北与浙江古荡、西与江西樟树也有相似之处”。林惠祥认为遗址的年代应该在三千年前左右。

1955年12月，林惠祥在长汀县河田镇也进行了为期20天的调查，在乌石崠、竹子山、黄屋山、俞乌石崠北面山、火焰山等遗址都发现有石锛、石镞、石斧、石刀、石镰、石环、石戈、石璋等石器，陶器可见陶壶、陶印模、陶纺轮及大量陶片。林惠祥认为这些遗址年代为新石器时代，与闽北的闽侯、光泽比较，均属印纹陶系统①。

1958年“闽西文物普查队”先后对武平、长汀、上杭进行普查，以武平县遗址点最为丰富。在武平县调查遗址186处，以平川河两岸和县城附近分布最为密集。采集遗物有石器801件，陶器127件，陶片标本4669片及残铜器3件②。1958年长汀调查遗址材料包括长汀地区新石器时代、青铜时代遗址共109处，采集石器808件，完整或可复原陶器11件，大量陶片以及1件残段的小铜器③。

这一阶段闽西地区的考古工作处于零星调查的早期探索阶段，考古调查所掌握的资料还很少，但学者们对闽西地区史前文化遗存的文化内涵有了初步的了解。如林惠祥对武平、河田等地的印纹陶的造型、胎质、花纹纹样进行了详细分析和排比，还将出土的石器、陶器与中国南方甚至东南亚地区、太平洋诸岛的石器时代遗物进行比较研究。他还注意到印纹陶和有段石锛在东南地区的发现、命名，这种文化因素有别于华北地区新石器时代文化，林惠祥首先提出“中国东南区”的概念④。他们都认识到印纹陶在遗址的重要地位，它们基本属于一个文化系统。在当时资料有限的情况下，林惠祥对闽西地区史前文化的研究视角并未停留在闽西或福建，而是从华南、“东南区”或更广阔的视角进行研究，奠定了闽西地区史前考古学的重要地位。

学界还对闽西地区所调查遗址的相对年代进行了推测。此阶段由于调查资料缺乏可靠的地层学依据，调查者主要根据与周边地区遗址出土遗物的对比，认为调查所获得的史前遗址均为新石器时代遗址，并属于同一种文化系统⑤。同时也认识到，即使这些遗址属于新石器时代，但具体年代上也存在先后的差异，如林惠祥对武平、河田、龙岩三地采集所得遗物均进行分类，他将有段石锛分为三个阶段，对陶器也是按陶质、陶色、纹饰进行分类，林惠祥认识到同一类器物发展阶段的不同，呈现出不同的形态，“这些遗物也不能说是完全属于同一时期

① 林惠祥：《福建长汀县河田新石器时代遗址的调查》，《考古学报》1957年第1期。

② 福建博物馆：《武平新石器时代遗址调查报告》，《福建考古资料汇编（1953～1959）》，科学出版社，2011年；陈仲光：《福建武平新石器时代遗址调查报告》，《考古》1961年第4期。

③ 福建博物馆：《长汀新石器时代遗址调查报告》，《福建考古资料汇编（1953～1959）》，科学出版社，2011年。

④ 林惠祥：《中国东南区新石器文化特征之一：有段石锛》，《考古学报》1958年第3期。

⑤ 林惠祥：《福建闽侯县甘蔗恒心联乡新石器时代遗址考察报告》，《厦门大学学报（哲学社会科学版）》1954年第5期；福建省文物管理委员会：《福建考古工作概况》，《考古》1959年第11期。

之物”[①]。在此基础上，一些学者对闽西地区史前遗址下限也做了推测，林惠祥认为，福建南部各遗址的年代“大约在距现在2500年以前，也就是约在春秋时代”[②]。陈仲光认为武平地区新石器时代遗址处于原始社会末期，下限定在中原地区的东汉末年或六朝初期[③]；吕荣芳则认为这些遗址年代应该在春秋之末[④]。

除此之外，很多学者也提及了对闽西地区族属问题的认识。林惠祥认为在武平、闽侯等地调查发现的新石器时代及青铜石器遗存为闽越文化遗存，该地区的族属应为古越族，这种民族散布的地方包括浙江北部、福建、江西、广东、香港等地[⑤]。吕荣芳引用了大量史料，说明印纹陶发现地区与汉文史籍所记载的越族活动地区相符合[⑥]。

第二阶段：20世纪70年代末至2000年以前

随着江西清江筑卫城、吴城、广东石峡遗址的考古发掘，丰富了人们对南方地区新石器时代、青铜时代文化内涵的认识。特别是随着20世纪70年代末考古学者对南方印纹陶和南方地区古文化研究中的一些理论问题进行讨论，基本厘清了南方地区新石器时代和青铜时代文化两个不同阶段考古学文化内涵的区别，同时也推动了闽西地区考古工作。

1986年全国第二次文物普查工作全面展开以后，龙岩地区在1987～1988年进行了第二次文物普查。据统计，全国第二次文物普查以来，龙岩及所辖各县市共发现新石器时代遗址16处，青铜时代遗址519处[⑦]。其中长汀县调查先秦时期古文化遗址共130处[⑧]。

另外还有一些零星考古调查：1981年春，丘荣州等人在龙岩县白沙中学和永县坎市中学分别采集了1件穿孔石斧和1件砍砸器[⑨]。王振镛对后者提出质疑，认为这件砍砸器“不是原始人类打制或磨制的石器”[⑩]。

1982年7月，武平十方乡发现1件青铜剑，王振镛认为其可能是“春秋晚期至战国初期的遗物”[⑪]。

---

① 林惠祥：《福建武平县新石器时代遗址》，《厦门大学学报（哲学社会科学版）》1956年第4期；林惠祥：《福建长汀河田新石器时代遗址的调查》，《考古学报》1957年第1期；林惠祥：《福建龙岩石器时代遗址的发现》，《厦门大学学报（社会科学版）》1960年第2期。

② 林惠祥：《福建南部的新石器时代遗址》，《考古学报》1952年第2期。

③ 陈仲光：《福建武平新石器时代遗址调查报告》，《考古》1961年第4期。

④ 吕荣芳：《中国东南区新石器文化特征之一：印纹陶》，《厦门大学学报（社会科学版）》1959年第2期。

⑤ 林惠祥：《福建龙岩石器时代遗址的发现》，《厦门大学学报（社会科学版）》1960年第2期。

⑥ 吕荣芳：《中国东南区新石器文化特征之一：印纹陶》，《厦门大学学报（社会科学版）》1959年第2期。

⑦ 国家文物局：《中国文物地图集·福建分册（下）》，福建省地图出版社，2007年。

⑧ 长汀县博物馆：《长汀县古文化遗址普查资料汇编（1970～1997）》，油印本。

⑨ 丘荣州等：《介绍闽西出土的两件石器》，《考古》1982年第3期。

⑩ 王振镛：《关于〈介绍闽西出土的两件石器〉的一点看法》，《考古》1982年第6期。

⑪ 王振镛：《武平集贤出土东周铜剑》，《福建文博》1983年第1期。

1985年，在武平县一中校内（亭子岗）发现1座长方形竖穴土坑墓，河卵石铺底，出土遗物有越式小铜鼎、铜剑、铜削刀等①。

1986年12月11日至16日，邱荣洲与龙岩师专84级文史班同学对长汀县河田镇乌石崠进行考古实习，出土2件新石器时代的石犁②，值得注意的是，文中还提及对遗址采集的夹砂粗陶鼎足进行热释光年代测定，年代为距今4215年±367年，这也是闽西地区对考古标本绝对年代测试的首次尝试。

1989年，在新罗区龙埔村采集有石钻、凸刃刮削器、尖状器和石片③。1990年林涛与漳州市文化局曾五岳等人到龙岩适中一带进行考古调查，发现12件石制品，所发现标本均为细小石器，从石制品性质看，作者认为它们属"漳州文化"，是"漳州文化"向闽西南山地扩展的新线索④。

此阶段闽西地区史前考古工作仍然比较薄弱，但已认识到闽西地区这些史前遗址并不是都属于新石器时代遗址，而应该是处于新石器时代和青铜时代两大阶段，并开始思考福建何时进入青铜时代⑤。学者们普遍认为，福建地区青铜时代应相当于商周时期，而并非以往认为的春秋时期或更晚。

以明确的断代为基础，并随着福建其他地区特别是闽江下游地区史前考古学文化的发现，人们也逐渐关注到不同阶段闽西地区与福建其他地区考古学文化内涵的差异和共性，比如林公务注意到汀江流域及闽西山地地区与福建其他地区考古学文化内涵的异同，将全省发现的史前遗存分为四个地区：①闽江下游及东部沿海地区；②闽江上游及闽西北山地地区；③汀江流域及闽西山地地区；④九龙江、晋江流域及闽南沿海地区。对于汀江流域的新石器时代文化遗存，他认为其与闽北地区类同，而与闽江下游的昙石山文化有显著的不同。对于这一地区的青铜时代文化遗存，则与江西吴城文化，闽北白主段类型、马岭类型，闽江下游庄边山上层类型，闽南、粤东地区的浮滨文化存在着联系，同时也有自身的特点。在此基础上，他提出了福建新石器时代文化遗存分为两大体系，即闽北、闽西内陆地区的西部体系和闽东、闽南沿海地区的东部体系，而前一体系就是"面向内陆的文化圈"⑥。林钊认识到闽西地区新石器时代文化与粤北石峡文化存在着联系，同时也将闽西汀江流域的青铜时代遗存，与闽江下游，闽江上

① 福建省博物馆、福建省文管会考古工作队：《福建近十年的文物考古收获》，《文物考古工作十年（1979～1989）》，文物出版社，1991年。

② 邱荣洲：《福建省长汀县河田镇乌石崠出土的二件新石器时代的石犁之我见》，《龙岩师专学报（社会科学版）》，1989年第7卷第1期；邱荣洲：《福建省长汀县河田镇乌石崠发现石犁》，《农业考古》1990年第1期。

③ 陈炎德：《龙岩市考古调查报告概要》，《闽西职业技术学院学报》2006年第2期。

④ 林涛：《福建龙岩适中镇发现"漳州文化"新地点》，《人类学报》1994年第2期。

⑤ 杨式挺：《试论闽台粤先秦考古学文化关系》，《福建文博》1990年增刊；陈存洗，杨琮：《福建青铜文化初探》，《考古学报》1990年第4期。

⑥ 林公务：《福建史前文化遗存概论》，《福建文博》1990年增刊；林公务：《福建境内史前文化的基本特点及区系类型》，《福建历史文化与博物馆学研究：福建省博物馆成立四十周年纪念文集》，福建教育出版社，1993年。

游，闽南、九龙江流域，闽中沿海、闽东北沿海并列介绍和论述，认为福建各地的青铜时代文化遗存，应属于“‘七闽’及其后闽越的历史活动的遗留”①。

第三阶段：2000年以来

2000年以来，为配合龙岩地区高速公路、铁路等重大基本建设，发现和发掘了一批史前遗址，同时也开展了一些带着课题性质的专题考古调查，为闽西地区史前考古积累了大量的材料。

2002年4月，福建省开展了龙岩和三明地区的闽越文化专题考古调查。在长汀发现2处与闽越文化相关的战国秦汉时期文化遗存和2处旧石器时代地点，在新罗、长汀和连城发现5处先秦青铜时代文化遗存②。

2003年11月，福建博物院等单位开展了龙长高速公路长汀段的考古调查，共发现11处古处文化遗址。这些遗址分别属于新石器时代晚期—青铜时代、青铜时代、战国—秦汉三个时期③。

2004年4～7月，福建博物院对连城草营山、长汀塘下垅、连城庙前后林山、策武风雨亭后山等遗址进行抢救性发掘④。其中连城草营山遗址发现灰坑1个，墓葬4座，房基1个⑤。

2005年6～7月，福建博物院对长汀县策武乡李城村麻坡岗遗址进行了抢救性发掘，共清理墓葬20座，灰坑6个。该遗址含有三类不同性质的文化遗存，属于新石器时代晚期至青铜时代遗址⑥。

2007年8月，为配合龙岩高速路建设，福建省考古队对新罗区龙门中学后排山进行考古发掘，这是新罗区的首次田野考古发掘。2010年3月，福建博物院对龙岩新罗区龙顶山遗址进行考古发掘，揭露出柱洞、灰坑等遗迹，推测该遗址可能是打制石器的制造场所⑦。2010年8月，省考古队对新罗区苏坑仑进行了考古发掘，发现了较为完整的半地穴房址以及墓葬、灰坑、柱洞等⑧。

2009～2011年对漳平市奇和洞遗址进行三次小规模发掘，发现了史前时期及宋代至清代不同时期的文化遗存⑨。该遗址的发掘带动了对奇和洞埋藏学、生物学、体质人类学等多学科的研究。该遗址共有三期文化遗存，第一期发现灰坑2个及鹅卵石石铺地面等遗迹，遗物则包括

① 林钊：《福建新石器文化与青铜文化概述》，《考古》1994年第5期。
② 福建博物院：《闽西考古调查报告》，《福建文博》2004年第1期。
③ 福建博物院等：《龙长高速公路长汀段考古调查简报》，《福建文博》2008年第2期。
④ 陈炎德：《龙岩市考古调查报告概要》，《闽西职业技术学院学报》2006年第2期。
⑤ 福建博物院：《连城草营山遗址发掘简报》，《福建文博》2006年第3期。
⑥ 福建博物院等：《长汀县麻坡岗史前遗址发掘简报》，《福建文博》2017年第2期。
⑦ 陈炎德：《龙岩市新罗区史前文化遗址的发现与探讨》，《福建文博》2012年第1期；羊泽林等：《龙岩市龙顶山商周遗址》，《中国考古学年鉴（2011）》，文物出版社，2012年。
⑧ 陈炎德：《龙岩市新罗区史前文化遗址的发现与探讨》，《福建文博》2012年第1期。
⑨ 福建博物院、龙岩市文化与出版局：《漳平奇和洞史前遗址发掘简报》，《考古》2013年第5期。

石制品、骨器和动物骨骼，第一期未见磨制石器及陶器，绝对年代距今17000～13000年，为旧石器向新石器时代过渡时期；第二期发现火塘3个，遗物可见石制品、陶器、骨器、动物骨骼等，绝对年代距今12000～10000年，为新石器时代早期；第三期文化遗存遗迹包括房址1个，灰坑1个，出土有石制品、陶器、骨器、动物骨骼及人的颅骨，绝对年代距今10000～7000年，为新石器时代中期。

2010年11月，福建博物院对武平县猪仔笼洞穴的一号洞和二号洞进行了发掘。猪仔笼一号洞发现人类牙齿化石，年代距今约3万年①。

2010年12月～2011年1月，为配合湖城高速公路建设，福建博物院等单位对永定县桔树下遗址进行抢救性发掘。发掘柱洞、灰坑，灰沟等遗迹。遗址年代约为商代晚期—西周时期②。

2012年9月至11月，为配合赣龙铁路扩能工程建设，福建博物院与厦门大学等单位合作对长汀县河田镇赢坪、山塘坑等遗址进行了考古发掘。其中赢坪I号遗址发现商周时期房基、灶、灰坑、墓葬等遗迹③。

2015年3～5月，福建博物院等单位对奇和洞遗址周边进行了专题洞穴调查，在龙岩地区发现了穿云洞和留阳洞遗址④，丰富奇和洞第一、二、三期文化及后奇和洞文化的内涵。

此阶段闽西地区科学考古掘工作逐步开展，明确出土地层的遗存越来越多，推动了闽西地区史前考古学的深入研究。郭启熹通过历史文献记载以及武平出土文物的研究，对南海国封地等问题进行推测⑤，吴福文等则通过闽西出土文物讨论闽西地区与台湾地区的关系⑥。张闻捷等将赢坪遗址及山塘坑遗址的三座墓葬与漳州鸟仑尾、狗头山、虎林山、松柏山等墓地进行综合比较，通过类型学的研究，认为赢坪M1，山塘坑M1、M2墓葬年代为商代早中期，同时还探讨了韩江（含汀江）流域与九龙江流域的先秦古文化的关系⑦。陈炎德概述了龙岩地区的考古工作历程，同时对龙岩古人类的分布规律、出土遗物特征等进行了简单的归纳⑧。吴锡超通过梳理闽西地区旧石器时代至青铜时代的古文化遗址，对构建闽西上古史进行初步的尝试⑨。

这一阶段，通过多学科合作，采取科技手段来获取和提炼各种信息成为史前考古学的主流。在闽西地区，近年围绕漳平奇和洞遗址的发现和发掘成果，也开展了一系列多学科的综合

① 福建博物院、龙岩市文化与出版局：《福建武平猪仔笼洞穴人类化石地点试掘简报》，《南方文物》2012年第1期。

② 福建博物院、永定县博物馆：《永定县桔树下遗址发掘简报》，《福建文博》2012年第2期。

③ 福建博物院等：《长汀县赢坪史前遗址发掘简报》，《福建文博》2013年第4期。

④ 福建博物院：《奇和洞遗址周边相关文化遗存调查简报》，《福建文博》2016年第3期。

⑤ 郭启熹：《武平出土文物与闽西的百越文化》，《闽西职业技术学院学报》2010年第12卷第1期。

⑥ 吴福文等：《从文物看闽西与台湾的渊源关系》，《龙岩学院学报》2007年第25卷第4期。

⑦ 张闻捷：《试论闽西山地的浮滨文化——以长汀河田镇赢坪、山塘坑遗址墓葬资料为中心》，《百越研究（第四辑）：中国百越民族史研究会第十六次年会论文集》，厦门大学出版社，2015年。

⑧ 陈炎德：《龙岩市考古调查报告概要》，《闽西职业技术学院学报》2006年第2期

⑨ 吴锡超：《从考古发现看龙岩上古史的构建》，《福建文博》，2014年第4期。

研究，如对人种、埋藏环境、生态环境、精神意识形态、食谱和病例①等研究，无疑为我们全面了解闽西地区史前人类的生产、生活提供了全新的视野。

可以看出，这一阶段随着考古调查、发掘材料的增加，学术界关注闽西地区史前考古学文化发展过程的问题和角度也越来越多，构建闽西地区史前考古学文化发展序列的时机也日渐成熟。

二　闽西地区史前考古学文化发展序列的构建

根据目前闽西地区考古发现与研究现状来看，闽西地区史前考古学文化序列与周边地区考古学文化关系仍较为模糊。吴春明根据长汀四都的扁凿足子口浅盘式鼎，长汀河田、武平发现的直口圆腹矮圈足曲折纹罐以及武平出土的釉陶敞口碗、豆，武平小径背的米字纹陶等线索，粗线条地勾勒了闽西地区距今4000年至东周秦汉的发展脉络②，但毕竟缺乏科学发掘的地层和遗存资料，还有待于进一步充实和验证。

本书拟在以往考古调查及发掘工作所得大批文物资料及研究成果的基础上，结合周邻地区史前时期考古学文化资料，对闽西地区一些重要的史前文化遗存进行梳理、分析，就闽西地区史前考古学文化发展序列做一些尝试性的探讨。

（一）闽西地区一些重要史前文化遗址的内涵

1. 奇和洞遗址③

奇和洞遗址位于漳平市。奇和洞的史前文化堆积可分为三期：第6层为最早的第一期遗存，4、5层为第二期遗存，3A、3B、3C层为第三期遗存。

奇和洞第一期遗存遗物未见陶器，仅见打制石器，除发现少量砺石外，未见其他磨制石器。发现骨制品大多数为打制，在少量骨制品的刃部有磨制的痕迹。奇和洞第一期遗存的绝对年代为距今15000～13000年，相当于旧石器向新石器时代过渡时期。

奇和洞第二期遗存陶器均为夹粗砂陶，陶胎较厚，火候较低，以红褐陶和褐陶占多数。器

① 吴秀杰等：《福建漳平奇和洞发现的新石器时代早期人类头骨》，《人类学学报》2014年第33卷第3期；张秋芳等：《古人类遗址奇和洞文化堆积层真核生物多样性分析》，《古生物学报》2014年第53卷第2期；范雪春：《福建漳平奇和洞遗址地层、动物群及埋藏学研究》，《东南文化》2014年第2期；方园等：《福建漳平奇和洞新石器时代早期人类牙病》，《解剖学杂志》2015年第38卷第5期；方园等：《福建漳平奇和洞新石器时代早期人类身体大小》，《人类学学报》2015年第34卷第2期；范雪春：《福建漳平奇和洞遗址的骨制品》，《东南文化》2016年第2期；范雪春：《福建奇和洞遗址的装饰艺术品》，《福建文博》2017年第3期；关莹等：《牙齿残留物反映的闽西新石器时代人类食谱》，《人类学学报》2018年第37卷第4期。

② 吴春明：《福建史前文化的综合研究》，厦门大学硕士研究生毕业论文，1990年。

③ 福建博物院、龙岩市文化广电新闻出版局：《漳平奇和洞遗址》，科学出版社，2017年。

表以素面为主，纹饰有绳纹、口部压印纹、贝齿压印纹、戳点纹、戳点纹等。器形较简单，多为釜、罐、钵等。打制石器类型较简单，包括砍砸器、刮削器、尖状器等。磨制石器器形较简单。奇和洞第二期遗存的绝对年代为距今12000～10000年，相当于新石器时代早期。

奇和洞第三期遗存陶器有夹砂陶和泥质陶，其中以夹砂陶为主，分夹粗砂和细砂两种。仅出土零星泥质陶。器形有釜、罐、盆、钵、盘等；纹饰以口部锯齿状压印纹，贝齿压印纹、戳点纹及篦纹最具特色，还有绳纹、方格纹、叶脉纹、刻划纹等。另外由多种纹饰组成的组合纹饰也较常见。奇和洞第三期遗存的绝对年代为距今10000～7000年，相当于新石器时代中期。

从奇和洞遗址各期遗存的文化特征看，第一期遗存与第二期之间在年代上存在一定的缺环，第二、三期遗存联系紧密，它们之间存在明显的直接承袭关系。

2. 麻坡岗遗址①

麻坡岗遗址位于长汀县。福建博物院等单位在龙（岩）长（汀）高速公路建设抢救性发掘时在该遗址发现21座墓葬和6座灰坑，除一些墓葬未发现随葬器物外，依据其他遗迹出土物，发掘者将它们分为时代有早晚的甲、乙、丙三类。

甲类遗存陶器以夹砂红褐陶和泥质灰陶为主，多为手制，器表为素面，器形以釜、盘形鼎、豆、壶为主。与甲类遗存相似的遗址还有长汀四都羊牯岭遗址，1972年出土过1件完整的三足盘和2件扁平穿孔石斧（钺）②。发掘者认为甲类遗存的文化面貌与广东石峡文化极其相似，根据石峡遗址^{14}C测年树轮校正数据，其绝对年代为距今4800～4500年③。麻坡岗甲类年代也应与之相近，推测距今5000～4000年。

乙类遗存陶器以泥质灰硬陶为主，还有一定数量的泥质陶和夹砂陶。器表多以拍印网格纹或复线菱格纹为特色，而其中又以拍印复线菱格纹为多，大多数器物器表均有施黑衣或赭衣，有些施衣脱落严重，有些施釉光亮。乙类遗存的文化面貌与分布于闽北浙南地区的马岭类型相似，如器形都以垂腹、圜凹底为特征，器表均有施衣的现象，器物组合以尊、罐为主等，发掘者推测它们的年代应相接近，大体相当于中原夏商时期。当然，乙类遗存又与马岭类型也存在一些差别，如盛行折腹的风格，大多陶器器表拍印网格纹或复线菱格纹等，这些在马岭类型均不见或少见，这说明该乙类遗存又存在自身本地土著的文化因素。

丙类遗存除甗形器是夹砂陶外，其余大多数陶器为硬陶。这些硬陶一般都饰几何形印纹，如方格纹、席纹等。陶器的烧制火候一般也较高，器形有甗形器、圈足尊、深腹钵、羊角把圆腹罐等。丙类遗存由于发现的遗迹较少，所以出土陶器也不多，但从这些陶器陶质、器表装饰等方面仍能看出其与乙类遗存有较大的差别，如硬陶的火候比乙类遗存高，器表装饰不见乙类

① 福建博物院等：《长汀县麻坡岗史前遗址发掘简报》，《福建文博》2017年第2期。

② 杨式挺：《广东新石器时代文化与毗邻原始文化的关系》，《中国考古学会第七次年会论文集》，1989年，文物出版社。林公务：《福建史前文化遗存概论》，《福建文博》1990年增刊（闽台古文化论文集）。

③ 广东省文物考古研究所等编：《石峡遗址——1973～1978年考古发掘报告》，文物出版社，2014年，第601页。

遗存常见的复线菱格纹，也不见器表施衣的现象，器形有瓢形器和圈足尊等。这组器物年代晚于乙类遗存应该没有太大问题，我们暂且推测其年代相当于商代晚期至西周时期。但是否如发掘者认为的，其反映的文化面貌与分布于闽北地区的白主段类型相似，笔者认为尚需更多考古材料的发现。

发掘者根据麻坡岗遗址甲、乙、丙类遗存的文化内涵推测乙类遗存晚于甲类遗存，丙类遗存又晚于乙类遗存。我们认为是可信的。

3. 桔树下遗存①

桔树下遗址位于永定县。2009年福建博物院等单位对该遗址进行发掘，发现柱洞、灰坑、灰沟等遗迹，并出土了一批陶器和石器，其中陶器分为夹砂陶和泥质陶两大类。泥质陶的纹饰有网格纹、雷纹、夔纹、弦纹以及一些组合纹。发掘者认为该遗存的年代约为商代至西周时期，根据遗址出土内涵，特别是夔纹陶的特征，我们认为其年代处于西周至春秋较合适。

（二）闽西地区史前文化序列的初步建立

上述3个遗址的遗存年代，大体形成了闽西地区比较粗略的从旧石器时代末期到青铜时代的文化发展脉络（见下表）。

史前阶段		代表性遗存	年代
青铜时代	晚期	桔树下遗存	西周至春秋
	前段	麻坡岗丙类遗存	商代晚期至西周
新石器时代	末期	麻坡岗乙类遗存	距今4000～3500年
	晚期	麻坡岗甲类遗存	距今5000～4000年
	中期	奇和洞三期遗存	距今10000～7000年
	早期	奇和洞二期遗存	距今12000～10000年
旧石器时代向新石器时代过渡时期		奇和洞一期遗存	距今17000～13000年

值得注意的是，旧石器向新石器时代过渡时期至新石器时代早期，新石器时代中期到新石器晚期考古学文化存在较大的缺环。随着考古工作的进一步推进，以奇和洞遗址第6层为代表的奇和洞第一期遗存是闽西地区迄今发现的最早的史前文化，其绝对年代距今17000～13000年，相当于旧石器时代向新石器时代过渡时期。这一时期的打制石器奇和洞第二期遗存年代距今12000～10000年，属于新石器时代早期，是福建地区最早的新石器时代文化。

相对于奇和洞第三期遗存，奇和洞二期遗存的器形较简单，也未出现泥质陶，说明制作陶器技术上还都属于比较原始的状态。但从文化整体看，二期遗存与三期遗存却有不少的共性，

① 福建博物院、永定县博物馆：《永定县桔树下遗址发掘简报》，《福建文博》2012年第2期。

如都以夹砂褐陶为主，一些典型的纹饰如绳纹、口部压印纹、贝齿压印纹、戳点纹等，都明显存在着直接的承袭关系。

新石器时代晚期的麻坡岗甲类遗存，早在20世纪70年代在长汀即有发现。有学者依此指出其与石峡文化和樊城堆文化所出土的同类器物相似①。石峡文化的主要分布范围为粤北地区，学界一般认为，赣鄱地区应是沟通良渚文化与石峡文化交往的通道。而麻坡岗甲类遗存所在的闽西地区是两文化间交流的另一通道，还是石峡文化向北传播的一站？这些的确是需在将来更多材料发现的基础上必须解答的问题。

新石器时代末期的麻坡岗乙类遗存，是闽西地区普遍存在的文化遗存。过去由于对此类遗存与其他文化因素共存时辨识工作做得不够，认为这类遗存年代为商代一直延续至战国。而实际上，从麻坡岗乙类遗存的这些墓葬随葬器物组合来看，乙类遗存的器形较单纯，早年林公务即指出此类遗存与闽北的马岭类型文化以及闽江下游庄边山类型文化有过密切的联系。因此其绝对年代应与闽北马岭类型相差不远，距今4000～3500年。

青铜时代的麻坡岗丙类遗存和桔树下遗存代表了闽西地区商周时期考古学文化遗存，只是由于材料发现有限，对其总体面貌的认识还尚显不足。

三　本次汀江流域调查部分遗址的分类与分期

此次调查的124处遗址中，大多遗物都是从地表采集，采集的陶器也大多为碎片，可复原陶器不多。在有限的可复原陶器中，器物组合也并不丰富。很多遗址兼有各个时代的文化遗存，一个遗址中往往包含两个或更多年代范围的文化遗存。即使有少量遗址发现有地层堆积，但并未作进一步的试掘工作。这些都给遗址年代的判断、文化序列的建立带来了一定的困难。所幸在此次调查中清理了少量的墓葬遗迹，出土了一些相对完整的陶器及少量的器物组合，还发现了少量遗址，采集了数量较多且文化内涵较单纯的陶器，下面主要通过这些墓葬和遗址的陶器资料，与汀江流域以往发掘的史前遗存或周边地区相关遗存对比，对这些遗址的年代作一初步的推断。

此次调查发现墓葬遗存的遗址有：①长汀大井头遗址，共清理1座墓葬（M1）；②长汀大路背遗址，共清理2座墓葬（M1、M2）；③上杭陈兰坑里遗址，共清理1座墓葬（M1）；④武平大岽背M1、M2、M3，长汀牛斗头遗址清理1座墓葬（M1）。

此次调查采集数量较多、且性质较单纯的陶器的遗址主要有1处，为永定背头山遗址。下面通过这些遗址出土或采集的陶器进行分析，分为以下I、II、III类。

以大井头M1、大路背M1、M2、大岽背M3等代表的遗存，我们将之称为第I类遗存。

长汀大井头遗址清理了1座墓葬（M1），共出土了2件陶罐。其中1件陶罐（M1：1）折腹、圜凹底、带双耳，器身饰双线菱形纹，与麻坡岗出土的带耳罐M5：1非常相似。器耳与麻

① 林公务：《福建史前文化遗存概论》，《福建文博》1990年增刊（《闽台古文化论文集》）。

坡岗M6：2的器耳一致。

大路背遗址发现两座墓葬（M1、M2），出土的罐（M1：10、M1：11、M2：2），均为敞口，高领，肩部饰双线菱形纹，与麻坡岗出土的尊（M5：2、采：7）非常相似。另1件罐（M1：9），敞口，高领、凹底，颈部以下通体饰双线菱形纹，整体器形也与麻坡岗出土的尊（M5：2）非常相似。墓葬出土的尊口沿（M1：12、M1：14、M2：7、M9：7），均为敞口，高领，沿与颈相接上凸处饰锯齿压印纹，与麻坡岗采集的尊口沿（麻坡岗采：4、采：5）属同一类器物。还有1件罐（M2：1），侈口，短束颈，斜肩，圜凹底的风格与麻坡岗出土的带耳罐（M5：1）相似，只是没有双耳。

武平大崇背遗址共清理了3座墓葬，均为竖穴土坑墓，根据出土遗物，将M3归为此类。该墓出土的钵（M3：1）与麻坡岗墓葬出土或采集的钵（M16：2、采：1、M16：3、M16：1）非常相似。该墓的罐（M3：3）与麻坡岗出土的带耳罐（M5：1）相似，另1件（M3：2）与麻坡岗出土的带耳罐（M5：1）相似，只是没有双耳。

以陈兰坑里M1、背头山采集遗物为代表遗存，我们将之称为第II类遗存。

上杭陈兰坑里遗址清理了一座墓葬（M1），墓葬出土的大口尊（M1：1），敞口，长颈，溜肩微折，深腹弧收，小平底是与虎林山（M13：19）相似。出土的豆口沿（M1：4），里外施酱黄釉，圆唇，侈口，曲腹与虎林山出土的深腹豆（M13：23）是同一类型的器物。

永定背头山采集的钵（背头山采：8），敛口，平底与乌仑尾出土的钵（M11：3）、钟铜山出土的盆（M3：11）相近，采集的杯（背头山采：16），敛口，深腹，腹下弧内收，与钟铜山出土的钵（M3：4），相似，只是钟铜山出土的钵未见圈足。采集的1件折肩罐（采：14），敛口，圆唇，折肩与饶平浮滨II式罐的上半部分相近，另1件折肩罐（采：9），敞口，束颈，折肩，腹下斜内收的特征与虎林山出土的壶（T4840①：1）相似。

以大崇背M1、M2为代表的遗存，我们将之称为第III类遗存。

武平大崇背遗址清理的另两座墓葬（M1、M2）归为此类，大崇背M1出土的豆（M1：1），敛口，斜腹内收，与光泽杨山出土的M1：7相似，大崇背M2出土的豆（M2：3），直口微敛，鼓腹内收，喇叭形豆柄，足根外撇，与博罗横岭山出土的同类器（M103：2、M182：11）相似。大崇背M2出土的罐（M2：5），侈口，斜肩，微鼓腹，下腹斜内收，圜底内凹，与平远水口II式圜凹底罐非常类似（图6-1）。

以长汀大井头、大路背以及武平大崇背M3为代表的第I类与麻坡岗乙类遗存相似。根据上文所述，麻坡岗乙类遗存的年代一般认为与闽北地区马岭类型相当，距今4000～3500年，相当于中原地区夏代至早商阶段。除了上述3个遗址外，在长汀、武平、上杭的一些遗址也有采集到与麻坡岗乙遗存相似的器物，如长汀草鞋岭遗址采集的罐口沿（采：4）、风雨亭后山采集的陶盆口沿（采：3）、锡角形山遗址采集的盆口沿（采：9）、猪头山下遗址采集的盆口沿（采：5）与麻坡岗乙类遗存出土的陶盆（M1：3）非常相似；上杭刘湖角遗址采集的盆口沿（采：1）也与之相似。长汀李城对门山遗址采集的罐口沿（采：1）、罗坊岗遗址采集的罐口沿（采：10）、庙崇山遗址采集的尊口沿（采：2、采：3）、河岗遗址采集的罐口沿

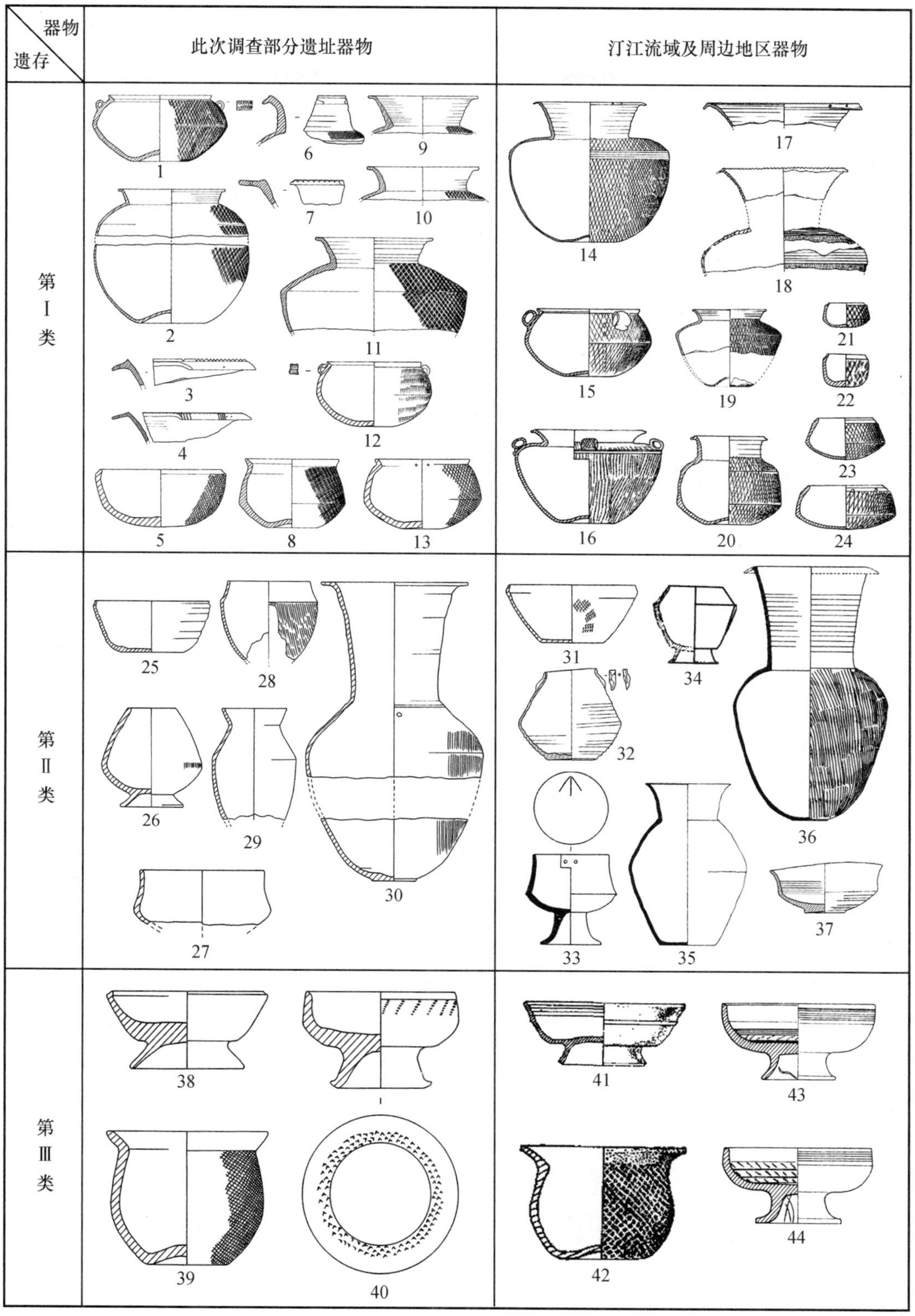

图6-1　汀江流域部分遗址陶器分类与对比图

1. A型罐（大井头M1：1）　2、11、13. 罐（大路背M1：9、大路背M2：2、大崇背M3：2）　3、4、17、18、30. 尊口沿（大路背M1：12、大路背M1：14、麻坡岗采：4、麻坡岗采：5、陈兰坑里M1：1）　5、21～25、31. 钵（大崇背M3：1、麻坡岗M16：2、麻坡岗采：1、麻坡岗M16：3、麻坡岗M16：1、背头山采：8、乌仑尾M11：3）　6、9、10. 罐口沿（大路背M2：7、大路背M1：10、大路背M1：11）　7. 尊口沿（大路背M2：9）　8、39. 罐（大路背M2：1、大崇背M2：5）　12. 双系罐（大崇背M3：3）　14、19、30、36. 尊（麻坡岗M5：2、麻坡岗采：7、陈兰坑里M1：1、虎林山M13：19）　15、16. 带耳罐（麻坡岗M5：1、麻坡岗M6：2）　20. 折腹罐（麻坡岗M1：2）　26、32. 杯（背头山采：16、钟铜山M3：4）　27. 豆口沿（陈兰坑里M1：4）　28、29. 折肩罐（背头山采：14、背头山采：9）　33、38、40、41、43、44. 豆（虎林山M13：23、大崇背M1：1、大崇背M2：3、杨山M1：7、横岭山M103：2、横岭山M182：11）　34. 饶平浮滨Ⅱ式壶　35. 壶（虎林山T4840①：1）　37. 盆（钟铜山M3：11）　42. 平远水口Ⅱ式圜凹底罐

（采：4）、武平店子岽采集的尊口沿（采：1）与麻坡岗乙类遗存的尊（M5：2）相近；长汀自背岭II号遗址采集的豆（采：5）与麻坡岗乙类遗存的豆（M6：5）相似；芦花岽遗址采集的杯与麻坡岗乙类遗存的钵（M11：7）非常接近；猪头山采集的陶器腹片（采：7）与麻坡岗乙类遗存的带耳罐（M5：1、M6：2）相似；上杭大引岗遗址采集的豆（采：2）与麻坡岗乙类遗存的豆（M6：4）类似等，这些都说明麻坡岗乙类遗存几乎普遍存在于整个汀江流域。

而以陈兰坑里M1、背头山采集遗物为代表的第II类遗存与闽南粤东地区的浮滨文化相似，对于浮滨文化的年代，一般认为其年代应该相当于中原地区商代中期至西周前期①。除了上杭陈兰坑里墓葬出土的器物外，该遗址采集的凹刃石锛、石玦等都是在浮滨文化遗址常见的器物，上杭的伯公窝遗址也采集到浮滨文化风格的石戈。在永定，除了背头山遗址外，联三遗址采集陶片上施酱釉，以及小平底器类等都极具浮滨文化风格。可以粗略地看出，在分布范围上，汀江流域南段（上杭和永定）都存在此类遗存，在汀江流域北段未发现这类文化分布迹象。这是否代表了商代中晚期在汀江流域浮滨文化遗存与麻坡岗丙类遗存呈南北对立之势，尚需考古材料的进一步充实。

以大岽背M1、M2为代表的第III类遗存，在汀江流域及周边暂未发现与之相近的典型器物群，而从上述我们对这一类遗存与平远水口西周窑址、光泽杨山墓葬以及博罗横岭墓葬群个别器物的对比推断，将这类遗存的年代定在西周中晚期至春秋时期似乎比较合理。由于桔树下遗存材料较少，尽管年代可能与第III类遗存相近，但由于材料较少，尚很难作进一步对比分析。

通过此次调查，进一步完善了闽西地区先秦考古学文化的文化序列。

四　汀江流域史前考古学文化与周边文化的关系

从此次调查来看，在汀江流域发现最多、分布最广的遗存，就是以施黑衣及双线菱形纹为特征的麻坡岗乙类遗存。我们调查到的绝大多数遗址或多或少都有此类遗存的文化因素。这类遗存显然受到了闽北地区的强烈影响，更值得注意的是，在闽南地区，如南靖鸟仑尾遗址②、石土地公山遗址③、芗城狗头山遗址④，多数属于鸟仑尾类型的墓葬随葬陶器都施复线方格纹，器形也以高领、凹底为特征，也有不少陶器施黑衣。可以看出，汀江流域不仅是南北史前考古学文化传播的通道，还是闽西北山地文化与闽东南沿海文化交流的桥梁。

对于浮滨文化在福建地区的分布，学术界早年就已认识到其主要分布在九龙江流域，包括现在的漳州市、厦门市和龙岩地区大部分，以及泉州市的部分地区。由于汀江流域发现的材

① 邱立诚：《再论浮滨文化》，《粤地考古求索——邱立诚考古选集》，科学出版社，2008年，第289页。

② 福建博物院文物考古研究所、漳州市文物管理委员会办公室：《鸟仑尾与狗头山》，科学出版社，2004年。

③ 福建博物院、漳州市文管办：《福建漳州南靖县石土地公山遗址发掘简报》，《福建文博》2008年第3期。

④ 福建博物院、漳州市文管办、漳州市博物馆：《虎林山》，海潮摄影艺术出版社，2003年。

料较少，以往对浮滨文化是否分布于闽西地区、在闽西地区如何分布等问题的认识并不清晰，邱立诚认为，“浮滨文化主要分布于粤东与闽西南地区，即西至广东普宁，北达大埔和福建南靖，东在福建龙海、长泰一线，广东南澳等岛屿也属其分布范围。地域范围横跨榕江、韩江、九龙江和晋江四个流域。浮滨文化的核心分布在广东揭阳至福建漳州之间”，福建的永定等区域属于浮滨文化的外围地区[①]。这次调查表明，汀江流域，至少是汀江流域南段（永定和上杭），可以看作是浮滨文化分布的核心范围。

以武平大峯背M1、M2为代表的第III类遗存以及桔树下遗存，以往在汀江流域发现较少，通过上文此类遗存与光泽杨山遗址、博罗横岭遗址的器物对比来看，说明汀江流域继承了新石器时代晚期的传统，一直作为沟通南北之间古文化交流的一条走廊通道。

闽西地区位于武夷山脉以东、博平岭以西，南北两头相对开阔，形成了典型的走廊地带。这种地形地貌对该地区的考古学文化产生了重要的影响。通过对闽西史前文化发展序列的梳理，我们可看出闽西地区史前文化与外界文化交流的阶段性。从现在发现的考古资料来看，闽西地区史前文化与周邻的交流可以分为两大阶段，第一阶段是距今7000年以前即以奇和洞一、二、三期为代表，闽西地区史前文化基本处于独立状态，与外界交流较少，即使是交流，也是以文化的输出为主，外来文化对闽西地区史前的文化影响极其有限。第二阶段是距今5000年以后，闽西地区史前文化长期受到外界的影响，特别是新石器时代晚期以后，一直受到来自四周的考古学文化的影响，并未形成独立的具有本地土著特征的考古学文化。在汀江流域上游的长汀地区，以现有材料认为麻坡岗甲类遗存的石峡文化因素是长江中下游向广东传播通道的反映，鉴于迄今为止在闽北地区并未见较多石峡文化，因此推测石峡文化因素来自武夷山脉西侧的可能性较大。而从麻坡岗乙类遗存的器物特征来看，施衣、垂腹、折腹的特征明显受到来自闽北浙南的影响。到了商代中期以后，浮滨文化强势从南侧和东侧对这一地区施加影响。至于此次调查发现的以武平大峯背M1、M2为代表的第III类遗存以及以往认识到的桔树下遗存，主要应是受到来自广东的影响，也不排除受到少量闽北文化因素的冲击。

① 邱立诚：《再论浮滨文化》，《粤地考古求索——邱立诚考古选集》，科学出版社，2008年，第283页。

附　　录

附录一　福建省汀江流域考古调查遗址统计表

县名	序号	编号	遗址名称	地理位置	坐标及海拔	文化层堆积及遗迹现象	采集遗物	发现时间
长汀县	1	2012-2013 CDYG	鱼竿岽遗址	长汀县大同镇大埔村桐子坑自然村北侧方向20米	N：25°53′6.9″ E：116°23′29.4″ H：388米		采集有石锛，少量陶片，可见施黑衣。纹饰有条纹、方格纹、篮纹	此次调查
	2	2012-2013 CDMY	木鱼山遗址	长汀县大同镇师福村	N：25°51′55.2″ E：116°23′50.5″ H：323米		采集砺石和陶片各1件，饰方格纹	1987年12月
	3	2012-2013 CDAB	庵背岽遗址	长汀县大同镇翠峰村永丰庵自然村东侧方向20米	N：25°52′32.2″ E：116°24′15.5″ H：361米		采集少量陶片，可见施红衣，纹饰可见条纹、网格纹、双线菱形纹、云雷纹等，可辨器形有罐、钵	此次调查
	4	2012-2013 CDCX	草鞋岭遗址	长汀县大同镇师福村师福自然村东北侧方向300米	N：25°51′7.6″ E：116°24′16.8″ H：334米	包含三层文化层堆积	采集石戈、石刀、三棱石镞等。少量陶片，见施黑衣。纹饰有网格纹、双线菱形纹、条纹、席纹	1987年12月
	5	2012-2013 CDCXII	草鞋岭Ⅱ号遗址	长汀县大同镇师福村	N：25°51′8.4″ E：116°24′20.9″ H：337米		采集砺石及部分陶片，可见施衣，纹饰可见复线菱形纹，方格纹、席纹、栅篱纹，可辨器形有罐	此次调查

续表

县名	序号	编号	遗址名称	地理位置	坐标及海拔	文化层堆积及遗迹现象	采集遗物	发现时间
长汀县	6	2012-2013 CDSX	山下窝遗址	长汀县大同镇师福村山下窝	N：25°51′30.1″ E：116°23′25.6″ H：319米		采集石锤、石球及少量陶片，可见施黑衣、赭衣，纹饰有双线菱形纹、条纹、方格纹等	1987年12月
	7	2012-2013 CCNN	牛脑山遗址	长汀县策武镇策田村牛脑山	N：25°44′20.6″ E：116°20′39.2″		采集石器及少量陶片，纹饰有曲折纹	1987年12月
	8	2012-2013 CCND	牛斗头遗址	长汀县策武镇牛斗头自然村东北方向50米	N：25°46′54.9″ E：116°19′35.8″ H：338米	发现战国秦汉时期墓葬1座	采集少量陶片，1片原始瓷，纹饰有菱形填线纹、刻划纹、方格纹，可辨器形有钵、罐	1987年12月
	9	2012-2013 CCLC	李城对门山遗址	长汀县策武镇李城自然村	N：25°46′26.1″ E：116°19′7.8″ H：326米	遗址东面局部保留有石铺墓底	采集部分陶片，纹饰有条纹、双线菱形纹、方格纹等，可辨器形有罐、钵、豆	此次调查
	10	2012-2013 CCDT	德田遗址	长汀县策武镇德联村对门山	N：25°46′32.2″ E：116°20′18.8″ H：325米		采集3片陶片	1987年12月
	11	2012-2013 CCXS	西山哩遗址	长汀县策武镇德联村西山哩	N：25°46′35.2″ E：116°20′26.2″ H：302米		采集石璧1件	1987年12月
	12	2012-2013 CCZBI	自背岭Ⅰ号遗址	长汀县策武镇德联村车头自然村西北方向1000米	N：25°46′10.2″ E：116°19′50″ H：328米		采集砺石、石坯，及较多陶片，纹饰可见双线菱形纹、条纹、网格纹、栅篱纹等，可辨器形有鼎、罐	此次调查
	13	2012-2013 CCZBII	自背岭Ⅱ号遗址	长汀县策武镇德联村车头自然村西北方向300米	N：25°46′13.5″ E：116°20′2.2″ H：328米	包含三层堆积	采集石锛、石凿及少量陶片，可见施衣陶，纹饰有曲折纹、栅篱纹、方格纹，可辨器形有罐、豆	此次调查
	14	2012-2013 CCSZ	水圳坑遗址	长汀县策武镇红江村上江片九组	N：25°45′55.7″ E：116°20′56.2″ H：298米		采集石坯及少量陶片，纹饰有网格加点纹、方格纹	1987年12月

续表

县名	序号	编号	遗址名称	地理位置	坐标及海拔	文化层堆积及遗迹现象	采集遗物	发现时间
长汀县	15	2012-2013 CCFY	风雨亭后山遗址	长汀县策武镇策田村杨梅坑左侧方向100米	N：25°43′55″ E：116°20′21.9″ H：338米		采集石器及陶片，见施黑衣等。纹饰有双线菱形纹、曲折纹、栅篱纹、网格纹等，可辨器形有盆	此次调查
	16	2012-2013 CCSK	水口山遗址	长汀县策武镇策星自然村东面方向200米	N：25°43′29.6″ E：116°21′17.5″ H：301米		采集少量陶片，可见施衣陶。纹饰有条纹、叶脉纹、网格纹、双线菱形纹	此次调查
	17	2012-2013 CCDJ	大井头遗址	长汀县策武镇策田自然村西南方向1500米	N：25°43′43.9″ E：116°20′36″ H：301米	商周时期墓葬1座	采集少量陶片，可见施黑衣，纹饰有双线菱形纹、绳纹、条纹、栅篱纹、米字纹等，可辨器形有罐	此次调查
	18	2012-2013 CCTK	塘坑口遗址	长汀县策武镇策星村	N：25°43′50.9″ E：116°21′20.9″ H：298米		采集少量陶片，可见施衣陶，纹饰有网格纹，可辨器形有罐	1987年12月
	19	2012-2013 CHWG	蜈蚣芋头山遗址	长汀县河田镇蔡坊村八坑口自然村东面方向20米	N：25°42′58.1″ E：116°23′45.1″ H：296米		采集石器，部分陶片，见施衣陶，纹饰有双线菱形纹、条纹、栅篱纹、网格纹等，可辨器形有盆、罐	1987年12月
	20	2012-2013 CHZJ	曾鸡坑遗址	长汀县河田镇蔡坊村赖坑口自然村赣龙铁路东侧方向20米	N：25°42′14.6″ E：116°23′58″ H：238米		采集1件印纹硬陶器碎片，施衣，纹饰可见双线菱形纹等	此次调查
	21	2012-2013 CHJL	江浪崇遗址	长汀县河田镇芦竹村西南1.5千米	N：25°40′36″ E：116°25′49.3″ H：304米		采集少量陶片，见施衣，纹饰可见双线菱形纹，可辨器形有罐	1987年12月
	22	2012-2013 CHDL	大路背遗址	长汀县河田镇芦竹村大路背自然村2号民宅北侧方向10米	N：25°41′43.1″ E：116°25′32.7″ H：335米	商周时期墓葬2座	采集部分陶片，可见施黑衣、红衣，纹饰有双线菱形、曲折纹、刻划纹等，可辨器形有罐、陶环	此次调查
	23	2012-2013 CHYB	牙背山遗址	长汀县河田镇上街村北1.4千米	N：25°40′33.2″ E：116°25′9.7″ H：307米		采集石锤、石凿，少量陶片，见施黑衣	1987年12月

续表

县名	序号	编号	遗址名称	地理位置	坐标及海拔	文化层堆积及遗迹现象	采集遗物	发现时间
长汀县	24	2012-2013 CHMS	磨石岽遗址	长汀县河田镇上修坊村江坑哩自然村西侧方向20米	N：25°40′50.8″ E：116°23′36.7″ H：314米		采集石锛、石镞及少量陶片，见施黑衣，纹饰有条纹、篮纹、双线菱形纹	1987年12月
	25	2012-2013 CHMSII	磨石岽Ⅱ号遗址	长汀县河田镇上修坊村江坑哩自然村西方向50米	N：25°40′44.3″ E：116°23′35.9″ H：301米		采集石坯，少量陶片	此次调查
	26	2012-2013 CHDD	单顶山遗址	长汀县河田镇根溪村岐岭自然村东北方向30米	N：25°40′12.9″ E：116°21′47.1″ H：338米	包含两层地层堆积	采集石镞，砺石，大量陶片，见施衣陶，纹饰有网格纹、条纹、绳纹等，可辨器形有罐、尊、钵	此次调查
	27	2012-2013 CHXJ	锡角形山遗址	长汀县河田镇下修坊村14组东南方向100米	N：25°40′7.9″ E：116°22′41.8″ H：290米	包含两层地层堆积	采集石器及大量陶片，可见施黑衣，纹饰丰富多样，可辨器形有罐、钵、盆、陶拍、陶支座	此次调查
	28	2012-2013 CHLW	李屋山遗址	长汀县河田镇东寮村李屋自然村北方向30米	N：25°42′18.6″ E：116°25′37.8″ H：313米		采集石锛，少量陶片，见施衣，纹饰见刻划纹、条纹等，可辨器形有尊	此次调查
	29	2012-2013 CHSJ	沙甲坑遗址	长汀县河田镇南塘村莲塘口自然村南侧方向20米	H：313米		采集石器及较多陶片，见施黑衣，纹饰有条纹、网格纹、双线菱形纹、方格纹等	此次调查
	30	2012-2013 CHTD	塔顶山遗址	长汀县河田镇南塘村	N：25°39′3.5″ E：116°24′31.1″ H：320米		采集少量陶片，部分施釉，纹饰可见网格纹、方格纹、曲折纹	1987年12月
	31	2012-2013 CHLF	刘坊遗址	长汀县河田镇窑下村刘坊自然村	N：25°38′14.3″ E：116°23′33.9″ H：309米		采集3片陶片，纹饰有条纹，曲折纹	1987年12月
	32	2012-2013 CHWS	乌石岽遗址	长汀县河田镇下街村北2.5千米	N：25°40′18.1″ E：116°26′13.9″ H：314米		采集2片陶片，纹饰有网格纹	1955年

续表

县名	序号	编号	遗址名称	地理位置	坐标及海拔	文化层堆积及遗迹现象	采集遗物	发现时间
长汀县	33	2012-2013 CSCY	蔡云岽遗址	长汀县四都镇红都村大背岭自然村北侧方向10米	N：25°36′49.1″ E：116°12′32.1″ H：379米		采集石器及少量陶片，纹饰有方格纹等	此次调查
	34	2012-2013 CSLH	芦花岽遗址	长汀县四都镇同仁村第四片自然村四都敬老院西10米	N：25°38′39.9″ E：116°11′56.7″ H：357米		采集石锛、石镞及大量陶片，可见施黑衣，纹饰有方格纹、弦纹、双线菱形纹、网格纹等	此次调查
	35	2012-2013 CSAF	凹风岭遗址	长汀县四都镇圭田村凹风岭	N：25°37′4.8″ E：116°12′5.2″ H：318米		采集石锛及部分陶片，可见施衣，纹饰有网格纹、栅篱纹、米字纹等，可辨器形有罐	1987年12月
	36	2012-2013 CSLF	罗坊岗遗址	长汀县三洲乡兰坊村东侧方向兰坊大桥西侧400米	N：25°36′24.9″ E：116°21′44.7″ H：295米		采集石锤及较多陶片，可见施衣，纹饰有条纹、双线菱形纹、刻划、篮纹，可辨器形有罐、豆、钵等	此次调查
	37	2012-2013 CAJX	井下山遗址	长汀县三洲乡丘坊村瓦檐自然村北侧方向100米	N：25°36′4.1″ E：116°21′45.6″ H：283米		采集石器及部分陶片，见施釉，纹饰有方格纹、网格纹、弦纹、水波纹等，可辨器形有钵、杯等	此次调查
	38	2012-2013 CSMD	庙岽山遗址	长汀县三洲乡戴坊村庙子岽山	N：25°35′16.1″ E：116°22′16.8″ H：296米		采集石镞及部分陶片，可见黑衣，纹饰有条纹、篮纹、双线菱形纹、栅篱纹，可辨器形有罐、尊	1987年12月
	39	2012-2013 CSSY	蓑衣岽遗址	长汀县三洲乡曾坊村	N：25°34′48.2″ E：116°22′29.9″ H：315米		采集1片施衣陶片	1987年12月
	40	2012-2013 CNXW	谢屋后门山遗址	长汀县南山镇谢屋自然村东面方向150米	N：25°38′23.8″ E：116°31′2.5″ H：348米		采集少量陶片，可见施衣	此次调查
	41	2012-2013 CNCT	茶头坑子遗址	长汀县南山镇严田村严田自然村东面方向300米	N：25°36′49.1″ E：116°30′16.5″ H：328米	包含两层地层堆积	采集石戈及较多陶片，可见施黑衣，纹饰丰富多样，可辨器形有罐、杯	此次调查

续表

县名	序号	编号	遗址名称	地理位置	坐标及海拔	文化层堆积及遗迹现象	采集遗物	发现时间
长汀县	42	2012-2013 CNZT	寨坛岽遗址	长汀县南山镇严田村寨坛岽	N：25°37′15.3″ E：116°30′19.7″ H：309米		采集5片施衣陶片	1987年12月
	43	2012-2013 CNHL	大田后龙山遗址	长汀县南山镇大田村后龙山	N：25°37′46.3″ E：116°30′45.6″ H：342米		采集少量陶片	1987年12月
	44	2012-2013 CZSS	松山遗址	长汀县濯田镇丰口村	N：25°34′7.4″ E：116°16′21″ H：301米		采集少量陶片，见施衣及1片原始瓷	1987年12月
	45	2012-2013 CZHS	河水岭遗址	长汀县濯田镇街上村	N：25°33′32.6″ E：116°17′4.4″ H：300米		采集4块陶片	1987年12月
	46	2012-2013 CZHL	后龙山遗址	长汀县濯田镇街上村	N：25°33′27.7″ E：116°17′6.8″ H：301米		采集石锤和少量陶片，及1片原始瓷	1987年12月
	47	2012-2013 CZBZ	北周山遗址	长汀县濯田镇湖头村	N：25°32′36.3″ E：116°17′11.6″ H：302米		采集石器及较多陶片，见施黑衣，纹饰有网格纹、双线菱形纹、云雷纹等，可辨器形有罐	1987年12月
	48	2012-2013 CZSJ	丝巾子禾山遗址	长汀县濯田镇巷头村东侧400米	N：25°32′47.2″ E：116°16′52.5″ H：294米		采集部分陶片，纹饰有网格纹、条纹、双线菱形纹，可辨器形有罐	此次调查
	49	2012-2013 CZZT	猪头山下遗址	长汀县濯田镇东山村湖头自然村西侧30米	N：25°32′44.2″ E：116°16′59.8″ H：299米		采集砺石器和大量陶片，施黑衣，纹饰有曲折纹、网格纹、篮纹、大网格等，可辨器形有罐、盆等	此次调查
	50	2012-2013 CZHX	虎形山遗址	长汀县濯田镇莲湖村	N：25°32′56.9″ E：116°18′12″ H：303米		采集砺石及少量陶片，纹饰条纹、方格纹、米字纹等	1987年12月

续表

县名	序号	编号	遗址名称	地理位置	坐标及海拔	文化层堆积及遗迹现象	采集遗物	发现时间
长汀县	51	2012-2013 CZLT	垄头排遗址	长汀县濯田镇南安村垄头排自然村西北方向北侧5米	N：25°38′39.9″ E：116°11′56.7″ H：357米		采集少量陶片，可见施衣，纹饰有条纹、曲折纹，可辨器形有罐	此次调查
	52	2012-2013 CTHF	河甫岗遗址	长汀县涂坊镇红坊村沙背坑自然村西面方向500米	N：25°28′49.6″ E：116°27′50.1″ H：369米		采集石锛及较多陶片，见施黑衣	此次调查
	53	2012-2013 CTLK	刘坑排遗址	长汀县涂坊镇涂坊村东面方向3米	N：25°27′44.1″ E：116°27′11.7″ H：360米		采集少量陶片，可见施黑衣，纹饰有网格纹、条纹等，可辨器形有豆	此次调查
	54	2012-2013 CTST	上腾头遗址	长汀县涂坊镇涂坊村蛇头岌	N：25°28′11″ E：116°27′5.2″ H：364米		采集3片陶片	1987年12月
	55	2012-2013 CTHG	黄高岭遗址	长汀县涂坊镇赖坊村黄高岭自然村东面方向20米	N：25°27′26.8″ E：116°26′58.4″ H：378米	包含两层地层堆积	采集石镞及部分陶片，可见施衣，纹饰多样，可辨器形有罐	此次调查
	56	2012-2013 CTSS	松山岗遗址	长汀县涂坊镇赖坊村南面方向400米	N：25°27′4.3″ E：116°26′34.1″ H：353米		采集石镞及6片陶片	此次调查
	57	2012-2013 CTLH	龙虎山岗遗址	长汀县涂坊镇赖坊村南面方向650米	N：25°27′0.1″ E：116°26′30.6″ H：354米		采集石镞、石凿，2片陶片	此次调查

续表

县名	序号	编号	遗址名称	地理位置	坐标及海拔	文化层堆积及遗迹现象	采集遗物	发现时间
上杭县	1	2014SNBY	遍洋遗址	上杭县南阳镇黄坑村东500米	N：25°21′42.9″ E：116°29′36″ H：272米		采集陶片若干，见施衣，纹饰可见双线菱形纹、栅篱纹、弦纹等	1987年1月
	2	2014SNGB	宫背山遗址	上杭县南阳镇新联村宫背山	N：25°20′16.8″ E：116°29′49.7″ H：244米		采集石铲及少量陶片，纹饰可见双线菱形纹、网格纹	1988年1月
	3	2014SNYS	元三公遗址	上杭县南阳镇射山村大家里	N：25°16′45.6″ E：116°30′13.1″ H：333米		采集凹石及较多陶器残片，有施衣、施釉，纹饰可见小方格纹、云雷纹、方格填线纹等，可辨器形有罐	1988年1月
	4	2014SNZW	周屋山遗址	上杭县南阳镇射山村周屋山	N：25°17′14″ E：116°30′24.9″ H：327米		采集少量陶片，纹饰可见网格纹、双线菱形纹	1988年1月
	5	2014SNZT	中田遗址	上杭县南阳镇射山村中田村	N：25°17′24.4″ E：116°30′8.1″ H：208米		采集少量陶片，均素面	1988年1月
	6	2014SNCY	茶园里遗址	上杭县南阳镇沙下坝村	N：25°19′6.7″ E：116°29′44.2″ H：212米		采集砺石及少量陶片，见施衣，纹饰可见网格纹、条纹	1987年12月
	7	2014SNPX	坪心盖遗址	上杭县南阳镇南阳村坪心盖自然村西南侧100米	N：25°19′45.3″ E：116°29′46.3″ H：208米		采集砺石、石坯及较多陶片，见施衣，纹饰有网格纹、方格纹、菱形席纹、重圈纹等，可辨器形有罐	1988年1月
	8	2014SNHW	洪屋山遗址	上杭县南阳镇南阳村洪屋园丁子上山	N：25°19′55.9″ E：116°30′6.7″ H：344米		采集少量陶片，见施黑衣，纹饰可见栅篱纹、网格纹	1988年1月
	9	2014SNDM	丁妹角山遗址	上杭县南阳镇南阳村村部东侧300米	N：25°19′30.2″ E：116°30′8.9″ H：341米		采集少量陶片，见施黑衣，纹饰可见曲折纹、条纹与重圈纹组合纹饰，可辨器形有壶	1988年1月

续表

县名	序号	编号	遗址名称	地理位置	坐标及海拔	文化层堆积及遗迹现象	采集遗物	发现时间
上杭县	10	2014SNFB	方背锅遗址	上杭县南阳镇南阳村方背锅	N：25°20′11.1″ E：116°29′57.2″ H：364米		采集石坯及少量陶片，见施黑衣，纹饰有小方格纹、条纹、网格纹、曲折纹等，可辨器形有罐	1988年1月
	11	2014SNKW	坑尾山遗址	上杭县南阳镇南阳村西南方向150米	N：25°19′23.1″ E：116°29′47.5″ H：182米		采集少量陶片	1988年1月
	12	2014SNCG	长岗遗址	上杭县南阳镇南阳村南侧100米长岗背山	N：25°19′15.8″ E：116°29′47.4″ H：217米	文化层堆积及遗迹现象保存较好，文化层厚40～50厘米	采集石器及较多陶片，可见施黑衣，2片原始瓷片，纹饰有网格纹、篮纹、席纹等，可辨器形有罐	1988年1月
	13	2014SNYJ	羊角凹遗址	上杭县南阳镇南阳村十一组、十二组东北方向300米	N：25°19′49.11″ E：116°29′45.83″ H：351米	在遗址南部发现厚20～30厘米的文化层	采集有砺石及少量陶片，纹饰可见方格纹、双线菱形纹、凸棱纹等，可辨器形有钵、罐	此次调查
	14	2014SNGW	公王山遗址	上杭县南阳镇豪东村陈茜自然村南侧约100米	N：25°17′33.38″ E：116°30′30.73″ H：312米		采集砺石、石坯，少量陶片，见施黑衣，纹饰有方格纹、双线菱形纹、曲折纹等	此次调查
	15	2014SNCL	陈兰坑里遗址	上杭县南阳镇射山村东北方向约1000米	N：25°17′29.25″ E：116°30′12.22″ H：240米	浮滨文化时期墓葬1座	采集石器及大量陶片，可见施黑衣、釉，原始瓷1片，纹饰种类丰富，可辨器形丰富	此次调查
	16	2014STTX	通贤遗址	上杭县通贤乡通贤村中学背头山西北侧	N：25°18′20″ E：116°27′3.6″ H：700米		采集石器及少量陶片，可见施黑衣，纹饰有方格纹等，可辨器形有钵	1988年1月
	17	2014STFY	枫云岗遗址	上杭县通贤乡通贤村枫仁岗东北侧距村部570米处	N：25°18′24″ E：116°27′23.3″ H：725米		采集少量陶片，可见施黑衣、赭衣，纹饰有栅篱纹、双线菱形纹	1987年12月
	18	2014STXB	象鼻子岗遗址	上杭县通贤乡东里村象鼻子岗山东侧距村部东侧390米	N：25°18′2.7″ E：116°27′32.3″ H：318米		采集石片及少量陶片，可见施黑衣，纹饰有双线菱形纹、网格纹	1987年12月

续表

县名	序号	编号	遗址名称	地理位置	坐标及海拔	文化层堆积及遗迹现象	采集遗物	发现时间
上杭县	19	2014SGDZ	吊钟石下遗址	上杭县官庄畲族乡树人村吊钟自然村南侧	N：26°17′17.7″ E：116°20′41.1″ H：234米		采集穿孔石器及1片陶片	1987年12月
	20	2014SCLH	刘湖角遗址	上杭县才溪镇刘湖自然村刘忠将军故居背后山			采集部分陶片，可见施黑衣，纹饰有双线菱形纹、曲折纹、条纹等，可辨器形有盆	1987年12月
	21	2014SHLT	罗田遗址	上杭县湖洋乡古楼村罗田沟子山，北距村部约700米	N：25°1′55.3″ E：116°20′27″ H：252米		采集部分石器及陶片，可见施黑衣，纹饰有双线菱形纹、栅篱纹等，可辨器形有罐	1987年12月
	22	2014SHLTB	罗田背后山遗址	上杭县湖洋乡古楼村罗田自然村	N：25°1′46.11″ E：116°20′29.95″ H：280米		采集石器，少量陶片	此次调查
	23	2014SHZTB	增田背后山遗址	上杭县湖洋乡古楼村增田自然村北边20米	N：25°2′6.344″ E：116°20′15.42″ H：300米		采集石器及较多陶片，可见施黑衣，纹饰有栅篱纹、条纹、双线菱形纹等，可辨器形有豆	此次调查
	24	2014SLDR	大仁岗遗址	上杭县庐丰乡上坊村	H：226米		采集部分陶片，纹饰有网格纹、双线菱形纹、席纹、方格纹等，可辨器形有罐	1987年12月
	25	2014SLSW	狮尾山遗址	上杭县庐丰乡丰济村	N：24°56′40.34″ E：116°30′56.39″ H：298米		采集2片陶片，纹饰有网格纹	1987年12月
	26	2014SLDY	大引岗遗址	上杭县庐丰乡上坊村西南方向50米	N：25°00′4.14″ E：116°28′15.77″ H：240米	发现50～60厘米的文化层堆积	采集有石镞、砺石及大量 陶片，纹饰有方格纹、复线菱形纹、栅篱纹等，可辨器形有豆、盆、罐及陶拍1件	此次调查
	27	2014SLBWG	伯公窝遗址	上杭县蓝溪镇梅永村村部北侧1000米	N：24°55′29.5″ E：116°36′59.1″ H：270米	从断面观察有两层堆积，50～65厘米	采集石锛、石戈及少量陶片，可见施黑衣，纹饰有刻划菱形填线纹、网格纹等，可辨器形有豆、罐	1987年12月

续表

县名	序号	编号	遗址名称	地理位置	坐标及海拔	文化层堆积及遗迹现象	采集遗物	发现时间
上杭县	28	2014SLXL	斜栏棚遗址	上杭县蓝溪镇梅永村村部北侧1000米	N：24°55′43.6″ E：116°36′47.9″ H：261米		采集石英石坯及11块陶片，纹饰有栅篱纹、方格纹	1987年12月
	29	2014SLHN	黄泥寨遗址	上杭县蓝溪镇黄潭村黄泥寨山，北侧距村部600米	N：24°57′54.4″ E：116°34′49.8″ H：235米		采集部分陶片，见施黑衣，纹饰有条纹、网格纹、席纹，可辨器形有罐、钵	1987年12月
	30	2014SZQJ	邱家祠遗址	上杭县中都镇亲睦村宫前上路自然村东侧300米	N：24°53′16.4″ E：116°27′8.4″ H：280米	可见两层堆积，厚8～25厘米	采集石凿及部分陶片，可见原始瓷，纹饰有刻划纹、方格纹，可辨器形有罐	1987年12月
	31	2014SZDM	对面山遗址	上杭县中都镇亲睦村红二组自然村	N：24°53′8.61″ E：116°27′18.01″ H：308米		采集少量陶片，见施黑衣，纹饰有网格纹、弦纹、网格圆圈纹，可辨器形有钵	此次调查
	32	2014SXZS	猪屎埂遗址	上杭县下都乡吉安村	N：25°48′57.42″ E：116°27′22.59″ H：252米	局部保留文化层，厚30～40厘米	采集石片及少量陶片，可见釉陶，纹饰有曲折纹、席纹等	此次调查
武平县	1	2014WXXD	湘店山遗址	武平县湘店乡尧山村	N：25°26′36.2″ E：116°12′39.7″ H：382米		采集少量陶片，可见施釉，黑皮陶纹饰有篮纹、条纹、席纹，可辨器形有罐	1988年1月
	2	2014WXSX	狮形岽遗址	武平县湘店乡店下村自然村北约300米	N：25°26′42.5″ E：116°16′49.2″ H：271米		采集2片黑衣陶	1988年1月
	3	2014WDHG	河岗山遗址	武平县大禾乡大禾村西约600米	N：25°24′8.9″ E：116°5′58.2″ H：347米		采集少量陶片，见施黑釉、黑衣，纹饰有网格纹、双线菱形纹、曲折纹等	1988年1月
	4	2014WYAS	凹上山遗址	武平县永平镇孔下村东侧	N：25°14′8.38″ E：116°10′16.58″ H：508米		采集少量陶片，见施釉，纹饰有双线菱形纹，可辨器形有罐	1988年1月

续表

县名	序号	编号	遗址名称	地理位置	坐标及海拔	文化层堆积及遗迹现象	采集遗物	发现时间
武平县	5	2014WTCT	茶头岽遗址	武平县桃溪镇小澜树下河西自然村	N：25°23′21.88″ E：116°14′50.96″ H：328米		采集少量陶片，见施釉陶，纹饰有双线菱形纹、条纹与附加堆纹组合纹饰，可辨器形有豆	1988年1月
	6	2014WTFT	富堂里遗址	武平县桃溪镇小澜村西南1.5千米	N：25°23′0.36″ E：116°15′8.02″ H：287米	可见三层地层堆积	采集石器及部分陶片，可见施黑衣、原始瓷，纹饰有曲折纹、网格纹等，可辨器形有釜	1988年1月
	7	2014WZXP	下坪山遗址	武平县中堡镇朱坊村秧地排上自然村北侧100米	N：25°11′35.3″ E：116°15′38.51″ H：428米		采集大量陶片，可见施黑衣、釉，纹饰有条纹、弦纹、篮纹、曲折纹等，可辨器形有罐、豆、钵	1988年1月
	8	2014WZBG	崩岗里遗址	武平县中堡镇远富村富贝自然村	N：25°12′20.56″ E：116°15′14.8″ H：435米		采集石器、大量陶片，见施黑衣、釉，纹饰有曲折纹，可辨器形有釜，另有扁形足	1988年1月
	9	2014WZLP	连坡后遗址	武平县中堡镇远富村富贝自然村黄芬岭	N：25°12′14.23″ E：116°19′14.01″ H：441米		采集少量陶片，纹饰有方格纹、条纹	1988年1月
	10	2014WZDZ	店子岽遗址	武平县中堡镇大坪村街上自然村西侧方向200米	N：25°13′14.55″ E：116°15′4.53″ H：403米		采集少量硬陶片，纹饰有双线菱形纹，可辨器形有罐、尊	此次调查
	11	2014WWZX	中心岗遗址	武平县武东镇丰田村中心岗自然村	N：25°9′19.5″ E：116°18′11.68″ H：281米		采集较多石器及陶片，可见施黑衣、釉，纹饰有曲折纹、栅篱纹、网格纹等，可辨器形有罐	1988年1月
	12	2014WWZXH	中心岗后山遗址	武平县武东镇丰田村中心岗自然村东北方向20米	N：25°9′24.4″ E：116°18′20.53″ H：303米		采集部分陶片，可见施黑衣、釉，纹饰有复线菱形纹、重圈纹、网格纹等	此次调查
	13	2014WWSS	上山遗址	武平县武东镇黄埔村上山	N：25°5′55.51″ E：116°15′26.53″ H：317米		采集石坯及少量陶片，纹饰可见菱形纹和网格纹	1988年1月

续表

县名	序号	编号	遗址名称	地理位置	坐标及海拔	文化层堆积及遗迹现象	采集遗物	发现时间
武平县	14	2014WWZM	寨米顶遗址	武平县武东镇陈埔村西寨米顶山	N：25°6′36.66″ E：116°14′37.51″ H：310米		采集1片罐口沿残片	1988年1月
	15	2014WWCG	陈岗上遗址	武平县武东镇陈埔村西南	N：25°6′21.18″ E：116°14′11.19″ H：328米		采集少量陶片，可见施黑衣，纹饰有篮纹、刻划纹等	1988年1月
	16	2014WWCL	赤岭里遗址	武平县武东乡黄埔村车头坪自然村	N：25°6′0.4″ E：116°15′46″ H：267米		采集砺石、石环及大量陶片，可见施黑衣、釉，纹饰有双线菱形纹、网格纹、条纹等，可辨器形有罐、钵	1988年1月
	17	2014WWSL	石炉坑遗址	武平县武东镇三峙村石炉坑自然村北500米	N：25°7′25.51″ E：116°17′15.79″ H：276米	包含两层地层堆积	采集砺石、大量陶片，可见施黑衣、釉，纹饰有条纹、网格纹、篮纹等，可辨器形有罐	1988年1月
	18	2014WCDD	大岽背遗址	武平县城厢镇东云村下村自然村大岽背山丘	N：25°7′38.5″ E：116°7′0.01″ H：303米	包含两层地层堆积，墓葬3座	采集部分陶片，纹饰有条纹、网格纹、刻划纹、云雷纹，可辨器形有壶、罐	1988年1月
永定区	1	2014-2015YGQT	前头岭遗址	永定区高陂镇西陂村前头岭自然村	N：24°58′45.64″ E：116°51′12.44″ H：346米		采集石器及6片陶片。可见施黑衣。纹饰有篮纹、条纹等，可辨器形有盆	此次调查
	2	2014-2015YHDP	大坪里遗址	永定区湖雷镇增瑞村	N：24°47′58.18″ E：116°52′21.57″ H：333米		采集2片陶片，纹饰有曲折纹	1988年1月
	3	2014-2015YHXH	下湖北遗址	永定区湖雷镇下湖北村	N：24°48′5.6″ E：116°49′5″ H：269米		采集1片陶片	1988年1月
	4	2014-2015YHQT	前头板遗址	永定区湖雷镇石坑村	N：24°47′51.2″ E：116°49′37.2″ H：263米		采集2片陶片	1988年1月

续表

县名	序号	编号	遗址名称	地理位置	坐标及海拔	文化层堆积及遗迹现象	采集遗物	发现时间
永定区	5	2014-2015 YFDS	店上遗址	永定区凤城镇大洲居委会东南200米	N：24°44′32.17″ E：116°44′30.83″ H：248米		采集3片陶片，见施衣陶，饰蓝纹	1988年1月
	6	2014-2015 YFHS	后山遗址	永定区凤城镇大洲居委会东南变电场后山	N：24°44′3.61″ E：116°44′30.56″ H：231米		采集2片陶片	1988年1月
	7	2014-2015 YCLQ	罗前头遗址	永定区城郊乡古二村	N：24°42′16.08″ E：116°41′20.8″ H：204米		采集石锛及5片陶片，可见施衣	1988年1月
	8	2014-2015 YCGY	古一遗址	永定区城郊乡，古一村村北200米	N：24°42′50.36″ E：116°42′36.38″ H：230米		采集4片陶片，可见施黑衣，纹饰有刻划水波纹、小方格纹	1988年1月
	9	2014-2015 YXHN	黄泥岗遗址	永定区仙师乡兰岗村联三背头山	N：24°44′5.56″ E：116°38′38.2″ H：199米		采集5片陶片，可见施黑衣，纹饰有方格纹、网格纹，可辨器形有罐	1988年1月
	10	2014-2015 YXSK	水口遗址	永定区仙师乡兰岗村	N：24°42′58.31″ E：116°38′35.01″ H：181米		采集2片陶片	1988年1月
	11	2014-2015 YXCT	祠堂后遗址	永定区仙师乡兰岗村祠堂背头山	N：24°43′18.03″ E：116°38′29.11″ H：207米		采集石器，少量陶片，可见施黑衣，纹饰有方格纹、条纹、曲折纹等，可辨器形有罐、壶、盆	1988年1月
	12	2014-2015 YXXS	仙师遗址	永定区仙师乡仙师村	N：24°41′53.1″ E：116°31′27.89″ H：209米		采集石器，部分陶片，纹饰有篮纹、曲折纹等，可辨器形有罐	1988年1月
	13	2014-2015 YXLX	岭下房遗址	永定区仙师乡仙师村岭下房背头山	N：24°41′51.86″ E：116°37′39.04″ H：185米		采集2片陶片	1988年1月

续表

县名	序号	编号	遗址名称	地理位置	坐标及海拔	文化层堆积及遗迹现象	采集遗物	发现时间
永定区	14	2014-2015 YXCZ	赤竹坑口遗址	永定区仙师乡华坊村	N：24°41′59.61″ E：116°37′35.69″ H：204米		采集石器，部分陶片，可见施黑衣，纹饰有曲折纹、篮纹	此次调查
	15	2014-2015 YXLS	联三遗址	永定区仙师乡联三自然村	N：24°43′27.33″ E：116°38′42.7″ H：194米		采集石斧、砺石及大量陶片，部分施黑衣、釉，纹饰有曲折纹、篮纹等，可辨器形有盆、杯、罐	1988年1月
	16	2014-2015 YFHD	湖顶头遗址	永定区峰市镇信美村西北侧铜锣墩山余脉	N：24°38′38.93″ E：116°33′41.48″ H：191米		采集石器及大量陶片，纹饰有篮纹、条纹、曲折纹等，可辨器形有罐、盆	1988年1月
	17	2014-2015 YDBT	背头山遗址	永定区大溪乡大溪村金丰河北侧巫屋背头山	N：24°38′15.4″ E：116°54′34.1″ H：300～800米		采集石器及大量陶片，见施黑衣、釉，纹饰多样，可辨器形有罐、壶、尊、盆、杯、钵	1988年1月

附录二　部分遗址陶片统计表

遗址名称：草鞋岭Ⅱ号遗址　遗址地点：长汀大同

陶质	泥质陶					施衣	合计	百分比
	硬					黑衣		
陶色 纹饰	灰褐	灰黑	红	灰	灰黄			
素面		1		2		4	7	13.2%
复线菱形纹	2	3	1	3	2	5	16	30.2%
细绳纹						1	1	1.9%
条纹		1			3	4	8	15.1%
凸棱纹						1	1	1.9%
凸棱与条纹组合					1	2	3	5.6%
网格纹				3	3	4	10	18.9%
栅篱纹	1				1	2	4	7.5%
席纹						1	1	1.9%
方格纹						1	1	1.9%
大网格纹		1					1	1.9%
合计	3	6	1	8	10	25		
	53							
百分比	5.7%	11.3%	1.9%	15.1%	18.9%	47.1%		

遗址名称：李城对门山遗址　遗址地点：长汀策武

陶质	泥质陶			夹砂陶			施衣	合计	百分比
	软	硬		硬			黑衣		
陶色 纹饰	灰黄	灰	灰白	深灰	灰	灰黄			
素面	4	7	2	1	5	3	2	24	35.9%
条纹		9			1		8	18	26.9%
双线菱形纹		6	1		3	3		13	19.4%
凸棱与条纹组合						1		1	1.4%
网格纹		4	1					5	7.5%
方格纹		1						1	1.4%
栅篱纹		5						5	7.5%
合计	4	32	4	1	9	7	10		
	67								
百分比	6%	47.8%	6%	1.4%	13.5%	10.4%	14.9%		

遗址名称：自背岭 I 号遗址　遗址地点：长汀策武											
陶质	泥质陶				夹砂陶				施衣	合计	百分比
	软	硬			软		硬		黑衣		
陶色 纹饰	灰	深灰	灰	灰黄	灰	灰黑	灰	灰褐			
素面	3	13	3		2	2	1	1	2	27	21.6%
双线菱形纹			30	1			1	1	7	40	32%
条纹	1	30	2						4	37	29.6%
方格纹			2						1	3	2.4%
网格纹		2							2	4	3.2%
压印纹		1								1	0.8%
栅篱纹		2								2	1.6%
方格纹		10								10	8%
篮纹		1								1	0.8%
合计	4	59	37	1	2	2	2	2	16		
	125										
百分比	29.6%	47.2%	29.6%	0.8%	1.6%	1.6%	1.6%	1.65%	12.8%		

遗址名称：风雨亭后山遗址　遗址地点：长汀策武								
陶质	泥质陶			夹砂陶		施衣	合计	百分比
	硬			硬		黑衣		
陶色 纹饰	青灰	深灰	灰黄	灰褐	灰黄			
素面	12	1	24		2	5	44	32.8%
曲折纹	7	2	1	2		1	13	9.8%
双线菱形纹	8	2	1			9	20	14.9%
条纹	3		1			1	5	3.7%
栅篱纹	4	6	21			2	33	24.6%
网格纹		2	1			4	7	5.2%
绳纹	1		5				6	4.5%
篮纹		1					1	0.7%
凸棱与条纹组合	3	2					5	3.8%
合计	38	16	54	2	2	22		
	134							
百分比	28.4%	11.9%	40.3%	1.5%	1.5%	16.4%		

遗址名称：大井头遗址　遗址地点：长汀策武						
陶质	泥质陶		夹砂陶	施衣	合计	百分比
	硬		软	黑衣		
陶色 纹饰	灰	灰褐	灰黄			
素面	7		1	1	9	17.6%
双线菱形纹	3			10	13	25.6%
绳纹	3			5	8	15.7%
条纹	1	1		1	3	5.9%
栅篱纹	2			1	3	5.9%
方格纹	8				8	15.7%
大网格纹	1				1	1.9%
叶脉纹	1	1			2	3.9%
网格纹				4	4	7.8%
合计	26	2	1	22		
	51					
百分比	50.9%	3.9%	2%	43.2%		

遗址名称：蜈蚣芋头山遗址　遗址地点：长汀河田									
陶质	泥质陶			夹砂陶			施衣	合计	百分比
	软	硬		软	硬		黑衣		
陶色 纹饰	灰黄	灰	灰褐	灰黑	灰	灰黄			
素面	1	3	3	1	1		4	13	19.1%
双线菱形纹	1					1	11	13	19.1%
凸棱纹			1				2	3	4.4%
条纹		3	6		4		19	32	47.1%
镂孔							1	1	1.5%
栅篱纹							1	1	1.5%
网格纹			1				1	2	2.9%
凸棱与条纹			2					2	2.9%
刻划纹			1					1	1.5%
合计	2	6	14	1	5	1	39		
	68								
百分比	2.9%	8.8%	20.6%	1.5%	7.4%	1.5%	57.3%		

遗址名称：曾鸡坑遗址　遗址地点：长汀河田

陶质	夹砂陶	施衣	合计	百分比
	硬	黑衣		
陶色 纹饰	灰			
素面	1	18	19	10.9%
双线菱形纹		1	1	0.6%
条纹		143	143	81.7%
条纹与凸棱纹组合		9	9	5.1%
凸棱纹		3	3	1.7%
合计	1	174		
	175			
百分比	0.6%	99.4%		

遗址名称：大路背遗址　遗址地点：长汀河田

陶质	泥质陶					夹砂陶			施衣		合计	百分比
	软		硬			硬			黑衣	赭衣		
陶色 纹饰	灰	黄	灰红	深灰	黄	灰红	深灰	灰黄				
素面	4		2	5		3	10	13	252	26	315	25.5%
条纹	1	2	3	3	4	1	6	2	226	17	265	21.5%
双线菱形纹						1	9	1	188	3	202	16.3%
凸棱纹与条纹组合							3		81	9	93	7.6%
双线菱形纹与云雷纹组合									2		2	0.2%
凸棱纹				2		1			135	27	165	13.3%
凸棱纹与双线菱形纹									25		25	2.%
席纹				2							2	0.2%
云雷纹				1							1	0.08%
交错曲折纹				1							1	0.08%
刻划纹				1					7	1	9	0.7%
栅篱纹			1				4		2		7	0.5%
细绳纹									5	1	6	0.4%
刻划纹与锯齿纹组合									36	4	40	3.2%
镂孔									4	1	5	0.4%
凸棱纹与细绳纹组合									1		1	0.08%
曲折纹									1		1	0.08%
栅篱纹									4		4	0.3%
网格纹					1		3		2		6	0.4%

续表

遗址名称：大路背遗址　遗址地点：长汀河田												
陶质	泥质陶					夹砂陶			施衣		合计	百分比
	软		硬			硬			黑衣	赭衣		
锯齿纹									3	2	5	0.4%
方格纹与云雷纹组合							1				1	0.08%
复线菱形纹									43	19	62	5.%
弦纹									16		16	1.3%
篮纹									6		6	0.4%
合计	5	2	6	15	5	6	36	16	1039	110		
	1240											
百分比	0.4%	0.2%	0.4%	1.2%	0.4%	0.4%	2.9%	1.3%	83.7%	8.8%		

遗址名称：单顶山遗址　遗址地点：长汀河田									
陶质	泥质陶			夹砂陶			施衣	合计	百分比
	软	硬		软		硬	黑衣		
陶色 纹饰	红	灰褐	灰	灰	黄	灰			
素面	2	7	4	4	1	6	3	27	25.2%
网格纹		3	12			5	2	22	20.7%
条纹		3	10			2	5	20	18.7%
绳纹						1		1	0.9%
凸棱纹			3			2	1	6	5.6%
条纹与凸棱纹组合		1					4	5	4.7%
网格纹与凸棱纹组合							2	2	1.9%
双线菱形纹		2	12				1	15	14%
篮纹		4						4	3.7%
席纹		1						1	0.9%
曲折纹			4					4	3.7%
合计	2	21	45	4	1	16	18		
	107								
百分比	1.9%	19.6%	42.1%	3.7%	0.9%	15%	16.8%		

遗址名称：锡角形山遗址　遗址地点：长汀河田

陶质	泥质陶						夹砂陶			施衣	合计	百分比
	软		硬				硬			黑衣		
陶色 纹饰	灰黄	灰	深灰	灰褐	灰	灰黄	灰褐	灰	黄			
素面	12	6	9	1	22	6	10	1	2	21	90	24.1%
栅篱纹					5					15	20	5.4%
双线菱形纹			5	3	7		3			18	36	9.7%
凸棱纹			3			2	3			3	11	2.9%
方格纹					1					1	2	0.5%
条纹	3		3		8	5	6		1	10	36	9.7%
网格纹	8	1	6	7	64	16	21		1	24	148	39.7%
大网格纹			1	1	2	1				9	14	3.8%
席纹										2	2	0.5%
曲折纹										2	2	0.5%
凸棱纹与条纹组合					5		2			4	11	2.9%
云雷纹				1							1	0.3%
合计	23	7	27	13	114	30	45	1	4	109		
	373											
百分比	6.2%	1.9%	7.2%	3.5%	30.6%	8%	12.1%	0.3%	1.1%	29.2%		

遗址名称：沙甲坑遗址　遗址地点：长汀河田

陶质	泥质陶			夹砂陶		施衣	合计	百分比
	硬			硬		黑衣		
陶色 纹饰	深灰	灰	黄	灰	黄			
素面	3	5	3	1	1	3	16	15.8%
条纹	6					17	23	22.8%
网格纹		1	1		1	2	5	5%
双线菱形纹	3	4				13	20	19.9%
篮纹						1	1	1%
交错曲折纹						1	1	1%
栅篱纹						2	2	1.9%
方格纹	4	16	3			3	26	25.7%
凸棱纹与条纹组合	1	2				2	5	5%
刻划纹与镂孔组合	1					1	2	1.9%
合计	18	28	7	1	2	45		
	101							
百分比	17.9%	27.8%	6.9%	0.9%	1.9%	44.6%		

遗址名称：芦花岽遗址　遗址地点：长汀四都

陶质	泥质陶					夹砂陶				施衣	合计	百分比
	软	硬				软		硬		黑衣		
陶色 纹饰	灰黄	灰褐	灰红	青灰	灰黄	灰红	灰黄	灰黄	青灰			
素面	9	8	2	23	6		24	4	5	15	96	29.7%
方格纹	4	9	15	42	6	2	3		1	6	88	27.2%
凸棱纹	1			1	1					3	6	1.9%
弦纹			1		1		2				4	1.2%
大网格纹				6	2					3	11	3.4%
双线菱形纹				24	7					42	73	22.5%
篮纹					2					3	5	1.5%
网格纹					1					10	11	3.4%
双线菱形纹与云雷纹组合				1						1	2	0.6%
凸棱纹与条纹组合										1	1	0.3%
凸棱纹与大方格纹组合										2	2	0.6%
复合曲折纹										5	5	1.5%
条纹										1	1	0.3%
复线菱形纹								4	6	9	19	5.9%
合计	14	17	18	97	26	2	29	8	12	101		
	324											
百分比	4.3%	5.2%	5.6%	29.9%	8%	0.6%	9%	2.5%	3.7%	31.2%		

遗址名称：罗坊岗遗址　遗址地点：三洲兰坊村

陶质	泥质陶				夹砂陶			施衣	合计	百分比
	软	硬			硬			黑衣		
陶色 纹饰	黄	灰白	深灰	灰褐	深灰	灰褐	灰白			
素面	2		6	2	5	5	2	7	29	31.9%
条纹	2		4	2			4	3	15	16.5%
凸棱纹	1							1	2	2.2%
网格纹			15	5	2	1	2	4	29	31.9%
双线菱形纹			1		1				2	2.2%
镂孔			2						2	2.2%
刻划纹			1						1	1.1%
篮纹			3						3	3.3%
凸棱纹与双线菱形纹组合		1							1	1.1%
凸棱与条纹组合				1				6	7	7.6%
合计	5	1	32	10	8	6	8	21		
	91									
百分比	5.5%	1.1%	35.2%	11%	8.8%	6.6%	8.8%	23%		

遗址名称：井下山遗址　遗址地点：三洲丘坊村										
陶质	泥质陶						夹砂陶	施衣	合计	百分比
	软		硬				软	黑衣		
陶色 纹饰	灰红	灰黄	深灰	青灰	灰黄	灰褐	黄			
素面	1	4	2			3	1	4	15	23.1%
方格纹			10	13	2	12		3	40	61.5%
网格纹				1				3	4	6.2%
弦纹				1		1		1	3	4.6%
弦纹与方格纹组合			1						1	1.5%
水波纹			2						2	3.1%
合计	1	4	15	15	2	16	1	11		
	65									
百分比	1.5%	6.2%	23.1%	23.1%	3.1%	24.6%	1.5%	16.9%		

遗址名称：庙岽山遗址　遗址地点：三洲戴坊村						
陶质	泥质陶		夹砂陶	施衣	合计	百分比
	软	硬	硬	黑衣		
陶色 纹饰	黄	深灰	深灰			
素面		2	2	3	7	13.5%
条纹	4	2	2	12	20	38.6%
交错曲折纹	1	2		3	6	11.5%
篮纹		4			4	7.7%
双线菱形纹		3		3	6	11.5%
栅篱纹		2			2	3.8%
凸棱与条纹组合		1		3	4	7.7%
凸棱纹				1	1	1.9%
刻划与镂孔				1	1	1.9%
刻划纹				1	1	1.9%
合计	5	16	4	27		
	52					
百分比	9.6%	30.9%	7.6%	51.9%		

遗址名称：茶头坑子遗址　遗址地点：长汀南山											
陶质	泥质陶				夹砂陶				施衣	合计	百分比
	软	硬			软		硬		黑衣		
陶色 纹饰	黄	灰白	青灰	灰黄	灰	黄	青灰	灰黄			
素面	1		26	1	5		9		4	46	27.4%
条纹						1	2			3	1.8%
双线菱形纹			32	7			4	6	5	54	32.1%
戳印纹							1			1	0.6%
凸棱纹			3				1		2	6	3.6%
叶脉纹							1			1	0.6%
网格纹			14	5			5		4	28	16.7%
篮纹		1	12						1	14	8.3%
栅篱纹			2						2	4	2.4%
曲折纹			2							2	1.2%
大网格纹			3						2	5	2.9%
刻划纹									1	1	0.6%
条纹									1	1	0.6%
条纹与凸棱纹组合									2	2	1.2%
合计	1	1	94	13	5	1	23	6	24		
	168										
百分比	0.6%	0.6%	56%	7.7%	2.9%	0.6%	13.7%	3.6%	14.3%		

遗址名称：北周山遗址　遗址地点：长汀濯田										
陶质	泥质陶					夹砂陶		施衣	合计	百分比
	硬					硬		黑衣		
陶色 纹饰	深灰	紫褐	灰褐	灰黄	灰	灰	灰褐			
素面	3		4	2	4	2	2	2	19	20.2%
网格纹	5	1	7	4	6	2	10	3	38	40.4%
弦纹与网格纹组合							1		1	1.1%
双线菱形纹				2				9	11	11.6%
戳印纹	7		1						8	8.5%
云雷纹与戳印纹组合	4								4	4.3%
云雷纹	12								12	12.8%
篮纹								1	1	1.1%
合计	31	1	12	8	10	4	13	15		
	94									
百分比	33%	1.1%	12.8%	8.5%	10.6%	4.3%	13.8%	15.9%		

遗址名称：猪头山下遗址　遗址地点：长汀濯田													
陶质	泥质陶						夹砂陶				施衣	合计	百分比
	软		硬				软		硬		黑衣		
陶色 纹饰	灰黄	青灰	灰褐	灰	灰黄	灰白	青灰	灰黄	灰	灰褐			
素面	9	1	13	43	3		13	13	3	2	16	116	37.2%
曲折纹		2	1	6				1	3			13	4.2%
双线菱形纹		1	10	34			1		3		14	63	20.2%
网格纹		2	9	20	5	3	4	6	3		4	56	17.9%
条纹			8	10	1		3				8	30	9.6%
弦纹				2	4							6	2%
弦纹与条纹组合			1	1	1	2					3	8	2.6%
条纹						3						3	0.9%
篮纹				5	1							6	2%
镂孔				1							1	2	0.6%
方格纹				1								1	0.3%
大网格纹				5								5	1.6%
栅篱纹			1	1								2	0.6%
席纹			1									1	0.3%
合计	9	6	44	129	15	8	21	20	12	2	46		
	312												
百分比	2.9%	1.9%	14.2%	41.4%	4.8%	2.6%	6.7%	6.4%	3.8%	0.6%	14.7%		

遗址名称：河甫岗遗址　遗址地点：涂坊镇红坊村									
陶质	泥质陶				夹砂陶		施衣	合计	百分比
	软	硬			软	硬	黑衣		
陶色 纹饰	灰黄	红	灰黄	青灰	灰黄	灰黄			
素面	1	1	2				5	9	15.3%
弦纹						1		1	1.7%
网格纹			3	10		2	17	32	54.2%
凸棱纹			1	1			5	7	11.9%
双线菱形纹				1			1	2	3.3%
条纹				3			1	4	6.8%
绳纹				2	1		1	4	6.8%
合计	1	1	6	17	1	3	30		
	59								
百分比	1.7%	1.7%	10.2%	28.8%	1.7%	5.1%	50.8%		

遗址名称：黄高岭遗址　遗址地点：涂坊赖坊村

陶质	泥质陶			夹砂陶		施衣		合计	百分比
	软	硬		硬		黑衣	红衣		
陶色 纹饰	黄	灰黄	青灰	红	灰				
素面		3	4		1			8	11.9%
弦纹							1	1	1.5%
双线菱形纹			17			3		20	29.9%
网格纹		3	13		1	1		18	26.9%
复合曲折纹			1			7		8	11.9%
方格纹	1	2						3	4.6%
条纹		1		1	4			6	8.9%
席纹			1					1	1.5%
条纹与凸棱纹组合		1				1		2	2.9%
合计	1	10	36	1	6	12	1		
	67								
百分比	1.5%	14.9%	53.8%	1.5%	8.9%	17.9%	1.5%		

遗址名称：元三公遗址　遗址地点：上杭南阳射山村

陶质	泥质陶					夹砂陶			施衣	合计	百分比
	软			硬		软		硬	黑衣		
陶色 纹饰	红	灰	黄	红	灰	灰	黄	灰			
素面	2	3	3	1	7	47	3	7	21	94	63.2%
网格纹					3	1		2	2	8	5.5%
曲折纹					1					1	0.6%
云纹与云雷纹组合					1					1	0.6%
弦纹重圈纹组合					1					1	0.6%
三角填线组合的菱格纹					2					2	1.3%
大网格纹					2	1				3	2%
云雷纹					2				1	3	2%
方格纹					20	7		9		36	24.2%
合计	2	3	3	1	39	56	3	18	24		
	149										
百分比	1.3%	2%	2%	0.6%	26.2%	37.6%	2%	12.1%	16.2%		

遗址名称：坪心盖遗址　遗址地点：上杭南阳南阳村								
陶质	泥质陶		夹砂陶			施衣	合计	百分比
	软	硬	软		硬	黑衣		
陶色 纹饰	灰	灰	灰	黄	灰			
素面	10		13	9	9	3	44	55.7%
方格纹		10					10	12.7%
网格纹	4	8					12	15.2%
席纹		5				2	7	8.8%
席纹		3					3	3.8%
重圈纹		1					1	1.3%
竖条纹		1					1	1.3%
竖条纹与附加堆纹组合		1					1	1.3%
合计	14	29	13	9	9	5		
	79							
百分比	17.7%	36.7%	16.5%	11.4%	11.4%	6.3%		

遗址名称：长岗遗址　遗址地点：上杭南阳南阳村											
陶质	泥质陶				夹砂陶			施衣	原始瓷	合计	百分比
	软		硬		软		硬	黑衣			
陶色 纹饰	灰	黄	灰	黄	灰	黄	灰				
素面	14	6	17		22	4	7	13	2	85	68.5%
网格纹	1		6							7	5.6%
方格纹	2		16							18	14.6%
竖条纹	1									1	0.8%
席纹			8							8	6.5%
弦纹与水波纹组合				1						1	0.8%
弦纹			1							1	0.8%
篮纹			1							1	0.8%
锯齿纹与篮纹组合			1							1	0.8%
双线菱形纹									1	1	0.8%
合计	18	6	50	1	22	4	7	13	3		
	124										
百分比	14.5%	4.9%	40.3%	0.8%	17.7%	3.3%	5.6%	10.5%	2.4%		

遗址名称：陈兰坑里遗址　遗址地点：上杭南阳射山镇

陶质	泥质陶					夹砂陶						施衣	釉陶	原始瓷	合计	百分比
	软		硬			软			硬			黑衣				
陶色 纹饰	灰	黄	红	灰	黄	红	灰	黄	红	灰	黄					
素面	20			51	2	21	6	18	2	4		301	5	1	431	69.7%
竖条纹				22			1			1		36	2		62	10%
方格纹				12	12						1	15			40	6.5%
网格纹				7								26			33	5.2%
刻划纹				3								6			9	1.5%
菱形席纹				8											8	1.3%
弦纹				1											1	0.2%
凸棱纹				1								4			5	0.8%
重圈纹			1												1	0.2%
方格纹与弦纹组合				3								1			4	0.6%
篮纹												2			2	0.3%
镂孔												1			1	0.2%
乳钉与方格纹组合												1			1	0.2%
菱形回纹												9			9	1.5%
大网格纹												4	4		8	1.3%
双线菱形纹												1			1	0.2%
三角形刻划纹		1									1				2	0.3%
合计	20	1	1	108	14	21	7	18	2	5	2	407	11	1		
	618															
百分比	3.2%	0.2%	0.2%	17.4%	2.6%	3.3%	1.1%	2.8%	0.3%	0.7%	0.3%	65.9%	1.8%	0.2%		

遗址名称：刘湖角遗址　遗址地点：上杭才溪刘湖自然村						
陶质	泥质陶			施衣	合计	百分比
	软		硬	黑衣		
陶色 纹饰	灰	黄	灰			
素面	2	5	2	6	15	26.3%
双线菱形纹		1			1	1.7%
网格纹		1	2	2	5	8.8%
席纹			1		1	1.7%
曲折纹			7	4	11	19.4%
条纹			1	8	9	15.8%
条纹与附加堆纹组合			1	8	9	15.8%
篮纹				5	5	8.8%
凸棱纹与网格纹组合				1	1	1.7%
合计	2	7	14	34		
	57					
百分比	3.5%	12.3%	24.6%	59.6%		

遗址名称：罗田遗址　遗址地点：上杭湖洋古楼村						
陶质	泥质陶		夹砂陶	施衣	合计	百分比
	软	硬	软	黑衣		
陶色 纹饰	灰	灰	黄			
素面	2	3	2	25	32	60.4%
栅篱纹		1			1	1.9%
网格纹		3		10	13	24.6%
双线菱形纹		1		1	2	3.7%
席纹		2		2	4	7.5%
篮纹				1	1	1.9%
合计	2	10	2	39		
	53					
百分比	3.8%	18.8%	3.7%	73.7%		

遗址名称：增田背后山遗址　遗址地点：上杭湖洋古楼村								
陶质	泥质陶			夹砂陶		施衣	合计	百分比
	软		硬	软	硬	黑衣		
陶色 纹饰	红	灰	灰	灰	灰			
素面	4	7	3	20	1	29	64	41.4%
篮纹	2		1				3	1.9%
网格纹	1	2	5			4	12	7.7%
曲折纹与凸棱纹组合			3				3	1.9%
曲折纹			17			7	24	15.6%
叶脉纹			2				2	1.3%
双线菱形纹			1				1	0.6%
栅篱纹			11			7	18	11.6%
竖条纹			8			19	27	17.4%
三角形刻划纹						1	1	0.6%
合计	7	9	51	20	1	67		
	155							
百分比	4.5%	5.9%	32.9%	12.9%	0.6%	43.2%		

遗址名称：大引岗遗址　遗址地点：上杭庐丰上坊村										
陶质	泥质陶				夹砂陶			施衣	合计	百分比
	软		硬		软		硬	黑衣		
陶色 纹饰	灰	黄	灰	黄	灰	黄	灰			
素面	6		26		35	23	11	14	115	50.9%
席纹			1						1	0.4%
菱形席纹			14					2	16	7.1%
戳印纹			1						1	0.4%
网格纹	1		22						23	10.3%
复线菱形纹		1	12						13	5.8%
方格纹			2	9					11	4.9%
栅篱纹			7						7	3.2%
刻划纹			1						1	0.4%
凸棱纹			5					1	6	2.6%
曲折纹			2						2	0.8%
竖条纹			23						23	10.2%
条纹与附加堆纹组合			1						1	0.4%
篮纹			3					3	6	2.6%
合计	7	1	120	9	35	23	11	20		
	226									
百分比	3.1%	0.4%	53.1%	4%	15.5%	10.2%	4.9%	8.8%		

遗址名称：下坪山遗址　遗址地点：武平中堡朱坊村											
陶质	泥质陶				夹砂陶				施衣	合计	百分比
	软			硬	软			硬	黑衣		
陶色 纹饰	红	灰	黄	黄	红	灰	黄	灰			
素面	2	4	18	10	8	8	17	5	12	84	54.3%
竖条纹			6	3					4	13	8.4%
网格纹			1	17				9		27	17.4%
弦纹		1		1					1	3	1.9%
条纹								4	10	14	9%
绳纹								2		2	1.3%
篮纹				1					1	2	1.3%
方格纹				2						2	1.3%
曲折纹				2	1					3	1.9%
凸棱纹									1	1	0.6%
席纹									2	2	1.3%
绳纹与弦纹组合			1	1						2	1.3%
合计	2	5	26	37	9	8	17	20	31		
	155										
百分比	1.3%	3.2%	16.8%	23.9%	5.8%	5.2%	10.9%	12.9%	20%		

遗址名称：崩岗里遗址　遗址地点：武平中堡远富村							
陶质	泥质陶			夹砂陶	施衣	合计	百分比
	软		硬	硬	黑衣		
陶色 纹饰	红	灰	灰	灰			
素面	8	6	12	18	3	47	26.7%
曲折纹			110	13		123	69.9%
条纹			1	5		6	3.4%
合计	8	6	123	36	3		
	176						
百分比	4.5%	3.4%	69.9%	20.5%	1.7%		

遗址名称：中心岗遗址　遗址地点：武平武东丰田村								
陶质	泥质陶			夹砂陶		施衣	合计	百分比
	软	硬		软	硬	黑衣		
陶色 纹饰	灰	灰	黄	灰	灰			
素面	8	40	8	11	28	7	102	58.3%
凸棱纹与穿孔组合	1						1	0.6%
重圈纹	1	1					2	1.1%
交错曲折纹		42				2	44	25.2%
栅篱纹		3	6				9	5.1%
方格纹		1					1	0.6%
菱形纹		2					2	1.1%
篮纹		1	1				2	1.1%
凸棱纹			2			2	4	2.3%
条纹					2	1	3	1.7%
凸棱纹与曲折纹组合		1					1	0.6%
双线菱形纹						1	1	0.6%
网格纹						3	3	1.7%
合计	10	91	17	11	30	16		
	175							
百分比	5.7%	52%	9.7%	6.4%	17.1%	9.1%		

遗址名称：赤岭里遗址　遗址地点：武平武东黄埔村									
陶质	泥质陶				夹砂陶		施衣	合计	百分比
	软		硬		软	硬	黑衣		
陶色 纹饰	灰	黄	灰	黄	黄	灰			
素面	9	5	8	1	4	8	42	77	73.3%
双线菱形纹		1	4				10	15	14.4%
网格纹	1							1	0.9%
凸棱纹							1	1	0.9%
条纹			2				2	4	3.8%
栅篱纹			1					1	0.9%
方格纹			2					2	2%
曲折纹				2				2	2%
席纹						1		1	0.9%
绳纹						1		1	0.9%
合计	10	6	17	3	4	10	55		
	105								
百分比	9.5%	5.7%	16.2%	2.9%	3.8%	9.5%	52.4%		

遗址名称：中心岗后山遗址　遗址地点：武平武东丰田村

陶质	泥质陶			夹砂陶		施衣	合计	百分比
	软		硬	软	硬	黑衣		
陶色 纹饰	红	灰	灰	灰	灰			
素面	2	2	1	1	2	7	15	16.1%
条纹				1			1	1.1%
弦纹		1					1	1.1%
重圈纹					1		1	1.1%
栅篱纹					1	1	2	2.2%
复线菱形纹						11	11	3.8%
交错曲折纹						1	1	1.1%
双线菱形纹						60	60	20.8%
凸棱纹						1	1	1.1%
合计	2	3	1	2	4	81		
	93							
百分比	2.2%	3.1%	1.1%	2.2%	4.3%	87.1%		

遗址名称：石炉坑遗址　遗址地点：武平武东三峙林

陶质	泥质陶			夹砂陶				施衣	合计	百分比
	软		硬	软		硬		黑衣		
陶色 纹饰	灰	黄	灰	灰	黄	灰	黄			
素面	39	1	10	4	5	7	5	13	84	67.2%
双线菱形纹	1	1	3					2	7	5.6%
席纹		1							1	0.8%
方格纹		1	2						3	2.4%
栅篱纹			1						1	0.8%
篮纹			1						1	0.8%
曲折纹			1					1	2	1.6%
竖条纹			3					1	4	3.2%
大网格纹			5						5	4%
网格纹			4					8	12	9.6%
竖条纹与附加堆纹组合			1						1	0.8%
凸棱纹								4	4	3.2%
合计	40	4	31	4	5	7	5	29		
	125									
百分比	32%	3.2%	24.8%	3.2%	4%	5.6%	4%	23.2%		

遗址名称：大岽背遗址　遗址地点：武平城厢东云村									
陶质	泥质陶				夹砂陶			合计	百分比
	软		硬		软		硬		
陶色 纹饰	灰	黄	灰	黄	灰	黄	灰		
素面	2		1		19	1	7	30	56.7%
刻划纹		1						1	1.9%
网格纹			9					9	16.9%
方格纹		1		6			4	11	20.7%
条纹			1					1	1.9%
云雷纹	1							1	1.9%
合计	3	2	11	6	19	1	11		
	53								
百分比	5.6%	3.8%	20.7%	11.3%	35.8%	1.9%	20.7%		

遗址名称：仙师遗址　遗址地点：永定仙师				
陶质	泥质陶	施衣	合计	百分比
	硬	黑衣		
陶色 纹饰	灰			
素面	6	2	8	10.3%
篮纹	13	8	21	26.9%
曲折纹	29	4	33	42.3%
网格纹	1		1	1.3%
绳纹	1		1	1.3%
曲折纹与附加堆纹组合	14		14	17.9%
合计	64	14		
	78			
百分比	82.1%	17.9%		

遗址名称：联三遗址　遗址地点：永定仙师兰岗村

陶质	泥质陶				夹砂陶		施衣		釉陶	合计	百分比
	软		硬		软	硬	黑衣	赭衣			
陶色 纹饰	灰	黄	灰	黄	黄	灰					
素面	10		14	10	9	8	56	7	1	115	39.8%
交错曲折纹		5	26				56			87	30.1%
席纹			3				1			4	1.4%
双线刻划纹							1			1	0.3%
菱形纹			3				1			4	1.4%
方格纹							3			3	1%
竖条纹			11	3			18			32	11.1%
曲折纹与附加堆纹组合		2					12			14	4.8%
篮纹			3				9			12	4.2%
弦纹							2			2	0.7%
条纹与附加堆纹组合			3							3	1%
大网格纹			7							7	2.4%
竖条纹			5							5	1.7%
合计	10	7	75	13	9	8	159	7	1		
	289										
百分比	3.5%	2.4%	25.9%	4.5%	3.1%	2.8%	55%	2.4%	0.3%		

遗址名称：湖顶头遗址　遗址地点：永定峰市信美村

陶质	泥质陶					夹砂陶			施衣	合计	百分比
	软			硬		软			黑衣		
陶色 纹饰	红	灰	黄	灰	黄	红	灰	黄			
素面		28	18			7	24	41	6	124	68.5%
网格纹		1		11	3		1		6	22	12.2%
篮纹	1	1	2	3			1		8	16	8.8%
篮纹与附加堆纹组合									2	2	1.1%
双线菱形纹		2			2				6	10	5.5%
绳纹		1								1	0.5%
曲折纹		1		1						2	1.1%
席纹		1		2						3	1.7%
弦纹		1								1	0.5%
合计	1	36	20	17	5	7	26	41	28		
	181										
百分比	0.5%	19.8%	11%	9.4%	2.8%	3.9%	14.4%	22.7%	15.5%		

遗址名称：背头山遗址　遗址地点：永定大溪										
陶质	泥质陶				夹砂陶		施衣	釉陶	原始瓷	合计	百分比
	软		硬		软	硬	黑衣				
陶色 纹饰	红	灰	灰	黄	灰	灰					
素面		2	4	20	93	28	20	14	1	182	70.8%
竖条纹	30			21				6		57	22.2%
云雷纹			4			1				5	1.9%
弦纹				2			1			3	1.3%
席纹				4			1			5	1.9%
方格纹			4	1						5	1.9%
合计	30	2	12	48	93	29	22	20	1		
	257										
百分比	11.7%	0.8%	4.7%	18.7%	36.2%	11.3%	8.6%	7.7%	0.3%		

后　记

由福建博物院文物考古研究所、福建省龙岩市文物局、龙岩市博物馆以及长汀、上杭、武平、永定等区县文博单位共同合作的“福建汀江流域史前遗址考古调查”项目自2012年底启动，至报告的付梓、出版，一直得到了福建省文物局原局长郑国珍先生、现任局长傅柒生先生的大力支持和帮助，在此谨表谢意。

福建省龙岩市文化和旅游局（原龙岩市文化广电新闻出版局）历任领导一直关心此次调查工作。特别是时任该局副局长、文物局长的李史明先生（现为龙岩市文联党组书记），从该项目的策划启动、统筹协调，以及后续的跟踪督促和后勤保障，都付出了辛勤的努力，使项目顺利实施，这本报告也才得以顺利出版。

参加野外调查和资料整理的工作人员有范雪春、黄运明、王晓阳、周振宇、李史明、吴锡超、黄祖洪、陈炎德、连智慧、李水常、张六英、陈燕萍、卢品文、范春森、李鸿、吴泳红、陈伟田、刘小文、王晓瑞、谢福英、胡志贤、王茂芳、黄丰林、赵福凤、黄大义等。器物绘图由赵福凤、张六英、王晓阳、黄运明完成，野外及器物摄影由李水常、范雪春完成，器物拓片由张六英完成。

报告中的第一章由李史明、黄运明完成；第二章由张六英完成；第三章由吴锡超完成；第四章由王晓阳完成；第五章由范雪春完成；第六章由黄运明完成。全书由黄运明统稿，范雪春最后审定。

汀江流域野外考古调查、室内资料整理和报告的编写均断续进行，本报告有许多不足和遗漏之处，错误、缺点在所难免，恳请读者批评指正。

编　者

2019年8月

图版

图版3　考古工作人员清理牛斗头M1

图版4　考古工作人员对遗物进行清理（长汀大路背遗址）

图版5　长汀鱼竿岽遗址远景

图版6　石锛（2012-2013CDYG采：1）

图版7　长汀木鱼山遗址远景

图版8　长汀庵背岽遗址远景

图版9　长汀草鞋岭遗址地层

图版10　石戈（2012-2013CDCX采：1）

图版11　石镞（2012-2013CDCX采：3）

图版12　长汀草鞋岭Ⅱ号遗址远景

图版13　陶拍［2012-2013CDCXⅡ采：5（正）］

图版14　陶拍［2012-2013CDCXⅡ采：5（背）］

图版15　长汀山下窝遗址

图版16　长汀牛脑山遗址远景

图版22　长汀自背岭Ⅱ号遗址文化层堆积

图版23　陶豆（2012-2013CCZBⅡ采：5）

图版24　长汀水圳坑遗址远景

图版25　长汀风雨亭后山遗址远景

图版26　长汀水口山遗址远景

图版27　长汀大井头遗址远景

图版28　陶罐（2012-2013CCDJM1：1）

图版29　陶罐（2012-2013CCDJM1：2）

图版30 长汀蜈蚣芋头山遗址远景

图版31 长汀曾鸡坑遗址

图版32　长汀江浪岽遗址远景

图版33　长汀大路背遗址远景

图版34　石璧（2012-2013CHDLM1：4）

图版35　陶罐（2012-2013CHDLM1：8）

图版36　陶环（2012-2013CHDLM1：1）

图版37　陶环（2012-2013CHDLM1：6）

图版38　陶罐（2012-2013CHDLM2：1）

图版43　长汀单顶山遗址远景

图版44　长汀李屋山遗址远景

图版45　长汀锡角形山遗址远景

图版46　陶拍（2012-2013CHXJ采：2）

图版47　长汀沙甲坑遗址远景

图版48　穿孔石斧（2012-2013CHSJ采：7）

图版49　长汀刘坊遗址远景

图版50　长汀乌石崇遗址远景

图版51　长汀蔡云岽遗址远景

图版52　长汀芦花岽遗址远景

图版53　长汀凹风岭遗址远景

图版54　长汀井下山遗址远景

图版60　长汀茶头坑子遗址远景

图版61　长汀茶头坑子文化层堆积

图版62　长汀寨坛岽遗址远景

图版63　长汀后龙山遗址远景

图版64　长汀松山遗址近景

图版65　长汀河水岭遗址远景

图版66　长汀北周山遗址远景

图版67　长汀丝巾子禾山遗址远景

图版68　长汀猪头山下遗址远景

图版69　长汀虎形山遗址远景

图版70　长汀垄头排遗址远景

图版71　长汀河埔岗遗址远景

图版72　长汀上腾头遗址远景

图版73　长汀黄高岭遗址远景

图版74　长汀松山岗遗址

图版75　石镞（2012-2013CTSS采：1）

图版76　长汀龙虎山岗遗址远景

图版77　上杭遍洋遗址远景

图版78　上杭元三公遗址远景

图版79　上杭周屋山遗址远景

图版80　上杭中田遗址远景

图版81　上杭坪心盖遗址

图版82　上杭丁妹角山遗址远景

图版83　上杭坑尾山遗址远景

图版84　上杭长岗遗址远景

图版85　上杭长岗遗址地层堆积

图版86　上杭羊角凹遗址远景

图版87　上杭公王山遗址远景

图版97　上杭枫云岗遗址远景

图版98　上杭象鼻子岗遗址远景

图版99　上杭罗田遗址远景

图版100　石锛（2014SHLT采：1）

图版105　上杭大引岗遗址远景

图版106　上杭大引岗遗址地层堆积

图版107　陶豆（2014SLDY采：2）

图版108　陶拍（2014SLDY采：3）

图版109　上杭斜栏棚遗址远景

图版110　上杭伯公窝遗址远景

图版111　石戈（2014SLBWG采：1）

图版112　石戈（2014SLBWG采：2）

图版113　上杭黄泥寨遗址远景

图版114　上杭猪屎埂遗址远景

图版125　武平连坡后遗址远景

图版126　武平店子岽遗址远景

图版127　武平中心岗后山遗址远景

图版128　武平上山遗址远景

图版129　武平寨米顶遗址远景

图版130　武平陈岗上遗址远景

图版131　武平石炉坑遗址远景

图版132　武平石炉坑遗址地层堆积

图版133　武平赤岭里遗址远景

图版134　武平大崇背遗址远景

图版135　陶豆（2014WCDDM1：1）

图版136　陶豆（2014WCDDM1：2）

图版137　陶杯（2014WCDDM1：3）

图版138　陶豆（2014WCDDM2：1）

图版139　原始瓷豆（2014WCDDM2：2）

图版140　陶豆（2014WCDDM2：3）

图版141　陶豆（2014WCDDM2：4）

图版142　陶罐（2014WCDDM2：5）

图版143　陶钵（2014WCDDM3：1）

图版144　陶罐（2014WCDDM3：2）

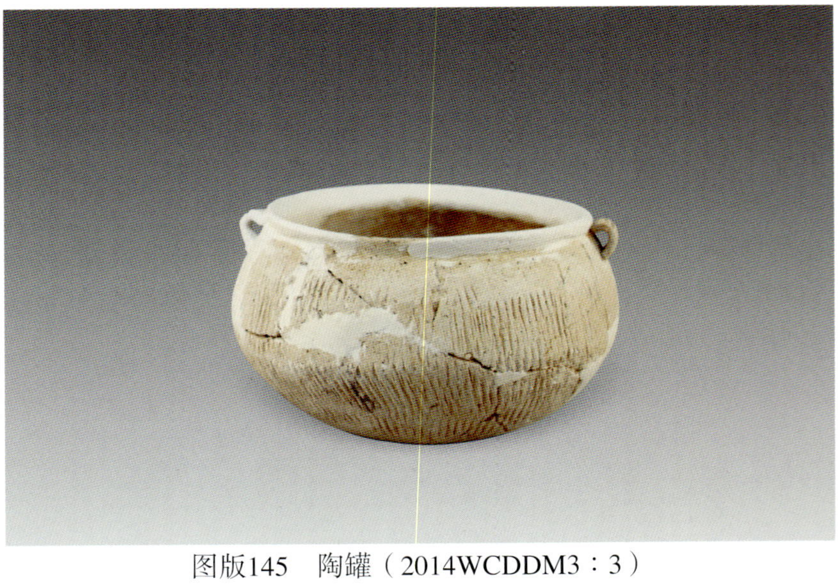
图版145　陶罐（2014WCDDM3：3）

图版146　永定前头岭遗址远景

图版147　永定大坪里遗址远景

图版148　永定店上遗址远景

图版149　永定后山遗址远景

图版150　永定罗前头遗址远景

图版151　永定古一遗址远景

图版152　永定黄泥岗遗址远景

图版153　永定水口遗址远景

图版154　永定祠堂后遗址远景

图版155　石镞（2014-2015YXCT采：1）

图版156　永定仙师遗址远景

图版157　永定岭下房遗址远景

图版158　永定赤竹坑口遗址远景

图版159　永定湖顶头遗址远景

图版160　永定联三遗址远景

图版161　石锛（2014-2015YXLS采：2）

图版162　陶杯（2014-2015YXLS采：8）

图版163　永定背头山遗址远景

图版164　陶钵（2014-2015YDBT采：8）

图版165　陶杯（2014-2015YDBT采：16）

图版166　陶曲腹盆（2014-2015YDBT采：1）

图版167　陶罐（2014-2015YDBT采：7）